KB246195

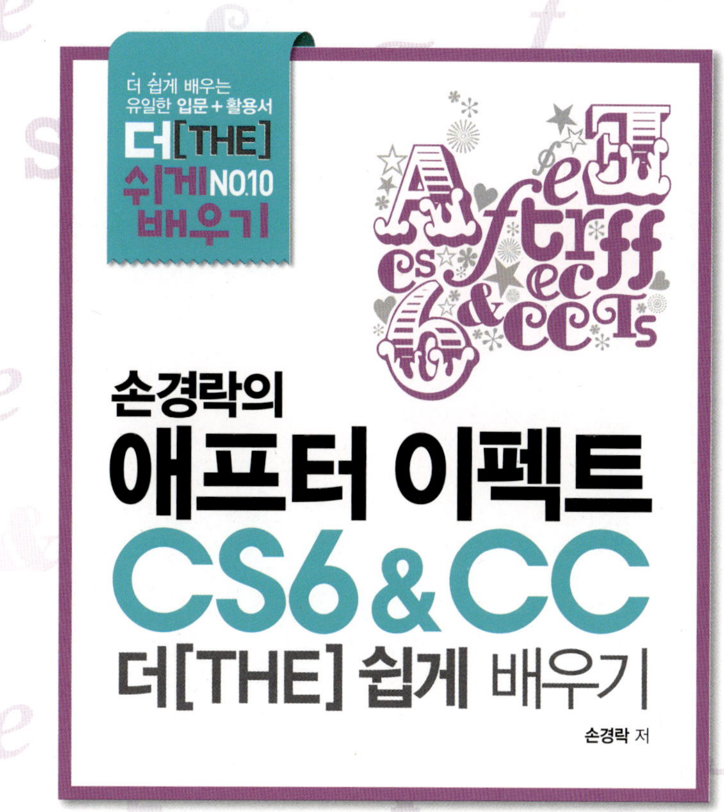

손경락의

애프터 이펙트
CS6 & CC
더 [THE] 쉽게 배우기

손경락 저

YoungJin.com Y.
영진닷컴

손경락의
애프터 이펙트 CS6 & CC 더 쉽게 배우기

ISBN : 978-89-314-4576-3

독자님의 의견을 받습니다.
이 책을 구입한 독자님은 영진닷컴의 가장 중요한 비평가이자 조언가입니다. 저희 책의 장점과 문제점이 무엇인지, 어떤 책이 출판되기를 바라는지, 책을 더욱 알차게 꾸밀 수 있는 아이디어가 있으면 이메일, 또는 우편으로 연락주시기 바랍니다. 의견을 주실 때에는 책 제목 및 독자님의 성함과 연락처(전화번호나 이메일)를 꼭 남겨 주시기 바랍니다. 독자님의 의견에 대해 바로 답변을 드리고, 또 독자님의 의견을 다음 책에 충분히 반영하도록 늘 노력하겠습니다.

이 메 일 : support@youngjin.com
주   소 : 서울시 금천구 가산디지털2로 123 월드메르디앙벤처센터 2차 10층 1016호 (우)08505
등   록 : 2007. 4. 27. 제16–4189호

STAFF

저자 손경락 | **책임** 김태경 | **진행** 서정임 | **본문 편집** 최동연 · 지화경 | **본문 디자인** 지화경 | **표지 디자인** 임정원

영상을 한 단계 더 업그레이드하다!

애프터 이펙트를 처음 출판할 당시에는 국내에 프로그램의 내용을 설명해주는 다양한 도서는 없었습니다. 점점 시간이 지나면서 모션 그래픽에 대한 다양한 수요가 생기면서 도서도 함께 다양하게 출판되었습니다. 애프터 이펙트가 사용되던 초기에 영상을 제작하는 분야에 종사하는 대부분의 사람들은 애프터 이펙트에 대한 사용범위에 대해 놀라움을 금치 못했습니다.

저자 또한 처음 애프터 이펙트를 접했을 때 새로운 세상을 보는듯한 느낌이었습니다.
너무나 쉽게 설정된 인터페이스와 다양한 이펙트 그리고 영상과 그래픽을 다채롭게 제작할 수 있는 제작방식이 저자를 사로잡았습니다. 시간이 지날수록 애프터 이펙트를 통한 제작방식은 더욱 광범위해졌고 다양한 분야에서 활용되고 있습니다.

본 도서는 저자가 오랜시간 동안 실무에서 사용해온 지금까지의 경험을 통해 애프터 이펙트가 가지고 있는 다양한 기능들을 하나하나 정리해 새롭게 시작하는 사용자에게 기본적인 이해를 돕도록 하고, 기존 사용자에게 기능에 대한 정확한 사용방식을 전달하고자 이렇게 CS3 이후 오랜만에 출간하게 되었습니다.

애프터 이펙트는 영상을 제작하는 전문 프로그램이지만 누구나 쉽게 접할 수 있는 장점이 있습니다. 물론 처음 프로그램을 접하는 사용자는 영상에 대한 기본 지식을 가지고 접근하는 것이 좋습니다. 사용자가 부담 없이 접근할 수 있도록 프로그램의 기능들을 최대한 이해하기 쉽게 설명하였으며, 기능들을 활용한 기본적인 제작 방식을 소개하여 사용자가 스스로 다른 모션 그래픽 및 영상 프로젝트를 진행할 수 있도록 구성하였습니다.

지금의 세대들은 비주얼 세대로 다양한 매체를 통해 다양한 영상을 접하며 살아가고 있습니다. 다양한 매체에 효과적인 전달을 위해 모션 그래픽이 필수적으로 사용되고 있으며, 그 중심에 애프터 이펙트가 한 몫을 차지하고 있습니다. 이제 영상을 제작할 때 없어서는 안 될 프로그램으로 자리 잡은 애프터 이펙트!
지금 영상 제작 분야에 종사하고 계시다면 애프터 이펙트를 추천합니다. 후회 없는 선택이 될 것입니다.

이 책을 출간하는데 도움을 주신 영진닷컴 서정임 주임님과 미디어테크 빌리지 조용준 대표님, plansahead 조한진 감독님, 좋은습관창조원 김지선님과 하숙현님, 신한은행 황지현 아나운서, 김정기 작가님께 서면으로나마 깊은 감사를 드립니다.

저자 손경락

미리보기

이 책은 애프터 이펙트 CS6 & CC를 처음 사용하는 입문자들이 체계적으로 학습할 수 있도록 10개의 PART로 구성되어 있으며, 각각의 PART는 Lesson과 따라하기 형식의 Step으로 세분화되어 있습니다. 각 Lesson의 시작 부분에는 '기초탄탄' 코너를 마련하여 어떤 내용을 학습하게 되는지 살펴보고, 중요하게 사용하는 대화상자나 메뉴들의 기능들도 소개합니다. 'Tip', '문제해결' 코너에서는 따라하기 단계별 참고 내용을 소개하며, '연관 검색'에서는 복합적으로 학습하면 좋을 내용들의 위치를 안내합니다. 그럼 미리 보기 내용을 통해 애프터 이펙트 CS6 & CC 더 쉽게 배우기를 간략하게 소개합니다.

Lesson
애프터 이펙트의 다양한 기능을 Lesson으로 구성합니다.

Step
본격적인 학습 코너로써 따라하기 형식으로 구성하여 애프터 이펙트의 기능을 쉽게 익힐 수 있도록 유도합니다.

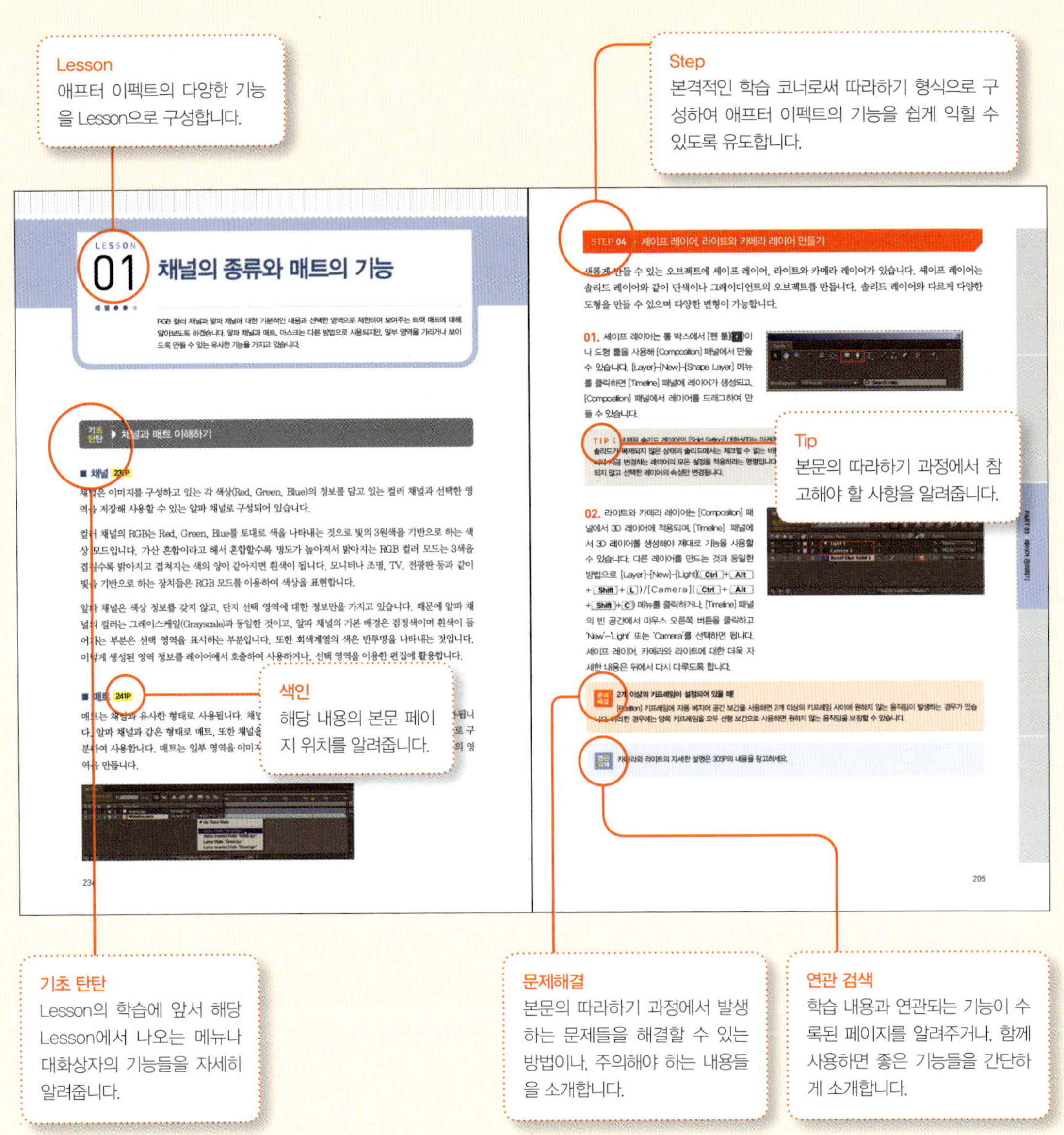

색인
해당 내용의 본문 페이지 위치를 알려줍니다.

Tip
본문의 따라하기 과정에서 참고해야 할 사항을 알려줍니다.

기초 탄탄
Lesson의 학습에 앞서 해당 Lesson에서 나오는 메뉴나 대화상자의 기능들을 자세히 알려줍니다.

문제해결
본문의 따라하기 과정에서 발생하는 문제들을 해결할 수 있는 방법이나, 주의해야 하는 내용들을 소개합니다.

연관 검색
학습 내용과 연관되는 기능이 수록된 페이지를 알려주거나, 함께 사용하면 좋은 기능들을 간단하게 소개합니다.

PART

총 10개의 PART로 구성되어 있으며 PART
의 시작 전에 배우게 될 내용을 간략하게
살펴봅니다.

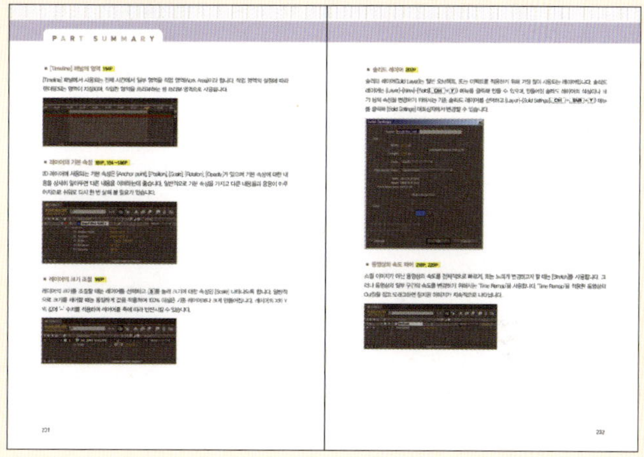

PART Summary

PART에서 배운 애프터 이펙트의 핵심 내
용들들 다시 한 번 복습할 수 있도록 간단
히 요약해서 소개합니다.

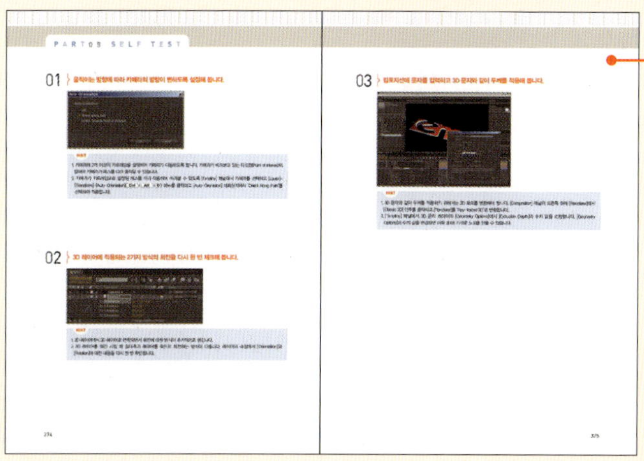

SELF TEST

PART에서 배운 내용을 바탕으로 문제를
풀어볼 수 있는 코너입니다.

이 책의 구성

애프터 이펙트 CS6 & CC를 쉽고 빠르게 학습할 수 있도록 구성되어 있는 '애프터 이펙트 CS6 & CC 더 쉽게 배우기'
의 PART별 구성을 간단히 소개합니다.

PART 01

애프터 이펙트 기본기 다지기

애프터 이펙트를 처음 사용하면, 프로그램이 너무 어렵게 느껴질 수 있습니다. 그러나 생각보다 간
단히, 쉽게 접근할 수 있는 프로그램 또한 애프터 이펙트일 것입니다. 애프터 이펙트를 시작하기 전
에 기본적으로 알아두어야 할 프로그램의 응용 범위와 도움을 주는 기능, 인터페이스에 대해 학습
합니다.

PART 02

애프터 이펙트 패널과 친해지기

애프터 이펙트는 크게 파일이 존재하는 [Project] 패널, 파일들을 직관적으로 보고 작업할 수 있는
[Composition] 패널, 모든 파일의 속성을 제어하는 [Timline] 패널, 툴을 활용할 수 있는 툴 박스 등으
로 구성되어 있습니다. 자주 사용하는 패널들과 친해져야 애프터 이펙트에서 내 마음대로 작업할
수 있습니다. PART 02에서는 애프터 이펙트의 패널과 그 패널에 포함된 기능, 사용 방법들에 대해
학습합니다.

PART 03

레이어 관리하기

포토샵에서 '레이어'를 기본으로 작업을 하듯 애프터 이펙트에서도 레이어를 사용합니다. 이 레이어
는 [Timeline] 패널의 기본이 되며, 디테일한 모든 작업을 진행하게 되므로 레이어를 사용하는 여러
가지 방법과 제어 명령에 대한 이해가 필요합니다. 반드시 알아두어야 하는 내용으로 PART 03에서
는 이러한 레이어의 기능과 제어 명령, 관리 방법, 다양한 기능들에 대해 학습합니다.

PART 04

레이어의 합성과 마스크, 매트 활용하기

애프터 이펙트에서는 레이어와 레이어를 합성하여 더욱 멋지고 효과적인 영상을 만들 수 있습니다.
또한 마스크와 매트를 활용해 불필요한 부분과 필요한 부분을 사용자가 원하는 대로 설정할 수 있
습니다. PART 04에서는 이러한 레이어의 합성 방법과 마스크 적용 방법, 매트 활용 방법 등에 대해
학습합니다.

PART 05 카메라와 라이트 사용하기

애프터 이펙트에서는 2D 레이어를 3D 레이어로 변경하여 공간을 갖도록 설정할 수 있습니다. 이 때 사용하게 되는 것이 카메라와 라이트입니다. PART 05에서는 3D 레이어와 함께 사용되는 카메라와 라이트의 사용 방법을 알아보고 3D 레이어와 이펙트 활용 방법, 3D 레이어 속성에 추가되는 다양한 속성에 대해 학습합니다.

PART 06 문자, 셰이프 레이어, 그리고 이펙트

PART 06에서는 문자를 사용하는 다양한 방법을 알아보고, 셰이프 레이어를 만들어 레이어 속성에 추가되는 다양한 기능들에 대해 이해합니다. 또한 날개를 달아주는 이펙트의 적용 방법을 알아보고 이펙트와는 구분되어 사용되는 레이어 스타일에 대해서도 학습합니다.

PART 07 계층구조와 익스프레션!

익스프레션(Expression)은 일일이 수작업으로 하기 힘든 어려운 작업을 작업자가 간편하게 할 수 있도록 도와줍니다. 레이어 속성 간의 관계를 만들며, 한 레이어 속성에 대한 키프레임을 사용해 다른 레이어에 연속된 애니메이션을 적용할 수도 있습니다. PART 07에서는 이러한 익스프레션에 대해 학습합니다.

PART 08 키잉과 트래킹

애프터 이펙트에서 배경과 전경의 개체를 분리하고자 할 때 키잉(Keying) 효과를 사용하여 배경을 제거할 수 있습니다. 특정 색상 값이나 광도 값을 사용해 배경을 투명하게 만들 수 있으며, 다양한 방법을 통해 색상 제거를 할 수 있습니다. 트래킹(Traking)은 동영상의 일정 영역이나 색상, 명도 등을 추적하여 데이터를 만드는 과정입니다. PART 08에서는 이러한 키잉과 트래킹의 적용 방법과 활용 방법에 대해 학습합니다.

PART 09 렌더링을 통한 최종 결과물 만들기

최종 결과물을 여러 가지 형태의 완성 파일로 만드는 과정을 '렌더링'이라고 하며 결과물은 다양한 형태로 만들어 배포할 수 있습니다. PART 09에서는 이러한 렌더링을 위한 다양한 설정 방법이나 렌더링을 위한 애프터 이펙트 환경 설정 방법에 대해 학습합니다.

PART 10 성능 향상을 위한 다양한 설정하기

작업자는 애프터 이펙트에서 작업하는 방식을 제대로 익히고 사용해야 합니다. 또한 프로젝트에서 특정 처리 과정을 수행하는 시기를 제어하여 성능을 향상 시킬 수도 있습니다. PART 10에서는 프로젝트의 성능 향상을 위한 방법들과 자주 사용하는 단축키에 대해 간단히 학습합니다.

부록 CD

이 책에서 제공하는 부록 CD에는 각 Part별 예제 파일과 완성 파일이 수록되어 있습니다. 부록 CD의 파일들은 내 컴퓨터에서 복사한 후에 사용할 것을 권장합니다.

■ 예제 파일 사용법

부록 CD의 각 Part별 폴더에는 각 Part별로 제공하는 예제 파일과 완성 파일이 수록되어 있습니다.

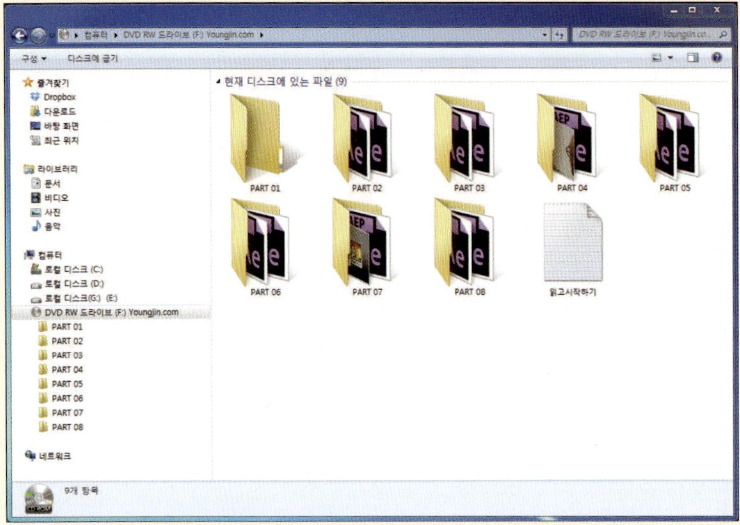

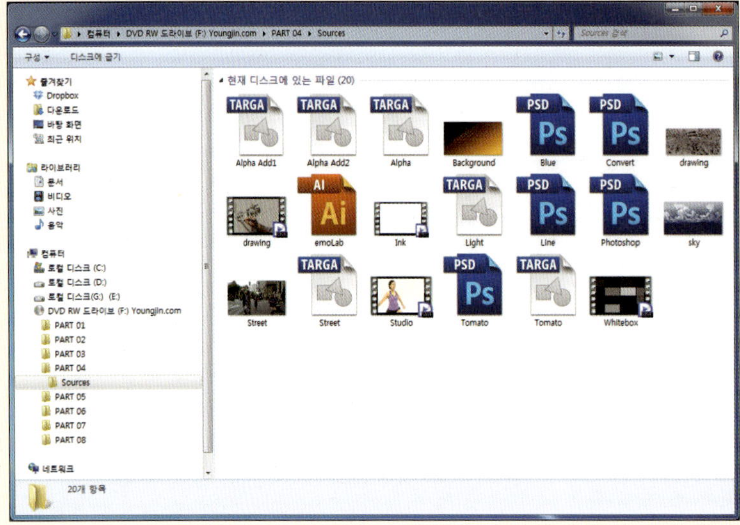

■ 홈페이지에서 부록 CD 자료 다운로드 받는 법

이 책에서 제공하는 부록 CD의 내용은 영진닷컴 홈페이지(www.youngjin.com)의 [고객센터]-[부록 CD 다운로드] 게시판에서 검색 창에 도서명이나 키워드를 입력한 후 다운로드 받아 사용하실 수 있습니다.

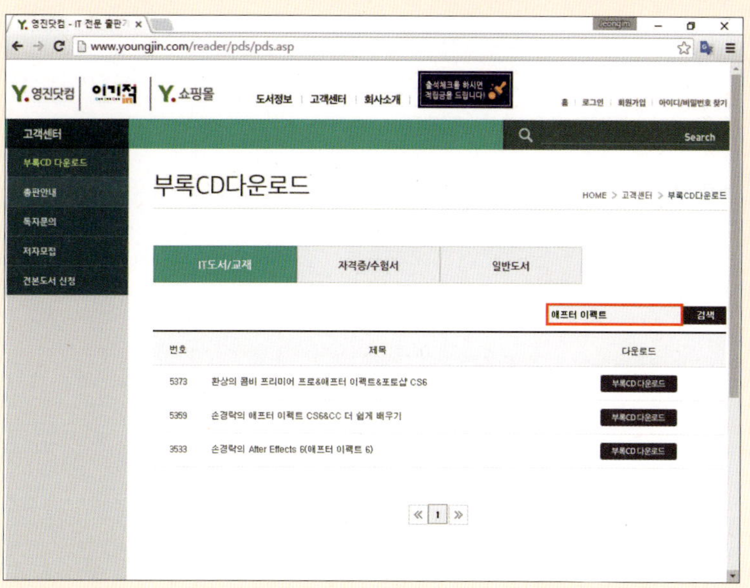

목차

PART 01

애프터 이펙트 기본기 다지기

PART 02

애프터 이펙트 패널과 친해지기

PART
03

레이어 관리하기

PART
06

문자, 셰이프 레이어, 그리고 이펙트

PART 07 · 계층구조와 익스프레션!

PART 08 · 키잉과 트래킹

프롤로그 _ 애프터 이펙트 CC

애프터 이펙트 CC(Creative Cloud)는 클라우드 기반의 새로운 소프트웨어입니다. 애프터 이펙트 CS6 이후에 업그레이드된 버전으로 기존의 CS6 버전에서 새로운 기능 몇 가지들이 추가되었습니다. 이 책에서는 CS6와 CC 버전 모두 학습이 가능하나 집필은 CS6 버전을 기준으로 진행되었습니다. 학습하기에 앞서 새로워진 애프터 이펙트 CC의 설치 방법과 기능에 대해 간단히 알아보겠습니다.

애프터 이펙트 CC에 추가된 사항

애프터 이펙트 CS6에서 기능들의 추가와 인터넷을 통한 프로그램 인증 제도를 진행하면서 애프터 이펙트 CC로 버전을 업그레이드하였습니다. 기본적인 모든 기능들은 동일하게 사용되며 가장 큰 변화는 3D 프로그램에서 제작된 장면을 애프터 이펙트에서 그대로 받아들여 사용할 수 있는 것입니다. 프로그램의 설치는 인터넷을 통해 진행되고 월 단위로 프로그램 비용을 결제하는 방식으로 바뀌었습니다.

애프터 이펙트 CC 설치하기

01. 애프터 이펙트 CC(Creative Cloud)를 사용하기 위해서는 먼저 어도비 사이트에 사용자의 계정을 만들어야 합니다. ID로 사용할 이메일과 암호 등을 입력하고 계정을 만들어야 프로그램을 설치할 수 있습니다.

02. 어도비 계정을 생성했으면 사이트에서 이메일과 패스워드를 입력하고 로그인합니다.

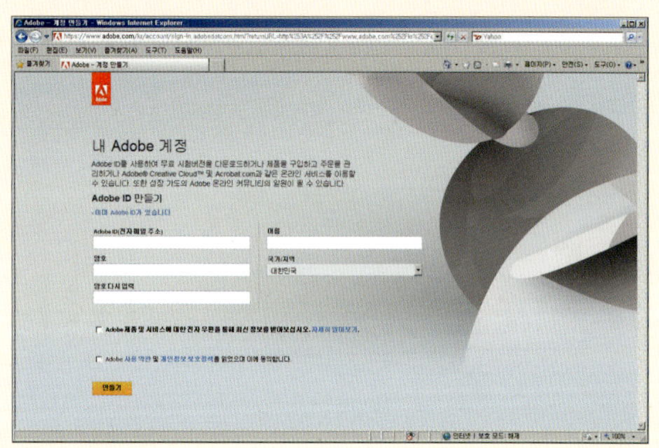

03. 어도비 홈페이지의 다운로드에서 제품 시험
버전을 선택하고 애프터 이펙트 시험버전을 클릭
합니다. 애프터 이펙트 CC 페이지에서 [시험버전
다운로드]를 클릭하여 'CreativeCloudSet-Up.exe'
를 실행하거나 다운로드하여 설치합니다.

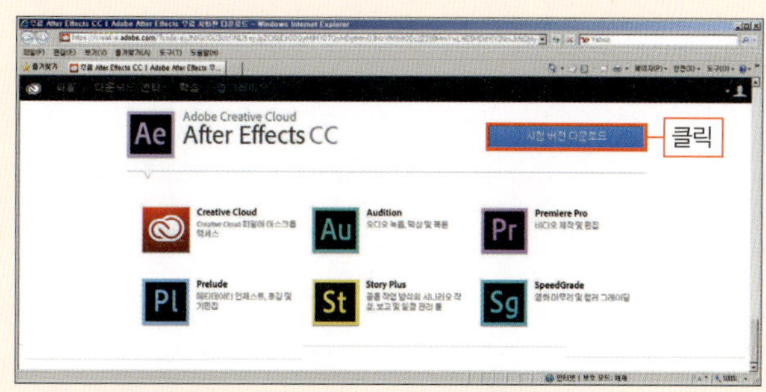

04. 'CreativeCloudSet-Up.exe'를 설치하고
'Adobe Creative Cloud'를 실행합니다. 어도비 계
정의 이메일과 패스워드를 입력하고 로그인합니
다. 어도비 소프트웨어 사용자 계약에서 [동의]
를 클릭하고 설치할 준비를 마무리합니다. Adobe
Creative Cloud를 사용하면 앱을 다운로드하거나
프로그램을 설치 및 업데이트할 수 있습니다. 또
한 데스크톱의 Behance에서 사용자가 제작한 크
리에이티브한 작업을 전시하거나 검색할 수 있습
니다.

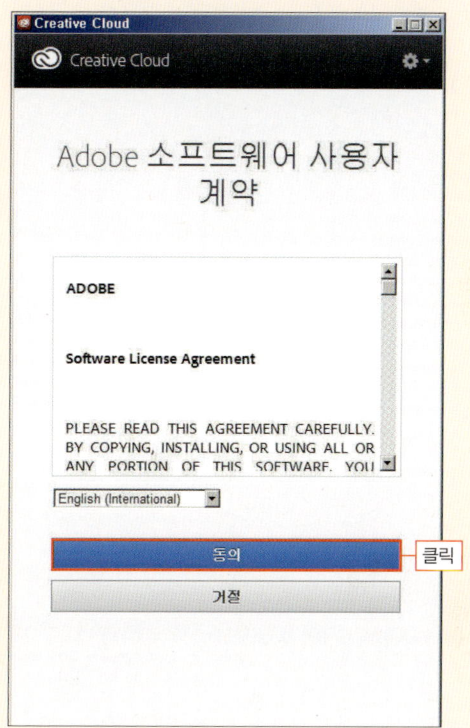

05. Adobe Creative Cloud가 애프터 이펙트 CC
의 설치를 진행합니다. 프로그램 설치가 진행되고
있는 바의 우측 x표시를 클릭하여 설치를 중단하
고 현재 설치되는 프로그램의 언어를 설정하도록
합니다. Adobe Creative Cloud의 우측 상단 메뉴
를 클릭하여 환경설정이 나타나도록 합니다. 환경
설정에서 [Apps]를 클릭하고 [앱 언어]를 'English'
로 선택해야 프로그램이 영문으로 설치됩니다. 만
약 한글로 설정되어 있다면 프로그램이 한글로
설치되므로 유의하시기 바랍니다.

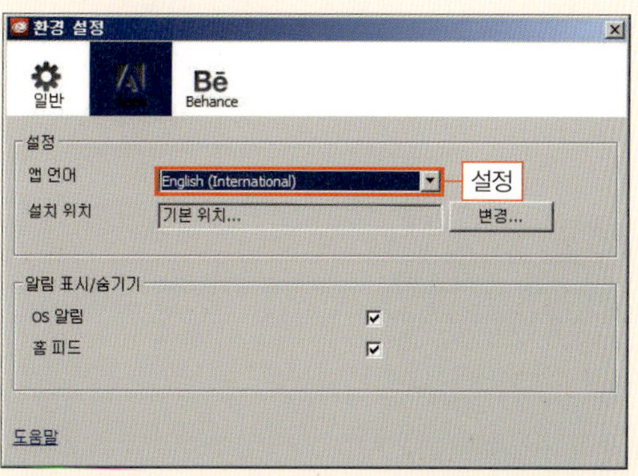

06. 어도비사의 다른 응용 프로그램의 시험버전의 설치를 원한 다면 아이콘을 클릭해 설치할 수 있습니다.

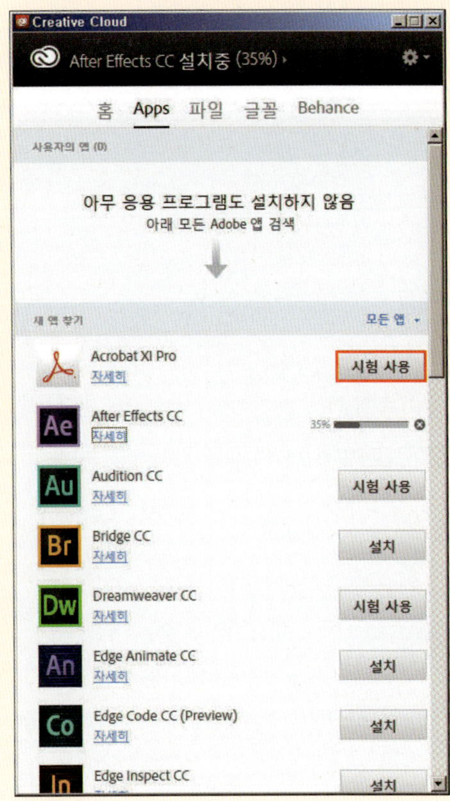

새롭게 업그레이드된 기능들

시네마 4D와 통합되어 3D 장면을 애프터 이펙트에서 직접 사용할 수 있고, 로토 브러시에서 거친 부분을 처리할 때 더욱 부드럽게 사용할 수 있도록 [가장자리 다듬기 툴]( )이 추가되었습니다. 동영상에 모션 블러를 적용하는 Pixel Motion Blur와 레이어를 이동할 때 스냅을 설정할 수 있습니다.

3D Camera Tracker에 라이트에 의해 생성되는 그림자 레이어와 특정 트래커를 선택하여 좌표를 재설정하거나, 마스크를 트래킹하는 기능, 프로그램의 설정을 클라우드와 동기화 시키는 기능들이 포함되어 있습니다.

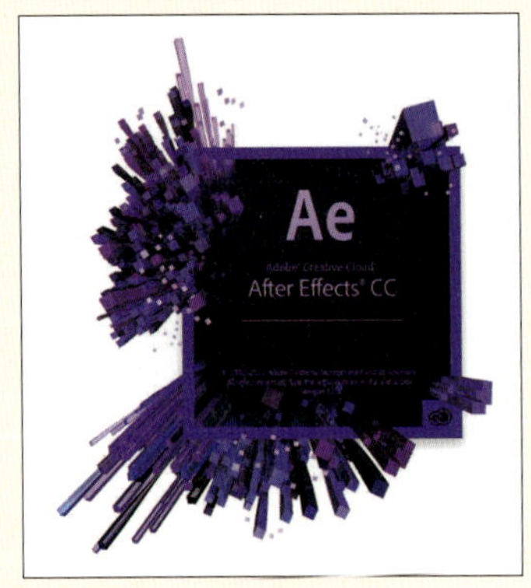

■ 변화된 인터페이스

애프터 이펙트 CS6와 애프터 이펙트 CC에서 인터페이스에서 외관상으로 바뀌어 보이는 것은 위쪽에 있는 'Snapping' 명령과 'Sync' 명령의 아이콘이 추가된 것때문입니다.

'Snapping'을 체크하면 [Composition] 패널에서 마우스로 레이어를 잡고 이동할 때 다른 레이어에 자석과 같이 달라 붙거나 정렬됩니다. 마우스로 레이어의 어느 위치를 잡고 드래그하느냐에 따라 정렬되는 위치가 다릅니다. 'Sync' 명령은 어도비 계정의 클라우드에 프로젝트 설정을 동기화해 사용할 수 있습니다.

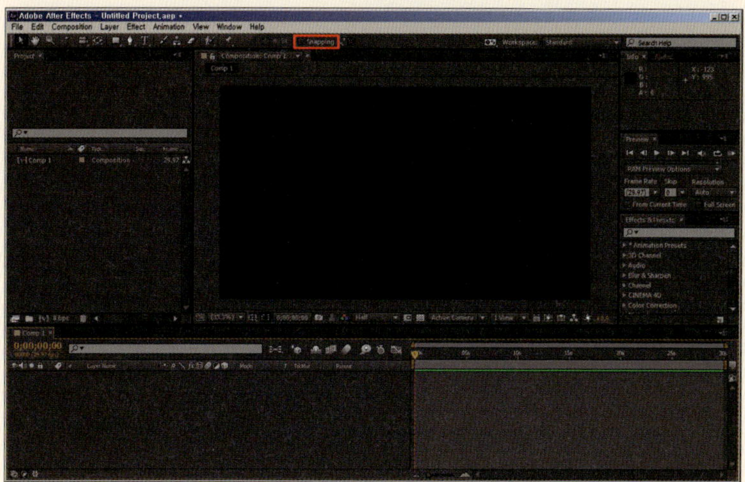

■ 시네마 4D와의 통합

어도비사의 애프터 이펙트 CC와 맥슨(Maxon)사의 시네마(Cinema) 4D가 통합되어 복잡한 3D 오브젝트와 장면 및 애니메이션을 변환 없이 사용할 수 있습니다. 맥슨사의 시네마 4D에 사용되는 렌더링 엔진인 CineRender가 애프터 이펙트와 통합되어 애프터 이펙트에서 시네마 4D 파일을 기반으로 레이어를 렌더링할 수 있습니다. 시네마 4D에서 오브젝트를 렌더링하지 않고 3D 프로젝트를 애프터 이펙트에서 직접 사용해 작업의 효율성을 높였습니다.

애프터 이펙트에서 이펙트로 사용되는 CINEWARE 효과는 렌더링 설정을 제어합니다. 렌더링 품질의 제어와 렌더링에 사용되는 카메라, 패스, 또는 시네마 4D 레이어를 지정할 수도 있습니다. CINEWARE 효과는 컴포지션에서 시네마 4D 파일을 기반으로 레이어를 만들 때 자동으로 적용되며, 각 시네마 4D 레이어마다 자체적인 렌더링 및 표시 설정이 있습니다.

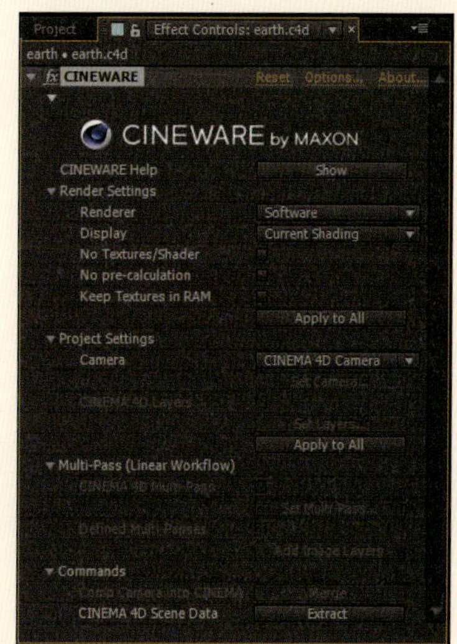

애프터 이펙트 CC를 설치하면 시네마 4D Lite 응용 프로그램이 함께 설치되며 시네마 4D에서 제작된 파일을 수정할 수 있습니다. 시네마 4D에서 제작된 3D 파일의 확장자는 '*.C4D'를 사용하며 애프터 이펙트에서 다른 파일을 사용할 때와 동일한 방법으로 불러와 사용합니다.

'C4D' 파일을 불러오려면 'CD\PART 01\Sources' 폴더에서 'earth.c4d' 파일을 사용해 보시기 바랍니다.

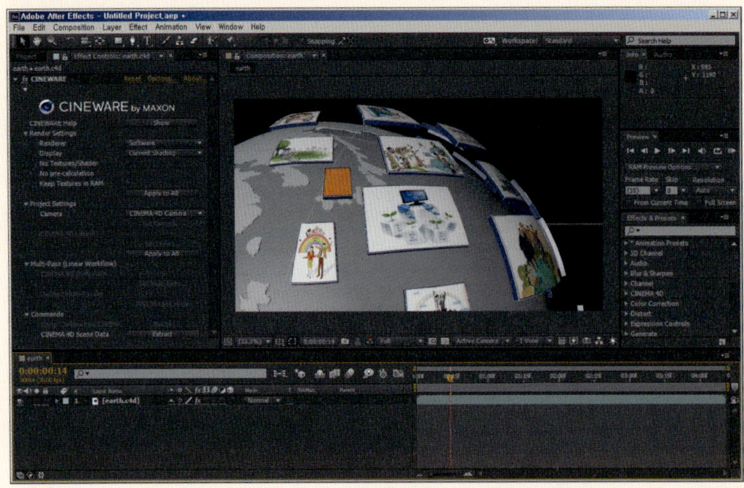

■ 로토 브러시에 추가된 가장자리 다듬기 툴

애프터 이펙트 CS6와 동일한 기능으로 로토 브러시 기능을 사용할 수 있습니다. 로토 브러시에 [가장자리 다듬기 툴](📷)이 추가되었으며 머리카락이나 나무 등의 복잡한 외각을 가지고 있는 파일에 적용하여 더욱 부드러운 결과물을 만들 수 있습니다. [가장자리 다듬기 툴](📷)을 상용하기 위해서는 먼저 [로토 브러시 툴](📷)을 사용해 분리할 이미지의 영역을 먼저 만들고 복잡한 영역을 구분해야 하는 부분에 [가장자리 다듬기 툴](📷)을 사용해 다시 한 번 영역을 구분해 주면 됩니다.

■ Pixel Motion Blur

지금까지는 애프터 이펙트에서 생성된 오브젝트가 아니면 움직임에 따라 블러를 적용할 수 없었습니다. 새롭게 추가된 Pixel Motion Blur를 사용해 촬영된 동영상에 움직임에 따른 블러를 적용해 자연스러운 모션을 적용할 수 있습니다.

■ 3D Camera Tracker

기존 CS6와 사용 방법은 동일하며 3D 레이어에 그림자를 생성할 수 있는 기능과 카메라를 C4D(Cinema 4D)에서 사용할 수 있도록 설정할 수 있습니다. 동영상을 트래킹한 이후 트랙 포인트를 선택하고 'Create Catcher Shadow'를 적용하면

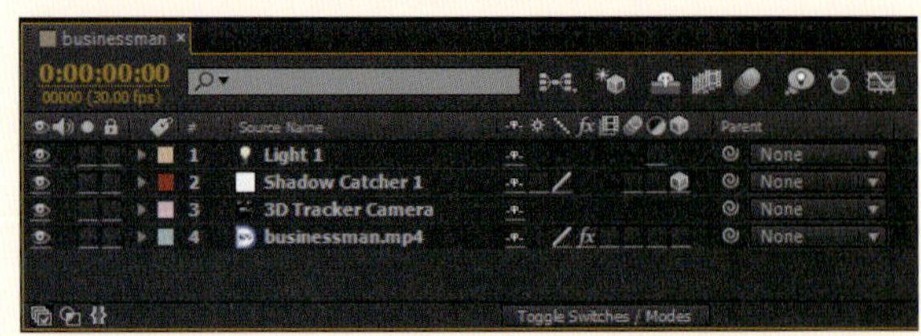

[Timeline] 패널에 카메라와 그림자 레이어, 라이트가 생성됩니다.

시네마 4D와 카메라를 동일하게 사용하기 위해 트래킹을 진행하고 트랙 포인트를 선
택하고 'Set Ground Plane and Origin'을 선택하여 바닥으로 사용할 패널을 지정합니다.
3D Camera Tracker [Effects] 패널에서 [Create Camera]를 클릭해 [Timeline] 패널에 카
메라를 생성합니다. 애프터 이펙트에 생성된 카메라와 바닥을 시네마 4D에서 사용하기
위해 'File'–'Export'–'MAXON CINEMA 4D Exporter'를 선택해 저장하고 시네마 4D와 연
동해 사용할 수 있도록 합니다.

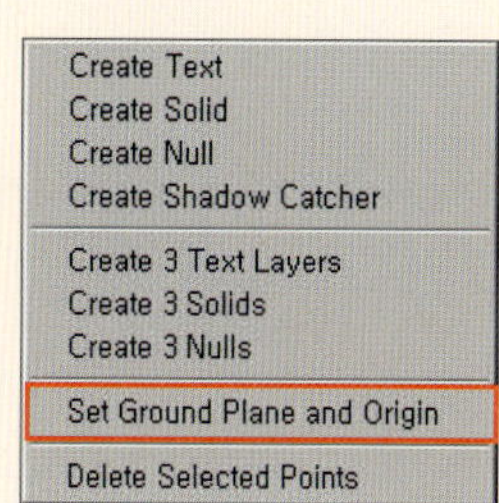

■ 마스크 트래킹하기

애프터 이펙트 CS6와 동일하게 마스크를 사용하며 동영상에 마스크를 만들었을 때
동영상의 정보를 트래킹해 마스크를 자동으로 생성하는 기능이 추가되었습니다. 동
영상에 트래킹할 마스크를 만들고 'Animation'–'Track Mask'를 선택하면 다음과 같이
[Tracker] 패널이 나타나며 마스크의 위치와 크기, 회전, 기울기 등에 따라 동영상을 트
래킹할 수 있습니다.

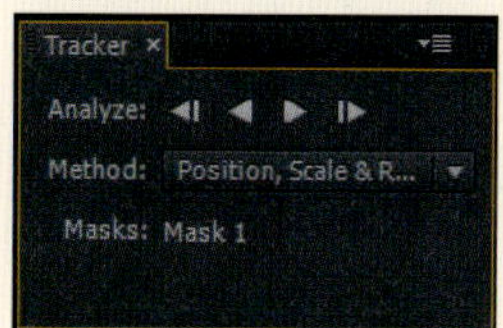

■ 동영상의 확대

SD로 촬영된 동영상을 애프터 이펙트에서 크기를 확대하면 픽셀이 깨져 선명하지 않고 사용할 수 없는 정도로 뭉개
지는 것을 확인할 수 있습니다. 이러한 문제를 해결하기 위해 이펙트에서 'Detail–preserving Upscale'를 사용해 크기를
조절하면 원본과 동일하지는 않지만 어느 정도 화질을 보정해줍니다.

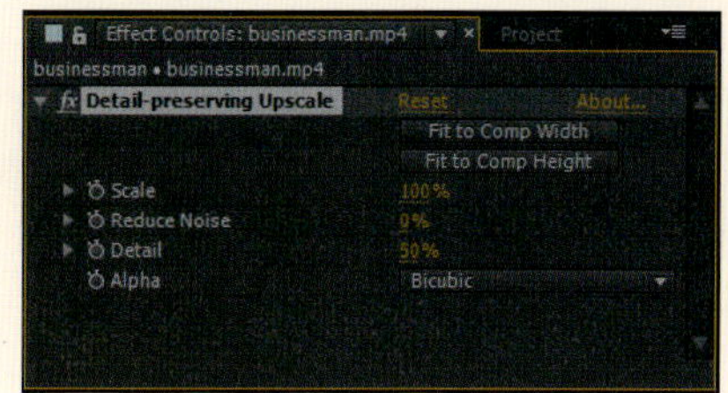

애프터 이펙트 CC에 대한 자세한 내용은 저자가 운영하는 카페에서 확인하실 수 있습니다.

카페는 Daum에서 'Vizcomp'를 검색하거나 'http://cafe.daum.net/vizcomp'에 방문하세요.

01

애프터 이펙트
기본기 다지기

애프터 이펙트를 처음 사용하면 프로그램이 너무 어렵게 느껴질 수 있습니다. 실제로도 프로그램을 사용하면 할수록 어렵다는 말이 더 어울리는 프로그램입니다. 그러나 애프터 이펙트를 좀 더 쉽게 접근할 수 있습니다. 기초부터 하나씩 다져 간다면 더욱 재미있게 학습할 수 있을 것이라 생각합니다. 그러면 지금부터 시작해보겠습니다.

한 번 해볼까? 애프터 이펙트!

이번에는 애프터 이펙트를 시작하기 위해 기본적으로 알아두어야 할 프로그램의 응용 범위와 도움을 주는 기능 등에 대해 설명합니다. 애프터 이펙트는 어떠한 분야에 사용되며, 컴퓨터의 성능은 어느 정도의 사양으로 가능한지 등에 대해 알아봅니다. 시스템과 소프트웨어는 지속적으로 변화하고 더욱 편리하게 작업을 진행할 수 있도록 도와주고 있습니다. 시스템과 소프트웨어를 제대로 알고 사용해야 실질적인 작업에 도움이 됩니다.

기초탄탄 ▶ 애프터 이펙트와 시스템 알아보기

■ 컴퓨터의 성능향상을 위한 부품들

애프터 이펙트는 다양한 미디어 분야에 사용되며, 애프터 이펙트를 사용하기 위해서는 하드웨어적인 성능이 뒷받침되어야 합니다. 컴퓨터에서 기본이 되는 CPU를 제외하고 중요한 것이 메모리, 그래픽 카드, 그리고 하드 디스크입니다.

▲ 메모리(RAM)

▲ 그래픽 카드(VGA)

▲ 하드 디스크(SSD)

- 메모리 : 애프터 이펙트는 램 프리뷰를 위해 메모리를 많이 사용하기 때문에 컴퓨터에 메모리가 많을수록 좋습니다.

- 그래픽 카드 : 애프터 이펙트에서 새롭게 지원되는 GPU를 사용하기 위해 GPU를 지원하는 그래픽 카드를 장착하는 것이 좋습니다.

- 하드 디스크 : 일반적인 하드 디스크는 읽기와 쓰기 속도가 초당 150MB 이하의 속도를 나타내지만 SSD(Solid State Drive)는 읽기와 쓰기 속도가 500MB 이상을 나타냅니다. 일반적인 하드 디스크를 사용하는 것보다 SSD를 사용하면 더욱 빠른 속도의 작업을 진행할 수 있습니다.

애프터 이펙트를 사용하기 위해서는 최소한의 하드웨어 사양을 갖추는 것이 중요하며, 최소한의 하드웨어 사양을 갖췄다 하더라도 최소 하드웨어 사양만으로는 애프터 이펙트를 제대로 사용할 수 없으므로 가능한 좋은 사양을 갖추는 것이 중요합니다.

■ 참고 사이트

애프터 이펙트를 사용할 때 도움을 얻을 수 있는 다양한 사이트들이 있습니다. 애프터 이펙트의 [Help] 메뉴를 통해 다양한 정보를 얻을 수 있습니다. 또한 동영상을 통해 프로그램에 대한 정보를 확인하기 위해서는 https://tv.adobe.com에 방문하여 확인할 수 있습니다.

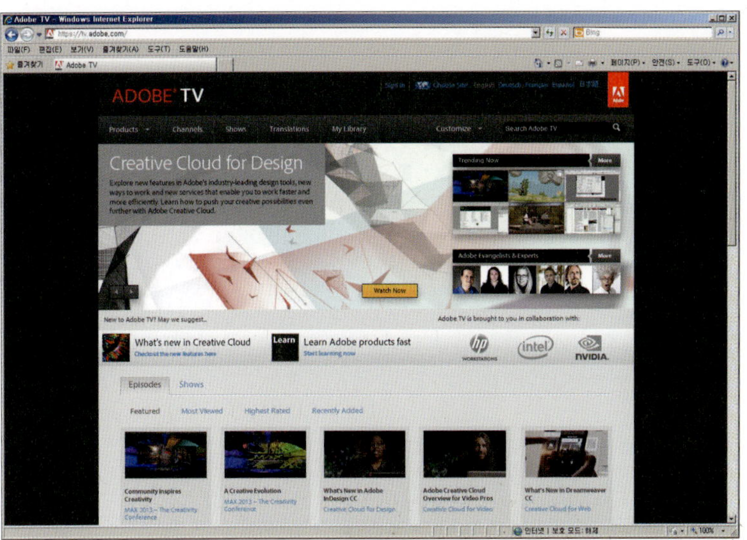

▲ Adobe TV

소비자의 요구와 기술의 발달은 방송 환경과 컴퓨터 환경을 급격하게 변화시키고 있습니다. 방송 환경은 아날로그 환경에서 디지털 환경으로 전환되는 단계에 도립했습니다. 지상파 아날로그 TV 방송은 2012년 12월 31일을 기점으로 종료되었고, 디지털 방송으로 전환되었습니다. 이에 따라 컴퓨터 환경도 더욱 빠른 정보처리 능력을 갖추고 사용자의 책상에 놓이고 있습니다. 이러한 하드웨어적인 변화는 소프트웨어의 변화를 가속시키고 있습니다. 소프트웨어의 변화도 하나의 프로그램이 개별적으로 변화하는 것이 아니고, 프로그램의 상호 연동을 통해 더욱 효과적인 업무추진이 가능하도록 합니다. 지금 학습하고자 하는 애프터 이펙트 또한 상호 연동이 효과적인 프로그램으로 사용자 위주의 인터페이스와 기능들을 갖추고 있습니다.

어도비사에서 제공하는 어도비 크리에이티브 스위트(Adobe Creative Suite) 시리즈는 영상 및 그래픽 관련 소프트웨어들을 연동시켜 동영상 편집에서부터 그래픽, 특수효과, 사운드 디자인, DVD 제작까지 아우르는 솔루션을 제공하고 있습니다. 2013년 7월부터 어도비 크리에이티브 스위트의 뒤를 이어 어도비 크리에이티브 클라우드(Adobe Creative Cloud)로 새롭게 바뀌었으며 기존의 프로그램에서 몇 가지 기능이 추가되거나 업그레이드되었습니다.

크리에이티브 클라우드는 월별, 또는 연간 결제를 통해 프로그램을 사용할 수 있습니다. 기존 CS3 이상 사용자는 할인된 가격에 서비스를 이용할 수 있습니다.

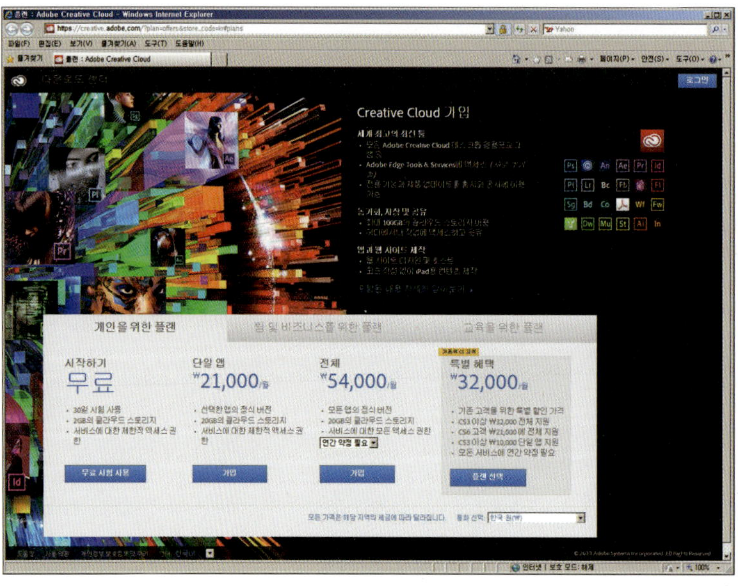

▲ 어도비사의 다운로드 센터 화면

지금부터 설명하는 내용들은 어도비 크리에이티브 스위트 6.0을 기준으로 하며, 어도비 크리에이티브 클라우드에 추가된 내용은 저자가 운영하는 카페를 통해 설명할 계획입니다. 카페 주소는 http://cafe. daum.net/vizcomp이며 포털 사이트 Daum에서 'vizcomp'를 검색하면 쉽게 접속할 수 있습니다.

▲ 어도비 크리에이티브 스위트

크리에이티브 스위트의 종류로는 디자인 & 웹 프리미엄(Design & Web Premium), 프로덕션 프리미엄(Production Premium), 마스터 콜렉션(Master Collection) 등이 있습니다. 비디오 제작을 위해 주로 사용하는 어도비사의 CS(Adobe Creative Suite) 제품으로 프로덕션 프리미엄이 있으며 여기에 패키지로 구성되는 소프트웨어는 다음과 같습니다.

아이콘	프로그램명
Ae	Adobe After Effects
Pr	Adobe Premiere Pro
Ps	Adobe Photoshop Extended
Au	Adobe Audition
Sg	Adobe SpeedGrade CS
Fl	Adobe Flash Professional
Ai	Adobe Illustrator
Pl	Adobe Prelude
En	Adobe Encore
Br	Adobe Bridge
	Adobe Media Encoder

어도비 크리에이티브 스위트 6.0 프로덕션 프리미엄(Adobe Creative Suite 6.0 Production Premium)은 더욱 빨라진 오디오 편집 기능, 향상된 워크플로우 및 고급 합성 효과, 3D 공간추적, 3D 입체 글자 등의 기능과 기록 및 인제스트를 위한 어도비 프렐류드(Adobe Prelude), 색상의 완성을 위한 어도비 스피드그레이드(Adobe SpeedGrade)가 새롭게 추가되었습니다. HD 디지털 방송을 제작할 수 있는 고성능 비디오 프로덕션 소프트웨어로 어도비 머큐리 플레이백 엔진(Adobe Mercury Playback Engine)과 혁신적인 기능을 통해 더욱 짧은 시간에 최고의 작품을 제작할 수 있도록 도와줄 것입니다.

애프터 이펙트는 어도비 크리에이티브 스위트 마스터 콜렉션과 프로덕션 프리미엄에 포함되어 있으며 독자적으로 사용할 수 있고, 비디오 제작을 위해 다른 프로그램들과 상호 연동하여 더욱 효율적으로 사용할 수 있습니다. 시각 효과와 뛰어난 모션 그래픽을 사용하여 사용자가 표현하고자 하는 영상을 실현할 수 있습니다. 또한 다양한 미디어 유형에 맞추어 결과물의 제작이 가능하며, 정교한 도구를 사용하여 더욱 정밀한 작업을 할 수 있습니다. 어도비의 주요 디자인 응용 프로그램과의 긴밀한 통합을 활용해 자신이 원하는 디자인의 영상을 제작할 수 있습니다. 또한 간결한 인터페이스를 통해 사용자 정의가 가능한 수백 가지의 사전 설정 및 템플릿을 사용해 프로젝트를 빠르고 효율적으로 운영할 수 있습니다. 이러한 모든 기능을 사용해 머릿속의 이미지를 형상화하고, 모든 사용자의 업무에 더욱 높은 생산성으로 자리매김할 것입니다.

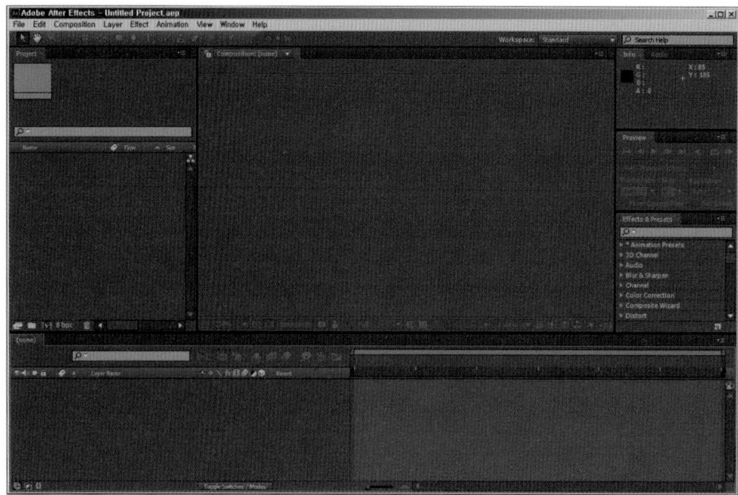

▲ 애프터 이펙트 CS6 작업 화면

애프터 이펙트 CS5부터는 64비트에서만 프로그램이 설치되도록 설계되어 있습니다. 그렇기 때문에 기존에 사용하던 32비트 운영체제와 하드웨어로는 애프터 이펙트를 설치하여 사용할 수 없습니다. 새롭게 업그레이드된 버전을 사용하기 위해서는 컴퓨터를 64비트로 교체해야 합니다. 64비트를 사용해야 하는 이유는 32비트 운영체제에서는 메모리를 3.3GB 정도 밖에 인식하지 않아 아무리 메모리를 많이 꽂아도 성능의 향상을 가져올 수 없기 때문입니다. 또한 64비트와 호환되는 프로그램이 증가했고, 하드웨어 드라이버도 대부분 사용 가능합니다.

Windows 7의 경우 운영체제의 종류에 따라 메모리를 지원하는 최대치가 다릅니다. Windows 7 Professional 이상의 운영체제를 사용해야 시스템이 최대의 성능을 발휘할 수 있습니다. 프로그램 설치를 위해 현재 내가 사용하고 있는 컴퓨터가 32비트인지 64비트인지 어떻게 구별할 수 있는지 알아보겠습니다. 최근 많이 사용하는 Windows 7을 기준으로 설명하도록 하겠습니다.

01. 내 컴퓨터의 CPU가 64비트라고 하더라도 운영체제가 32비트로 설치되어 있다면 32비트 프로그램만 설치할 수 있습니다. 바탕화면에서 '내 컴퓨터'를 더블클릭하고 [Windows 탐색기] 창 위쪽의 [시스템 속성]을 클릭합니다. [시스템] 창에서 다음과 같이 32비트의 운영체제인지 64비트의 운영체제인지 확인할 수 있습니다.

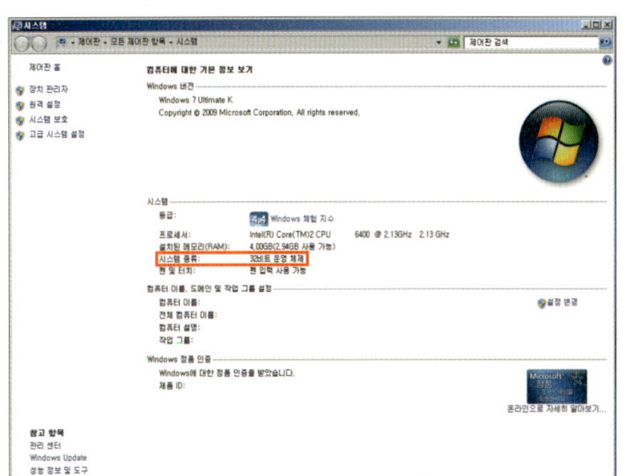

▲ 32비트 운영체제

▲ 64비트 운영체제

02. 이제 내 컴퓨터의 CPU가 64비트인지 32비트인지 확인해 봅니다. 마우스로 [시작]을 클릭하고 검색 창에 'cmd'를 입력하고 Enter 를 누릅니다. [cmd] 창이 나타나면 'set'을 입력하고 Enter 를 누릅니다. 이어 시스템에 관련된 다양한 정보가 나타나며 그 중 PROCESSOR_ARCHITECTURE를 보면 'AMD64'라고 64비트를 나타내는 64라는 숫자가 나타납니다.

▲ 64비트의 CPU

03. 32비트는 PROCESSOR_ARCHITECTURE
에 'x86'이라고 나타납니다.

```
C:\Windows\system32\cmd.exe
NUMBER_OF_PROCESSORS=2
OS=Windows_NT
Path=C:\Windows\system32;C:\Windows;C:\Windows\System32\Wbem;C:\Windows\System32
\WindowsPowerShell\v1.0\;C:\Program Files\QuickTime\QTSystem\
PATHEXT=.COM;.EXE;.BAT;.CMD;.VBS;.VBE;.JS;.JSE;.WSF;.WSH;.MSC
PROCESSOR_ARCHITECTURE=x86
PROCESSOR_IDENTIFIER=x86 Family 6 Model 15 Stepping 6, GenuineIntel
PROCESSOR_LEVEL=6
PROCESSOR_REVISION=0f06
ProgramData=C:\ProgramData
ProgramFiles=C:\Program Files
PROMPT=$P$G
PSModulePath=C:\Windows\system32\WindowsPowerShell\v1.0\Modules\
PUBLIC=C:\Users\Public
QTJAVA=C:\Program Files\QuickTime\QTSystem\QTJava.zip
SESSIONNAME=Console
SystemDrive=C:
```

▲ 32비트의 CPU

문제
해결
만약 CPU가 64비트로 확인되는데 32비트용 윈도우가 설치되어 있을 시 64비트용 운영체제로 교체하여 설치한다면 성능을 향상 시킬 수 있습니다.

04. 다음은 윈도우와 매킨토시에서 애프터 이펙트를 사용하기 위한 최소한의 시스템 요구사항은 다음과 같습니다.

＊ Windows

- Intel® Core™2 Duo 또는 AMD Phenom® II 프로세서(64비트 지원 필요)
- 64비트 운영체제 필요 : Microsoft® Windows® 7 서비스 팩1(64비트), Windows 8 또는 Windows 8 Pro
- 4GB 이상의 메모리(8GB 이상 권장)
- 5GB 이상의 하드 디스크 여유 공간 및 추가적인 콘텐츠를 위한 하드 디스크 여유 공간
- 디스크 캐시를 위한 추가 디스크 공간 10GB 이상 권장
- OpenGL 2.0 지원 그래픽 카드가 장착된 디스플레이(1208×900 이상의 디스플레이)
- DVD-ROM 드라이브
- QuickTime 7.6.6 소프트웨어
- 옵션 : 3D 렌더러를 위한 Adobe 인증 GPU 카드

＊ Mac OS

- 멀티코어 Intel® 프로세서(64비트 지원)
- Mac OS × v10.7.4 또는 v10.8
- 4GB 이상의 메모리(8GB 권장)
- 5GB의 하드 디스크 여유 공간 및 추가적인 콘텐츠를 위한 하드 디스크 여유 공간
- 디스크 캐시를 위한 추가 디스크 공간 10GB 이상 권장
- OpenGL 2.0 지원 그래픽 카드가 장착된 디스플레이(1440×900 이상의 디스플레이)
- DVD-ROM 드라이브
- QuickTime 7.6.6 소프트웨어
- 옵션 : 3D 렌더러를 위한 Adobe 인증 GPU 카드

동일한 64비트 시스템에서 애프터 이펙트 CS4와 CS6의 램 프리뷰를 확인해보도록 하겠습니다. 일반적으로 내 컴퓨터에 메모리가 많이 설치되어 있으면 램 프리뷰도 그만큼 많이 진행됩니다. 그러나 CS4는 64비트를 지원하는 프로그램이 아니므로 CS6과 동일한 사양의 컴퓨터를 사용해 램 프리뷰를 해도 프리뷰 시간은 미흡합니다. 미디어의 사이즈가 커지면서 CS4는 프리뷰를 위해 많은 시간을 낭비합니다. 이제 Full HD 사이즈(1920×1080pixels)로 작업하기 위해서는 64비트의 시스템으로 변경해야 합니다. CS6는 더욱 긴 램 프리뷰를 지원하여 더욱 빠른 작업을 할 수 있도록 도와줍니다. 동일한 사양의 시스템에서 CS4와 CS6의 램 프리뷰 시간은 2배에서 10배 이상의 차이를 가져옵니다. 또한 프레임의 크기와 소스 파일 크기가 큰 컴포지션도 렌더링할 수 있습니다. 또한 메모리에 제한 없이 더욱 높은 비트 심도에서 작업할 수 있습니다.

01. 애프터 이펙트 CS4의 [Edit]–[Preferences]– [Memory &Multiprocessing] 메뉴를 클릭해 [Preferences] 대화상자의 [System]에서 메모리를 살펴보면 설치된 메모리는 8GB이고 애프터 이펙트가 사용하고 있는 메모리는 2.4GB인 것을 알 수 있습니다.

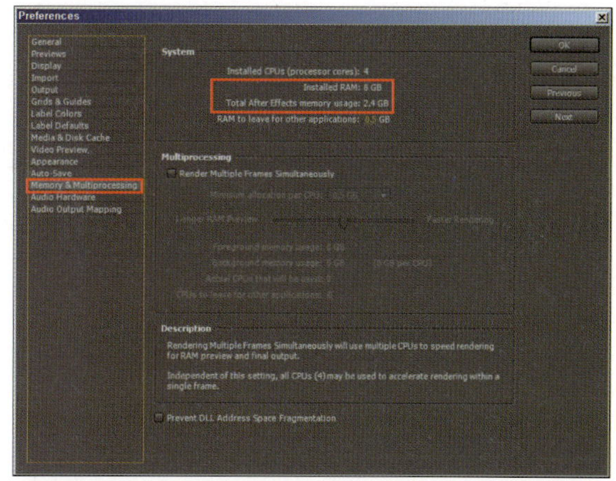

02. 그렇다면 애프터 이펙트 CS6는 어떤지 알아봅니다. [Edit]–[Preferences]–[Memory & Multiprocessing] 메뉴를 클릭해 [Preferences] 대화상자의 [Memory]에서 메모리를 살펴보면 설치된 메모리는 8GB이고 애프터 이펙트가 사용하는 메모리도 8GB라는 것을 알 수 있습니다. CS6가 64비트를 지원하면서 메모리를 사용할 수 있는 범위가 넓어지게 되었습니다. 이렇듯 애프터 이펙트 CS4와 CS6의 차이점은 32비트를 지원하는 것과 64비트를 지원하는 것이 다릅니다. 내 컴퓨터의 사양이 좋다면 CS6를 사용하는 것이 CS4를 사용하는 것보다 훨씬 유리하게 되는 것입니다. CS6는 그 외에 다양한 기능들이 추가되어 더욱 효율적인 작업을 할 수 있도록 도와줍니다.

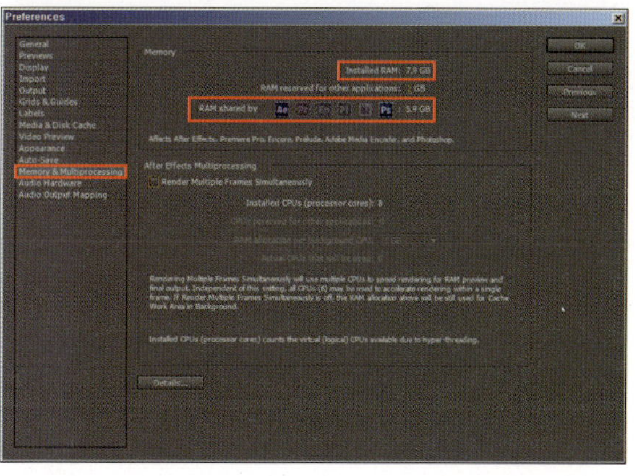

TIP : 애프터 이펙트는 프리미어 프로, 앙코르, 미디어 인코더와 메모리를 공유합니다. 각각의 응용 프로그램이 실행 중이 아닌 경우 아이콘은 흐리게 표시됩니다. 각 응용 프로그램에 할당되는 메모리는 동적으로 관리되며, 응용 프로그램이 실행되면 실행된 프로그램에 RAM의 용량이 늘어나고 종료되면 다른 프로그램의 RAM이 증가하게 됩니다.

애프터 이펙트를 더욱 효율적으로 사용하기 위해서는 불필요하게 사용되는 요소들을 최소화해야 합니다.

01. 내 컴퓨터가 64비트의 하드웨어와 운영체제로 이루어져 있는지 확인해 봅니다.

연관
검색 내 컴퓨터의 시스템 종류 확인 방법은 31P의 내용을 참고하세요.

02. 운영체제의 기본 폰트 이외에 추가된 폰트 중 사용하지 않는 폰트는 지우도록 합니다. [시작]-[제어판]-[글꼴]을 클릭하면 내 컴퓨터에 설치된 폰트를 확인할 수 있으며, 불필요한 폰트는 선택한 후 **Delete**를 눌러 지울 수 있습니다.

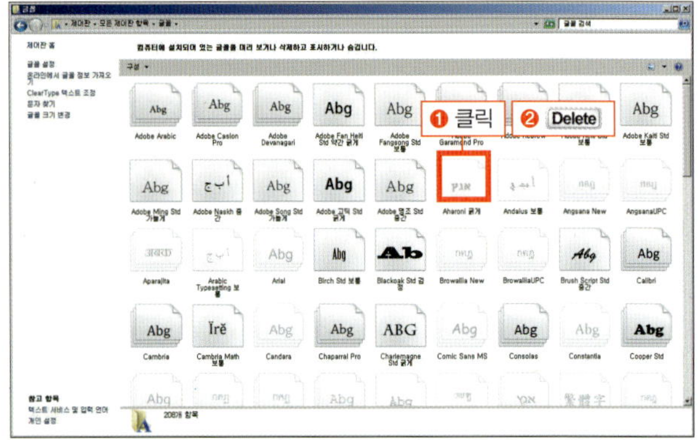

03. 최신 버전의 애프터 이펙트와 사용 가능한 모든 업데이트가 설치되었는지 확인합니다. 애프터 이펙트 CS6에서 [Help]-[Updates] 메뉴를 선택해 확인할 수 있습니다.

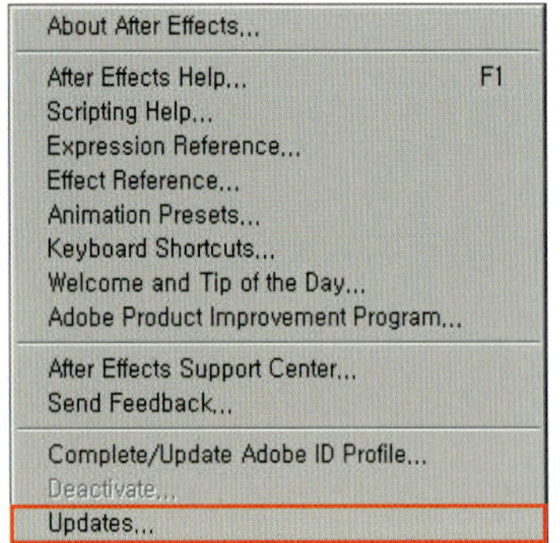

04. 내 컴퓨터에 설치된 메모리가 충분한지 확인합니다. 최적의 성능을 얻으려면 프로세스의 코어당 2GB 이상의 RAM을 설치하는 것이 좋습니다. 시스템에서 현재 작업과 상관없는 응용 프로그램은 종료합니다.

TIP : CPU 코어(Core)

우리가 사용하는 CPU는 1개의 싱글 코어로 불리었습니다. 그렇지만 현재에는 2개, 4개, 6개, 8개, 12개의 코어를 사용하는 CPU가 대부분을 차지하고 있습니다. 2개 코어는 듀얼 코어, 3개 코어는 트리플 코어, 4개 코어는 쿼드 코어, 6개 코어는 헥사 코어, 8개 코어는 옥타 코어, 12개 코어는 옵테론 코어라 부릅니다. 간단하게 CPU는 일을 하는 작업장이고 코어는 작업장에서 일을 하는 사람들의 수라고 이해하면 됩니다.

05. 어도비 브릿지(Adobe Bridge)의 비디오 미리 보기와 같이 다른 응용 프로그램에서 실행되는 리소스 사용량이 높은 작업을 중지하거나 일시 중지합니다.

06. 최신 버전의 비디오 카드 드라이버와 플러그인을 설치했는지 확인하고, GPU를 사용하기 위해 NVIDIA사의 다음 그래픽 카드를 확인합니다. 그래픽 카드를 확인하려면 [시작]-[제어판]-[장치 관리자]를 클릭하고 [장치 관리자] 창에서 [디스플레이 어댑터]를 더블클릭하면 확인할 수 있습니다.

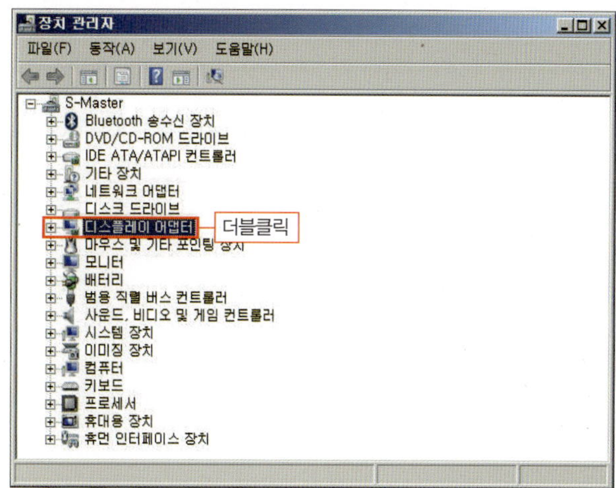

Windows	GeForce GTX 285, GeForce GTX 470, GeForce GTX 570, GeForce GTX 580, GeForce GTX 670, GeForce GTX 680, GeForce GTX 690, Quadro CX, Quadro FX 3700M, Quadro FX 3800, Quadro FX 3800M, Quadro FX 4800, Quadro FX 5800, Quadro 2000, Quadro 2000D, Quadro 2000M, Quadro 3000M, Quadro 4000, Quadro 4000M, Quadro 5000, Quadro 5000M, Quadro 5010M, Quadro 6000
Mac OS	GeForce GTX 285, GeForce GT 650M, Quadro FX 4800, Quadro 4000

07. Windows에서 투명한 윈도우 창으로 만들어주는 Aero 테마를 기본 설정으로 변경합니다. [시작]-[제어판]-[개인 설정]을 클릭하여 Aero 테마 설정을 [기본 및 고대비 테마]에서 선택 변경하여 사용합니다.

08. 제작하는 프로젝트의 파일은 가능한 빠른 하드 디스크 드라이브로 설정합니다. 하드 디스크의 성능에 다라 프로젝트의 실행 속도와 로딩 속도가 다르게 나타납니다.

애프터 이펙트의 메뉴 중 끝에 있는 [Help] 메뉴를 통해 애프터 이펙트에 대한 많은 정보를 얻어 궁금증을 해결할 수 있습니다. [Help] 메뉴에는 다음과 같은 메뉴들이 있습니다.

■ [Help] 메뉴

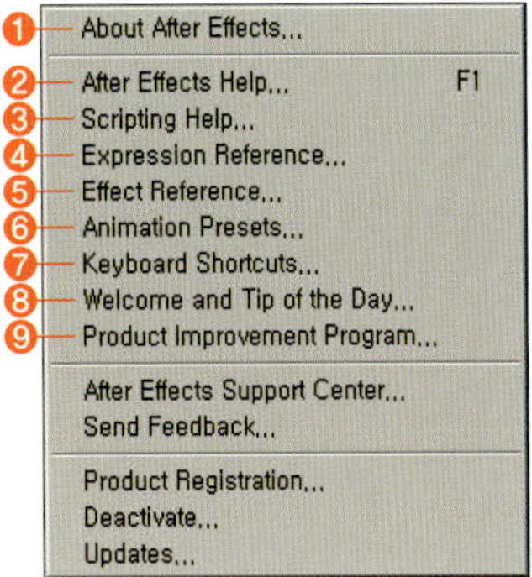

❶ About After Effects : 다음과 같이 프로그램에 대한 버전과 컴퓨터의 현재 메모리 정보, 플러그인의 개수에 대한 정보들을 볼 수 있습니다.

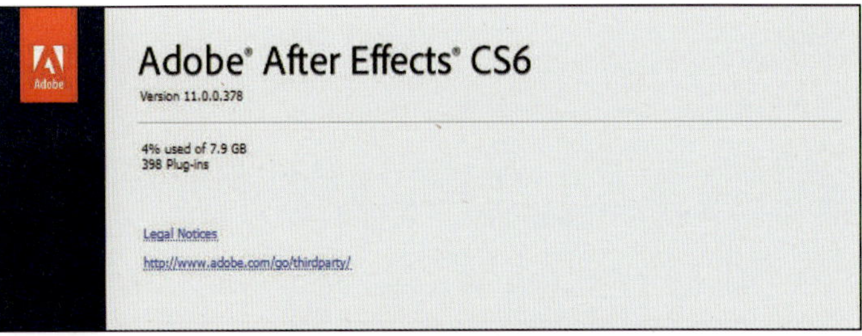

❷ After Effects Help(F1) : [Adobe Community Help] 창이 새롭게 나타나고 애프터 이펙트에 대한 기본 도움말을 볼 수 있습니다.

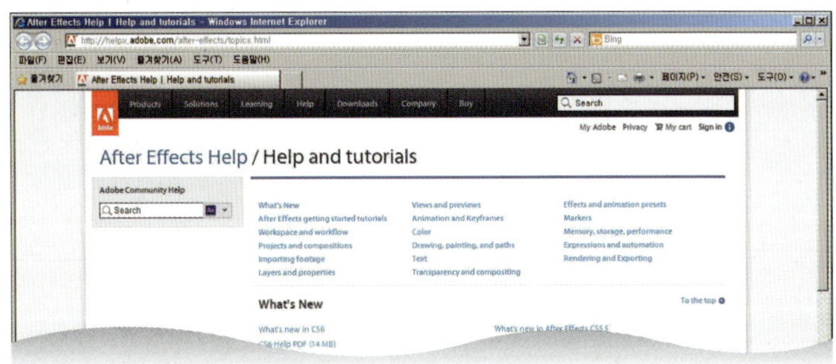

❸ Scripting Help : [Adobe Community Help] 창에서 애프터 이펙트의 스크립트에 대해 참조할 수 있습니다.

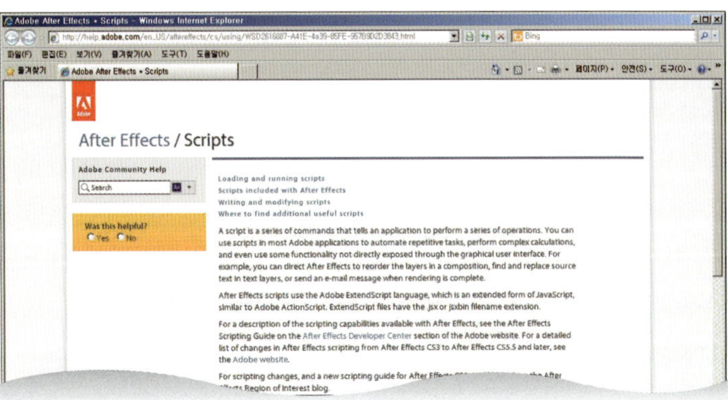

❹ Expression Reference : 익스프레션(Expression)에 대한 도움말이 나타납니다.

❺ Effect Reference : 기본으로 제공되는 이펙트에 대한 도움말이 나타납니다.

❻ Animation Presets : 배경이나 문자, 트랜지션, 이미지 등에 대한 도움말이 나타납니다.

❼ Keyboard Shortcuts : 애프터 이펙트 사용 중 단축키를 찾아 사용할 수 있는 도움말을 볼 수 있습니다.

❽ Welcome and Tip of the Day : 프로젝트를 열거나 새로운 컴포지션을 만들 수 있고, 이전에 저장했던 프로젝트를 불러올 수도 있습니다. 또한 287개의 애프터 이펙트 팁을 하나씩 살펴볼 수 있습니다. 왼쪽 아래의 'Welcome and Tip of the Day startup'이 체크되어 있으면 애프터 이펙트를 실행할 때마다 창이 나타납니다. 만약 보고 싶지 않다면 체크를 해지하면 됩니다.

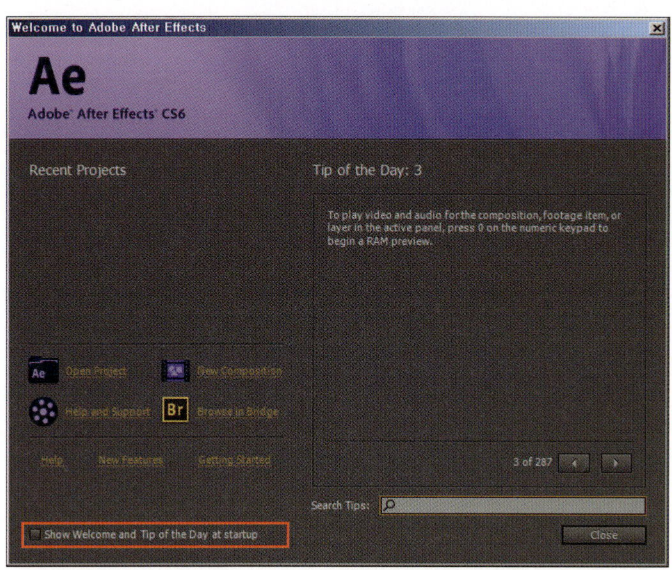

TIP : CC 버전인 경우는 [Welcome Screen] 메뉴로 나타납니다.

❾ Product Improvement Program : 어도비 제품의 개선을 위해 설문조사를 실행합니다. 참여하고자 하면 [Participate] 단추를 클릭하고 진행합니다.

02 인터페이스와 기본 기능 파악하기!

레벨 ● ● ○ ○

애프터 이펙트의 기본적인 사용자 환경은 크게 변하지 않았습니다. 이전 버전과 동일한 형태로 인터페이스가 구성되어 있으며 추가적인 기능들이 포함된 것을 알 수 있습니다. 모든 기능들이 화면에 나타나 있지는 않지만 몇 개의 아이콘들이 새롭게 추가된 것을 확인할 수 있습니다. 이번에는 기본적인 인터페이스에 대한 내용과 워크스페이스, 단축키, 기본 기능 등에 대해 알아보도록 하겠습니다.

기초탄탄 ▶ 기본적인 인터페이스 구성 알아보기

■ 기본 패널

애프터 이펙트를 처음 실행하면 다음과 같은 화면이 나타납니다. 무엇이든 진행하기 위해서는 새로운 컴포지션을 만들고 작업을 진행해야 합니다. 애프터 이펙트의 기본이 되는 각 패널들의 이름과 기능을 알아봅니다.

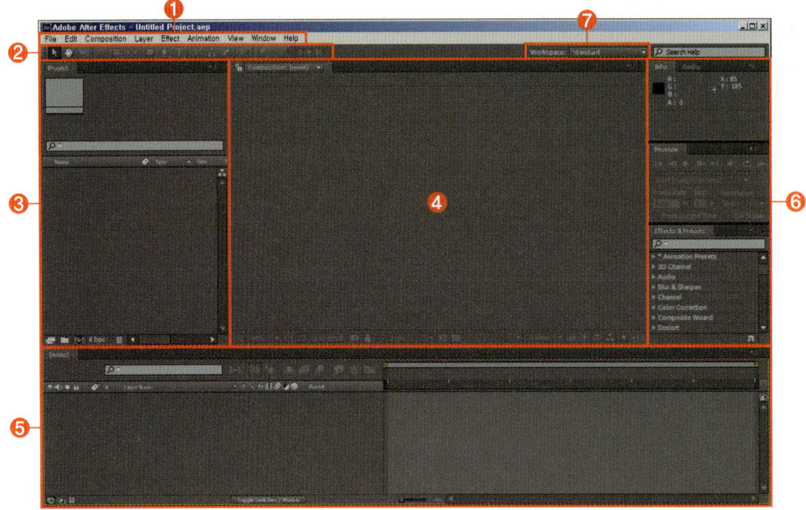

❶ 메뉴 : 프로그램 사용에 대한 전반적인 명령들을 포함하고 있습니다.

❷ 툴 박스 : 애프터 이펙트에서 가장 많이 사용하는 툴들을 모아놓은 곳입니다. 선택이나 이동, 확대, 회전, 카메라, 마스크, 브러시 등의 툴로 구성되어 있습니다.

❸ [Project] 패널 : 외부 프로그램에서 제작된 이미지나 동영상, 오디오, 그리고 애프터 이펙트에서 자체적으로 새롭게 만든 솔리드, 컴포지션 등의 파일들을 보관하는 부분입니다.

❹ [Composition] 패널 : [Composition] 패널은 간략히 [Comp] 패널이라고 부르기도 합니다. [Composition] 패널은 솔리드, 텍스트, 이미지, 동영상 등의 레이어가 합성되어 나타나는 작업 영역을 나타냅니다. 현재 진행 중인 작업 상황을 직관적으로 확인할 수 있습니다.

❺ [Timeline] 패널 : 타임라인은 시간에 따른 변화를 만들어내는 일직선의 라인입니다. [Timeline] 패널은 레이어에 시간대별로 효과를 적용하거나 배열하며 실질적인 작업이 이루어지는 부분입니다.

❻ 기타 패널 : [Effects], [Audio], [Time controller], [Paint] 패널 등 작업의 상황에 따라 패널들이 정렬됩니다.

❼ 워크스페이스 : 작업 내용에 따라 작업 화면을 변경하여 사용할 수 있습니다.

■ 워크스페이스 메뉴 43P, 44P

애프터 이펙트의 인터페이스는 진행하는 작업 내용에 따라 다양하게 변경하며 사용할 수 있습니다. 사용자가 직접 인터페이스를 구성하거나, 기본적으로 제공되는 워크스페이스(Workspace)를 사용해 인터페이스를 변경할 수 있습니다. 워크스페이스는 프로그램의 오른쪽 위에 위치하며 다음과 같이 다양한 인터페이스를 지원합니다.

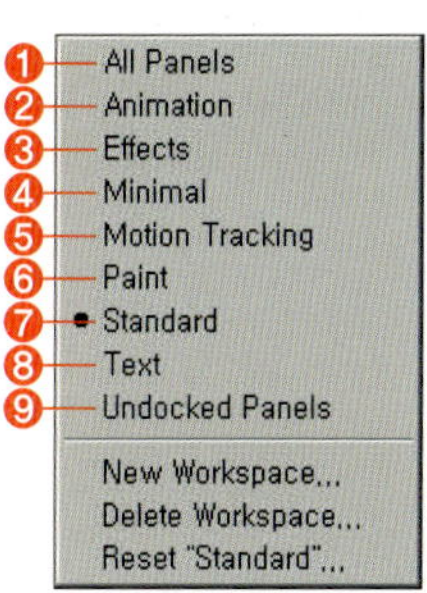

❶ All Panels : 애프터 이펙트에서 사용되는 모든 패널들이 전체 화면에 나타납니다.

❷ Animation : [Smoother], [Wiggler], [Motion Sketch] 등의 애니메이션을 도와주는 패널들이 화면의 오른쪽에 정렬되어 작업을 더욱 편리하게 도와줍니다.

❸ Effects : 작업 중인 레이어에 이펙트를 적용하기 위한 패널이 정렬됩니다.

❹ Minimal : 최소한의 작업 패널을 이용해 작업을 진행할 수 있도록 다른 패널은 나타나지 않고 [Composition] 패널과 [Timeline] 패널만을 나타나게 합니다.

❺ Motion Tracking : 동영상의 흔들림을 보정하거나 특정 위치를 추적할 수 있는 패널들이 정렬됩니다.

❻ Paint : 애프터 이펙트에서 브러시를 이용해 그림을 그릴 때 사용할 수 있는 패널들이 나타납니다.

❼ Standard : 애프터 이펙트의 기본적인 워크스페이스로 이펙트와 프리뷰 등에 대한 패널이 나타납니다.

❽ Text : 애프터 이펙트에서 문자를 만들거나 수정할 때 사용하는 패널들이 나타납니다.

❾ Undocked Panels : 패널들이 서로 붙어있는 것들을 각각 움직이며 사용할 수 있도록 다른 패널들과 분리시킵니다.

처음에 애프터 이펙트를 실행해 작업을 시작하기 위해서는 새로운 컴포지션을 만들어야 합니다. 새로운 컴포지션을 만드는 것은 내가 진행할 작업의 최종 결과물(SD, HD, Web, DVD)에 따라 달라집니다.

01. 새로운 컴포지션을 만들기 위한 첫 번째 방법은 [Composition]–[New Composition](**Ctrl** + **N**) 메뉴를 클릭합니다. 그러면 다음과 같은 [Composition Settings] 대화상자가 나타납니다. 원하는 작업 사이즈 및 여러 옵션을 선택하고 [OK] 단추를 클릭합니다.

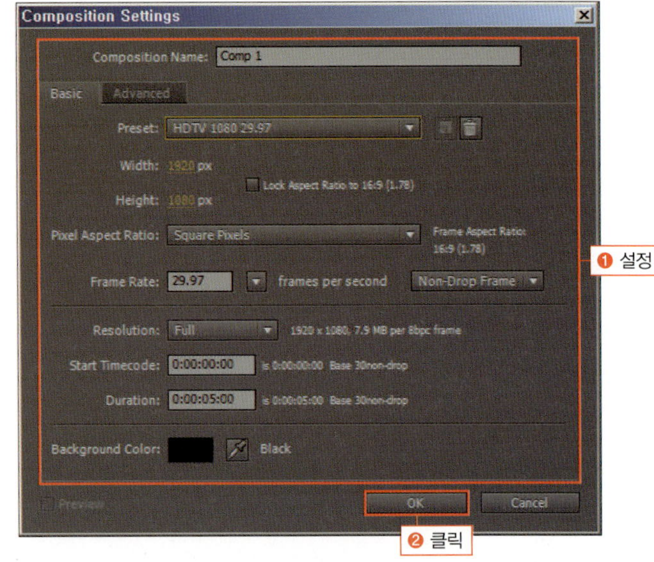

02. 두 번째 방법으로는 [Project] 패널의 아래쪽에 있는 [Create a new Composition](圖)을 클릭하면 메뉴를 이용했던 것과 같이 새로운 컴포지션을 만들 수 있는 [Composition Settings] 대화상자가 나타납니다. 원하는 설정을 해 컴포지션을 만듭니다.

03. 새롭게 컴포지션이 만들어지면 다음과 같이 [Project] 패널에 컴포지션이 만들어지고 [Composition] 패널에는 검은 배경이, [Timeline] 패널에는 시간이 표시됩니다.

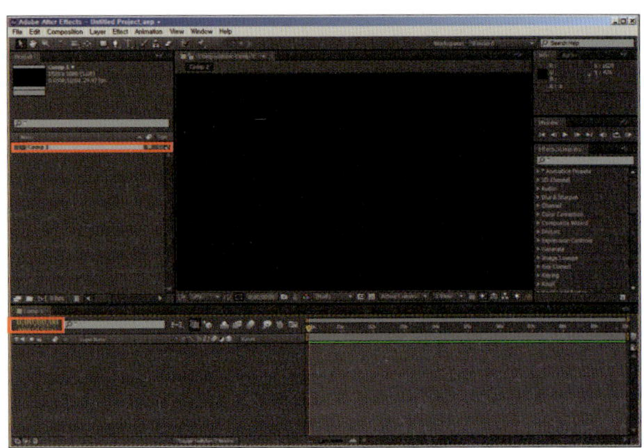

애프터 이펙트는 유저가 프로그램 전체의 색상 톤을 바꿀 수 있는 옵션이 있습니다. 애프터 이펙트 색상 톤을 변경하는 방법에 대해 알아보도록 하겠습니다.

01. [Edit]–[Preference]–[Appearance] 메뉴를 클릭하고 [Preference] 대화상자에서 밝기인 [Brightness] 슬라이더를 조절하면 전체적으로 프로그램의 색상 톤이 변경됩니다. 색상의 밝기에 따라 문자의 색상이나 톤도 함께 자동으로 변하도록 설정되어 있으며, 기본 설정으로 되돌리려면 [Default] 단추를 클릭합니다. 아래쪽의 'Affects Label Colors'를 체크하면 화면의 색상이 어두워지거나 밝아질 때 라벨의 색상도 함께 변화합니다.

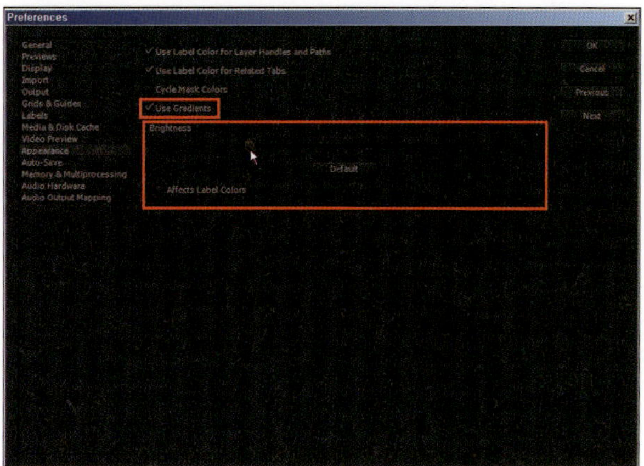

02. [Appearance]에서 'Use Gradients'가 기본적으로 체크되어 있으면 인터페이스에 그레이디언트가 적용되어 나타나고, 체크를 해지하면 다음과 같이 인터페이스에 그레이디언트가 적용되지 않습니다.

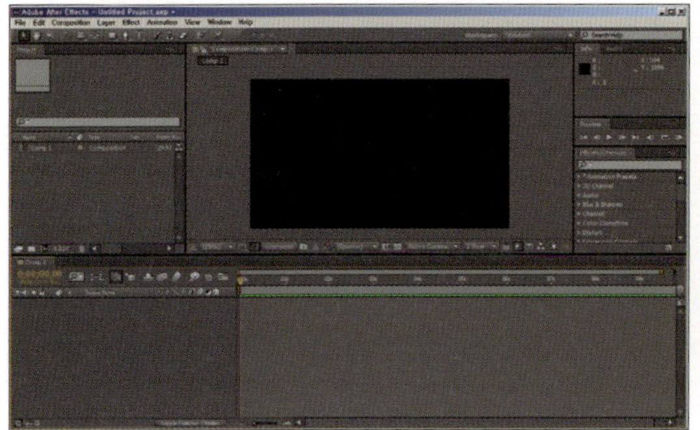

▲ 'Use Gradients' 체크 상태

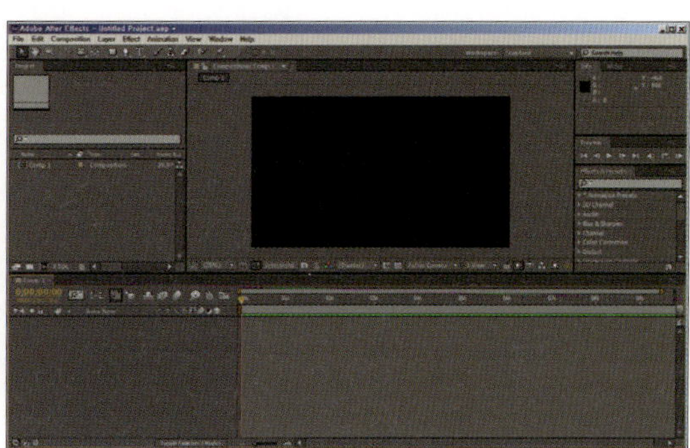

▲ 'Use Gradients' 체크 해지 상태

처음에 애프터 이펙트를 사용하는 사용자는 기본적인 설정으로 작업을 진행하는 것이 좋습니다. 작업을 진행하다 보면 자신의 작업 스타일에 따라 인터페이스를 변경하는 것이 효율적일 수 있으므로 알아두면 편리하게 사용할 수 있습니다.

01. 다음에서 [Composition] 패널의 주위에 주황색으로 테두리가 보이는 것은 현재의 패널이 선택되어 있다는 것을 나타냅니다. 선택된 패널의 주위에 주황색의 테두리가 나타나게 됩니다.

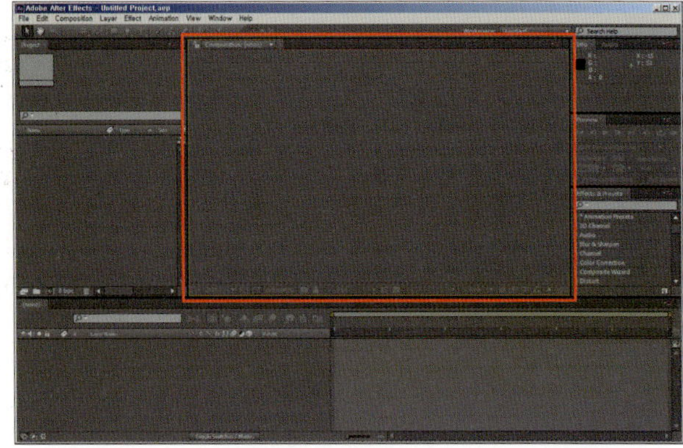

02. 마우스 포인터를 패널의 가장자리로 올리면 패널의 크기를 조절할 수 있도록 마우스 포인터의 모양이 변경됩니다. 마우스 포인터의 모양이 변경되면 클릭한 상태로 위/아래로 이동하며 패널의 크기를 조절할 수 있습니다. [Project] 패널, [Composition] 패널, [Timeline] 패널 등 모든 패널은 마우스를 이용해 크기를 마음대로 조절할 수 있습니다.

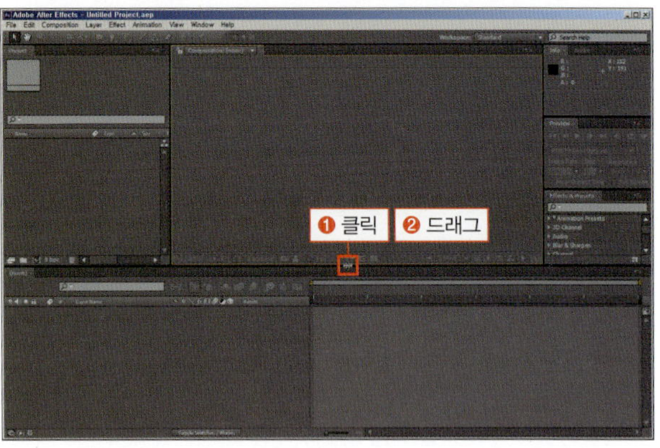

03. 각 패널의 왼쪽 위를 클릭하고 다음과 같이 다른 패널의 위/아래/왼쪽/오른쪽/가운데의 한곳으로 이동하면 위치에 따라 색상이 변경되며 손을 떼면 패널을 이동할 수 있습니다.

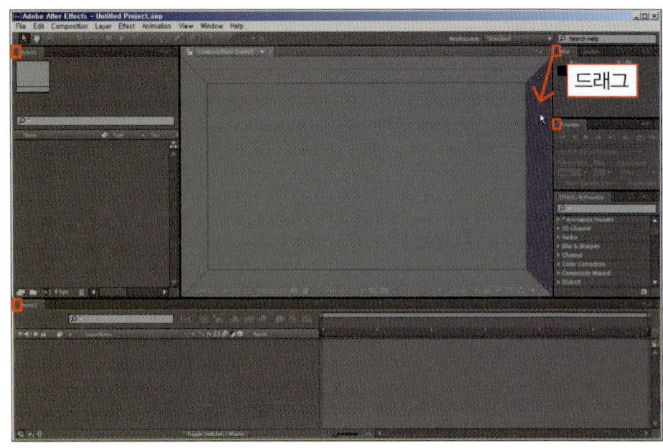

사용자가 패널의 위치를 하나씩 이동해 워크스페이스를 구성할 수도 있지만, 애프터 이펙트에서 기본적으로 제공하는 워크스페이스를 사용하면 더욱 빠르게 작업을 진행할 수 있습니다.

01. 애프터 이펙트를 처음 실행했을 때의 기본 워크스페이스는 다음과 같이 패널들이 배열되어 있습니다. 이것이 'Standard' 형태의 워크스페이스입니다.

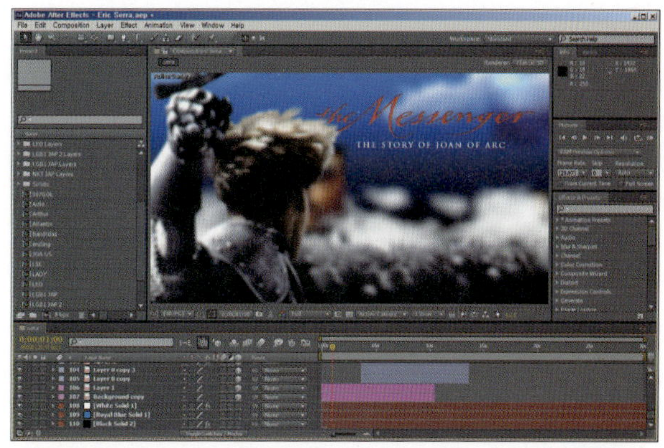

02. 일반적으로 워크스페이스의 변경은 [Window]-[Workspace] 메뉴에서 변경이 가능합니다. 그러나 메뉴를 클릭해 워크스페이스를 변경하는 것보다 패널에서 변경하는 방법이 더욱 편리합니다. 패널에서 워크스페이스를 변경하는 방법은 애프터 이펙트에서 위쪽의 [Workspace]를 클릭해서 할 수 있습니다. 워크스페이스에 대한 다른 프리셋을 확인합니다.

03. 'Undocked Panels'을 선택하면 다음과 같이 패널들이 외부로 떨어져 나옵니다. 각각의 워크스페이스는 작업에 도움이 되도록 패널들을 화면에 배치시켜 줍니다. 작업에 알맞은 워크스페이스를 선택해 작업합니다.

연관 검색   워크스페이스 메뉴의 기능은 39P의 내용을 참고하세요.

워크스페이스를 사용자가 원하는 레이아웃으로 구성하여 저장할 수도 있습니다. 자신의 환경에 맞도록 패널을 조절하고 'New Workspace' 명령을 사용해 사용자가 변경한 패널의 상태를 저장하여 사용자의 환경으로 만들 수 있습니다.

01. 애프터 이펙트 위쪽의 [Workspace]를 클릭하고 'New Workspace'를 선택하면 다음과 같은 [New Workspace] 창이 나타납니다. 원하는 이름을 입력하고 [OK] 단추를 클릭합니다. 사용자가 변경한 패널들의 위치가 현재 패널들이 위치한 상태로 저장되어 언제든지 사용자가 정렬한 방식으로 패널을 정리할 수 있습니다.

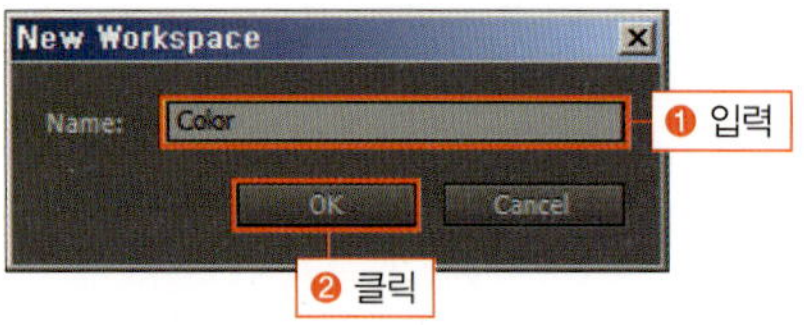

02. 새로운 이름으로 저장된 워크스페이스는 [Workspace] 메뉴에 포함됩니다. 또한 [Window]-[Workspace] 메뉴에 저장됩니다. 작업 중 패널들이 어지럽게 정렬되어 있으면 저장된 사용자 환경으로 되돌아가기 위해 선택만 하면 됩니다. 사용자가 만든 워크스페이스를 지우고 싶으면 [Workspace] 메뉴에서 'Delete Workspace'를 선택합니다. [Delete Workspace] 창이 나타나면 자신이 지우고자 하는 워크스페이스의 이름을 선택하고 [OK] 단추를 클릭하면 선택된 워크스페이스는 지워집니다.

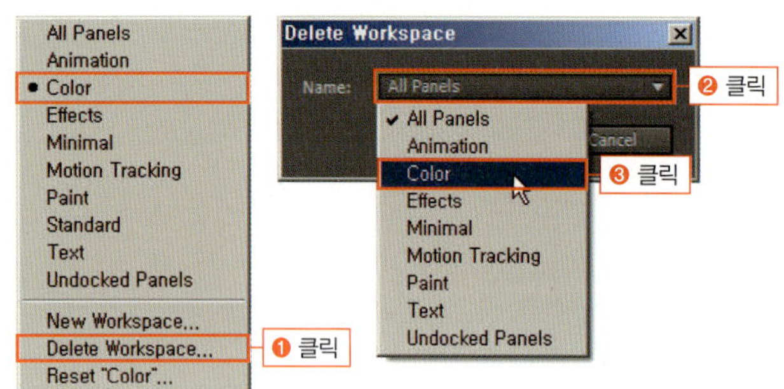

03. [Workspace] 메뉴에서 설정된 레이아웃으로 작업을 진행하다 보면 패널들의 크기나 위치가 다르게 배치되어 레이아웃 정리가 필요한 경우가 있습니다. 만약 현재 'Standard'로 설정하고 작업을 하고 있다면 아래쪽의 'Reset "Standard"'를 선택할 수 있습니다. 이것은 패널들을 원래 설정된 레이아웃으로 다시 되돌리는 역할을 합니다. 만약 [Workspace] 메뉴에서 다른 레이아웃을 사용하고 있다면 'Reset "Name"'으로 나타나며, 원래의 레이아웃으로 되돌려 줍니다.

작업을 진행하다 보면 패널이 열려 있어도 다른 패널에 가려서 화면에 보이지 않을 때가 있습니다. 이런 경우 [Window] 메뉴에서 패널을 선택하면 선택한 패널이 나타나고 패널 그룹의 맨 앞에 나타납니다.

01. 패널을 열거나 닫으려면 [Window] 메뉴에서 패널을 선택하거나 지정된 단축키를 사용합니다.

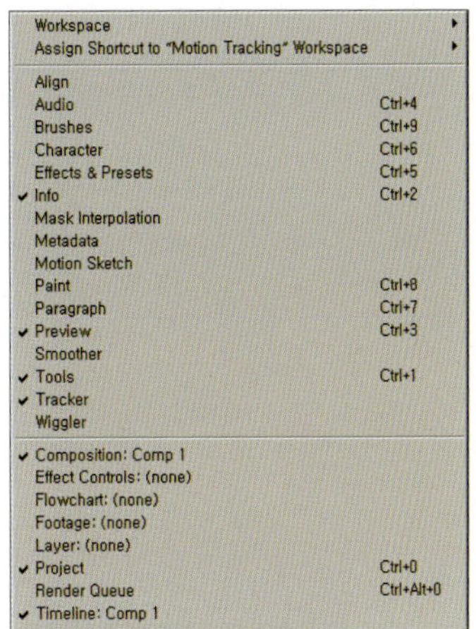

02. 패널을 닫으려면 패널의 이름이 있는 오른쪽의 'X'를 클릭합니다.

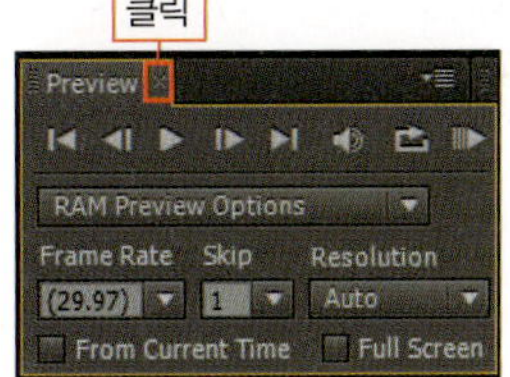

03. 프레임에 여러 패널이 함께 포함되어 있는 경우에는 탭 위에 마우스 포인터를 놓고 마우스 스크롤 휠을 위/아래로 돌려서 선택되는 패널을 변경할 수 있습니다.

04. 프레임에 한 번에 표시할 수 있는 것보다 많은 그룹화된 패널이 있는 경우 탭 위에 있는 스크롤 막대를 드래그하여 선택할 수 있습니다.

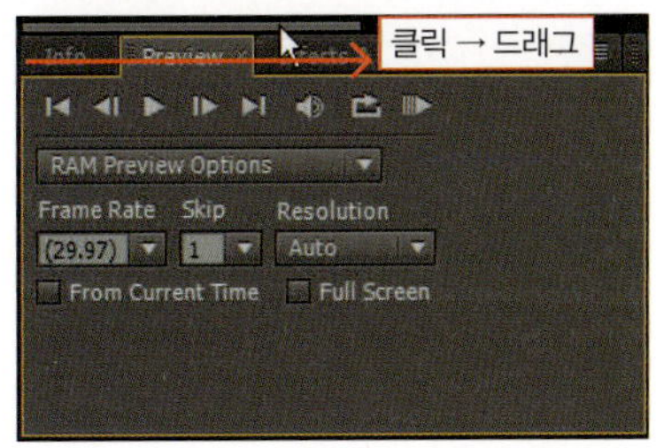

워크스페이스에 존재하는 패널은 따로, 또는 함께 분리할 수 있습니다. 각 패널의 위에서 마우스 오른쪽 버튼을 클릭하면 패널을 분리할 수 있는 명령들이 메뉴로 나타납니다. [Workspace]를 이용해 패널을 분리하는 방법에 대해 알아보도록 하겠습니다.

01. 패널을 분리하는 명령에 따라 분리되는 방식이 다릅니다. 'Undock Panels'을 선택하면 다음과 같이 선택된 패널만 분리됩니다. 분리된 패널은 사용자가 원하는 위치로 옮겨 사용할 수 있습니다.

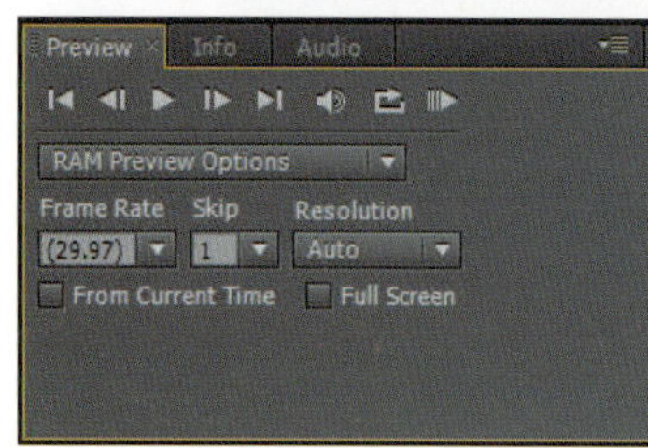

▲ 'Undock Panel' 선택 전

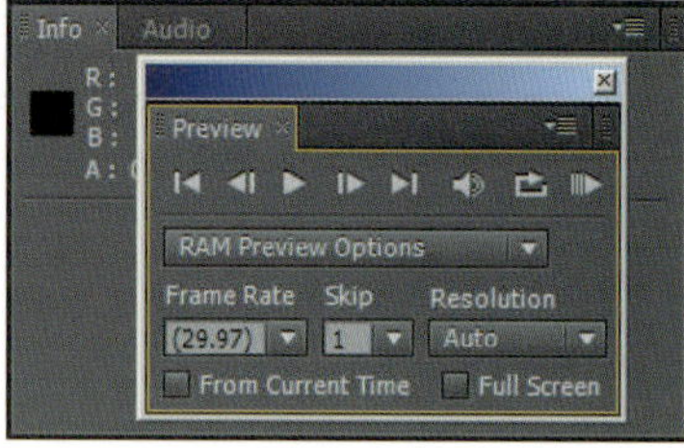

▲ 'Undock Panel' 선택 후

02. 패널 이름 위에서 마우스 오른쪽 버튼을 클릭합니다. 'Undock Frame'은 여러 개의 패널이 같은 프레임에 함께 있을 때 다른 패널들도 같이 분리시키는 명령입니다.

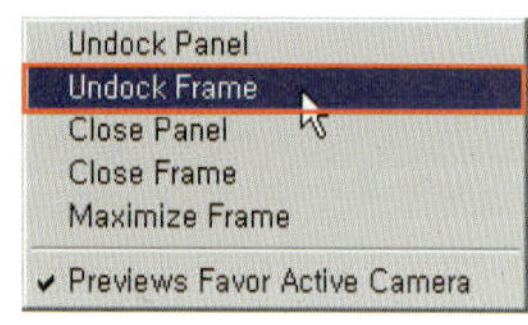

▲ 'Undock Frame' 선택 전

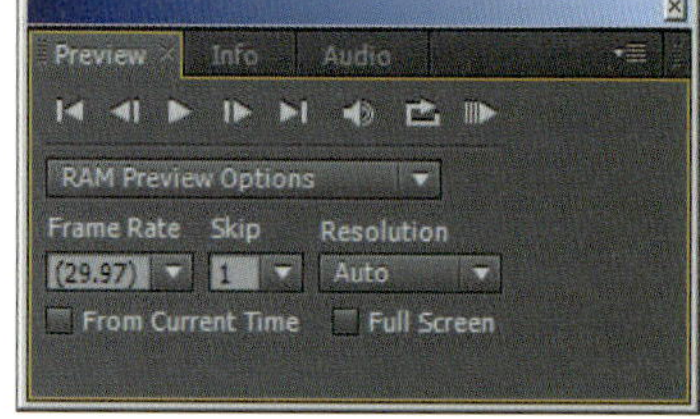

▲ 'Undock Frame' 선택 후

03. 분리된 패널을 닫는 명령으로는 'Close Panel'과 'Close Frame'이 있습니다.

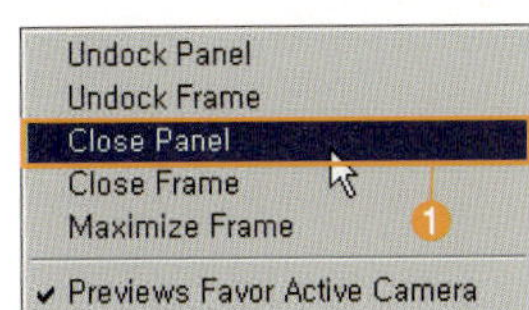
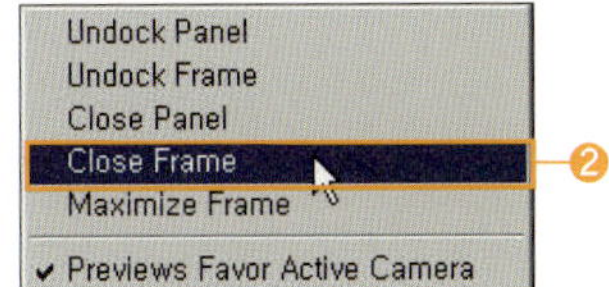

❶ **Close Panel :** 프레임에서 가장 위쪽에 선택된 패널을 닫는 명령입니다.

❷ **Close Frame :** 프레임에서 여러 개의 패널이 하나로 그룹화된 패널 전체를 한꺼번에 닫는 명령입니다.

04. 'Maximize Frame'은 선택된 현재의 패널을
애프터 이펙트 전체 화면에 나타나도록 합니다.
다시 원래의 패널 위치로 돌아오기 위해서는 패
널의 위쪽에서 마우스 오른쪽 버튼을 클릭하여
'Restore Frame Size'를 선택합니다.

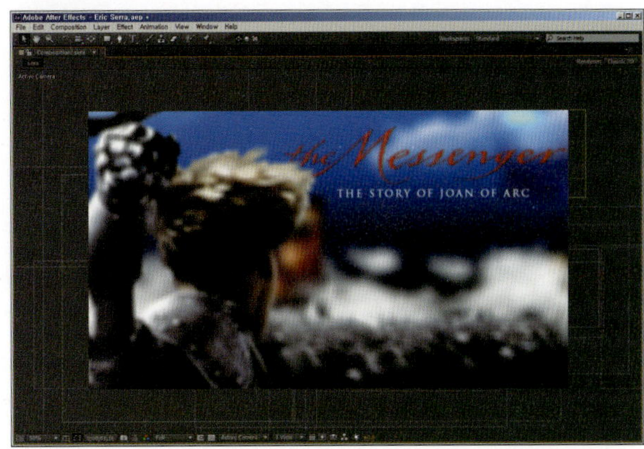

TIP : 키보드에서 단축키를 사용하면 더욱 빠르게 변환할 수 있습니다. 단축키는 키보드의 왼쪽 위. 숫자 **1**의 왼쪽에 있는 `~`(Grave
Accent : 그레이브 액센트)를 누르면 전체 화면으로 변경되고 다시 누르면 원래 화면으로 돌아옵니다.

애프터 이펙트는 레이어, 컴포지션 및 파일에 대한 라벨 색상을 변경할 수 있습니다. 라벨 색상을 변경하여 레이어를 구분하면 작업을 더욱 용이하게 진행할 수 있습니다.

01. [Project] 패널 및 [Timeline] 패널에서 라벨을 사용하여 컴포지션, 파일 항목 및 레이어를 정리하고 관리할 수 있습니다. 기본적으로 각 파일 항목의 종류별로 서로 다른 라벨 색상이 사용되지만, 직접 원하는 색상을 설정할 수도 있습니다.

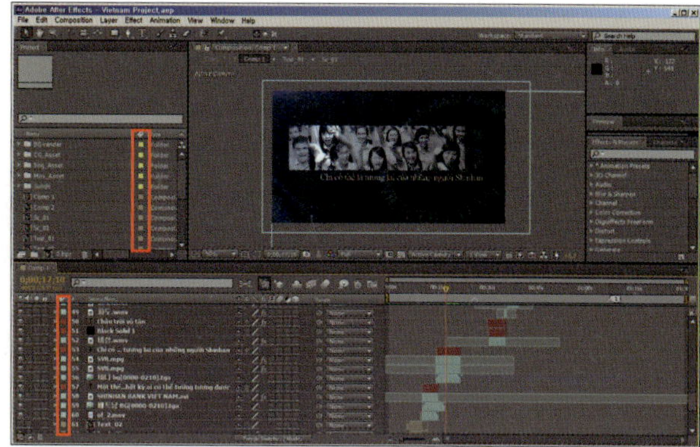

02. 라벨 그룹의 이름을 변경하면 레이어 및 파일 항목을 쉽게 구성하고 분류할 수 있습니다. 패널에서 라벨 이름을 보려면 드래그해 기본 폭 이상으로 넓히면 됩니다.

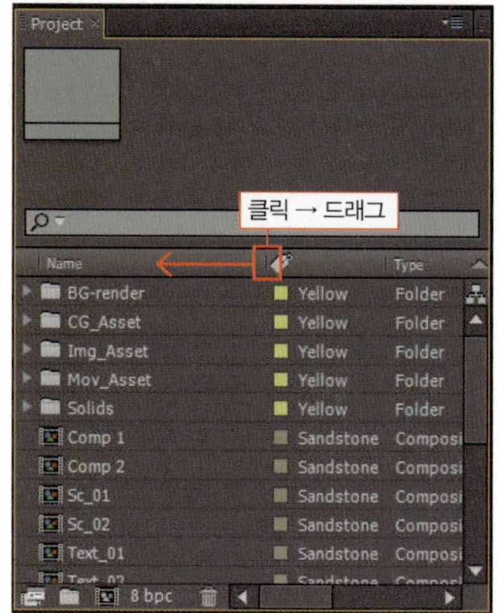

03. 파일이나 레이어의 라벨 색상을 변경하려면 패널에서 레이어의 라벨을 클릭하고 색상을 선택하면 됩니다. 특정 라벨 색상이 설정된 모든 레이어의 색상을 변경하려면 해당 레이블 그룹에 속하는 레이어 중 하나를 선택한 다음 [Edit]–[Label]–[Select Label Group] 메뉴를 클릭하고 다시 색상을 적용하면 됩니다.

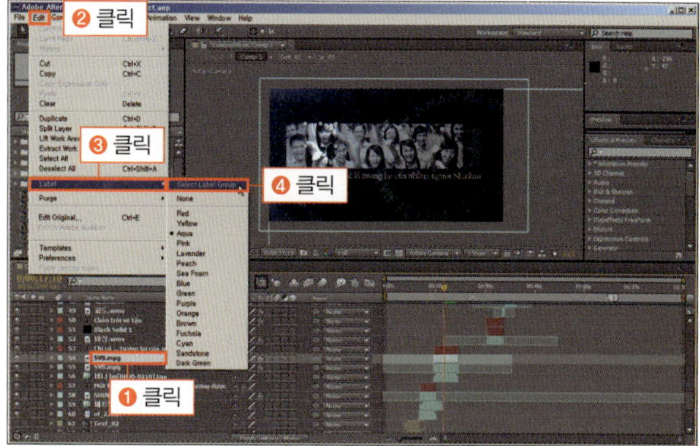

04. 파일 유형과 라벨 색상이 레이어와 연결되는 기본 설정을 변경하거나 라벨의 이름 및 기본 색상을 변경하려면 [Edit]–[Preference]–[Labels] 메뉴를 클릭합니다. [Label Defaults]에서는 레이어가 생성되면 기본적으로 구분되어 적용되는 색상을 설정하고 변경할 수 있습니다.

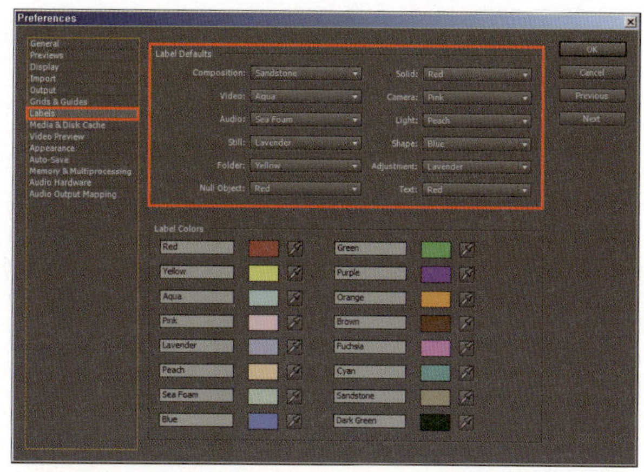

05. 만약 레이어 핸들 및 모션 패스에 대해 레이어의 라벨 색상을 사용하지 않도록 하려면 [Edit]–[Preference]–[Appearance] 메뉴에서 'Use Label Color for Layer Handles and Paths'의 체크를 해지하면 됩니다. 체크가 해지되면 레이어에 적용된 라벨의 색상은 적용되지 않고 흰색으로 패스가 나타나게 됩니다.

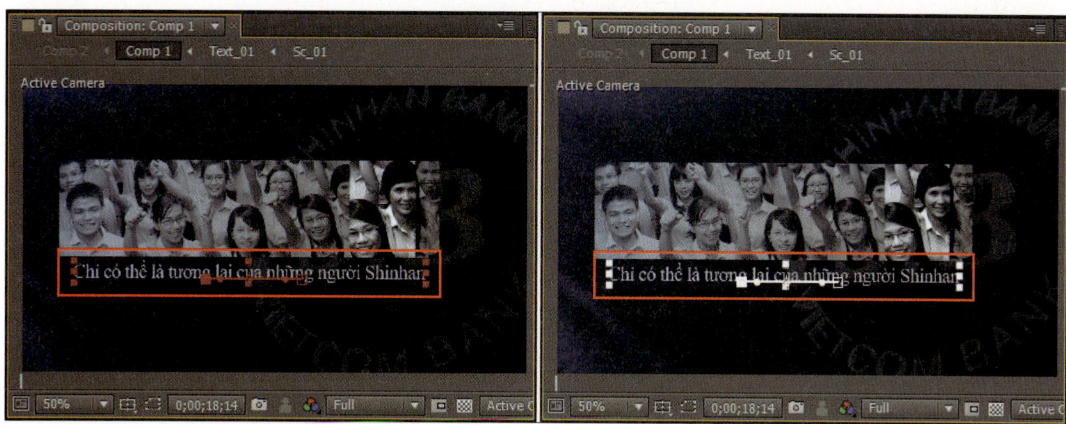

▲ 'Use Label Color for Layer Handles and Paths' 체크 상태   ▲ 'Use Label Color for Layer Handles and Paths' 체크 해지 상태

06. [Composition] 패널과 [Timeline] 패널의 탭에서 레이어, 파일 항목, 또는 컴포지션의 라벨 색상 사용을 비활성화하려면 [Edit]–[Preference]–[Appearance] 메뉴에서 'Use Label Color for Related Tabs'의 체크를 해지해 관련 탭에 라벨 색상 사용을 해지합니다.

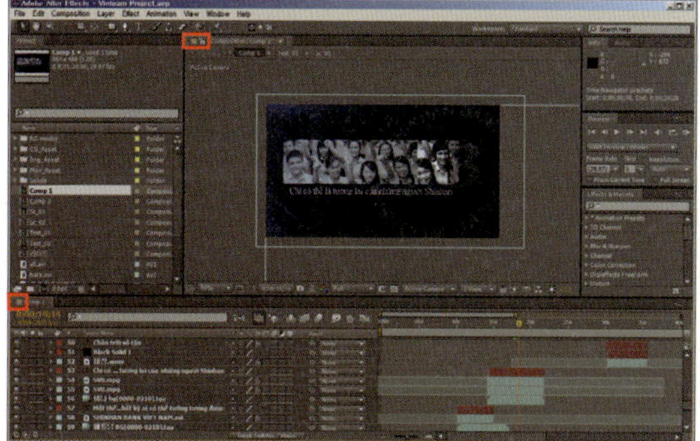

▲ 'Use Label Color for Related Tabs' 체크 상태

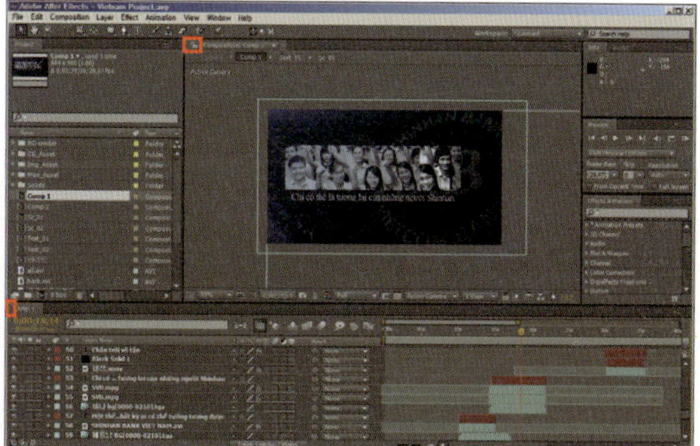

▲ 'Use Label Color for Related Tabs' 체크 해지 상태

07. [Timeline] 패널의 레이어에 마스크를 적용할 때 마스크의 색상을 다양하게 적용할 수 있습니다. [Edit]–[Preference]–[Appearance] 메뉴에서 'Cycle Mask Colors'를 체크하면 라벨의 색상에 따라 생성되는 마스크의 색상이 달라집니다.

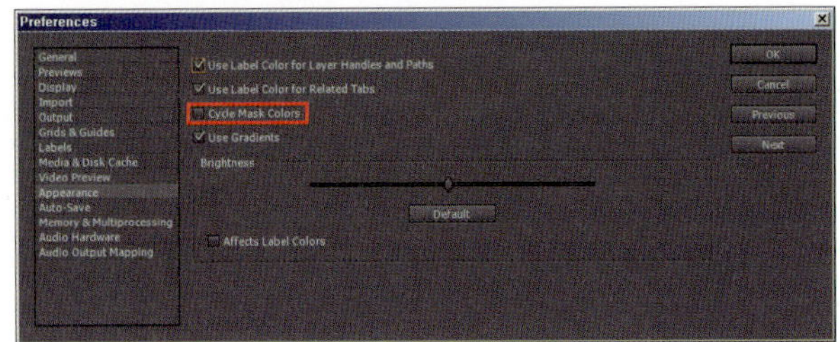

08. 'Cycle Mask Colors'는 기본적으로 체크 해지되어 있으며, 해지되어 있는 경우 마스크의 색상은 노란색으로 동일합니다. 여러 개의 마스크가 새롭게 만들어져도 마스크의 색상은 노란색으로 동일하게 적용됩니다.

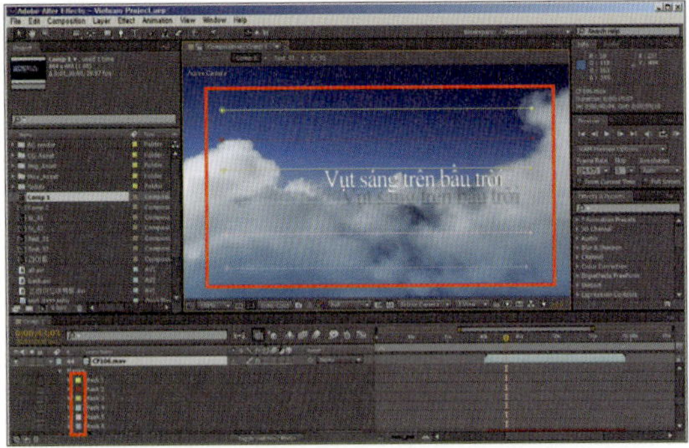

▲ 'Cycle Mask Colors' 체크 상태

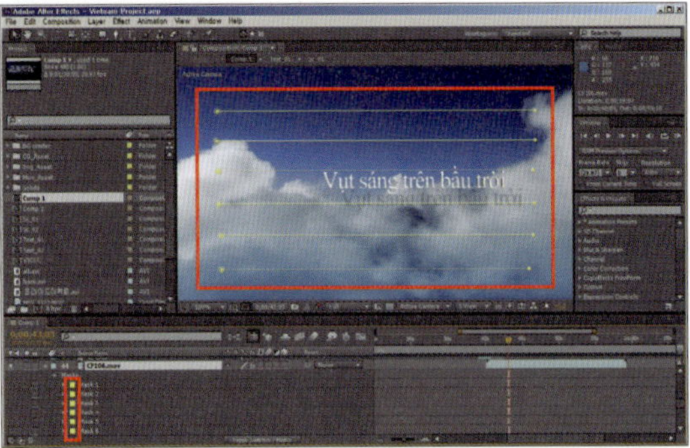

▲ 'Cycle Mask Colors' 체크 해지 상태

애프터 이펙트에서 작업한 전체 내용을 저장하는 것 또한 다른 기능보다 중요합니다. 제작 중인 프로젝트를 잘 관리하는 것은 이후 작업에도 편리하고 수정 또한 용이하게 만들어 줍니다. 프로젝트를 저장하는 명령은 [File] 메뉴에 있습니다.

■ [File] 메뉴

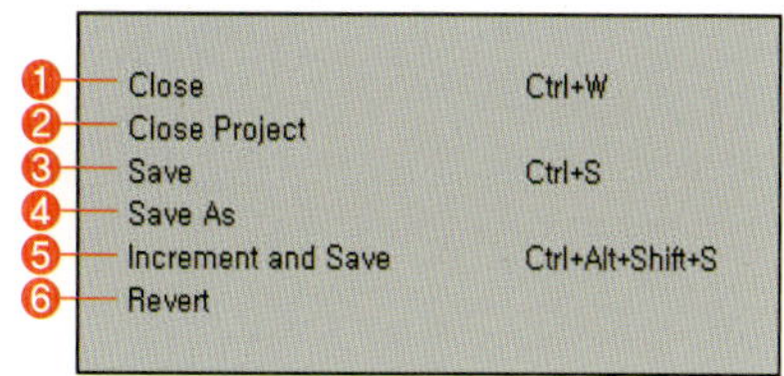

❶ **Close(Ctrl + W)** : 작업을 진행하고 있을 때 'Close'를 선택하면 [Project] 패널 이외에 다른 패널이 닫힙니다.

❷ **Close Project** : 진행 중인 모든 작업을 닫습니다. [Project], [Composition], [Timeline] 패널을 닫습니다. 만약 저장되어 있지 않다면 저장을 위한 창이 나타납니다.

❸ **Save(Ctrl + S)** : 작업을 진행하기 전에 항상 프로젝트의 이름과 폴더를 선택하고 저장합니다. 전체 프로젝트를 저장한 이후부터는 단축키를 이용해 작업 중간중간 지속적으로 저장하여 프로젝트를 보존하도록 합니다. 애프터 이펙트의 프로젝트 확장자는 '.aep'로 다른 응용 프로그램과 구분됩니다.

❹ **Save As** : 이미 저장된 프로젝트를 새로운 이름으로 다시 저장할 때 사용합니다.

 • **Save a Copy** : 현재 작업 중인 프로젝트를 그대로 복사하여 프로젝트를 저장합니다. 프로젝트 이름의 앞에 'Copy of'를 추가하여 프로젝트를 저장합니다.

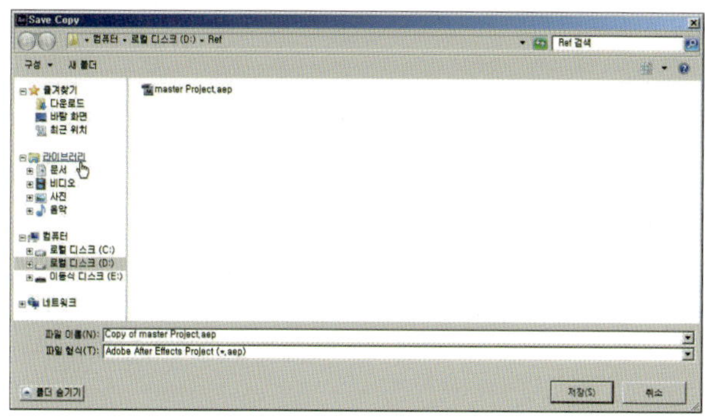

 • **Save a Copy As XML** : 현재 프로젝트를 그대로 복사하여 XML 기반의 프로젝트로 저장합니다. 저장된 프로젝트는 '.aepx' 확장자를 갖습니다.

TIP : XML 프로젝트 파일

XML은 텍스트를 기반으로 하는 프로젝트 파일이며 일부 프로젝트 정보가 16진수로 인코딩된 이진 데이터로 포함되지만 사람이 읽을 수 있는 텍스트로 표시됩니다. 애프터 이펙트에서 프로젝트를 열지 않고도 텍스트 편집기로 XML 프로젝트 파일을 열고 일부 프로젝트 세부 정보를 편집할 수 있습니다. XML 프로젝트 파일에서 수정할 수 있는 프로젝트 요소는 주석, 장 지점 매개 변수 및 큐 포인트 매개 변수를 포함한 마커 특성, 프록시를 포함한 불러온 파일의 경로, 컴포지션, 불러온 파일, 레이어, 폴더 이름 및 주석 등이 있습니다.

메타데이터는 데이터에 대한 데이터를 말합니다. 메타데이터는 해당 파일에 적용된 제작자 이름, 해상도, 색상 공간, 저작권 및 키워드와 같은, 파일에 대한 표준화된 정보를 말합니다. 어도비 크리에이티브 스위트 응용 프로그램 전체에서 이 메타데이터를 공유하고 보고 사용할 수 있으므로 이 정보를 통해 워크플로우의 효율성을 향상시키고 파일을 필요에 맞게 정리할 수 있습니다. XMP(Extensible Metadata Platform)는 어도비 응용 프로그램에서 사용되는 메타데이터 표준입니다. Exif, IPTC(IIM),GPS, TIFF 등의 기타 형식으로 저장된 메타데이터는 더 쉽게 보고 관리할 수 있도록 XMP를 사용하여 동기화됩니다. 예를 들어 어도비 카메라 로우(Adobe Camera Raw)를 사용한 이미지 조정 내용은 XMP 메타데이터로 저장됩니다. XMP 표준은 XML을 기반으로 합니다.

- Save a Copy As CS5.5 : 애프터 이펙트 CS5.5 버전에서 열 수 있도록 프로젝트를 저장할 때 사용합니다. 일반적으로 상위 버전에서 작업된 프로젝트는 하위 버전에서 열 수 없습니다. CC 버전인 경우는 [Save a Copy As CS6] 메뉴로 나타납니다.

❺ Increment and Save(Ctrl + Alt + Shift + S) : 현재 작업 중인 프로젝트가 저장되어 있는 동일한 폴더에 같은 이름에 숫자를 추가하여 프로젝트를 저장합니다. 만약 'Ref'라는 폴더에 'master project. aep'의 이름으로 저장된 프로젝트가 있다면 애프터 이펙트에서 작업 도중 [Increment and Save] 메뉴를 클릭하면 지금까지 작업한 원래의 프로젝트는 보존되고 'master project 2.aep'로 다음 작업을 진행할 수 있습니다. 이 명령은 작업의 순서대로 계속적으로 프로젝트를 저장할 수 있고, 프로젝트를 진행 중에 잘못해서 프로젝트가 에러가 나는 경우에도 이전의 프로젝트로 돌아가 작업을 계속할 수 있습니다.

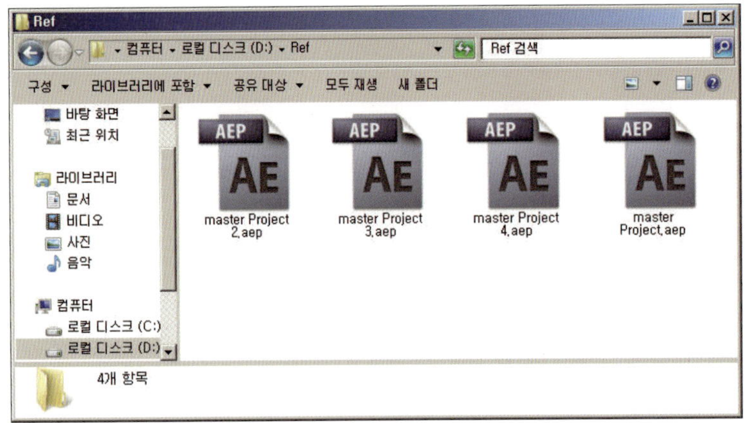

❻ Revert : 현재 진행 중인 프로젝트가 저장된 시점으로 되돌려 줍니다. 프로젝트를 초기에 저장하고 이후에 지속적으로 저장하지 않았다면 이 명령을 실행하면 초기의 저장 상태로 돌려줍니다. 이 명령을 사용하려면 프로젝트가 진행되는 상황을 지속적으로 저장해야 합니다.

무엇을 불러오나! 파일 불러오기

애프터 이펙트에서 사용할 수 있는 파일은 다양합니다. 이미지부터 동영상까지 대부분의 파일을 불러와 사용할 수 있으며, 동영상의 경우 비디오 디코더 코덱이 설치되지 않아 사용할 수 없는 경우도 있습니다. 코덱이 없는 경우는 해당 코덱을 설치해야 동영상을 사용할 수 있습니다. 다양한 파일을 불러오는 방법과 사용 방법에 대해 알아보도록 하겠습니다.

기초탄탄 ▶ 다양한 파일 불러오고 사용하기

■ 애프터 이펙트의 불러오기 55P, 59P

애프터 이펙트는 외부 응용 프로그램에서 제작된 다양한 파일들을 불러와 다양한 효과를 적용할 수 있습니다.

외부 응용 프로그램으로는 포토샵, 일러스트레이터, 3D 맥스, 마야, 시네마 4D, 프리미어 프로, 아비드 등 그래픽에 많이 사용되는 프로그램들이 있습니다. 이외에도 분야별 다양한 프로그램에서 제작된 파일을 사용할 수 있습니다.

파일을 불러올 때 대부분 [Project] 패널에서 파일을 불러오며, [File]-[Import] 메뉴를 클릭해 사용하기도 합니다. 파일은 한 번에 하나씩, 또는 여러 개를 한꺼번에 불러올 수 있으며, 폴더나 프로젝트로 불러올 수도 있습니다.

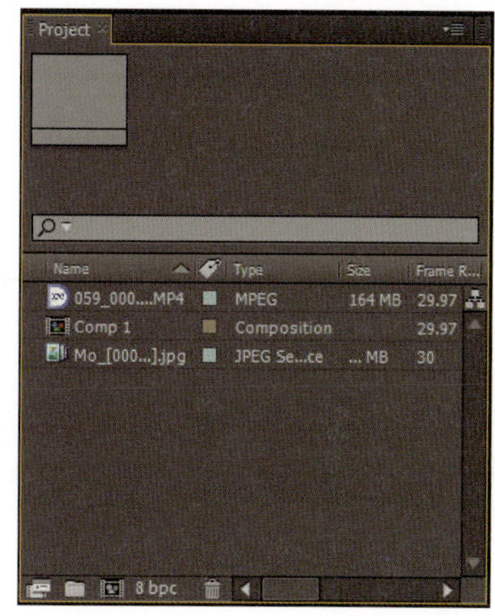

파일을 불러올 때 최적화하여 불러올 수 있도록 [Preferences] 대화상자에서 환경을 설정할 수 있습니다. 이미지를 불러올 때와 동영상을 불러올 때 각각의 설정이 사용됩니다.

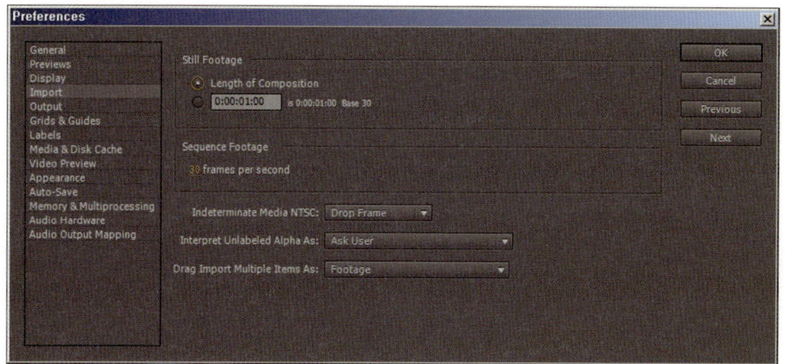

애프터 이펙트에서 불러와 사용할 수 있는 포맷은 다음과 같습니다. 외부에서 다른 응용 프로그램을 이용해 만든 많은 포맷 방식의 파일을 불러와 작업을 용이하게 진행할 수 있습니다.

스틸 이미지	• AI, PDF, PSDBMP, Camera Raw(TIF, CRW, NEF, RAF, ORF, MRW, DCR, MOS, RAW, PEF, SRF, DNG, X3F, CR2, ERF), Cineon/DPX(CIN, DPX – 10bpc), Discreet RLA/RPF(RLA, RPF – 16bpc), EPS, GIF • JPEG(JPG, JPE), Maya 카메라 데이터(MA), Maya IFF(IFF, TDI – 16bpc), OpenEXR(EXR, SXR, MXR – 32bpc) • PICT(PCT), Portable Network Graphics(PNG – 16bpc), Radiance(HDR, RGBE, XYZE – 32bpc) • SGI(SGI, BW, RGB – 16bpc), Softimage(PIC), Targa(TGA, VDA, ICB, VST), TIFF(TIF)
비디오 및 애니메이션	• MOV, AVI, Electric Image(IMG, EI), 애니메이션 GIF(GIF), CinemaDNG • FLV, F4V(On2 VP6 비디오 코덱을 사용하여 인코딩된 FLV 파일은 사용 가능하며, Sorenson Spark 비디오 코덱으로 인코딩된 FLV 파일은 사용할 수 없습니다.) Media eXchange Format(MXF) • MPEG–1, MPEG–2, MPEG–4, RED(R3D), SWF, WMV, WMA, ASF, XDCAM HD 및 XDCAM EX
오디오	• AAC, M4A, AIF, AIFF, MP3(MPEG, MPG, MPA, MPE), WAV
프로젝트	• Adobe Premiere Pro 1.0, 1.5, 2.0, CS3, CS4, CS5(prproj 1.0, 1.5 및 2.0은 Windows 전용) • Adobe After Effects 6.0 이상 프로젝트(aep, aet) • Adobe After Effects CS4 이상 XML 프로젝트(aepx) • Apple Motion(Final Cut Pro 프로젝트를 애프터 이펙트로 직접 불러올 수는 없지만 Final Cut Pro 프로젝트를 프리미어 프로로 가져온 다음 해당 프로젝트의 구성 요소를 애프터 이펙트로 불러올 수 있습니다.)

애프터 이펙트에서 사용할 파일을 불러오는 방법과 파일 포맷들은 다양합니다. 메뉴를 이용하거나 단축키, 마우스로 드래그하여 파일을 불러올 수 있습니다. 외부에서 불러온 모든 파일은 [Project] 패널에 모두 나타나게 됩니다. 메뉴를 이용해 파일을 불러올 수 있는 방법에 대해 알아보도록 하겠습니다.

■ 하나 또는 여러 개의 파일 불러오기

01. 하나의 파일을 불러오기 위해 [File]–[Import]–[File](**Ctrl** + **I**) 메뉴를 클릭하거나 [Project] 패널의 빈 공간을 더블클릭하여 메뉴에서 선택해 불러옵니다.

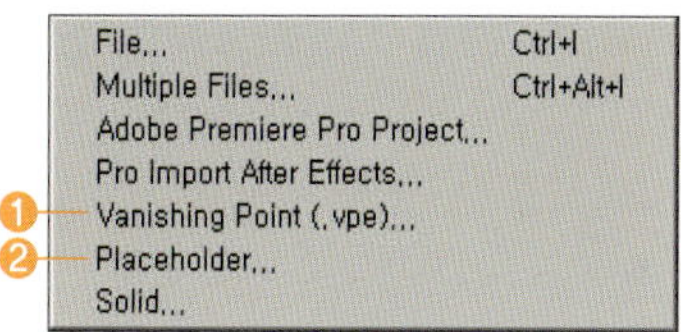

❶ **Vanishing Point(.vpe) :** 소실점을 사용해 포토샵에서 제작된 파일을 불러옵니다.

❷ **Placeholder :** 유실된 파일을 대신해서 사용되는 컬러바입니다.

02. 또한 여러 개의 파일을 한 번에 불러오기 위해서는 [File]–[Import]–[File](**Ctrl** + **I**) 메뉴를 클릭하고 [Import File] 대화상자에서 **Ctrl** 을 누른 상태로 원하는 파일만을 선택하거나 **Shift** 를 누르고 연속된 여러 파일을 클릭해 선택할 수 있습니다. [열기] 단추를 클릭해 불러옵니다.

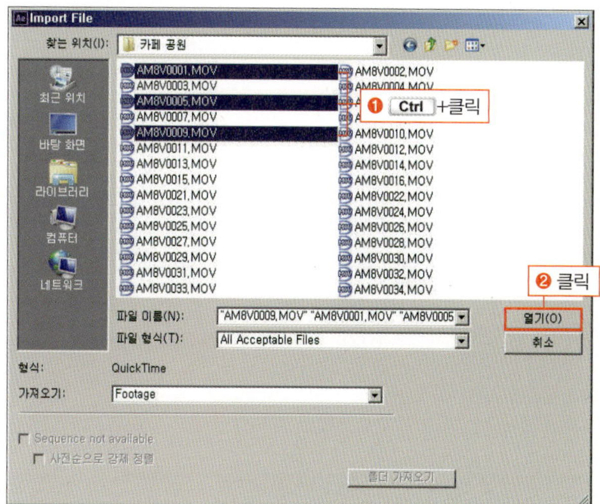

■ 폴더에 존재하는 파일 모두 가져오기

01. [File]-[Import]-[Multiple Files](**Ctrl** + **Alt** + **I**) 메뉴를 클릭하고 [Import Multiple Files] 대화상자에서 하나의 파일을 선택하고 [열기] 단추를 클릭하면 다시 다른 파일을 선택할 수 있도록 대화상자가 나타납니다.

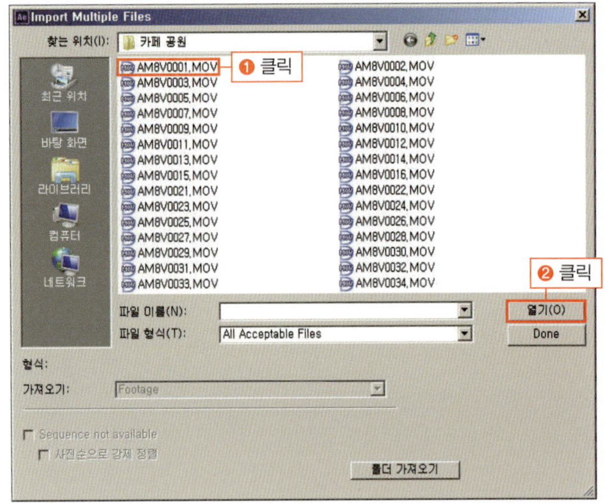

02. [File]이나 [Multiple Files] 메뉴를 클릭하고 폴더에 포함되어 있는 모든 파일을 불러올 수도 있습니다. 대화상자에서 불러올 파일이 있는 폴더를 선택하고 아래쪽의 [폴더 가져오기] 단추를 클릭합니다. [Project] 패널로 폴더 내에 있는 모든 파일과 폴더를 불러옵니다.

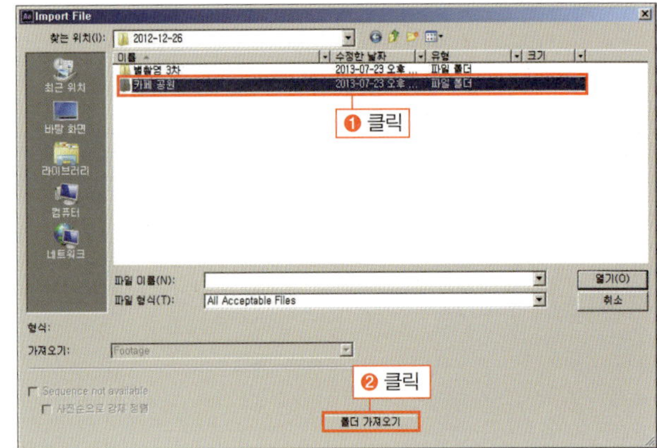

03. 만약 이미지나 동영상을 불러오고 컴포지션을 파일과 동일한 크기로 만들고자 할 때는 [Project] 패널에서 이미지나 동영상을 클릭하고 [Project] 패널 아래쪽의 [Create a new Composition]( )으로 드래그합니다. 파일과 동일한 크기의 컴포지션이 새롭게 만들어지고 [Timeline] 패널을 확인해 보면 드래그한 파일이 존재하게 됩니다.

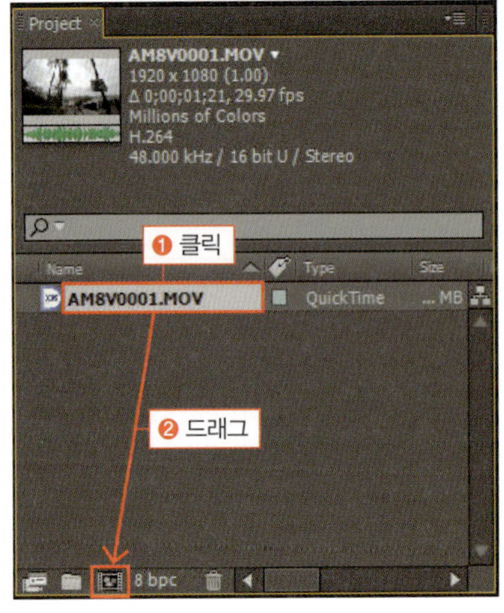

■ 프리미어 프로 또는 애프터 이펙트 프로젝트 불러오기

01. 프리미어 프로에서 제작한 프로젝트 파일을 애프터 이펙트에서 사용할 수 있도록 프로젝트를 불러옵니다. [File]–[Import]–[Adobe Premiere Pro Project] 메뉴를 클릭하면 다음과 같이 프리미어 프로 프로젝트(*.prproj)를 불러올 수 있는 [Import Adobe Premiere Pro Project] 대화상자가 나타납니다. 불러 올 프리미어 프로 프로젝트를 선택하고 [열기] 단추를 클릭합니다.

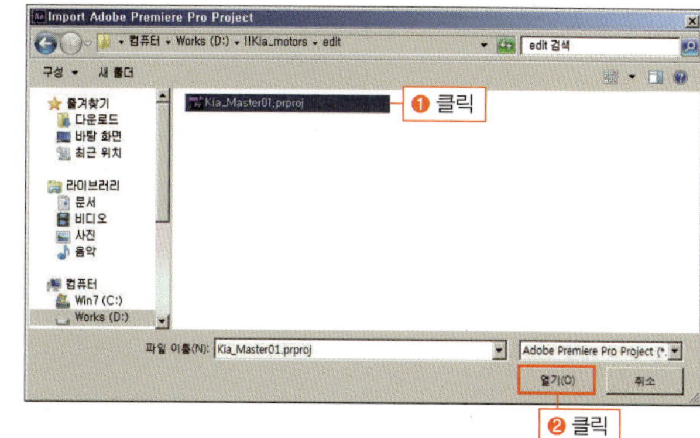

02. 프리미어 프로에서 불러올 시퀀스를 선택하고 오디오를 함께 불러올 것인지를 체크합니다. 오디오도 불러오기 위해 'Import Audio'에 체크하고 [OK] 단추를 클릭합니다. [Project] 패널에 폴더가 생성되고 프리미어 프로에서 사용된 파일과 프로젝트를 확인할 수 있습니다.

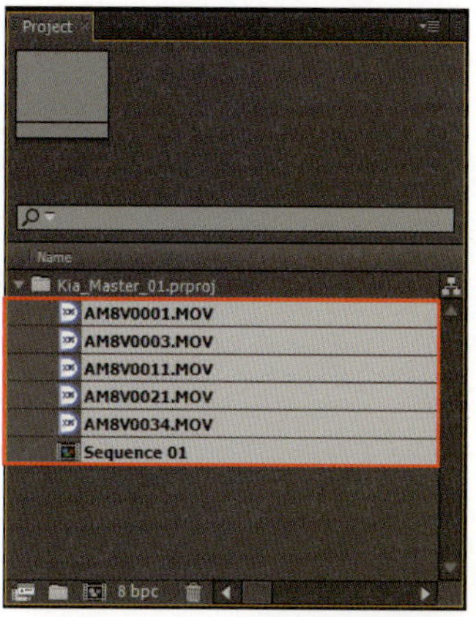

03. 애프터 이펙트의 [Project] 패널에 불러온 프리미어 프로 파일 중, 'Sequence' 파일을 더블클릭하면 프리미어 프로에서 편집된 순서대로 애프터 이펙트에서 사용할 수 있습니다.

> **TIP** : 애프터 이펙트 프로젝트(*.aep)는 일반적인 파일을 불러오는 것과 동일하게 불러옵니다. 불러 오기된 애프터 이펙트 프로젝트는 프리미어 프로와 동일하게 [Project] 패널에 폴더를 생성하고 모든 파일을 폴더에서 확인할 수 있습니다.

> **TIP** : 애프터 이펙트와 프리미어 프로는 레이어를 복사하여 상호 사용이 가능합니다. 애프터 이펙트의 [Timeline] 패널에서 레이어를 복사하고 프리미어 프로의 시퀀스에 붙여 넣기하여 파일을 사용할 수 있습니다. 프리미어 프로의 파일을 복사해 애프터 이펙트에서 붙여 넣기하면 동일하게 파일을 사용할 수 있습니다(파일은 [Project] 패널에서 불러 온 파일을 사용합니다.).

■ [Pro Import After effects] 대화상자를 사용해 파일 불러오기

01. 애프터 이펙트는 파이널 컷 프로, 모션, 아비드 포맷을 불러올 수 있도록 'Pro Import After effects'를 지원합니다. [File]–[Import]–[Pro Import After effects] 메뉴를 클릭하면 [Pro Import After effects] 대화상자가 나타납니다. [파일 형식]에서 불러올 파일 포맷을 선택할 수 있습니다.

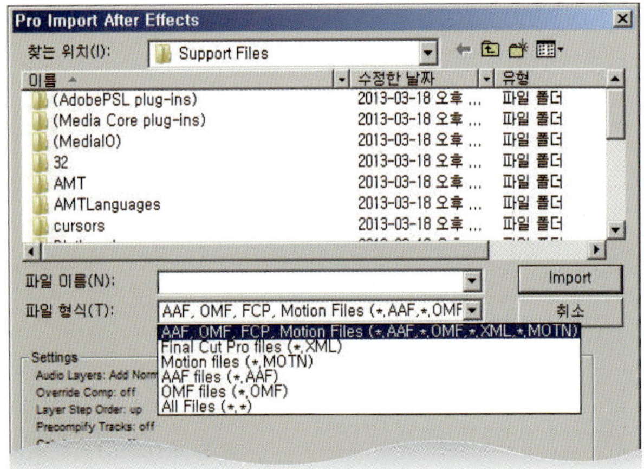

02. 'Placeholder'는 [Project] 패널에서 파일을 선택하고 마우스 오른쪽 버튼을 클릭하고 'Replace Footage'–'Placeholder'를 선택하여 대치할 수 있습니다. [New Placeholder] 대화상자에서 이름을 입력하고 크기와 프레임 레이트를 조정하여 새롭게 만들 수 있습니다.

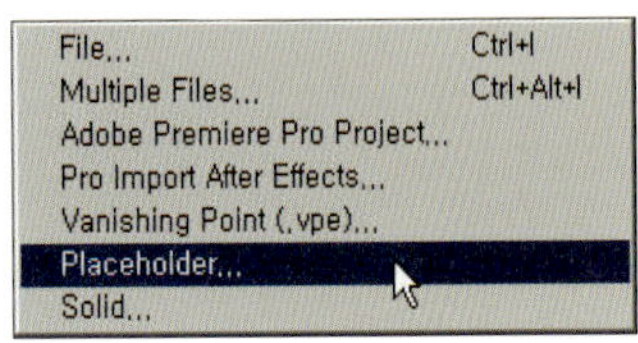

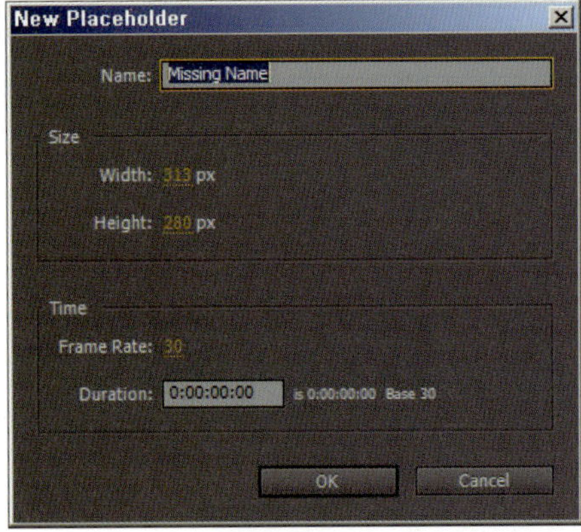

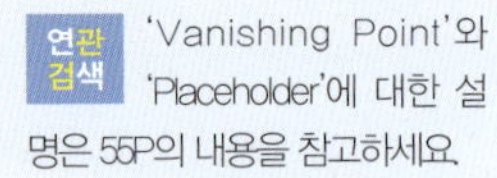

'Vanishing Point'와 'Placeholder'에 대한 설명은 55P의 내용을 참고하세요.

03. 'Solid'를 선택하였을 때도 새로운 솔리드를 만드는 것과 동일합니다. [Solid Settings] 대화상자에서 크기와 색상 등을 설정할 수 있습니다. 그러나 컴포지션에 대한 설정이 아니기 때문에 [Make Comp Size] 단추는 클릭할 수 없습니다.

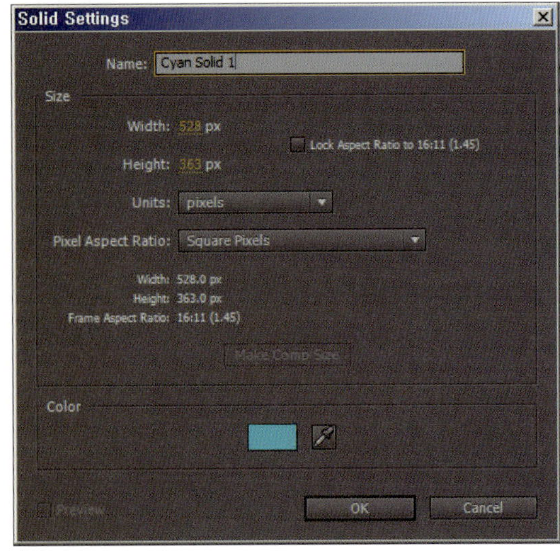

TIP : [Layer]–[New]–[Solid](**Ctrl** + **Y**) 메뉴를 클릭한 것과 같습니다.

[Windows 탐색기] 창에서 불러올 파일을 선택하고 애프터 이펙트의 [Project] 패널로 드래그하여 불러올 수 있습니다. 파일 포맷에 따라 애프터 이펙트에 불러와 지는 형식이 달라집니다. 애프터 이펙트 프로젝트를 드래그하면 [Project] 패널에 폴더가 생성되고 프로젝트에 사용된 파일과 컴포지션을 모두 불러옵니다.

01. 포토샵 파일인 'psd' 파일을 [Project] 패널에 드래그하면 이미지 파일에 속해 있는 레이어를 어떻게 사용할 것인지를 설정하는 대화상자가 나타납니다. [Layer Options]에서 선택하여 레이어를 합치거나 레이어를 그대로 유지하여 파일을 불러올 수 있습니다.

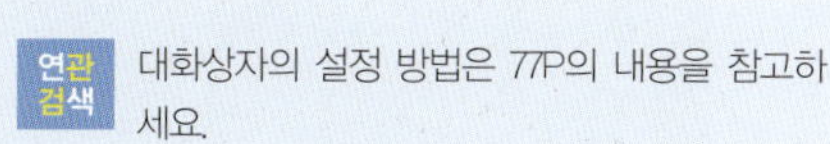
연관검색 대화상자의 설정 방법은 77P의 내용을 참고하세요.

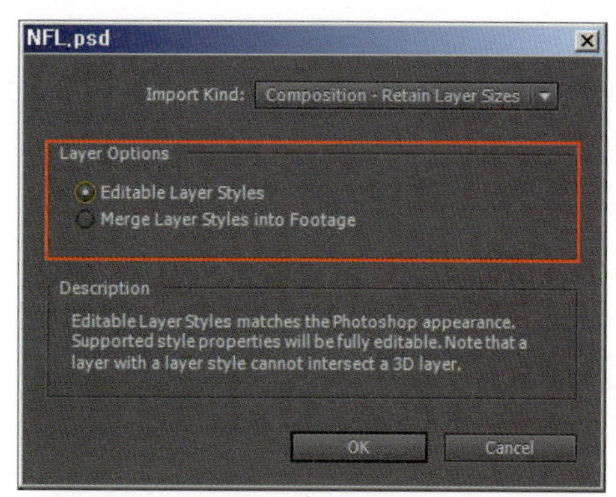

02. 애프터 이펙트로 드래그하여 불러오는 'psd' 파일은 무조건 하나의 이미지로 합쳐서 불러오기를 바란다면 [Preferences] 대화상자에서 변경할 수 있습니다. [Edit]–[Preferences]–[Import] 메뉴를 클릭하고 [Drag Import Multiple Items As]에서 'Footage'를 선택하면 'psd' 파일을 드래그할 때 대화상자가 나타나지 않고 바로 레이어가 하나로 합쳐져 불러와 집니다. 만약 'Footage' 이외의 것을 선택하면 선택한 내용이 파일을 드래그했을 때 나타나는 대화상자의 기본 설정으로 변경됩니다.

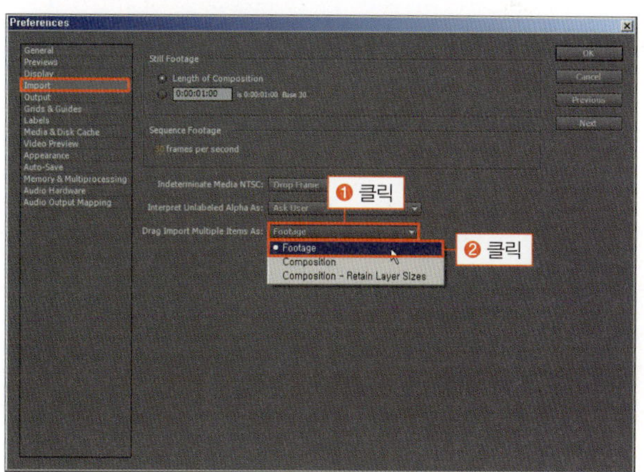

03. 이미지를 포함하고 있는 폴더를 드래그하여 폴더 내의 모든 이미지 파일을 불러올 수도 있습니다. 폴더 내에 포함된 이미지가 시퀀스 이미지 파일이라면 폴더를 [Project] 패널에 드래그하면 폴더 내에 포함된 이미지는 시퀀스 이미지를 인식해 하나의 동영상 파일처럼 불러올 수 있습니다.

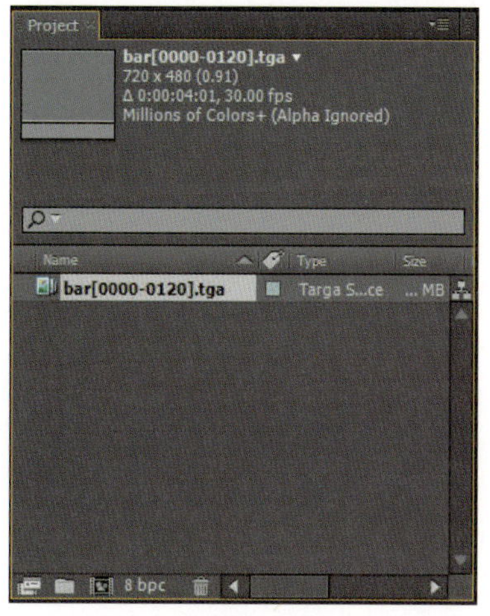

시퀀스(Sequence)는 영화나 TV에서 장소, 시간, 사건의 연속성을 통해 하나의 에피소드를 이루는 구성단위를 말하며, 학습에서 학생의 성숙 정도나 내용의 난이도에 따라 단원이 나아가는 순서를 말합니다.

일반적으로 시퀀스 이미지는 시간상으로 순서를 가지고 있는 연속된 이미지를 말합니다. 다음과 같이 같은 파일 이름을 가지고 있으며 파일의 이름 뒤에 연속된 번호가 있어 순서대로 나열되는 형태이며, 그래픽 프로그램에서 동영상처럼 사용할 수 있습니다.

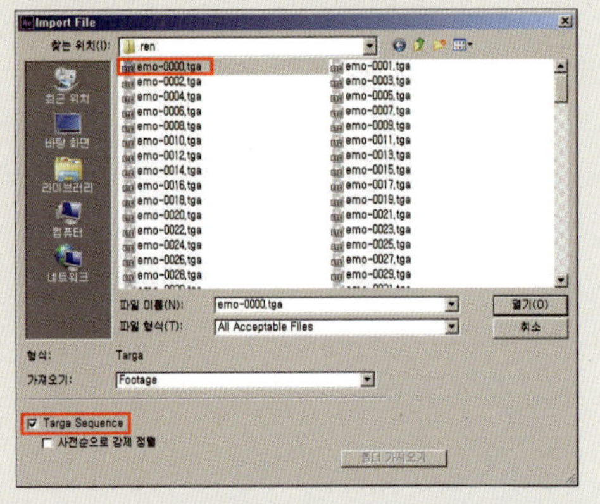

04. 불러올 폴더에 포함된 이미지가 시퀀스 이미지가 아닌 경우는 첫 번째 이미지만 시퀀스 이미지처럼 불러와 집니다. 이런 경우 폴더에 포함된 각각의 이미지를 하나의 폴더에 인식하도록 하려면 [Window 탐색기] 창에서 폴더를 선택하고 Alt 를 누른 상태로 [Project] 패널로 드래그하면 됩니다.

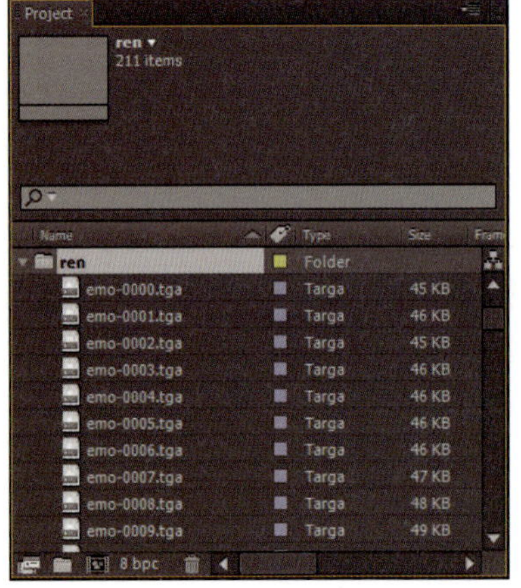

다이나믹 링크는 프로덕션 프리미엄(Production Premium), 또는 마스터 콜렉션(Master Collection)에서 사용할 수 있으며, 애프터 이펙트, 프리미어 프로, 앙코르 간 동적 링크를 설정합니다. 애프터 이펙트에서 동적으로 연결된 컴포지션을 변경하면 프리미어 프로, 또는 앙코르와 연결된 클립에 변경된 내용이 바로 적용됩니다. 프리미어 프로에서 동적으로 연결된 시퀀스를 변경하면 애프터 이펙트 및 앙코르에 변경 내용이 바로 적용되어 변경된 내용을 별도로 렌더링하거나 저장할 필요가 없습니다.

■ 다이나믹 링크 메뉴

다이나믹 링크는 메뉴에서 'Adobe Dynamic Link' 중 하나를 선택적으로 사용할 수 있습니다.

❶ — New Premiere Pro Sequence...
❷ — Import Premiere Pro Sequence...

❶ New Premiere Pro Sequence : 선택하면 프리미어 프로가 실행되고, 프리미어 프로 프로젝트에 대한 설정을 마치면 애프터 이펙트에 링크된 시퀀스가 컴포지션으로 나타나게 됩니다.

❷ Import Premiere Pro Sequence : 프리미어 프로에서 이미 제작된 프로젝트에서 시퀀스를 선택하여 애프터 이펙트로 불러오는 명령입니다.

다음은 메뉴 명령을 사용해 파일을 불러올 때 영향을 주는 환경에 대해 알아보도록 하겠습니다. [Preferences]-Import] 메뉴에서 확인할 수 있습니다.

■ [Import] 환경설정

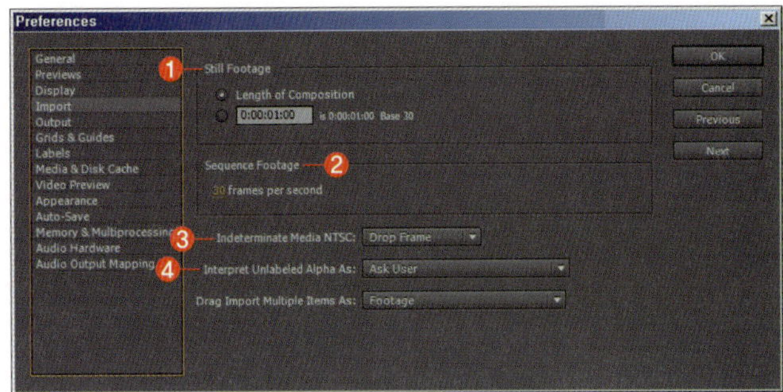

❶ Still Footage : 'Length of Composition'은 현재 작업 중인 컴포지션의 길이와 동일하게 이미지의 길이를 사용합니다. 이것은 [Project] 패널에 불러온 후 [Composition] 패널에 드래그하면 알 수 있습니다. 이미지의 길이를 사용자가 원하는 길이로 조절하기 위해서는 아래 옵션을 체크하고 길이를 입력하면 됩니다.

❷ Sequence Footage : 초당 몇 프레임을 기본으로 설정할 것인지를 결정합니다. 초당 기본 프레임은 30 프레임으로 설정되어 있습니다.

❸ Indeterminate Media NTSC : 불러오는 영상의 종류가 정확하지 않은 NTSC 영상의 경우 드롭 프레임(Drop Frame)을 사용할지 넌 드롭 프레임(Non-Drop Frame)을 사용할지 결정합니다. 기본은 드롭 프레임으로 설정되어 있습니다.

❹ Interpret Unlabeled Alpha As : 알파가 포함된 이미지의 경우 알파를 어떻게 처리할 것인지에 대한 옵션입니다. 기본으로 'Ask User'가 선택되어 있으며 알파가 포함된 이미지는 대화상자가 나타나며 사용자가 알파에 대한 설정을 결정하도록 합니다.

> **TIP : 프레임(Frame)**
>
> 프레임은 정지된 화면을 의미하며, 1초는 30프레임으로 1초에 30장의 정지된 이미지가 눈 앞에 나타나고 사라지게 되는 것입니다. 1시간은 60분, 1분은 60초, 1초는 30프레임이 됩니다. 그러므로 우리가 사용하는 똑딱하는 이 순간은 30프레임이 움직이는 시간이라 할 수 있습니다.

이미지는 스틸 이미지, 또는 시퀀스 이미지를 불러올 수 있습니다. 애프터 이펙트에서 색상은 RGB 색상을 사용하지만 CMYK 색상을 불러와 변환하여 사용할 수도 있습니다. 그러나 일러스트레이터나 포토샵 같은 응용 프로그램에서 비디오, 필름 및 기타 비인쇄 미디어용 이미지를 만들 때는 가능하면 RGB 색상을 사용하여 작업하는 것이 좋습니다. RGB 색상을 사용하면 더욱 많은 색상을 사용할 수 있으며 최종 결과물과 동일한 색상으로 작업이 가능합니다. 애프터 이펙트에서 이미지를 변환하여 사용하는 것보다 원래의 응용 프로그램에서 이미지를 준비하는 것이 더욱 쉽고 빠릅니다.

■ 이미지 사용 전 확인 사항

애프터 이펙트에서 이미지를 사용하기 전에 다음 사항을 먼저 확인한다면 더욱 시간을 절약할 수 있을 것입니다.

- 현재 사용하는 운영체제가 사용하고자 하는 파일 형식을 지원하는지 체크합니다.

- 애프터 이펙트에서 사용되지 않을 불필요한 이미지 영역은 삭제합니다.

- 일러스트레이터에서 이미지를 자를 때는 잘라내고 남은 영역의 픽셀 치수가 정수가 되도록 합니다. 일러스트레이터 파일의 치수는 소수점까지 설정할 수 있으며, 소수점의 파일을 사용하는 경우 애프터 이펙트에서는 해당 소수 값보다 크고 가장 가까운 정수로 반올림하여 보정합니다. 이와 같은 반올림의 결과로 이미지의 오른쪽 또는 아래쪽 가장자리에 검정 선이 생길 수 있습니다.

- 영역을 투명하게 지정하려면 응용 프로그램에서 투명하게 만들거나 알파 채널로 만들어 오도록 합니다.

- 방송용 영상을 제작하는 경우 이미지나 텍스트에 1pixels의 가는 선은 사용하지 않는 것이 좋습니다. 이러한 선이 포함되어 있으면 인터레이스 결과로 화면이 떨릴 수 있습니다. 가느다란 선을 반드시 사용해야 하는 경우에는 블러 효과나, 투명도, 블렌딩 모드 등을 사용해 두 비디오 필드 사이에서 떨리지 않고 두 필드에 모두 표시되도록 해야 합니다.

- 방송용의 영상을 제작하는 경우 이미지에서 나타나야 할 주요 부분은 안전 영역에 포함되도록 해야 합니다. 그렇지 않으면 주요 부분이 잘려 보이지 않을 수도 있습니다.

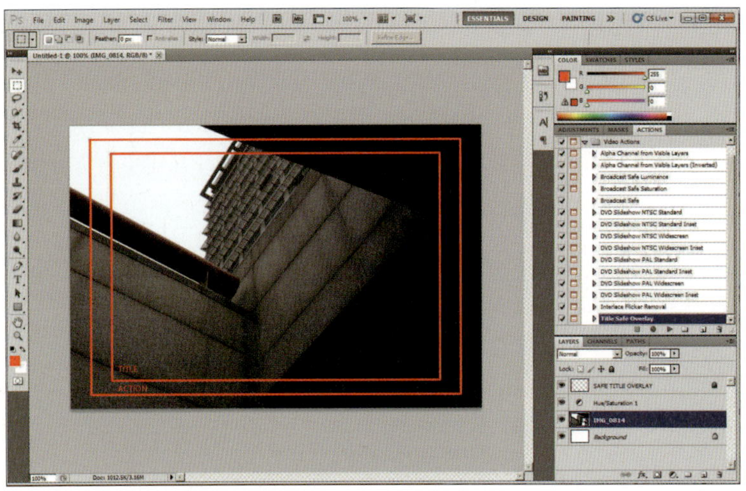

- 파일을 저장할 때 올바른 파일 이름과 세 글자로 이루어진 확장자를 사용해야 합니다.

- 애프터 이펙트에서 사용할 이미지의 해상도와 프레임 종횡비를 설정합니다. 작업을 진행하면서 이미지의 크기를 조정하려면 더욱 큰 이미지를 사용합니다. 애프터 이펙트는 최대 30,000×30,000pixels의 이미지 크기를 지원하며, 불러오거나 내보낼 수 있는 이미지의 크기는 애프터 이펙트에서 사용할 수 있는 실제 메모리(RAM)의 크기에 영향을 받습니다. 애프터 이펙트가 지원하는 컴포지션의 최대 크기도 30,000×30,000pixels입니다.

- 애프터 이펙트로 가져오는 이미지의 크기는 사용하는 크기와 최대한 유사한 크기로 준비합니다. 이미지가 너무 큰 경우 렌더링이나 프리뷰하는 시간이 오래 걸려 작업 효율이 떨어질 수 있습니다.

■ 내 컴퓨터 성능 향상시키기 `31P`

현재 사용자가 사용하고 있는 컴퓨터의 하드웨어적인 성능과 설치된 운영체제에 따라 애프터 이펙트를 실행했을 때 계산하는 능력의 차이를 느낄 수 있습니다. 64비트 운영체제를 설치할 수 있는 CPU를 장착하고 높은 클럭의 메모리를 최대한 많이 설치합니다. 메모리의 동작 클럭은 메모리의 데이터 전송속도에 영향을 주며 높을수록 빠르게 동작합니다. 그리고 SSD 하드 디스크를 장착하여 데이터를 읽고, 쓰는 속도를 최대치로 끌어올립니다.

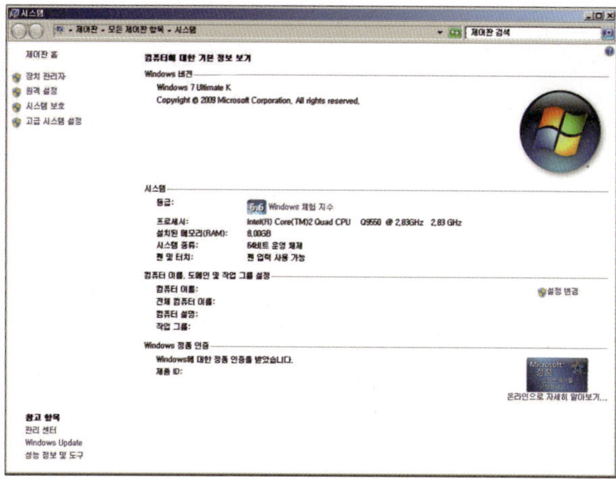

■ 다양한 인터페이스 사용하기 `42P, 43P`

애프터 이펙트에서 제공하는 워크스페이스를 사용해 현재 진행하는 작업을 더욱 편리하게 마무리할 수 있습니다. 또한 사용자가 직접 패널들의 위치를 변경해 사용할 수도 있습니다.

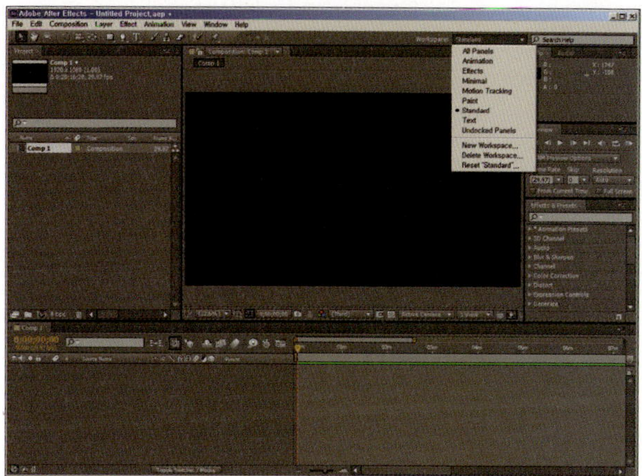

■ 인터페이스 전체 색상 톤 변경하기 41P

애프터 이펙트의 전체 인터페이스 색상 톤을 변경하기 위해 [Preferences] 대화상자에서 변경합니다. 사용자가 처한
환경에 따라 어둡게 또는 밝게 설정할 수 있습니다.

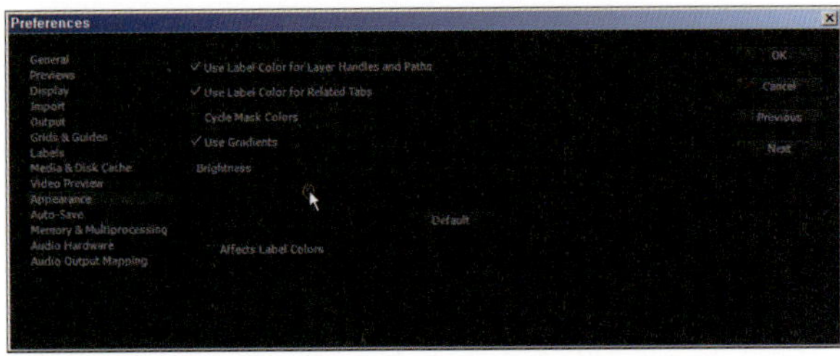

■ 다양한 방법을 통해 파일 불러오기 55P, 59P

애프터 이펙트는 다양한 응용 프로그램에서 제작된 파일들을 불러와 사용할 수 있습니다. 다양한 파일들을 불러올 때
메뉴를 사용하거나, 폴더에서 직접 마우스로 드래그, [Project] 패널에서 더블클릭 또는 [Project] 패널에서 마우스 오른
쪽 버튼을 클릭해 파일을 불러올 수 있습니다.

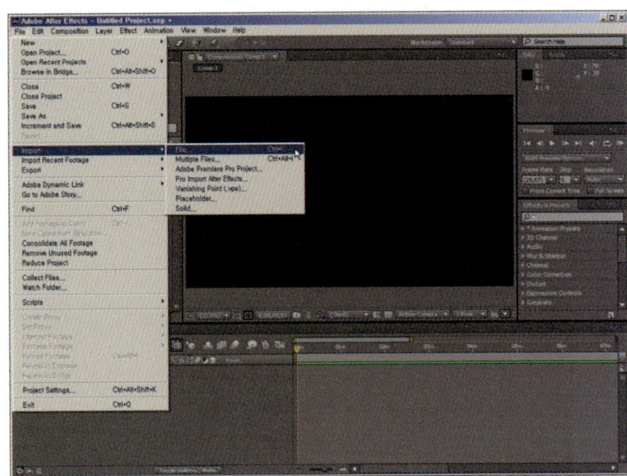

01 사용자의 하드웨어와 운영체제가 64비트인지 확인해 봅니다.

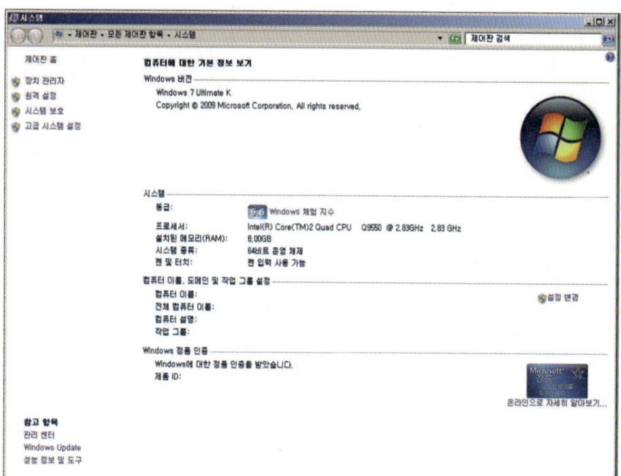

HINT

1. 바탕화면의 '컴퓨터'를 더블클릭하고 [Windows 탐색기] 창에서 [시스템 속성]을 클릭합니다.
2. [시스템] 창에서 시스템의 내용을 확인합니다.
3. 프로세스의 종류를 확인하여 64비트를 지원하는 프로세스인지를 확인합니다.
4. 사용자의 시스템이 32비트라면 시스템을 업그레이드해야 애프터 이펙트를 사용할 수 있습니다.

02 방송에서 사용할 수 있는 Full HD 컴포지션을 만들고, 워크스페이스를 'Text'로 설정해 봅니다.

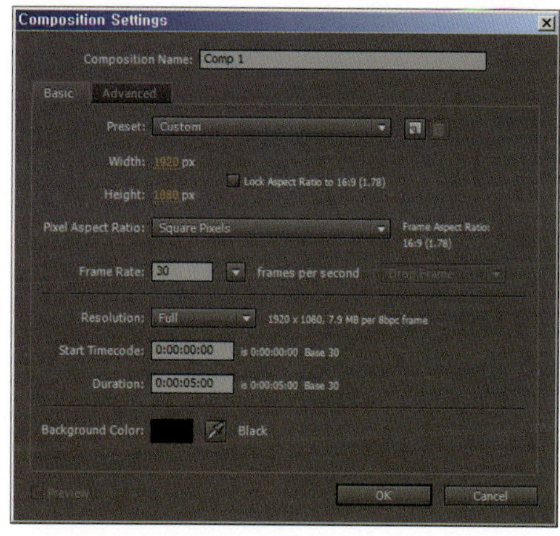
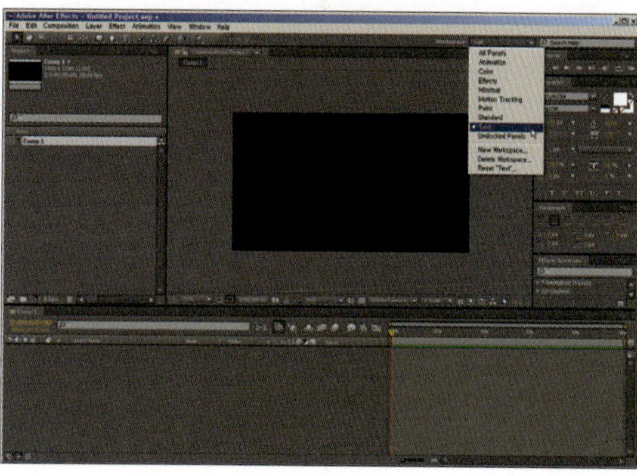

HINT

1. [Composition]–[New Composition](Ctrl + N) 메뉴를 클릭하고 [Composition Settings] 대화상자에서 Full HD 사이즈인 1920 ×1080pixels로 설정합니다.
2. Full HD의 컴포지션 화면비율인 [Pixel Aspect Ratio]를 'Square Pixels'로 선택하며, 초당 프레임 레이트인 [Frame Rate]는 그 래픽을 제작하는 경우 30프레임으로 설정합니다.
3. 워크스페이스 변경은 애프터 이펙트의 오른쪽 위에 있는 [Workspace]을 클릭해 선택할 수 있습니다.

02

애프터 이펙트
패널과 친해지기

애프터 이펙트는 크게 파일이 존재하는 [Project] 패널, 파일들을 보고 직관적으로 작업할 수 있는 [Composition] 패널, 모든 파일의 속성을 제어하는 [Timeline] 패널, 마우스로 선택해 명령을 실행할 수 있는 툴 박스로 구성되어 있습니다. 이번 장에서는 각각의 패널에 포함된 기능과 사용방법에 대해 알아보도록 하겠습니다.

파일들을 한자리에!
[Project] 패널

애프터 이펙트로 작업을 진행할 때 사용되는 모든 파일들이 모여 있는 [Project] 패널에 대해 알아보도록 하겠습니다. 애프터 이펙트는 툴 박스, [Project] 패널, [Composition] 패널, [Timeline] 패널, 그리고 [Palette] 패널에서 대부분의 작업이 이루어지며, 그 외 숨겨져 있는 다양한 명령들은 가끔씩 사용되는 명령들입니다. 지금부터 [Project] 패널의 기본적인 내용부터 세세한 부분의 명령들까지 알아보도록 하겠습니다.

기초탄탄 ▶ [Project] 패널과 [Flowchart] 패널 이해하기

■ [Project] 패널 71P

[Project] 패널은 다양한 파일들을 불러와 사용할 수 있도록 도와주며, 패널 아래의 아이콘을 사용해 다양한 기능을 수행할 수 있습니다.

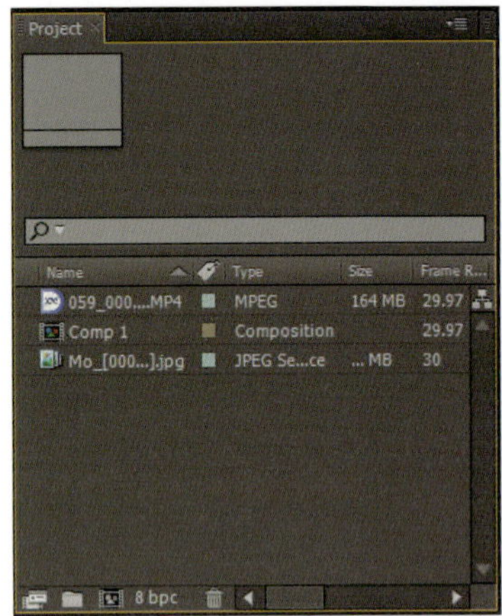

■ [Flowchart] 패널 74P

[Flowchart] 패널은 프로젝트에서 사용된 솔리드, 이미지, 컴포지션, 카메라, 이펙트, 사운드 등 전체 레이어를 하나의 구조로 나타내는 [Flowchart View] 패널입니다. 이것은 각각의 레이어가 포함된 위치나 이펙트 등 다양한 정보를 나타냅니다.

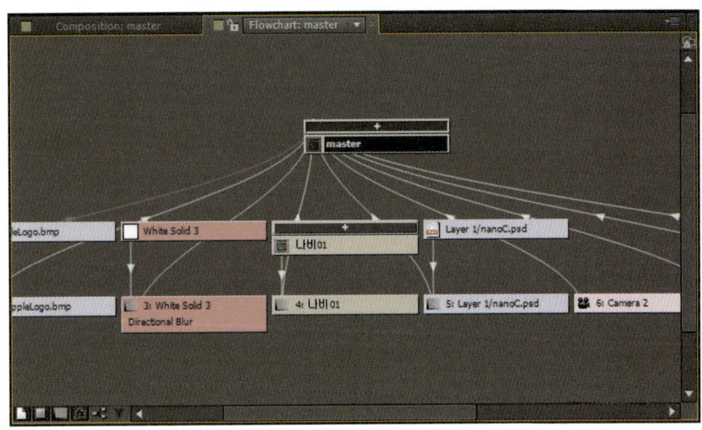

[Project] 패널은 동영상, 시퀀스 이미지, 스틸 이미지, 오디오, 프로젝트 파일 등을 불러오고 서로 다른 종류의 파일, 또는 구성 요소들을 담아두는 역할을 합니다. 작업을 하는데 기본적으로 사용되는 파일들이 모여 있는 장소이며, 필요한 파일을 [Timeline] 패널이나 [Composition] 패널에 드래그해 사용합니다.

■ [Project] 패널의 기능 알아보기

[Project] 패널은 애프터 이펙트로 불러온 파일에 대한 일반적인 정보에 대해 다루고 있습니다. 특별한 기능은 없지만 파일들의 관리와 파일의 기본적인 속성을 제어할 수 있습니다.

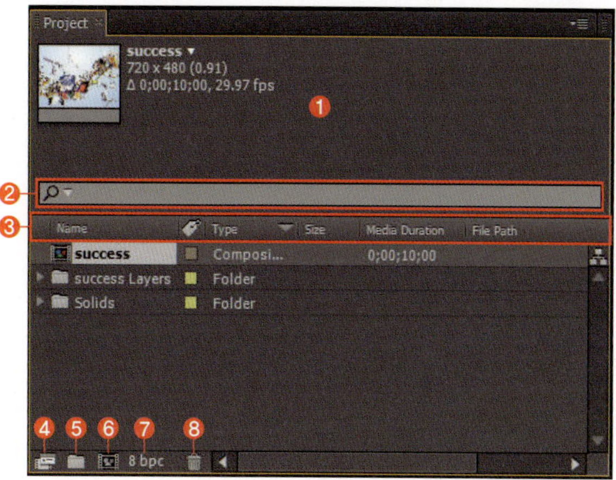

❶ 선택된 컴포지션이나 파일에 따라 화면의 크기, 파일 타입, 시간, 오디오에 대한 정보를 볼 수 있습니다. 파일 이름의 오른쪽에 있는 삼각형(▶)을 클릭하면 선택된 파일이 어느 컴포지션의 몇 번째 레이어로 사용되고 있는지 확인할 수 있습니다.

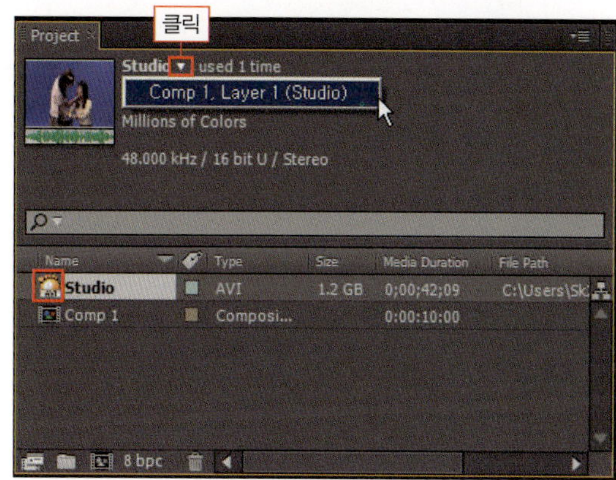

정보가 나타나는 왼쪽의 아이콘을 더블클릭하면 선택된 파일에 대한 프리뷰가 [Composition] 패널에 나타나게 됩니다. 파일을 선택하면 풋테이지 컴포지션으로 화면에 나타나고, 컴포지션을 더블클릭하면 [Composition] 패널이 나타나게 됩니다.

❷ Search : [Project] 패널 내에 불러온 파일을 찾는 검색 기능을 제공합니다. 파일이 몇 개 되지 않는 경우는 사용하지 않지만 많은 파일이 프로젝트에 존재하는 경우에는 검색 기능을 이용해 쉽게 파일을 찾을 수 있습니다.

❸ Columns : 파일들에 대한 정렬 방식을 선택하거나 파일을 불러온 위치 등을 확인할 수 있습니다. 각각의 아이콘을 클릭하면 [Project] 패널 내에 있는 파일들의 이름, 타입, 크기 등의 순서대로 정렬됩니다.

❹ Interpret Footage : [Project] 패널에서 파일을 선택하고 클릭하면 파일의 알파, 화면비율, 프레임 레이트 등의 속성을 변경할 수 있는 창이 나타납니다.

❺ Create a new Folder : 폴더를 생성하며 [Project] 패널에 이미지나 동영상을 분리하거나, 불러온 파일이 많아 공간을 정리할 필요가 있을 때 클릭하여 [Project] 패널에 새로운 폴더를 생성합니다. 폴더의 이름을 입력하고 [Project] 패널 내의 파일을 마우스로 드래그하면 폴더 안으로 옮길 수 있습니다.

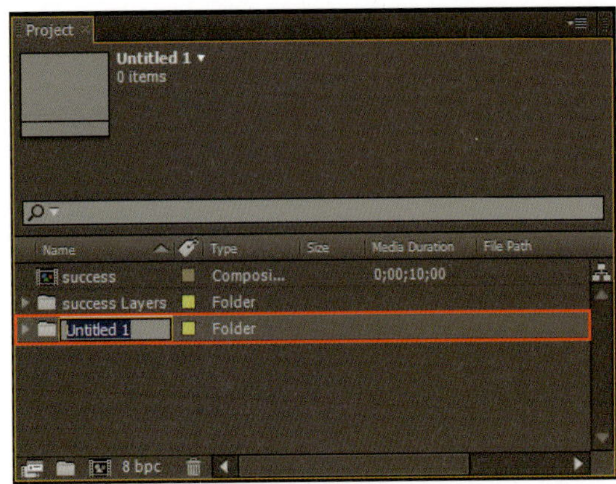

❻ Create a new Compositon : 현재 작업하고 컴포지션 이외의 새로운 컴포지션을 만듭니다. 클릭하면 [Composition Setting] 대화상자가 나타납니다. 설정을 마치고 [OK] 단추를 클릭하면 새로운 컴포지션이 [Project] 패널에 만들어 집니다.

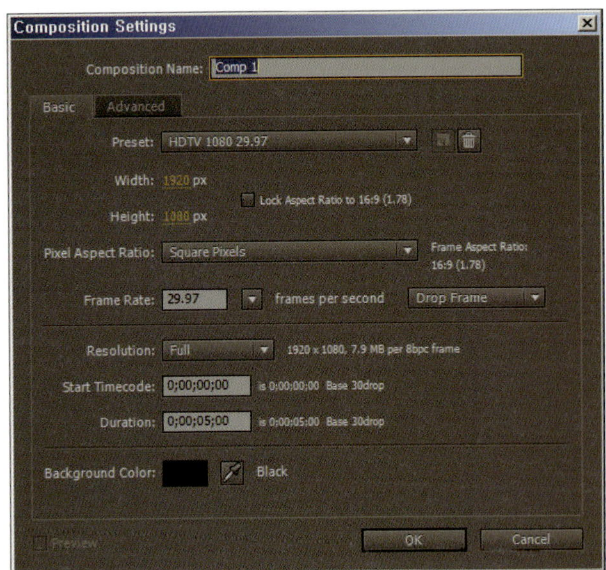

❼ **Frame Rate** : 픽셀의 색상을 나타내는 데 사용되는 bpc(채널당 비트) 수는 색상 심도, 또는 비트 심도를 말합니다. 각 RGB 채널(Red, Green, Blue)에 비트 수가 많을수록 각 픽셀이 더 많은 색상을 표현할 수 있습니다. 애프터 이펙트는 8bpc, 16bpc, 32bpc 색상으로 작업할 수 있습니다.

- 8bpc 픽셀 : 각 색상 채널에 0(검정)~255(순수 채도 색상)까지의 값을 가질 수 있습니다.
- 16bpc 픽셀 : 각 색상 채널에 0(검정)~32,768(순수 채도 색상)까지의 값을 가질 수 있습니다. 3가지 색상 채널(Red, Green, Blue) 모두에서 최대값을 가지면 흰색이 나타납니다.
- 32bpc 픽셀 : 0.0 아래의 값과 1.0(순수 채도 색상) 위의 값을 가질 수 있습니다. 애프터 이펙트의 32bpc 색상도 HDR(높은 계조 : High Dynamic Range) 색상입니다. HDR 값은 흰색보다 훨씬 더 밝을 수 있습니다.

> **TIP** : 색상 심도를 바꾸려면 **Alt**를 누른 상태로 [Project] 패널의 아래쪽에 있는 [Frame Rate]를 클릭합니다. 8bpc, 16bpc, 32bpc로 변경할 수 있습니다.

> **TIP** : 계조
> 계조는 가장 어두운 영역에서부터 가장 밝은 영역 사이에 몇 가지 밝기의 단계가 있는지를 나타내는 정도를 말합니다.

❽ **Deletes** : [Project] 패널에서 파일이나 폴더, 컴포지션을 선택하고 클릭하면 선택한 파일을 삭제할 수 있습니다.

[Flowchart] 패널은 파일나 솔리드, 레이어, 이펙트 등을 쉽게 찾아서 작업을 진행할 수 있도록 도와주는 지도와 같은 역할을 합니다. [Flowchart] 패널에서 레이어를 선택하면 [Timeline] 패널에서도 같은 레이어가 선택됩니다. [Flowchart] 패널에서는 [Project] 패널의 모든 파일을 보고, 정렬할 수 있고, 선택된 파일, 또는 컴포지션만을 볼 수도 있습니다.

01. [Project] 패널 오른쪽의 [Project Flowchart] (🖳)를 클릭하면 [Project] 패널에 존재하는 모든 파일들을 볼 수 있습니다. [Project] 패널에 포함된 모든 컴포지션과 파일의 구조를 나타냅니다.

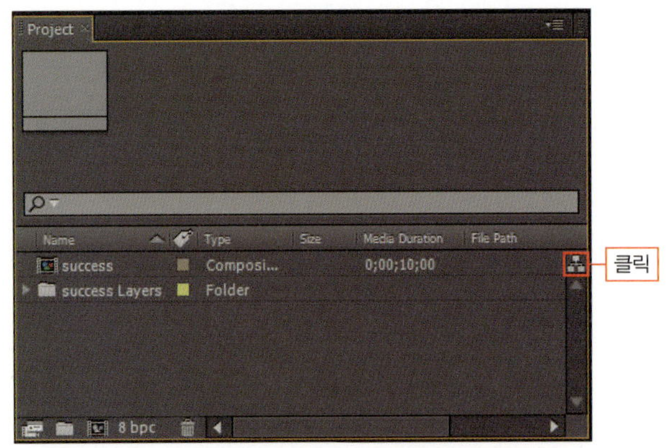

TIP : [Project Flowchart](🖳)의 단축키로 **Ctrl** +**F11**를 사용합니다.

02. [Project] 패널이 아닌 [Composition] 패널 아래쪽에 위치한 [Composition Flowchart](🖳)를 클릭하면 선택된 컴포지션에 대한 계층구조만을 보여줍니다. [Project] 패널에는 여러 개의 컴포지션이 존재하지만 하나의 컴포지션을 열기 위해서는 [Composition] 패널의 아래쪽에 있는 [Composition Flowchart](🖳)를 클릭합니다.

TIP : 컴포지션이 여러 개 존재할 시 하나의 컴포지션에 대한 구조를 보기 위해서는 [Project Flowchart] 패널에서 보는 것보다 [Composition Flowchart](🖳)로 보는 것이 더욱 쉽게 구조를 파악할 수 있습니다.

03. 선택된 하나의 컴포지션만 나타나게 됩니다.

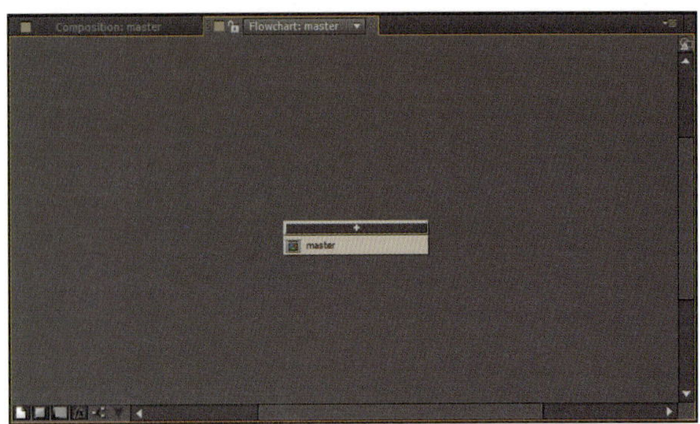

04. [Flowchart View] 패널에서 계층구조를 간단하게, 또는 복잡하게 나타낼 수 있습니다. 다음에서 [+]를 클릭하면 내부에 포함하고 있던 모든 레이어가 나타납니다. 즉 [Timeline] 패널에서 가지고 있는 모든 파일 레이어가 펼쳐지게 됩니다. [Timeline] 패널에서 레이어의 이름을 변경하면 패널에서도 동일한 이름으로 변경됩니다. 화살표는 구성 요소 간의 관계를 나타내며, 기존의 관계를 임으로 변경할 수는 없습니다.

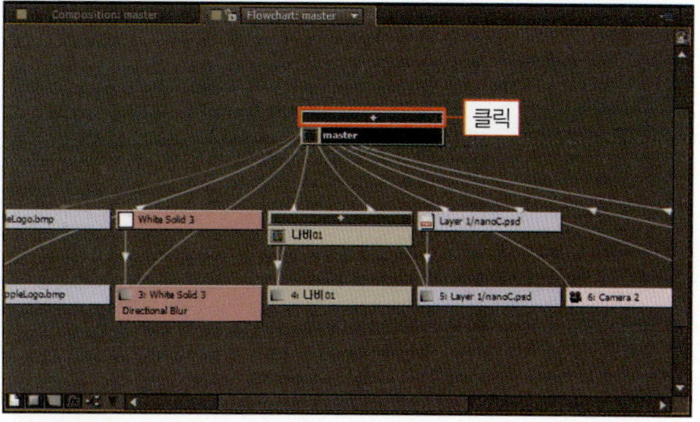

05. 계층구조를 확인하기 위해 [Flowchart] 패널의 왼쪽 아래에 다음과 같은 6개의 아이콘을 사용합니다. 어떠한 아이콘을 클릭하느냐에 따라 플로우차트가 보여 보여지는 방식이 달라집니다.

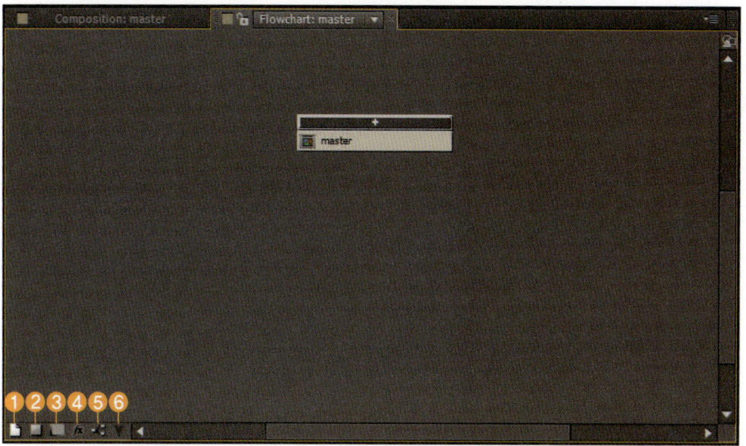

❶ **Show Footage(   )** : [Timeline] 패널에 존재하는 이미지, 동영상, 오디오 등의 레이어를 모두 보여줍니다.

❷ **Show Solids(   )** : [Timeline] 패널에 새롭게 만들어진 솔리드 레이어를 보여줍니다.

❸ **Show Layers(   )** : 클릭하면 소스 아래쪽으로 레이어가 나타나게 됩니다.

❹ **Show Effects(   )** : 이펙트가 적용된 레이어에 어떠한 이펙트가 적용되어 있는지 바로 아래쪽에서 이펙트의 이름을 보여줍니다.

❺ **Straight and Curved(   )** : [Flowchart] 패널의 연결방식을 직선, 또는 곡선으로 변경하여 나타냅니다. 마우스로 클릭하면 직선으로, 다시 클릭하면 곡선으로 변경됩니다. Alt 를 누른 상태로 클릭하면 위치가 변동된 레이어도 원래의 기본 설정으로 새롭게 정렬됩니다.

❻ **Flow Direction(   )** : 4개의 선택 옵션이 있습니다. 이것은 컴포지션을 아래에 놓고 하위 레이어를 정렬할 것인지, 위에 혹은 오른쪽이나 왼쪽에 놓고 레이어를 정렬할 것인지를 선택할 수 있습니다.

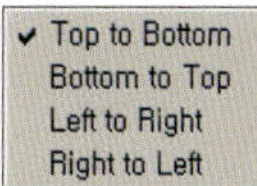

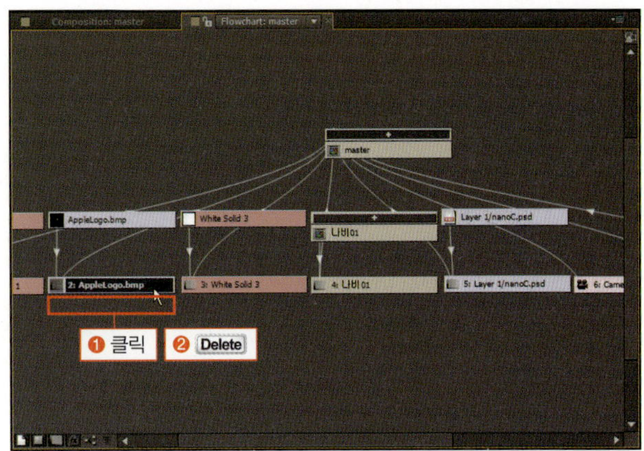

06. [Flowchart] 패널에서 컴포지션에 포함된 요소를 삭제하려면 해당 요소를 선택하고 **Delete** 를 누릅니다. 선택한 요소가 파일 항목이나 컴포지션인 경우 프로젝트에서 삭제되고 [Timeline] 및 [Project] 패널에 더 이상 나타나지 않습니다. [Flowchart] 패널에서 선택한 요소가 레이어인 경우 해당 요소가 나타나는 [Composition] 패널에서 삭제됩니다.

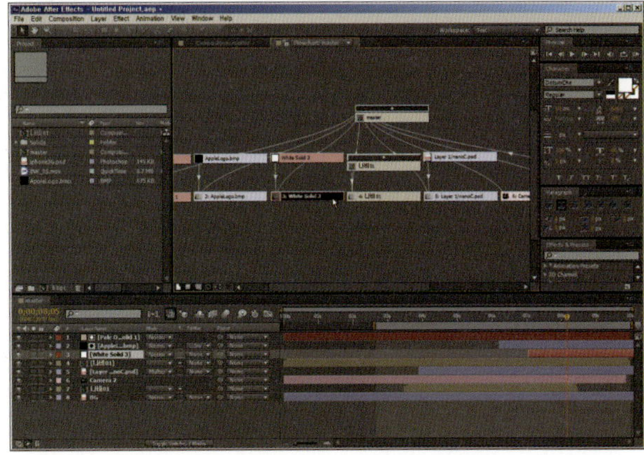

07. [Flowchart] 패널에서 레이어를 선택하면 [Timeline] 패널에서 동일한 레이어가 선택됩니다. 선택된 레이어를 더블클릭하면 [Composition] 패널로 뷰가 바뀌며 [Flowchart View] 패널에서 선택한 레이어가 [Timeline]과 [Composition] 패널에 선택됩니다.

TIP : 만약 [Flowchart] 패널에서 파일 항목을 선택하게 되면 [Project] 패널에서 선택된 파일이 선택되며, 더블클릭하면 파일을 [Layer] 패널에서 열 수 있습니다.

포토샵이나 기타 프로그램으로 제작된 이미지 파일을 불러올 때 이미지의 형식에 따라 옵션의 설정을 다르게 선택해야 합니다. 각각의 파일 포맷에 따라 어떻게 설정하는지 알아보도록 하겠습니다.

예제 파일 | CD\Part 02\Sources\ArcMouse.psd 파일

01. [File]-[Import]-[File](**Ctrl** + **I**) 메뉴를 클릭하거나 [Project] 패널 빈 공간을 더블클릭하고 [Import File] 대화상자에서 포토샵에서 제작한 파일인 'psd' 파일을 선택하고 하단의 [가져오기]를 클릭하면 3가지 방식으로 파일을 불러 올 수 있도록 되어 있습니다. 'Footage'를 선택하고 [열기] 단추를 클릭합니다.

> **TIP :** 'Footage'는 파일을 불러올 때 일반적으로 'jpg' 같은 파일이나 무비 파일을 불러올 때 사용하는 것으로써 레이어가 존재하지 않는 파일을 불러올 때 사용하는 명령입니다. 'psd' 파일을 불러올 때 이 명령을 사용하면 파일에 존재하고 있는 레이어 중 하나의 레이어를 불러오는 명령입니다.

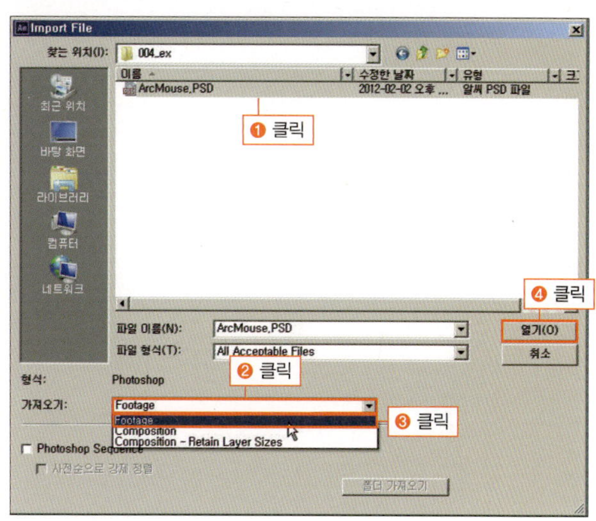

02. [파일명.PSD] 대화상자가 나타나고 불러오기 종류인 [Import Kind]가 3가지 옵션으로 분리되어 있습니다.

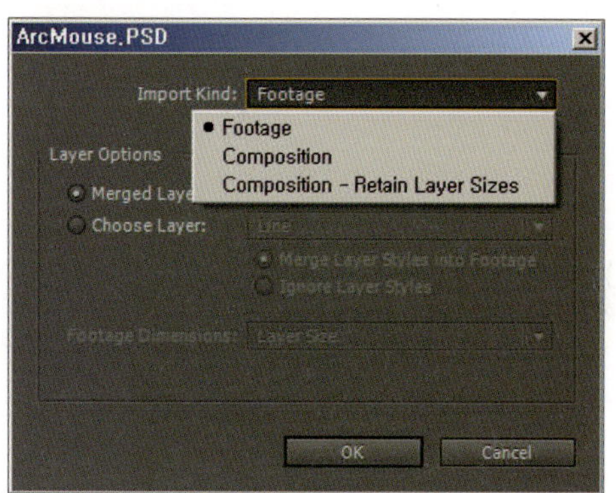

03. [Import Kind]에서 'Footage'를 선택하고 [Layer Options]에서 'Merged Layer'를 선택하면, 포토샵에서 레이어별로 분리된 이미지를 하나의 레이어로 합쳐서 불러옵니다.

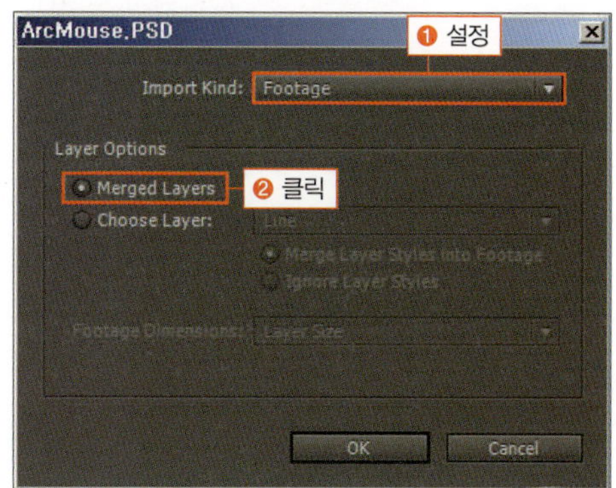

04. [Import Kind]에서 'Footage'를 선택하고 [Layer Options]에서 'Choose Layer'를 선택하면 포토샵 파일의 레이어 중 하나를 선택하여 불러올 수 있습니다.

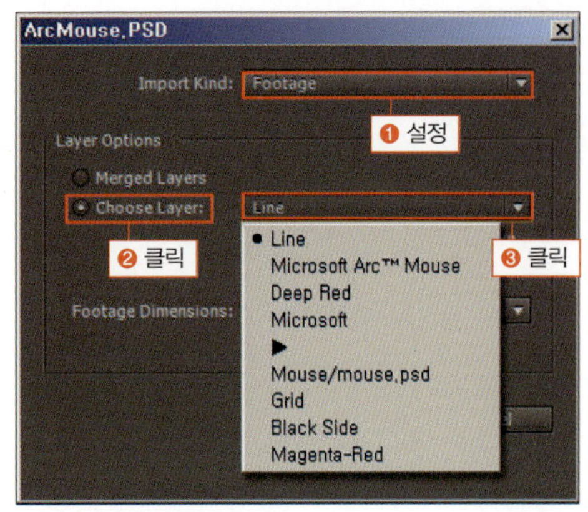

05. 'Choose Layer'를 선택하면 아래의 'Merge Layer Styles into Footage'와 'Ignore Layer Styles'이 활성화됩니다. 이것은 포토샵에서 레이어에 적용된 레이어 스타일의 그림자 효과나 글로우, 스트로크 등을 함께 불러 올 것인지(Merge Layer Styles into Footage), 스타일은 적용하지 않고 레이어만 불러올 것인지 (Ignore Layer Styles)를 결정하는 옵션입니다.

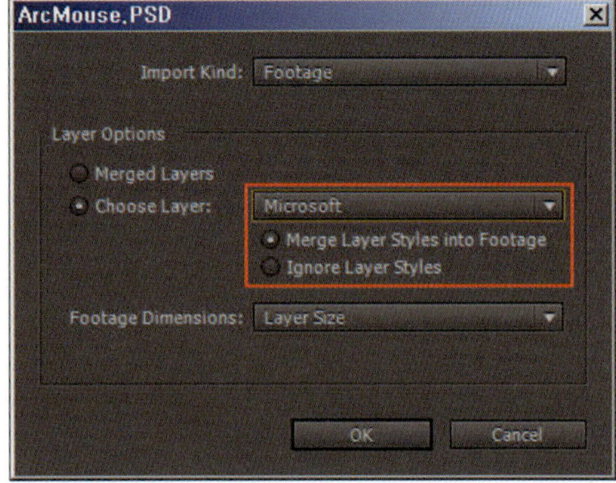

06. 아래쪽의 [Footage Dimensions]에는 2개의 선택사항이 있습니다. 만약 포토샵에서 도큐먼트 사이즈를 720×480pixels로 작업을 했는데 그 중 불러오고자 하는 레이어는 100×100pixels로 작업을 했다고 가정을 하겠습니다. 애프터 이펙트로 불러올 때 'Layer Size'를 선택하면 포토샵에서 도큐먼트에 작업한 레이어의 크기인 100×100pixels로 불러와 집니다. 그러나 'Document Size'는 작업한 레이어의 크기가 100×100pixels이라 해도 애프터 이펙트로 불러올 때는 원래의 도큐먼트 크기인 720×480pixels로 불러와 집니다.

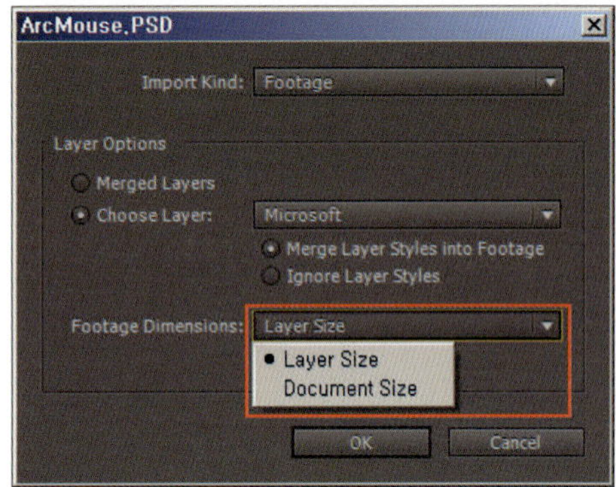

> **TIP :** 일반적으로 가장 많이 사용하는 확장자인 'jpg' 파일의 경우는 압축된 이미지로 별도의 옵션을 필요로 하지 않습니다. 파일을 불러오면 이 이미지는 하나의 파일로 [Project] 패널에 불러와 집니다. 그러나 포토샵에서 제작하여 확장자가 'psd'로 저장한 파일인 경우 다른 형식과는 다르게 레이어를 유지할 수 있도록 설정이 가능합니다.

07. 파일을 불러올 때 [Import Kind]에서 'Composition'을 선택하면 포토샵 파일로 저장된 파일이 애프터 이펙트로 들어올 때 포토샵에서 작업한 레이어가 모두 존재하는 상태로 불러올 수 있습니다. 'Composition–Retain Layer Sizes'도 동일한 명령입니다. 그러나 2개의 명령은 약간의 차이가 있습니다. 애프터 이펙트로 불러와 졌을 때 레이어의 크기에 차이가 생깁니다. 파일을 불러올 때 'Composition'을 선택하면, 포토샵에서 작업한 레이어가 하나씩 존재하지만 하나의 파일을 보았을 때 포토샵에서 작업한 도큐먼트와 모든 레이어가 동일한 사이즈로 불러와 집니다.

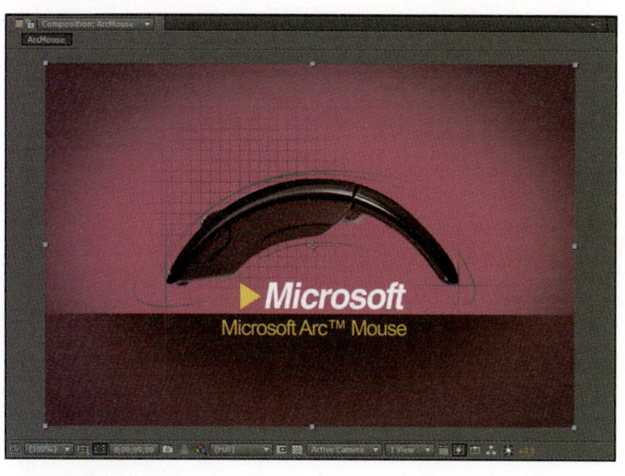

▲ 'Composition' 선택

08. 파일을 불러올 때 [Import Kind]에서 'Composition–Retain Layer Sizes'를 선택하면 포토샵에서 작업한 각각의 레이어 크기를 유지한 상태로 불러와 집니다. 작업할 때 회전이나 크기 등을 제어하거나 선택할 때 직관적으로 사용할 수 있습니다.

▲ 'Composition–Cropped Layer' 선택

문제해결 도큐먼트의 크기대로 레이어를 가져오지 않고 'Composition–Retain Layer Sizes'를 선택해 파일을 불러오는 이유는 레이어의 기준점이 컴포지션 프레임의 가운데가 아니라 잘린 그래픽 개체의 가운데에 설정되기 때문입니다. 레이어의 주위가 잘린 컴포지션으로 가져오면 개별 레이어에 애니메이션을 적용할 때 사용자의 의도대로 변형 작업을 쉽게 할 수 있습니다. 만약 수레의 바퀴를 회전시킬 때 각 바퀴의 중심점이 바퀴의 가운데 위치하므로 바퀴를 사용자의 의도대로 회전시킬 수 있습니다.

파일을 선택하고 [열기] 단추를 클릭하면 추가적인 대화상자가 나타납니다. 'jpg' 파일이나 동영상 오디오 등의 파일을 선택하고 불러올 때는 옵션이 나타나지 않지만 포토샵 파일인 'psd' 파일의 경우는 추가적인 옵션을 선택해야 합니다.

01. [File]-[Import]-[File](**Ctrl** + **I**) 메뉴를 클릭하거나 [Project] 패널 빈 공간을 더블클릭하고 [Import File] 대화상자에서 포토샵 파일인 'psd' 파일을 선택하고 [가져오기]에서 'Footage'를 클릭합니다. 'Composition'과 'Composition-Retain Layer Sizes' 중 선택하고 [열기] 단추를 클릭합니다.

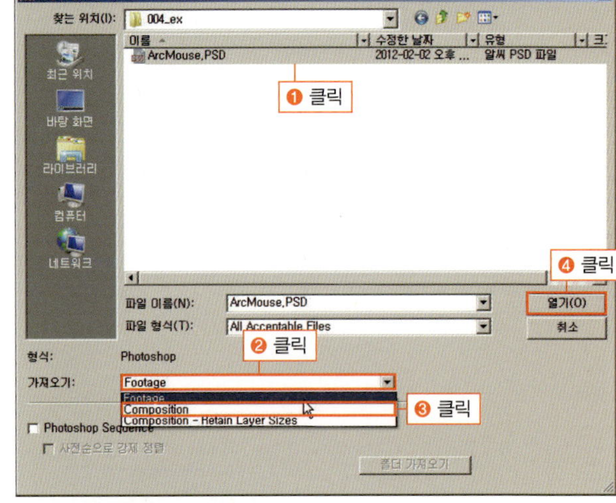

[가져오기] 항목에 대해서는 77P의 내용을 참고하세요.

02. [파일명.PSD] 대화상자가 나타납니다. [Layer Options]에서 'Editable Layer Styles'은 포토샵에서 레이어에 적용된 레이어 스타일을 그대로 유지해서 파일을 불러오며, 애프터 이펙트에서 레이어 스타일을 변경할 수 있습니다. [Layer Options]에서 'Merge Layer Styles into Footage'를 선택하면 포토샵에서 레이어에 적용된 레이어 스타일을 그대로 유지하지만 애프터 이펙트에서 변경할 수 없도록 레이어와 하나로 합쳐서 불러옵니다.

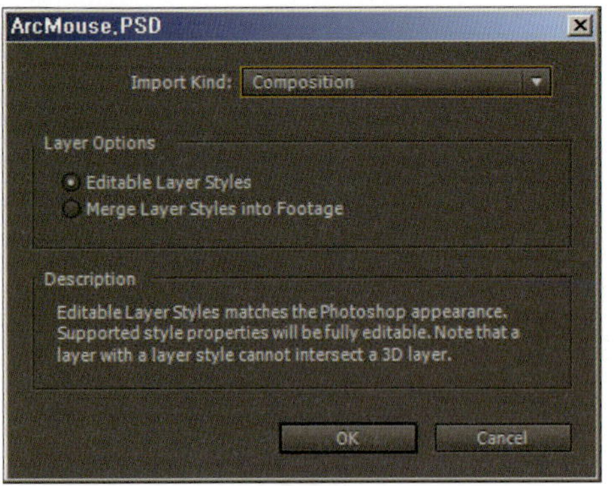

03. 포토샵에서 레이어 스타일은 [Layers] 패널 아래쪽의 [Layer style](_fx_)을 클릭하여 적용되는 효과들을 말합니다. 레이어 스타일에는 그림자, 글로우, 베벨, 컬러, 그레이디언트, 스트로크 등의 효과가 있습니다.

▲ 포토샵의 레이어 스타일

04. 다음과 같이 포토샵에서 'Outer Glow'를 레이어에 적용하면 레이어의 주위에 글로우가 적용됩니다. 파일을 저장합니다.

05. 포토샵에서 글로우가 적용된 레이어를 애프터 이펙트에서 확인하기 위해 애프터 이펙트를 실행하고 저장한 파일을 불러옵니다. 파일을 불러올 때 다음과 같이 [Layer Options]에서 'Editable Layer Styles'을 선택하고 [OK] 단추를 클릭합니다.

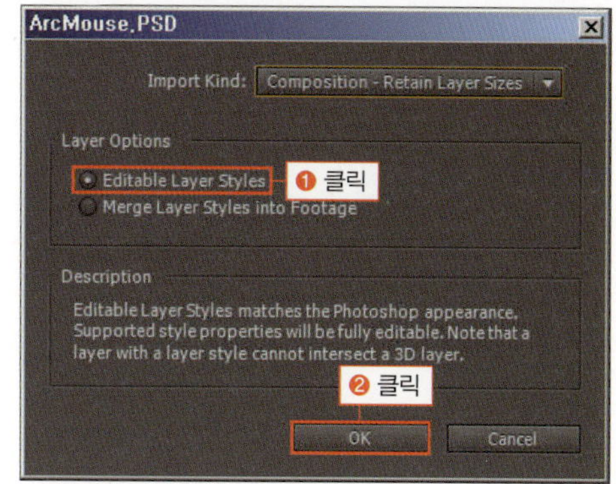

06. 레이어 스타일이 적용된 레이어를 선택하고 레이어의 속성을 확인합니다. 'Outer Glow'가 적용된 것을 확인할 수 있습니다.

07. 애프터 이펙트에서 레이어 스타일은 [Timeline] 패널이나 [Composition] 패널에서 레이어를 선택하고 [Layer]-[Layer Styles] 메뉴에서 적용할 수도 있습니다. 포토샵과 동일한 효과들을 선택하여 다양하게 적용할 수 있습니다.

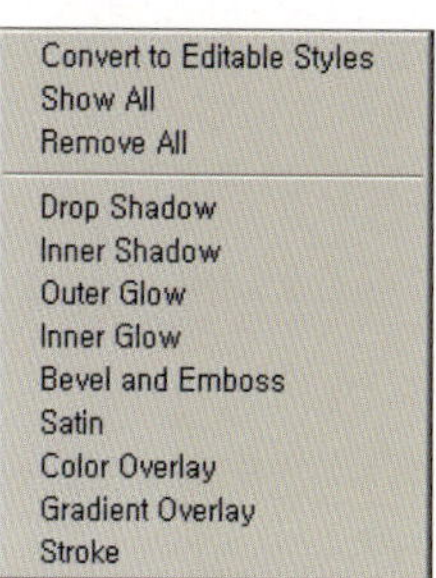

[Project] 패널에 불러와진 파일의 속성과 파일을 관리할 수 있는 명령들이 있습니다. [File] 메뉴에서 선택하거나 [Project] 패널에서 파일을 선택하고 마우스 오른쪽 버튼을 클릭해 선택할 수 있습니다.

■ [File] 메뉴

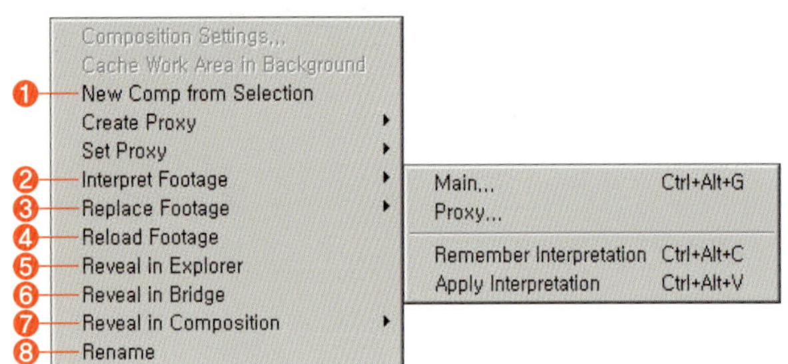

❶ New Comp from Selection : [Project] 패널에서 파일을 선택하고 'New Comp from Selection'을 선택하면 선택된 파일의 크기, 시간, 비율 등과 동일한 크기의 컴포지션을 새롭게 만들어 줍니다.

❷ Interpret Footage

- Main : 파일을 불러올 때 설정하는 알파에 대한 정보와 프레임, 동영상의 경우 동영상이 시작하는 프레임, 필드, 픽셀의 비율 등 파일의 속성을 다시 설정할 수 있습니다. 단축키로 **Ctrl** + **Alt** + **G** 를 사용합니다. 파일에 'Proxy'가 설정되어 있으면 'Interpret Footage'−'Proxy'를 선택하여 프록시로 설정하여 파일에 대한 설정을 변경할 수 있습니다.

- Remember Interpretation : 'Interpret Footage'−'Main'에서 설정한 내용을 복사하여 다른 파일에 동일한 설정을 적용하여 사용할 수 있습니다. 단축키로 **Ctrl** + **Alt** + **C** 를 사용합니다. 'Interpret Footage'−'Remember Interpretation'을 선택해 설정한 내용을 복사하고, 적용하고자 하는 다른 파일을 하나 이상 선택하여 'Apply Interpretation'을 클릭합니다. 하나 이상 선택된 파일에 동일한 설정이 이루어집니다.

❸ Replace Footage : [Project] 패널에서 선택된 파일을 다른 파일이나 'Solid', 'Placeholder'로 변경할 수 있습니다. [Project] 패널에서 파일이 변경되게 되면 [Timeline] 패널의 레이어도 함께 변경되어 작업을 더욱 쉽게 할 수 있습니다.

❹ Reload Footage : [Project] 패널에서 불러온 파일이 외부에서 수정되었을 때 다시 불러와 업그레이드 시켜주는 기능입니다. 만약 애프터 이펙트에서 이미지 파일을 가지고 작업 중일 때 포토샵에서 이미지를 수정하고 저장한 다음 'Reload Footage'를 선택하면 수정된 이미지로 변경됩니다.

❺ Reveal in Explorer : 'Reveal'은 숨겨져 있던 것을 '보이다, 나타내다'라는 의미를 가지고 있으며, 'Reveal in Explorer'는 현재 선택된 파일이 위치한 폴더를 엽니다.

❻ Reveal in Bridge : 현재 선택된 파일을 어도비 브리지(Adobe Bridge)에서 보여줍니다.

❼ Reveal in Composition : 선택된 파일이 [Timeline] 패널의 어디에 있는지 찾아 선택해 줍니다.

❽ Rename : 파일의 이름을 변경하는 명령으로 파일을 선택하고 **Enter** 를 누르는 것과 동일한 명령입니다. 'Rename'을 선택하면 파일의 이름을 변경할 수 있는 필드가 만들어 집니다.

직관적으로 보며 작업하는!
[Composition] 패널 알아보기

작업하고 있는 프로젝트 파일들의 진행 상황을 시각적으로 볼 수 있는 [Composition] 패널에 대해 알아보도록 하겠습니다. [Composition] 패널은 직접 화면을 보여주는 기능을 담당합니다. [Project] 패널의 파일을 [Timeline] 패널이나 [Composition] 패널로 드래그하면 모든 레이어를 시각적으로 표현해 줍니다. [Composition] 패널은 직관적으로 레이어를 선택하거나 해지할 수 있으며 레이어를 공간에서 제어할 수 있습니다.

기초탄탄 ▶ [Composition Settings] 대화상자 알아보기

■ [Composition Settings] 대화상자 86P, 88P

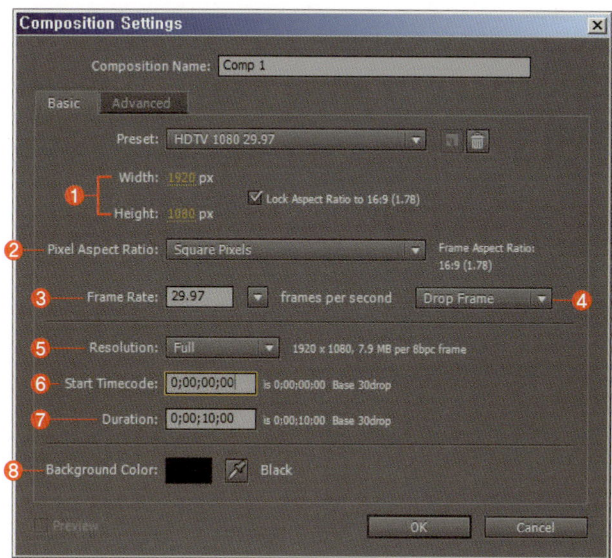

❶ Width/Height : 새로운 컴포지션의 가로와 세로 크기를 설정합니다.

❷ Pixel Aspect Ratio(픽셀 종횡비) : 픽셀은 이미지에서 가장 작은 단위로 가로와 세로의 비율을 의미합니다. 가로와 세로의 크기가 1920×1080pixels인 HD는 1920개의 가로 픽셀과 1080개의 세로 픽셀을 의미하며, 이러한 크기를 프레임 사이즈, 또는 프레임 종횡비라 합니다. 대부분의 컴퓨터 모니터에는 정사각형 픽셀이 사용되지만, ITU-R 601(D1) 및 DV를 비롯한 여러 비디오 형식에는 정사각형이 아닌 직사각형 픽셀이 사용됩니다.

• 화면 비율(Aspect Ratio) : 우리가 흔히 보는 TV나 모니터의 크기는 1.33:1(4:3)의 비율을 갖고 있습니다. 즉 세로의 길이를 1로 놓았을 때 가로의 길이는 1.33이 된다는 것으로 오랫동안 TV 방송에

서 표준으로 자리 잡은 화면 비율이며, 표준 화면으로 불리는 화면 비율입니다. 1927년에 제작된 최초의 유성 영화 '재즈 싱어'에서 사용했고 1950년대 TV가 등장하면서 극장과 사진의 표준 화면 비율이었던 1.33:1 비율을 그대로 가져와 사용했습니다.

▲ 1927년 영화 '재즈 싱어'

- 와이드스크린(Wide Screen) : 와이드스크린은 와이드 TV, 또는 HDTV의 표준 규격으로 화면의 가로와 세로의 비율이 16:9(1.78:1)를 가리킵니다.

❸ Frame Rate(프레임 레이트) : 초당 몇 프레임을 사용할 것인지를 결정합니다. 단위로 FPS(Frame Per Second)를 사용하며, 방송에서 사용되는 초당 프레임은 30프레임, 영화는 24프레임을 기본으로 합니다.

❹ Drop Frame/Non Drop Frame(드롭 프레임/논 드롭 프레임) : 방송에서 사용되는 타임코드는 초당 30프레임입니다. 그러나 흑백 TV에서의 영상신호는 초당 30프레임이지만, NTSC 컬러 TV 신호는 초당 29.97프레임입니다. 1초당 0.03프레임 만큼의 오차가 발생되고 이를 누적하면 1분에 0.06초(1.8프레임), 10분에 0.6초(18프레임), 한 시간에 3.6초(108프레임)가 됩니다. 이를 보정하기 위해서 분 단위로 변경될 때 다음 분의 시작에서 두 프레임을 제거하는 방법을 채택하고 있습니다. 영상신호에는 영향을 미치지 않고 타임코드 표시 숫자만 시계와 맞추기 위해 삭제된 것입니다. 즉, 영상은 여전히 29.97프레임/초 속도로 진행합니다. 그러나 이런 방법으로 프레임을 삭제하고 한 시간 동안 삭제된 프레임을 계산해 보면 총 120프레임이 되므로, 이를 다시 보정하기 위해서 매 10분 단위에서는 프레임 삭제를 하지 않습니다. 매 10분 단위 00, 10, 20, 30, 40, 50이 될 때를 제외하고는 매분 2프레임씩 삭제합니다. 이런 보정으로 타임코드는 실제 시계와 같은 속도로 주행하며 타임코드로 계산한 프로그램 길이와 실제 주행시간이 일치하게 됩니다. 이와 같이 타임코드를 보정하는 것을 드롭(DROP)이라 하고, 보정된 타임코드를 드롭 프레임 타임코드(Drop Frame Timecode), 보정되지 않은 것을 논 드롭 프레임 타임코드(Non Drop Frame Timecode)라 합니다.

❺ **Resolution(해상도)** : [Composition] 패널에서 파일의 선명한 정도를 나타냅니다. 'Full'이 선택되었을 시, 화면 100%일 때 가장 깨끗하게 나타나고 'Half' > 'Third' > 'Quarter' 순입니다. 'Custom'은 사용자가 직접 픽셀의 크기를 입력할 수 있습니다.

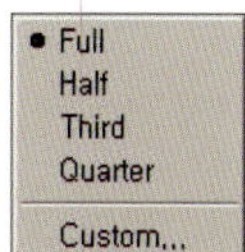

❻ **Start Timecode(타임코드)** : 0;00;00;00은 시간;분;초;프레임을 나타내며 [Timeline] 패널에서 처음에 시작하는 시간을 설정할 수 있습니다. 기본적으로 0프레임부터 시작하지만 시간을 입력하면 원하는 시간대부터 시작합니다.

다음과 같이 시작 프레임을 0;00;10;00으로 설정합니다.

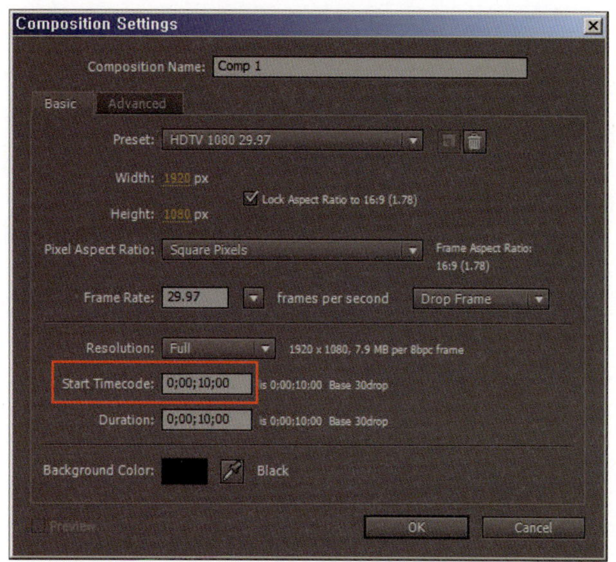

[Start Timecode]를 10초로 설정했으므로 다음과 같이 [Timeline] 패널에서 처음 시작점이 10초가 됩니다.

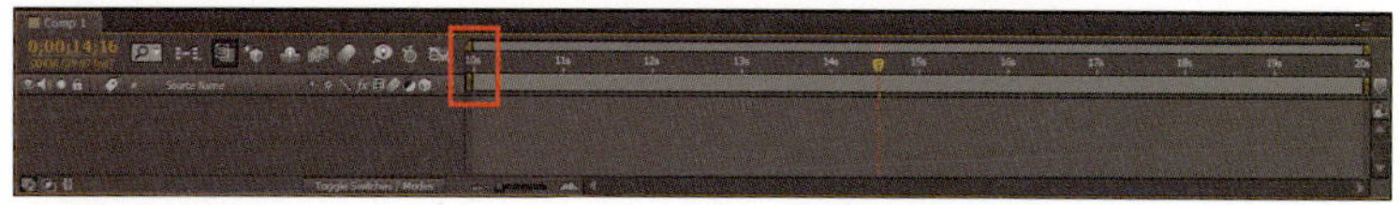

❼ **Duration** : 타임라인에서 전체 시간을 의미합니다. [Start Timecode]를 0;00:10;00으로 설정했을 시, 10초부터 시작하므로 20초까지의 시간을 나타냅니다.

❽ **Background Color** : 배경 색상은 컴포지션이 만들어질 때 배경으로 사용할 색상을 선택합니다. 배경 색상을 지정해도 원래는 투명한 상태를 유지하게 됩니다. 사용자가 작업할 때 더욱 용이한 색상을 선택하면 됩니다. 배경 색상을 변경하고 싶을 때는 [Composition] 패널이나 [Timeline] 패널을 선택하고 [Composition]-[Composition Settings](**Ctrl** + **K**) 메뉴를 선택하면 됩니다. 색상을 변경할 때 아래쪽에 있는 'Preview'를 체크하면 [Composition] 패널의 배경이 변경되는 것을 확인하며 변경할 수 있습니다.

컴포지션에 대한 기본적인 설정은 모든 작업의 기본이 되며, 최종 결과물의 시작이라 할 수 있습니다. 기본 설정에 대한 각각의 기능을 제대로 이해하고 설정하시기 바랍니다. 방송에서 사용하는 Full HD 사이즈의 영상을 제작할 때의 설정 방법에 대해 알아보도록 하겠습니다.

01. [Composition]–[New Composition](Ctrl +N) 메뉴를 클릭하여 컴포지션 설정을 할 수 있는 [Composition Settings] 대화상자를 나타냅니다. 가장 먼저 [Preset]에서 화면의 크기를 선택합니다. 화면의 크기는 Full HD 사이즈인 'HDTV 1080 29.97'을 선택합니다. 화면의 크기는 다양하게 선택하여 사용할 수 있습니다.

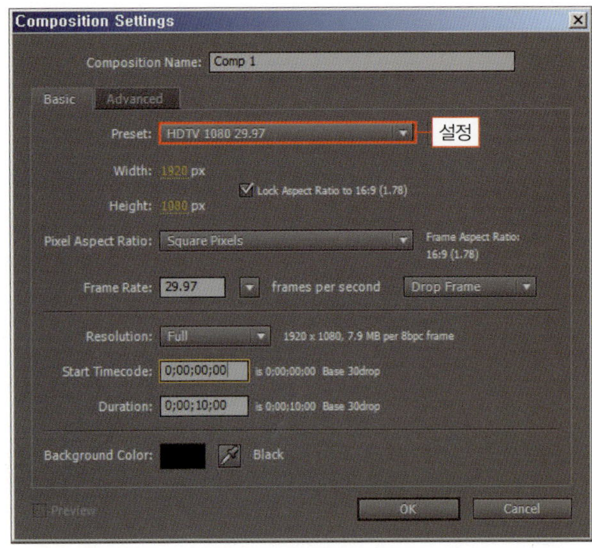

TIP : [Composition Settings] 대화상자는 [Composition]–[Composition Settings](Ctrl + K) 메뉴와 동일한 명령으로 현재 설정된 컴포지션의 설정을 변경할 때 사용합니다.

TIP : Preset

비디오 작업을 위한 비디오의 크기를 설정하는 부분입니다. 일반적으로 사용하는 비디오의 크기를 기본으로 제공합니다(NTSC DV, NTSC D1, HDV, DVCPRO HD, HDTV, Cineon, Film...). 사용자가 가로와 세로의 크기를 임의로 조정해 다양한 크기로 사용할 수 있습니다. 'Lock Aspect Ratio'를 체크하면 가로와 세로의 비율을 유지하며 크기를 조절할 수 있으며, 해지하면 가로와 세로의 크기를 각각 다르게 입력할 수 있습니다.

02. 화면 크기가 결정되었으면 화면의 비율을 결정합니다. 현재 사용되는 HD는 가로와 세로의 픽셀이 동일한 1:1의 크기를 사용하므로 [Pixel Aspect Ratio]에서 'Square Pixels'을 선택합니다. 이어 초당 몇 프레임을 사용하여 영상을 제작할 것인지를 결정하도록 합니다. HD 영상을 제작할 때 일반적으로 29.97프레임을 사용하지만, 컴퓨터를 통해 재생하거나 그래픽을 제작할 때는 일반적으로 30프레임을 사용합니다. 상황에 따라 프레임을 변경해 사용할 수 있습니다.

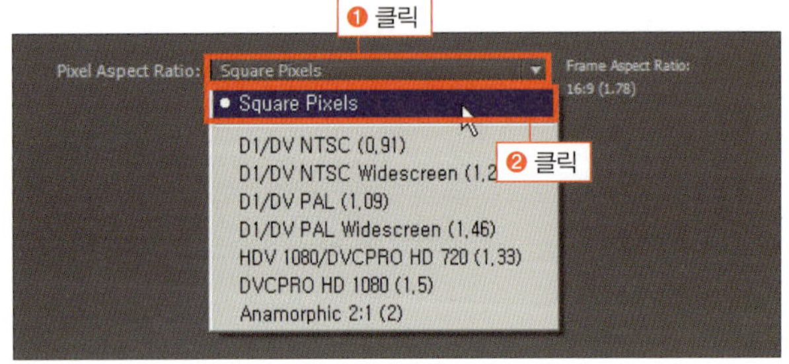

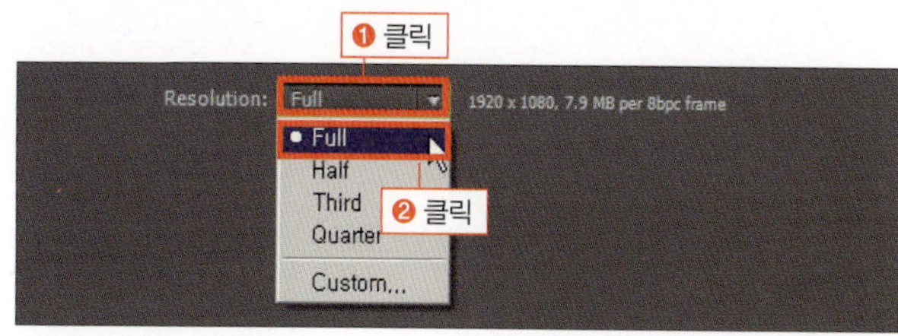

03. 초당 프레임수를 결정했으면 다음으로 [Composition] 패널에 보여지는 영상이나 그래픽의 해상도를 결정합니다. 해상도는 [Resolution]에서 선택합니다. 가장 선명한 화질을 원한다면 'Full'을 선택합니다.

04. 사용자가 원하는 길이의 영상을 만들기 위해 전체 시간을 설정하도록 합니다. 처음 시작하는 시간을 다르게 입력하여 다른 컴포지션과 다르게 진행할 수 있습니다. 각각의 컴포지션에서 [Start Timecode]를 '0'으로 설정하여 처음부터 시작하는 것이 기본 설정입니다. [Duration]에 수치를 입력하여 전체 작업하는 길이를 설정할 수 있습니다.

05. [Background Color]에서 컴포지션의 배경으로 사용할 색상을 선택합니다. 배경 색상은 알파로 사용할 때 색상이 없는 것과 동일하게 사용되며 알파를 사용하지 않는 경우는 배경 색상으로 사용됩니다.

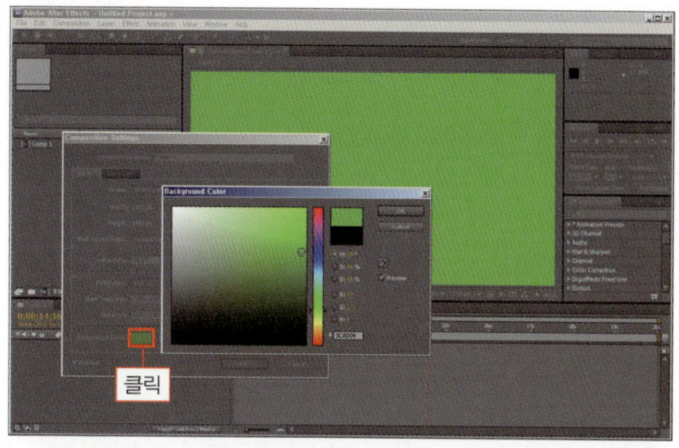

06. 현재까지의 모든 설정을 종합하면 다음과 같이 Full HD 해상도의 설정을 만들 수 있습니다. 다음은 그래픽을 제작할 때 사용하는 방식으로 [Frame Rate]는 초당 30프레임으로 설정하였습니다.

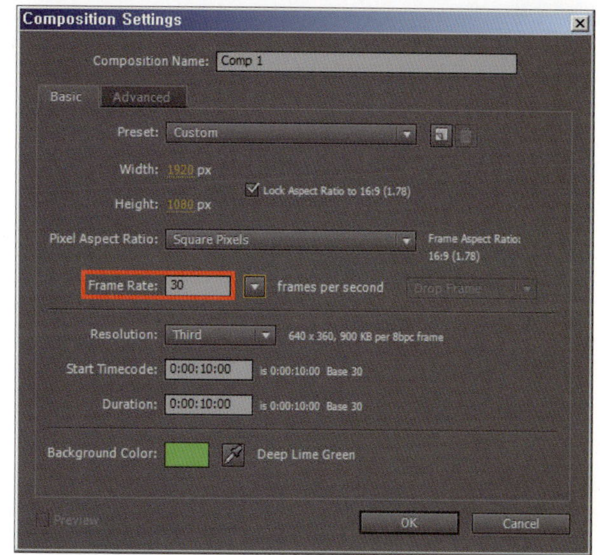

애프터 이펙트의 컴포지션에 대한 설정은 앞에서 살펴본 [Basic] 탭 설정과 [Advanced] 탭 설정이 있습니다. [Advanced] 탭 설정은 많이 사용하지는 않지만 알아두면 유용하게 사용할 수 있습니다.

01. 애프터 이펙트를 실행하고 [Composition]-[New Composition](**Ctrl** + **N**) 메뉴를 선택합니다. 패널에서 [Basic] 탭의 오른쪽에 있는 [Advanced] 탭을 클릭합니다. [Anchor]는 컴포지션의 중심점을 말하며 현재 선택된 컴포지션의 크기를 줄이거나 키울 때 중심점을 선택할 수 있습니다. 컴포지션의 위/아래/왼쪽/오른쪽 중 하나의 포인트를 선택함으로써 컴포지션의 크기를 변화시킬 때 어느 부분을 중심으로 크기가 변화하는지를 결정합니다.

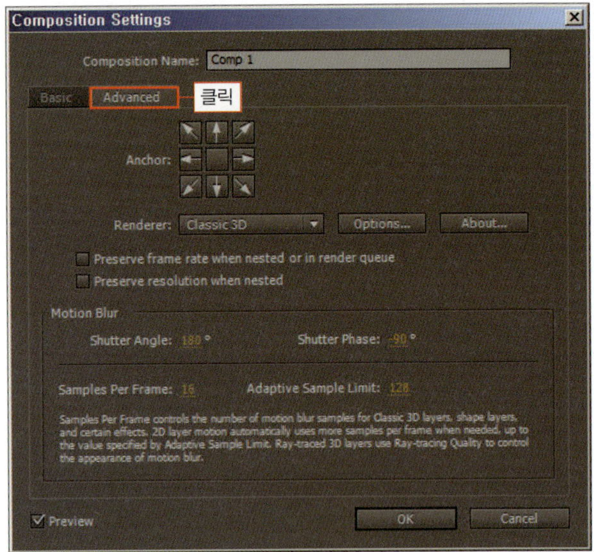

02. 패널에서 [Renderer]에는 2개의 옵션이 있으며 기존 CS5.5 버전까지 사용했던 'Classic 3D'로 기존과 동일하게 사용됩니다. 그 외에 'Ray-traced 3D'가 있으며 CS6 버전에 새롭게 추가된 옵션으로 평면인 2D 텍스트, 또는 셰이프 레이어에 두께를 적용할 수 있는 옵션이 추가되었습니다.

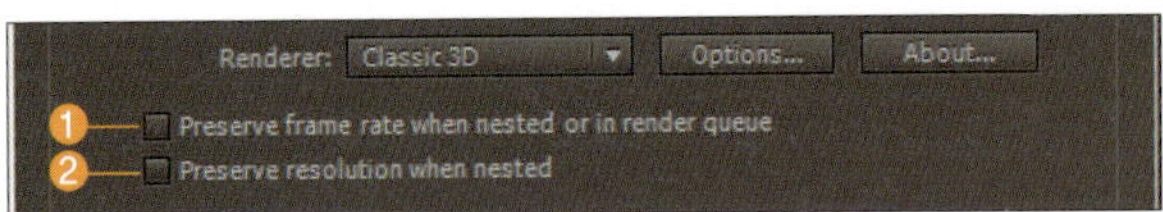

❶ **Preserve frame rate when nested or in render queue** : 기본 설정은 체크가 해지되어 있으며, 체크하면 기능이 적용됩니다. 컴포지션이 새로운 컴포지션에 추가되거나 최종 렌더링할 때 컴포지션에 설정된 초당 프레임을 유지하라는 명령입니다. 예를 들어 A라는 컴포지션이 있고 컴포지션에 작업을 진행합니다. 또다시 B라는 새로운 컴포지션을 만듭니다. 새로운 컴포지션을 만들 때 프레임 레이트를 기존의 A 컴포지션과는 다르게 설정합니다. 만약 A가 30프레임이라면 B는 5프레임으로 설정하고 작업을 진행합니다. B라는 컴포지션의 기본 설정에서 프레임을 초당 5프레임으로 설정하고 [Advanced] 탭 설정에서 'Preserve frame rate when nested or in render queue'를 체크합니다. 새롭게 만든 B라는 컴포지션을 A 컴포지션에 드래그하여 A 컴포지션에 B 컴포지션이 레이어로 존재하도록 합니다. 그러면 A라는 컴포지션은 원래의 30프레임을 유지하며, B 컴포지션은 초당 5프레임으로 설정된 상태를 유지하도록 체크가 되어있으므로 A 컴포지션이 가지고있는 30프레임을 따르지 않고 초당 5프레임의 프레임 레이트를 유지하게 됩니다.

즉 A 컴포지션에서 제작된 영상은 초당 30프레임으로 자연스럽게 영상이 움직이고, B 컴포지션은 초당 5프레임으로 영상이 끊어지는 듯한 느낌으로 나타나게 됩니다.

❷ **Preserve resolution when nested** : 기본 설정은 체크가 해지되어 있으며, 체크하면 기능이 적용됩니다. 컴포지션이 새로운 컴포지션에 추가되었을 때 컴포지션에 설정된 해상도를 유지하라는 명령입니다. A라는 컴포지션의 해상도가 'Full'이고 B라는 컴포지션의 해상도가 'Half'일 때 A 컴포지션에 B 컴포지션이 위치하면 B 컴포지션은 A 컴포지

션의 해상도를 적용받게 됩니다. 그러나 [Advanced] 탭에서 B 컴포지션에 'Preserve resolution when nested'를 체크하면 각각의 컴포지션의 해상도를 유지하게 됩니다. 즉 A라는 컴포지션의 해상도가 'Full'이고 B 컴포지션의 해상도가 'Half'일 때 A 컴포지션에 B 컴포지션이 위치하면 A는 A에 설정된 해상도를, B는 B에 설정된 해상도를 유지하게됩니다.

03. [Render] 단추 오른쪽에 있는 [Options] 단추를 클릭하여 2개의 3D 레이어가 교차하여 만들어내는 그림자의 블러 정도를 설정할 수 있습니다. 일반적으로 설정 값은 컴포지션의 해상도와 레이어의 해상도에 따라 자동으로 계산됩니다. [Options]에서 기본으로는 'Comp'가 선택되어 현재 작업하고 있는 컴포지션의 값에 맞추어 그림자에 영향을 줍니다. 컴포지션의 크기보다 값이 적으면 그림자의 블러 값이 많이 적용되어 흐릿한 그림자가 만들어지고, 컴포지션의 크기보다 높은 값의 해상도를 적용하면 선명한 그림자가 생성됩니다. 일반적인 해상도로 원하는 퀄리티를 얻을 수 없거나, 렌더링 속도가 너무 느린 경우 해상도를 조절하면 됩니다.

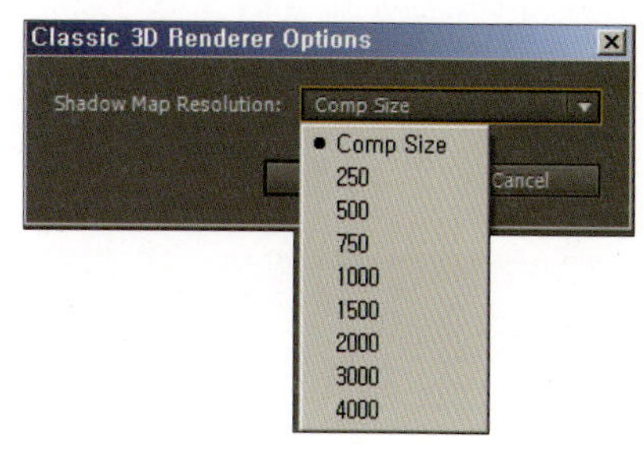

04. [Motion Blur]를 변경하여 움직임에 대한 변화를 다르게 설정할 수 있습니다. 움직이는 물체는 프레임 내에서 가만히 있지 않고 프레임을 가로지르며 이동하기 때문에 정지된 물체처럼 선명하게 보이지 않고 흐리게 보입니다. 물체의 움직이는 속도가 빠를수록 블러 정도는 더 심해져 더욱 흐리게 보입니다. 애프터 이펙트에서 애니메이션을 적용하는 레이어에 블러 효과를 추가하면 더욱 자연스럽고 매끄러운 동작을 만들 수 있습니다. [Motion Blur]는 이렇게 레이어의 움직임에 블러 효과의 정도를 제어하는 부분입니다.

각 레이어에 대해 개별적으로 [Motion Blur]를 설정하고 미리 보기, 또는 최종 출력에 블러 효과를 렌더링할 것인지 여부도 결정할 수 있습니다.

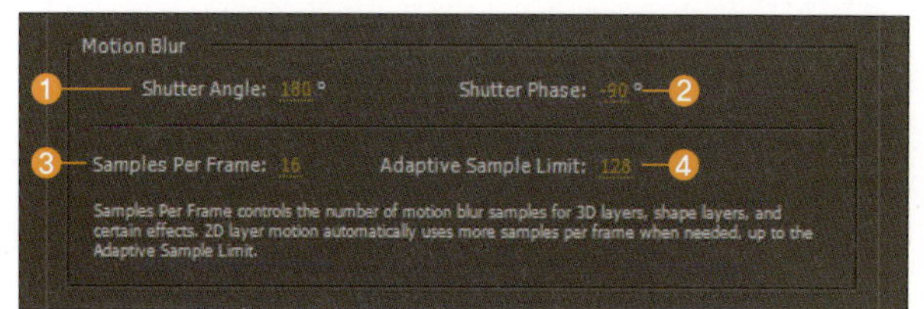

❶ **Shutter Angle :** 각도로 측정되며 레이어의 프레임 속도를 사용하여 블러 효과의 정도에 영향을 주는 노출을 결정합니다. 움직이는 물체에 적용되는 블러의 정도를 설정하며, 빠르게 움직이면 블러가 더 많이 적용되고 느리게 움직이면 그만큼 적게 블러가 적용됩니다. 물체의 움직임은 그대로 두고 블러 값을 더 적용하기 위해서는 값을 조절하면됩니다. 최소 값은 0이며 최대 720까지 설정할 수 있습니다.

❷ **Shutter Phase :** 프레임 시작을 기준으로 셔터가 열리는 시점을 결정하는 오프셋을 정의합니다. 이 값을 조정하면 블러 효과가 적용된 물체가 블러 효과를 적용하지 않은 물체의 위치에 비해 뒤처져 보이는 현상을 수정할 수 있습니다. [Shutter Angle]은 '180', [Shutter Phase]는 '-90'의 설정 조합은 블러 효과가 원래 개체의 중앙에 오도록 합니다.

❸ **Samples Per Frame :** 움직이는 물체에 나타나는 프레임당 최소의 블러 개수라 할 수 있습니다. 이 최소 값은 애프터 이펙트에서 레이어 동작을 기반으로 적정 샘플링 속도를 결정할 수 없는 프레임에 사용되는 샘플 수입니다. 이 샘플 속도는 3D 레이어 및 셰이프 레이어에 사용됩니다.

❹ **Adaptive Sample Limit :** 움직이는 물체에 나타나는 프레임당 블러의 최대 샘플 수를 제한합니다.

[Composition] 패널은 레이어들이 포함된 [Composition] 패널과 레이어가 포함되지 않고 레이어 자체만을 나타내는 [Layer : Composition] 패널로 구분할 수 있습니다. 먼저 [Composition] 패널에서 사용되는 각각의 용도에 대해 하나씩 알아보도록 하겠습니다.

■ [Composition] 패널의 기능

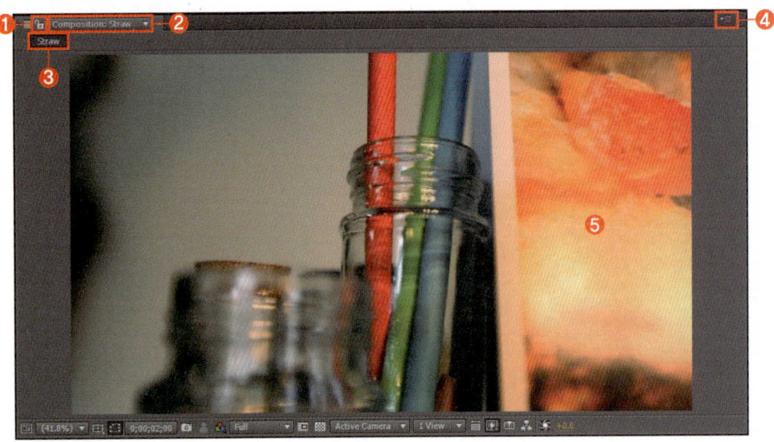

❶ [Composition] 패널의 왼쪽 위에 위치한 자물쇠 모양의 아이콘을 클릭하면 자물쇠가 잠긴 모양으로 바뀌고 다시 클릭하면 자물쇠가 풀립니다. 이것은 작업을 진행하는 중간에 [Project] 패널에서 다른 컴포지션을 더블클릭하여 [Composition] 패널을 오픈하는 경우가 있습니다. [Project] 패널에서 다른 컴포지션을 더블클릭하면 자물쇠가 잠금 상태일 때 현재의 [Composition] 패널은 그대로 두고 다른 [Composition] 패널이 다음과 같이 오른쪽에 나타나도록 합니다. 자물쇠가 해지 상태일 경우에는 같은 [Composition] 패널에서 다른 [Composition] 패널이 열리게 됩니다.

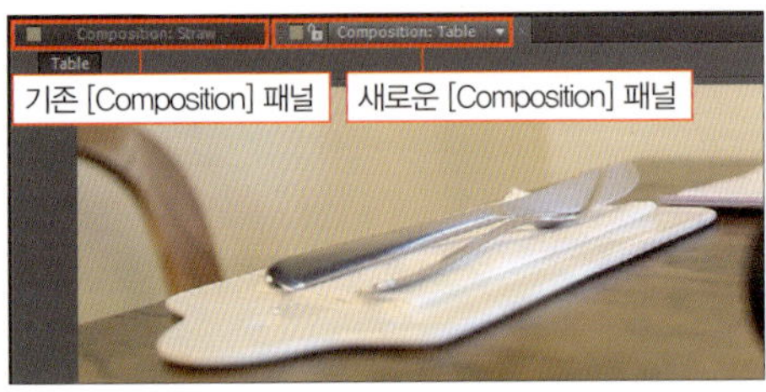

❷ 현재 작업하고 있는 [Composition] 패널의 이름을 보여줍니다. [Composition] 패널에서 컴포지션의 이름이나 오른쪽의 삼각형(▼)을 클릭하면 다음과 같은 메뉴가 나타납니다.

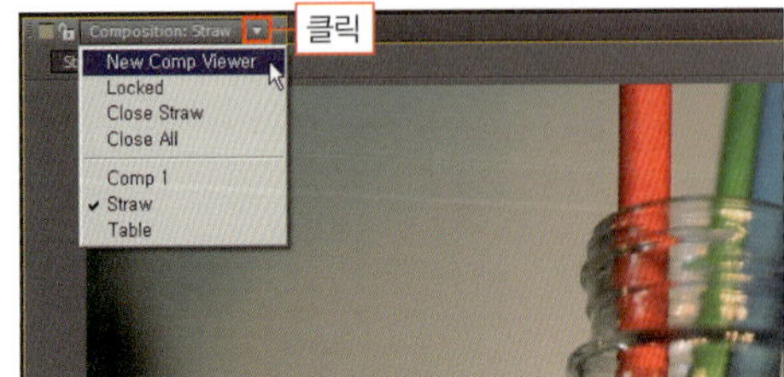

- New Comp Viewer : 동일한 컴포지션을 오른쪽에 새롭게 나타나게 합니다.
- Locked : 자물쇠와 같은 기능으로 컴포지션을 잠금 상태로 만드는 기능입니다.
- Close : [Composition] 패널을 모두 닫거나 개별적으로 닫을 수 있습니다. 'Close' 아래쪽의 다른 메뉴는 현재 프로젝트에 만들진 컴포지션을 나타내며 컴포지션을 선택하면 해당 컴포지션이 패널에 나타나게 됩니다.

❸ 현재 컴포지션의 이름을 나타냅니다. 이름 오른쪽의 삼각형(▼)을 클릭하거나 Shift 를 눌렀다 떼면서 클릭하면 [Composition] 패널에 추가된 컴포지션을 순서대로 나타내주는 미니 플로우차트(Mini-Flowchart)가 나타납니다.

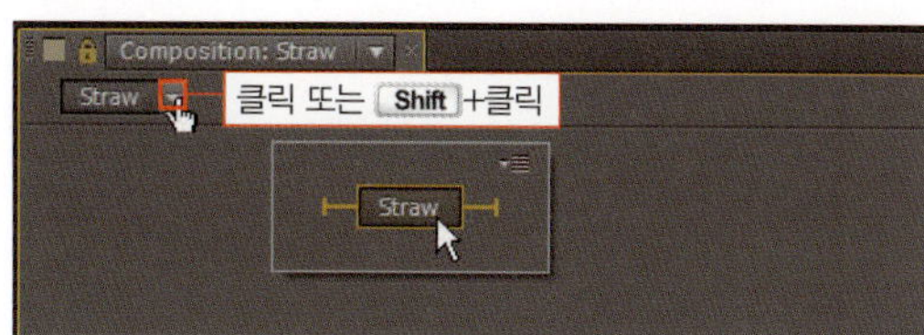

컴포지션 네트워크 내에서 원하는 컴포지션을 빠르게 탐색하는 데 사용합니다. 컴포지션 미니 플로우차트는 컴포지션의 바로 위, 또는 아래의 컴포지션이 표시됩니다. 컴포지션이 한 컴포지션 내에서 여러 번 사용되면 중첩된 컴포지션은 하나의 항목으로 나타나며 컴포지션을 나타내는 숫자가 괄호 안에 표시됩니다.

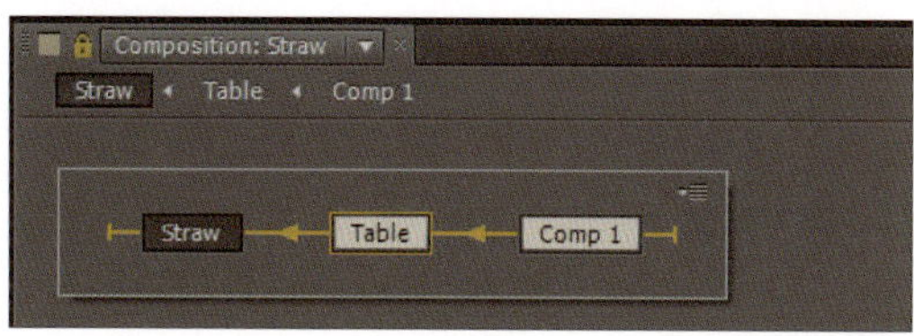
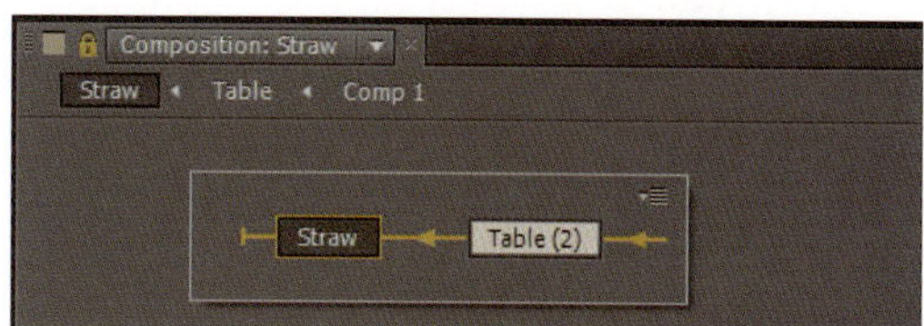

TIP : 컴포지션의 미니 플로우차트를 활용하는 방법은 다음과 같습니다.

01. 컴포지션, 레이어, 또는 [Timeline] 패널이 활성화되어 있는 경우에 Shift 를 누릅니다. Shift 는 누르고 있지 말고 바로 손을 떼야 합니다.

02. 컴포지션 탐색기 막대에서 컴포지션 이름 오른쪽의 화살표를 클릭합니다.

03. [Composition] 메뉴, [Composition] 패널, 또는 [Timeline] 패널의 패널 메뉴(≡)에서 미니 플로우차트를 선택합니다.

04. [Timeline] 패널의 가운데 위에 있는 미니 플로우차트 단추를 클릭합니다.

05. 컴포지션 미니 플로우차트에서 탐색을 통해 컴포지션을 선택하려면 키보드에서 ←, → 를 사용하거나 컴포지션 양쪽의 화살표, 또는 단추를 클릭합니다.

06. 미니 플로우차트에서 아무 작업도 수행하지 않고 닫으려면 Esc 를 누르거나, Shift 를 누르거나, 컴포지션 미니 플로우차트의 외부를 클릭합니다.

❹ 패널 메뉴 : [Composition] 패널의 오른쪽 위를 클릭하면 다음과 같은 메뉴가 나타납니다.

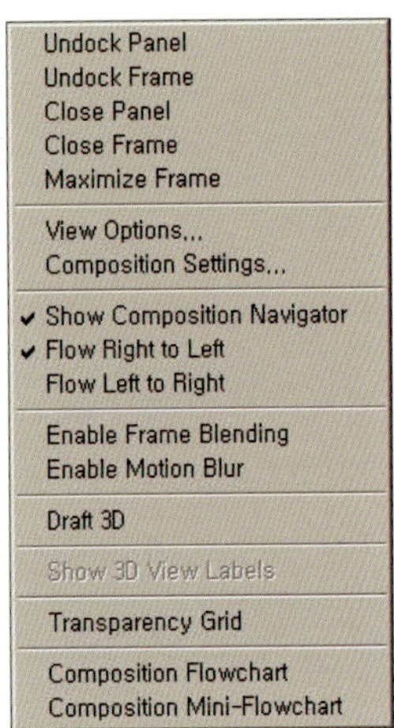

❺ 작업하고 있는 현재의 작업 진행 상황을 직관적으로 보여줍니다. 프로젝트에서 진행되는 효과나 움직임 등의 모든 내용이 나타나는 부분입니다.

다음은 [Composition] 패널 아래쪽에 위치한 아이콘 메뉴들을 나타냅니다. [Composition] 패널을 사용할 때 더욱 편리하게 사용할 수 있도록 도와주는 기능을 담당합니다.

■ [Composition] 패널의 아이콘 기능

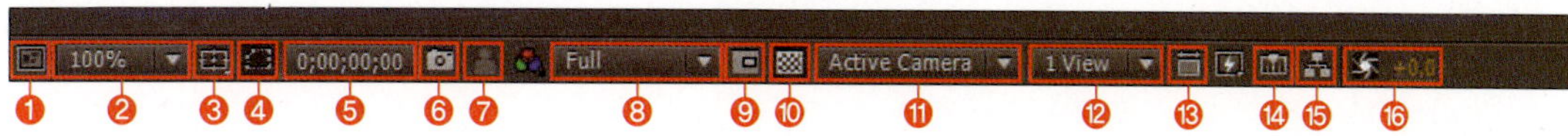

❶ **Always Preview This View(▣)** : 체크 시 다른 컴포지션에서 작업을 진행하던 도중에 램 프리뷰를 하면 언제든지 체크되어 있는 컴포지션을 프리뷰합니다. 램 프리뷰는 키보드 오른쪽 아래의 ⓪을 누르면 됩니다. 하나의 컴포지션을 이미 체크하고 다른 컴포지션에서 다시 체크하게 되면 나중에 선택된 컴포지션에 적용됩니다.

❷ **Magnification ratio popup(100% ▼)** : [Composition] 패널에 나타나는 화면의 크기를 알려줍니다. 클릭하면 [Composition] 패널의 크기를 %로 설정할 수 있는 수치가 나타나며 [Composition] 패널에서 프리뷰하고자 하는 크기의 치수를 선택하면 됩니다. 100%는 현재 설정한 컴포지션의 실제 크기를 나타내며 그 이상의 크기를 설정했을 때는 이미지가 깨지는 현상이 보입니다. 그러나 디테일한 작업을 할 때는 크기를 조절해야 하고 그렇지 않고 일반적인 작업을 할 때는 '100%'나 '50%'에서 작업하는 것이 일반적입니다. 크기에서 'Fit'를 선택하면 현재 [Composition] 패널에 가득히 화면의 크기가 조절됩니다. 'Fit up to 100%'를 선택하면 [Composition] 패널의 크기를 조절할 때 자동으로 [Composition] 패널과 동일하게 크기가 조절됩니다.

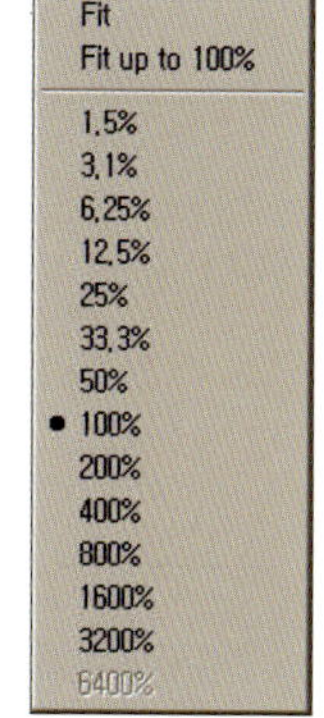

❸ **Grid and Guide options(▣)** : 안전지대, 그리드, 가이드, 자 등에 대한 옵션을 포함하고 있으며 클릭하면 다음과 같이 6개의 메뉴가 나타납니다.

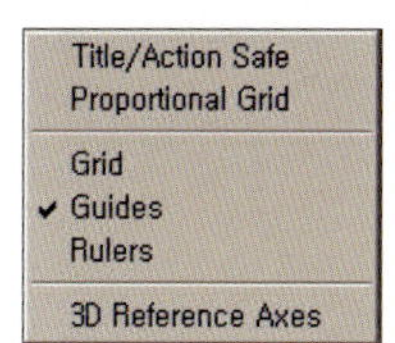

• Title/Action Safe : TV 수상기에서는 비디오 이미지가 확대되며 외부 가장자리의 일부가 화면 가장자리에 의해 잘려 나갈 수 있는데, 이러한 종류의 자르기를 오버스캔이라고 합니다. 각 가정에 사용하는 TV 수상기마다 오버스캔 양이 다르므로 일정 여백 내에 있는 비디오 이미지의 중요한 부분을 보호 영역(Safe Zone)이라는 영역 내에 유지해야 합니다. 일반적인 작업 보호 영역(Action Safe Zone)은 프레임 폭 및 높이의 90%로, 각 면에 5%의 여백을 적용하며, 중요한 작업 내용은 이 여백을 넘기지 않고 작업을 해야 합니다.

일반적으로 제목 보호 영역(Title Safe Zone)은 프레임 폭 및 높이의 80%로, 각 면에 10%의 여백을 적용하며, 비디오 작업진행 시 문자들이 이 영역을 넘어가지 않도록 해야 합니다.

프레임 종횡비가 16:9인 컴포지션에는 추가로 2개의 보호 영역 표시기가 있습니다. 중앙부 잘림 표시

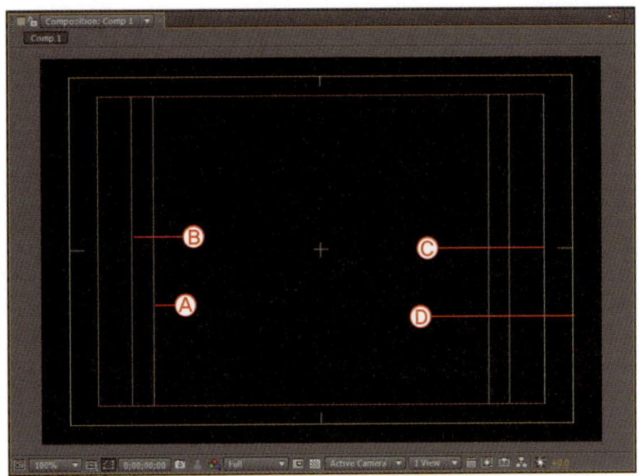

기(Center-cut title/action-safe zone)는 이미지를 4:3 디스플레이에 표시할 때 16:9 컴포지션에서 잘려 나갈 수 있는 부분을 표시합니다.

Ⓐ : 중앙부 잘림 표시기(Center-cut title-safe zone)

Ⓑ : 중앙부 잘림 표시기(Center-cut action-safe zone)

Ⓒ : 제목 보호 영역(Title-safe zone)

Ⓓ : 작업 보호 영역(Action-safe zone)

> **TIP :** 중앙부 잘림 표시기(Center-cut title/action-safe zone) 보호 영역 여백은 컴포지션의 프레임 종횡비가 16:9와 같거나 비슷한 경우에만 추가적으로 표시됩니다.

• Propotional Grid : 화면을 가로와 세로의 비율에 맞게 분할할 때 사용합니다. 화면 분할을 몇 등분으로 할 것인지는 환경설정인 [Preferences] 대화상자에서 설정할 수 있습니다.

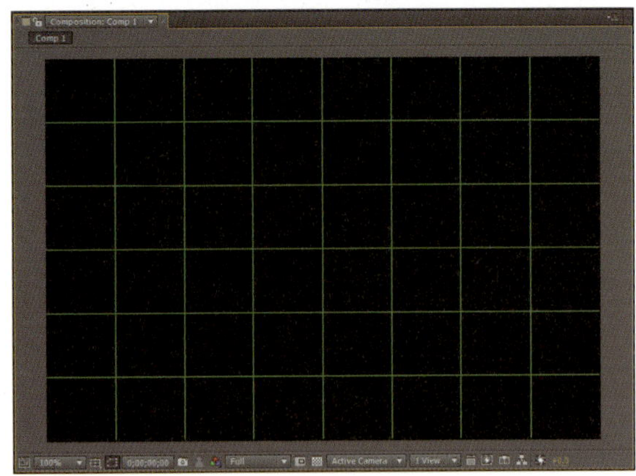

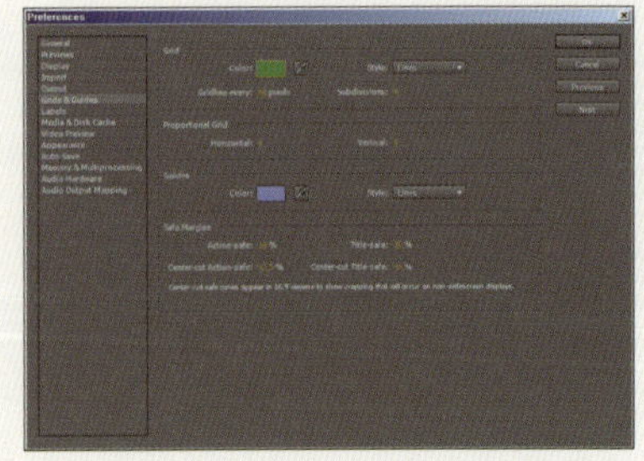

> **TIP :** [Edit]–[Preferences]–[Grids & Guides] 메뉴를 클릭하면 [Gride], [Propotional Grid], [Guides], [Safe Margins]을 각각 설정할 수 있습니다. 그리드의 색상, 선 스타일, 간격 등과 가이드의 색상, 선 스타일, 그리고 화면의 안전 영역에 대한 마진 등의 환경을 제어할 수 있습니다.

• Grid : 화면을 더욱 세밀하게 분할하며 작업할 때 위치 설정에 도움이 됩니다.

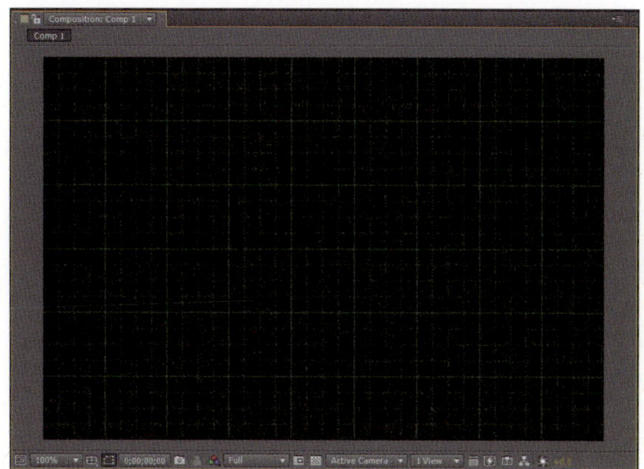

• Guides : 'Rulers'와 함께 사용되며, 자신이 원하는 지점을 설정하여 일정하게 작업을 진행하고자 할 때 사용합니다. 'Rulers'가 [Composition] 패널에 나타나 있는 상태에서 드래그하면 가이드 라인을 가로 라인과 세로 라인을 만들 수 있습니다.

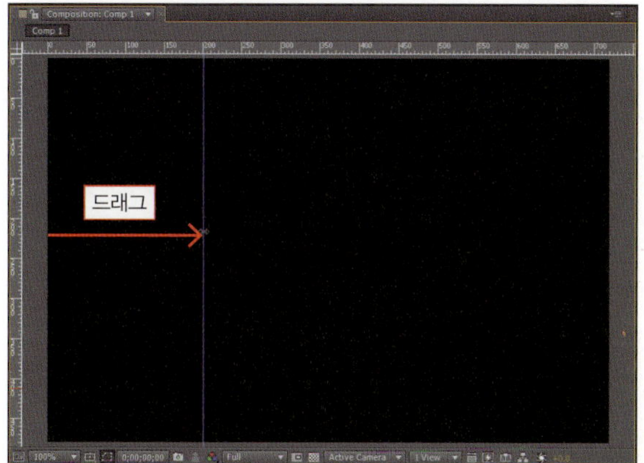

• Rulers : [Composition] 패널의 왼쪽과 위쪽에 나타나게 됩니다. 자를 나타나게 하는 방법은 아이콘의 메뉴에서 선택할 수 있고, [View]–[Show Rulers](Ctrl+R) 메뉴를 클릭해서도 나타납니다.

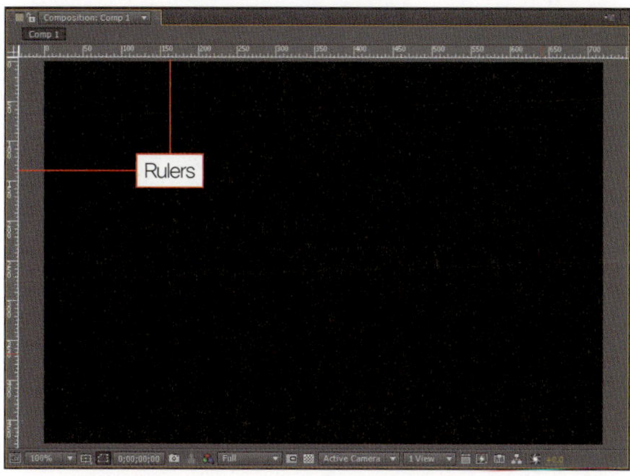

• 3D Reference Axes : [Timeline] 패널에서 하나 이상의 3D 레이어가 존재하고 있을 때 활성되며, X/
Y/Z축에 대한 절대 축을 나타냅니다.

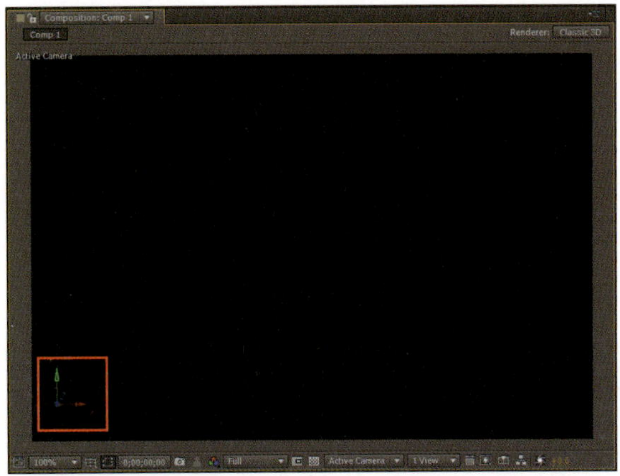

❹ Mask and Shape(▣) : 마스크를 보이게 하거나 보이지 않게 합니다. [펜 툴](✎)이나 도형 툴을 사용
하여 마스크를 만들었을 때 마스크가 [Composition] 패널에 보일 것인가 보이지 않을 것인가를 결정
합니다. 체크되어 있으면 마스크가 나타나고 체크가 해지되어 있으면 마스크가 보이지 않게 됩니다.

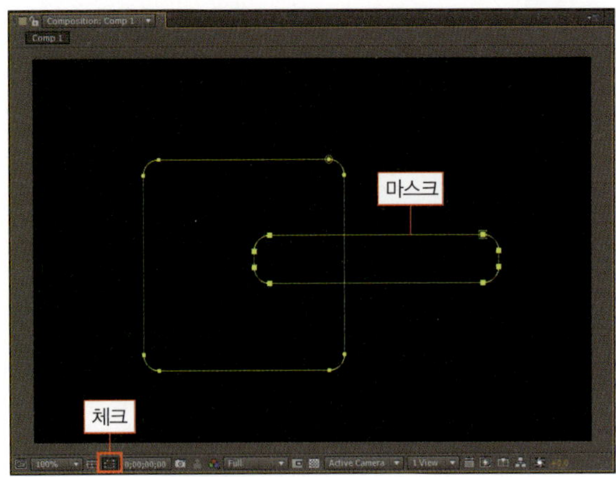

❺ Current Time(0;00;00;00) : 현재 타임마커가 위치한 부분의 시
간을 표시합니다. 타임마커를 움직여 시간을 이동하면 이
부분도 함께 움직이게 됩니다. 클릭하면 다음과 같은 [Go
to Time] 대화상자가 나타납니다. 원하는 부분의 시간을
입력하면 입력한 시간대로 타임마커가 움직이게 됩니다.
[Composition] 패널에서는 타임마커가 이동한 시간대의 화
면이 보여집니다.

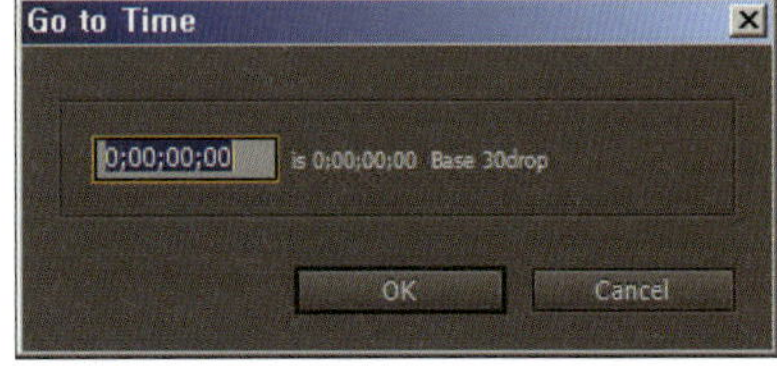

TIP : 타임마커는 [Timeline] 패널에서 원하는 시간으로 이동할 수 있는 바를 말합니다. 타임마커를 마우스로 이동할 때마다 시간이 변하
게 됩니다.

❻ Snapshot(📷) : 현재 작업하고 있는 화면, 즉 [Composition] 패널의 이미지 화면을 사진 찍을 때 사용합니다. 현재 화면을 저장하여 다른 시간대의 화면과 비교할 때 사용합니다. 클릭하면 사진을 촬영할 때의 소리가 나며, 촬영된 스틸 이미지는 메모리에 저장되었다가 다시 사용하고자 할 때 보여 줍니다. 클릭하지 않고 단축키로 **Shift**+**F5**를 누르면 같은 역할을 합니다. 만약에 1장이 아닌 여러 장의 스냅샷을 저장한 뒤 나중에 사용하고자 한다면 **Shift**+**F5**, **Shift**+**F6**, **Shift**+**F7**, **Shift**+**F8**을 차례대로 누르면 됩니다.

❼ Show Snapshot(👤) : [Snapshot](📷)을 클릭하여 저장을 했을 때만 활성으로 변경됩니다. 스냅샷이 저장되어 있지 않았을 때는 활성화되지 않습니다. 스냅샷으로 저장한 마지막의 파일을 보여줍니다. 이미지를 보고자 할 때는 1장 밖에 볼 수 없지만 위에서 설명했듯이 **Shift**+**F5**, **Shift**+**F6**, **Shift**+**F7**, **Shift**+**F8**을 차례로 눌러 저장을 하고, **F5**, **F6**, **F7**, **F8**를 차례로 누르면 저장된 순서대로 스냅샷을 볼 수 있습니다. 스냅샷은 컴퓨터의 메모리를 사용하므로 사용하지 않을 때는 사용된 메모리는 지우는 것이 좋습니다. 메모리를 지울 때는 [Edit]-[Purge]-[Snapshot] 메뉴를 클릭하여 메모리에 저장되어 있던 모든 스냅샷을 지웁니다. 단축키를 사용하여 지우려면 **Ctrl**+**Shift**+**F5**, **F6**, **F7**, **F8**을 누르면 같은 방법으로 지울 수 있습니다.

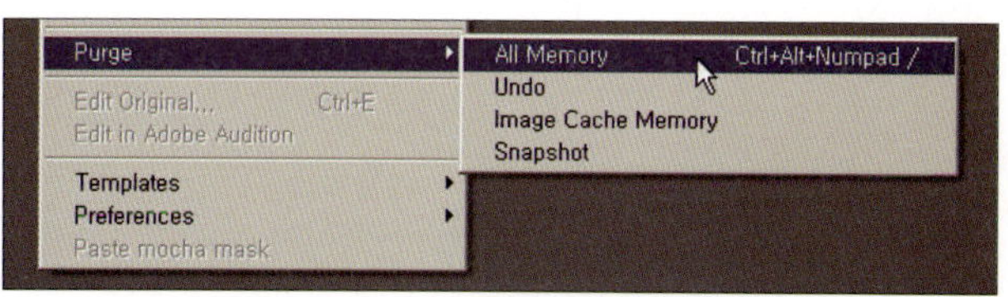

• Purge : '깨끗이 하다'라는 명령으로 메뉴를 클릭하면 메모리에 저장된 내용들을 지우는 명령입니다.

• All Memory : 메모리에 저장된 모든 내용을 지웁니다. 일반적으로 캐시를 지우는 경우 'All Memory'를 선택해 모든 내용을 지워 사용하는 것이 더욱 프로그램을 가볍게 사용하는 방법입니다.

• Undo : 메모리에 저장된 이전 명령 취소에 대한 내용을 지웁니다.

• Image Cache Memory : 이미지를 저장한 내용을 모두 지웁니다.

• Snapshot : [Composition] 패널의 화면을 저장한 내용을 모두 지웁니다.

❽ Resolution(Full ▼) : [Composition] 패널의 해상도를 나타냅니다. 설정을 변경할 수 있는 5개의 옵션이 있습니다. 해상도를 선택할 때는 효율성을 따져 결정하는 것이 좋습니다. 작업을 할 때는 프리뷰가 빨라야 작업하는데 도움이 많이 됩니다. 그러므로 해상도를 'Full'로 설정하여 작업을 하는 것보다는 해상도를 'Half'로 설정하고 [Composition] 패널의 크기를 '50%'로 설정하면 선명한 상태로 작업이 가능합니다. 물론 정밀한 작업을 진행할 때는 더욱 크게 보기 위해 해상도를 'Full'로 설정하고 '100%' 이상의 크기로 설정합니다.

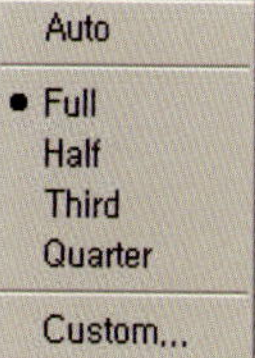

• Full : [Composition] 패널에서 보여지는 이미지 상태를 가장 좋게 보여줍니다. 프리뷰 시간이 오래 걸리며, 컴퓨터의 메모리가 적을 경우 작업의 길이에 따라 전체를 프리뷰하지 못할 수도 있습니다.

• Half : 전체 해상도가 가지고 있는 픽셀의 1/4를 보여줍니다. 작업을 할 때 일반적으로 'Half'를 많이 사용합니다. 그러나 디테일한 부분을 수정할 때는 'Full'을 사용해야 합니다. [Composition] 패널에서 라인이 가늘게 만들어진 것은 'Half'에서 보이지 않는 경우도 있습니다.

• Third : 전체 해상도가 가지고 있는 픽셀의 1/9의 해상도로 보여줍니다. 렌더링 시간은 전체 해상도로 설정하는 것보다 1/9만큼 빨리 끝납니다.

• Quarter : 전체 해상도가 가지고 있는 픽셀의 1/16의 해상도로 보여주며, 이펙트나 레이어가 너무 많아 전체적인 움직임에 대한 프리뷰를 확인할 수 없을 때 사용합니다. 세부적인 작업을 진행하기에는 어려운 해상도입니다.

• Custom : 다음과 같이 [Custom Resolution] 대화상자가 나타나며 옵션들을 직접 입력하여 가로와 세로의 해상도를 마음대로 조절할 수도 있습니다.

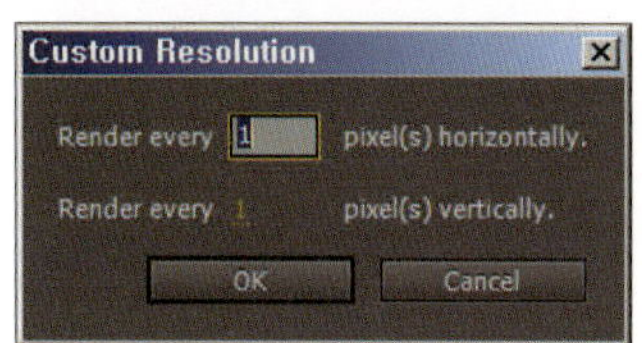

❾ Region of Interest(▣) : [Composition] 패널에서 작업을 진행할 때 컴퓨터가 사양이 좋지 않아 프리뷰하는 데 시간이 많이 걸릴 때 작업한 부분의 일부분만을 보고자 할 때 사용합니다. 체크하고 [Composition] 패널에서 드래그하듯이 영역을 만들어 가면 됩니다. 영역이 만들어 지면 영역이 설정된 부분만 프리뷰됩니다. 영역을 수정하고 싶으면 마우스로 포인트를 잡고 움직이면 됩니다. [Region of Interest](▣)를 체크 해지하면 원래의 전체 영역으로 돌아옵니다.

❿ Transparency Grid() : 포토샵의 'Transparency'와 같은 기능입니다. [Composition] 패널의 배경을 검정에서 체크 보드로 변경하여 투명하게 보여줍니다.

⓫ 3D View Popup(Active Camera ▼) : [Timeline] 패널에서 3D 레이어 작업을 진행할 때 사용합니다. 일반적으로 3D 개념하고 비슷하게 어느 방향에서 오브젝트를 바라 볼 것인지를 결정합니다.

⓬ Select view layout(1 View ▼) : [Composition] 패널에서 화면이 어떻게 분할될 것인지를 결정할 때 사용하며, '1View'는 다음과 같이 기본적으로 하나의 [Composition] 패널로 작업하는 상태입니다. 뷰의 선택에 따라 [Composition] 패널의 분할 방식이 달라집니다.

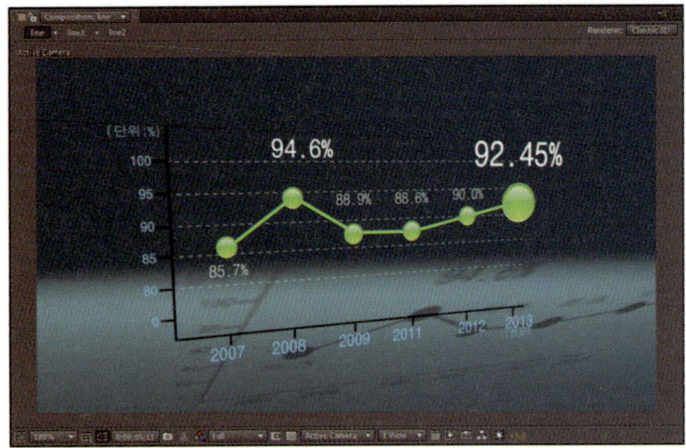

애프터 이펙트는 3D 레이어로 작업을 진행할 때 여러 각도에서 바라보는 모습을 제공합니다. 뷰를 여러 개로 만드는 방법은 [Composition] 패널의 아래 메뉴에서 설정할 수 있습니다. 2D 레이어에서 작업할 때는 X와 Y축, 즉 가로와 세로 축만 존재하므로 패널을 하나만 가지고 작업을 진행하고, 3D 레이어에서 작업할 때는 공간을 확인해야 하므로 여러 방향에서 바라보는 뷰를 사용합니다.

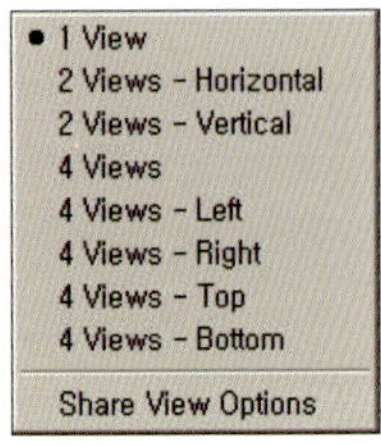

다음은 [Composition] 패널에서 선택된 뷰의 방식에 따라 나타나는 패널의 정렬 방식입니다. 패널의 정렬은 작업의 용도에 따라 선택적으로 사용하면 됩니다.

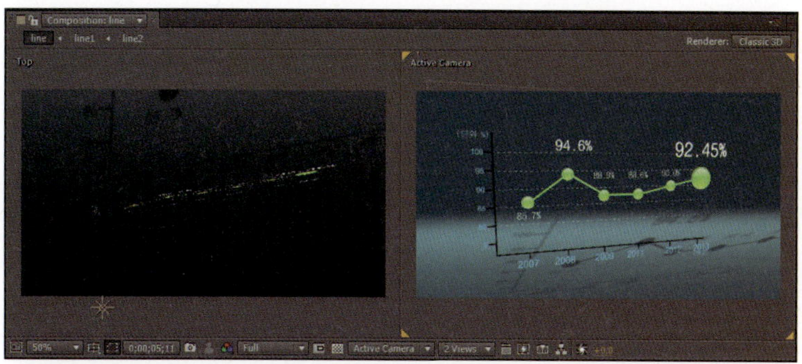

▲ 2Views—Horizontal

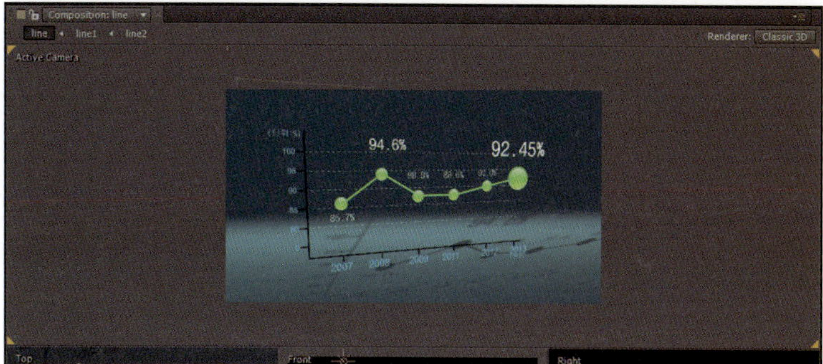

▲ 4Views—Bottom

[Composition] 패널을 선택하고 [View]–[View Options](**Ctrl**+**Alt**+**U**) 메뉴를 클릭하면 [View Options] 대화상자가 나타납니다. [View Option] 대화상자는 [Composition] 패널에 나타나는 레이어에 관여합니다. 카메라 및 조명 와이어프레임, 레이어 핸들, 레이어 키프레임, 마스크 및 모션 패스, 효과 컨트롤 등을 제어할 수 있는 모든 것을 나타나게 하거나 가릴 수 있습니다. [Camera/Spotlight Wireframes]은 마우스로 선택되었을 때 나타나게 설정되어있고, 항상 보이거나 보이지 않게 선택할 수 있습니다. [View]의 'Pixel Aspect Ratio Correction'은 [Composition] 패널의 아래쪽에 있는 아이콘(▤)을 활성, 또는 비활성으로 설정합니다.

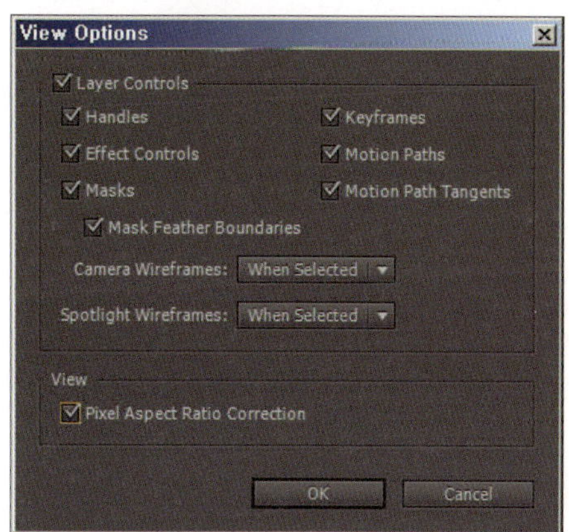

[Layer Controls]의 'Handles'를 체크 해지하면 [Composition] 패널에서 레이어를 선택해도 선택되었는지 그렇지 않은지를 확인할 수 없습니다. 각각의 명령에 대해 체크를 해지하면 [Composition] 패

널에서 레이어가 선택되어도 레이어에 나타나지 않게 됩니다. 실제로는 적용이 되어 있지만 보여지는 것만 보이지 않는 상태로 만드는 것입니다.

⑬ **Pixel Aspect Ratio Correction(▣)** : 작업 패널의 가로와 세로에 대한 픽셀 종횡비(Pixel Aspect Ratio)를 변화시킵니다. 720×486의 D1 해상도, 720×480의 DV 해상도인 비디오를 캡처하면 픽셀 종횡비가 D1/DV NTSC(0.9)로 설정됩니다. 픽셀 종횡비는 항상 프로젝트 윈도우나 'footage'의 속성에서 확인하는 것이 좋습니다. D1이나 DV 해상도의 스퀘어 픽셀 파일(720×480의 포토샵 이미지 같은 파일)을 불러올 때는 픽셀 종횡비를 스퀘어 픽셀(Square-pixels)로 새롭게 설정해야 합니다. 정사각형이 아닌 픽셀을 컴퓨터 모니터에서 미리 보려면 [Composition] 패널 아래쪽에 있는 [Pixel Aspect Ratio Correction](▣)을 클릭합니다.

> **TIP : HD 방송**
>
> 우리나라에서 채택한 디지털 방송 규격인 'ATSC(Advanced Television System Committee)' 방식은 다른 방식에 비해 고화질 측면에서 강성을 띄고 있습니다. 현재 국내 방송사에서는 1920×1080(16:9), 1280×720(16:9), 720×480(16:9), 720×480(4:3), 640×480(4:3) 형태의 해상도와 화면비율로 방송을 내보내고 있으며, 이중 1920×1080(16:9)과 1280×720(16:9)는 HD(High Definition)이라 하고, 720×480, 640×480은 SD(Standard Definition)이라 합니다. HD 방송이라는 것은 단정 지어 말을 하자면 수평 해상도 1080i(Interlaced: 비월주사), 또는 720p(Progressive: 순차주사)의 2가지를 말합니다.

⑭ **Timeline(▦)** : 컴포지션이 여러 개 존재하는 복잡한 작업을 진행하고 있을 때 [Composition] 패널과 [Timeline] 패널이 다른 경우가 있습니다. 이럴 때 [Timeline](▦)을 체크하면 현재 작업하고 있는 컴포지션의 [Timeline] 패널이 나타나게 됩니다. 백슬래시(Ⓦ)를 누르면 현재 컴포지션의 [Composition] 패널과 [Timeline] 패널 간에 활성화가 전환됩니다.

⑮ **Composition Flowchart View(▦)** : 현재 작업 중인 컴포지션에 대한 [Flowchart] 패널을 나타나게 합니다.

⑯ **Reset Exposure(▧ +0.0)** : 카메라의 F-Stop과 같이 수치의 조절에 의해 어둡게 또는 밝게 이미지를 변화시킬 때 사용합니다. 그러나 단지 이미지의 변화는 프리뷰 상태만 나타내며, 최종 결과물에 영향을 주지는 않습니다. 'Exposure'를 적용하기 위해서는 이펙트에서 적용해야 합니다. 'Reset Exposure' 오른쪽으로 드래그하여 '+' 수치로 이동하면 전체적으로 밝아지고, '−' 수치로 이동하게 되면 어둡게 변합니다. 수치가 적용되면 아이콘이 오렌지색으로 변하게 되고 변화된 수치를 원래대로 되돌리기 위해서는 [Reset Exposure](▧)를 클릭합니다. 레이어에 이펙트를 적용하기 위해서는 레이어를 선택하고 [Effect]-[Color Correction]-[Exposure] 메뉴를 클릭합니다. 이펙트를 적용하면 [Effect Control] 패널에서 더욱 세밀하게 채널별로 조절할 수 있습니다. Exposure 이펙트는 High-Dynamic Range(HDR)와 32-bpc 이미지에 적용할 수 있으며, 8 bpc와 16 bpc에도 적용이 가능합니다.

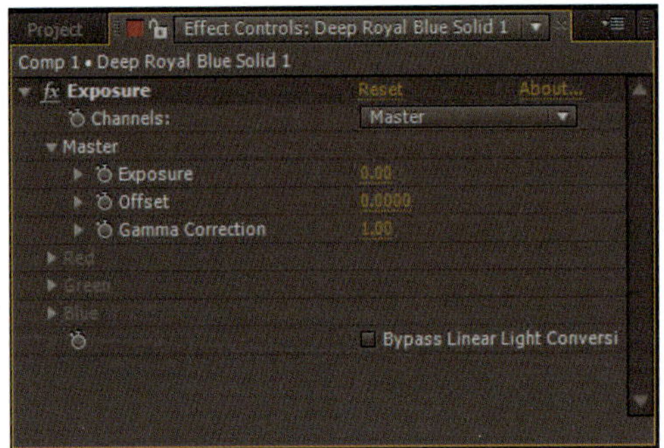

[Composition] 패널에서 많은 레이어를 가지고 작업을 하다보면 현재 선택된 레이어 이외의 다른 레이어를 직관적으로 선택하고자 하는 경우가 있습니다. 이러한 경우 마우스를 선택하고자 하는 레이어의 위로 이동하면 레이어의 주위에 바운딩 박스가 생성되어 선택될 레이어를 미리 알 수 있습니다.

01. 마우스가 레이어의 위에 위치했을 때 바운딩 박스가 생성되는 방식은 2가지가 있습니다. [Preferencs]–[Previews] 메뉴를 클릭해서 [Fast Previews]의 'Show Internal Wireframes'을 체크하는 것과 하지 않는 것의 차이로 결정됩니다.

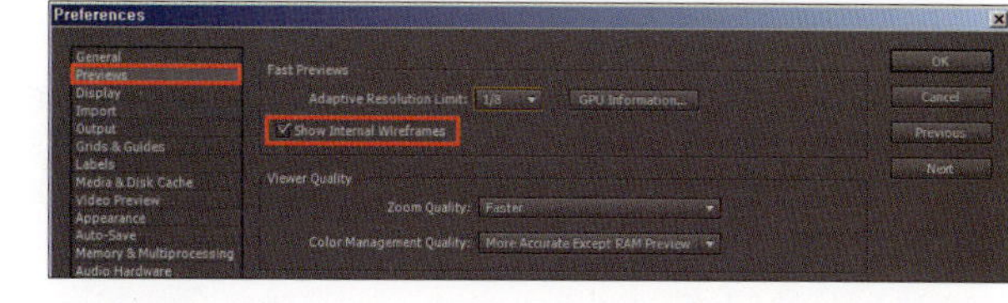

02. 레이어의 [Composition] 패널 위에 마우스 포인터를 올렸을 때 모서리에만 다음과 같이 나타나는 경우는 'Show Internal Wireframes'이 체크되지 않았을 경우입니다.

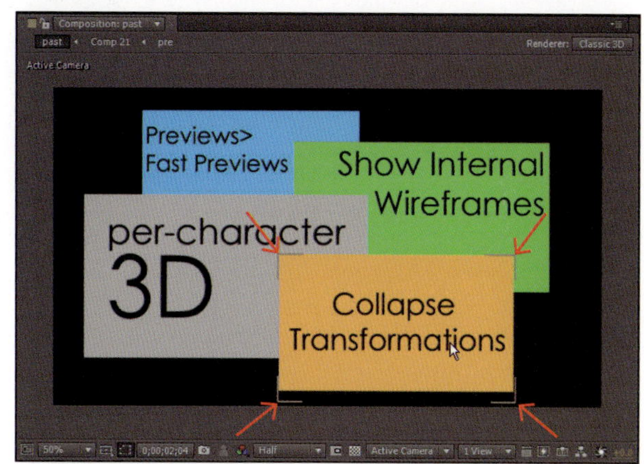

03. 'Show Internal Wireframes'이 체크되어 있을 때, 레이어의 모서리와 레이어의 내부에 있는 문자나 오브젝트가 하나씩 바운딩 박스로 나타나는 경우가 있습니다. 오브젝트에 하나씩 바운딩 박스가 생성되면 두께를 적용했을 때 각각의 레이어를 확인할 수 있습니다. 내부 오브젝트에 바운딩 박스가 생성되는 것은 텍스트 레이어와 여러 개의 레이어가 Pre_compose 상태로 만들어진 경우입니다.

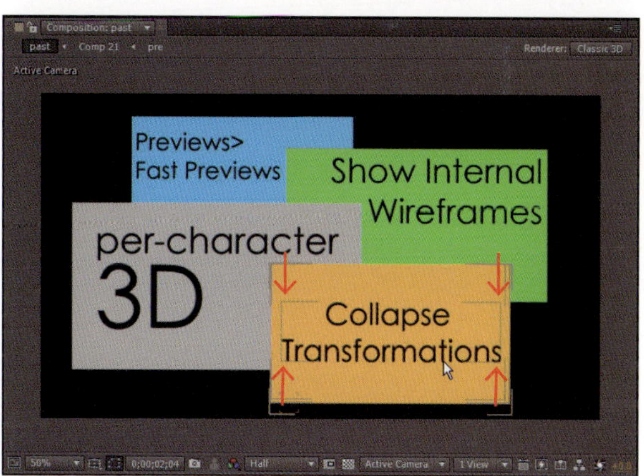

04. [Layer]-[Pre_compose](**Ctrl** + **Shift** + **C**) 메뉴를 클릭해 생성된 프리 컴포지션은 여러 개의 레이어가 하나의 컴포지션에 속해 있을 때 레이어의 속성에서 [Collapse Transformations] (☀)이 체크되어 있어야 내부에 포함된 레이어에도 바운딩 박스가 나타납니다.

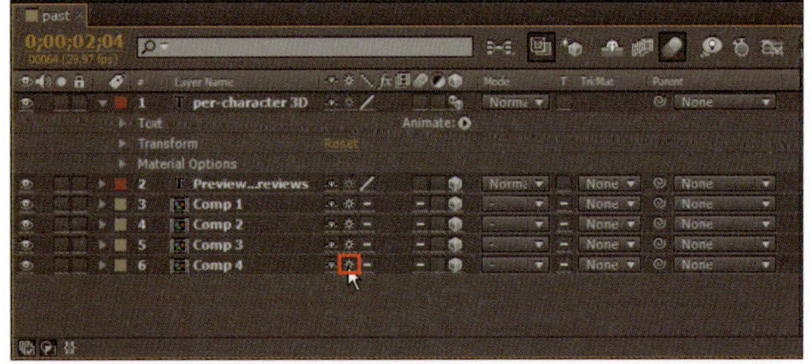

05. 텍스트 레이어는 레이어의 속성에서 'Enable Per-character 3D'가 체크되어 3D 텍스트 레이어로 다음과 같이 변경된 상태일 때 적용됩니다.

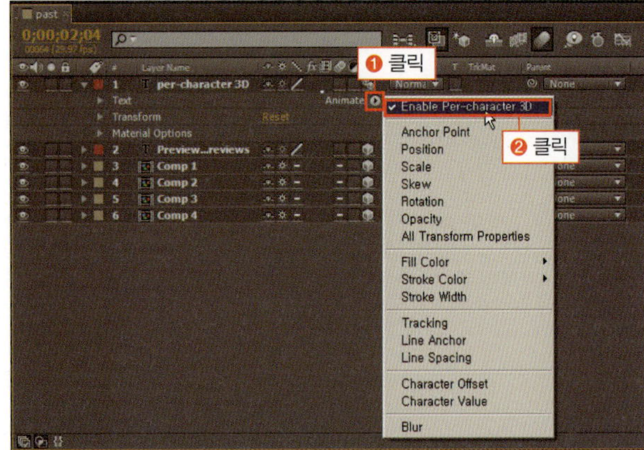

TIP : 새롭게 추가된 'Ray-traced 3D'에서 제작된 레이어의 beveled, extruded 또는 커브 레이어 등과 기본 레이어를 선택하고 제어할 수 있습니다. 'Ray-traced 3D'에 대한 자세한 내용은 3D 레이어를 다루며 진행하도록 하겠습니다.

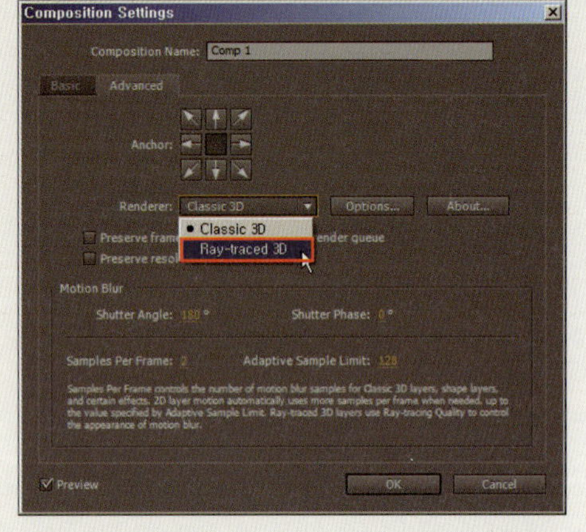

06. 레이어에 'Enable per-character 3D'가 체크되면 평면의 2D 레이어는 3D 공간에서 사용할 수 있는 3D 레이어로 변환되고, 각각의 문자는 다음과 같이 바운딩 박스가 나타나게 됩니다.

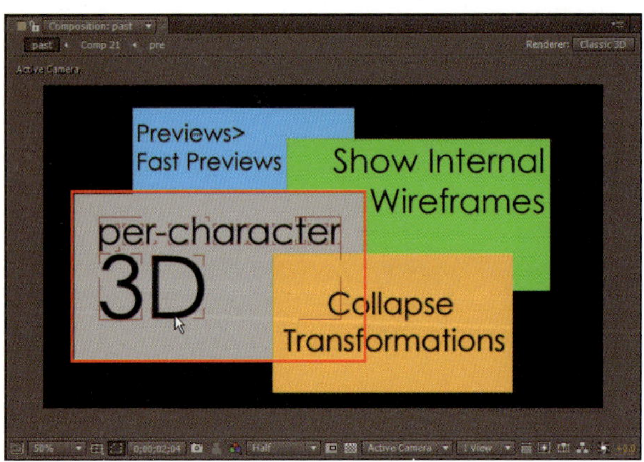

애프터 이펙트는 더욱 빠른 작업을 위해 GPU를 지원하며 GPU를 지원하는 그래픽 카드를 통해 더욱 빠른 작업을 진행할 수 있습니다. 애프터 이펙트의 프로젝트에서 [Composition] 패널과 [Layer] 패널은 다르게 사용됩니다. [Composition] 패널은 전체 레이어를 포함하고 [Layer] 패널은 레이어 하나만을 위한 패널입니다. 크리에이티브 작업을 하는 사람들은 누구나 속도와 인터랙티비티의 저하 없이 최대한 빠른 시간 내에 생각하고 있는 것을 그대로 표현할 수 있는 도구를 원합니다. 어도비 크리에이티브 스위트 6은 NVIDIA® Quadro GPU와 NVIDIA® Optix의 상호작용으로 몇 시간이 걸리던 모션 그래픽 작업도 더욱 빠르게 작업을 진행할 수 있게 되었습니다. 기존의 고사양 CPU만을 사용했을 때보다 더 만족할 수 있는 성능을 발휘합니다. GPU 가속화 방식의 레이트레이싱 기능을 통해 3D 응용 프로그램을 사용하지 않고도 텍스트와 셰이프 레이어를 통해 입체를 직접 만들 수 있습니다. NVIDIA GPU의 사용으로 반사, 투명도, 소프트 섀도 및 심도 블러와 같은 결과를 만들어 물리적으로 좀 더 정확한 장면들을 설계할 수 있게 되었습니다.

■ 그래픽 카드 지원 여부 확인

01. [Composition] 패널의 아래쪽에 있는 [Fast Previews](■)에서 'Fast Previews Preferences'를 선택하거나 [Edit]–[Preferences]–[Previews] 메뉴를 클릭하면 다음과 같이 가속을 위한 [Preferences] 대화상자가 나타납니다. [Previews]–[GPU Information] 단추를 클릭합니다.

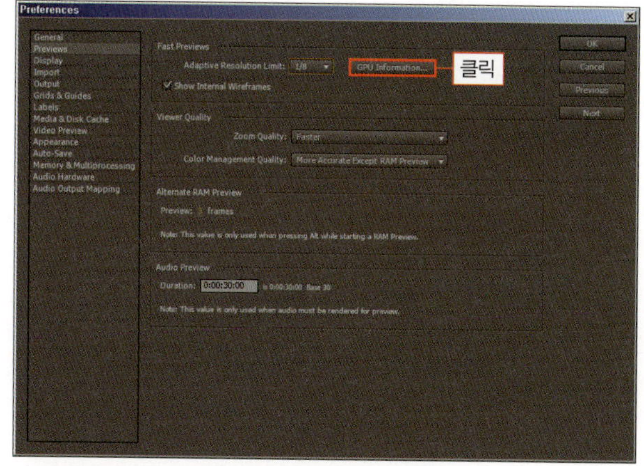

02. 다음과 같이 그래픽카드가 지원하는 내용에 대한 창이 나타납니다. 저자가 사용하는 그래픽 카드는 다음과 같이 OpenGL를 지원하고 GPU는 지원하지 않는 그래픽카드임을 확인할 수 있습니다. GPU를 지원하는 그래픽카드는 기본적으로 가격이 고가이며, 환경설정에서 [Ray–tracing]에서 'GPU'를 선택하면 더욱 빠른 그래픽 처리가 가능합니다. [Texture Memory]의 메모리는 그래픽카드 메모리의 80% 이상을 차지하지 않도록 설정하시기 바랍니다.

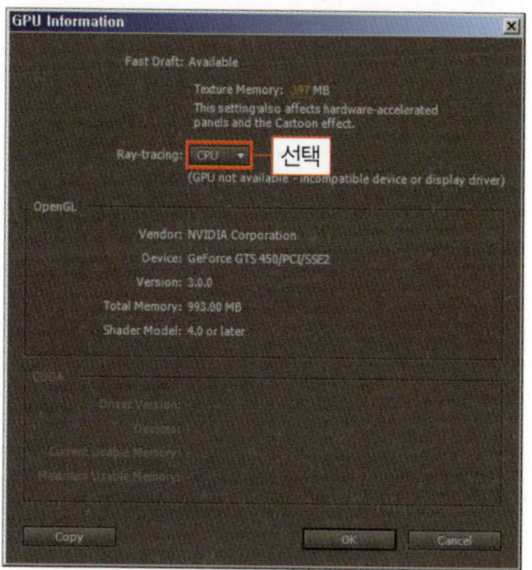

■ **Fast Previews**

[Composition] 패널의 [Fast Previews](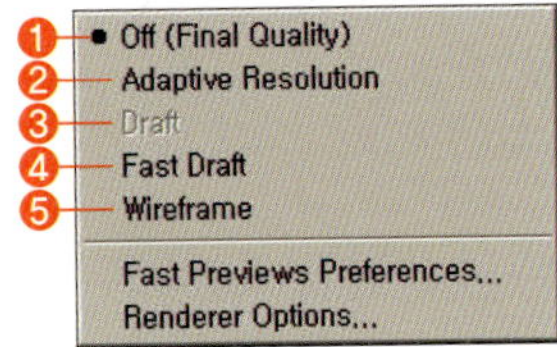)는 그래픽카드의 성능에 따라 [Composition] 패널에 보여지는 화면을 더욱 빠르게 움직이도록 설정할 수 있습니다. [Composition] 패널의 아래쪽에서 설정합니다. 클릭하면 다음과 같은 메뉴가 나타납니다.

❶ Off(Final Quality) : [Fast Preview]를 해제하고 가장 선명한 화질로 프리뷰해주는 옵션으로 프리뷰 시간은 오래 걸려도 최종 결과물에 대한 퀄리티로 작업물을 확인하며 작업을 진행할 수 있습니다.

❷ Adaptive Resolution : OpenGL의 사용을 제한하고 이미지의 업데이트 속력을 유지하기 위해 필요한 경우 레이어의 미리보기 해상도를 낮춥니다. [Preferences]–[Previews]의 [Adaptive Resolution]은 프리뷰 시 사용한 최소 해상도를 지정합니다.

❸ Daft : Ray-traced 3D 컴포지션이 적용되었을 때 사용할 수 있는 옵션으로 텍스트에 적용된 두께나 반사, 그림자 등에 적용된 값들의 퀄리티를 낮춰 프리뷰를 더욱 빠르게 변화시켜 줍니다.

❹ Fast Draft : 마우스로 레이어를 클릭한 상태로 이동하거나 프리뷰할 때 레이어의 퀄리티를 낮추어 작업속도를 더욱 빠르게 도와줍니다.

❺ Wireframe : [Composition] 패널에 존재하는 레이어를 외각 선만 나타나도록 설정하며 여러 가지의 이펙트가 적용되었거나 픽셀 치수가 큰 경우 레이어의 위치를 쉽게 변경할 수 있습니다.

> **TIP :** [Fast Previews]를 단축키를 이용해 변경하려면 Off(Final Quality, `Ctrl`+`1`), Adaptive Resolution(`Ctrl`+`2`), Draft(`Ctrl`+`3`), Fast Draft(`Ctrl`+`4`), Wireframe(`Ctrl`+`5`)를 사용합니다.

> **TIP : 키보드의 `Caps Lock`**
>
> 가끔 [Composition] 패널의 아래에 빨강 막대 바가 나타나는 경우가 있습니다. 이것은 애프터 이펙트에서 파일, 레이어 및 [Composition] 패널에 있는 이미지를 업데이트하지 못하도록 `Caps Lock`이 눌려 있기 때문입니다. 동작 패스, 기준점, 마스크 윤곽선 등의 패널 컨트롤을 사용해 작업은 진행할 수 있으며, 패널의 업데이트를 다시 시작하고 모든 변경 내용을 표시하려면 `Caps Lock`을 다시 누릅니다. `Caps Lock`은 최종 출력용으로 렌더링하는 동안 모니터의 [Composition] 패널에 프레임마다 새로 고쳐지지 않고 렌더링할 수 있습니다. 프리뷰가 진행되지 않으면 보다 렌더링이 빨라집니다.
>
> 

■ [Composition] 패널과 구분되는 [Layer] 패널

[Layer] 패널은 전체를 관할하는 컴포지션과 구분되어 사용됩니다. [Timeline] 패널의 전체 레이어가 컴포지션에 나타나는 것은 일반적으로 [Composition] 패널이라 칭하고, 전체 레이어에 대한 화면이 아니고 각각의 독립된 개체인 레이어가 보여지는 것을 [Layer] 패널이라 합니다.

[Timeline] 패널에서 하나의 레이어를 선택하고 더블클릭하면 다음과 같이 기존의 [Composition] 패널 오른쪽에 새로운 [Layer] 패널이 나타납니다. 전체를 나타내는 [Composition] 패널의 경우 컴포지션의 왼쪽에 [Composition : '컴포지션 이름']으로 표시되고, [Layer] 패널일 경우 왼쪽에 [Layer : '레이어 이름']으로 표시됩니다.

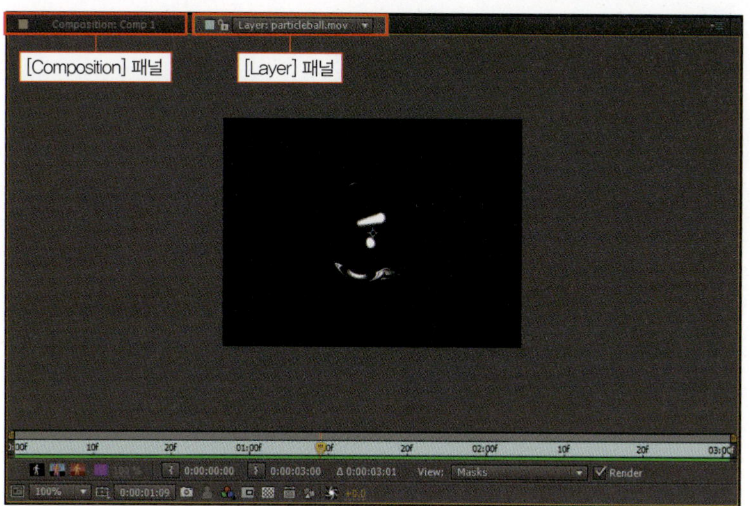

만약 포토샵을 예로 든다면 포토샵에서 제작되는 전체 프로젝트가 [Composition] 패널이 되는 것이고 레이어 팔레트에 존재하는 각각의 레이어는 [Layer] 패널이라 할 수 있습니다.

[Layer] 패널의 추가 기능들

[Layer] 패널은 레이어를 제어하는 기능들을 포함하고 있습니다. [Layer] 패널 아래의 기본 내용은
[Composition] 패널의 일부 명령들과 동일하며, 그 외에 몇가지 요소들이 [Composition] 패널과 다른
명령을 포함하고 있습니다.

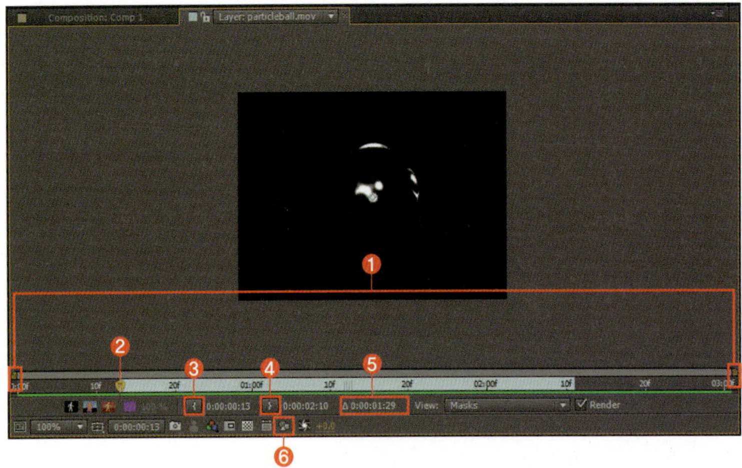

❶ Time Navigator : 레이어의 In점과 Out점을 나타냅니다. 동영상의 경우, 동영상 레이어의 전체 길이를
　나타냅니다. [Time Navigator]를 클릭한 상태로 드래그하면 레이어의 시간 단위를 세밀하게 볼 수
　있습니다. 레이어의 길이는 변화하지 않습니다.

❷ Time Marker(타임마커) : [Timeline] 패널의 타임마커와 동일하며 마우스로 이동하며 시간대를 변경할
　수 있습니다.

❸ Set IN : 타임마커가 이동한 부분을 In점으로 설정할 때 사용합니다. In점이 설정되면 레이어의 전체
　길이에서 몇 프레임에 설정되었는지 오른쪽에 표시되며, [Timeline] 패널에서 레이어의 In점이 새롭
　게 설정되고 레이어의 길이도 변하게 됩니다.

❹ Set OUT : Set IN과 동일하게 사용하며 레이어의 Out점을 설정합니다.

❺ Duration : 레이어의 전체 길이를 나타내는 부분으로 레이어의 In점과 Out점이 설정되면 전체 길이에
　대한 시간을 새롭게 표시합니다.

❻ Composition Button(　) : [Layer : Composition] 패널에서 클릭하면 [Layer] 패널이 속한 원래의
　[Composition] 패널이 열립니다. 이것은 컴포지션이 여러 개일 때 원래의 컴포지션을 찾거나 열 때
　편리하게 사용됩니다. 이외의 기능들은 마스크와 관련된 기능으로 마스크 파트에서 추가적으로 설명
　됩니다.

03 [Timeline] 패널의 구성과 칼럼

레 벨 ● ● ○

[Timeline] 패널에 대해 알아보도록 하겠습니다. [Timeline] 패널은 애프터 이펙트에서 시간의 흐름에 따른 움직임의 제어와 이펙트, 레이어의 변화에 대한 속성들을 제어할 수 있는 부분입니다. 프로젝트를 제작하는 동안 제일 많은 시간을 보내는 곳도 [Timeline] 패널이 될 것입니다. 시간에 대한 정밀한 제어를 위해 [Timeline] 패널을 사용합니다.

**기초
탄탄** ◗ [Timeline] 패널 이해하기

■ [Timeline] 패널의 칼럼 `114P, 117P`

다음은 [Timeline] 패널을 칼럼별로 구분하여 정리한 것입니다. [Timeline] 패널에서 칼럼별 기능을 살펴보고 세부적인 기능에 대해 알아보도록 합니다.

'칼럼(Columns)'은 [Timeline] 패널에서 레이어의 속성들을 구분하여 나누어 놓은 영역을 말합니다. 다음의 분류들은 모두 칼럼에 속하는 영역들을 나타냅니다.

▲ [Timeline] 패널

❶ **A/V Features** : 비디오를 보이거나 보이지 않게 설정하는 'Video', 오디오를 들리거나 들리지 않게 하는 'Audio'가 있습니다. 레이어를 잠그거나, 전체 타임라인에서 하나의 레이어만 보이도록 설정하는 'Solo', 레이어를 잠그는 'Lock'으로 구성되어 있습니다.

- Video(◉) : 레이어를 보이게 하거나 보이지 않게 합니다. [Video](◉)가 체크되어 있을 때는 레이어가 [Composition] 패널에서 보이고, [Video](◉)가 체크 해제일 때는 [Composition] 패널에서 레이어가 보이지 않습니다.

- Audio(◀) : 오디오 파일을 레이어에 추가하거나 동영상에 오디오가 포함되어 있을 때 체크되어 선택이 가능합니다. 클릭하면 체크 해지되고 다시 클릭하면 체크됩니다. [Audio](◀)가 체크 해제되면 오디오 프리뷰를 해도 소리가 들리지 않습니다.

- Solo(◉) : 레이어에서 체크하면 다른 레이어의 [Video](◉)가 흰색에서 회색으로 변경됩니다. 단지 [Solo](◉)를 체크한 레이어만 [Composition] 패널의 화면에 나타나게 되며 카메라 레이어와 라이트 레이어는 제외됩니다.

- Lock(🔒) : 레이어의 잠금 상태를 표시합니다. 각각의 레이어에 체크하여 적용할 수 있으며, 잠금 상태로 선택된 레이어는 마우스로 선택이 되지 않고 어떠한 효과도 적용할 수 없습니다. 이것은 모든 작업이 끝난 레이어에 적용해 두면 실수로 지우거나 유실되는 것을 방지할 수 있습니다.

❷ 총 4개로 구성되어 있습니다.

- Label(🏷) : 레이어의 색상을 변경할 수 있습니다. 레이어 이름의 왼쪽 사각형으로 색상이 있는 부분에 마우스 포인터를 위치시키고 클릭하면 변경할 수 있는 색상 16개가 나타납니다. 이 중 원하는 색상으로 사용자가 선택해 종류별로 레이어를 분류할 수 있습니다. 'Select Label Group'은 같은 색상으로 구분된 모든 레이어를 한 번에 선택할 수 있습니다. 동일한 명령으로 [Edit]−[Label] 메뉴를 클릭하고 레이어를 선택하고 같은 명령을 적용할 수 있습니다.

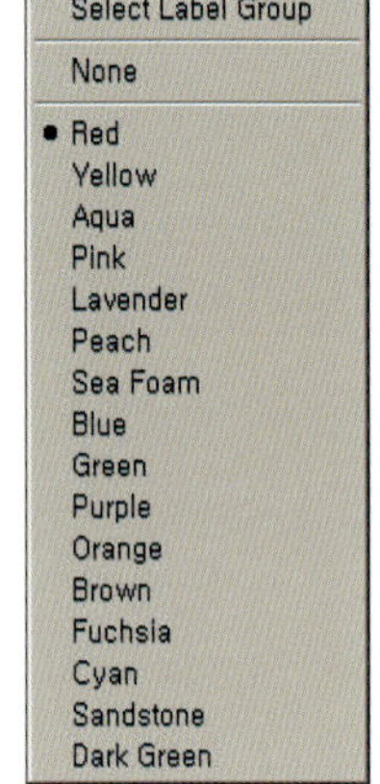

- Number(#) : 타임라인에서 전체 레이어를 순서대로 번호로 나타냅니다. 위에서부터 아래로 레이어 번호가 나타납니다.

- Source Name(Source Name) : 원래 레이어가 가지고 있는 이름을 나타내며 [Source Name]은 변경할 수 없습니다. [Timeline] 패널에서 레이어의 이름은 변경할 수 있지만 파일 이름은 변경할 수 없습니다. 레이어의 이름을 변경할 때는 레이어를 선택하고 Enter 를 누르면 다음처럼 레이어의 이름을 새롭게 입력할 수 있도록 레이어의 이름 부분에 필드가 생성되는데 이 때 원하는 이름으로 변경합니다.

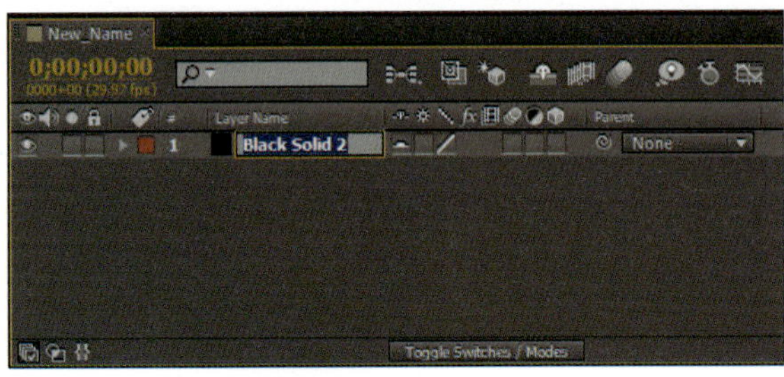

- Layer Name(Layer Name) : [Project] 패널에 불러온 원래 파일의 이름이 아닌 [Timeline] 패널에서 레이어에 새롭게 부여한 이름으로 나타납니다. [Layer Name]을 클릭하면 [Source Name]으로 변경됩니다.

❸ Layer Switches panel : 레이어에 적용되는 효과, 모션, 3D 레이어 등의 속성을 제어합니다.

❹ Transfer Controls : 레이어에 대한 합성 모드나 매트를 적용합니다.

❺ Parent : 다른 레이어와 'Parent'를 설정하여 레이어 상호관계를 설정합니다.

❻ Time Setting : 레이어의 In/Out점, 속도, 길이 등을 제어합니다.

❼ Time graph : 레이어의 키프레임, 마커, 익스프레션, 그리고 레이어의 길이를 나타내는 바와 그래프 에디터 등이 존재하는 영역입니다.

[Timeline] 패널은 [Project] 패널에서 'footage'를 드래그하여 위치시키고, 타임라인에 위치한 'footage' 는 각각의 레이어로 존재하게 됩니다. 각각의 레이어는 자신만의 시간과 공간을 차지하며, 레이어에 효과나 움직임 등의 제어를 할 수 있습니다. [Timeline] 패널은 애프터 이펙트에서 모든 옵션을 제어하고 변화 시킬 수 있는 부분이라 할 수 있습니다. [Timeline] 패널의 기본적인 옵션들에 대하여 하나씩 알아보도록 하겠습니다.

01. [Timeline] 패널의 왼쪽 위에서는 현재 작업하고 있는 프로젝트의 이름을 볼 수 있습니다. [Project] 패널에서 컴포지션의 이름을 변경하면 [Timeline] 패널에 변경된 이름으로 나타납니다.

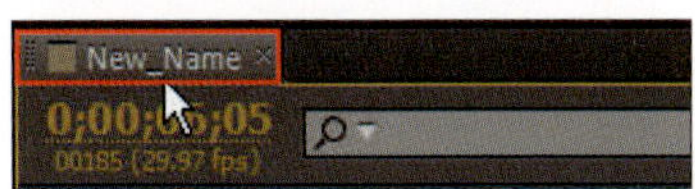

> **TIP :** 레이어의 사용은 포토샵과 동일한 방법으로 사용됩니다. 원래 '레이어'라는 말은 '층'이라는 의미를 가지고 있으며, 각각의 층이 쌓여 하나의 완성된 작품을 만들어 내는 것입니다. 하나하나의 레이어가 [Timeline] 패널에 쌓여 자신이 원하는 움직임이나 효과가 만들어지게 됩니다. 애프터 이펙트의 레이어는 포토샵의 레이어와 동일하게 나타납니다. 위에 위치하는 것이 가장 위에서 보여지고, 아래에 있는 것은 위에 있는 레이어에 의해 가려집니다.

02. 왼쪽 위의 타임코드 0:00:00:00을 클릭하여 타임마커를 어느 시간대로 이동할 것인지를 수치로 입력할 수 있습니다.

03. 타임코드 위에서 마우스로 클릭한 상태로 드래그해 이동하여 시간대를 변화시킬 수 있습니다. 타임코드의 시간이 변화하면서 타임마커의 위치도 함께 이동하게 됩니다.

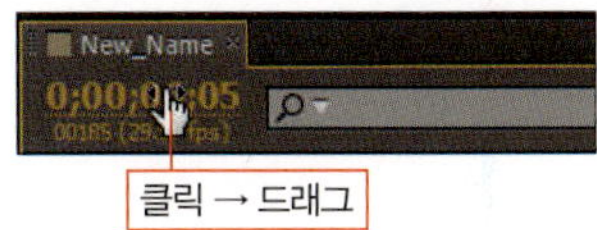

04. 타임코드는 타임마커가 이동할 때마다 현재의 시간대를 표시해 줍니다. '29.97fps'라고 있는 부분은 현재의 프로젝트가 초당 29.97프레임으로 설정되어 있다는 것을 보여 주는 것입니다. **Ctrl** 을 누른 상태에서 타임코드를 클릭하면 시간을 초 단위로 표시할 것인지 프레임 단위로 나타나게 할 것인지를 결정할 수 있습니다. **Ctrl** +클릭은 초 단위를 나타내고 또다시 **Ctrl** +클릭은 프레임 단위를 나타냅니다. 초 단위일 때는 바로 아래 프레임 단위를 표시해주고 프레임 단위일 때는 아래에 초 단위를 표시합니다.

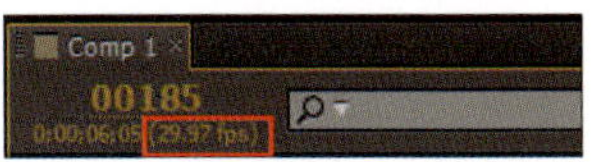

05. [Timeline] 패널의 타임코드 방식을 변화시키는 다른 방법에 대해 알아봅니다. [File]-[Project Settings](**Ctrl** + **Alt** + **Shift** + **K**) 메뉴를 클릭하거나 [Project] 패널 아래쪽에 [Frame Rate]를 클릭하면 다음과 [Project Settings] 대화상자가 나타납니다. [Time Display Style]에서 타임코드에 대한 방식을 변경할 수 있습니다.

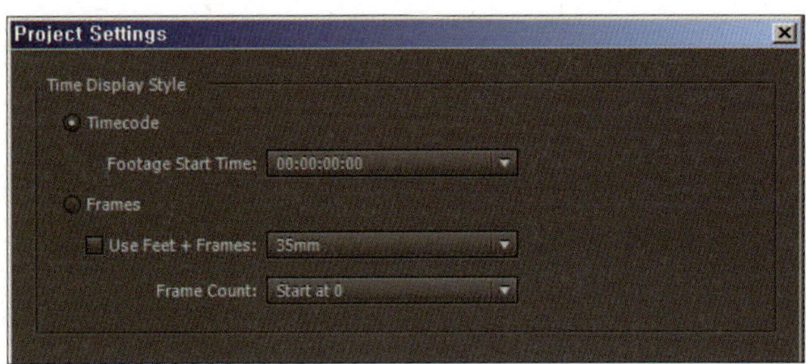

TIP : 타임코드 표시 종류

- 타임코드는 기본적으로 0:00:00:00(0;00;00;00)으로 표시됩니다. 타임라인을 축소하면 초 단위, 분 단위, 시간 단위로 표시되고 확대하면 프레임 단위로 나타납니다.
- 타임코드가 00000(00153)으로 표시되는 것은 [Time Display Style]에서 'Frames'을 선택한 경우이며, 타임코드가 프레임 단위로 나타납니다.
- 타임코드가 0000+00(0000+00)으로 표시되는 것은 [Time Display Style]에서 'Use Feet+Frames'을 체크한 경우 표시되며, 16mm 또는 35mm 필름의 필름 피트 수와 분할 피트에 대한 프레임 수를 표시합니다.
- [Frame Count]에서는 프레임의 시간 표시 스타일에 대한 시작 번호를 결정할 수 있습니다.

[Timeline] 패널은 아이콘과 이름들은 그룹으로 묶여 각각의 명령들로 구성되어 있습니다. 이렇게 레이어의 속성을 제어할 수 있는 각각의 그룹을 칼럼(Columns)이라 합니다. 칼럼을 이동하거나 넓이 등을 조절하여 [Timeline] 패널을 더욱 효과적으로 사용할 수 있습니다.

01. [Timeline] 패널에서 칼럼을 클릭하고 드래그하여 왼쪽/오른쪽으로 원하는 위치로 옮겨 다른 패널의 위치에 놓으면 패널의 위치가 변경됩니다.

02. [Timeline] 패널의 왼쪽 위에 있는 컴포지션 이름 위에서 마우스 오른쪽 버튼을 클릭하면 메뉴가 나타납니다. 여기서 가려진 칼럼을 모두 나타나게 하거나 가릴 수 있습니다. 칼럼의 하위 메뉴에서 체크된 메뉴는 현재 나타나 있는 칼럼들이고 체크되지 않은 메뉴들은 가려져 있는 메뉴들입니다.

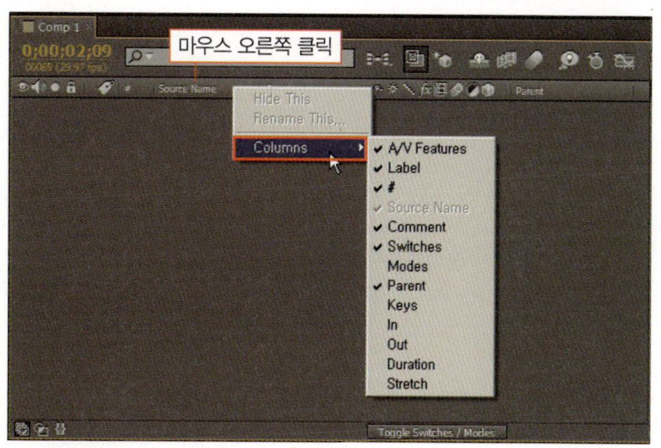

03. 칼럼은 [Timeline] 패널의 위에 위치한 각각의 칼럼 위에서 마우스 오른쪽 버튼을 클릭하여 선택적으로 나타나게 할 수 있습니다. 숨어있는 다른 칼럼을 꺼내거나 선택적으로 칼럼을 사용하고자 한다면 [Timeline] 패널의 위에 위치한 각각의 칼럼 위에서 마우스 오른쪽 버튼을 클릭하여 선택적으로 나타나게 할 수 있습니다. 자주 사용하지 않는 칼럼이 가려져 있으면 화면을 더욱 넓게 사용할 수 있습니다. [Timeline] 패널 오른쪽 위에 있는 삼각형을 클릭해 'Columns'를 선택해 칼럼을 선택할 수 있습니다.

04. [Timeline] 패널의 칼럼은 가로 넓이의 조절이 가능합니다. 기본 넓이보다 넓게 사용하고자 할 때 마우스 포인터를 칼럼과 칼럼의 사이, 즉 중간 부분을 클릭해 드래그하면 칼럼의 가로 넓이가 넓어집니다.

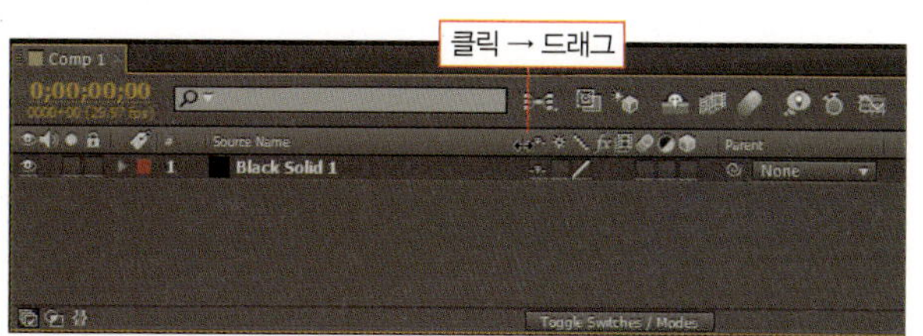

TIP : [Timeline] 패널의 다른 칼럼도 마찬가지로 가로 넓이를 유동적으로 사용할 수 있습니다. 하지만 [Key], [In], [Out], [Duration], [Stretch] 등의 칼럼은 패널과 패널의 이동은 가능하지만 가로 각각의 넓이는 고정적입니다.

[Timeline] 패널에는 기본적으로 보여지는 칼럼 이외에도 가려져있는 칼럼들이 여러 개 있습니다. 그러면 [Timeline] 패널에서 가려진 칼럼을 나타나게 하는 방법과 가리는 방법에 대해 알아보도록 하겠습니다.

01. [Timeline] 패널에서 추가적인 칼럼을 나타나도록 하기 위해서는 [Timeline] 패널의 왼쪽 아래에 있는 기능을 이용합니다.

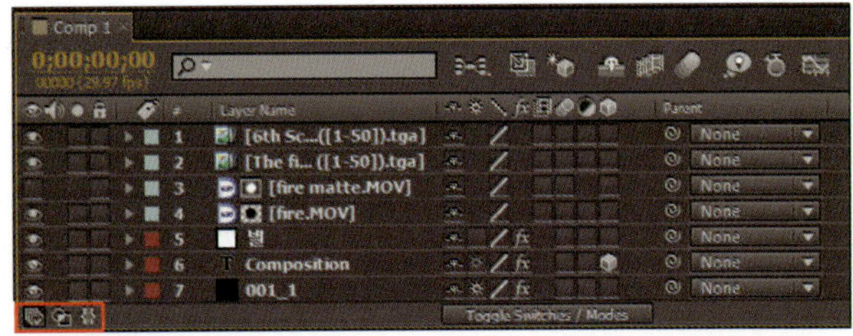

02. [Layer Switches pane](   )을 클릭하면 퀄리티, 효과, 모션, 3D 레이어 등을 제어할 수 있는 [Layer Switches]가 나타나고 다시 클릭하면 칼럼이 사라집니다.

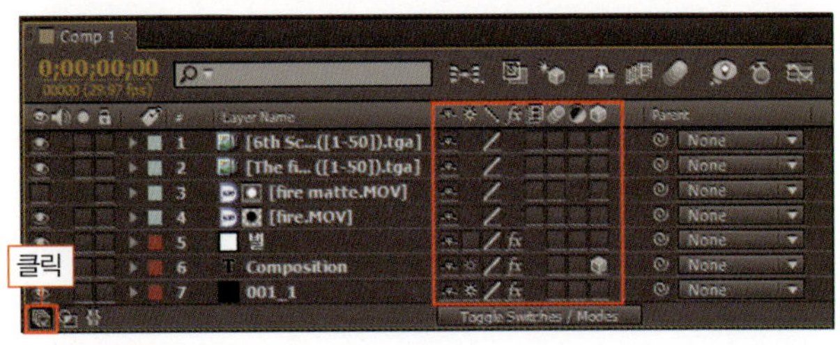

03. [Transfer Controls pane](   )을 클릭하면 합성 모드와 트랙 매트 등을 적용할 수 있는 [Transfer Controls]이 나타납니다.

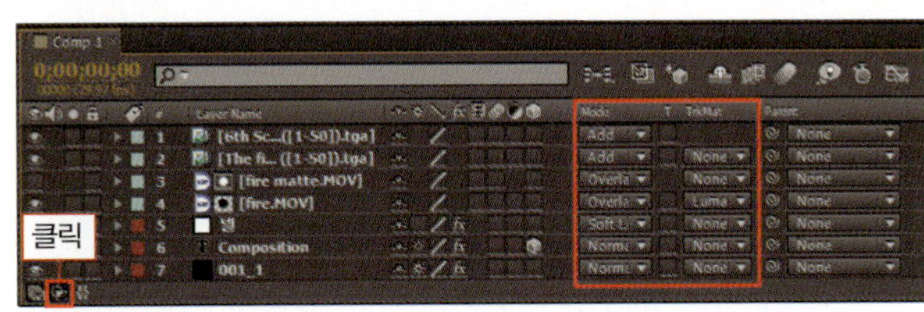

04. [Layer Switches pane](   )과 [Transfer Controls pane](   )을 서로 변경해 가며 사용할 수 있습니다. 아래쪽의 [Toggle Switches/Modes](F4) 단추를 클릭하면 서로 변경해가며 사용하는 것이 가능합니다. [Timeline] 패널에서 레이어를 서로 링크하여 사용하는 [Parent]를 나타나게 하거나 숨기려면 Shift + F4 를 누릅니다.

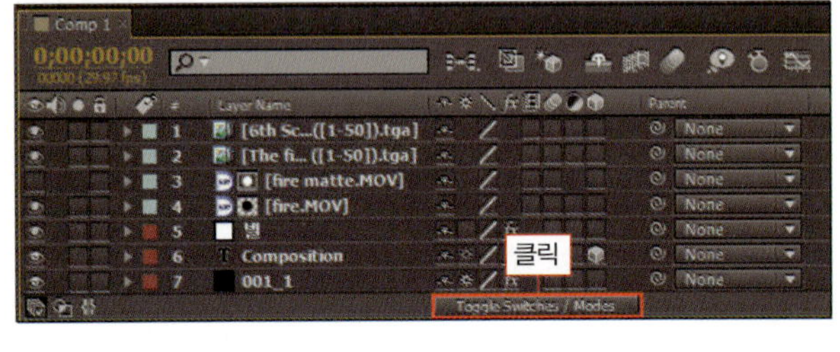

05. [Time graph](   )를 클릭하면 레이어의 전체 시간과 In/Out점에 대한 정보를 볼 수 있는 칼럼이 나타나며 다시 클릭하면 패널이 사라집니다.

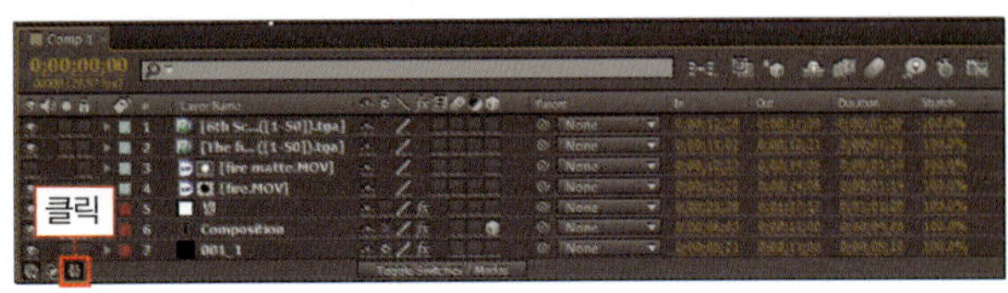

06. [Comment]는 사용자가 레이어에 참고할 내용을 입력할 수 있습니다. [Comment]를 클릭하면 내용을 입력할 수 있도록 필드가 생성됩니다.

> **연관 검색** [Timeline] 패널의 칼럼 추가 삭제는 113P의 내용을 참고하세요.

07. [Keys]는 [Timeline] 패널에서 레이어를 움직이거나 레이어의 크기를 조절했을 때 키프레임에 대한 설정을 보여줍니다. [Keys]에서 왼쪽/오른쪽의 삼각형을 클릭하면 레이어에서 이전 키프레임이 설정된 곳으로 타임마커가 이동합니다. 키프레임이 설정된 부분에 타임마커가 위치하면 [Keys]의 중간 부분이 노란색으로 변경됩니다.

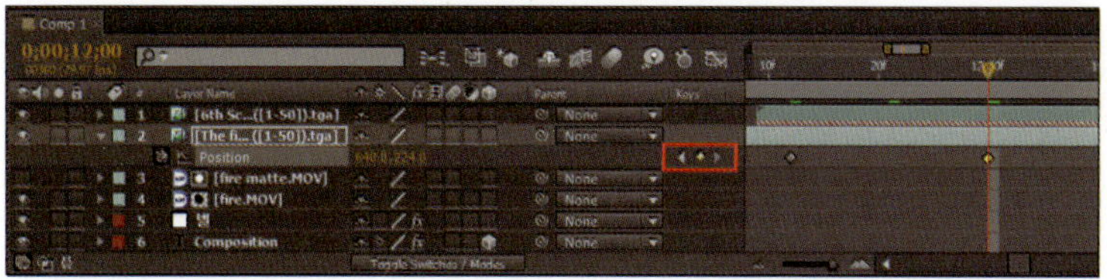

08. [In]은 레이어의 시작점에 대한 시간을 보여줍니다. [In]의 시간을 클릭하면, 다음과 같이 시작점을 이동할 수 있는 [Layer In Time] 대화상자가 나타납니다. 시작점으로 설정할 시간을 입력하고 [OK] 단추를 클릭하면 레이어의 시작점이 변경됩니다. 레이어의 시작점은 변경되지만 레이어의 길이는 변경되지 않습니다.

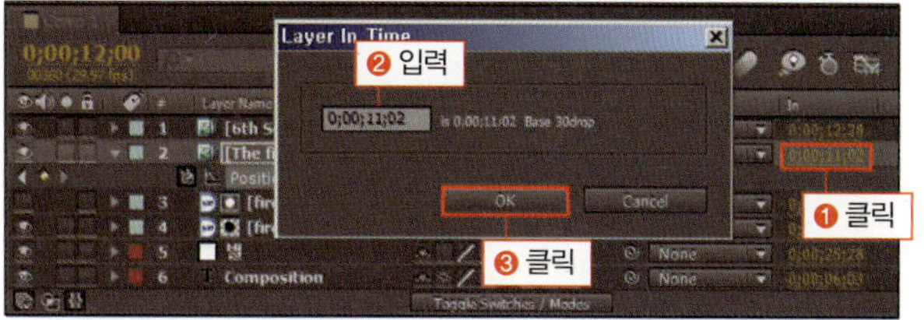

09. [Out]은 [In]과 사용방법은 동일하며 레이어의 끝점을 나타냅니다. 마우스로 [Out]의 시간을 클릭하면, 다음과 같이 끝점을 이동할 수 있는 [Layer Out Time] 대화상자가 나타납니다. 이것 또한 레이어의 길이는 변경되지 않고 끝점이 이동하고 전체 길이는 그대로 유지됩니다.

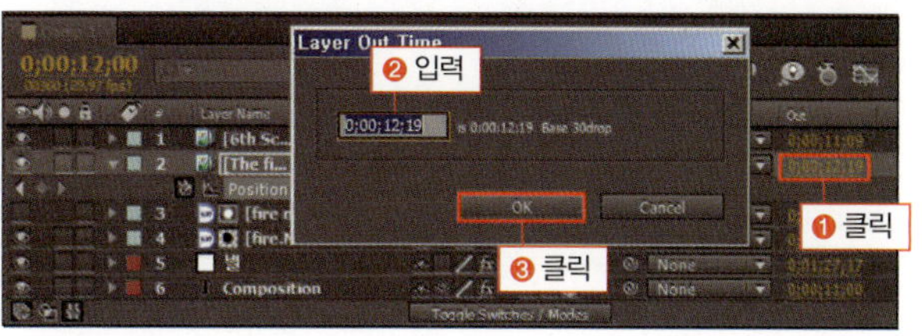

10. [Duration]은 레이어의 전체 길이를 나타냅니다. 레이어의 In점과 Out점, 즉 처음과 끝점까지의 레이어 전체 길이를 나타냅니다.

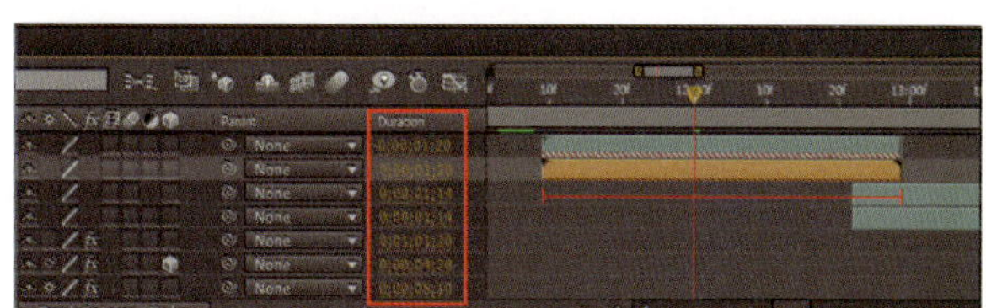

11. [Stretch]는 동영상 파일에 적용되는 칼럼으로, 스틸 이미지에도 적용은 가능하지만 이미지는 길이에만 영향을 주고 기능은 적용되지 않습니다. [Stretch]는 동영상의 길이를 늘려 천천히 움직이게 하거나 빠르게 움직이도록 하는 기능을 합니다. 만약 도로를 뛰어 가는 사람이 있는 있다면, 슬로모션으로 뛰어가게 할 수도 있고 더 빠르게 뛰어가게 할수도 있습니다. 이 기능을 적용하려면 동영상 레이어를 선택하고 [Stretch]에서 레이어의 수치를 클릭하면, 다음과 같은 [Time Stretch] 대화상자가 나타납니다.

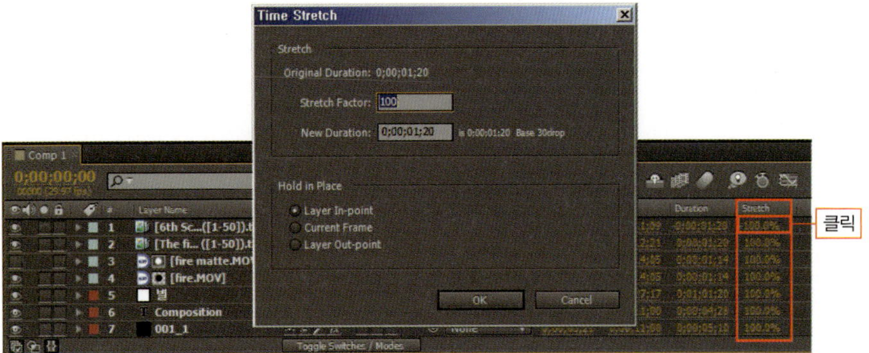

12. [Time Sketch] 대화상자의 기능을 살펴보면 다음과 같습니다.

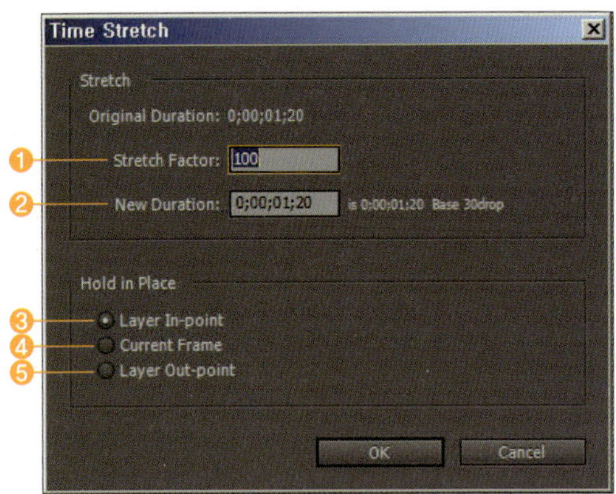

❶ **Stretch Factor** : 기본 값은 100%입니다. [Stretch Factor]의 값을 100% 이상 적용하면 동영상이 느려지게 되고, 100% 이하로 수치를 적용하면 동영상의 속도가 빨라지게 됩니다.

❷ **New Duration** : 수치 입력에 따른 길이의 변화를 보여주며 [Stretch Factor]에 수치를 변화시키지 않고 이곳에 시간을 입력하여 원하는 시간으로 길이를 조절할 수 있습니다. [Stretch Factor]/[New Duration], 둘 중에 하나만 입력하면 다른 하나는 그 값에 의해 자동으로 수치가 변하게 됩니다.

❸ **Layer In-point** : 'Stretch' 명령을 레이어의 In점부터 적용합니다.

❹ **Current Frame** : 'Stretch' 명령을 타임마커가 위치한 부분을 중심으로 왼쪽/오른쪽으로 적용됩니다.

❺ **Layer Out-point** : 'Stretch' 명령을 레이어의 끝점에서부터 적용하여 길이를 줄이거나 늘입니다.

[Layer Switches] 칼럼은 자체적으로 명령이 적용되는 것도 있지만 칼럼 위쪽의 버튼과 링크되어 적용되는 명령도 있습니다. 칼럼의 명령을 적용하고 위쪽의 명령을 다시 클릭해야 적용된 명령이 칼럼에 적용됩니다.

■ [Layer Switches] 칼럼의 사용

[Timeline] 패널의 [Layer Switches] 칼럼에 대해 살펴봅니다.

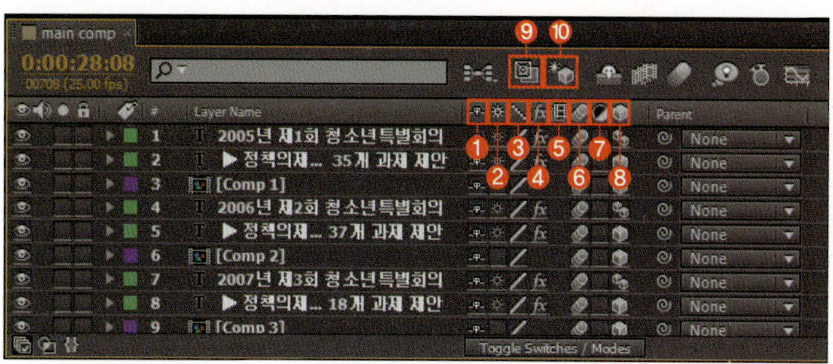

❶ Shy() : 레이어를 [Timeline] 패널에 나타나지 않도록 하는 역할을 합니다. 클릭하면 모양이 납작하게 변하고() 아무런 변화도 일어나지 않습니다. 이것은 [Timeline] 패널의 위쪽에 있는 [Hide Shy Layers]()와 링크되어 적용되기 때문입니다. [Shy]()를 사용하려면 먼저 작업이 마무리된 레이어, 또는 더 이상 작업을 진행하지 않을 레이어를 선택합니다. 선택한 레이어에 [Shy]()를 클릭해 모양을 납작하게 변하도록 하고() [Hide Shy Layers]()를 클릭합니다. 그러면 선택된 하나의 레이어, 또는 그 이상의 레이어가 [Timeline] 패널에서 보이지 않게 됩니다. 이것은 레이어가 많을 때 사용하면 진행 중인 레이어만 볼 수 있어 작업이 더욱 효율적으로 진행됩니다. 이것은 레이어가 [Timeline] 패널에서 보이지 않는 것이지 없어지는 것은 아닙니다. 위쪽의 [Hide Shy Layers]()을 다시 클릭하면 가려졌던 레이어가 다시 나타나고, 사용할 레이어는 명령을 해지하면 됩니다.

❷ Collapse Transformations() : 셰이프 레이어, 벡터 그래픽 파일(예 : 일러스트레이터 파일), 텍스트 레이어를 파일로 사용하는 레이어에 적용하면, 이미지의 퀄리티를 더욱 더 부드럽게 처리할 수 있습니다. 벡터 파일인 일러스트레이터 레이어의 크기를 키우고 [Collapse Transformations]()를 체크하고 [Quality]()를 'Best'로 적용하면 다음과 같이 이미지 퀄리티가 더욱 선명하게 나타나는 것을 확인할 수 있습니다. 그러나 미리보기 시간이 늘어나는 단점이 있습니다.

▲ 'Collapse Transformations' 적용 전

▲ 'Collapse Transformations' 적용 후

또한 [Collapse Transformations](⚹)은 카메라를 설치하고 3D 레이어로 작업을 진행할 때 사용할 수 있습니다. 3D 레이어로 작업한 여러 개의 레이어를 프리 컴포지션으로 레이어를 합치게 되면 3D 속성이 없어지게 됩니다. 이때 [3D Layers](⬛)를 체크하고 [Collapse Transformations](⚹)를 체크하면 3D 공간에 새롭게 배치됩니다.

❸ Quality(◣) : [Composition] 패널에서 보여지는 'Quality'를 나타내며 2가지로 볼 수 있습니다. 작업할 때는 'Draft Quality'(◣)로 설정하면 퀄리티가 낮아지고 안티 알리아스(Anti-Aliased)를 적용하지 않으며, 일부 효과를 계산하지 않고 레이어를 표시하거나 렌더링합니다. 'Best Quality'(◢)를 설정하면 안티 알리아스(Anti-Aliased) 및 다른 효과에 대한 계산을 완벽하게 지원합니다. 최종 출력에서 렌더링 시간이 늘어나지만 퀄리티는 높게 설정됩니다.

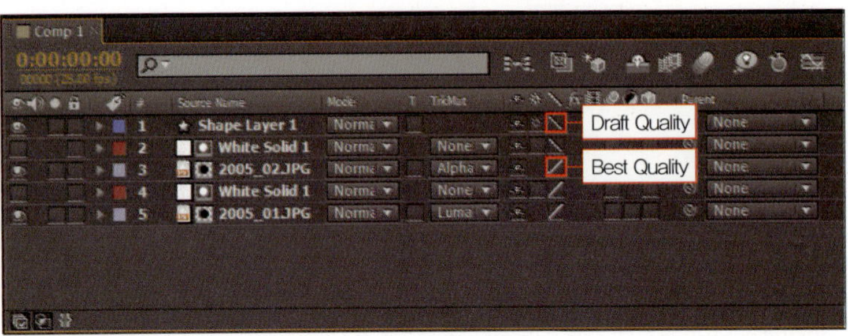

❹ Effect(fx) : 레이어에 이펙트가 적용되었을 때 나타납니다. 레이어에 이펙트를 적용하면 모양(fx)이 레이어에 표시되는데 이것을 클릭하면 이펙트의 적용 상태를 해지할 수 있으며, 다시 클릭하면 적용된 이전의 이펙트가 활성화됩니다.

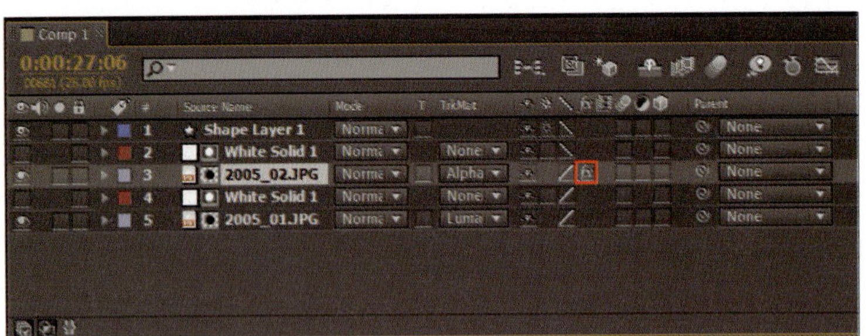

❺ Frame Blending(▦) : 미리보기, 또는 렌더링할 때 영상을 부드럽게 처리하는 기능을 합니다. Time-stretch나 Time-Remap를 적용했을 때 사용하는데 영상의 길이를 늘려 무비가 드롭이 생기는 느낌이 들 때 [Frame Blending](▦)을 체크하면 어느 정도 보완이 됩니다. 사용방법은 레이어의 무비 파일을 선택하고, 선택된 레이어의 [Frame Blending]을 적용한 이후 패널 위쪽의 [Frame Blending](▦)를 클릭합니다.

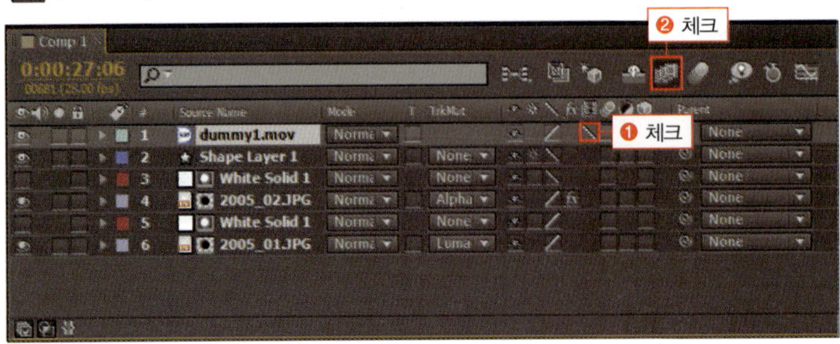

❻ Motion Blur( ) : 애프터 이펙트에서 레이어를 움직였을 때, 즉 위치 값에 대한 키를 설정했을 때 블러가 적용되도록 하는 기능입니다. 애프터 이펙트에서 위치 값을 적용하지 않고 다른 곳에서 제작된 동영상이나 시퀀스 파일은 모션 블러 기능이 적용되지 않습니다. 사용방법은 포지션을 설정한 레이어를 선택하고 레이어의 [Motion Blur]( )를 체크하고 [Timeline] 패널 위쪽의 [Motion Blur]( )를 체크합니다.

❼ Adjustment Layer( ) : 기존의 레이어를 투명한 레이어로 만들어 하위의 모든 레이어에 효과를 적용할 수 있는 레이어로 만들어 줍니다. [Adjustment Layer]의 아래에 있는 레이어 전체에 한꺼번에 효과를 적용할 수 있습니다.

❽ 3D Layer( ) : 2D 상태의 레이어를 3차원 공간에서 사용할 수 있도록 3D 레이어로 변경해 주는 역할을 합니다. [3D Layer]를 적용하면 Z축을 가진 레이어로 변경됩니다. 세부 내용은 뒤에서 더욱 자세히 다루도록 하겠습니다.

❾ Wireframe Interactions( ) : 기본적으로 적용되어 있으며, 해지하면 [Composition] 패널에서 이미지를 클릭한 상태로 움직일 때 이미지가 움직이는 것이 아니고 다음과 같이 이미지 크기의 와이어가 먼저 움직이고 나중에 마우스에서 손을 떼면 이미지가 위치하게 됩니다. 적용하고 이미지를 움직이면 이미지의 움직이는 형태가 그대로 보여집니다. [Wireframe Interactions]( )을 체크하고 Alt 를 누른 상태로 레이어를 움직이면 [Wireframe Interactions]을 해지한 기능과 같이 사용할 수 있습니다. 이것은 컴퓨터가 빠르게 작동하지 않을 경우 사용하면 작업 시간을 절약할 수 있습니다.

❿ Draft 3D( ) : 적용하면 3D 환경에서 작업을 진행할 때 그림자나 카메라, 'Depth-of-field', 'blur' 등의 기능들이 적용되지 않는 상태로 만들어 줍니다. [Draft 3D]( )를 적용하지 않고 기본 상태에서는 3D 환경의 모든 기능이 [Composition] 패널에서 보여집니다.

브레인스톰은 더욱 랜덤한 효과를 적용해 다양한 느낌으로 비주얼 효과를 줄 때 사용합니다. 또한 레이어에 적용된 이펙트나 속성에 적용된 키프레임 애니메이션에 여러 가지 새로운 변화를 만들어 줍니다. 'Brainstorm'은 원래 '영감'이라는 의미를 가지고 있으며 회의할 때 각자가 자신의 아이디어를 내놓아 최선책을 결정하는 방법을 브레인스토밍이라 합니다. 브레인스톰은 [Timeline] 패널 위쪽에 위치해 있으며 레이어의 속성이나 키프레임, 또는 레이어의 전체 속성 그룹을 선택해 사용할 수 있습니다. 브레인스톰을 사용할 수 없는 속성은 마스크 패스, 소스 텍스트 등이 있습니다.

■ [Brainstorm] 패널 구성요소

[Timeline] 패널에서 하나 이상의 속성, 또는 속성 그룹을 선택하고 [Timeline] 패널 위쪽에 있는 [Brainstorm](🔘)을 체크하면 다음과 같이 [Brainstorm] 창이 나타납니다. 마우스 포인터를 화면에 옮기면 다음과 같이 4개의 아이콘이 나타납니다.

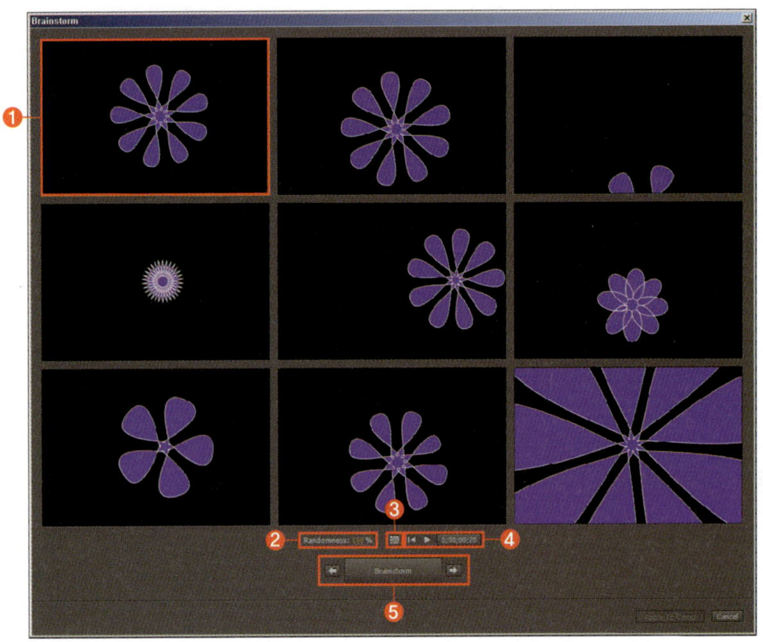

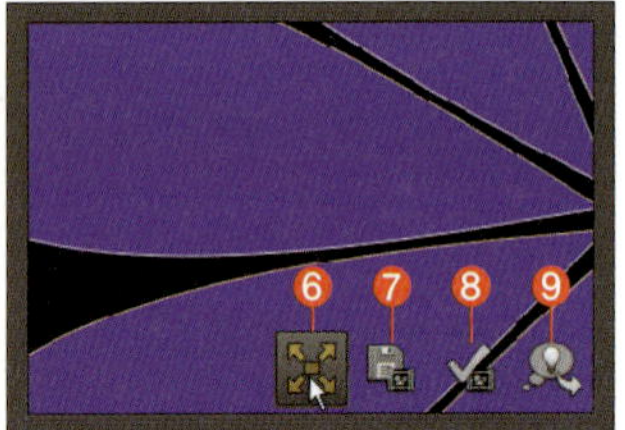

❶ Original composition : 브레인스톰을 적용했을 때 변하지 않는 원래 컴포지션 상태를 보여줍니다.

❷ Randomness control : 적용한 효과의 변화 정도를 많이, 또는 적게 변형되도록 합니다. 수치가 높을수록 변화하는 정도가 큽니다.

❸ Transparency Grid button : 배경의 색상을 없애고 투명한 바둑판 모양이 나타나도록 합니다.

❹ Playback controls

- Rewind to start of work Area(◄) : [Timeline] 패널의 작업 영역의 처음 부분으로 이동하도록 합니다.
- Play/Pause(▶) : 변화하는 상태를 보여줍니다.
- Current Time(0;00;00;28) : 현재 이동 중인 시간대를 보여줍니다.

❺ Back and Forward

- Next Brainstorm(Brainstorm) : 현재의 상태를 변화시키는 명령입니다. [Brainstorm] 단추를 클릭할 때마다 원래의 형태를 변형합니다.
- Forward/Back(◄ / ►) : 여러 번 형태의 변형이 적용되었을 때 클릭하면 이전과 다음의 변형 상태를 보여줍니다.

❻ Maximize Tile(⛶) : 현재 마우스 포인터가 위치한 화면을 [Brainstorm] 창 전체에 가득 차도록 확대합니다. 화면이 최대로 확대되어 변형을 자세히 볼 수 있으며, 아이콘이 원래의 상태로 돌아가는 Minimizw Tile(⛶)로 변경되고 다시 클릭하면 원래의 화면 크기로 돌아갑니다.

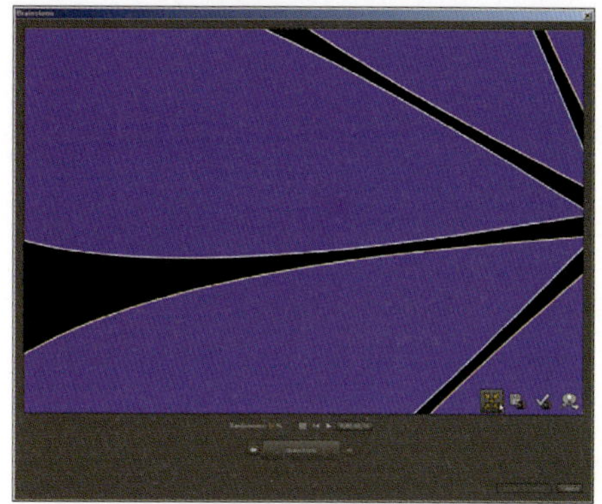

❼ Save As New Composition(▣) : 현재의 창을 새로운 컴포지션으로 만들어 줍니다. 클릭하면 아무런 변화도 없지만 [Project] 패널에 새로운 컴포지션이 만들어집니다.

❽ Apply to Composition(✓) : 현재 변화된 상태를 작업 진행 중인 컴포지션의 레이어에 적용합니다.

❾ Use In Next Brainstorm(🔍) : 현재의 변화 상태에서 새롭게 브레인스톰을 적용하고자 할 때 사용합니다. 클릭하면 현재의 화면은 변하지 않고 주위의 다른 창들이 변하게 됩니다. 변화된 다른 화면에서 클릭하면 오른쪽 아래의 [Apply To Comp] 단추가 활성으로 변경되고 클릭하면 변화된 상태가 레이어에 적용됩니다. [Brainstorm] 창을 닫으려면 오른쪽 아래의 [Cancel] 단추, 또는 Esc 를 누릅니다.

애프터 이펙트에서 마우스를 이용해 선택적으로 사용할 수 있는 툴 박스에 대해 알아보도록 하겠습니다. 툴 박스는 작업을 진행하는 동안 레이어를 선택하거나 움직일 때 사용할 수 있는 툴이나 그 외에 부가적인 오브 젝트를 제어할 때 사용하는 유용한 툴들로 이루어져 있습니다. 이러한 툴들이 어떠한 기능을 가지고 있고 다 른 패널에서 사용되는지 알아보도록 하겠습니다.

기초탄탄 ▶ 툴 박스의 구성 알아보기

■ 툴 박스 살펴보기 `123P, 126P, 133P`

툴 박스는 애프터 이펙트에서 작업을 수행하는데 편리하게 도움을 주는 아이콘으로 이루어져 있습니다. 간단한 아이콘으로 표시되어 있지만 다양하고 특별한 기능들이 포함되어 작업을 더욱 빠르게 진행할 수 있도록 도와줍니다. 포토샵의 툴 박스들과 비슷한 기능들을 가지고 있으며, 어도비 프로그램을 사용하고 있는 사용자라면 쉽게 접근할 수 있습니다.

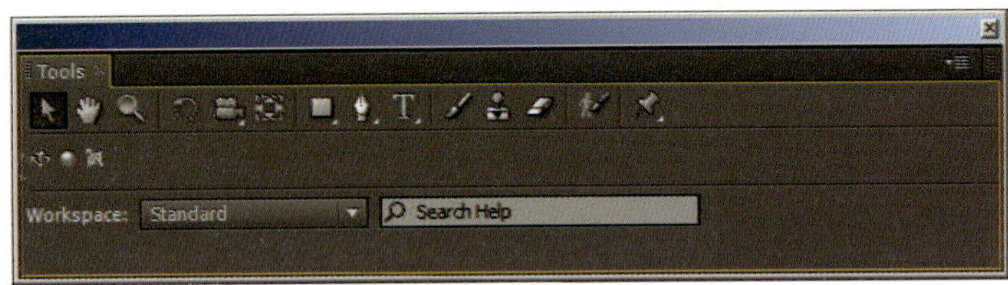

애프터 이펙트에서 가장 많이 사용되는 툴은 [선택 툴]( )로, 애프터 이펙트를 실행하면 기본으로 선택되어 있으며, 대부분의 작업을 진행할 때 사용됩니다. [Composition] 패널과 [Timeline] 패널에서 레이어의 선택 등 모든 선택에 대한 기능을 담당하며, 단축키는 V를 사용합니다. 툴 박스에서 다른 툴을 선택하여 사용하다가 V를 누르면 [선택 툴]( )로 변경되어 빠르게 작업을 진행할 수 있습니다.

툴 박스의 툴을 이용해 더욱 직관적으로 작업을 할 수 있습니다. 마우스로 툴을 선택하거나 단축키를 사용해 툴을 선택할 수 있습니다.

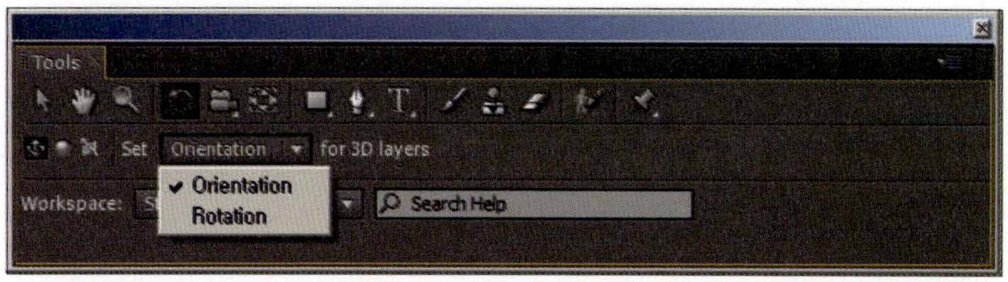

■ 손/돋보기/회전 툴

[손 툴], [돋보기 툴], [회전 툴]을 사용해 화면을 움직이거나, 확대/축소, 또는 레이어를 회전할 수 있습니다.

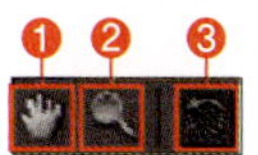

❶ **손 툴(Hand Tool,)** : [Composition] 패널에서 이미지를 확대했을 때 화면을 이동하며 미리볼 수 있고, [Timeline] 패널에서 레이어가 너무 길거나 많을 때 해당 툴을 이용해 화면을 이동할 수 있습니다. 단축키는 **H**를 사용하며 [Composition] 패널과 [Timeline] 패널에서 작업 중간에 **H**를 눌러 **Space Bar**를 누르면 바로 사용할 수 있습니다.

❷ **돋보기 툴(Zoom Tool,)** : 돋보기 툴은 확대와 축소, 2가지 기능을 가지고 있습니다. 처음에 툴 박스에서 선택하고 [Composition] 패널에 툴을 가져가면 중앙에 '+'가 나타나며 클릭하면 [Composition] 패널이 확대됩니다. 확대될 때 비율은 확대될 때마다 다르게 나타나며, 툴이 선택된 상태로 **Alt**를 누르면 툴의 중앙이 '−'로 변경되고 클릭하면 화면이 축소됩니다(200%, 100%, 50%, 25%). 단축키는 **Z**를 사용합니다.

❸ **회전 툴(Rotation Tool,)** : 툴을 선택하면 툴 박스에 2개의 옵션이 나타납니다. [Composition] 패널에서 레이어를 직접 회전시키기 위해 사용하며, 3D 레이어일 때 어떤 축을 중심으로 회전을 할 것인가에 대한 'Orientation'과 'Rotation'을 선택합니다. 단축키는 **W**를 사용합니다.

■ 축 모드

애프터 이펙트는 3D 레이어를 제어하기 위해 축 모드(Axes Mode)를 사용하며 어떠한 모드를 사용하느냐에 따라 공간을 사용하는 방식이 달라집니다.

'Axes'는 '축'이라는 의미로 [Timeline] 패널에서 3D 레이어가 하나 이상 있을 때 사용할 수 있도록 활성이 됩니다.

3D 레이어의 축을 어떠한 것으로 설정하느냐에 따라 이동하는 공간이 달라집니다. 축 모드를 이용하면 레이어, 라이트, 카메라 등의 움직임을 변경할 수 있습니다. 축 모드에는 'Local Axis Mode', 'World Axis Mode', 'View Axis Mode'의 3가지가 있으며 선택적으로 사용할 수 있습니다.

> **TIP :** [카메라 툴]()은 작업이 축 모드의 영향을 받지 않도록 항상 뷰의 로컬 축을 따라 조정됩니다.

> **연관검색** 축 모드에 대한 자세한 설명은 304P의 내용을 참고하세요.

■ 카메라/중심 이동/직사각형/펜 툴

[카메라 툴](), [중심 이동 툴](), [직사각형 툴](), [펜 툴]()에 대한 기본적인 기능을 이해하도록 합니다. 각각의 기능은 뒤에서 개별적으로 다루게 됩니다.

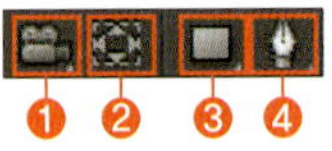

❶ 카메라 툴(Camera Tool,) : 카메라를 제어하는 툴로 길게 클릭하면 3가지의 또 다른 툴들이 나타납니다. 이것은 [Timeline] 패널에 하나 이상의 3D 레이어가 존재하고 카메라를 설치했을 때 활성이 됩니다. 2D 레이어만 존재할 때는 툴이 활성이 되지 않습니다. 다음은 카메라를 회전, 이동, 확대/축소하는 명령입니다. 카메라의 크기를 크게 하는 것은 아니고 뷰 파인더에 대한 제어라고 보면 됩니다. 카메라가 앞으로 전진하면 오브젝트가 커지고, 카메라가 후진하면 작아집니다. [통합 카메라 툴]()은 회전, 이동, 확대 등의 모든 기능을 사용할 수 있습니다. 기본적으로 마우스 왼쪽 버튼을 사용하여 회전할 수 있고, 휠을 사용해 이동할 수 있으며, 오른쪽 마우스를 사용해 확대와 축소할 수 있습니다. 더욱 자세한 내용은 뒤에서 다루게 되며 단축키는 C를 사용합니다.

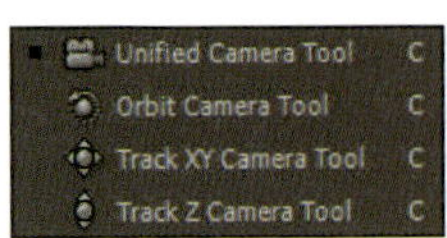

> **연관검색** 카메라 툴에 대한 자세한 설명은 320P의 내용을 참고하세요.

❷ **중심 이동 툴(Pan Behind Tool,)** : 레이어의 중심 포인트를 옮길 때 사용합니다. 중심 포인트를 움직이는 것은 중심축을 어느 부분으로 설정해 작업할 것인가를 결정하는 것입니다. 중심축을 이동하게 되면 레이어가 크기의 조절이나, 회전, 이동할 때 중심축을 중심으로 레이어가 커지고 회전, 이동하게 됩니다. 단축키는 Y를 사용합니다.

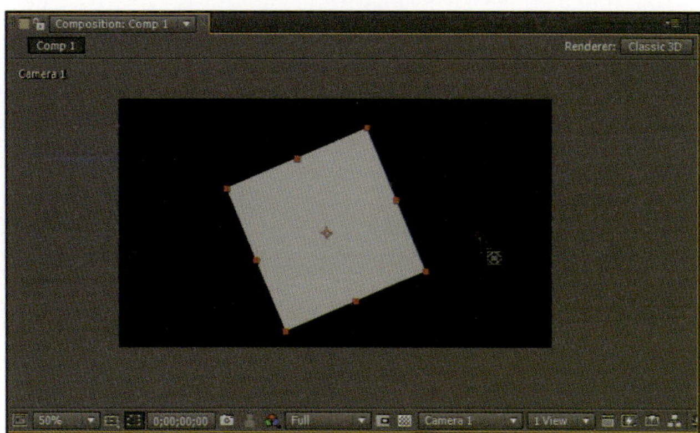

❸ **직사각형 툴(Rectangle Tool,)** : 도형을 길게 클릭하면 4가지의 또 다른 툴들이 나타납니다. 나타나는 툴들은 총 4개며 직사각형 툴을 포함해 총 5가지의 다양한 도형(Shape Layer)을 제작하거나 마스크 (Mask)를 만들 수 있습니다. [모서리가 둥근 사각형 툴]( ), [원형 툴]( ), [다각형 툴]( ), [별 툴] ( )이 있습니다. [Composition] 패널에서 선택된 레이어에 드래그하면 마스크를 만들 수 있고, 어떠한 레이어도 선택하지 않고 드래그하여 도형을 만들면 셰이프 레이어가 새롭게 만들어 집니다. 셰이프 레이어는 다양한 도형을 만들어 제어할 수 있는 도형입니다.

❹ **펜 툴(Pen Tool,)** : [펜 툴]( )을 이용해 원하는 형태로 마스크를 만들어 사용할 수 있습니다. [펜 툴]( )은 [직사각형 툴]( )과 마찬가지로 셰이프 레이어를 만들거나 레이어에 마스크를 만들 수 있고 셰이프 레이어나 마스크에 포인트를 추가하거나 뺄 수 있으며 직선의 포인트의 라운드를 부드럽게 만들 수 있습니다. 또한 마스크의 외각 부분을 위치에 따라 다르게 부드럽게 처리할 수 있습니다. [펜 툴]( )과 셰이프 레이어에 대한 자세한 내용은 뒤에서 자세히 다루도록 합니다.

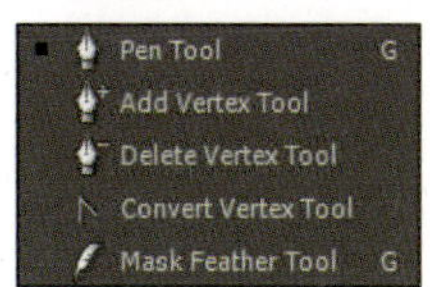

연관검색 [펜 툴]( )로 마스크를 만드는 방법은 257P의 내용을 참고하세요.

[문자 툴](T)은 애프터 이펙트에서 문자를 입력할 수 있는 방법으로 다양한 폰트와 크기, 색상 등의 옵션을 설정해 자신만의 특징을 표현할 수 있습니다. 포토샵의 기능과 거의 동일하게 사용되며, 포토샵을 이미 사용했던 사용자라면 쉽게 접근이 가능합니다. 사용 방법은 [문자 툴](T)을 선택하고 [Composition] 패널에 클릭하거나, [문자 툴](T)을 더블클릭하면 문자를 입력할 수 있습니다.

01. 툴 박스에서 [문자 툴](T)을 선택하면 'Auto-Open Panels'을 체크하는 옵션이 나타납니다. 옵션에 체크하면 [문자 툴](T)을 선택할 때마다 [Character] 패널이 자동으로 열립니다. 옵션이 체크 해지되어 있으면 패널은 열리지 않습니다.

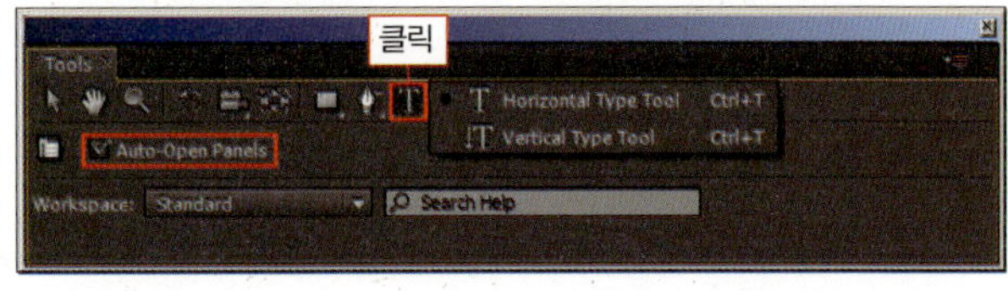

02. 문자가 입력되는 방식은 가로와 세로로 입력하는 방식이 있습니다. [수평 문자 툴](Horizontal Type Too, T)은 가로 문자가 입력되는 방식이고, [수직 문자 툴](Vertical Type Tool, T)은 세로 방향으로 문자가 입력되는 방식입니다.

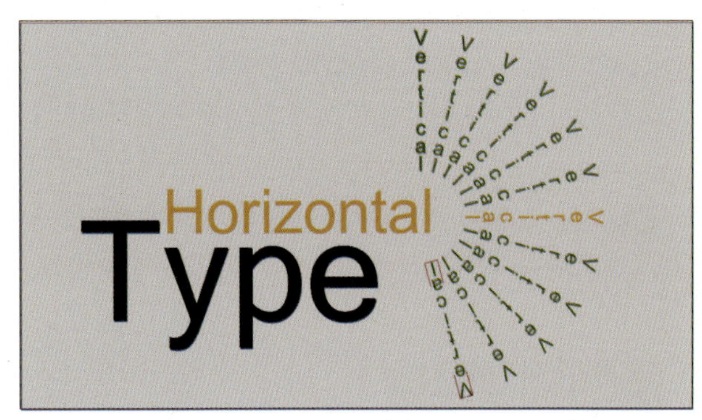

03. [문자 툴](T)의 단축키는 Ctrl + T 를 사용하며, 문자가 입력되면 [Timeline] 패널에 문자 레이어가 생성됩니다. 생성된 레이어는 포토샵의 문자 레이어와 동일하게 'T'로 표시됩니다.

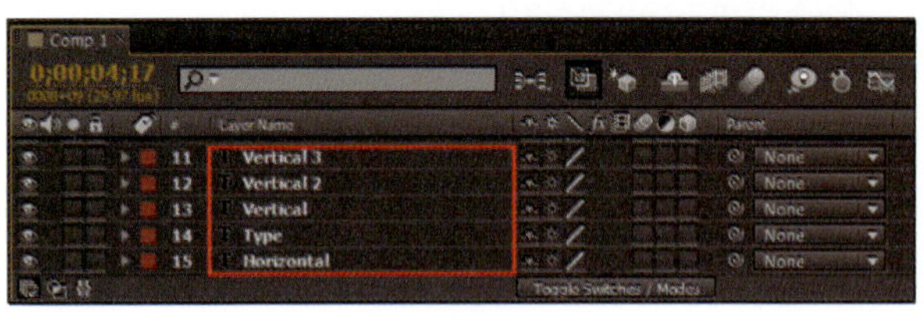

04. 툴 박스에서 [문자 툴](T)로 문자를 입력할 수도 있지만, [Timeline] 패널에서 마우스 오른쪽 버튼을 클릭하고, 'New'-'Text'를 선택하거나 [Layer]-[New]-[Text](Ctrl + Alt + Shift + T) 메뉴를 클릭해도 같은 방법으로 문자 레이어를 생성할 수 있습니다.

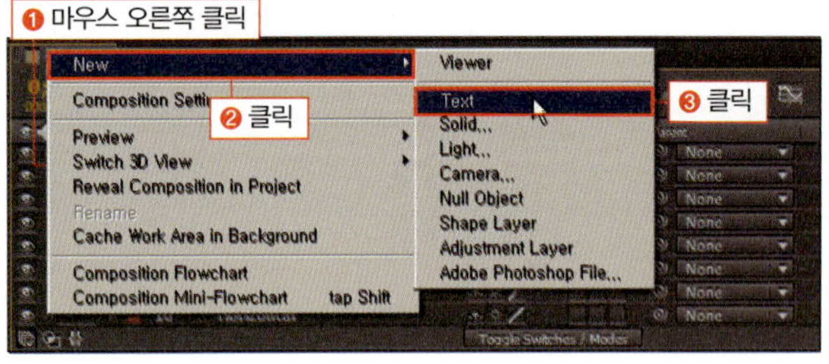

TIP : 편집 모드를 종료하려면 툴 박스에서 다른 툴을 선택합니다. 다른 방법으로 숫자 키에서 Enter 를 누르거나, Ctrl 을 누른 상태로 Enter 를 누릅니다.

05. [문자 툴](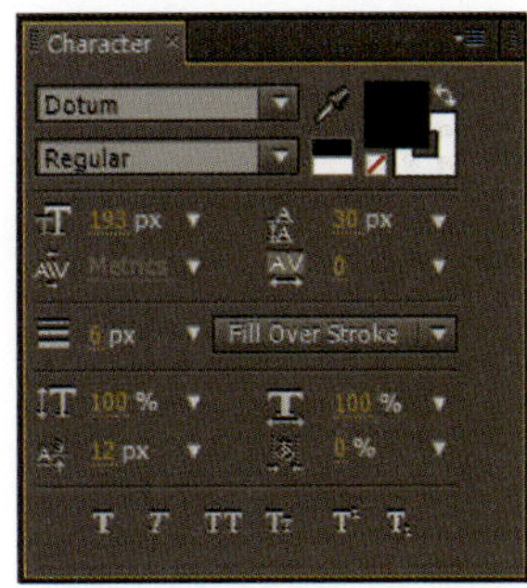)은 문자의 속성을 조절할 수 있는 [Character]와 [Paragraph] 패널이 있으며, 각각의 패널은 문자의 크기나 자간, 장, 평, 정렬 방식 등 다양한 속성을 제어할 수 있습니다. [Character] 패널은 [Window]-[Character](Ctrl + 6) 메뉴를 클릭하고 [Paragraph] 패널은 [Window]-[Paragraph](Ctrl + 7) 메뉴를 클릭해 엽니다.

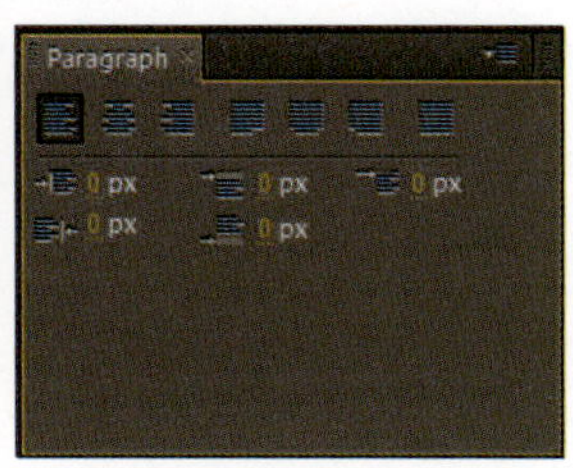

06. [Character] 패널의 왼쪽 위는 서체를 선택하거나 서체의 두께나 기울기를 설정하는 부분입니다. 사용방법은 포토샵과 동일하며 서체 선택 필드를 클릭하고 키보드의 ↑, ↓를 이용해 서체를 선택하거나, 마우스의 휠을 눌러 마우스 포인터가 [손 툴]( )로 변경되었을 때 드래그하여 서체를 검색하거나, 직접 선택할 수 있습니다.

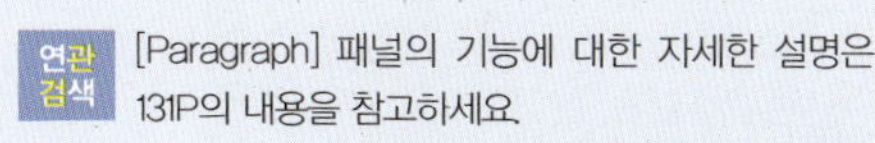

07. 다음은 문자의 색상을 변경할 수 있는 옵션으로 문자의 안쪽 색상과 테두리 색상을 별도로 설정할 수 있습니다.

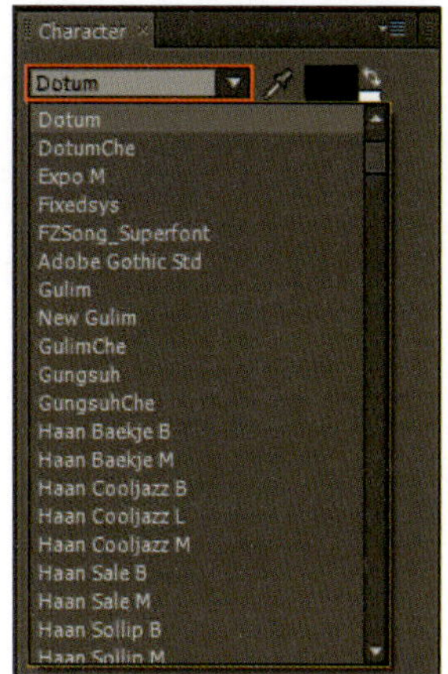

❶ Eyedropper : 원하는 색상을 클릭해 문자의 색상으로 사용할 수 있습니다.

❷ Fill Color : 문자 내부 색상을 나타내며 클릭해 색상을 컬러 팔레트에서 변경할 수 있습니다.

❸ Stroke Color : 문자의 테두리 색상을 나타내며 클릭하여 색상을 컬러 팔레트에서 변경할 수 있습니다.

❹ Swap Fill & Stroke : 내부 색상과 테두리 색상을 서로 변경하는 명령입니다.

❺ No Fill/Stroke Color : 문자의 내부 색상이나 테두리 색상을 적용하지 않는 역할을 합니다. 테두리 색상을 없애거나 문자 자체의 색상을 없애고 테두리의 선만 남게 만들 수 있습니다.

❻ **Set To Black & White :** Fill, 또는 Stroke의 변경된 색상을 원래의
기본 설정인 검정색이나 흰색으로 되돌려 줍니다.

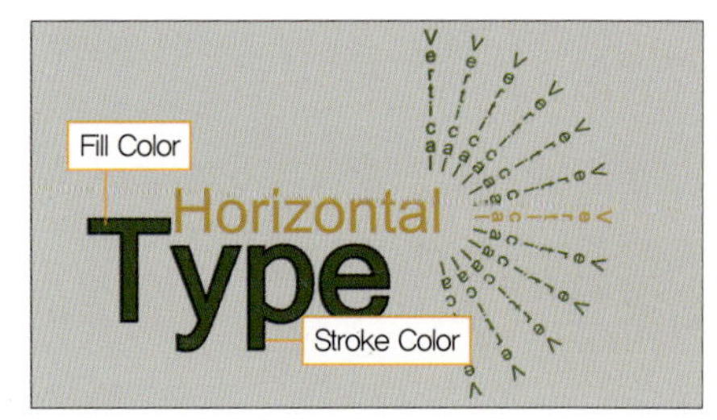

08. 다음은 문자의 크기와 행간, 자간 등에 대한 속성을 설정하는 부분입니다.

❶ **Font Size :** 문자의 크기를 조절합니다. 클릭했을 때 보여지는 문자의 크기는 6~72px까지 있으며 크기를 더욱 더
크게 하려면 수치를 클릭하고 필드에 원하는 크기를 입력하면 됩니다.

❷ **Leading :** 행간을 나타내며, 문자의 줄과 줄 간의 간격을 넓게 하거나 좁게 할 때 사용합니다. 1줄일 때는 아무런 의
미가 없으며 2줄 이상의 글이 있을 때 적용됩니다.

❸ **Kerning :** 문자와 문자의 간격, 즉 자간에 대한 것을 다룹니다. 수치는 −100~200까지 있으며, 자신이 원하는 수치
를 선택하거나 수치를 필드에 입력하여 변경할 수도 있습니다. 두 문자의 자간을 조절하기 위해서는 문자와 문자의
중간에 마우스 포인터를 위치시키고 수치를 변경하면 됩니다.

❹ **Tracking :** 문자의 자간을 나타내며 '−' 값을 입력하면 자간이 좁아져서 문자가 서로 겹치는 결과를 가져오고 '+'
값을 입력하면 문자가 서로 벌어지는 결과를 가져옵니다. 'Kerning'은 문자와 문자 2개에 대한 설정을 변경하고
'Tracking'은 문자 레이어에 입력된 모든 문자 전체에 대한 자간을 조절합니다.

09. 다음은 문자의 테두리 두께를 조정하기 위해 설정하는 부분입니다.

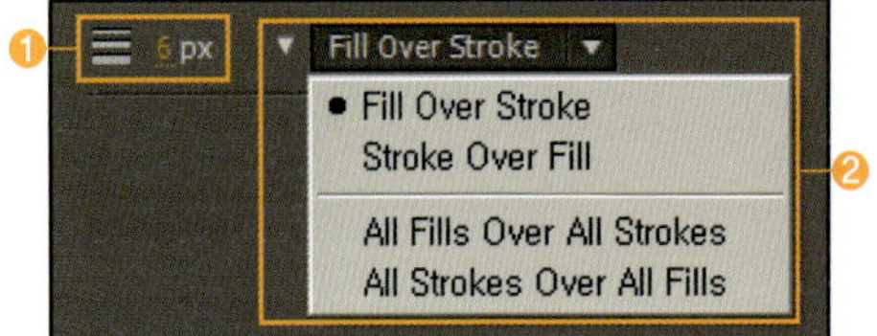

❶ **Stroke Width :** 수치 위에 마우스 포인터를 가져가면 마우스 포인터가 없어지고 손 모양과 함께 왼쪽/오른쪽이 화살
표 모양의 아이콘으로 변경됩니다. 문자 레이어가 선택된 상태에서 수치를 클릭하고 왼쪽/오른쪽으로 드래그하면 수치
가 변하고 문자의 테두리 두께가 변경되게 됩니다. 드래그하지 않고 클릭해 직접 수치를 필드에 입력할 수 있습니다.

❷ 문자의 내부와 외부 테두리의 관계를 설정하는 부분으로 클릭하면 4가지의 메뉴가 나타납니다.

　• Fill Over Stroke : 문자의 테두리가 내부 색상보다 아래쪽에 나타나도록 합니다. 만약 문자가 겹쳐 있을 때 처음에
　　써지는 문자가 다음 문자의 아래에 존재하게 되어 테두리를 많이 적용하게 되면 가장 나중에 적용된 문자만 내부
　　색상이 보이게 됩니다.

　• Stroke Over Fill : 문자의 테두리가 내부 색상보다 위쪽에 나타나도록 합니다. 테두리를 두껍게 적용하면 내부 색
　　상은 하나도 보이지 않게 되며, 테두리도 처음 써지는 문자가 다음 문자의 아래에 존재하게 됩니다.

　• All Fills Over All Strokes : 전체 문자 레이어의 아래에 테두리가 존재합니다. 문자가 겹쳐 있을 때 문자의 채워진 부
　　분은 테두리가 나타나지 않고 외각 부분에만 테두리가 나타납니다. 테두리의 두께와 상관없이 내부의 전체 색상
　　이 나타나게 됩니다.

• All Strokes Over All Fills : 전체 문자 레이어의 위에 테두리가 존재하며, 전체 문자 레이어의 위에 각각의 테두리가
겹쳐서 나타납니다.

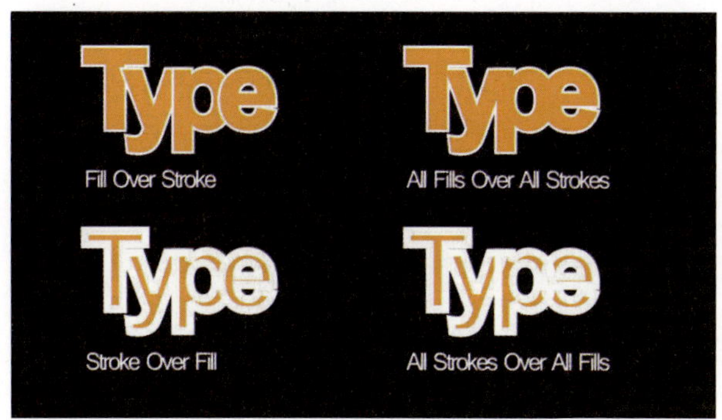

10. 다음은 문자의 평과 장, 그리고 폭에 대한 내용을 설정하는 부분입니다. 수치를 입력하거나 드래그하여 변경할
수 있습니다.

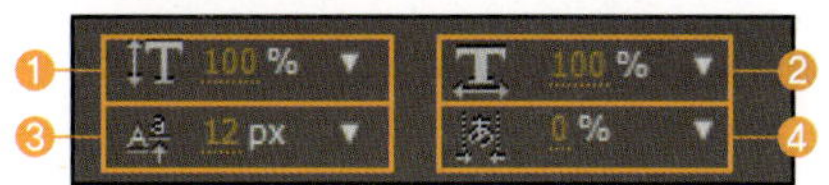

❶ **Vertically Scale** : 장에 대한 수치를 설정하며, 문자를 보통의 문자보다 아래/위로 길게 만들어 줍니다. 수치를 높이
면 문자가 아래와 위로 길어지고, 수치를 100% 이하로 낮추면 문자가 아래와 위로 줄어들게 됩니다.

❷ **Horizontally Scale** : 평으로 문자를 납작하게 만들어 줍니다. 수치를 100% 이상으로 설정하면 문자의 폭이 넓어지
고 100% 이하로 설정하면 문자의 폭이 줄어듭니다.

❸ **Set the Baseline Shift** : 문자를 아래 문자나 위 문자로 만들 수 있습니다. 문자 레이어에서 문자 중 아래나 윗글로
만들고자 하는 문자를 드래그하여 선택하고 수치를 조절하면 양수 값일 때는 기준선 위로 음수 값일 때는 기준선
아래로 이동하게 됩니다.

❹ **Set Tsume for selected characters** : 문자의 간격을 좁게 조정하며, 문자의 비율은 변하지 않습니다. 문자 레이어
나 2개 이상의 문자를 선택하고 수치를 0~100%에서 선택할 수 있으며, 값이 클수록 좁아지게 됩니다.

11. 다음은 문자의 두께, 기울기, 올려쓰기, 내려쓰기 등에 대한 설정을 하는 부분입니다.

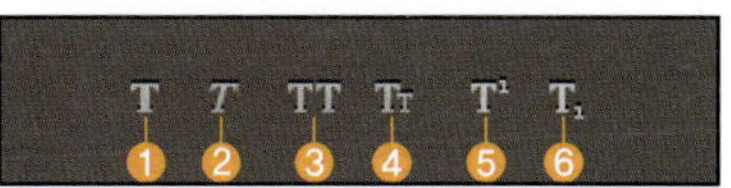

❶ **Bold(T)** : 기본 문자 레이어를 선택하고 클릭하면 문자의 두께가 더 두껍게 변합니다. 볼드체로 만들어 줍니다.

❷ **Italic(T)** : 보통체를 오른쪽으로 기울어진 서체로 만들어 줍니다.

❸ **All Caps(TT)** : 소문자의 영문을 대문자로 만들어 줍니다.

❹ **Small Caps(Tᵣ)** : 대문자나 소문자를 작은 대문자 형태로 만들어 줍니다.

❺ **Superscript(T¹)** : 레이어의 문자 중에서 하나의 문자를 선택하고 적용하게 되면 위쪽 문자로 만들어 줍니다.

❻ **Subscript(T₁)** : 레이어의 문자 중에서 하나의 문자를 선택하고 적용하게 되면 아래쪽 문자로 만들어 줍니다.

문자를 입력할 때 포인트 문자를 사용할 것인지 단락 문자를 사용할 것인지를 지정할 수 있습니다. 또한 문자를 정렬하는 다양한 방법에 대해서도 알아보도록 하겠습니다.

■ 문자의 정렬

[Composition] 패널에 입력한 문자의 가로와 세로 방향을 변경하여 사용할 수 있습니다. [Composition] 패널에 입력한 가로 문자를 세로 문자로 변경하거나, 세로 문자를 가로 문자로 변경하여 사용할 수 있습니다.

01. 먼저 툴 박스에서 [선택 툴]( )을 사용해 [Timeline] 패널에서 문자 레이어를 선택합니다. 문자 레이어가 선택되었으면 툴 박스에서 [문자 툴]( )을 선택하고 [Composition] 패널의 문자 레이어 위에서 마우스 오른쪽 버튼을 클릭하고 'Horizontal(수평)' 또는 'Vertical(수직)'을 선택하여 변경할 수 있습니다.

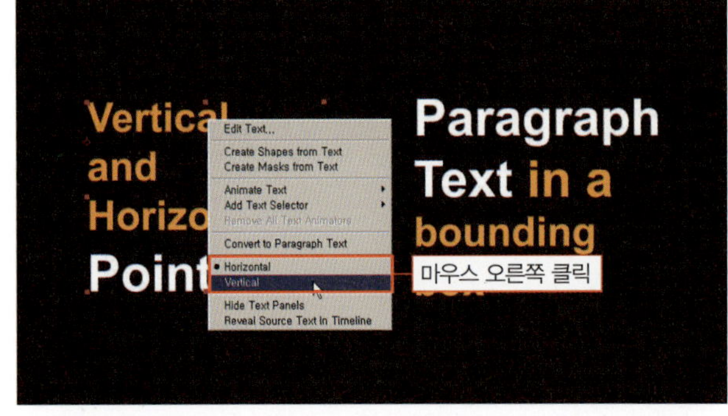

02. 문자는 포인트 문자와 단락 문자를 선택해 사용할 수 있습니다. 애프터 이펙트는 포인트 문자와 단락 문자 등 2가지 문자를 사용합니다. 포인트 문자는 한 단어나 1줄의 문자를 입력할 때 유용하고, 단락 문자는 하나 이상의 단락으로 문자를 입력하거나 서식을 지정할 때 유용하게 사용됩니다. 일반적으로 [Composition] 패널을 클릭하여 사용하는 방식이 포인트 문자 방식입니다. 그리고 툴 박스에서 [문자 툴]( )을 선택하고 [Composition] 패널에서 드래그하여 문자를 입력할 영역을 만들고 영역 내부에 문자를 입력하는 방식을 단락 문자 방식이라 합니다. 포인트 문자 방식은 [Paragraph] 패널에서 왼쪽 3개의 정렬 방식을 사용하며, 단락 문자 방식은 오른쪽 4개의 정렬 방식을 사용합니다.

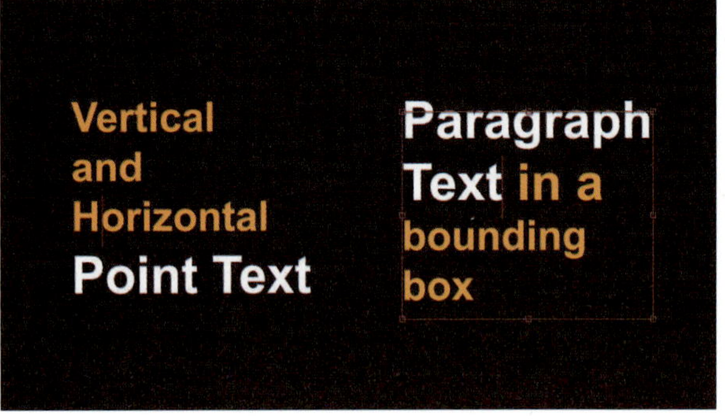

▲ 포인트 문자 방식(왼쪽)과 단락 문자 방식(오른쪽)

■ [Paragraph] 패널

[Paragraph] 패널은 단락 정렬, 들여쓰기, 간격주기, 들여쓰기 등의 설정을 할 수 있습니다. 왼쪽, 가운데, 오른쪽 정렬이나 강제 양쪽 정렬 등 다양한 정렬 방식을 선택할 수 있습니다.

레이어가 선택되어 있지 않았을 때 모든 [Paragraph] 패널의 정렬 방식은 활성으로 나타나며, 이때 설정되는 정렬 방식이 문자를 입력할 때 사용되는 기본 정렬 방식이 됩니다.

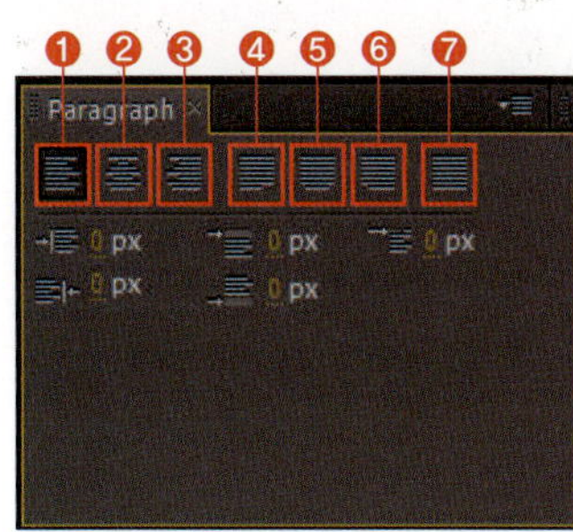

❶ Left align text : 포인트 문자에 적용되며 단락의 오른쪽 가장자리는 비워 두고 문자를 왼쪽으로 정렬합니다.

❷ Center text : 단락의 양쪽 가장자리는 비워 두고 문자를 가운데로 정렬합니다.

❸ Right align text : 단락의 왼쪽 가장자리는 비워 두고 문자를 오른쪽으로 정렬합니다.

❹ Justify last left : 아래쪽의 내용은 단락 문자에 적용되며 마지막 줄은 왼쪽에 정렬하고 나머지 모든 줄을 강제로 양쪽에 맞춰 정렬합니다.

❺ Justify last centered : 마지막 줄은 가운데에 정렬하고 나머지 모든 줄을 강제로 양쪽에 맞춰 정렬합니다.

❻ Justify last right : 마지막 줄은 오른쪽에 정렬하고 나머지 모든 줄을 강제로 양쪽에 맞춰 정렬합니다.

❼ Justify all : 모든 줄을 강제로 양쪽에 맞춰 정렬합니다.

> **TIP :** 세로로 정렬되는 단락도 가로 문자와 동일한 형태로 세로로 정렬됩니다.

> **TIP :** [Composition] 패널의 문자 레이어 위에 있는지 없는지에 따라 [문자 툴](T)의 포인터가 변경되게 됩니다. 포인터가 문자 레이어 바로 위에 있지 않으면 새로운 문자 포인터로 나타나고, 문자 레이어의 외각 부분을 클릭하면 새로운 문자 레이어가 만들어 집니다. 만약 문자 레이어 위에 마우스 포인터가 있는 경우 Shift 를 누른 상태에서 클릭하면 항상 새로운 문자 레이어가 만들어 집니다.

■ 스마트 인용부호

스마트 인용부호(Smart Quotes)의 모양을 변경하기 위해서는 메뉴에서 선택적으로 사용할 수 있습니다.

01. 문자의 왼쪽/오른쪽에 생성되는 따옴표를 직선과 곡선으로 변경할 수 있습니다. 스마트 인용부호가 체크가 되어 있지 않으면 직선의 따옴표를 문자의 왼쪽, 오른쪽에 사용하며, 체크하면 곡선의 따옴표를 문자의 왼쪽, 오른쪽에 사용하게 됩니다.

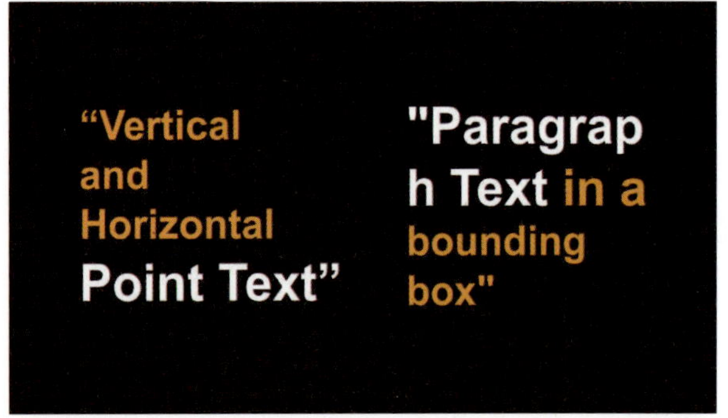

▲ 'Use Smart Quotes' 체크(왼쪽)와 'Use Smart Quotes' 체크 해지(오른쪽)

02. [Character] 패널의 패널 메뉴(   )에서 'Smart Quotes'를 체크하여 사용합니다. 'Smart Quotes'는 기본적으로 체크되어 있으며 직선으로 따옴표를 사용할 때 'Use Smart Quotes'를 체크 해지하면 됩니다.

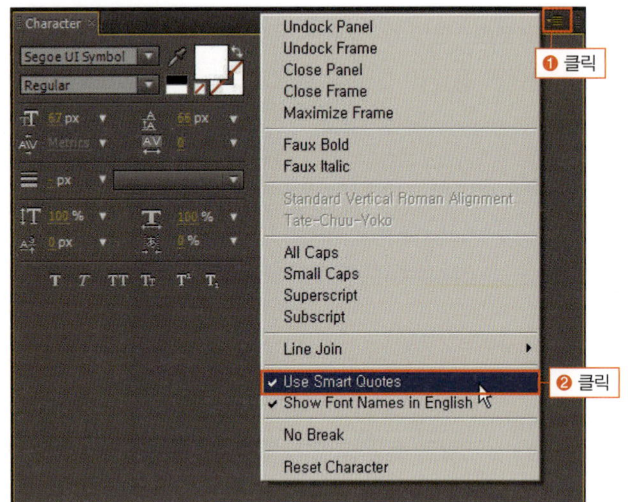

TIP : 인용부호

다른 사람의 말을 인용하는 부분의 앞뒤에 사용되며, 작은 따옴표(' ')와 큰 따옴표(" ")가 있습니다. 스마트 인용부호는 직선(" ")과 곡선(" ")의 따옴표로 변환하여 사용됩니다.

페인트 툴로 [브러시 툴](🖌), [복제 도장 툴](👤), [지우개 툴](🖊)을 사용하며, [Layer] 패널에서 각각 사용되는 페인트 선을 만듭니다. 생성된 페인트 선마다 [Timeline] 패널의 레이어에 각각 확인하고 수정할 수 있는 지속 시간과 선 속성 및 변형 속성이 있습니다.

■ 브러시/복제 도장/지우개 툴

❶ ❷ ❸

❶ **브러시 툴(Brush Tool, 🖌)** : [브러시 툴](🖌)을 사용하여 [Layer] 패널에 현재 선택된 전경색으로 레이어에 칠할 수 있습니다. [브러시 툴](🖌)은 [Composition] 패널에서 직접 사용할 수 없고 [Timeline] 패널에서 칠하고자 하는 레이어를 선택하고 더블클릭합니다. 더블클릭하면 [Composition] 패널의 오른쪽에 더블클릭한 레이어의 새로운 [Layer] 패널이 나타나게 되며, 레이어에 칠을 진행할 수 있습니다. 또한 툴 박스에서 [브러시 툴](🖌)을 클릭하면 오른쪽에 [Paint] 패널과 [Brushes] 패널이 나타납니다. [브러시 툴](🖌)를 선택하고 추가 옵션인 'Auto-Open Panels'에 체크되어 있어야 [Paint] 패널과 [Brushes] 패널이 자동으로 나타나게 됩니다. 선택이 해지되어 있으면 툴을 선택해도 패널은 나타나지 않습니다.

> **TIP :** [브러시 툴](🖌)을 적용하기 전에 페인트 선을 설정하려면 [Paint] 패널과 [Brushes] 패널을 사용합니다. 브러시를 적용한 후에 페인트 선의 속성을 변경하고 애니메이션을 적용하려면 [Timeline] 패널의 레이어에서 선의 속성을 사용하면 됩니다.

❷ **복제 도장 툴(Clone Stamp Tool, 👤)** : [Timeline] 패널에서 레이어를 더블클릭하여 [Layer] 패널에서 레이어의 일정 영역을 복제할 때 사용합니다. [Alt]를 누른 상태로 복제하고자 하는 부분을 클릭한 뒤, 복제한 부분을 붙여 넣을 곳에 클릭, 또는 드래그하여 복제를 진행합니다.

❸ **지우개 툴(Eraser Tool, 🖊)** : [Timeline] 패널에서 레이어를 더블클릭하여 [Layer] 패널에서 레이어의 불필요한 부분을 지울 때 사용합니다.

> **TIP :** 툴 박스에서 선택되는 툴에 따라 사용할 수 있는 옵션이 다르게 나타납니다. [브러시 툴](🖌)과 [복제 도장 툴](👤), [지우개 툴](🖊)의 단축키는 [Ctrl]+[B]를 사용하며, [Paint] 패널과 [Brushes] 패널을 사용할 수 있습니다.

■ 지우개 툴의 메뉴

[브러시 툴](🖌)을 이용해 [Layer] 패널에서 작업을 진행하고 작업 중간에 브러시로 그린 그림을 지우고 싶을 때 툴 박스에서 [지우개 툴](🖊)을 선택합니다. [지우개 툴](🖊)을 선택하게 되면 다음과 같이 [Paint] 패널의 [Erase]가 활성으로 변경되고 3가지의 메뉴가 나타납니다.

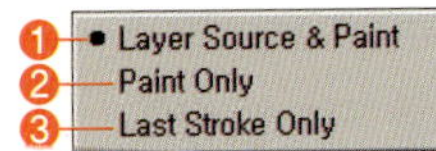

❶ Layer Source & Paint : 원래의 레이어와 새롭게 그린 선을 모두 지웁니다. 지우개로 지운 부분은 [Composition] 패널의 배경색상이 나타나게 됩니다. [브러시 툴]( )로 그리는 도중 브러시의 크기를 변경하고 싶을 때는 Ctrl 을 누른 상태로 마우스를 위/아래로 움직여 크기를 조절할 수 있습니다.

❷ Paint Only : 원래의 레이어 위에 [브러시 툴]( )을 이용해 새롭게 추가한 선만을 지울 때 사용합니다.

❸ Last Stroke Only : 가장 나중에 브러시로 그려진 선만을 지울 때 사용합니다.

■ [Paint] 패널

[Paint] 패널에서 [브러시 툴]( ), [도장 툴]( ), [지우개 툴]( )에 대해 다양한 설정을 할 수 있습니다. [Paint] 패널의 오른쪽에서 색상을 선택하거나 변경할 수 있으며 브러시를 사용할 때는 Foreground 색상인 빨간색이 기본적으로 사용되고, [브러시 툴]( )을 사용하는 중간에 색상을 아래의 Background 색상인 흰색으로 변경하고 싶다면 단축키로 X 를 누릅니다. 만약 원래의 검정색과 흰색으로 바꾸고 싶다면 아이콘 왼쪽 아래의 검정색과 흰색을 클릭하거나 단축키로 D 를 눌러 변경합니다.

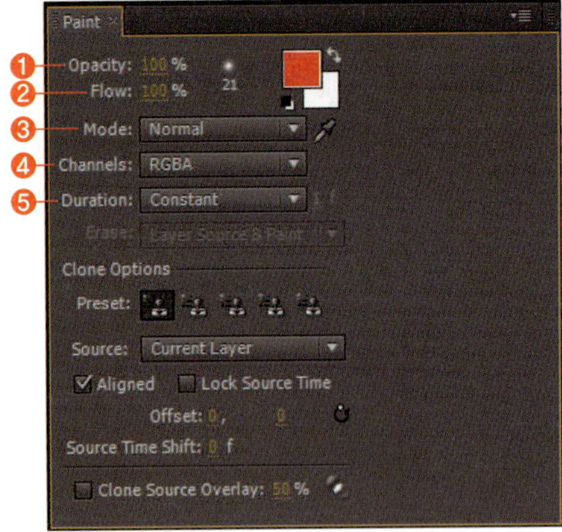

❶ Opacity : 붓으로 그릴 때 붓의 불투명도를 설정합니다. 클릭하여 수치를 0~100%까지 입력하거나, 수치 위에 마우스 포인터를 올려놓고 왼쪽/오른쪽으로 이동하며 수치를 조절할 수 있습니다. [지우개 툴]( )을 사용하여 선을 지우는 경우는 제거되는 선의 정도를 나타냅니다.

❷ Flow : [Opacity]의 적용방법과 기능은 비슷하나 약간의 차이가 있습니다. [Opacity]는 아래쪽에 칠한 브러시가 겹쳐서 함께 보이고, [Flow]는 아래에 칠한 브러시가 겹쳐서 보이지 않는 상태로 그려집니다.

❸ Mode : [브러시 툴]( )로 그릴 때 기본 이미지의 픽셀과 적용되는 선이 혼합되는 방법을 설정합니다.

❹ Channels : 'RGB', 'RGBA', 'Alpha'로 구분되며, 어떠한 채널에 영향을 줄 것인지를 결정하게 됩니다.

❺ Duration : 다음과 같이 4가지의 메뉴가 있습니다.

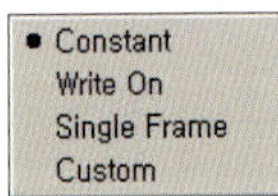

- Constant : '끊임없이 계속되는'이라는 뜻으로 타임마커가 위치한 부분부터 뒤로 계속해서 브러시의 그림이 나타나는 상태를 만들어 줍니다.

- Write On : 타임마커가 위치한 부분부터 그리기 시작할 때 마우스의 속도를 감지하여 처음 시작점과 끝점을 잡아 키프레임을 만들어 줍니다. 마우스가 움직이는 처음과 끝부분이 키프레임으로 잡혀서 움직이는 그림을 만들어 줍니다. 물론 속도나 두께, 색상 등 여러 가지 옵션을 [Timeline] 패널의 레이어 속성에서 변경할 수 있습니다.

- Single Frame : 타임마커가 위치한 부분의 한 프레임에만 브러시가 적용되도록 합니다. 타임마커의 전 프레임과 후 프레임에는 브러시로 그린 선이 나타나지 않습니다.

- Custom : 사용자가 직접 몇 프레임에 걸쳐 브러시로 그린 이미지가 나타날 것인가를 결정할 수 있습니다. 'Custom'은 타임마커가 있는 지점부터 지정한 프레임만큼 레이어에 나타나게 됩니다.

■ [Brushes] 패널

[Brushes] 패널은 브러시의 종류나 크기를 선택하거나 새로운 브러시를 만들 때 사용합니다.

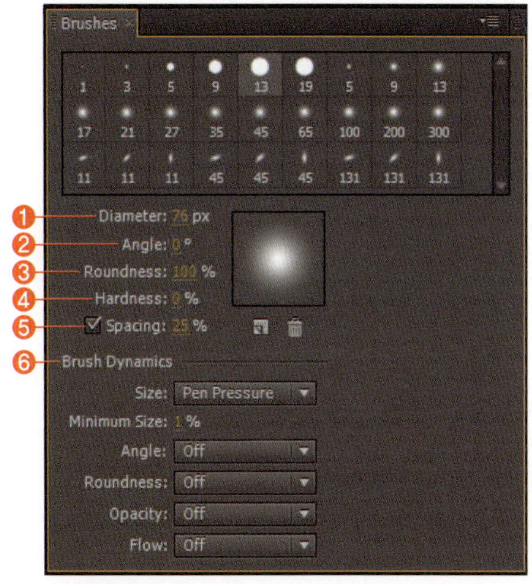

❶ Diameter : 브러시의 크기를 설정합니다.

❷ Angle : 원형의 브러시가 아니라 납작한 브러시의 방향을 변경하여 생성할 때 사용합니다.

❸ Roundness : 브러시를 납작하게 만들어 줍니다. 100%일 때는 원형 그대로 사용되고, 수치를 낮게 설정하면 브러시의 모양이 납작하게 변경됩니다.

❹ Hardness : 브러시의 부드러운 정도를 나타냅니다. 100%일 때 브러시의 주위가 선명하고 수치를 낮게 설정할 수록 브러시의 외각이 부드럽게 처리됩니다.

❺ Spacing : 브러시의 간격을 자유롭게 조절할 수 있습니다. 좁게, 또는 넓게 자유로이 변형이 가능합니다. 수치는 0~1000%까지 가능합니다. 선택을 해제하면 선을 만들기 위해 드래그하는 속도에 따라 선의 간격이 달라집니다.

❻ Brush Dynamics : 각각의 옵션은 'Off', 'Pen Pressure', 'Pen Tilt', 'and Stylus Wheel'을 포함하고 있으며, 디지타이저를 이용할 때 압력의 정도에 따라 선의 두께가 변하도록 설정하거나, 일정한 두께를 유지할 수 있도록 합니다.

■ 새로운 브러시 만들어 사용하기

사용자가 원하는 브러시를 직접 만들어 사용할 수 있습니다. 새로운 브러시를 만들어보도록 하겠습니다.

01. 새로운 브러시를 만들기 위해서는 기존 브러시를 하나 선택하고, [Brushes] 패널의 패널 메뉴(　)를 클릭하거나, 패널의 중간에 있는 [New Brush](　)를 클릭, 또는 패널 이름이 있는 왼쪽 위 중간에 마우스 오른쪽 버튼을 클릭하여 'New Brush'를 선택합니다.

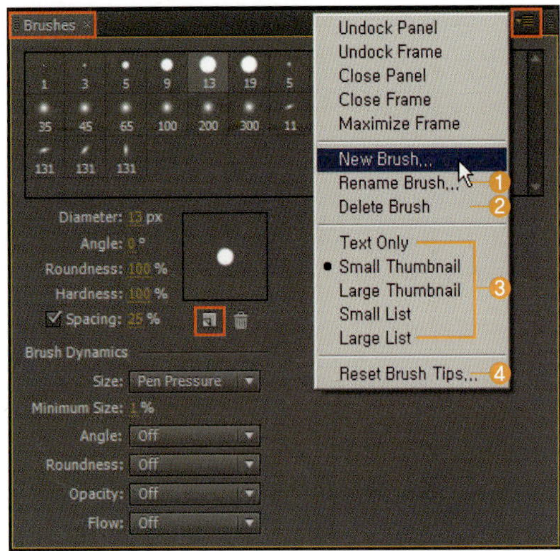

❶ **Rename Brush :** 브러시의 이름을 다시 설정할 수 있습니다.

❷ **Delete Brush :** 브러시를 지울 수 있습니다.

❸ **Text Only/Small Thumbnail/Large Thumbnail/Small List/Large List :** 브러시가 패널에 나타나는 형식을 선택하는 부분입니다. 브러시를 문자로만 나타내거나 아이콘, 또는 아이콘과 문자로 나타내는 방식을 선택할 수 있습니다.

❹ **Reset Brush Tips :** 새롭게 만든 브러시를 지우고 원래의 기본 값 상태로 만들어 줍니다.

02. 'New Brush'를 선택하면 다음과 같이 새로운 브러시의 이름을 입력할 수 있는 [Choose Name] 대화상자가 나타납니다. 사용할 이름을 입력하고 [OK] 단추를 클릭합니다. 새롭게 설정한 이름의 브러시를 [Brushes] 패널에서 선택하고 옵션을 조절하여 원하는 크기의 브러시를 만들어 사용하면 됩니다.

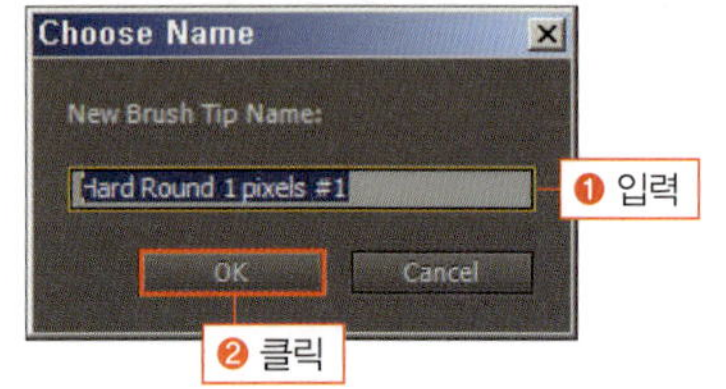

03. 새로 만든 브러시가 필요 없는 경우 [Brushes] 패널의 중간에 있는 [Deletes] (　)를 클릭하여 브러시를 지울 수 있습니다. [Deletes](　)를 클릭하면 다음과 같이 경고 메시지가 나타납니다. [Delete] 단추를 클릭하면 됩니다.

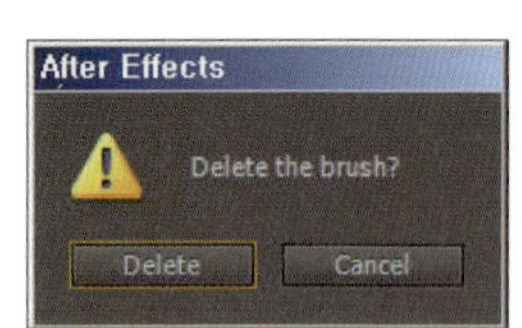

■ 복제 도장 툴/지우개 툴의 사용

예제 파일 ㅣ CD₩Part 02₩007_Example Project의 Cloud 컴포지션   완성 파일 ㅣ CD₩Part 02₩007_Example Project의 Cloud_Final 컴포지션

01. 예제 프로젝트에서 'Clould' 컴포지션을 확인합니다. [복제 도장 툴]을 사용하여 한 장소와 시간의 픽셀 값을 복사하여 다른 장소와 시간에 적용할 수 있습니다. [복제 도장 툴]은 포토샵의 [도장 툴]과 같은 기능으로 옆의 이미지를 그대로 복제할 수 있습니다. 도장의 기능이 같은 것을 계속적으로 찍는 것과 마찬가지로 같은 이미지를 다른 시간과 장소에 계속해서 만들 수 있습니다. [복제 도장 툴]은 [Composition] 패널에서 직접 적용할 수 없고, [Layers] 패널에서 사용할 수 있습니다. [Layer] 패널이 나타나도록 하려면 [Timeline] 패널에서 'Cloud.jpg' 레이어를 더블클릭합니다.

02. [Layer] 패널에서 [복제 도장 툴]을 선택하고 `Alt`를 누른 상태로 복제할 부분의 이미지를 클릭합니다. 새롭게 추가할 부분은 추가해서 복제하고 불필요한 부분은 이미지의 일부분으로 가릴 수도 있습니다. 원하는 위치로 이동해 그려나갑니다.

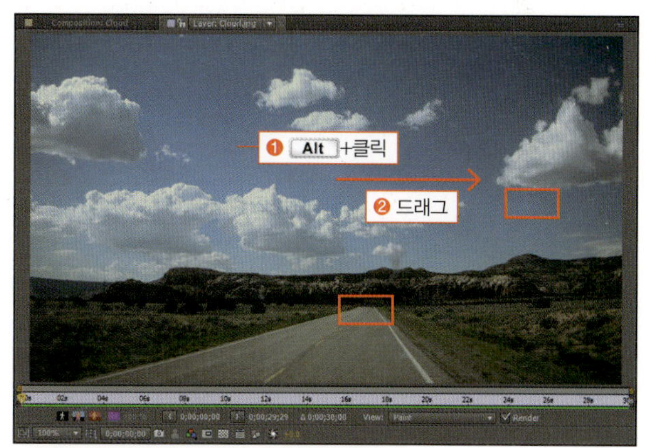

03. 툴 박스에서 [복제 도장 툴]을 선택하면 화면의 오른쪽에 [Paint] 패널이 열리며 툴에 대한 크기, 모드, 패널, 지속시간 등의 다양한 설정을 변경할 수 있습니다.

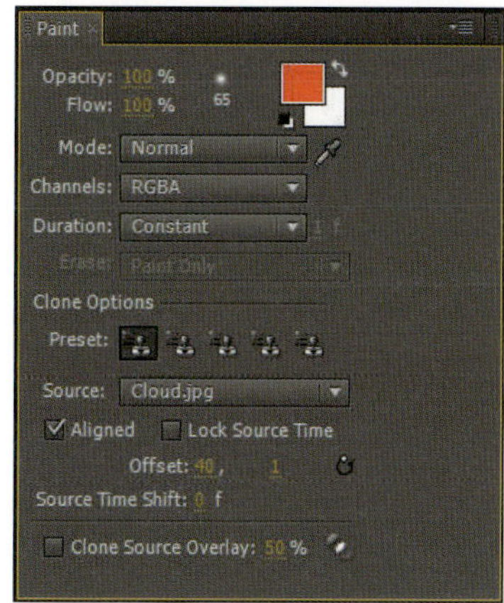

04. [Paint] 패널에서 [Clone Options]은 [복제 도장 툴](🔘)을 사용할 때만 활성
이 되며, 다른 툴을 사용할 때는 사용할 수 없습니다. 패널에서 'Aligned'을 체크했
을 때 [복제 도장 툴](🔘)로 복제를 하다가 멈추고 다른 곳에서 [복제 도장 툴](🔘)
을 움직여도 하나의 지점을 중심으로 같은 형태가 복제됩니다. 그러나 'Aligned'을
체크하지 않고 해지했을 때는 [복제 도장 툴](🔘)로 그리다가 멈추고 다른 곳으로
이동해 다시 사용하면 처음에 [복제 도장 툴](🔘)을 사용하려고 포인트를 설정한
부분을 다시 복제하게 됩니다.

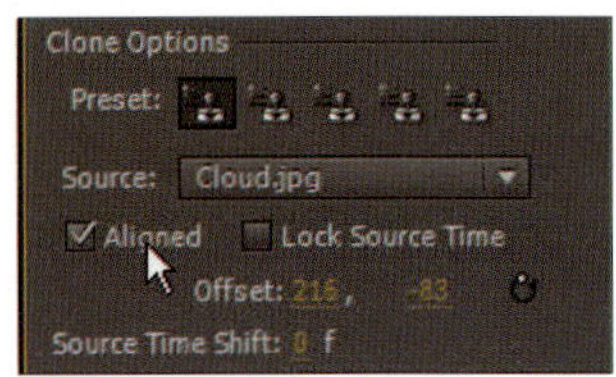

05. 시간을 가지고 있는 동영상 파일이나 시퀀스 파일의 한 장면을 가지고 복제를 하고 싶을 때 [Paint] 패널의 'Lock
Source Time'을 사용합니다. 만약 10프레임의 동영상이 있고, 1프레임에서 [복제 도장 툴](🔘)을 선택하고 **Alt**를 누
른 상태로 복제할 부분을 선택합니다. 물론 'Lock Source Time'과 'Aligned'가 체크되어 있어야하며, 소스 레이어, 정
렬, 소스 시간 잠금, 소스 시간 이동, 오프셋, 소스 위치 값 등을 설정하여 원하는 위치와 프레임을 복제할 수 있습니다.
프레임을 2프레임으로 이동해 [복제 도장 툴](🔘)로 복제하고 3프레임으로 이동하여 다른 일부분을 복제했다면 처음
의 1프레임에서 선택한 부분이 계속적으로 복제가 됩니다. [복제 도장 툴](🔘)을 사용해 복제된 페인트 라인의 속성은
[Timeline] 패널의 레이어 속성에서 확인할 수 있습니다.

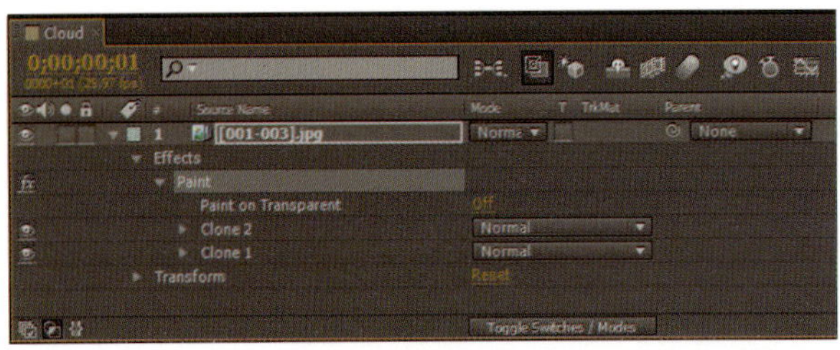

TIP : [복제 도장 툴](🔘)로 선을 그릴 때 마우스 버튼을 놓을 때마다 선 그리기는 중지되며, 다시 드래그하면 새로운 선이 만들어집니다.
Shift를 누른 상태에서 드래그하면 이전 선 그리기가 다시 시작됩니다.

06. [복제 도장 툴](🔘)에서 [Preset]의 사전 설정을 사용하면 소스 레이어, 정렬, 소스 시간 잠금, 소스 시간 이동, 오
프셋, 소스 위치 값 등의 복제 소스 설정을 저장하여 다음에 다시 사용할 수 있습니다. [Preset]의 사전 설정은 환경 설
정 파일에 저장되므로 다른 프로젝트에서 다시 사용할 수 있습니다.

TIP : [Preset] 사전 설정의 사용을 위해 먼저 툴 박스에서 [복제 도장 툴](🔘)을 선택하고 다음을 따릅니다.
01. [Preset]의 사전 설정을 선택하려면 기본 키보드에서 **3** **4** **5** **6** **7**을 누르거나 [Paint] 패널에서 사전 설정 아이콘을 클릭하면
됩니다.
02. [Preset]의 사전 설정을 수정하려면 수정할 복제 사전 설정을 선택하고 옵션 설정을 변경하면 됩니다.
03. 서로 다른 복제 사전 설정 간에 설정을 복사하려면 복사할 복제 사전 설정을 선택하고 **Alt**를 누른 상태에서 설정을 붙여 넣을 사전
설정 아이콘을 클릭합니다.

07. 'Clone Source Overlay'를 체크하는 것은 기존 레이어 위에 투명한 레이어가 나타나게 만드는 명령입니다. [Alt]를 누른 상태로 복제할 위치를 설정하는 것이 아니고 전체 레이어의 위치를 [Offset]으로 설정하고 마우스로 설정된 위치를 확인하면서 다음과 같이 복제할 수 있습니다. 'Clone Source Overlay'를 체크하고 'Aligned'을 체크하지 않으면 마우스로 직접 소스 레이어를 옮겨가며 복제를 진행할 수 있습니다.

▲ 'Clone Source Overlay', 'Aligned' 체크/ Offset : 10, 10 적용 후 복제 도장 툴 사용

08. [Paint] 패널 오른쪽의 [Difference Mode](   )를 체크하거나 오버레이의 불투명도를 수정하면 더욱 효과적으로 여러 요소를 정렬하고 복제 선의 결과를 확인할 수 있습니다. 'Clone Source Overlay'를 일시적으로 표시하려면 [Alt]+[Shift]를 누르고, [Alt]+[Shift]를 누른 상태에서 드래그하여 소스 레이어의 위치를 변경할 수 있습니다.

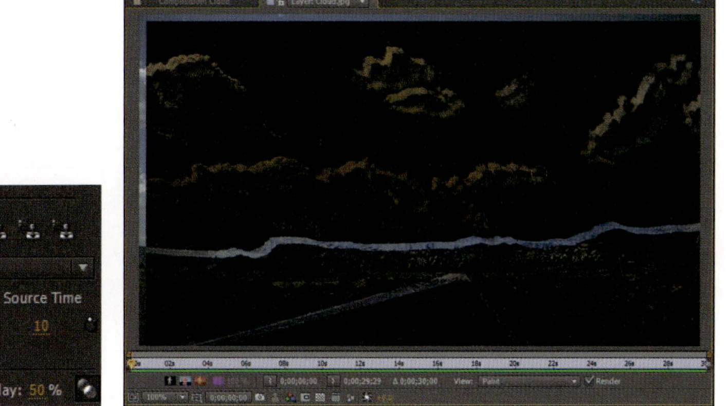

▲ 'Clone Source Overlay', 'Aligned', 'Difference Mode' 체크/ Offset : 10, 10 복제 도장 툴 사용

09. 이미지의 일부를 지울 때 [지우개 툴](   )을 사용하며 페인트를 수정하거나 애니메이션을 적용할 수 있는 지우개 선을 만들 수 있습니다. 브러시와 마찬가지로 [Ctrl]을 사용해 붓의 크기를 조절하며 영역을 넓히거나 좁혀가며 이미지를 지울 수 있습니다. [Ctrl]+[B]를 3번 누르면 [지우개 툴](   )의 선택이 가능합니다.

10. 이미지가 지워지는 것은 컴포지션의 배경 색상이 나타나는 것으로 컴포지션의 배경 색상을 다른 색상으로 변경하면 지워지는 색상도 변경되게 됩니다. [Paint] 패널의 [Erase]에서 'Layer Source & Paint'를 선택하고 드래그하여 지우면 소스 레이어가 지워지며 컴포지션의 배경색상이 나타나게 됩니다.

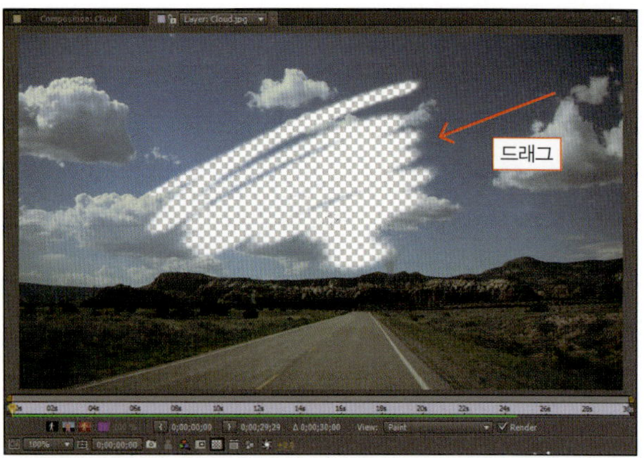

11. 배경색상을 변경하기 위해서는 [Composition]-[Composition Settings](Ctrl + K) 메뉴를 클릭하고 아래쪽에서 [Background Color]의 색상표를 클릭하여 변경할 수 있습니다. [Paint] 패널의 [Erase]에서 'Paint Only'를 선택하면 브러시를 사용해 그린 선만을 지울 수 있고, 'Last Stroke Only'를 선택하면 마지막에 그린 선만을 지울 수 있습니다.

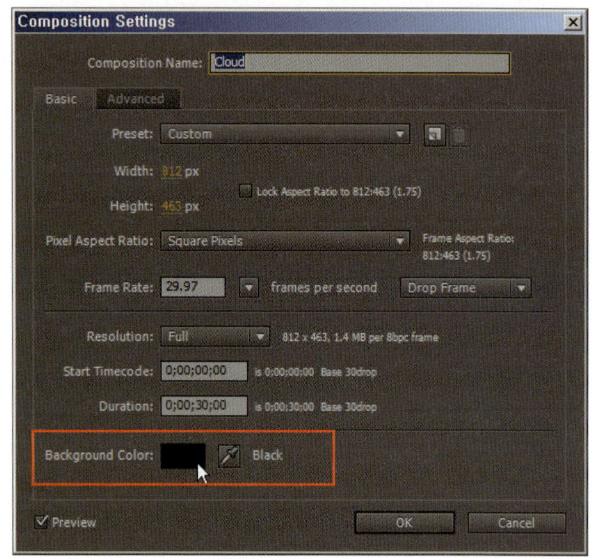

TIP : 펜 태블릿을 사용하는 경우 펜의 지우개 쪽으로 태블릿을 클릭하면 [지우개 툴]( )이 일시적으로 활성화됩니다.

툴 박스에는 자주 사용하지는 않지만, [로토 브러시 툴](), [퍼핏 핀 툴]()이 있고, [Info] 패널과 [Audio] 패널은 파일에 대한 각각의 정보를 나타냅니다.

■ 다양한 기타 툴

1 로토 브러시 툴(Roto Brush Tool,) : 색상을 변경하거나 매트를 만들어 사용하고자 할 때 효과적으로 사용할 수 있습니다. 단축키 **Alt** + **W** 를 눌러 사용하며 드래그하여 영역을 선택하거나 해지할 수 있습니다. 더욱 자세한 내용은 뒤에서 다루도록 하겠습니다.

> **연관검색** [로토 브러시 툴]()을 활용하는 방법은 285P의 내용을 참고하세요.

2 퍼핏 핀 툴(Puppet Pin Tool,) : 스틸 이미지, 셰이프 및 벡터 그래픽에 자연스러운 동작을 빠르게 추가할 수 있습니다. 여러 개의 핀을 설정해 원하는 움직임을 제어할 수 있습니다.

■ 다양한 패널

[Info] 패널

마우스가 위치한 부분의 색상에 대한 정보와 위치에 대한 정보를 보여줍니다. [Composition] 패널 내에서 마우스가 위치한 부분의 Red, Green, Blue, Alpha에 대한 색상 정보를 보여주고 마우스의 현재 위치를 X, Y 좌표로 표시해 줍니다.

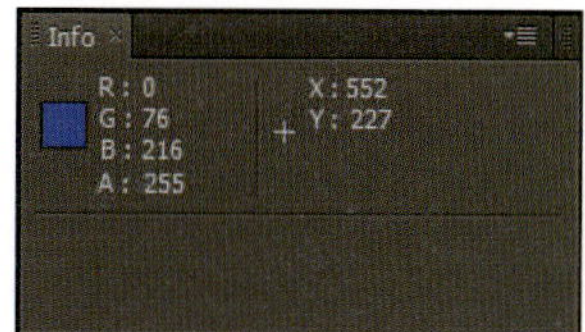

[Audio] 패널

[Timeline] 패널에서 독립된 오디오 레이어로 사용되거나, 동영상에 포함된 오디오가 있을 때 사용할 수 있습니다. 소리의 크기 조절하거나 프리뷰할 수 있습니다. 오디오 레이어에 직접적인 효과를 적용할 수도 있고, 다른 레이어와 연동하여 작업을 진행하거나 웨이브폼을 이용해 작업할 수도 있습니다.

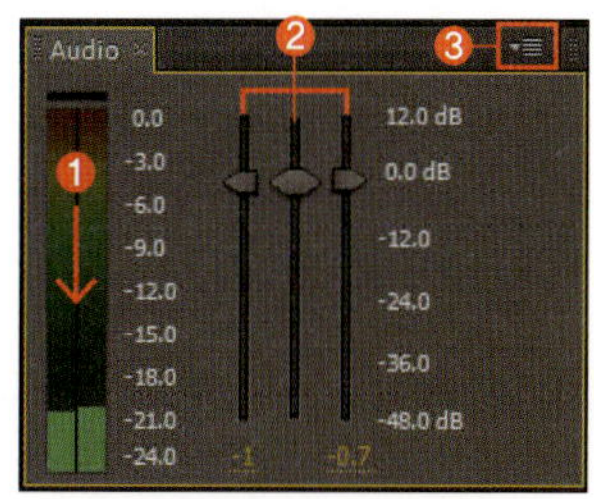

1 오디오가 플레이되는 동안 오디오 레벨과 Volume Unit(VU)가 이퀄라이저로 보여집니다.

❷ 왼쪽/가운데/오른쪽에 3개의 바가 있는데 중앙을 잡고 아래/위로 움직일 수 있습니다. 이것은 오디오의 레벨 값을 올리고 내리는 기능을 합니다. 왼쪽 바는 Left Channel를, 오른쪽의 바는 Right Channel을 각각 조절할 수 있습니다.

❸ [Audio] 패널에서 패널 메뉴(   )를 클릭해 'Option'을 선택하면 다음과 같은 [Audio Options] 대화상자가 나타납니다. [Units]의 'Decibels'와 'Percentage'를 선택하는 부분이 있는데, 2개 모두 같은 내용이지만 보여지는 것이 어떠한 수치로 나타나는가를 결정합니다. 'Decibels'의 '0dB'은 [Percentage]의 '100%'와 같은 레벨을 나타냅니다. [Slider Minimum]에서는 최초로 [Audio] 패널에 보여질 [Decibels]의 레벨을 선택합니다.

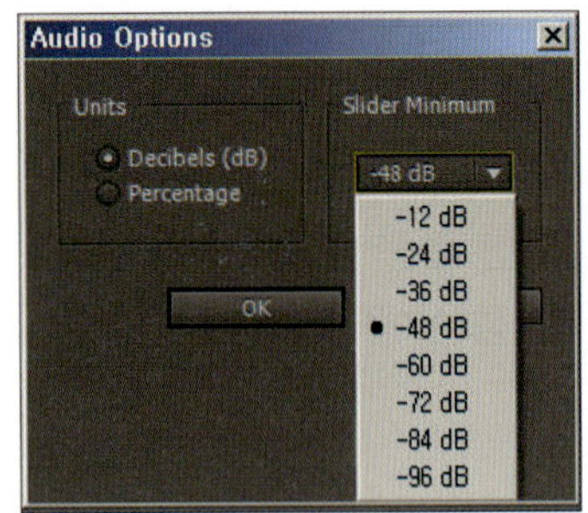

최종 출력을 렌더링하지 않고 작업의 진행 상태를 미리 확인할 수 있는 기능이 프리뷰 기능입니다. 프리뷰를 통해 작업의 오류를 확인하고 수정할 수 있습니다. [Composition]–[Preview]–[Audio] 메뉴에서 오디오의 재생에 대한 설정을 할 수 있습니다.

■ 오디오 프리뷰

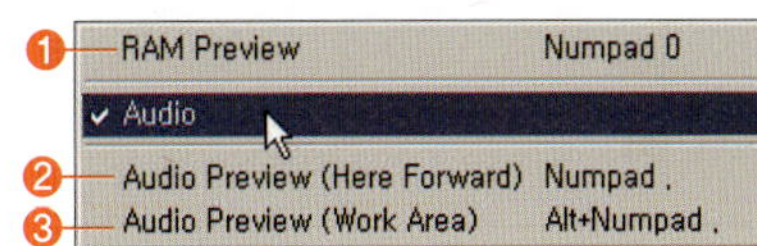

❶ RAM Preview : [Timeline] 패널에서 비디오와 오디오를 실시간 재생속도로 보여주는 역할을 합니다. 애프터 이펙트에서 실시간으로 재생되는 프레임 수는 프로그램이 사용할 수 있는 RAM의 용량과 해상도의 설정에 따라 달라집니다. 키보드의 오른쪽 아래에 있는 **0**을 누릅니다. 램 프리뷰를 진행하면 [Timeline] 패널 위쪽에 녹색의 선이 다음과 같이 나타나면서, 먼저 프리뷰를 진행합니다. 메모리가 많으면 길게, 적으면 짧은 시간 동안 녹색으로 변한 다음 다시 재생이 됩니다. 녹색 선이 생긴 다음에 재생될 때는 원래의 비디오 재생 속도를 보여줍니다. 작업한 영상의 원래 속도를 확인할 때는 항상 램 프리뷰를 진행합니다.

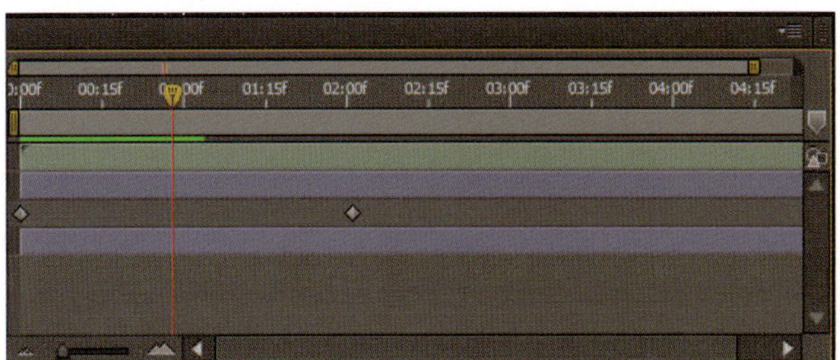

❷ Audio Preview(Here Forward) : 오디오만을 재생해주는 명령으로 [Timeline] 패널에서 현재 타임마커가 위치한 부분부터 오디오를 재생해 줍니다. 단축키로 키보드의 오른쪽 아래에 있는 **.**을 누릅니다.

❸ Audio Preview(Work Area) : 오디오를 재생하는 명령으로 작업 영역에서 오디오를 재생해 줍니다. 단축키로 키보드의 오른쪽 아래에 있는 **Alt**+**.**을 누릅니다. [Composition]–[Preview]–[Audio] 메뉴를 체크 해제하는 것과, [Preview] 패널에서 [Mute Audio](🔊)를 체크하는 것은 램 프리뷰할 때 오디오가 들리지 않도록 설정하는 동일한 기능입니다.

> **문제 해결** 만약에 프리뷰를 하는데 오디오가 들리지 않는다면 [Composition]–[Preview]–[Audio] 메뉴가 체크되어 있는지 확인하시기 바랍니다. 오디오가 들리지 않는다면 제일 먼저 의심해 보시기 바랍니다.

■ [Preview] 패널

[Preview] 패널은 [Timeline] 패널의 스틸, 동영상, 오디오 등을 재생할 때 사용합니다. 일반적으로 많이 보던 아이콘으로 구성되어 있어 쉽게 알 수 있습니다.

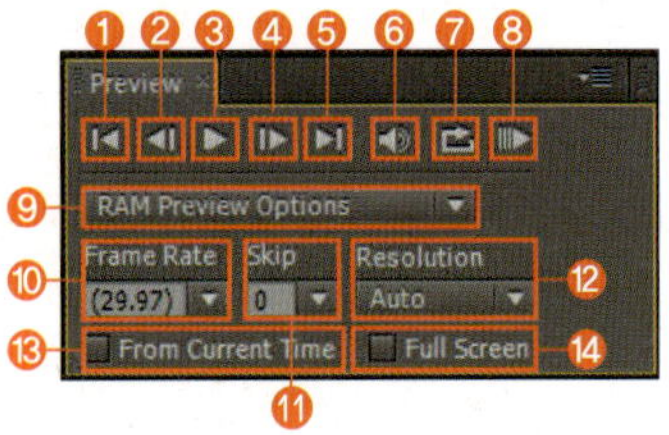

❶ First Frame(　) : 타임마커가 [Timeline] 패널의 처음 프레임으로 이동합니다.

❷ Previous Frame(　) : 타임마커가 한 프레임 이전으로 이동합니다.

❸ Play/Pause(　) : 동영상을 재생하거나 정지시킬 때 사용합니다. 그러나 재생되고 있는 동영상은 원래 속도가 아니며, 컴퓨터의 시스템 사양에 따라 프리뷰되는 속도가 달라질 수 있습니다.

❹ Next Frame(　) : 한 프레임 뒤로 타임마커가 이동합니다.

❺ Last Frame(　) : 타임마커가 [Timeline] 패널의 마지막 프레임으로 이동합니다.

❻ Mute Audio(　) : 오디오를 듣지 않으려고 할 때 클릭하면 오른쪽 아래에 대각선의 동그라미 모양(　)이 나타납니다. 앞에서 설명했지만 이것은 [Composition]-[Preview]-[Audio] 메뉴를 체크 해제한 것과 같은 역할을 합니다.

❼ Loop(　) : 반복적으로 동영상 재생합니다.

　• Ping Pong(　) : 재생하고 다시 역으로 재생합니다.

　• [Play Once](　) : 한번만 재생하도록 설정합니다. 클릭할 때마다 모양이 변경되고 재생되는 방식도 변경되게 됩니다.

❽ RAM Preview(　) : 렌더링을 하지 않고 램 프리뷰를 진행합니다.

❾ RAM Preview Options : 클릭하면 다음과 같이 'Shift+RAM Preview Options'이 나타납니다.

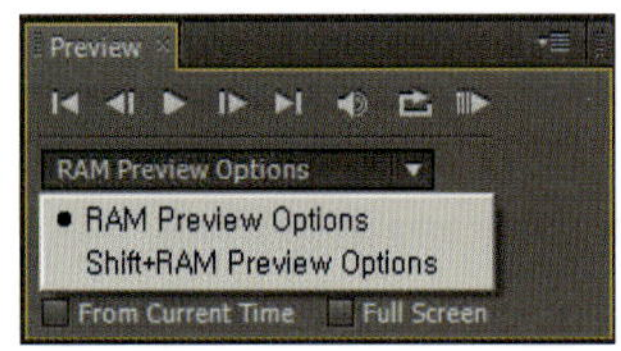

　• RAM Preview Options : ⓪을 누르면 동영상이 재생됩니다. 프리뷰는 전체 프레임 속도와 해상도로 재생하는 방식입니다.

　• Shift+RAM Preview Options : Shift+⓪을 누르면 동영상이 재생됩니다. [Timeline] 패널에서 동영상을 재생할 때 한 프레임씩 건너뛰어 동영상을 재생하는 방식입니다.

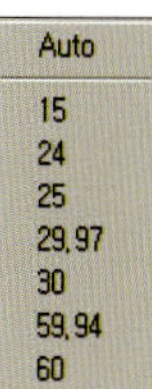

⑩ Frame Rate : 초당 몇 프레임으로 재생할 것인지를 결정합니다.

⑪ Skip : 수치를 입력하여 몇 프레임 간격으로 동영상이 재생될 것인가를 결정합니다. '0', '1', '2', '5'에서 선택할 수도 있고 수치를 입력하여 원하는 프레임을 적용할 수도 있습니다. 컴퓨터의 메모리나 프리뷰 시간이 많이 소요될 때는 프레임의 간격을 지정하여 프리뷰되는 시간을 단축하는 것도 작업속도에 많은 영향을 줍니다.

⑫ Resolution : 동영상을 재생할 때 어떠한 퀄리티로 보여질 것인가를 선택할 수 있습니다. 클릭하면 5개의 선택 메뉴가 나타납니다.

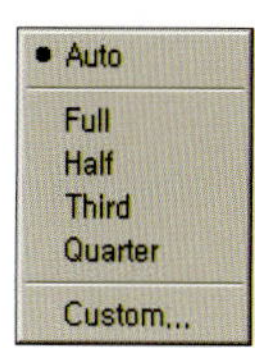

 메뉴에 대한 자세한 설명은 97P의 내용을 참고하세요.

⑬ From Current Time : [Timeline] 패널에서 타임마커가 위치한 부분부터 동영상을 재생합니다.

⑭ Full Screen : 재생할 때 동영상의 주위가 회색으로 변경되면서 모니터의 중앙에서 동영상이 재생됩니다. 'Full Screen'을 체크하고 [Time Control] 패널에서 램 프리뷰를 사용하거나 **0**을 눌렀을 때 적용됩니다.

■ 램 프리뷰

램 프리뷰의 중지 방법

• 마지막에 재생된 프레임에 타임마커를 위치시키려면 **Space Bar**를 누릅니다.
• 타임마커가 위치했던 프레임에 위치하도록 하려면 **Space Bar** 이외의 다른 키를 누릅니다.

설정된 프레임 수에 대한 램 프리뷰

[Timeline] 패널에서 현재 타임마커가 위치한 프레임을 포함하여 이미 설정된 프레임 수를 램 프리뷰를 통해 확인할 수 있습니다.

이미 설정된 프레임은 [Edit]-[Preferences]-[Previews]의 [Alternate RAM Preview]에서 프리뷰 프레임을 기본 5프레임에서 사용자가 설정할 수 있습니다.

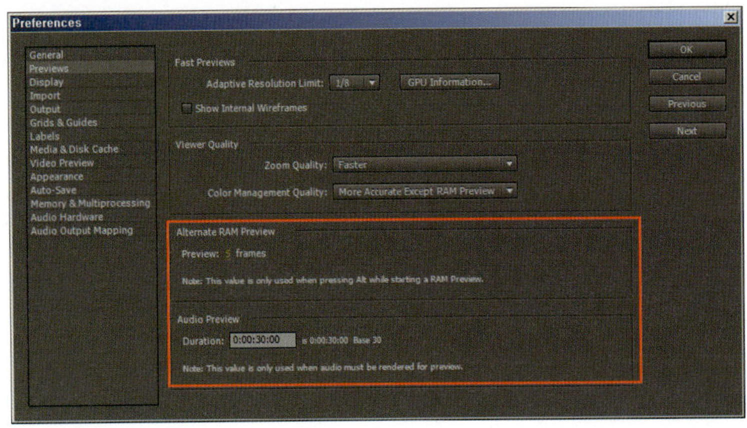

램 프리뷰를 진행하기 전에 [Alt]를 누르고 램 프리뷰를 진행하면 설정된 프레임만 프리뷰를 진행합니다. 오디오에 이펙트를 적용하지 않은 경우 오디오는 실시간 속력으로 재생됩니다. 프리뷰할 오디오를 렌더링해야 하는 경우에는 [Edit]-[Preferences]-[Previews]의 [Audio Preview]에서 [Duration]에 지정된 시간만큼 프리뷰용으로 렌더링 및 재생됩니다. 기본 값은 30초로 설정되어 있습니다. 환경 설정에서 [Audio Hardware]와 [Audio Output Mapping]의 설정에 따라 오디오의 최종 품질에는 영향을 주지 않습니다.

램 프리뷰 방법

• [Space Bar]를 이용한 램 프리뷰

[Space Bar]를 이용해 현재 타임마커가 위치한 시간부터 오디오를 제외하고 비디오를 재생합니다. 가능한 실시간 속도와 비슷하게 재생되지만 복잡한 컴포지션의 경우 실시간 속도보다 늦어집니다. 비디오를 재생할 때 [Preview] 패널에서 [Play] 단추를 클릭하는 것은 [Space Bar]를 누르는 것과 동일하게 사용됩니다.

• 드래그를 통한 램 프리뷰

[Timeline] 패널에서 오디오를 듣기 위해 [Ctrl]+[Alt]를 누른 상태로 타임마커를 드래그합니다. [Timeline] 패널에서 [Ctrl]을 누르고 타임마커를 드래그하면 오디오와 비디오를 함께 표현합니다.

■ **소스 불러오기와 속성 변경하기** `77P, 80P, 82P`

애프터 이펙트에서 알파를 포함한 이미지 또는 psd 이미지, jpeg 이미지 등을 불러올 때 불러오는 방식의 차이에 따라 애프터 이펙트에 나타나는 방식이 다릅니다. [Project] 패널은 다양한 파일을 불러와 사용할 수 있도록 하며, [Project] 패널에 불러와진 파일들은 [Interpret Footage]–[Main] 메뉴를 통해 속성을 변경하여 사용할 수 있습니다. [Interpret Footage] 대화상자에서는 파일의 알파, 초당 프레임 수, [Timeline] 패널에 표시되는 시작 시간, 필드, 픽셀 비율 등에 대한 내용을 변경할 수 있습니다.

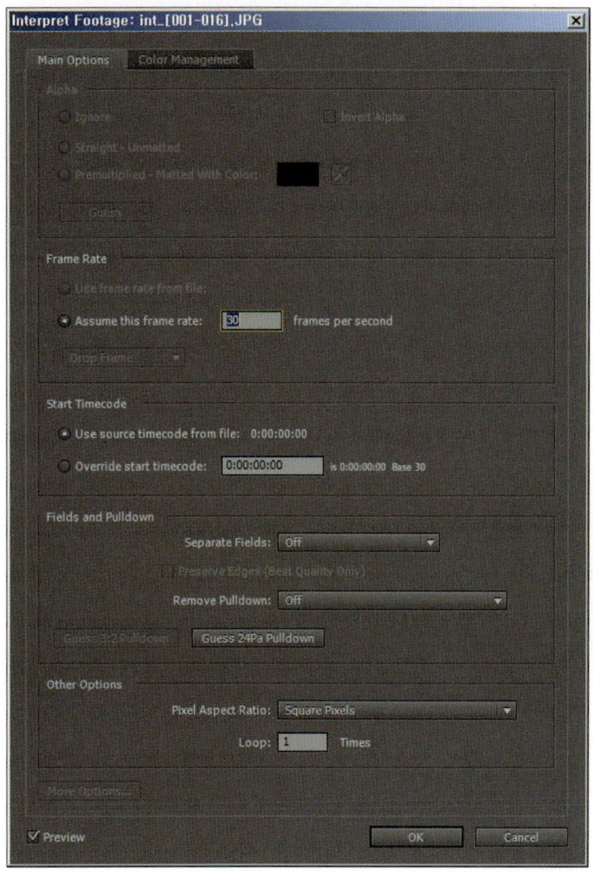

■ 컴포지션의 초기 설정 86P, 88P

컴포지션은 [Composition Settings] 대화상자의 [Basic] 탭 설정을 통해 모든 작업을 진행할 수 있도록 하며, 설정된 정보에 따라 결과물도 다르게 만들 수 있습니다. 최종 결과물로 사용할 가로와 세로의 크기, 화면비율, 초당 프레임 수, 해상도, 컴포지션의 전체 길이 등을 입력할 수 있습니다. 최종 결과물은 다양한 크기와 포맷으로 만들 수 있지만 초기 설정 값은 중간에 변경하게 되면 기존에 작업된 파일들을 다시 설정해야 하므로 초기에 설정되는 내용이 가장 중요합니다.

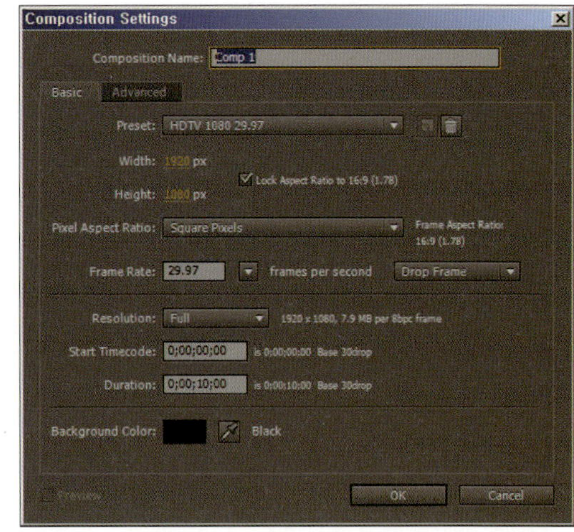

■ [Timeline] 패널 109P

[Timeline] 패널은 레이어에 대한 다양한 제어를 통해 컴포지션의 전체 시간동안 모든 움직임과 합성에 대한 내용을 만들어 냅니다. 각각의 명령들을 알고 있어야 작업을 더욱 빠르게 진행할 수 있습니다.

■ 다양한 패널의 사용 122P

애프터 이펙트의 오른쪽에 존재하는 패널들은 툴 박스, 또는 개별적으로 명령들을 수행하거나 도와줍니다. 각각의 패널은 워크스페이스에서 사용하는 종류에 따라 다르게 나타나며 애프터 이펙트에서 작업을 진행하는 동안 다양하고 편리한 기능을 제공해 줍니다.

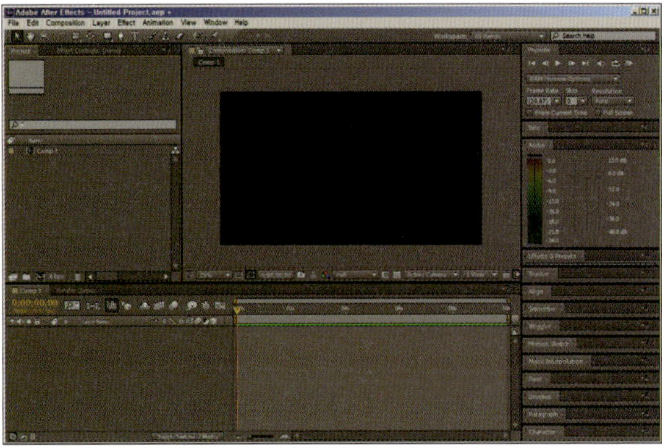

01 컴포지션의 [Advanced] 탭에서 컴포지션이 자체 프레임과 해상도를 유지할 수 있도록 설정해 봅니다.

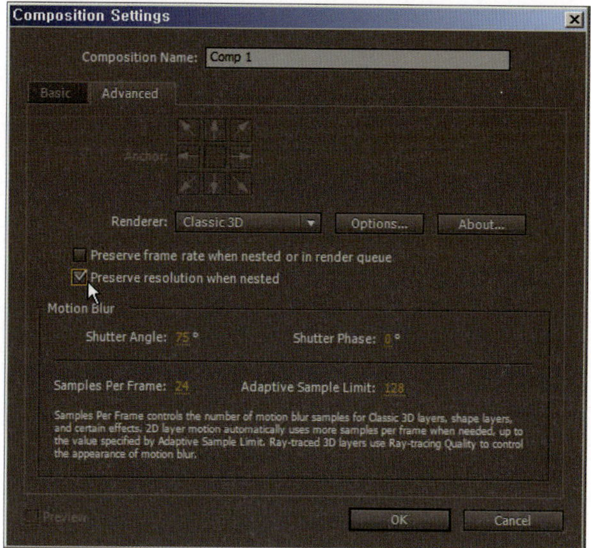

HINT

1. [Composition]–[New Composition](**Ctrl** + **N**) 메뉴를 클릭하고 [Advanced] 탭을 클릭합니다.
2. [Advanced] 탭 설정에서 'Preserve frame rate when nested or in render queue'를 체크하면 컴포지션에 설정된 프레임을 유지합니다.
3. 'Preserve resolution when nested'를 체크하면 컴포지션에 설정된 해상도를 유지합니다.
4. 프레임과 해상도의 유지는 설정한 컴포지션이 다른 컴포지션에 포함되었을 때 제대로 확인이 가능합니다.

02 > [Timeline] 패널의 칼럼(Columns)을 이용해 레이어의 종류별 색상을 구분해 봅니다.

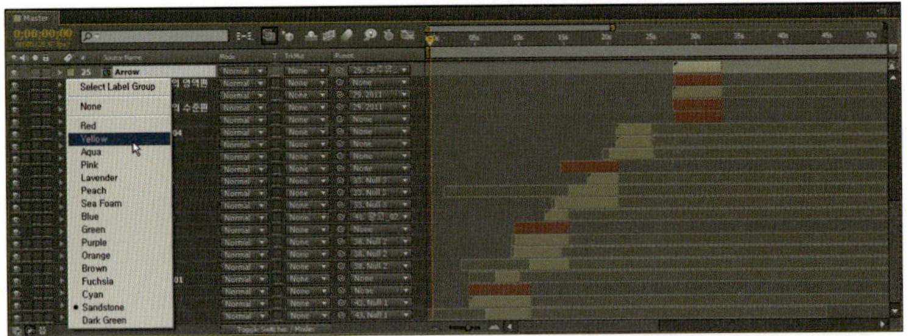

HINT

1. [Timeline] 패널에서 레이어의 색상을 바꾸기 위해서는 라벨에서 색상을 선택합니다.
2. 칼럼에서 라벨은 [Timeline] 패널의 칼럼 이름에서 마우스로 클릭하고 'Columns'-'Label'을 선택하면 나타나거나 가릴 수 있습니다.
3. [Timeline] 패널에 라벨이 나타나면 레이어의 왼쪽 색상 아이콘에서 마우스 오른쪽 버튼을 클릭하고 색상을 선택합니다.
4. 여러 개의 레이어를 동일한 라벨로 표시하기 위해서는 색상을 변경할 레이어 전체를 선택하고 색상을 선택합니다.

03 > 램 프리뷰의 다양한 방법을 알아 봅니다.

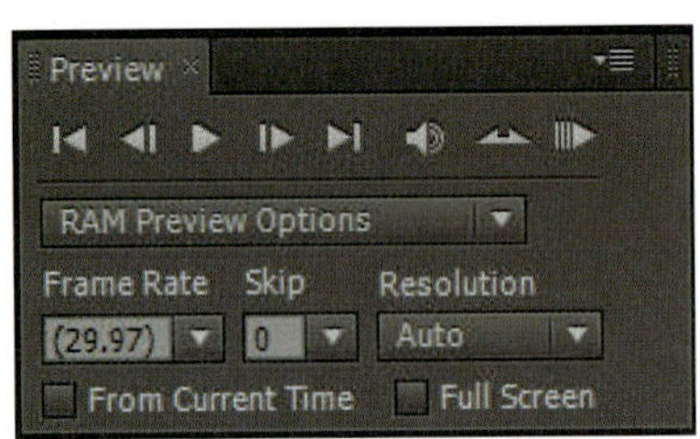

HINT

1. 오디오를 재생하는 명령은 **Alt** + **.** , 또는 **.** 을 사용합니다.
2. [Window]-[Preview](**Ctrl** + **3**) 메뉴를 클릭해 [Preview] 패널을 사용할 수 있습니다.
3. 전체를 프리뷰하기 위해서는 숫자 키패드에서 숫자 **0** 을, 또는 **Shift** + **0** 을 사용합니다.
4. [Preview] 패널에서 [Skip]을 설정하면 프레임을 건너뛰며 프리뷰를 진행합니다.

03

레이어 관리하기

이번 장에서는 [Timeline] 패널의 기본이 되는 레이어에 대해 알아보고 레이어를 사용하는 여러 가지 방법과 레이어를 제어하는 명령들에 대해 알아보도록 하겠습니다. 애프터 이펙트에서 프로젝트를 진행할 때 [Timeline] 패널에서 디테일한 모든 작업을 진행하게 되므로 기본적인 내용이지만 반드시 알아두어야 할 내용입니다. 더욱 빠르고 정밀한 작업을 위해 숨어있는 다양한 기능들을 익혀보도록 합니다.

애프터 이펙트에서 가장 많이 사용하는 레이어의 사용 방법에 대해 알아보도록 합니다. 레이어를 이동하거나,
자르기, 복제, 정렬, 레이어 링크 등의 다양한 제어와 레이어에 직접 마커를 설정하여 위치를 표시하거나 이동
을 편리하게 할 수 있습니다.

기초탄탄 ▶ 레이어 제어 기능 알아보기

■ 레이어 제어 기능

[Timeline] 패널에 숨어있는 기능들은 레이어를 더욱 편리하게 사용할 수 있도록 도와줍니다. 레이어를
왼쪽/오른쪽으로 이동할 때는 원하는 위치로 드래그하여 이동할 수 있고, 단축키를 이용해 간단히 원하
는 위치로 이동할 수도 있습니다.

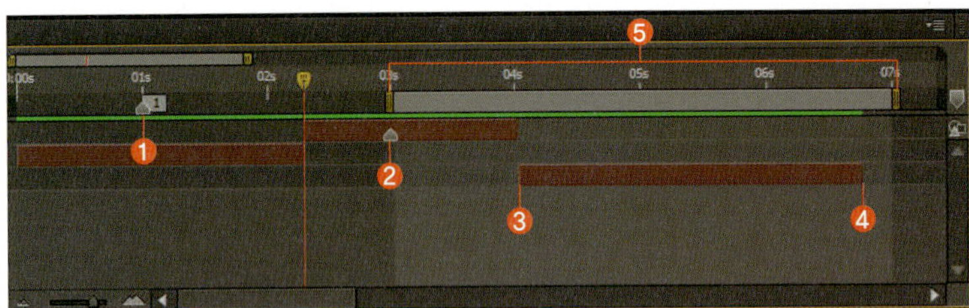

❶ Composition Marker : [Timeline] 패널 위에 생성되는 마커입니다.

❷ Layer Marker : 레이어에 생성되는 마커입니다.

❸ In점 : 레이어의 시작점을 나타냅니다.

❹ Out점 : 레이어의 끝점을 나타냅니다.

❺ Work Area : [Timeline] 패널에서 작업을 진행하는 영역을 나타냅니다.

[Timeline] 패널에서 하나의 레이어를 2개로 분리하여 사용할 수 있습니다. 레이어를 2개로 분리해도
원래의 레이어가 가지고 있던 모든 속성은 그대로 존재합니다.

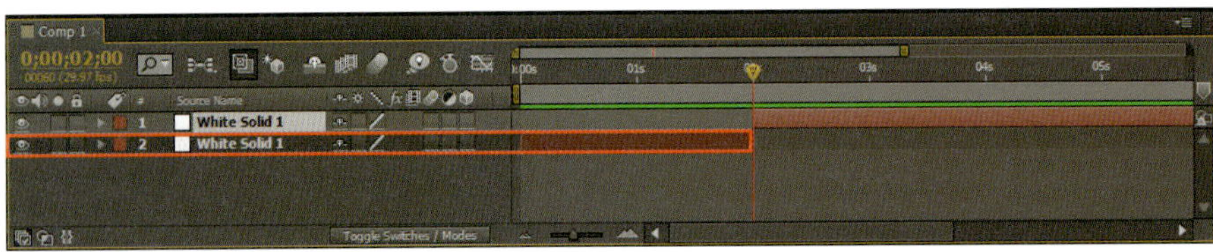

애프터 이펙트에서 레이어는 모든 제어 요소를 포함하고 있는 가장 중요한 요소입니다. 레이어에 개별적인 효과와 속성을 부여하여 시간대별 변화를 만들어 낼 수 있습니다.

■ 레이어의 기본 개념

애프터 이펙트에서 레이어는 층, 지층, 계층이라는 의미를 갖고 있는 단어로 하나하나가 움직이는 층의 합산이라 볼 수 있습니다. 레이어는 컴포지션을 구성하는 요소이며, 레이어가 없으면 컴포지션에 빈 프레임만 존재합니다. 프로젝트의 규모에 따라 수천 개의 레이어가 사용되거나 단 하나의 레이어만 사용될 수도 있습니다.

애프터 이펙트는 컴포지션에 있는 모든 레이어의 번호를 자동으로 지정하며, 이러한 번호는 [Timeline] 패널에서 레이어의 이름 옆에 표시됩니다. 레이어의 순서가 변경되면 그에 따라 레이어의 번호도 함께 변경됩니다. [Timeline] 패널에서는 이러한 층을 옆에서 볼 수 있도록 각각의 층을 보여주는 부분이고, 이 층을 위에서 본 것이 [Composition] 패널이라 생각하면 됩니다.

다음과 같이 [Timeline] 패널은 층이 쌓인 상태를 보여 줍니다. 만약 3D 공간상으로 설명을 한다면 앞에서 바라보는 시점이라 할 수 있습니다. [Timeline] 패널에 쌓여있는 각각의 층을 레이어라 합니다.

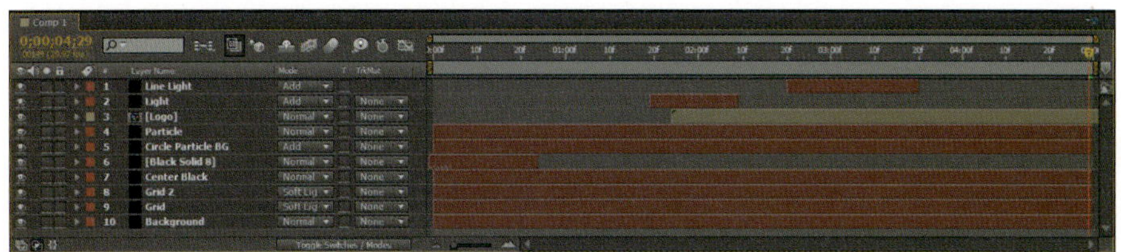

▲ [Timeline] 패널

[Timeline] 패널이 옆에서 본 형태이고 [Composition] 패널은 위에서 바라본 상태라고 했습니다. 즉 층이 쌓여있는 상태가 하나로 합쳐져 보이는 상태를 보여주는 것이 [Composition] 패널입니다. [Composition] 패널은 여러 개의 레이어가 합쳐져 하나의 합성된 이미지를 만들어 주는 것입니다. 레이어 'Composition'은 합성, 조립, 구성, 합성된 상태, 조직, 구조 등의 의미를 갖고 있습니다.

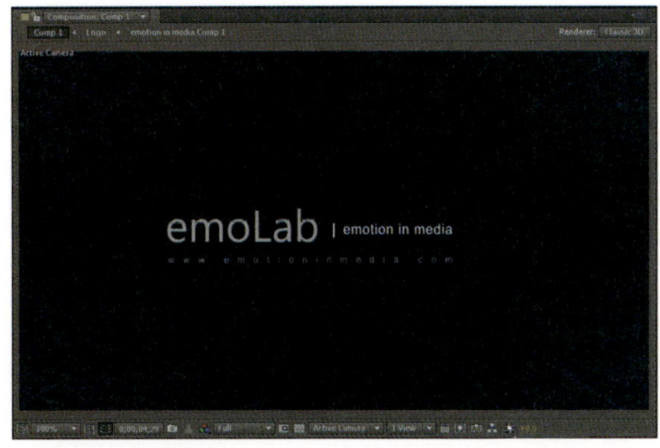

▲ [Composition] 패널

컴포지션에는 다양한 종류의 레이어를 만들 수 있습니다. 외부에서 불러와 사용하는 스틸 이미지, 동영상, 비디오 및 오디오 레이어와 애프터 이펙트에서 자체적으로 만드는 카메라, 조명, Null, 솔리드, 셰이프 레이어 등 다양한 기능을 갖고 있는 레이어가 있습니다. 동일한 파일을 2개 이상 레이어로 사용할 수 있으며, 하나의 레이어에 적용하는 효과나 변형은 파일과 다른 레이어에 영향을 주지 않습니다. [Timeline] 패널에서 레이어는 각각의 번호가 자동으로 지정되며, 순서가 바뀌면 그에 따라 번호도 함께 바뀝니다. 레이어가 겹쳐 있는 순서에 따라 렌더링할 때 영향을 주므로 순서를 확인해야 합니다.

■ 레이어의 이동

01. [Timeline] 패널에서 레이어는 다양한 방법으로 이동할 수 있습니다. [Timeline] 패널에서 레이어를 선택하고 위/아래로 이동하면 원하는 위치로 드래그할 수 있습니다.

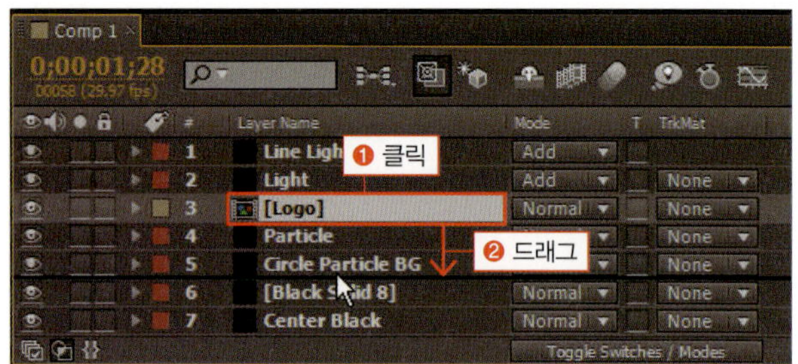

02. 레이어를 드래그해서 이동하는 방식 이외에 단축키나 메뉴에서 선택하는 방식으로 레이어를 이동할 수도 있습니다. 레이어를 이동하는 방식에는 4가지가 있으며 [Layer]-[Arrange]-[Bring/Send Layer x] 메뉴를 클릭하여 선택할 수 있습니다. 몇 개 되지 않는 레이어로 작업할 때는 드래그로 이동하지만 레이어가 많아 패널의 전체에 표시하지 못하는 경우에는 단축키를 사용하면 편리합니다.

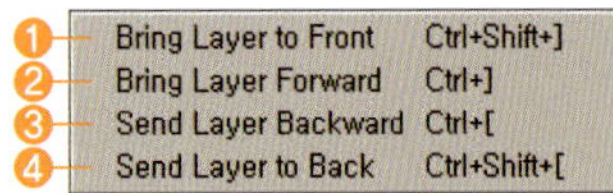

❶ **Bring Layer to Front(Ctrl + Shift +])** : [Timeline] 패널에서 선택된 레이어의 위치를 가장 위쪽으로 이동시켜 줍니다.

❷ **Bring Layer Forward(Ctrl +])** : [Timeline] 패널에서 선택된 레이어를 한 칸 위로 이동시켜 줍니다.

❸ **Send Layer Backward(Ctrl +[ )** : [Timeline] 패널에서 선택된 레이어를 한 칸 아래로 이동시켜 줍니다.

❹ **Send Layer to Back(Ctrl + Shift +[ )** : [Timeline] 패널에서 선택된 레이어의 위치를 가장 아래쪽으로 이동시켜 줍니다.

03. [Timeline] 패널에서 선택한 레이어는 드래그하여 다른 시간대로 이동할 수 있습니다. 레이어의 바를 선택하고 바를 누르고 있는 상태에서 왼쪽/오른쪽으로 드래그하여 이동합니다. 이것은 작업을 진행할 때 전체 레이어의 시작하는 부분을 뒤로 밀거나 앞으로 당길 때 사용하면 편리합니다.

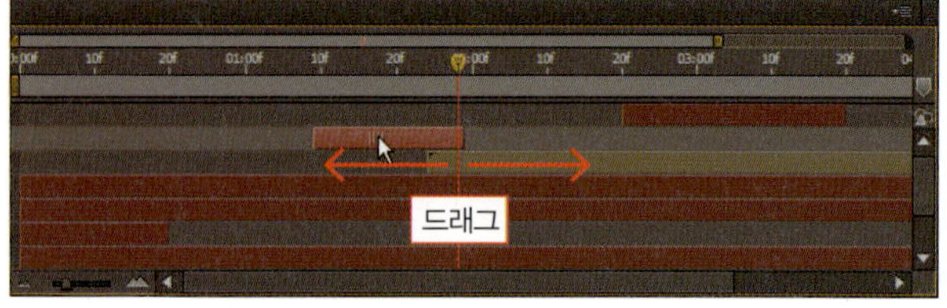

04. [Timeline] 패널에서 사용된 동영상이나 시퀀스 레이어 등 시간이 정해져 있는 레이어의 길이가 잘려 있는 경우 레이어 자체에서 레이어를 이동할 수 있습니다. 마우스를 레이어가 잘린 곳으로 이동하면 다음과 같은 커서가 나타나고, 레이어의 In점과 Out점은 그대로 유지하고 전체 영상에서 시간대를 왼쪽/오른쪽으로 이동하며 변경할 수 있습니다.

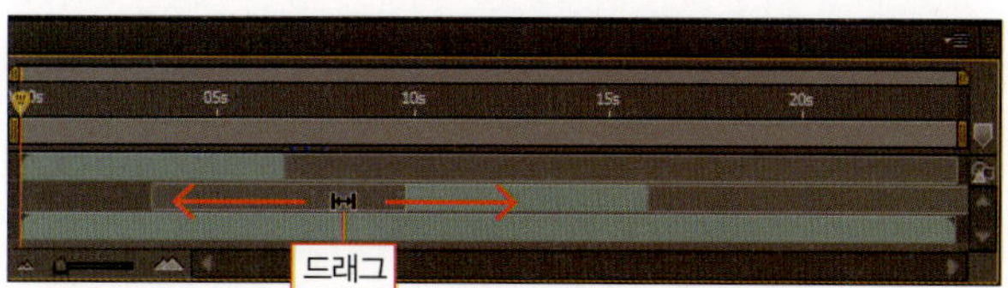

[Timeline] 패널에서는 레이어의 지속 시간, 시작 시간 및 레이어 위치와 레이어의 속성도 변경할 수 있습니다. [Timeline] 패널에는 동일한 성격을 지닌 레이어와 서로 다른 성격을 지닌 레이어가 함께 존재합니다. 이미지, 동영상, 오디오, 시퀀스 이미지 등 서로 다른 레이어가 존재하며 각각의 레이어는 서로 다른 속성을 지니고 있습니다. 그렇지만 레이어의 기본적인 사용은 동일하고 종류마다 조금씩 차이를 가지고 있습니다.

■ [Timeline] 패널 영역

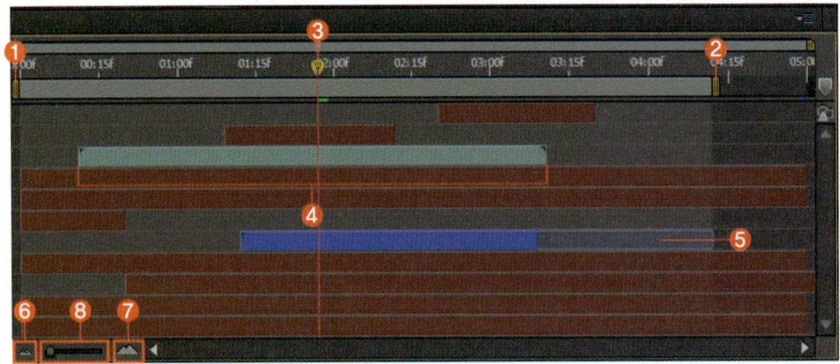

❶ Work Area Start : [Timeline] 패널에서 작업 영역의 In점을 나타냅니다. 단축키로 B를 사용합니다.

❷ Work Area End : [Timeline] 패널의 Out점을 나타냅니다. ❶과 ❷를 칭해 '작업 영역(Work Area)'이라 하며, In점과 Out점을 잡고 영역을 설정할 수 있습니다. 작업 영역은 현재 작업하고 있는 프로젝트의 영역을 선택할 수 있으며, 최종 렌더링할 때 프로젝트의 시작과 끝이 됩니다. 단축키로 N을 사용합니다.

❸ Time Indicator : 시간을 표시해주는 역할을 합니다. 이것은 일반적으로 타임마커라 불리우며, 드래그로 시간을 이동해 작업을 확인할 수 있습니다. 타임마커의 이동은 시간의 변화를 의미하며, 드래그로 이동하는 것이 일반적이지만 한 프레임씩, 또는 처음 프레임이나 마지막 프레임으로 이동할 때는 드래그가 불편해 단축키를 이용하는 것이 좋습니다. 타임마커를 기준으로 이전 프레임으로 이동하려면 Page Up을, 다음 프레임으로 이동하려면 Page Down을 누릅니다. 타임마커를 [Timeline] 패널의 처음으로 이동할 때는 Home을, 마지막으로 이동할 때는 End를 사용합니다.

❹ 레이어의 시작점과 끝점 : 왼쪽/오른쪽 위에 삼각형 모양이 나타납니다. 이것은 동영상이나 오디오, 컴포지션, 시퀀스 이미지일 때 나타나며 스틸 이미지는 표시가 없습니다. 파일의 종류마다 레이어 바의 색상도 다르게 표시되며, 이것은 사용자가 라벨에서 색상을 변경하여 사용할 수도 있습니다.

❺ 동영상이나 오디오, 시퀀스 레이어의 전체 길이에서 후반부의 레이어 길이가 줄어 든 것을 나타냅니다.

❻ Zoom Out : 클릭하면 타임라인이 축소되어 진행할 수 있습니다.

❼ Zoom In : 클릭하면 타임라인이 확대되어 정밀한 작업을 진행할 수 있습니다.

❽ 전체 시간 확대/축소 : 왼쪽/오른쪽으로 드래그하며 전체 시간을 확대하거나 축소합니다. 타임라인에서 시간대가 분 단위, 초단위로, 프레임 단위로 나타나도록 설정합니다. 타임라인 시간대의 변화를 단축키로 사용할 때 축소는 —, +는 확대입니다.

[Timeline] 패널의 레이어 길이를 조절하여 원하는 시간대에 원하는 작업을 진행할 수 있습니다. 레이어의 길이는 시간을 나타내는 것으로 레이어의 길이가 짧은 것은 시간이 짧고, 레이어의 길이가 긴 것은 시간이 긴 것을 나타냅니다. 레이어 그래프는 레이어의 In점과 Out점을 표시합니다.

■ 레이어 그래프

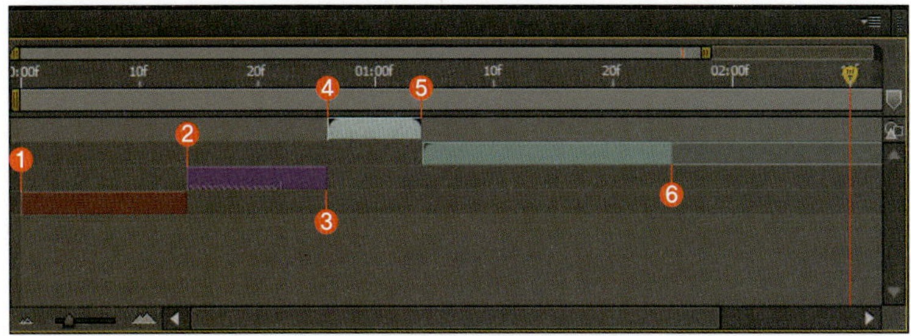

❶ [Project] 패널에 파일을 드래그하여 놓았을 때의 In점을 의미합니다.

❷ 스틸이나 솔리드 레이어의 In점을 나타내지만 레이어의 아래 부분에 사선의 선이 나타난 것을 확인할 수 있습니다. 이것은 In점을 벗어나 앞으로 레이어의 길이가 더 길어진 것을 나타냅니다.

❸ 레이어의 Out점을 의미합니다.

❹ 동영상이나 오디오, 시퀀스 파일 등의 In점을 나타냅니다. 동영상이나 오디오 등의 파일은 레이어의 끝 부분인 왼쪽 위와 오른쪽 위에 삼각형이 나타납니다.

❺ 동영상이나 오디오, 시퀀스 파일 등의 Out점을 나타냅니다.

❻ 레이어를 줄이거나 잘라낸 결과로 무비 파일이나 오디오, 시퀀스 파일 등의 길이를 줄여놓은 상태의 Out점을 나타냅니다.

> **TIP** : 레이어를 자를 때는 'Spilt Layer' 명령을 사용합니다. 'Spilt Layer'는 이미지나 동영상 등의 레이어 길이를 변화시키거나 무비나 스틸의 불필요한 부분을 제거할 때 사용합니다. 그러나 'Spilt Layer'를 사용해도 원래 파일의 영상이나 스틸 이미지에는 영향을 주지 않습니다.

 'Spilt Layer' 명령을 실행하는 방법은 162P 내용을 참고하세요.

■ [Timeline] 패널에서 레이어의 In점/Out점 설정 방법

01. 첫 번째 방법으로 [Timeline] 패널의 칼럼에서 [In]/[Out]을 [Timeline] 패널에 나타나게 하거나, 왼쪽 아래의 아이콘을 클릭하여 패널이 나타나도록 합니다. In점이나 Out점의 수치를 잡고 왼쪽/오른쪽으로 드래그하여 시간을 변경합니다.

02. 두 번째 방법으로 [In]/[Out]의 수치를 클릭하면 시간을 입력할 수 있는 대화상자가 나타나며, 입력란에 원하는 In점이나 Out점의 시간을 입력하여 시간대를 변경할 수 있습니다.

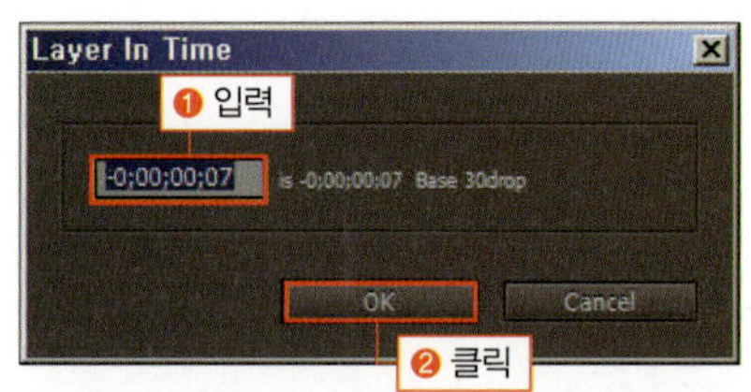

03. 세 번째 방법으로 [Timeline] 패널의 레이어에서 처음과 끝 부분을 잡고 움직이면 In점/Out점을 눈으로 확인하면서 레이어의 길이를 조절할 수 있습니다. 선택된 레이어의 전체 길이를 조절하려면, 레이어의 처음이나 끝 부분을 잡고 드래그하면 레이어의 길이를 조절할 수 있습니다. 이것은 사용하고자 하는 파일 레이어의 전체 시간이 너무 길거나 짧을 때 사용합니다.

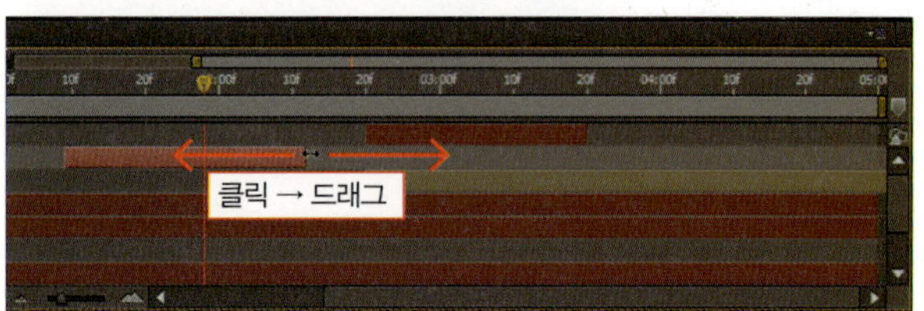

> **TIP :** 동영상이나 시퀀스 이미지, 오디오와 같이 시간이 정해져 있어 왼쪽/오른쪽에 삼각형 표시가 있는 레이어는 길이를 줄일 수는 있어도 시간을 늘릴 수는 없습니다. 이러한 레이어는 'Time-Remap'을 사용하여 길이를 조절해야 합니다.

04. 네 번째 방법으로 레이어의 길이를 조절하기 위해 단축키를 사용하면 더욱 편리합니다. 타임마커를 레이어의 시작점으로 설정할 위치로 이동합니다. **Alt**+**[**를 누르면 레이어의 시작점을 설정합니다. 시작점을 설정했으면 타임마커를 다시 끝점을 설정할 위치로 이동합니다. **Alt**+**]**를 누르면 레이어의 끝점을 설정하여 길이를 조절할 수 있습니다.

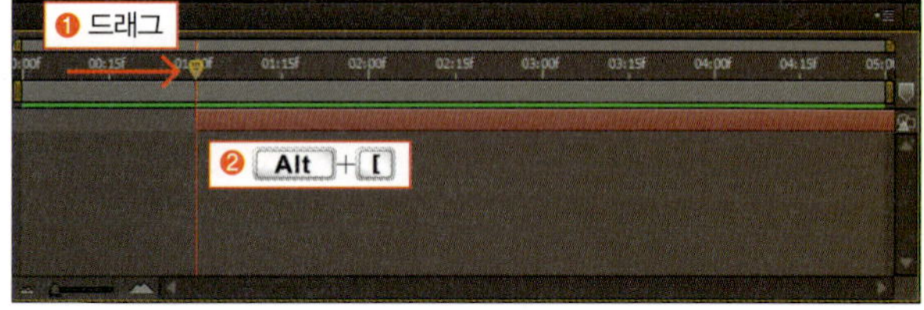

> **TIP :** **Alt**+**[** 와 **Alt**+**]** 는 레이어의 길이가 변하며 In점/Out점이 설정되고 **[** 와 **]** 는 레이어의 길이는 변하지 않고 레이어의 In점과 Out점이 이동합니다.

> **연관검색** 레이어의 이동에 대한 자세한 설명은 156P의 내용을 참고하세요.

05. 마지막 방법으로 In점/Out점을 설정하고 싶은 레이어를 선택하고, 레이어를 더블클릭합니다. 레이어를 더블클릭하면 다음과 같이 [Layer] 패널이 나타나게 됩니다. [Layer] 패널은 전체 레이어의 합성에 의한 결과를 보여주는 컴포지션과는 다르게 선택된 레이어에 대한 이미지만을 보여줍니다. [Layer] 패널에서 타임마커를 움직이며 시작과 끝의 원하는 부분을 선택하고 아래의 [Set In] (　)/[Set Out](　)을 클릭하여 설정합니다. 레이어 패널에서 적용된 In점/Out점은 [Timeline] 패널의 레이어에 동일하게 적용됩니다.

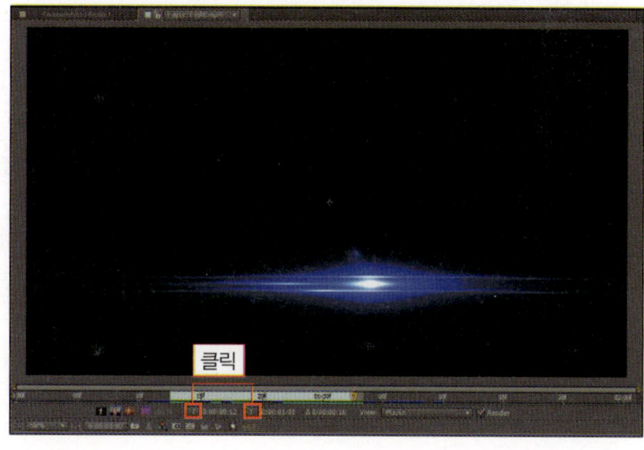

레이어를 2개로 분리하여 자르거나 같은 레이어를 복제하는 방법에 대해 알아보고 타임라인의 '작업영역(Work Area)'을 기준으로 전체 레이어를 자르는 명령에 대해 알아보도록 하겠습니다.

■ 레이어 자르기와 복제하기

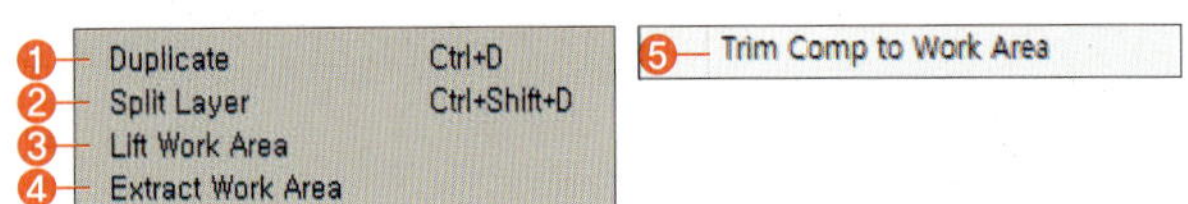

❶ Duplicate(Ctrl + D) : 레이어를 복제하는 명령으로 복사, 복제라는 의미를 가지고 있으며, [Edit]-[Duplicate](Ctrl + D) 메뉴를 클릭하면 하나의 레이어가 같은 속성을 가진 새로운 레이어로 만들어집니다. 레이어를 선택하고 'Duplicate' 명령을 적용하면 선택한 레이어 바로 위에 선택한 레이어와 동일한 레이어가 생성되며, 이것은 선택한 레이어에 적용한 모든 효과와 키프레임이 그대로 적용됩니다. 복제된 레이어는 복제되기 전의 레이어에 일련번호가 적용되어 구분됩니다.

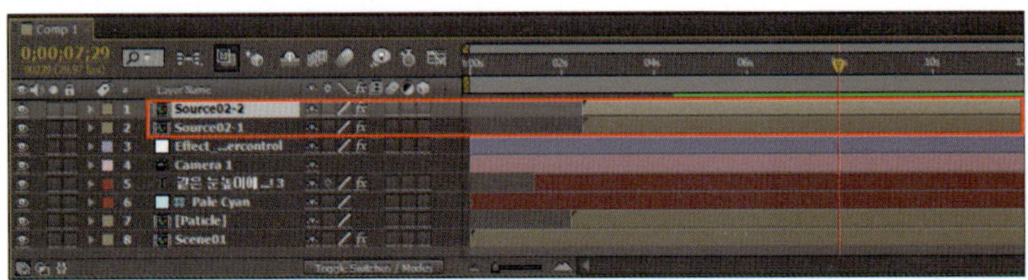

❷ Split Layer(Ctrl + Shift + D) : 레이어의 길이가 길거나 불필요한 부분이 있을 때 레이어를 자르는 명령입니다. 이것은 하나의 레이어가 2개의 레이어로 분리되어 만들어지는 특성이 있습니다. 즉 같은 레이어가 앞부분과 잘려지는 뒷부분으로 나뉘어 만들어지게 됩니다. [Edit]-[Split Layer](Ctrl + Shift + D) 메뉴를 클릭해 적용합니다. 잘리는 부분은 [Timeline] 패널에서 타임마커가 위치한 부분에 적용되며, 여러 개의 레이어를 선택하면 여러 개의 레이어가 한꺼번에 잘립니다. 잘려진 레이어는 선택된 레이어의 위에 새로운 레이어로 생성됩니다.

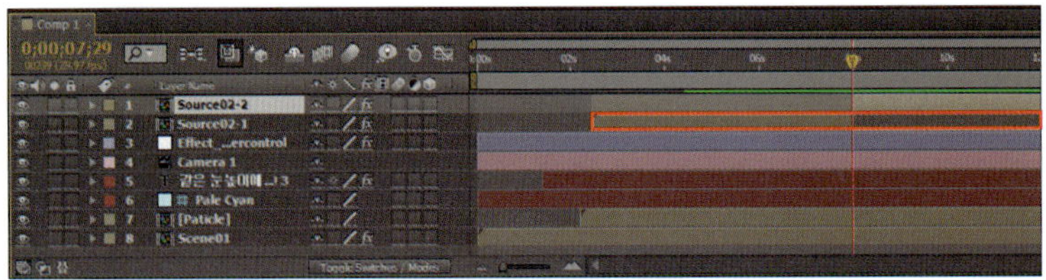

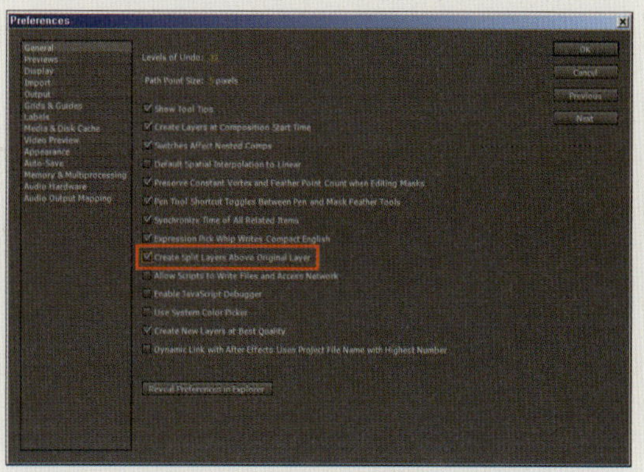

❸ Lift Work Area : 'Lift Work Area'와 'Extract Work Area' 명령은 [Timeline] 패널의 작업 영역(Work Area)에 영향을 주며, 여러 개의 레이어를 한꺼번에 자를 때 사용하면 편리합니다. [Edit]-[Lift Work Area or Extract Work Area] 메뉴를 클릭하면 됩니다. 작업 영역은 [Timeline] 패널에서 타임마커를 이동하여 시작부분에 B를, 타임마커를 레이어의 끝부분에 위치시키고 N을 눌러 설정하거나 드래그하여 설정합니다.

'Lift Work Area' 명령은 [Timeline] 패널의 전체 레이어에서 작업 영역만큼을 빼내고 나머지 부분은 그대로 유지합니다. 이때 선택된 하나의 레이어는 작업 영역만큼 빼고 2개의 레이어로 변경됩니다. 2개의 레이어에서 하나의 레이어는 앞부분만 남고, 다른 레이어는 뒷부분만 남아 있는 새로운 레이어가 만들어지게 됩니다.

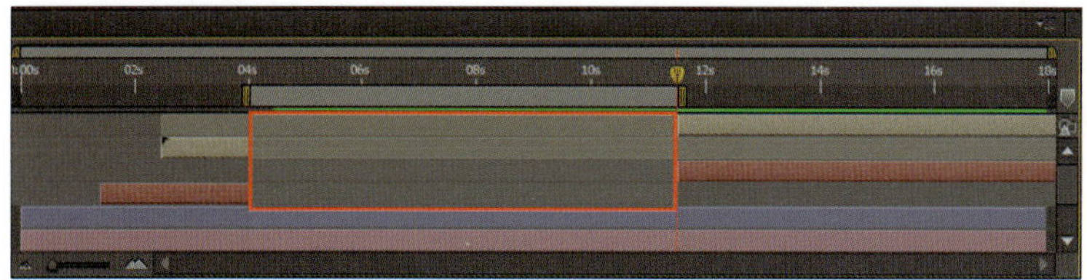

▲ 선택된 레이어에 'Lift Work Area' 적용 후

❹ Extract Work Area : 'Lift Work Area' 명령과 동일한 방법으로 사용되며, 'Extract Work Area' 명령은 원래의 레이어 형태에서 작업 영역을 잘라내고 잘려진 영역의 뒷부분 레이어가 앞으로 이동하여 채우는 형태입니다.

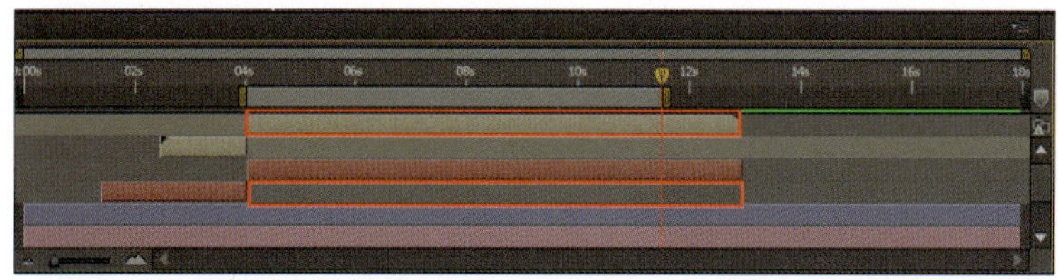

▲ 선택된 레이어에 'Extract Work Area' 적용 후

❺ Trim Comp to Work Area : [Timeline] 패널에서 작업이 진행된 영역이나 불필요한 전후의 영역을 잘라 내고 원하는 영역만을 남길 때 사용합니다. 이것은 [Timeline] 패널의 작업 영역에서 마우스 오른쪽 버튼을 클릭하여 적용할 수 있습니다.

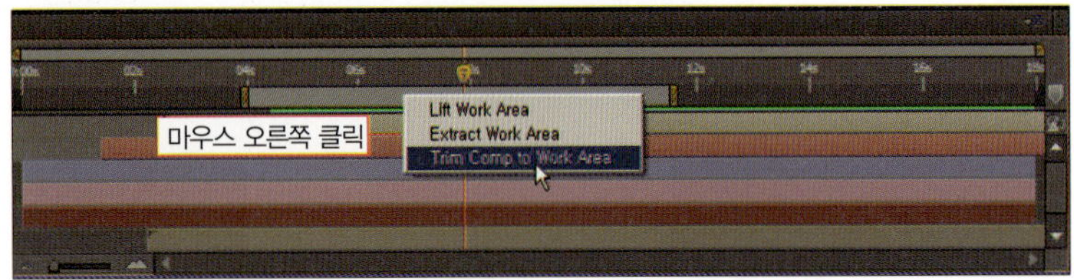

'Trim Comp to Work Area' 명령을 실행했을 때 다음과 같이 작업 영역만큼의 길이를 나타나게 하는 역할을 합니다. [Timeline] 패널에 나타난 시간 단위를 확인하면 알 수 있습니다. 즉 다른 부분은 모두 잘라내고 작업 영역만 남아 있게 만들어 줍니다.

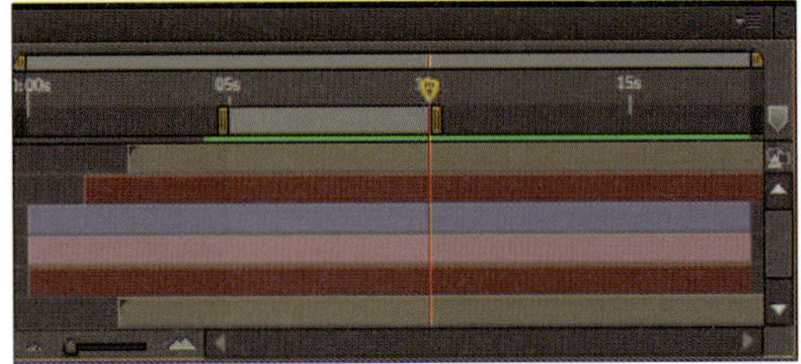

▲ 'Trim Comp to Work Area' 적용 전

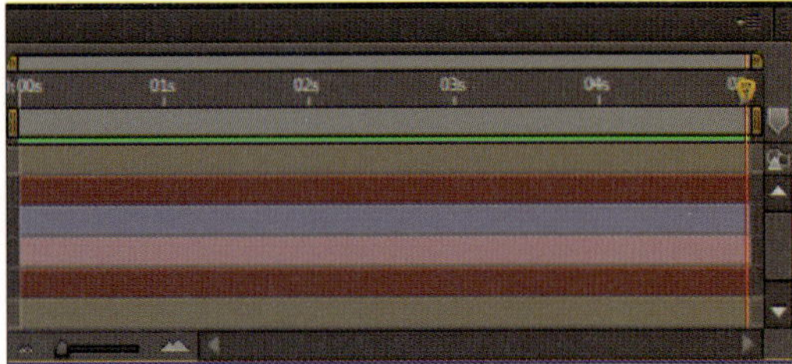

▲ 'Trim Comp to Work Area' 적용 후

[Timeline] 패널에서 많은 레이어를 파일별로, 또는 시간별로 분류하여 정리함으로써 쉽고 빠르게 레이어를 찾아 작업에 도움을 줄 수 있습니다.

■ [Align] 패널의 [Align] & [Distribute]

[Timeline] 패널에서 여러 개의 레이어가 존재할 때 레이어의 간격을 일정하게 정렬하기 위해서는 다음과 같은 방법을 사용하면 더욱 쉽게 정렬할 수 있습니다.

'Align'과 'Distribute' 명령은 [Timeline] 패널에서 여러 개의 레이어를 한 번에 정렬할 때 사용하면 편리합니다. 일정한 간격으로 많은 레이어를 정렬할 때 하나씩 레이어를 움직여 정렬하기에는 많은 시간이 소비되고 일정하게 이루어지지 않습니다. 이런 경우 정렬 명령을 사용하면 여러 개의 레이어를 한 번에 정렬할 수 있습니다. [Window]–[Align] 메뉴를 클릭하면 [Align] 패널이 나타납니다.

[Align] 패널 살펴보기

❶ Selection : [Align] 패널의 레이어 정렬 방식으로 [Timeline] 패널에서 2개 이상의 레이어가 선택되어 있을 때 레이어와 레이어의 관계로 정렬할 때 사용합니다.

❷ Composition : [Align] 패널의 레이어 정렬 방식으로 현재 사용하는 전체 컴포지션과 [Timeline] 패널에서 선택한 레이어를 정렬할 때 사용합니다. 레이어를 하나만 선택해도 'Composition'이 활성화되고 [Align] 패널에서 컴포지션의 위/아래/왼쪽/오른쪽, 가운데 등의 위치에 레이어를 정렬할 수 있습니다.

❸ Align Layers : 2개 이상의 레이어가 선택되어 있어야 명령이 적용되며, 2개 이상의 레이어가 선택되었을 때 위/아래/왼쪽/오른쪽, 가운데에 정렬하는 방식을 선택할 수 있습니다. 2개 이상의 레이어를 선택하고 'Selection'을 선택한 경우 새로운 정렬과 가장 인접한 레이어를 기준으로 정렬됩니다. 만약 위쪽 정렬의 경우 선택한 레이어들 중에서 가장자리가 가장 위쪽에 있는 레이어를 기준으로 나머지 레이어가 정렬됩니다.

> **TIP :** [Timeline] 패널에서 선택한 여러 레이어를 [Composition] 패널의 가운데에 위치하도록 레이어를 이동하려면 [Layer]–[Transform]–[Center in View] 메뉴를 클릭하거나 단축키로 **Ctrl** + **Home** 를 누릅니다.

❹ Distribute Layers : 3개 이상의 레이어가 선택되어 있어야 명령이 적용되며, 'Align'과 같은 방식의 레이어 정렬 방법입니다. 'Distribute' 명령은 3개 이상 레이어가 선택된 상태에서 가장 멀리 떨어진 두 레이어 사이의 공간에 레이어를 재정렬합니다. 레이어를 하나 이상 선택하기 위해서는 [Timeline] 패널에서 첫 번째 레이어를 클릭하고 **Shift** 를 누르고 선택하거나, 선별적으로 선택하려면 **Ctrl** 를 누른 상태로 선택하면 됩니다.

■ [Composition] 패널 화면 크기 레이어 맞추기

다음은 [Timeline] 패널에서 선택된 레이어를 [Composition] 패널의 화면 크기에 맞추도록 설정하는 명령입니다. 원래의 레이어가 다음과 같이 존재할 때 [Layer]−[Transform] 메뉴에서 3가지 명령에 따라 레이어의 크기를 조절할 수 있습니다.

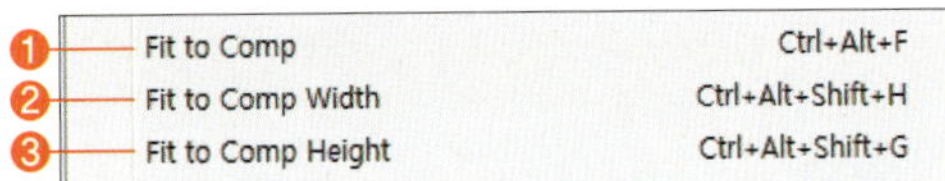

❶ Fit to Comp(Ctrl + Alt + F) : 선택된 레이어가 왜곡되어도 컴포지션 화면의 가로와 세로의 크기에 일치시킵니다.

❷ Fit to Comp Width(Ctrl + Alt + Shift + H) : 선택된 레이어의 비율을 유지시키고 [Composition] 패널의 가로 화면 크기와 동일하게 전체 크기를 제어합니다.

❸ Fit to Comp Height(Ctrl + Alt + Shift + G) : 선택된 레이어의 비율을 유지시키고 [Composition] 패널의 세로 화면 크기와 동일하게 전체 크기를 제어합니다.

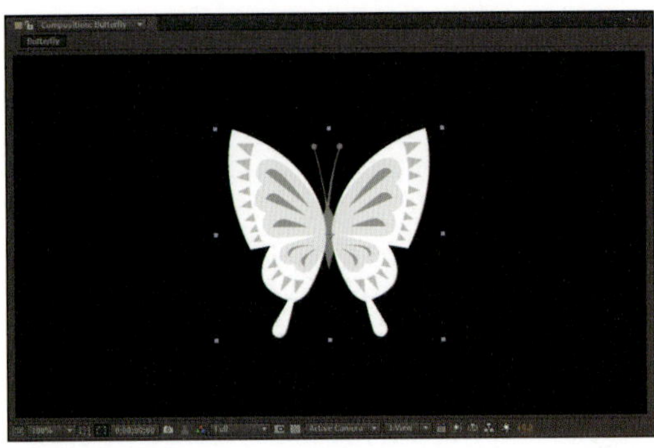

▲ 원본 레이어

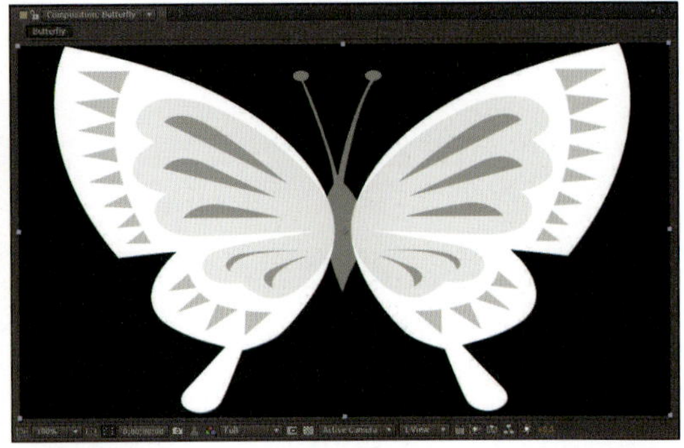

▲ Fit to Comp

▲ Fit to Comp Width

▲ Fit to Comp Height

■ 시퀀스 레이어

01. 시퀀스 레이어를 사용하기 위해서 먼저 [Timeline] 패널에서 일정 간격으로 정렬하기 원하는 레이어를 2개 이상 선택합니다.

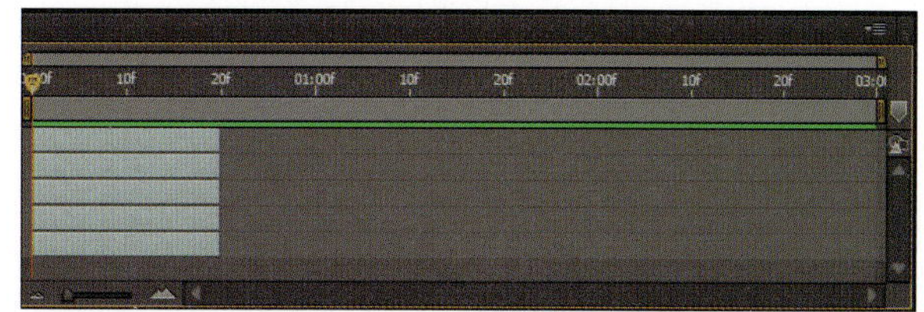

TIP : [Timeline] 패널에서 여러 개의 레이어를 일정한 간격의 시간으로 정렬하고 싶을 때 사용하는 명령입니다. 이 명령을 사용하기 위해서는 2개 이상의 레이어가 선택되어 있어야 적용이 가능합니다.

02. [Timeline] 패널에서 정렬하고자 하는 모든 레이어를 선택했으면 [Animation]–[Keyframe Assistant]–[Sequence Layers] 메뉴를 클릭합니다. [Sequence Layers] 대화상자가 나타납니다. 대화상자에서 아무런 옵션도 체크하지 않고 [OK] 단추를 클릭합니다.

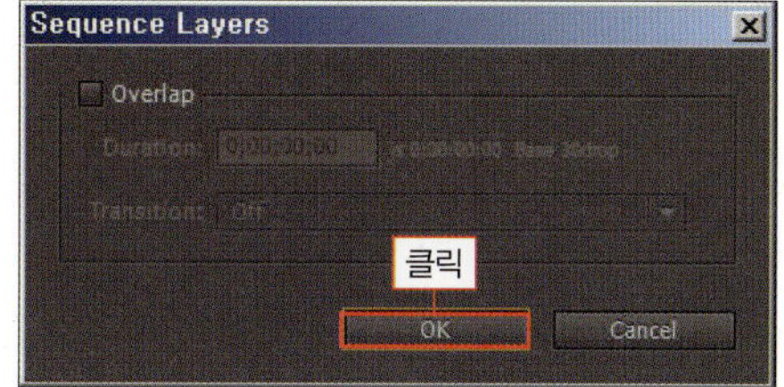

03. 레이어의 끝과 끝이 일치하도록 레이어가 시간대별로 정렬됩니다. 레이어를 선택할 때 아래부터 레이어를 선택하는 것과 위에서부터 레이어를 선택하는 것은 정렬할 때 기준이 되는 레이어가 달라집니다. 다음은 **Shift** 를 누르고 아래 레이어를 먼저 선택하고 적용한 예입니다.

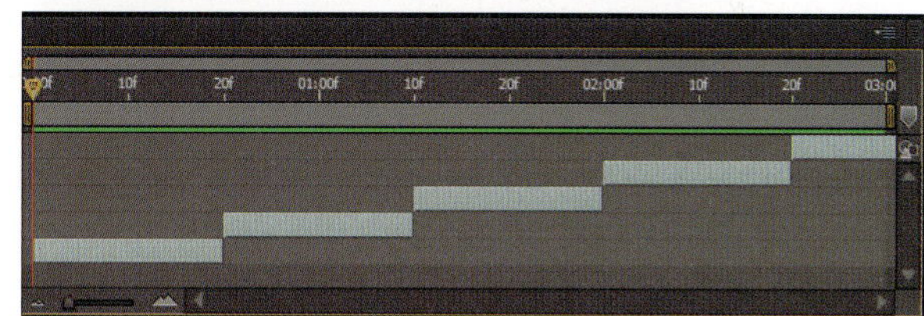

04. [Sequence Layers] 대화상자에서 'Overlap'을 체크하면 아래의 [Duration]이 활성화되며, 시간을 입력할 수 있습니다. [Duration]은 레이어와 레이어가 겹쳐 정렬하는 시간을 설정할 수 있습니다. 10프레임으로 설정하고 [OK]를 클릭해 적용해봅니다.

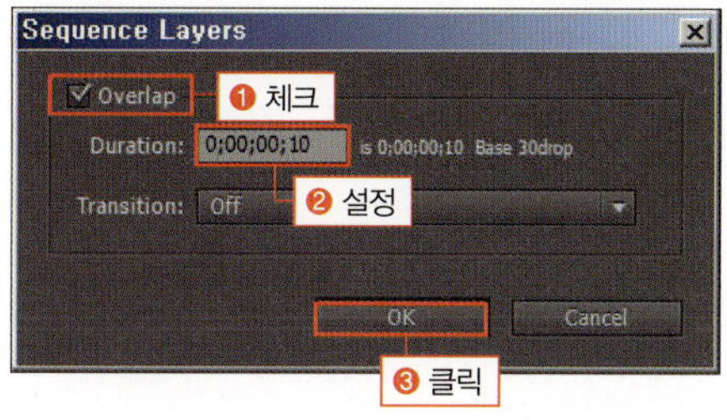

05. 현재 레이어의 길이가 20프레임이고 [Duration]을 10프레임으로 적용하게 되면 레이어와 레이어가 겹치는 시간이 다음과 같이 10프레임씩 적용됩니다.

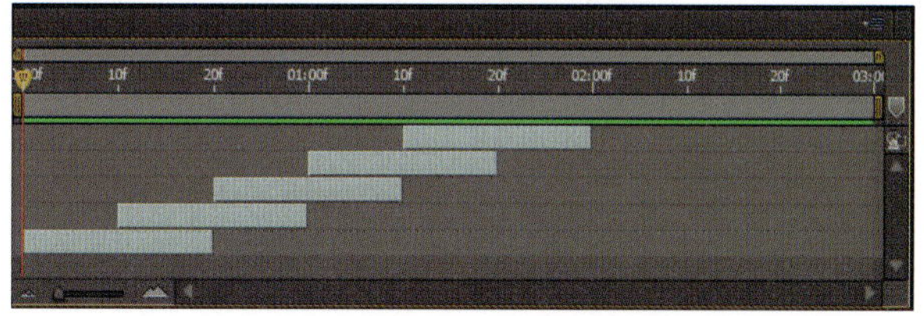

06. [Sequence Layers] 대화상자의 [Transition]에는 2개의 옵션이 있습니다. 'Transition'은 레이어가 겹쳐지는 부분에 불투명도, 즉 레이어의 속성 중 Opacity를 적용하는 명령입니다. 기본적으로 설정되어 있는 것은 'Off'로 레이어와 레이어가 겹쳐있을 때 불투명도를 적용하지 않으며 나머지 2개의 옵션은 불투명도를 [Duration]에 설정한 길이만큼 적용합니다.

07. 'Dissolve Front Layer'는 2개의 레이어가 겹쳐지는 부분이 있을 때 레이어의 앞부분에 불투명도를 적용하여 서서히 나타나게 만듭니다.

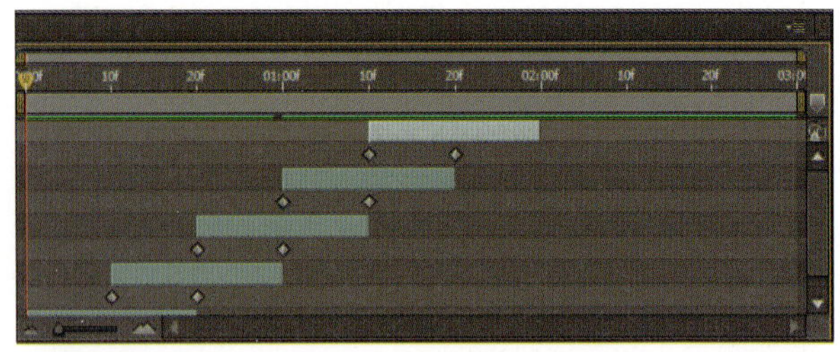

08. 'Cross Dissolve Front and Black Layer'는 2개의 이상의 레이어에 적용될 때 [Duration]의 수치에 따라 레이어가 겹치고, 겹쳐진 2개의 레이어 앞과 뒤에 모두 불투명도가 적용되도록 하는 명령입니다. 즉 하나의 레이어는 서서히 사라지고 겹치는 뒤의 레이어는 서서히 나타나는 형태로 적용되는 것입니다. 이것을 확인하려면 다음과 같이 적용된 모든 레이어의 불투명도가 적용된 상태를 확인하면 됩니다.

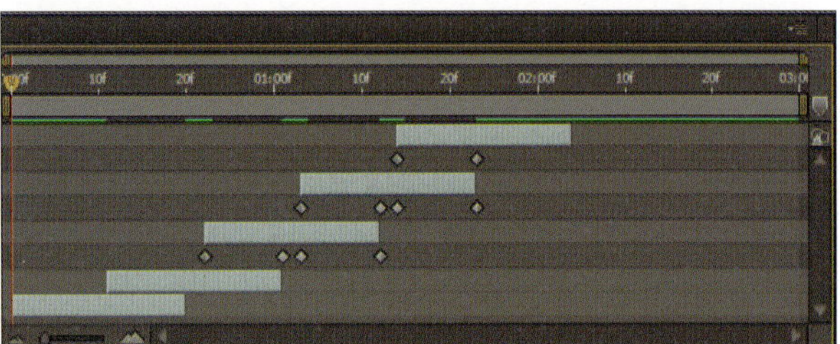

마커는 작업 중 컴포지션의 중요한 시간대에 사용자가 쉽게 알 수 있도록 표시를 하는 기능입니다. 마커를 설정하면 더욱 용이한 작업을 할 수 있습니다. 컴포지션 마커는 컴포지션의 타임마커에 표시되고 레이어 마커는 선택된 레이어에 각각 표시됩니다. 마커는 편집 프로그램인 프리미어 프로에도 있으며 편집할 때 비디오와 오디오를 매치 시킬 때 사용하기도 합니다. 또한 레이어 자체에도 마커를 설정하여 최종 파일인 swf, Quick Time 무비에 URL을 포함하여 링크할 수도 있습니다.

01. 컴포지션 마커(Composition Marker)는 [Timeline] 패널 위에 전체 시간을 나타내는 부분에 만들어 집니다. 마커는 숫자로 0번부터 순서대로 최대 999개까지 만들 수 있습니다. 컴포지션 마커는 다음과 같이 [Timeline] 패널의 오른쪽 부분의 마커 빈 버튼(Marker Bin)에서 마커를 클릭한 상태로 이동하다가 원하는 위치에 도달했을 때 놓으면 마커가 생성됩니다. **Shift** 를 누른 상태로 마커를 드래그하면 타임마커나 레이어의 In점/Out점, 또는 키프레임이 생성된 곳에 스냅되어 마커를 더욱 쉽게 원하는 위치로 이동할 수 있습니다.

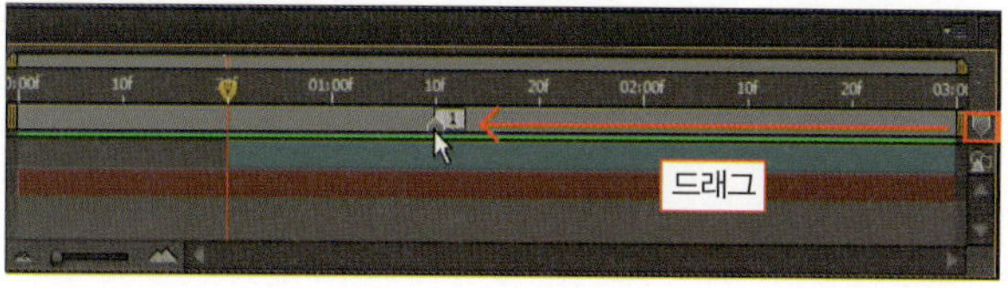

02. [Timeline] 패널에 생성된 컴포지션 마커를 지우는 방법은 다음의 종류가 있습니다. 첫 번째로 타임라인에 생성된 마커를 잡고 마커 빈 버튼으로 드래그하면 마커는 지워지게 됩니다.

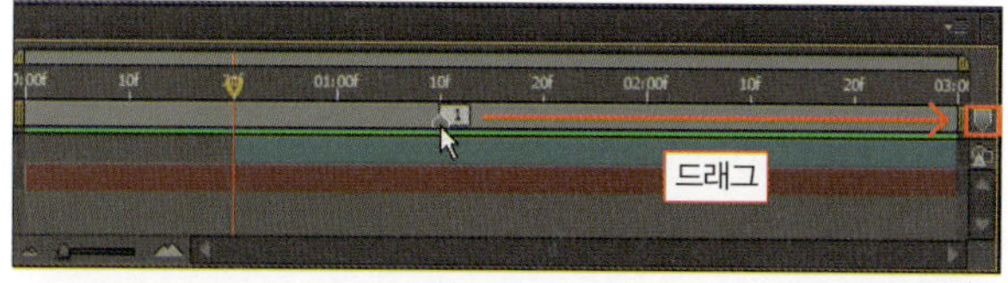

03. 두 번째로 마커에 마우스 오른쪽 버튼을 클릭하면 2개의 메뉴가 나타나는데 'Delete This Marker'를 선택하면 선택한 하나의 마커가 지워집니다. 'Delete All Marker'를 선택하면 [Timeline] 패널에 지금까지 만들어진 모든 마커가 지워지게 됩니다.

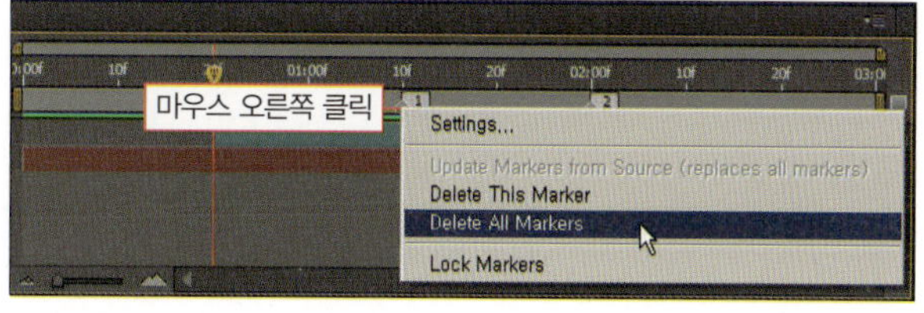

04. 세 번째로 **Ctrl** 를 누른 상태로 마커 가까이 가면 가위 모양의 아이콘으로 바뀌고, 마커를 클릭하면 선택된 마커는 지워지게 됩니다.

05. 현재 시간에 번호가 있는 컴포지션 마커를 생성하려면 Shift + 0 ~ 9 까지 누르면 됩니다. 그러면 0번부터 9번까지 차례대로 마커를 만들 수 있습니다. 마커를 이동하고 싶을 때도 동일하게 타임마커를 이동하고 단축키를 누르면 됩니다.

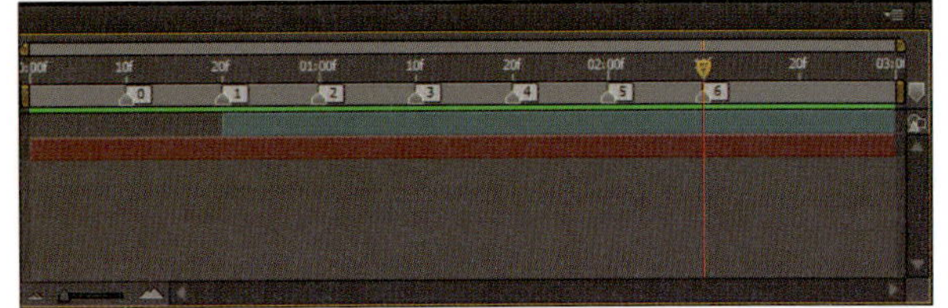

TIP : 숫자 키패드의 숫자는 적용되지 않습니다. Tab 위의 숫자 키패드를 사용합니다.

06. [Timeline] 패널에 생성된 마커의 데이터를 보거나 편집하려면 마커를 더블클릭하거나, 마커를 마우스 오른쪽 버튼을 클릭하고 'Settings'을 선택합니다. 마커를 다른 시간으로 이동하려면 마커를 드래그하거나 더블클릭한 다음 대화상자에서 시간을 설정합니다.

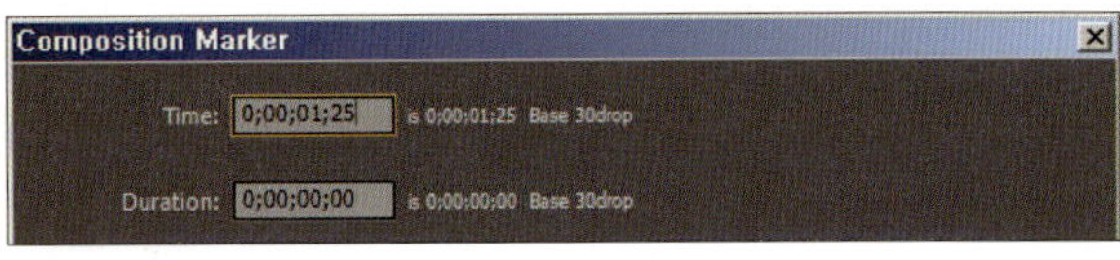

07. 'Pre-Composition' 레이어의 컴포지션 마커를 파일 컴포지션에 설정된 레이어 마커로 동기화하려면 'Pre-Composition' 레이어의 레이어 마커를 마우스 오른쪽 버튼으로 클릭한 상태에서 'Update Markers from Source'를 선택합니다. 이 명령을 사용하면 레이어에 추가한 기존의 모든 마커가 사라지게 됩니다.

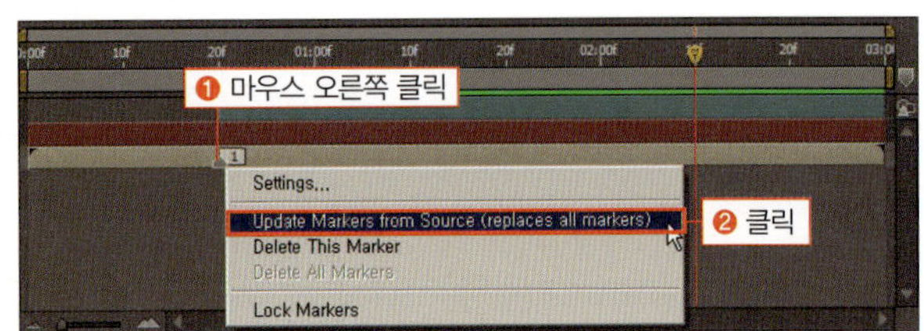

연관검색 'Pre-Composition' 레이어에 대한 설명은 421P 내용을 참고하세요.

08. 현재 설정된 마커를 고정적으로 사용하기 위해 마커를 잠글 수 있습니다. 생성된 마커 위에서 마우스 오른쪽 버튼을 클릭하고 'Lock Markers'를 선택합니다. 'Lock Markers'를 적용하면 마커를 이동하거나 설정을 바꿀 수 없습니다. 설정을 변경하려면 'Lock Markers'를 다시 선택하여 해지하면 됩니다.

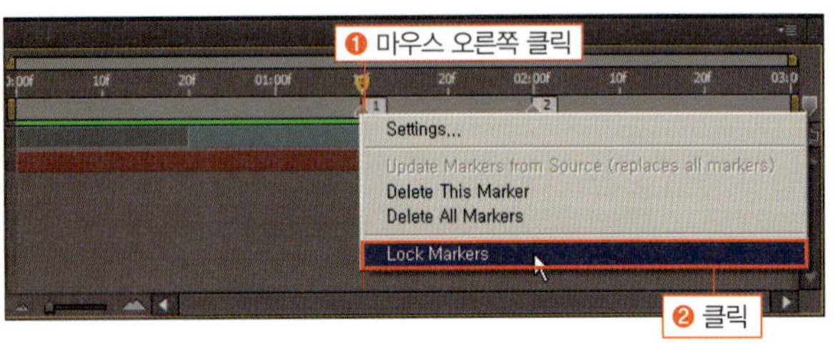

09. 현재 시간에 빈 컴포지션 마커를 추가하려면 선택된 레이어가 없는 상태에서 [Layer]-[Add Marker](*) 메뉴를 클릭합니다. 레이어가 선택되지 않은 상태에서 'Add Marker'를 선택하면 [Timeline] 패널에 컴포지션 마커가 생성되고, 레이어를 선택하고 'Add Marker'를 선택하면 레이어에 레이어 마커가 생성됩니다.

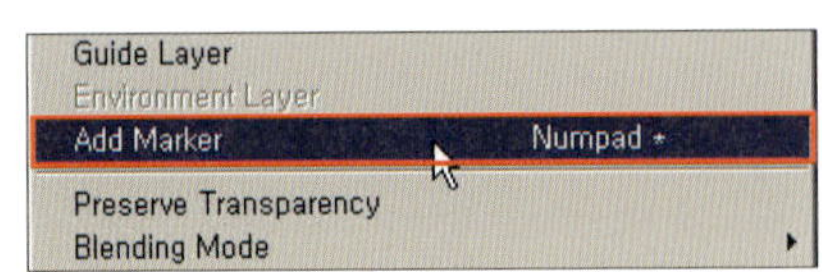

10. 현재 시간에 빈 컴포지션 마커를 추가하고 컴포지션 마커 설정이 가능한 [Composition Marker] 대화상자를 열려면 [Timeline] 패널에서 선택된 레이어가 없는 상태에서 **Alt** + **＊** 를 누릅니다. **Alt** + **＊** 를 누르면 컴포지션 마커가 추가되고 동시에 대화상자가 나타나 내용을 입력할 수 있습니다.

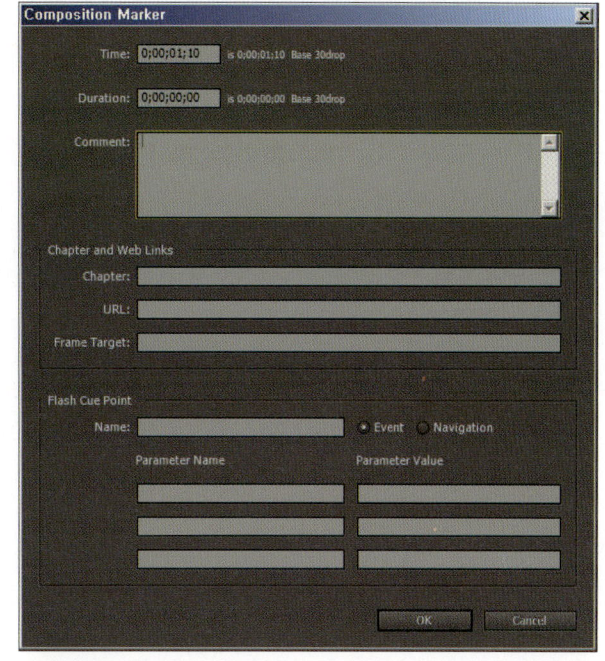

11. 레이어 마커(Layer Marker)는 [Timeline] 패널의 레이어에 만들어지는 마커로 레이어 위에 작은 삼각형 모양으로 나타납니다. 레이어에 마커를 추가하기 위해 레이어를 선택하고, 타임마커를 마커를 만들고자 하는 위치로 이동하고 [Layer]-[Add Marker](**＊**) 메뉴를 클릭합니다. [Add Marker]를 선택하면 다음과 같이 레이어의 타임마커 위치에 삼각형의 마커가 생성됩니다. 레이어를 선택하고 **Alt** + **＊** 를 누르면 레이어 마커가 생성되고 대화상자가 나타납니다.

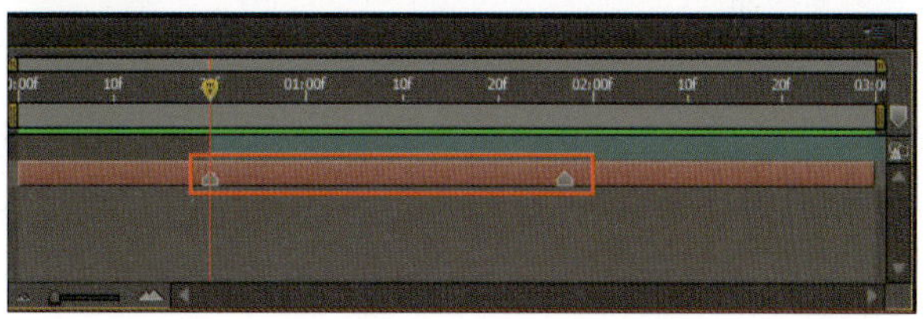

12. 레이어 마커를 지울 때는 컴포지션 마커를 지우는 것과 동일한 방법으로 **Ctrl** 를 누른 상태로 마커를 클릭하거나, 마커 위에서 마우스 오른쪽 버튼을 클릭하여 'Delete This/All Marker'를 선택합니다.

TIP : 미리 보기, 또는 오디오 미리 보기가 진행되는 중간에 **＊** 를 누르면 미리 보기는 중단되지 않고 미리 보기가 진행되는 동안 마커가 추가됩니다. 미리 보기가 중단되면 추가한 모든 마커가 나타나게 됩니다.

[Timeline] 패널에 설정된 마커는 인터넷에 연결할 수 있는 웹 링크와 동영상을 구분할 수 있는 장 링크, 각각의 이름과 값을 지닌 매개 변수를 갖는 큐 포인트로 사용할 수 있습니다.

01. 컴포지션 마커와 레이어 마커 설정을 하려면 마커를 더블클릭하거나 마커 위에서 마우스 오른쪽 버튼을 클릭하여 'Settings'을 선택합니다. 2가지 모두 옵션은 동일하며 대화상자의 왼쪽 위 이름만 다르게 표시됩니다. 추가된 마커에 이름을 표기하려면 대화상자에서 [Comment]에 마커의 이름을 입력하고 [OK] 단추를 클릭합니다.

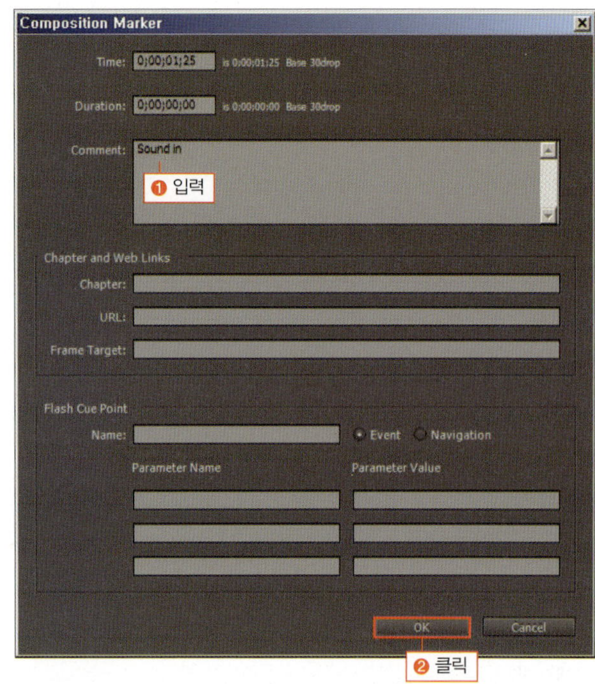

02. [Comment]에 이름을 'Sound In'이라고 입력하면 다음과 같이 레이어의 마커 오른쪽에 입력한 내용이 나타납니다.

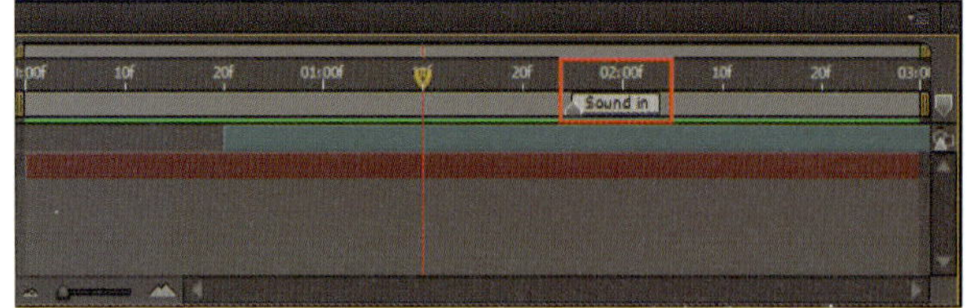

03. 마커의 설정에서 동영상이 재생될 때 자동으로 URL(Uniform Resource Locator)을 마커와 연결하여 사이트에 연결되도록 자동 링크를 만들 수 있습니다. 애프터 이펙트에서는 SWF 동영상에서 웹 링크 사용이 가능합니다.

> **TIP :** 웹 링크 기능은 웹 브라우저에 대한 명령 전송을 허용하는 미디어 플레이어에 따라 다릅니다. 웹 링크가 적용되는 것에 대한 내용은 사용 중인 미디어 플레이어 버전의 설명서를 확인하시기 바랍니다.

04. 레이어 마커를 더블클릭하면 [Composition Marker] 대화상자가 나타나며, 여기서 [URL]에 링크하고자 하는 인터넷 사이트를 입력합니다. [URL]에는 'http://www.adobe.co.kr'을 입력하고, [Frame Target]에 '_blank'를 입력합니다.

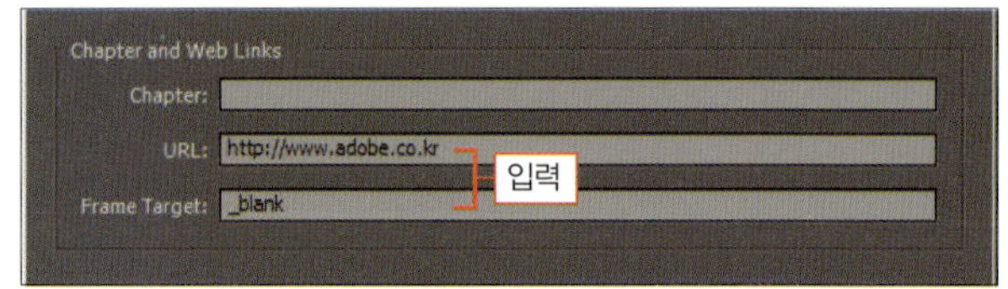

05. [URL]에 타깃을 입력하면 다음과 같이 레이어 마커의 삼각형 가운데에 검은 색상이 나타나고 옆에 링크되는 URL이 나타납니다. 주소가 마커 오른쪽에 나타나게 설정하려면 [Comment]와 [Chapter]에 아무 내용도 입력되지 않아야 합니다.

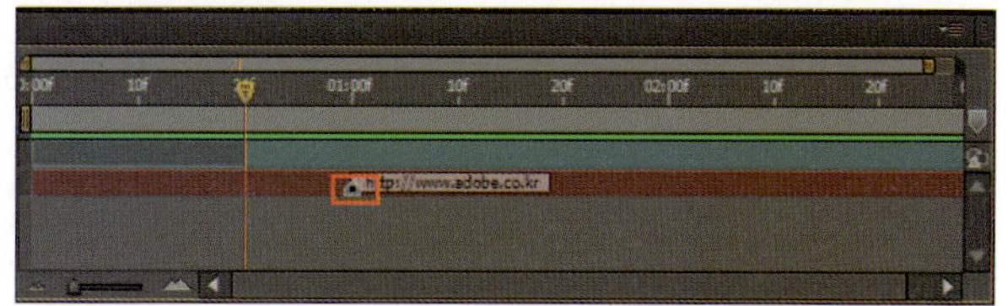

06. [Frame Target]에는 4가지를 입력할 수 있습니다. 이것은 html 문서에서 다른 문서가 링크되어 있을 때 인터넷 창이 다른 페이지, 또는 특정한 프레임에 열리도록 설정하는 부분입니다.

❶ _blank : 웹 링크를 새로운 브라우저로 불러옵니다.
❷ _parent : 웹 링크를 현재 동영상이 재생되고 있는 프레임의 상위 프레임으로 불러옵니다.
❸ _self : 웹 링크를 현재 프레임으로 불러옵니다.
❹ _top : 웹 링크를 현재 창의 최상위 프레임으로 불러옵니다.

07. 레이어 마커에 적용된 과정을 SWF 동영상으로 만들기 위해 [File]–[Export]–[Adobe Flash Player(SWF)] 메뉴를 클릭합니다. 메뉴를 클릭하면 대화상자가 나타나며 파일 이름을 입력하고 [저장] 단추를 클릭하면 [SWF Settings] 대화상자가 나타납니다. 이때 이미지의 퀄리티와 오디오 퀄리티를 선택하고 아래의 [Options]에서 'Include Layer Marker Web Links'를 체크해야 동영상이 재생될 때 마커에 입력한 인터넷 사이트가 웹 브라우저를 통해 열립니다.

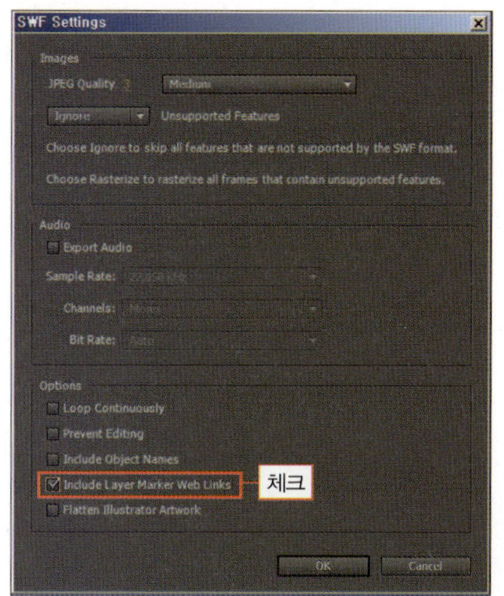

08. 'Unsupported Features'는 지원되지 않는 기능으로 swf 형식이 지원하지 않는 기능을 래스터화할 것인지를 선택할 수 있습니다. 지원되지 않는 기능을 제외하려면 'Ignore'를, 지원되지 않는 기능이 포함된 모든 프레임을 jpeg 이미지로 렌더링하여 swf 파일에 포함하려면 'Rasterize'를 선택하고 [OK] 단추를 클릭합니다.

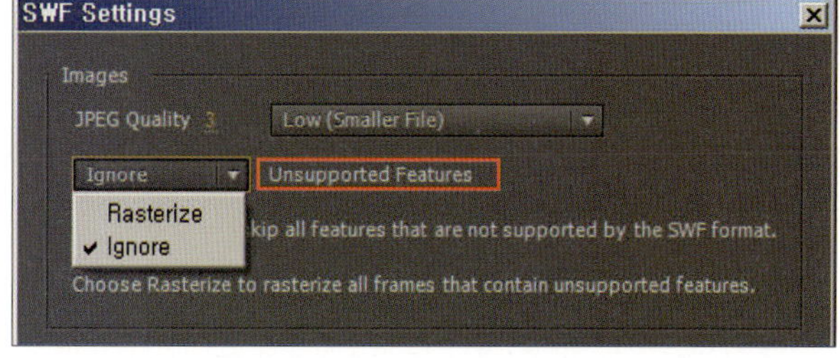

09. 앙코르에서 애프터 이펙트의 컴포지션 마커와 레이어 마커는 Chapter Point로 나타납니다. 물론 앙코르에서 Chapter Point로 나타나기 위해서는 최종 렌더링 파일이 AVI or MPEG–2 파일 포맷이어야 합니다.

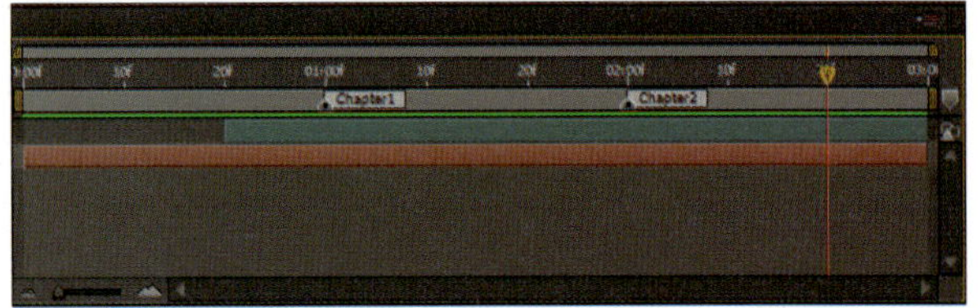

10. 장 마커는 마커의 [Chapter]가 비어 있지 않은 경우에 내보낼 수 있습니다. [Chapter]는 CD-ROM이나 DVD 디스크를 만들 때 사용하며, 책의 단락처럼 무비를 분할하여 링크할 수 있으며, QuickTime 무비에서 Chapter link를 지원합니다. DVD 형식과 호환되도록 만들려면 마커가 적어도 15프레임 이상 떨어져 있어야 합니다. 마커의 큐 포인트 매개 변수는 해당 시점의 속성 이름과 속성 값을 나타냅니다. 선택한 속성에 표현식이 있다면 각 프레임에서 샘플링한 값으로 각 프레임에 대한 마커가 만들어집니다.

11. 마커에서 웹 링크, 장 링크, 또는 큐 포인트를 만들려면 다음을 입력해야 합니다.

01 마커를 더블클릭하여 [Composition Marker] 대화상자를 엽니다.

02 대화상자의 각각 입력란에 설정할 정보를 입력합니다.

03 웹 링크를 만들려면 대화 상자에서 장 링크 및 웹 링크 영역의 [URL]에 URL을 입력합니다. 사이트의 특정 프레임을 활성화하려면 [Frame Target]에 프레임 파일 이름을 입력합니다.

04 대화 상자의 장 링크 및 웹 링크 영역에 있는 [Chapter]에 장 이름 및 번호를 입력합니다.

05 큐 포인트의 이름과 매개 변수의 이름 및 값을 입력합니다. 'Event', 또는 'Navigation'을 선택하여 어떤 종류의 큐 포인트를 만들지 결정합니다.

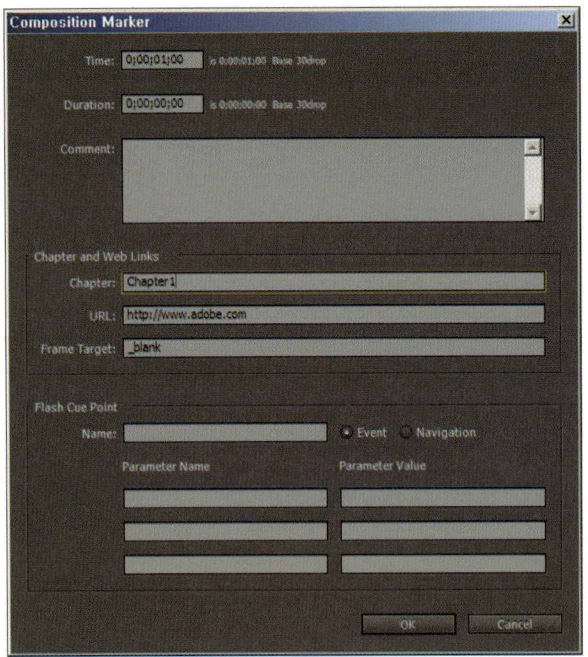

[Timeline] 패널에서 오디오 레이어 마커를 추가하는 방법과 'Parent' 명령을 사용해 레이어와 레이어를 서로 링크하는 방법에 대해 알아보도록 하겠습니다.

■ 오디오 마커 추가하기

[Timeline] 패널에서 미리 보기하는 동안 오디오 레이어에 마커를 추가하는 방법입니다. 이것은 비디오를 제작할 때 오디오의 위치를 제대로 확인할 수 있도록 합니다. [Timeline] 패널에 오디오 파일을 추가하고 오디오 레이어를 선택하고 미리 보기를 합니다. 미리 보기는 숫자 키패드에서 숫자 [0]을 누릅니다. 미리 보기를 하는 동안 오디오를 들어가며 원하는 위치에 마커를 설정합니다. 마커를 설정하기 위해서는 숫자 키패드에서 숫자 [9] 위에 있는 [*]를 누르면 됩니다.

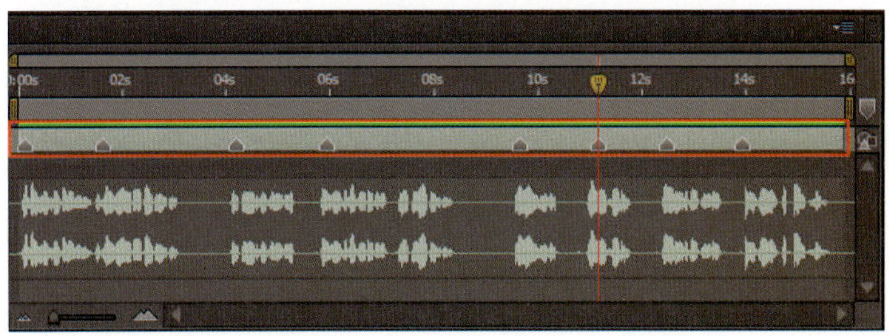

오디오를 듣는 동안 원하는 위치에 지속적으로 마커를 생성할 수 있으며, 생성된 마커는 컴포지션에서 사용하는 다른 레이어의 가이드 역할로 사용할 수 있습니다.

■ 레이어 링크 설정하기

01. 'Parent'는 [Timeline] 패널의 칼럼 위에서 마우스 오른쪽 버튼을 클릭하고 'Columns'–'Parent'를 선택하면 [Timeline] 패널에 [Parent]가 나타납니다.

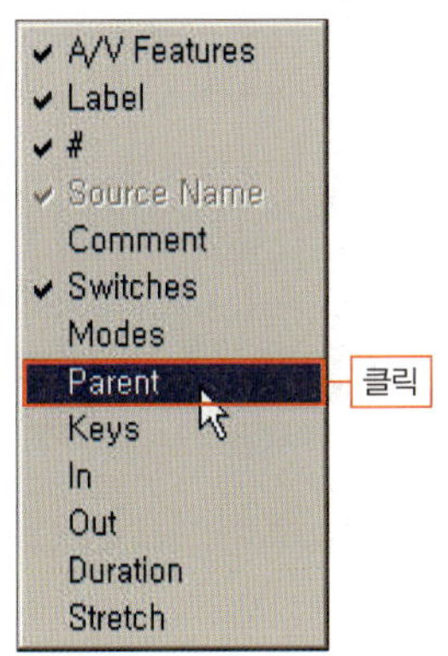

> **TIP :** 애프터 이펙트는 레이어와 레이어를 서로 링크하여 하나의 움직임에 다른 레이어들이 함께 움직이도록 설정할 수 있는 'Parent'라는 명령이 있습니다. 한 레이어를 다른 레이어의 부모 레이어로 지정하면 상대 레이어는 자식 레이어가 됩니다. 부모를 지정하면 자식 레이어가 변형되는 속성은 컴포지션이 기준이 되지 않고 부모 레이어가 기준이 됩니다. 그러나 자식 레이어가 움직인다고 해서 부모 레이어는 움직이지 않습니다.

02. 'Parent'는 근본이 되는 레이어가 부모 레이어이고, 'Parent'에 종속된 레이어들은 자식 레이어라 부릅니다. 부모와 자식과의 관계로 생각하면 부모는 하나이며, 부모의 자식들은 여러 명이 있을 수 있습니다. 이것은 하나의 'Parent' 레이어에 여러 개의 레이어가 링크될 수 있는 것을 의미합니다. 다음과 같이 [Timeline] 패널에서 움직임이 있는 레이어의 이름을 'Parent'와 'Child'로 구분하고 링크를 설정해 봅니다.

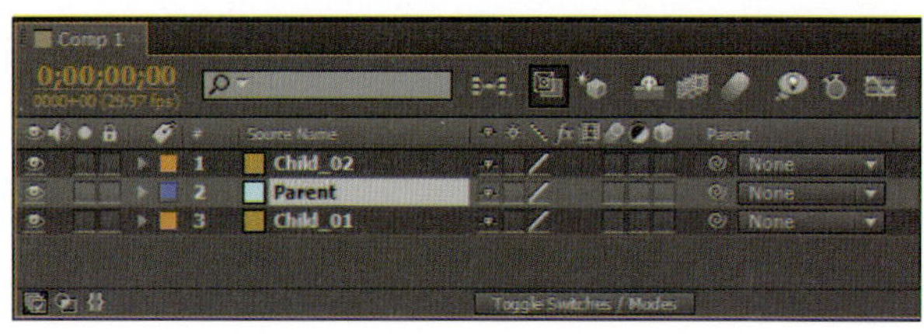

03. 'Child' 레이어에서 [Parent]의 @처럼 생긴 아이콘(Pick Whip,)을 클릭하고 'Parent'로 설정한 'Parent' 레이어로 드래그합니다. 드래그하면 레이어에 색상 톤이 변경되고 가느다란 줄이 나타나게 됩니다. 드래그하는 중간에 링크를 하지 않겠다면 레이어 밖에서 마우스를 놓으면 원래의 위치로 선이 되돌아갑니다.

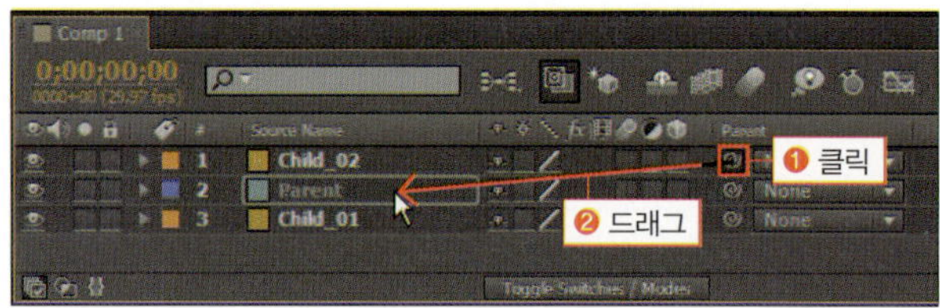

04. 레이어를 링크하는 다른 방법으로 [Parent]에서 메뉴를 클릭하면 다음과 같이 [Timeline] 패널에 있는 모든 레이어가 나타납니다. 레이어 중 링크하기를 원하는 레이어를 선택하면 됩니다. 링크를 설정하고 'Child' 레이어의 움직임이나 크기 등을 조절해도 'Parent' 레이어는 영향을 받지 않습니다. 그러나 'Parent' 레이어의 변화에 따라 'Child' 레이어는 변화하게 됩니다. 'Parent' 레이어의 지정은 [Opacity]를 제외하고 [Position], [Rotation], [Scale], [Position] 등 모든 변형 속성에 영향을 줍니다.

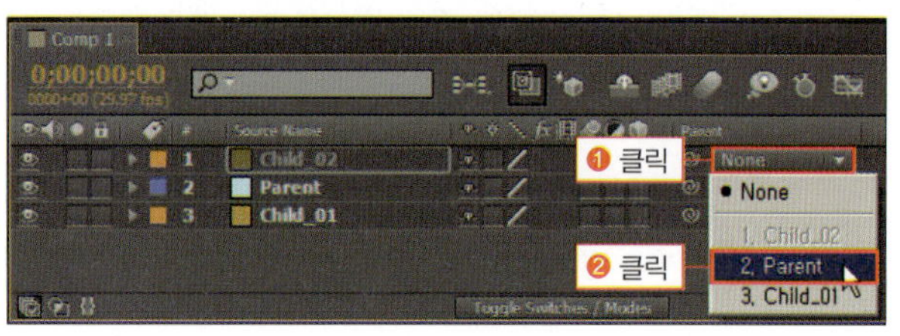

05. 'Parent'의 설정을 취소하고 싶다면 'Parent'가 적용된 레이어를 선택하고 [Parent]의 옵션 중 'None'를 선택하면 설정이 취소됩니다. 단축키를 이용해 Ctrl 를 누르고 레이어에서 [Parent]의 [Pick Whip]( )을 클릭하면 설정을 'None'으로 변경할 수 있습니다.

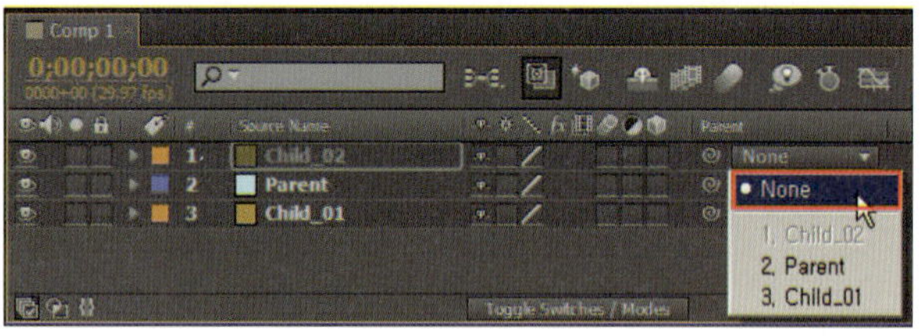

[Timeline] 패널에 존재하는 레이어는 대부분 동일한 속성을 가지고 있습니다. 각각의 속성은 애니메이션을 위해 사용되며 각각의 속성을 제어하면 자신만의 영상을 제작할 수 있습니다. 지금부터 각각의 속성에 대해 알아보고 적용하는 방법을 알아보도록 하겠습니다.

기초탄탄 ▶ 레이어에 적용되는 속성 알아보기

■ 레이어의 다양한 속성 `181P, 186P`

레이어는 다양한 기능을 포함하고 있으며 각각의 기능을 제어해 사용자가 원하는 움직임을 만들 수 있습니다. 레이어에 포함되어 있는 기능들의 위치와 제어하는 방법들에 대해 알아보도록 합니다.

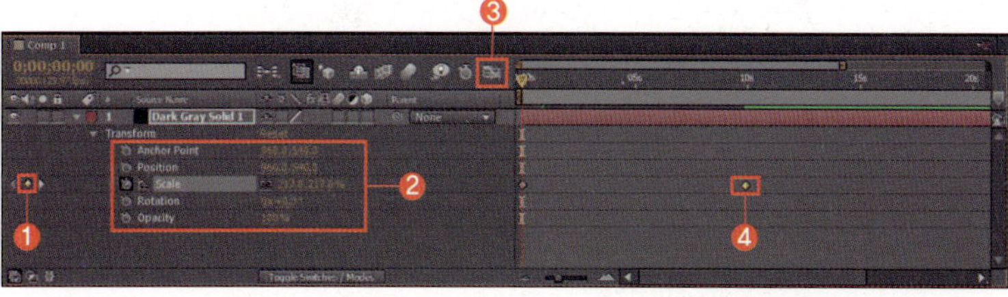

❶ Add/Remove Keyframe(　) : 클릭하여 키프레임을 생성하고 삭제합니다.

❷ 레이어의 속성 : 레이어를 제어할 수 있는 [Anchor Point], [Position], [Scale], [Rotation], [Opacity] 등의 속성을 나타내며 키프레임을 설정하여 움직임을 제어합니다.

❸ Graph Editor(　) : 레이어의 속성이 그래프로 표시되도록 합니다.

❹ 키프레임 : 레이어의 속성에 설정된 키프레임을 나타냅니다. 클릭하여 지울 수 있습니다.

> **TIP : 프레임과 키프레임은 다르게 표현됩니다.**
>
> 프레임은 정지된 하나의 영상, 즉 스틸 이미지를 프레임이라 합니다. 영상은 원래 하나의 이미지, 즉 정지 영상에서 시작하고 정지 영상이 여러 장 모여 동영상이 만들어 집니다. 키프레임의 설정을 통해 움직이는 형태의 영상을 만들 수 있습니다. 키프레임은 1이라는 지점에서 100이라는 지점까지 움직이라는 명령을 내리는 것과 같습니다. 그러므로 키프레임이 있는 것은 애니메이션이 있다고 말할 수 있습니다.

프레임과 프레임이 모여 동영상을 만드는 과정을 애프터 이펙트는 더욱 쉽게 만들어줍니다. 다음과 같이 레이어에 키프레임은 2개 이상이 만들어져 있어야 애니메이션이 가능합니다.

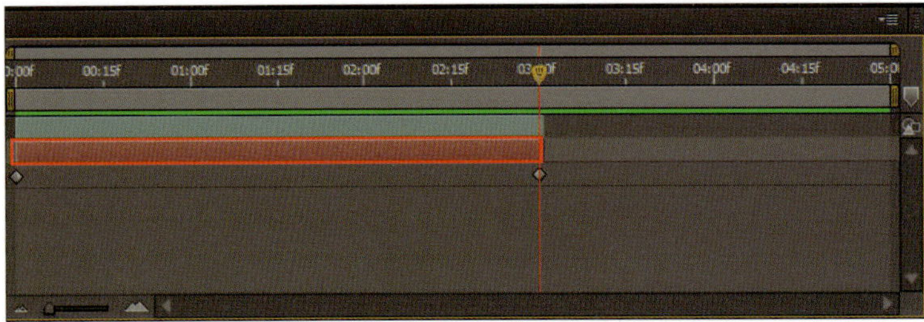

[Timeline] 패널의 레이어에서 시간대별로 애니메이션을 변경할 수 있는 옵션들이 있습니다. [Anchor Point], [Position], [Scale], [Rotation], [Opacity], [Mask], [Effect], [Light], [Camera] 등 대부분의 속성은 키프레임을 설정하여 움직임을 제어할 수 있습니다. 비디오, 오디오, 스틸 이미지 등에 이펙트나 크기, 움직임, 투명도 등의 여러 가지 속성을 적용할 수 있으며, 속성들은 시간대별로 키프레임을 적용하여 변화하는 움직임을 만들 수 있습니다. 또한 자신이 원하는 모양, 움직임, 효과 등을 빠른 시간에 직접 눈으로 확인하며 작업이 가능합니다.

다음과 같이 레이어의 삼각형을 클릭하면 다음과 같이 레이어에 대한 여러 가지 속성을 확인할 수 있습니다. 이러한 속성은 레이어에 다른 효과가 적용되거나 변화가 있을 때 변화된 모든 속성들은 레이어에 나타납니다.

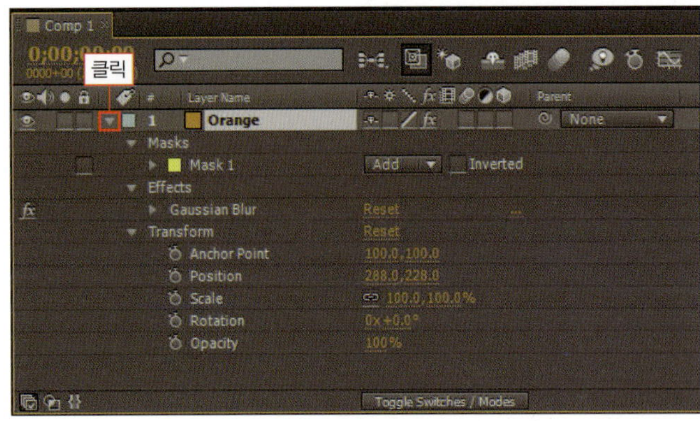

> **TIP :** 만약 레이어를 3D 레이어로 변화시켰다면 레이어가 갖는 새로운 속성들이 레이어의 속성에 나타나게 됩니다. 이렇게 레이어의 속성에는 레이어를 더욱 세밀하게 제어할 수 있는 옵션들이 있습니다. 그렇기 때문에 모든 정밀한 작업은 [Timeline] 패널에 속해있는 레이어에서 진행됩니다.

키프레임은 레이어의 속성에서 설정되며, 값의 변화에 따라 움직임이나, 크기, 투명도, 회전, 이펙트 등의 다양한 변화를 만들어 낼 수 있습니다.

■ 키프레임의 설정

[Stopwatch](🕭)는 [Timeline] 패널의 레이어 속성에서 키프레임을 설정하는 아이콘입니다. 레이어의 속성에서 [Stopwatch](🕭)를 체크하여 키프레임 애니메이션을 설정할 수 있습니다. [Stopwatch](🕭)를 체크하지 않은 상태에서 타임마커를 움직이면 수치를 변경하여도 애니메이션이 이루어지지 않습니다. 레이어의 속성에서 처음에 [Stopwatch](🕭)를 체크하고 다른 프레임으로 타임마커를 이동하고 수치를 조절하게 되면 수치의 조절에 의해 애니메이션이 이루어지게 됩니다.

[Stopwatch](🕭)를 첫 프레임에서 체크하고 타임마커를 이동해 속성을 변경하게 되면 키프레임이 자동으로 설정되어 애니메이션이 만들어지게 됩니다.

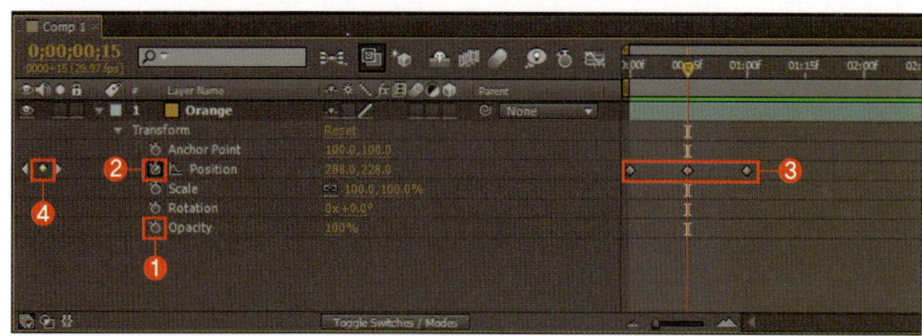

❶ 키프레임이 설정되지 않은 초기 상태를 나타냅니다.

❷ 키프레임을 설정하기 위해 [Stopwatch](🕭)를 체크하여 키프레임이 설정된 상태를 나타냅니다.

❸ [Stopwatch](🕭)를 체크하면 레이어에 다이아몬드 형태의 아이콘이 생성되어 키프레임이 생성되었음을 나타냅니다.

❹ 현재 타임마커의 위치에 키프레임이 설정되어 있다는 것을 표시합니다. 다이아몬드 아이콘의 양쪽 삼각형을 클릭하여 이전과 이후 키프레임으로 타임마커를 이동할 수 있는 아이콘입니다.

■ 키프레임으로 스톱워치 이동하기

타임마커를 이동할 때 단축키를 이용하여 키프레임과 키프레임를 쉽고 정확하게 이동할 수 있습니다. 타임마커를 이동시키는 단축키로는 J와 K를 사용합니다. J는 전 프레임에 설정된 키프레임으로 타임마커를 이동시키고, K는 타임마커의 이후 프레임에 키프레임이 설정되어 있는 곳으로 이동시킵니다. 레이어의 속성에 키프레임을 설정하고 클릭하면 속성에 설정된 키프레임의 색상이 회색에서 노란색으로 변경됩니다.

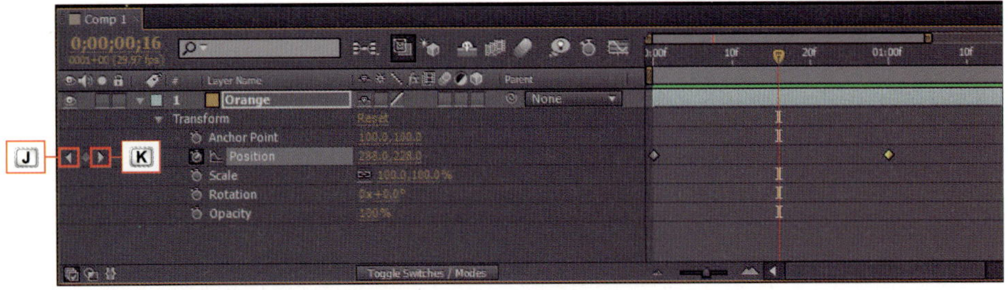

2D 레이어의 기본 속성에는 [Anchor Point], [Position], [Scale], [Rotation], [Opacity] 등이 있습니다. 각각의 속성은 레이어를 제어하는 기본이 됩니다.

■ 레이어의 위치(Position) 속성

예제 파일 | CD₩Part 03₩009_Example Project의 Arc 컴포지션

01. [Position]은 레이어를 이동하기 위한 속성을 가지고 있습니다. 기본적으로 2개의 축을 가지고 있으며 X와 Y에 대한 값을 설정할 수 있습니다. 예제 프로젝트에서 'Arc' 컴포지션을 확인합니다. [Composition] 패널에서 레이어가 가지고 있는 가로와 세로의 위치 값은 다음과 같이 알 수 있습니다. 가로는 X축, 세로는 Y축을 나타냅니다. 가로와 세로가 720x480Pixels 사이즈의 컴포지션으로 작업을 하고 있다면 다음과 같이 X와 Y의 위치를 나타낼 수 있습니다.

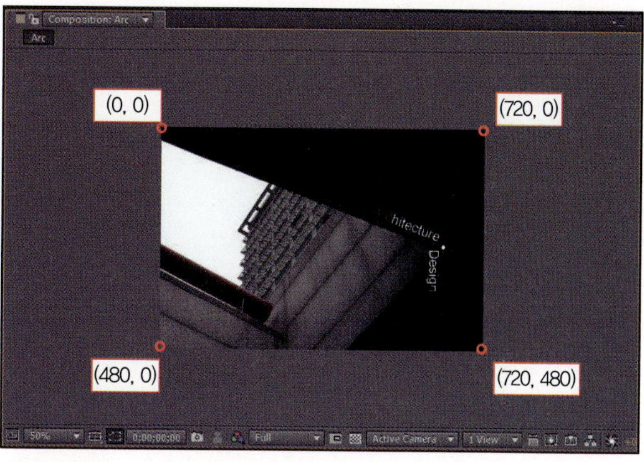

02. 4번 'Architecture' 레이어의 [Position]에서 [Stopwatch]()를 체크해야 키프레임이 생성됩니다. [Stopwatch]()가 변하고 키프레임이 설정되었다는 표시로 다이아몬드 표시가 나타나고 타임마커가 위치한 곳에 다이아몬드 형태의 아이콘이 생성됩니다. 원하는 시간대에 키프레임을 설정하기 위해서는 항상 타임마커의 위치를 확인하고 [Stopwatch]()를 체크해야 합니다.

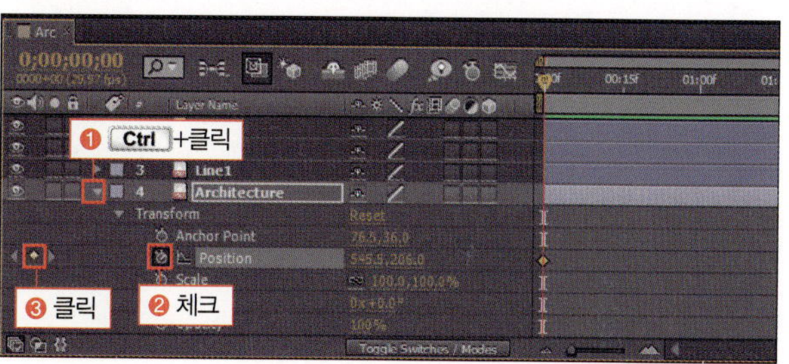

03. 레이어에서 키프레임의 설정은 [Stopwatch]()를 체크하는 방법과 [Animation]–[add x Key frame] 메뉴를 클릭하여 키프레임을 설정할 수 있습니다. 여기서 x는 레이어의 속성에서 어떠한 것을 선택하느냐에 따라 [Scale], [Opacity] 등이 될 수도 있고 다른 것이 될 수도 있는 변수 값입니다.

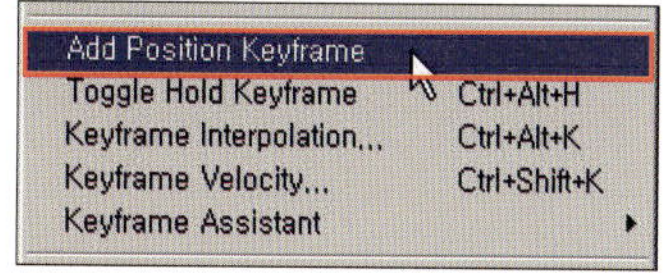

04. 레이어에 키프레임이 설정되어 있을 때 다 이아몬드 아이콘을 더블클릭하면 다음과 같이 Position이 설정된 정보를 나타내는 대화상자가 나타납니다. 이곳에 X축과 Y축의 값을 변경하고 [OK] 단추를 클릭하면 설정 값을 변경할 수 있습니다.

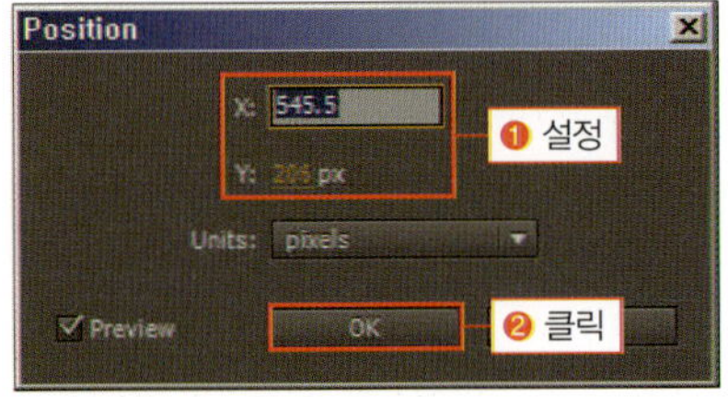

> **TIP** : 레이어에 설정된 키프레임을 지우기 위해서는 키프레임을 선택하고 Delete 를 누르면 키프레임이 지워집니다.

05. 레이어에 초기 키프레임을 설정하고 타임마커를 이동합니다. 타임마커를 다른 시간대로 이동하고 값을 변경하면 자동으로 키프레임이 생성되어 움직이는 애니메이션이 만들어 집니다.

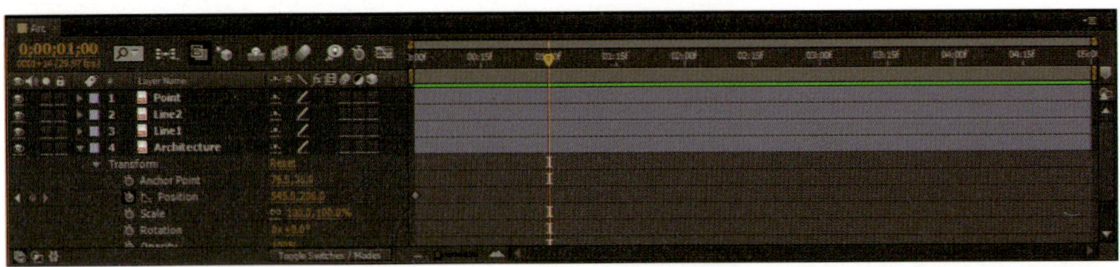

06. 레이어에 설정된 키프레임을 다른 시간대로 이동하고 싶을 때는 설정된 키프레임을 클릭하고 왼쪽, 오른쪽으로 이동합니다.

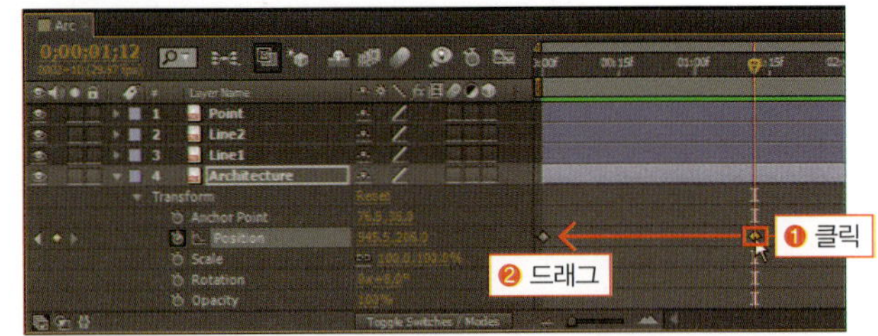

07. 레이어에서 선택된 속성에 아무런 설정도 없을 때 타임마커가 위치한 레이어의 I-beam을 클릭하여 복사하고, 복사된 정보를 다른 레이어에 붙이기만 하면 다른 레이어에도 같은 속성을 유지할 수 있습니다.

> **TIP** : I-Beam은 레이어의 속성에서 키프레임의 설정 없이 자체 정보만을 가지고 있는 상태를 말합니다.

08. [Edit] 메뉴에서 레이어를 복사하거나 이동시킬 수 있습니다.

❶ Cut(Ctrl + X) : 잘라내기 명령입니다. 복사와는 다르게 선택된 키프레임을 없애는 명령입니다. 그러나 선택된

키프레임을 잘라내어 다른 프레임에 붙일 수도 있습니다.

❷ Copy(Ctrl + C) : 키프레임이나 레이어 등을 복사합니다.

❸ Copy Expression Only : 레이어에 'Expression'이 적용되어 있을 때 'Expression'만을 복사하는 명령입니다.

❹ Paste(Ctrl + V) : 잘라내기, 또는 복사한 정보를 붙여넣기하여 정보를 다시 적용할 때 사용합니다.

❺ Clear(Delete) : 키프레임을 완전히 지우는 명령으로 복사나 자르기와 다르게 붙이기 명령을 적용할 수 없습니다.

> **TIP :** 레이어의 이동은 [Composition] 패널에서 레이어를 드래그하거나. 타임마커를 원하는 시간대로 이동하고 [Composition] 패널에서 ↑ / ↓ / ← / → 를 눌러 이동할 수 있습니다. 이때 방향키를 누르게 되면 누를 때마다 1pixels씩 레이어가 움직이고 를 누르고 방향키를 누르면 10pixels씩 레이어가 이동됩니다.

09. [Timeline] 패널의 레이어에서 키프레임을 선택하고 한 프레임씩 왼쪽/오른쪽으로 이동시키고자 할 때 Alt + ← , → 를 누르면 앞/뒤 프레임으로 이동할 수 있습니다. 그리고 레이어에서 10프레임씩 이동하고자 한다면 Alt + Shift + ← , → 를 누르면 타임라인에서 키프레임을 10프레임씩 이동할 수 있습니다.

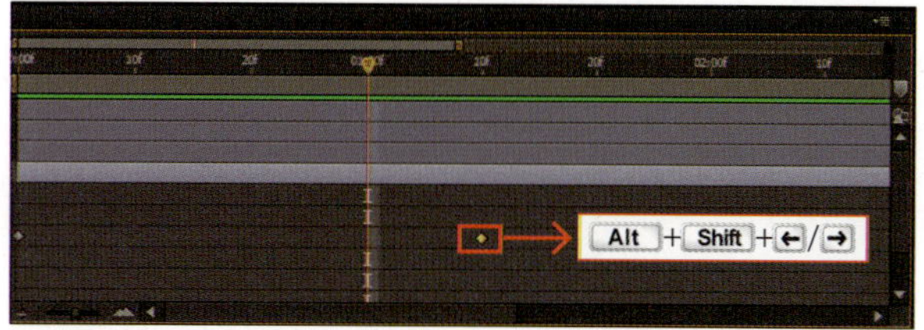

10. 단축키를 이용해 레이어의 속성들을 개별적으로 나타나게 할 수 있습니다. [Position] 속성만을 제어하기 위해서는 P 를 누르면 됩니다. 사용하고자 하는 속성의 영문 첫 스펠링을 사용하게 됩니다. 다른 모든 속성들도 동일하게 단축키가 적용됩니다. [Anchor Point]는 A 를, [Scale]은 S , [Rotation]은 R 을 사용하면 레이어의 아래에 설정하고자 하는 속성만이 나타나므로 간단하게 제어할 수 있습니다.

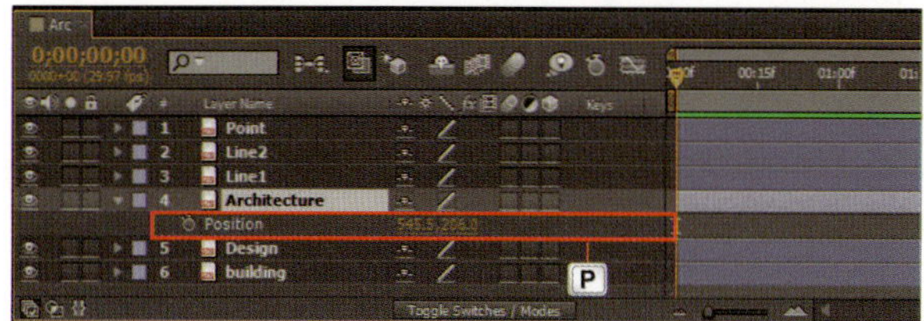

11. 레이어의 속성에서 [Opacity]는 불투명도를 나타내는 속성으로 다른 속성의 단축키와 다르게 T 를 사용하는데 이것은 'Transparent', 즉 빛을 통과시키는, 비치는, 투명한의 의미로써 T 를 사용합니다. 현재 레이어의 [Opacity]를 나타내기 위해 T 를 눌렀다면 모든 작업을 완료하고 다시 T 를 누르면 속성이 나타나지 않도록 가릴 수 있습니다. 현재 레이어에 키프레임이 설정된 속성들만 나타나도록 하고 싶으면 U 를 클릭하면 됩니다. 다시 U 를 누르면 속성들이 나타나지 않도록 합니다.

■ 레이어의 불투명도(Opacity) 속성

레이어의 속성에서 [Opacity]는 불투명한 이미지를 만들 때 사용됩니다. 즉 처음에는 물체가 모두 보이다가 시간이 지날수록 이미지가 서서히 사라지게 하는 효과를 만듭니다. 레이어의 불투명도를 조절하기 위해서는 [Timeline] 패널에서 레이어를 선택하고 레이어의 [Opacity]가 나타나도록 합니다. [Opacity]에 대한 속성만 나타나도록 단축키로 **T** 를 누릅니다. 레이어에서 [Opacity]의 기본 값은 100%이며 수치가 0%에 가까울수록 투명해지고, 수치가 100%에 가까울수록 불투명해집니다.

연관 검색 | 키프레임을 설정하는 방법은 다른 속성과 동일합니다. 자세한 설정 방법은 181P의 내용을 참고하세요.

■ 레이어의 회전(Rotation) 속성

01. 레이어를 회전 시키기 위해 [Rotation]을 사용하며 [Rotation]은 중심 앵커 포인트를 중심으로 회전합니다. [Timeline] 패널에서 레이어를 선택하고 레이어의 속성에서 회전 값을 조절하기 위해 **R** 을 눌러 [Rotation] 속성이 나타나도록 합니다.

02. 회전에 대한 수치는 '0x+0.0°'로 나타납니다. 처음의 '0x'는 몇 바퀴를 회전할 것인가를 말하며 '1'을 입력하면 레이어가 360°를 회전합니다. 그리고 뒤의 '0.0°'는 몇 도를 회전할 것인가를 입력하는 부분으로 360° 이하의 수치를 입력합니다. 360°를 입력하게 되면 앞의 회전수가 변경되고 수치가 0으로 변경됩니다. 만약 385°를 입력했다면 '1x+25°'로 수치가 변경됩니다.

03. 회전 값에 대한 키프레임이 설정되었을 때 키프레임을 더블클릭하게 되면 다음과 같은 [Rotation] 대화상자가 나타나게 됩니다. [Revolutions]는 한 바퀴가 360°라는 것을 의미하고, [Degrees]의 '25'는 25°를 의미합니다. 즉 두 값을 더하면 385°가 됩니다.

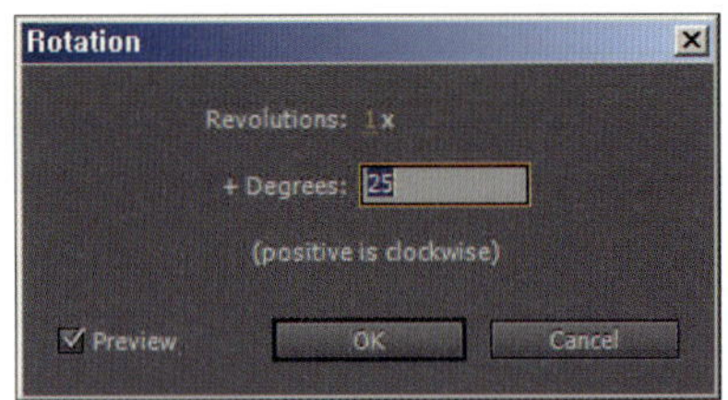

04. 레이어의 회전 속성에 수치를 입력하여 오브젝트를 회전시킬 수도 있지만, 툴 박스에서 [회전 툴](■)을 선택하고 [Composition] 패널에서 직접 레이어를 회전시킬 수도 있습니다. 이때 회전은 앵커 포인트를 중심으로 회전하게 됩니다.

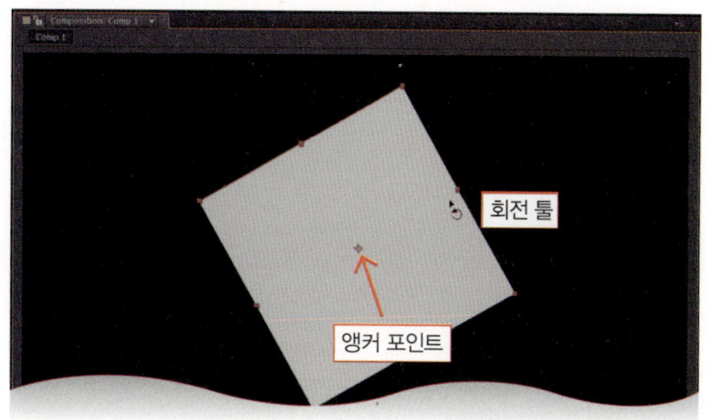

■ 레이어의 앵커 포인트(Anchor Point) 속성

01. 레이어의 앵커 포인트는 단축키로 A 를 사용합니다. 앵커 포인트는 X축과 Y축의 중심을 나타나며 일반적으로 레이어의 중심에 위치합니다. 레이어의 속성에서 앵커 포인트의 수치를 변경하면 앵커 포인트는 움직이지 않고 레이어의 위치가 수치만큼 이동하게 됩니다. 앵커 포인트에 애니메이션을 적용해야 하는 경우도 있지만 일반적으로는 애니메이션을 적용하기 전에 레이어의 기준점을 설정합니다.

TIP : 앵커 포인트는 레이어의 기준점으로 움직임나 회전, 크기 등의 중심이 되는 부분이며, 이것 또한 다른 속성과 마찬가지로 키프레임을 생성할 수 있으며, 포인트에 키프레임을 설정하여 움직임을 만들 수 있습니다.

02. 레이어의 앵커 포인트를 이동하는 방법은 레이어에 수치를 입력해 이동할 수 있지만 수치를 입력하면 레이어의 위치가 이동하게 되어 프로젝트에 영향을 미칠수도 있습니다. 이런 경우 툴 박스에서 [중심 이동 툴](■)를 클릭하고 직접 앵커 포인트를 원하는 위치로 이동할 수 있습니다.

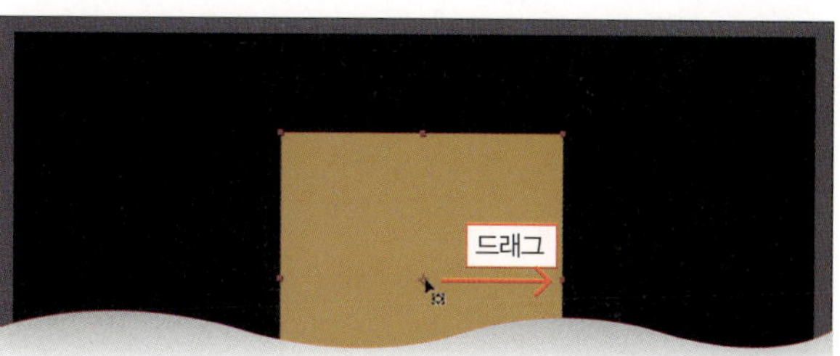

03. 레이어의 앵커 포인트를 이동 후 다시 원래의 기준점으로 이동하고자 한다면 [중심 이동 툴](■)을 더블클릭합니다. [Timeline] 패널에서 앵커 포인트의 수치를 이용하지 않고 [Composition] 패널에서 직접 수치를 이동하며 레이어의 위치를 잡을 수 있습니다. 툴 상자에서 [중심 이동 툴]을 선택하고 Alt 를 누릅니다. 레이어의 앵커 포인트를 [중심 이동 툴](■)로 잡고 드래그하면 레이어의 위치 값이 변동되고 앵커 포인트의 위치는 변동되지 않습니다.

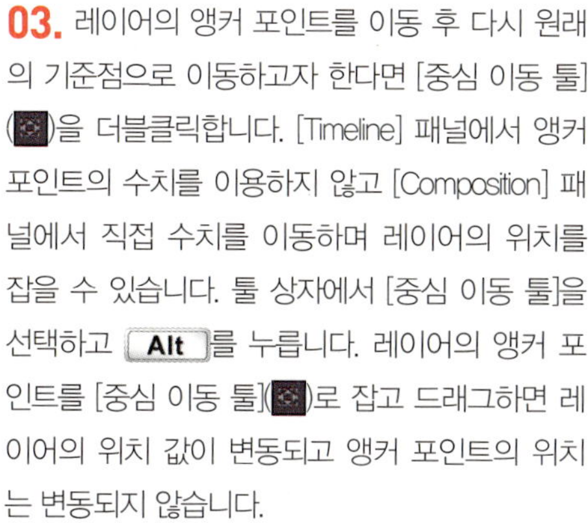

[Timeline] 패널의 카메라와 라이트 오디오를 제외한 모든 레이어는 크기 조절이 가능합니다. 오디오 레이어는 [Timeline] 패널에는 존재하지만 [Composition] 패널에서는 오브젝트로 나타나지 않습니다. 동영상 파일, 시퀀스 파일, 스틸 이미지, 솔리드, 셰이프 레이어 등의 오브젝트 레이어는 모두 크기 조절이 가능한 레이어입니다.

■ 레이어의 크기(Scale) 속성

01. 레이어의 크기를 조절하기 위해서는 [Timeline] 패널에서 크기를 조절하고자 하는 레이어를 선택하고, 단축키로 **S**를 눌러 [Scale]이 나타나도록 합니다.

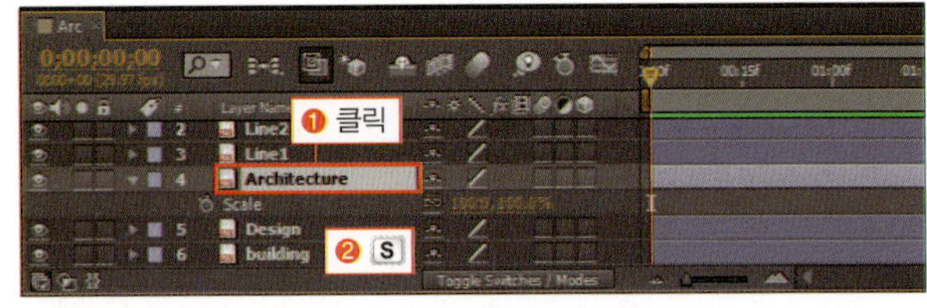

02. [Timeline] 패널에서 선택된 레이어 크기를 보면 가로와 세로의 크기가 100%로 설정되어 있습니다. 100%보다 큰 수치를 입력하면 오브젝트가 커지고, 100%보다 작은 수치를 입력하면 오브젝트의 크기가 작아집니다. 레이어의 크기에 수치를 입력하려면 100%의 수치를 클릭하면 입력할 수 있는 필드가 만들어집니다. 가로와 세로의 크기는 링크되어 같은 비율로 커지고 작아지게 됩니다.

03. 레이어의 가로와 세로의 크기를 다르게 조절하려면 수치를 조절하는 왼쪽 부분의 링크를 체크 해지하면 됩니다. 링크가 해지되면 왼쪽과 오른쪽의 크기를 개별적으로 조절할 수 있습니다.

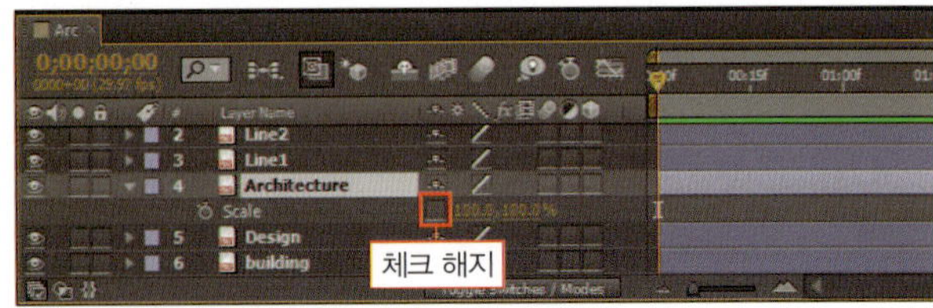

04. 레이어의 수치를 다르게 입력하는 다른 방법으로 레이어에 설정된 [Scale]의 키프레임을 더블클릭합니다. 키프레임을 더블클릭하게 되면 [Scale] 대화상자가 나타나며 가로와 세로의 크기를 다르게 입력하고 [Units]와 [Preserve]를 설정하면 됩니다. 이때 링크를 해지하려면 [Width]와 [Height]의 사이에 있는 링크를 클릭하여 해지하거나 [Preserve]를 'None'으로 선택해야 가로와 세로의 크기를 다르게 적용할 수 있습니다.

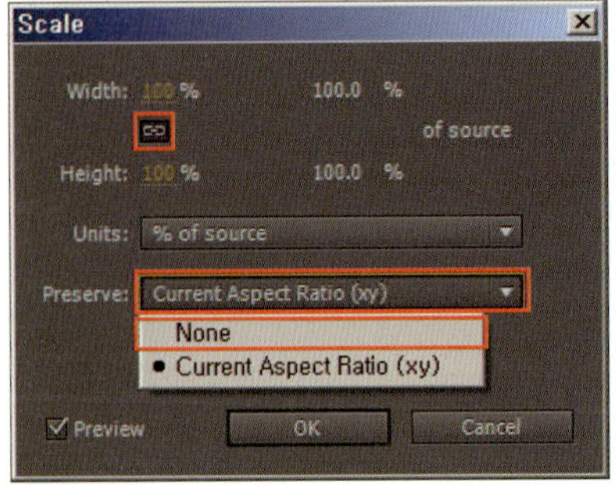

05. 크기를 조절할 때는 수치를 입력하여 조절할 수도 있지만 [Composition] 패널에서 모서리를 잡고 드래그하여 조절할 수도 있습니다. 레이어의 모서리를 잡고 드래그하며 움직이면 가로/세로가 같이 커지거나 작아지고, 가로/세로의 크기만을 조절할 수 있습니다. 레이어 왼쪽/오른쪽의 비율이 변하지 않고 크기를 변화시키려면 **Shift** 를 누르고 크기를 조절하면 됩니다.

TIP : 레이어의 크기를 조절할 때 **Alt** 를 누르고 조절하면 레이어가 와이어 상태로 조절됩니다. 이것은 화면에 프리뷰가 느릴 때 사용하면 더욱 빠르게 작업을 진행할 수 있습니다.

■ 레이어 반전시키기

01. [Timeline] 패널이나 [Composition] 패널에서 [Scale]을 이용하여 레이어를 위쪽/아래쪽/왼쪽/오른쪽으로 반전시킬 수 있습니다. 왼쪽에 있는 오브젝트가 반전되어 오른쪽에 위치하거나, 위에 있는 그림이 아래로 보이도록 만듭니다. [Timeline] 패널에서 레이어를 선택하고 **S** 를 눌러 [Scale] 속성이 나타나도록 합니다. 초기에 설정되어 있는 크기는 가로와 세로가 100%로 설정되어 있습니다. 레이어의 링크를 해지한 [Scale]에서 가로, 또는 세로의 수치에 '–' 값을 입력하여 레이어를 반전시키면 위쪽/아래쪽/왼쪽/오른쪽으로 방향을 변경할 수 있습니다.

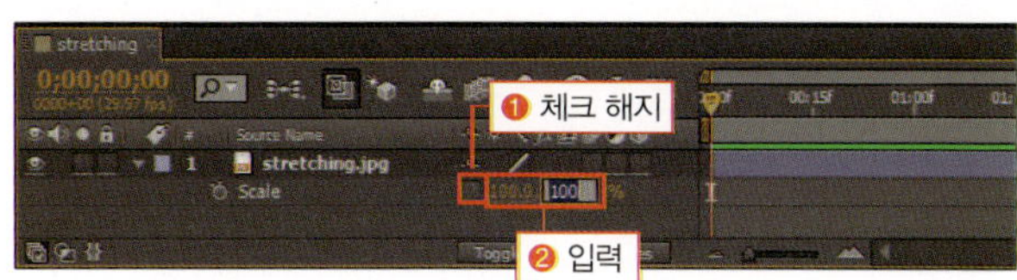

02. 레이어를 반전시키기 위해서 수치로 입력하지 않고 레이어의 모서리를 드래그하여 직접 반전 시킬 수도 있습니다. 그러나 드래그하면 원본 이미지와 동일한 비율로 제어하기 쉽지 않으므로 수치를 이용하는 것이 더욱 편리합니다.

▲ 원본 이미지(x : 100%, y : 100%)

▲ x : –100%, y : 100%(Flip Horizontal)

▲ x : 100%, y : –100%(Flip Vertical)

▲ x : –100%, y : –100%

■ 레이어 반전시키기

레이어를 반전시키거나 컴포지션보다 작은 레이어를 컴포지션과 동일한 크기, 또는 왼쪽/오른쪽, 위쪽/
아래쪽 크기를 맞추기 위해 [Timeline] 패널에서 레이어를 선택한 후 [Layer]−[Transform] 메뉴를 클
릭해 사용합니다.

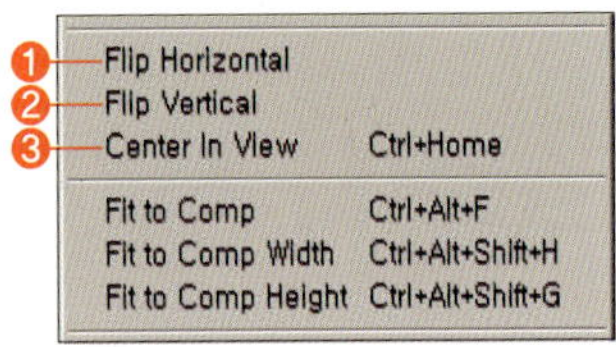

❶ Flip Horizontal : 레이어를 가로로 반전시킵니다.

❷ Flip Vertical : 레이어를 세로로 반전시킵니다.

❸ Center In View(Ctrl + Home) : 레이어가 중앙에 위치하지 않고 다른 곳에 있을 때 레이어를 중앙에
   위치시킵니다.

'Auto-keyframe'은 기존에 키프레임을 설정하는 것과 다르게 레이어의 속성을 변형하면 자동으로 키프레임이 생성되는 명령입니다.

■ Auto-keyframe mode(자동 키프레임 모드)

[Auto-keyframe](🕐)은 [Timeline] 패널의 위에 위치해 있으며 기본적으로 체크 해제되어 있으며, 체크해야 자동으로 키프레임을 설정합니다. [Auto-keyframe](🕐)을 체크하면 아이콘의 중앙이 빨간색(🕐)으로 변경되어 'Auto-keyframe mode'가 설정된 것을 알 수 있습니다.

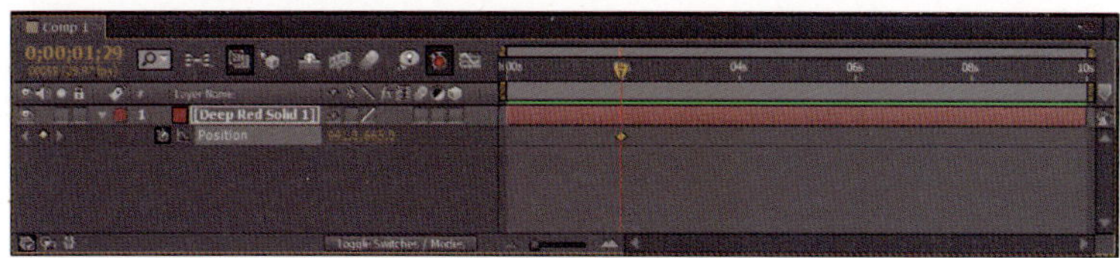

'Auto-keyframe mode'가 설정되어 있는 경우 레이어의 속성을 수정하면 자동으로 해당 초시계가 활성화되고 현재 시간에 키프레임이 추가됩니다. 'Auto-keyframe mode'가 해제되면 이전의 애프터 이펙트에서 적용되는 형태로 키프레임을 생성하면 됩니다.

■ [Timeline] 패널에서 레이어 속성 표시하고 숨기기

01. 레이어의 속성을 필요한 것만 나타나게 하거나 숨겨 프로젝트를 진행할 때 공간을 줄여 작업 속도를 더욱 빠르게 진행할 수 있습니다. 레이어의 모든 속성 그룹을 확장하거나 축소하려면 레이어 이름, 또는 속성 그룹 이름 왼쪽에 있는 삼각형을 클릭합니다. 여기서 속성 그룹은 레이어가 가지고 있는 속성들, 즉 [Mask], [Transform], [Material Options], [Layer Styles] 등을 말합니다.

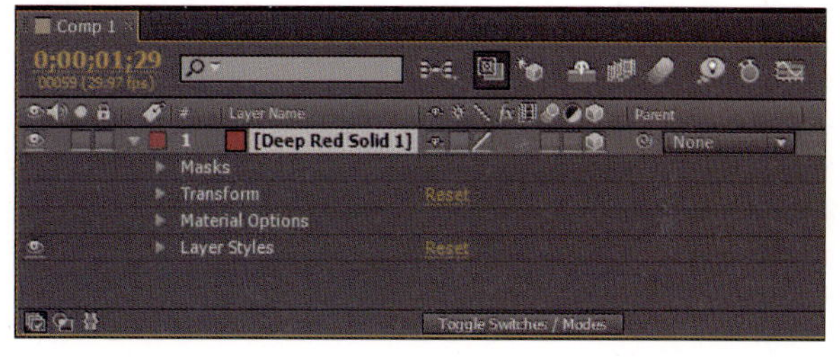

02. 레이어의 속성 그룹과 그 안에 포함된 모든 하위 그룹을 확장하거나 축소하려면 **Ctrl**을 누른 상태에서 레이어의 왼쪽 삼각형을 클릭합니다. 선택한 레이어의 모든 그룹을 확장하거나 축소하려면 **Ctrl**+****를 누릅니다.

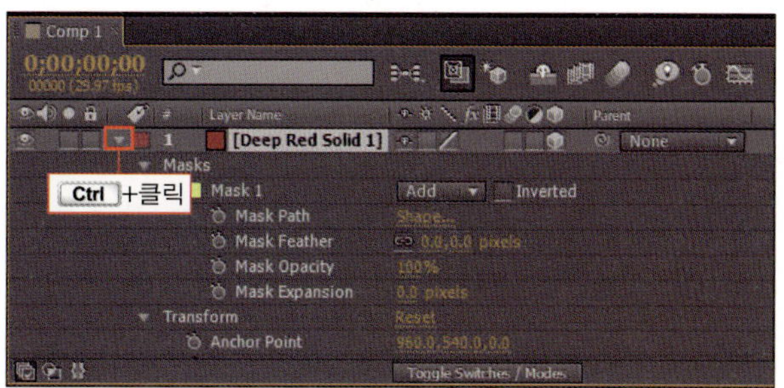

03. [Timeline] 패널에 이펙트 속성을 표시하려면
[Effect Control] 패널에서 적용한 이펙트 이름을 더
블클릭합니다.

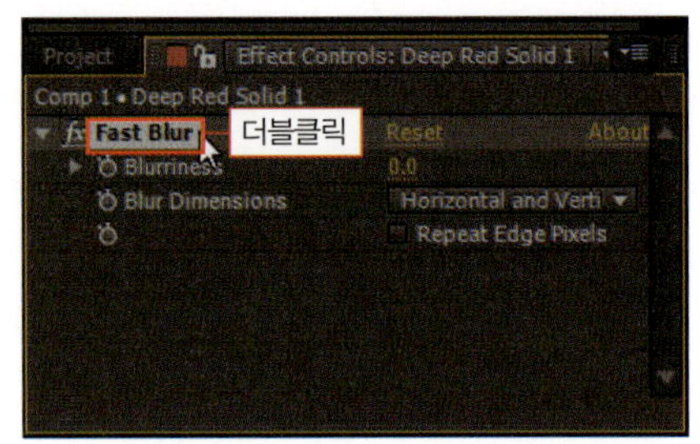

04. 레이어의 속성, 또는 속성 그룹을 숨기려면
[Timeline] 패널에서 **Alt** + **Shift** 를 누른 상태
에서 해당 속성의 이름을 클릭합니다.

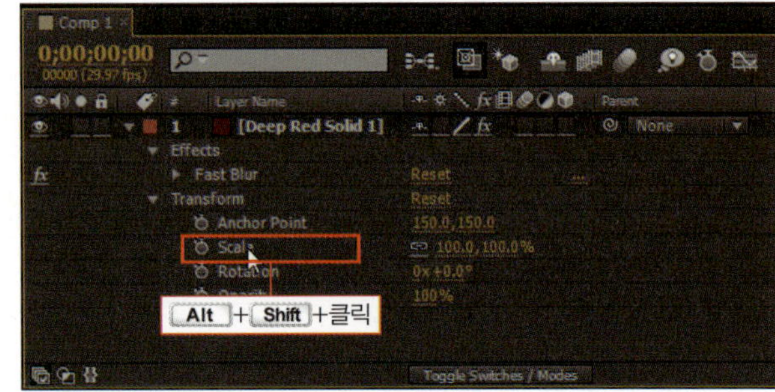

05. [Timeline] 패널에서 선택한 속성, 또는 속성 그룹만 표시하려면 **S** 를 2번 누릅니다.

06. [Timeline] 패널에서 표시된 속성 이외의 속성, 또는 속성 그룹을 추가하려면 **Shift** 를 누른 상태에서 해당 속성
또는 속성 그룹에 대한 단축키를 누릅니다.

07. 기본 속성 값에서 수정된 속성만 표시하려면 **U** 를 2번 누릅니다.

08. 키프레임, 또는 익스프레션이 있는 속성만 표시하려면 **U** 를 누릅니다.

[Timeline] 패널에서 레이어는 막대 형태를 나타내며 시간적인 요소를 가로로 표시합니다. 그래프 에디터(Graph Editor)는 레이어의 시간적인 요소와 세로로 표시되는 속성에 대한 변경 값을 그래프 요소로 나타냅니다.

01. 그래프 에디터에서 이펙트, 애니메이션의 키프레임, 레이어의 속성 등 수치에 대한 내용을 그래프로 확인할 수 있으며, 그래프는 드래그해 조절이 가능합니다. [Graph Editor](　)를 클릭하거나 **Shift** + **F3** 을 누르면 다음과 같이 [Timeline] 패널에 레이어에 설정된 값에 대한 제어가 가능한 그래프 에디터가 나타납니다.

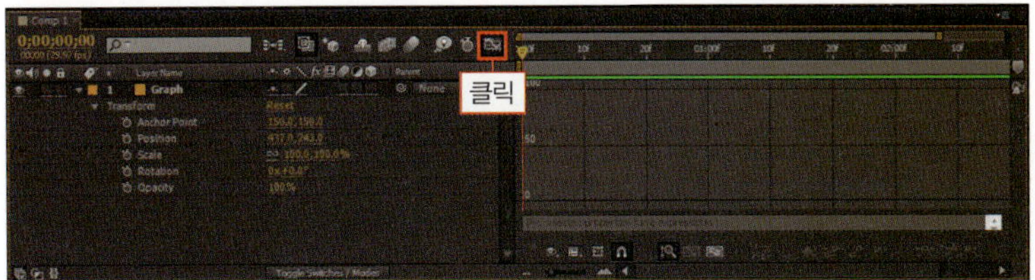

02. 그래프 에디터에서 각각의 속성은 고유한 곡선으로 나타나며, 속성을 하나씩 보면서 작업하거나 여러 속성을 동시에 보며 작업을 할 수 있습니다. 그래프 에디터에서 속성을 2개 이상 볼 때는 각 속성의 곡선이 레이어의 해당 속성 값과 동일한 색상으로 표시됩니다. 다음에서 위치를 나타내는 그래프는 분홍색, 크기를 나타내는 그래프는 주황색을 나타냅니다.

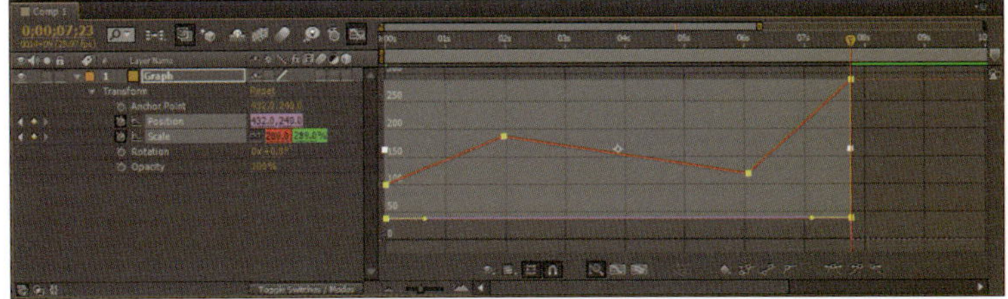

03. 그래프 에디터에서 아래의 [Video](　)를 체크해 선택된 메뉴에 따라 그래프에 속성이 나타나도록 합니다.

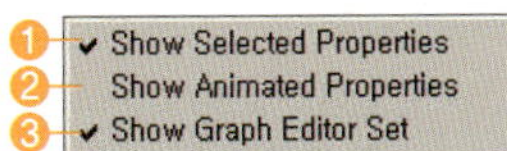

❶ **Show Selected Properties :** [Timeline] 패널에서 선택한 레이어의 속성을 그래프로 표시합니다.

❷ **Show Animated Properties :** [Timeline] 패널에서 선택한 레이어의 애니메이션이 설정된 속성을 그래프로 표시합니다.

❸ **Show Graph Editor Set :** 레이어의 그래프 에디터 스위치에서 선택한 속성을 그래프로 표시합니다.

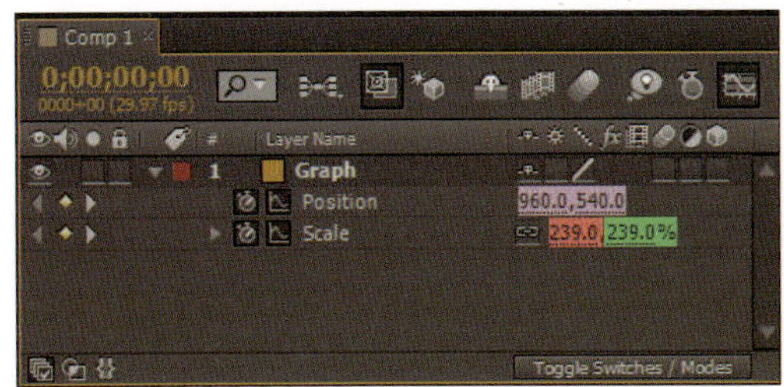

04. 그래프 에디터의 아래쪽에 있는 [Graph type and options](■)은 그래프의 모양과 옵션을 설정합니다. 클릭하면 다음과 같은 메뉴들이 나타납니다. 선택된 옵션에 따라 그래프의 모양이나 속성이 다릅니다.

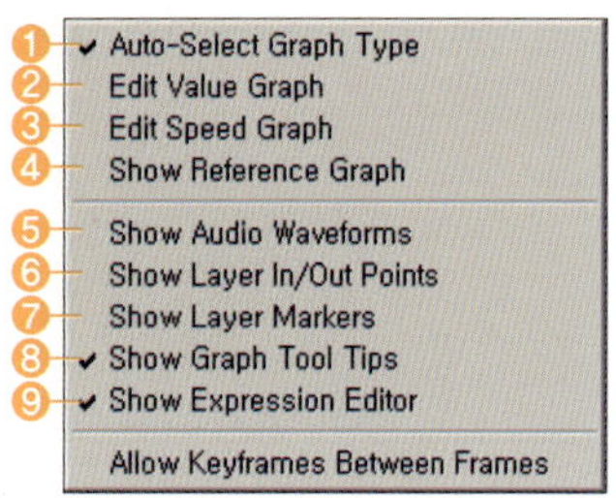

❶ **Auto-Select Graph Type** : 선택한 속성의 유형에 따라 'Value Graph'와 'Speed Graph'를 자동으로 선택해 나타내 줍니다. 위치와 같이 공간 속성인 경우 'Speed Graph'가 사용됩니다.

❷ **Edit Value Graph** : 모든 속성이 값의 변화에 따라 나타나는 'Value Graph'로 표시됩니다.

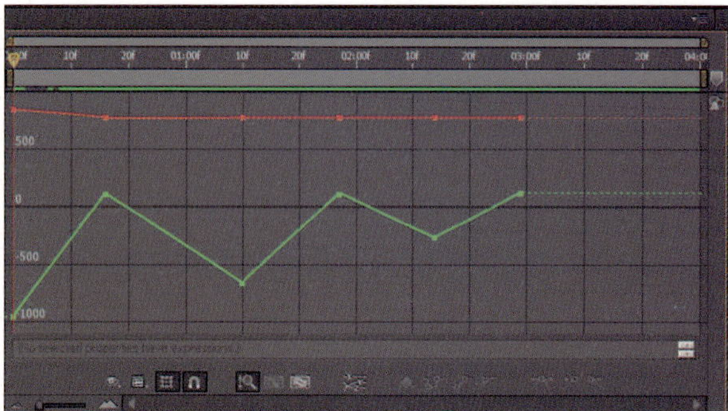

❸ **Edit Speed Graph** : 모든 속성이 직선과 직선으로 표시되는 'Speed Graph'로 표시됩니다.

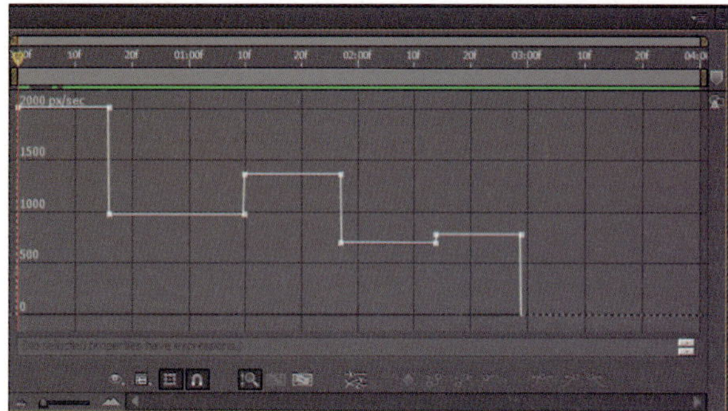

❹ **Show Reference Graph** : 하나의 그래프 형식이 선택되면 선택된 그래프 형태 이외의 그래프가 배경에 나타납니다. 이것은 선택은 되지 않고 그래프의 형태를 참조하여 작업을 지행할 수 있도록 도와줍니다. 그래프 에디터의 오른쪽에 나타나는 회색 숫자는 참조 그래프에 대한 값을 나타냅니다.

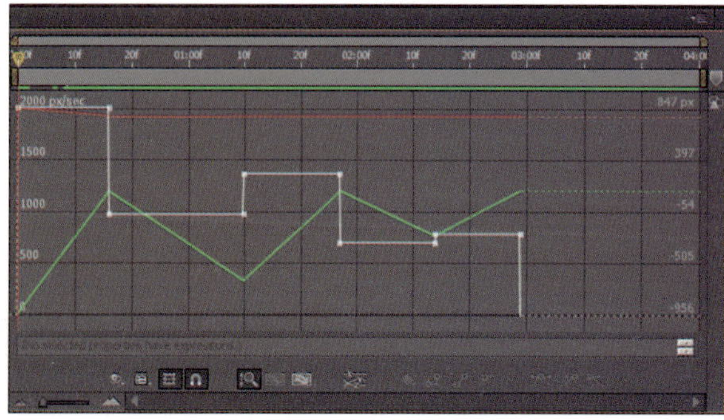

❺ **Show Audio Waveforms** : 패널에 오디오 웨이브폼이 나타나도록 하며, 웨이브폼이 나타나도 다른 속성에 대한 그래프를 확인할 수 있습니다.

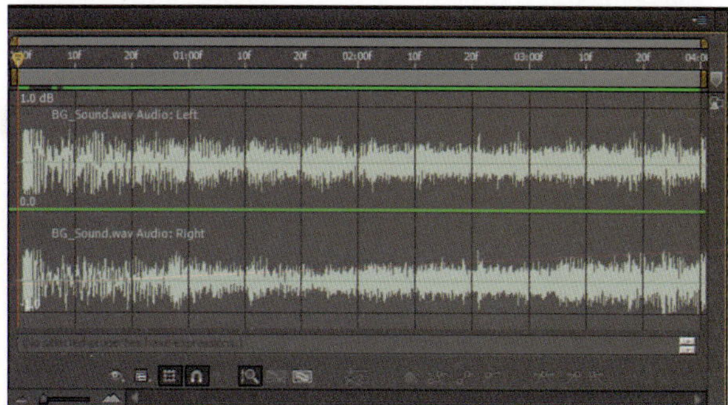

❻ **Show Layer In/Out Points** : 레이어의 처음 In점과 Out점을 확인할 수 있도록 그래프에 표시합니다.

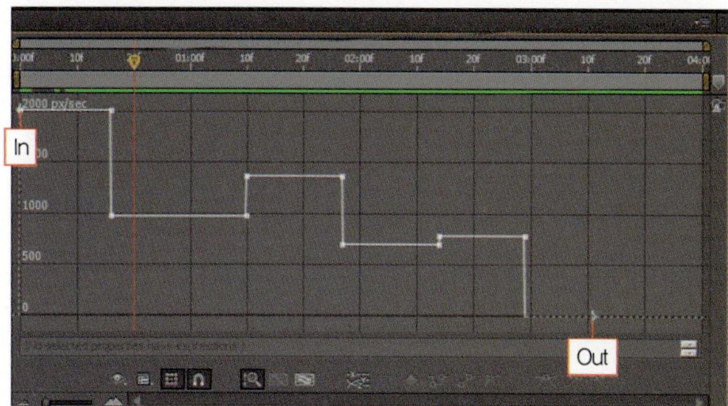

❼ **Show Layer Markers** : 레이어에 설정된 마커가 그래프에 나타나도록 합니다.

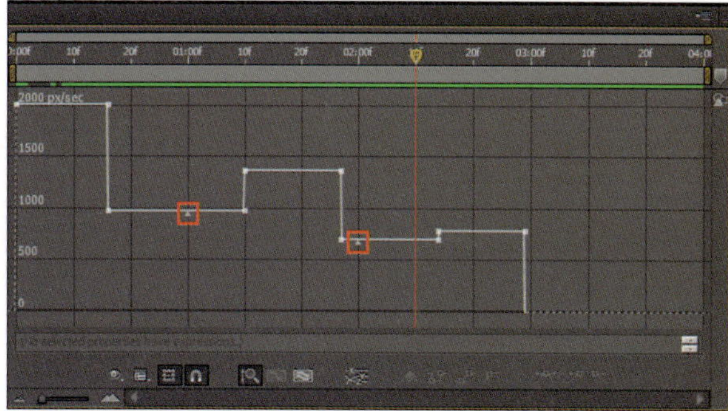

❽ **Show Graph Tool Tips** : 마우스 포인터를 그래프의 선에 가까이 가지고 갔을 때 정보가 나타나도록 합니다. 위치와 크기 등에 대한 수치가 변화했으면 마우스 포인터가 위치한 부분에 변화된 값을 나타냅니다.

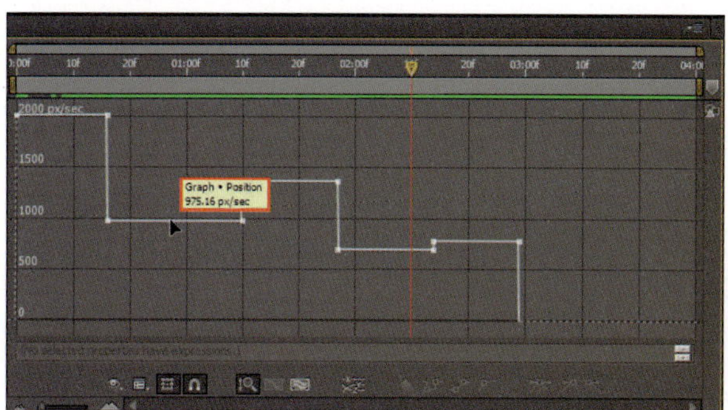

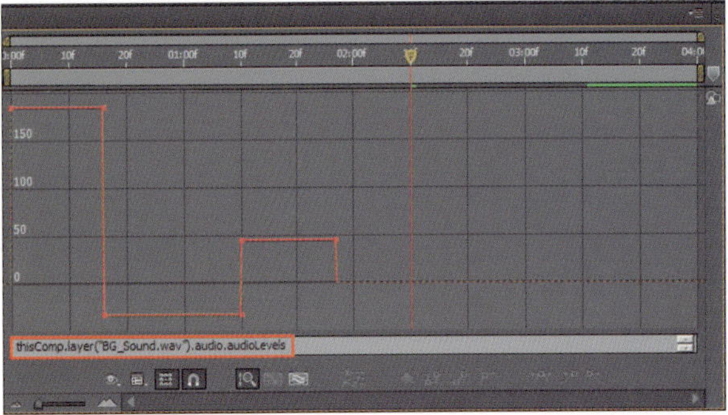

05. 그래프 에디터의 아래쪽에 있는 아이콘의 기능은 다음과 같습니다.

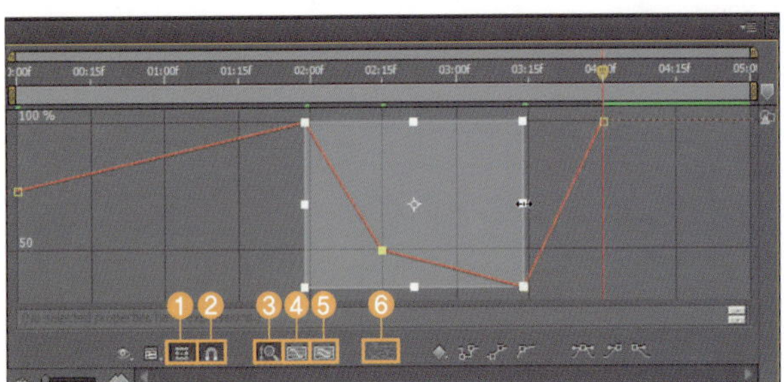

❶ **Transform Box(▦)** : 키프레임이 생성된 영역을 선택했을 때 제어할 수 있는 상자를 나타냅니다. 속성이 변화된 레이어의 키프레임이 선택된 상태에서 키프레임 라인을 선택하거나, 속성을 다시 선택하면 트랜스폼 박스가 생성됩니다. 각 포인트를 잡고 위치를 이동하거나 전체를 이동할 수 있습니다. 마우스로 선을 선택하여 키프레임이 생성된 일부 영역을 선택할 수 있고, **Shift** 를 눌러 다음 키프레임까지의 영역을 선택할 수 있습니다.

❷ **Snap(▣)** : 그래프 에디터에서 키프레임을 드래그할 때 다른 프레임 가까이 가져가면 자석과 같이 붙는 상태로 만들어 줍니다.

❸ **Auto-zoom graph height(▣)** : 체크되어 있으면 그래프 에디터에서 그래프의 높이가 변했을 때 자동으로 위/아래 높이를 그래프의 높이에 맞추어 줍니다.

❹ **Fit Selection(▣)** : 선택된 키프레임 그래프를 타임라인의 가로(시간)와 세로(값)에 맞도록 설정해 줍니다.

❺ **Fit All(▣)** : 키프레임 전체 그래프를 타임라인의 가로(시간)와 세로(값)가 모두 나타나도록 설정해 줍니다.

❻ **Separate Dimensions(▣)** : 레이어의 속성 중의 [Position]에 대한 축을 가지고 있습니다. 2차원과 3차원으로 구분하여 속성을 개별적으로 구분할 수 있습니다. 즉 구성 요소를 X, Y, Z 위치와 같은 개별 속성으로 구분할 수 있습니다. 개별적으로 속성을 구분하면 X, Y, Z축에 따라 개별적으로 레이어의 위치를 수정하거나 애니메이션을 적용할 수 있습니다.

▲ 단일 속성

▲ 개별 속성일 때 'Separate Dimensions' 체크 후

06. [Edit selected keyframes]( )은 그래프에서 키프레임이 선택되었을 때 사용하거나, 그래프 에디터가 아닌 레이어의 키프레임에서 마우스 오른쪽 버튼을 클릭하여 사용할 수 있습니다.

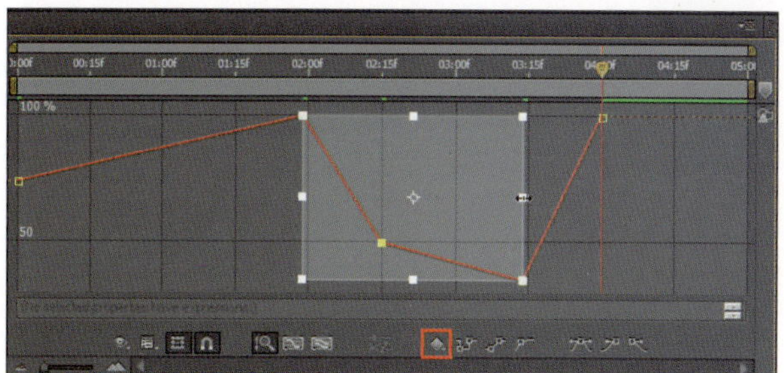
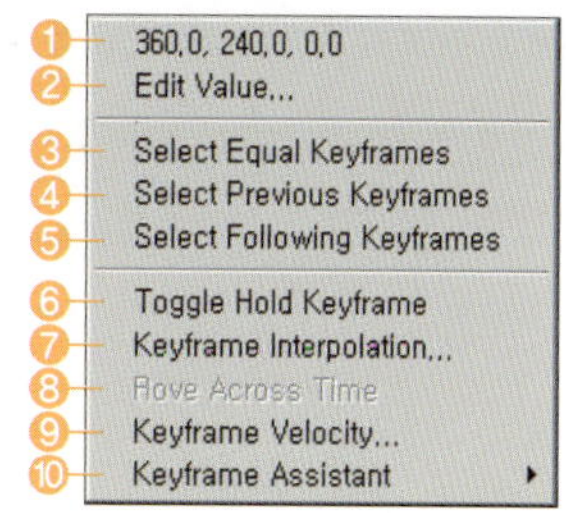

① **수치(360.0, 240.0, 0.0)** : 선택된 키프레임의 값을 나타냅니다. 선택된 키프레임의 속성에 따라 값은 다르게 나타납니다.

② **Edit Value** : 키프레임 값을 수정할 수 있습니다. 대화상자의 [Units]에서 'pixels', 'inches', 'millimeters', '%' 등의 단위로 변경하여 사용할 수 있습니다.

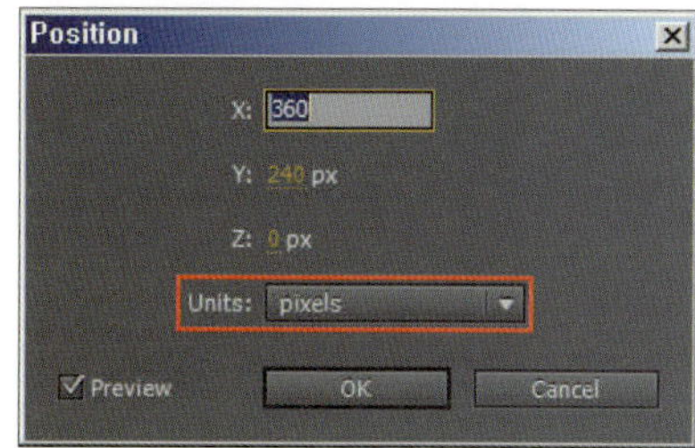

③ **Select Equal Keyframes** : 현재 선택한 속성과 값이 동일한 모든 키프레임을 선택합니다.

④ **Select Previous Keyframes** : 현재 선택한 키프레임 앞에 있는 모든 키프레임을 선택합니다.

⑤ **Select Following Keyframes** : 현재 선택한 키프레임 뒤에 있는 모든 키프레임을 선택합니다.

⑥ **Toggle Hold Keyframe** : 현재의 키프레임이 다음 키프레임에 도달할 때까지 속성 값을 현재 키프레임 값으로 고정시킵니다.

⑦ **Keyframe Interpolation** : 선택한 키프레임을 직선과 곡선으로 변경할 수 있습니다.

⑧ **Rove Across Time** : 선택한 키프레임의 바로 앞이나 뒤에 있는 키프레임의 위치에 따라 선택한 키프레임의 시간 위치를 자동으로 조절하여 선택한 키프레임의 비율을 변경하여 부드럽게 처리해줍니다.

⑨ **Keyframe Velocity** : 각 속성에 대한 키프레임 속도 대화상자를 엽니다.

⑩ **Keyframe Assistant** : 키프레임을 보완해주는 기능들을 포함하고 있습니다.

07. 키프레임을 멈추거나 조절하는 기능을 가진 아이콘의 기능은 다음과 같습니다.

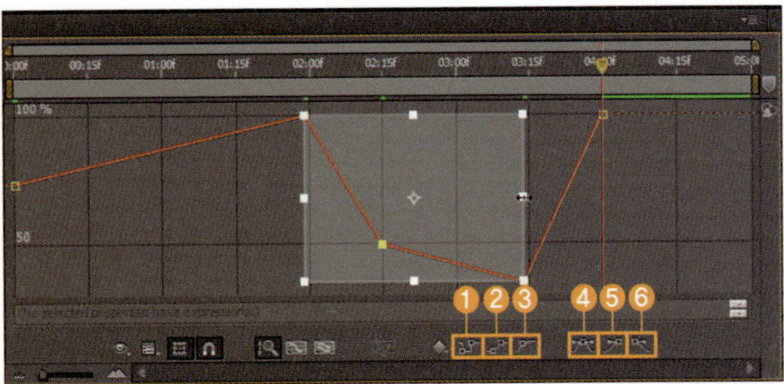

❶ **Keyframes to Hold(   )** : 키프레임을 멈추게 하는 기능으로 선택된 키프레임에서 다음 키프레임까지 움직임을 그
대로 유지시키도록 그래프를 변경합니다. 'Toggle Hold Keyframe'과 동일한 명령입니다.

❷ **Keyframes to Linear(   )** : 선택된 모든 키프레임을 직선으로 변경합니다. 곡선의 움직임을 직선으로 변경하는 역
할을 합니다.

❸ **Keyframes to Auto Bezier(   )** : 키프레임이 Linear 상태, 즉 직선의 상태를 곡선으로 변경합니다. 직선이 곡선으로
만들어지며 키프레임의 양쪽에 키프레임을 제어할 수 있는 핸들이 나타납니다.

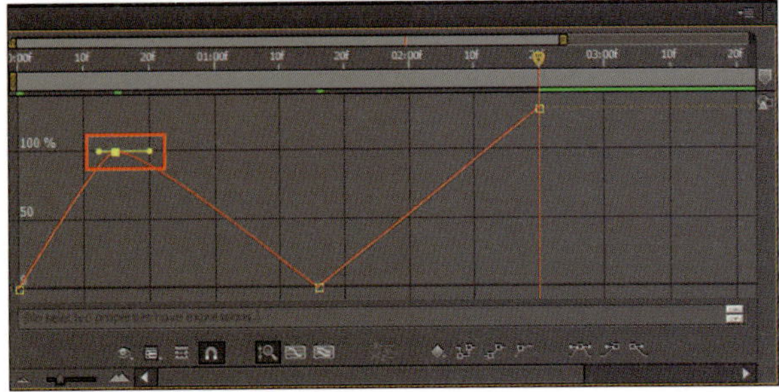

❹ **Easy Ease(   )** : 키프레임의 In/Out 스피드를 자동으로 조절해 줍니다. 이것은 같은 프레임 내에서 움직이는 오브
젝트의 스피드를 천천히 들어오게 하고 천천히 나가게 하여 급하게 변하는 부분을 부드럽게 처리해 줍니다. 레이어
에 설정된 키프레임을 드래그하여 선택하고 F9 를 눌러 단축키를 사용할 수 있습니다.

❺ **Easy Ease In(   )** : 키프레임의 In 스피드를 자동으로 천천히 들어가도록 조절해 줍니다.

❻ **Easy Ease Out(   )** : 키프레임의 Out 스피드를 자동으로 천천히 나가도록 조절해 줍니다.

새롭게 추가할 수 있는 레이어

애프터 이펙트에서 새롭게 만들어 사용할 수 있는 오브젝트는 많지 않습니다. 애프터 이펙트는 외부 프로그램에서 만들어 주로 컬러 보정, 합성, 모션을 적용하는 것이 기본이기 때문입니다. 그래도 초기 버전보다는 새롭게 생성할 수 있는 것들이 추가되었습니다. 기본적으로 만들 수 있는 오브젝트는 널 오브젝트, 가이드 레이어, 조정 레이어, 텍스트, 솔리드, 셰이프 레이어, 라이트, 카메라 등이 있습니다.

기초탄탄 ▶ 프로젝트에 도움을 주는 레이어 알아보기

■ 널 오브젝트 `199P`

프로젝트를 진행할 때 다양한 파일들이 필요하며, 이러한 파일들과 함께 제작에 많은 도움을 주는 다양한 레이어들이 있습니다. '널 오브젝트(Null Object)'는 [Timeline] 패널에 존재하지만 렌더링할 때 나타나지 않으며, 다른 레이어들을 도와 움직임, 크기, 이펙트, 스크립트 등 다양한 방법으로 사용할 수 있습니다.

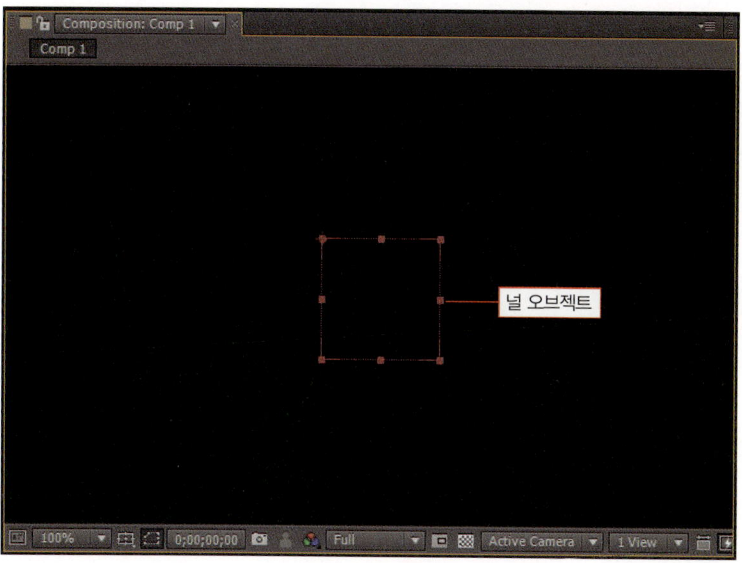

① 가이드 레이어(Guide Layers) : '가이드 레이어(Guide Layers)'는 참조하기 위한 레이어로 렌더링 시 나타나지 않으며 일반 레이어를 가이드 레이어로 선택해 사용할 수 있습니다.

② 솔리드 레이어(Solid Layer) : '솔리드 레이어(Solid Layer)'는 애프터 이펙트에서 가장 많이 사용하는 레이어로 단색 컬러를 지닌 오브젝트입니다. 레이어에 이펙트를 적용하거나 독립된 오브젝트로 사용하는 경우 많이 사용됩니다.

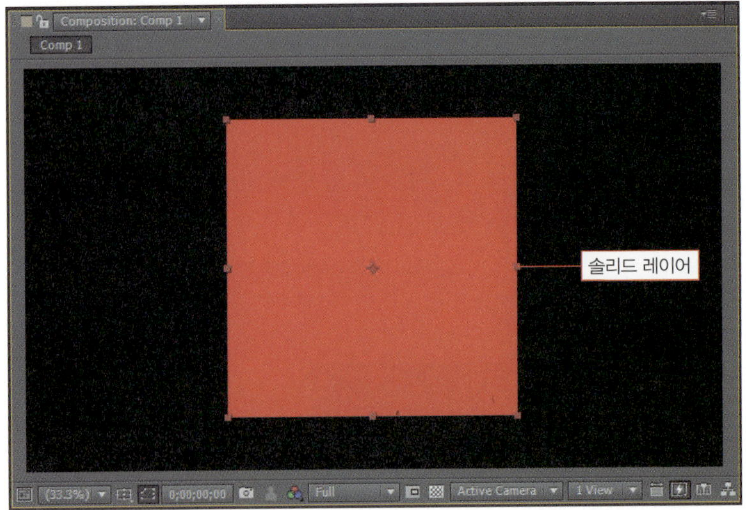

③ 셰이프 레이어(Shape Layer) : '셰이프 레이어(Shape Layer)'는 솔리드 레이어와 동일하게 도형을 만들수 있지만, 솔리드 레이어와 다르게 다양한 도형을 만들 수 있으며 다양한 변형이 가능합니다.

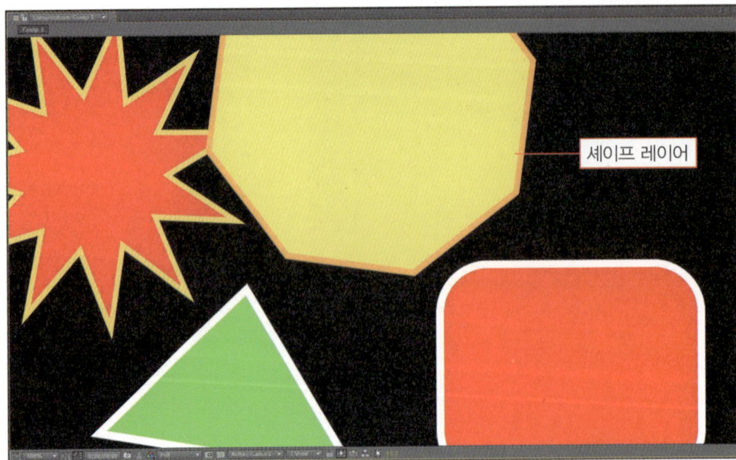

'널 오브젝트(Null Object)'는 다른 레이어의 모든 속성을 포함하고 있지만, 컴포지션에 나타나지 않는 레이어로 다른 레이어의 길잡이로 사용할 수 있으며 다른 레이어와 마찬가지로 속성을 조정하고 애니메이션을 적용하는 방법은 동일합니다. 투명한 레이어로 다른 레이어를 가리거나 다른 레이어에 직접적인 영향을 미치지 않습니다. 널 오브젝트를 만들면 작은 크기의 상자가 만들어지며, 다른 레이어와 링크를 설정하여 주로 사용합니다.

예제 파일 | CD\PART 03\010_Example Project의 Comp 1 컴포지션

01. 새로운 오브젝트를 추가하기 위해 [Layer]–[New]–[Null Object](**Ctrl** + **Alt** + **Shift** + **Y**) 메뉴를 클릭하거나, [Timeline] 패널이나 [Composition] 패널에서 마우스 오른쪽 버튼을 클릭하여 'New'–'Null Object'를 선택하여 만들 수 있습니다.

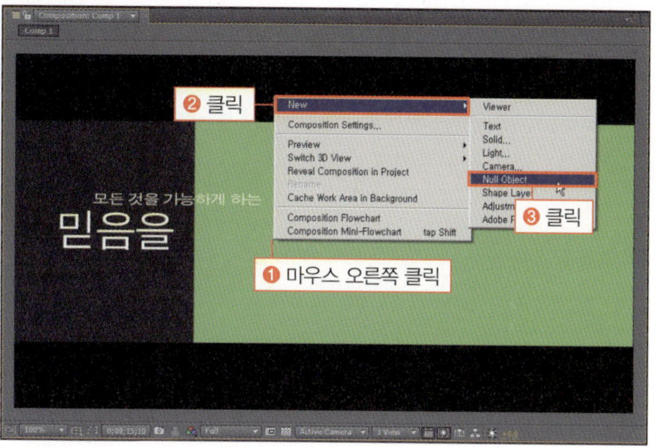

02. 널 오브젝트를 만들면 [Timeline] 패널에 'Null x'라는 이름으로 레이어가 생성됩니다. [Composition] 패널에 나타난 널 오브젝트는 레이어에 아무것도 없고 단지 투명한 사각 형태의 레이어가 만들어집니다. 널 오브젝트는 가로 100pixels, 세로 100pixels의 크기로 만들어지며, 레이어의 중심은 왼쪽 위에 위치합니다.

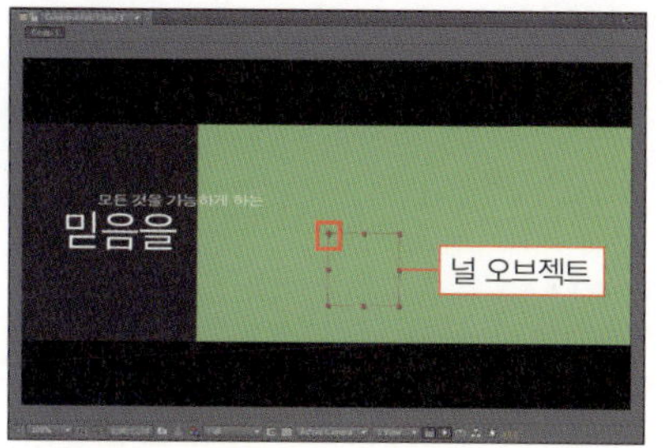

03. 널 오브젝트의 중심점을 옮기기 위해서는 툴 박스에서 [중심 이동 툴](아이콘)을 선택하고 널 오브젝트의 중심 포인트를 잡고 드래그하여 중심점을 이동하면 됩니다. 다른 방법으로는 [Timeline] 패널의 레이어 속성에서 앵커 포인트의 좌표 값을 입력하여 포인트를 이동할 수 있습니다. 좌표 값을 변경하면 레이어의 위치가 이동하며 포인트는 이동하지 않습니다. 앵커 포인트도 다른 속성과 마찬가지로 키프레임을 설정하여 움직임의 변화를 줄 수 있습니다.

'가이드 레이어(Guide Layer)'는 다른 작업을 진행하는 동안 참조할 수 있는 레이어로 존재합니다. '조정 레이어(Adjustment Layer)'는 일반 레이어를 변경하여 사용하거나 별도로 레이어를 만들어 사용할 수 있으며, 이펙트를 적용해 아래의 모든 레이어에 적용할 때 사용합니다.

■ 작업을 도와주는 가이드 레이어

01. 가이드 레이어는 시각적으로 참조하기 위한 안내자 역할을 합니다. 가이드 레이어는 최종 결과물을 렌더링할 때 렌더링되지 않지만, 렌더링이 필요한 경우 컴포지션의 렌더링 설정을 변경하여 렌더링할 수 있습니다. 가이드 레이어는 [Timeline] 패널에서 가이드 레이어, 또는 해당 파일의 이름 옆에 표시됩니다.

TIP : 가이드 레이어는 다른 레이어와 같이 새롭게 만들어지는 것이 아니고 기존에 생성된 레이어를 가이드 레이어로 사용합니다.

02. [Timeline] 패널에서 선택한 레이어를 안내선 레이어로 변환하려면 레이어를 선택하고 [Layer]-[Guide Layers] 메뉴를 클릭합니다.

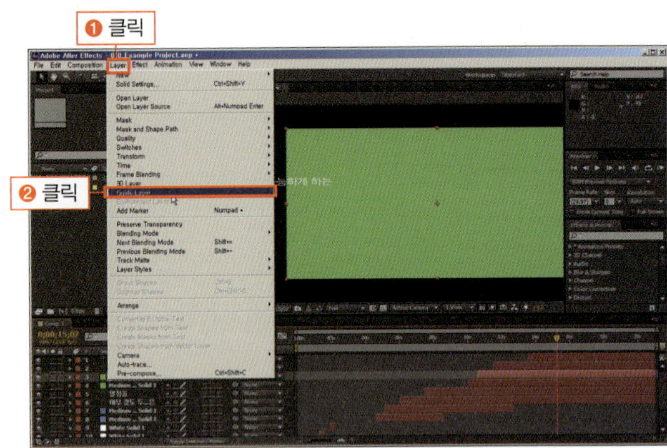

03. 최종 렌더링할 때 가이드 레이어를 포함하여 컴포지션을 렌더링하려면 [Render Setting] 대화상자에서 [Guide Layers]를 'Current Setting'으로 선택하고 렌더링합니다.

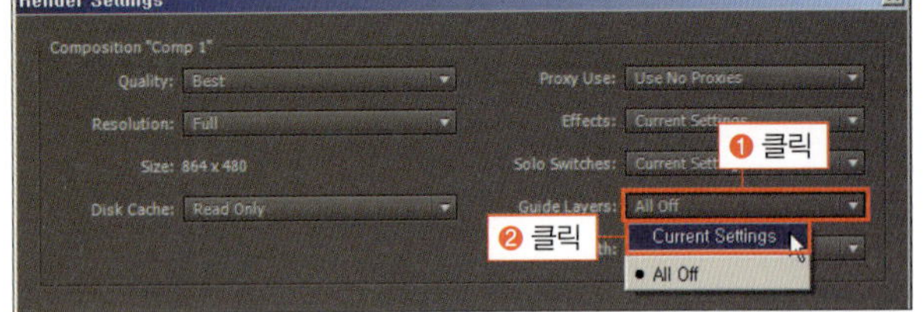

TIP : [Render Setting] 대화상자는 [Composition]-[Add to Render Queue](**Ctrl** + **M**) 메뉴를 클릭해 [Render Queue] 패널에서 'Best Settings'을 클릭해 불러옵니다.

문제 해결 : [Guide Layers]가 'All Off'로 설정되어 있으면 가이드 레이어는 렌더링되지 않습니다.

01. 레이어에 효과를 적용하면 해당 레이어에만 효과가 적용되고 다른 레이어에는 적용되지 않습니다. 하지만 조정 레이어는 [Timeline] 패널에서 조정 레이어의 아래에 위치한 전체 레이어에 효과를 한꺼번에 적용할 때 유용하게 사용됩니다. 투명 레이어만 있는 조정 레이어를 만들기 위해서는 [Layer]-[New]-[Adjustment Layer](Ctrl + Alt + Y) 메뉴를 클릭하거나 [Timeline] 패널이나 [Composition] 패널에서 오른쪽 마우스 버튼을 클릭하고 'New'-'Adjustment Layer'를 선택합니다.

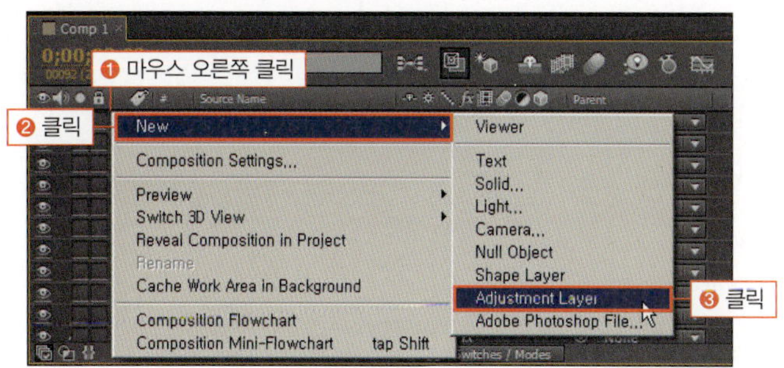

02. 조정 레이어는 레이어 속성과 함께 키프레임이나 익스프레션 등을 사용하는 것은 다른 레이어와 같은 방식으로 사용됩니다. 조정 레이어는 [Timeline] 패널에서 다른 레이어와 마찬가지로 하나의 레이어로 존재하지만 [Composition] 패널에는 투명하여 보이지 않습니다. 조정 레이어는 다음과 같이 [Adjustment Layer](◉)가 체크되어 있는 상태로 나타나게 됩니다. 체크 해지하면 일반 솔리드 레이어와 같이 흰색의 레이어로 변경됩니다.

03. 조정 레이어는 새롭게 추가로 만들지 않고 기존의 레이어를 사용할 수도 있습니다. 조정 레이어로 변경하기 위해서는 변경하고자 하는 레이어를 선택하고 [Adjustment Layer](◉)를 체크하여 사용합니다.

04. 조정 레이어 아래쪽에 있는 레이어 중 일부에만 효과를 적용하려면 조정 레이어의 크기를 조절하거나 마스크를 사용합니다.

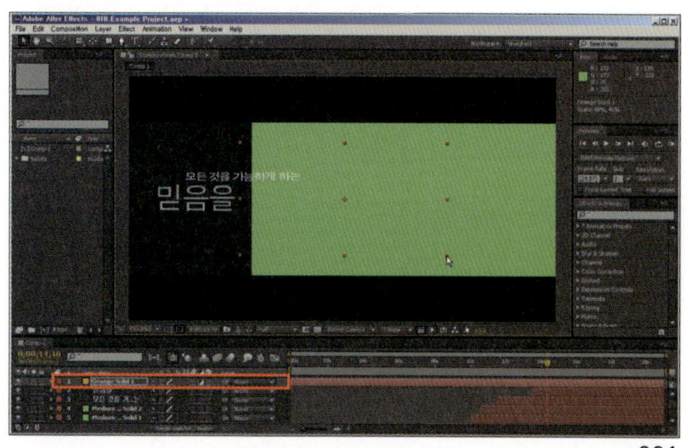

솔리드는 색상을 포함한 오브젝트이며, 단색을 사용해 오브젝트로 사용하기도 하고 다른 이펙트 적용을 위한 보조 오브젝트로 사용되기도 합니다. '솔리드 레이어(Solid layer)'는 최대 30,000×30,000pixels 의 크기로 만들 수 있습니다.

01. 솔리드 레이어를 만드는 방법은 총 3가지 가 있습니다. 첫 번째는 [Layer]–[New]–[Solid] (**Ctrl** + **Y**) 메뉴를 클릭하는 방법입니다. 솔리드 레이어를 만들기 위해서는 [Timeline] 패널이 선택된 상태에서 솔리드를 만들어야 합니다.

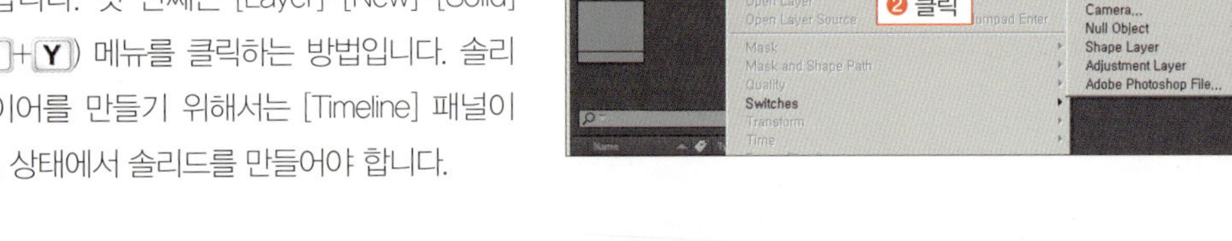

02. 두 번째는 [Timeline] 패널에서 마우스 오른쪽 버튼을 클릭하여 'New'–'Solid'를 선택하는 방법입니다.

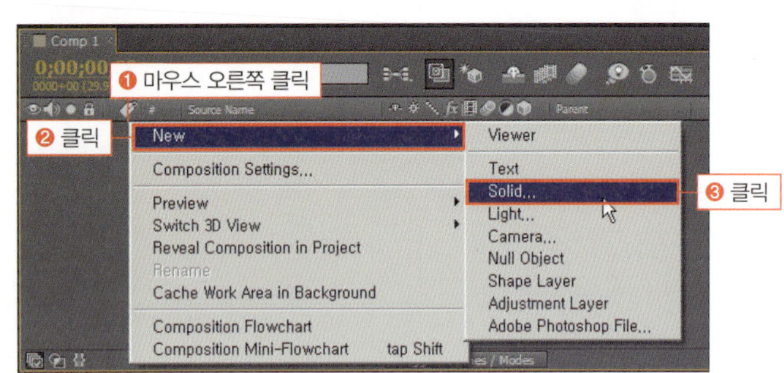

03. 세 번째는 [Composition] 패널에서 마우스 오른쪽 버튼을 클릭하고 'New'–'Solid'를 선택하는 방법입니다.

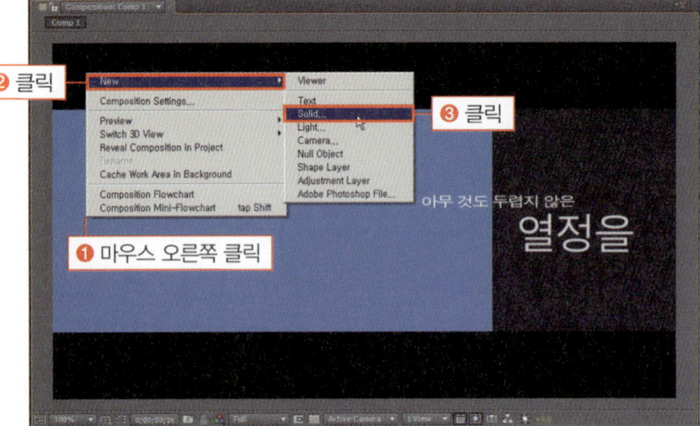

04. 위 3가지 방법을 통해 'Solid'를 선택하면 다음과 같은 [Solid Settings] 대화상자가 나타납니다. 기능은 다음과 같습니다.

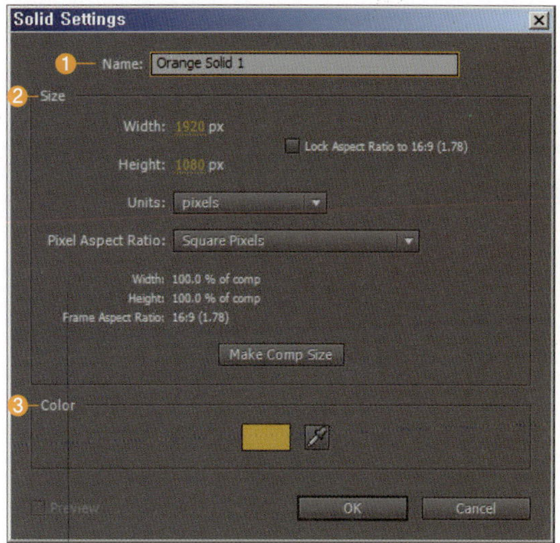

❶ Name : 솔리드 색상을 어떠한 것을 선택했는가에 따라 솔리드 색상 다음에 'Solid'라는 이름으로 자동 부여됩니다.

❷ Size : 자신이 만들고자 하는 크기의 가로와 세로 수치를 입력하면 됩니다. 만약 컴포지션과 동일한 사이즈의 솔리드를 만들고자 한다면 [Make Comp Size] 단추를 클릭합니다. [Make Comp Size] 단추를 클릭하면 컴포지션의 크기와 같은 사이즈로 가로와 세로의 수치가 변하게 됩니다.

❸ Color : 솔리드의 색상을 변경합니다.

05. 새롭게 만들어지는 솔리드의 색상을 변경하기 위해 [Color]에서 색상표를 클릭하면 [Solid Color] 대화상자가 나타납니다. 자신이 원하는 색상을 선택하고 [OK] 단추를 클릭하여 색상을 변경합니다. 색상 옆의 스포이트를 선택하고 윈도우에서 원하는 부분의 색상을 추출할 수도 있습니다.

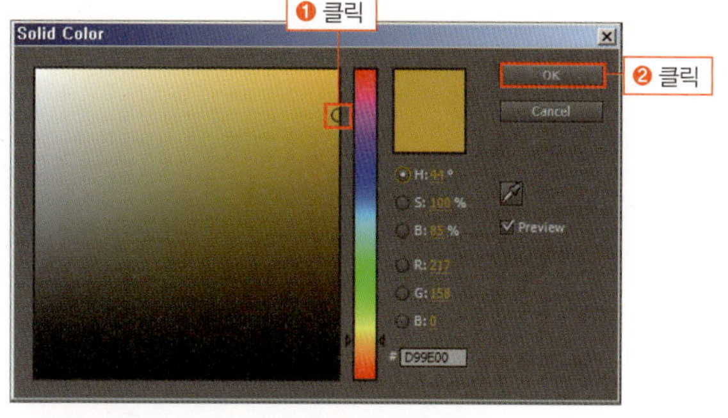

06. 새롭게 만들어진 솔리드 레이어는 [Project] 패널과 [Timeline] 패널에 나타나게 됩니다. [Project] 패널에는 'Solids' 폴더가 하나 생성이 되며 새롭게 만들어진 모든 솔리드는 'Solids' 폴더에 존재하게 됩니다.

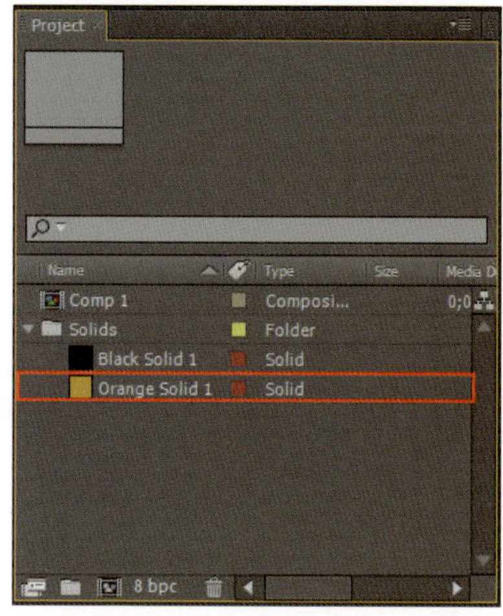

07. [Timeline] 패널에 새로운 레이어로 솔리드
레이어가 생성되고 대화상자에서 선택한 색상으
로 아이콘이 표시됩니다.

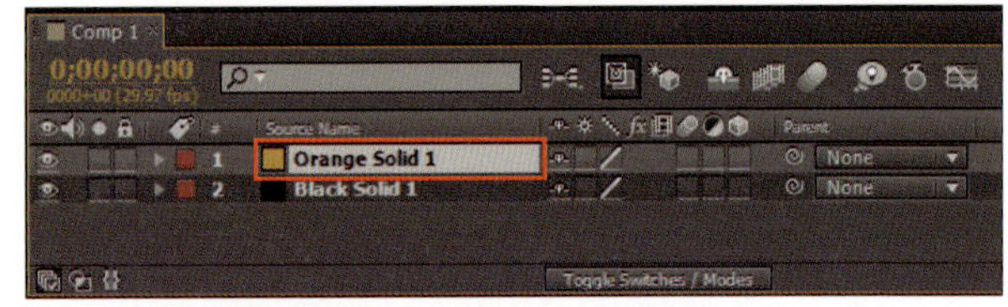

08. 새롭게 솔리드를 만들고 솔리드의 색상이
마음에 들지 않거나, 크기를 조정하고 싶을 때
는 솔리드의 설정 값을 다시 조정할 수 있습니
다. 솔리드의 설정 변경은 [Layer]—[Solid Settings]
(**Ctrl** + **Shift** + **Y**) 메뉴를 클릭합니다. 물론
[Timeline] 패널에서 솔리드 레이어를 선택하고 명
령을 적용해야 [Solid Settings] 대화상자가 나타납
니다.

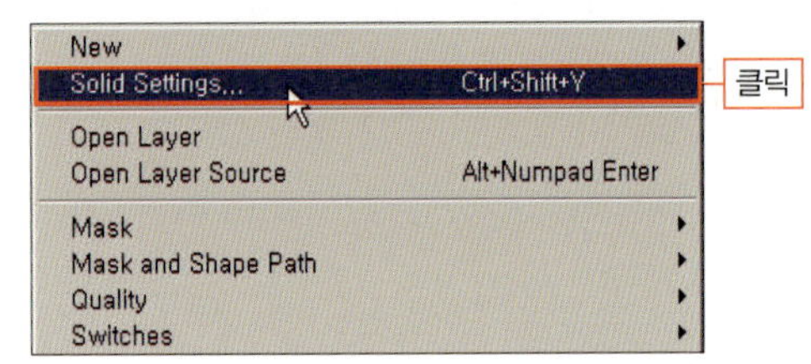

09. [Timeline] 패널에서 레이어를 선택하고 솔
리드 레이어를 복제하여 동일한 솔리드 레이어
가 하나 더 만들어 졌을 때는 추가적인 내용을 속
성에서 확인할 수 있습니다. 복제된 솔리드 레
이어를 선택하고 [Layer]—[Solid Settings](**Ctrl**
+ **Shift** + **Y**) 메뉴를 클릭하면 솔리드의 속성을
변경할 수 있는 [Solid Settings] 대화상자 나타납
니다. 'Affect all layer that use this solid'를 체크하고
[New] 단추를 클릭하면 복제된 솔리드 레이어의
모든 속성이 현재 설정하는 속성과 동일하게 변
경됩니다.

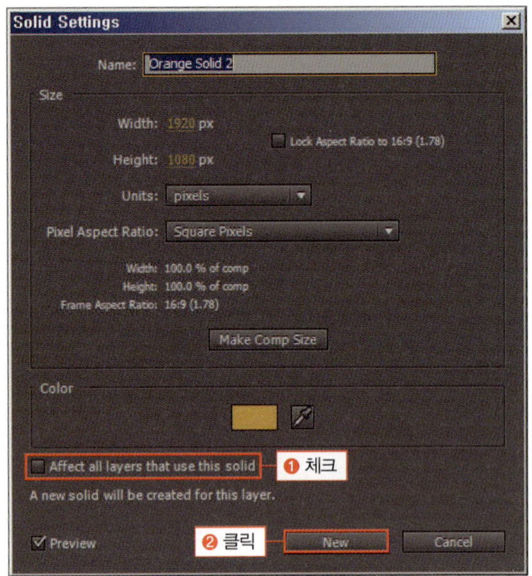

TIP : 복제된 솔리드 레이어의 [Solid Setting] 대화상자는 아래쪽의 'Affect all layer that use this solid'가 체크할 수 있도록 활성이 됩니다.
솔리드가 복제되지 않은 상태의 솔리드에서는 체크할 수 없는 비활성 상태로 나타납니다. 이것은 이와 동일하게 사용되고 있는 모든 레이
어에 지금 변경하는 레이어의 모든 설정을 적용하라는 명령입니다. 체크하지 않고 [New] 단추를 클릭하면 원래의 동일한 솔리드에는 적용
되지 않고 선택한 레이어의 속성만 변경됩니다.

새롭게 만들 수 있는 오브젝트에 셰이프 레이어, 라이트와 카메라 레이어가 있습니다. 셰이프 레이어는 솔리드 레이어와 같이 단색이나 그레이디언트의 오브젝트를 만듭니다. 솔리드 레이어와 다르게 다양한 도형을 만들 수 있으며 다양한 변형이 가능합니다.

01. 셰이프 레이어는 툴 박스에서 [펜 툴]( )이나 도형 툴을 사용해 [Composition] 패널에서 만들 수 있습니다. [Layer]–[New]–[Shape Layer] 메뉴를 클릭하면 [Timeline] 패널에 레이어가 생성되고, [Composition] 패널에서 레이어를 드래그하여 만들 수 있습니다.

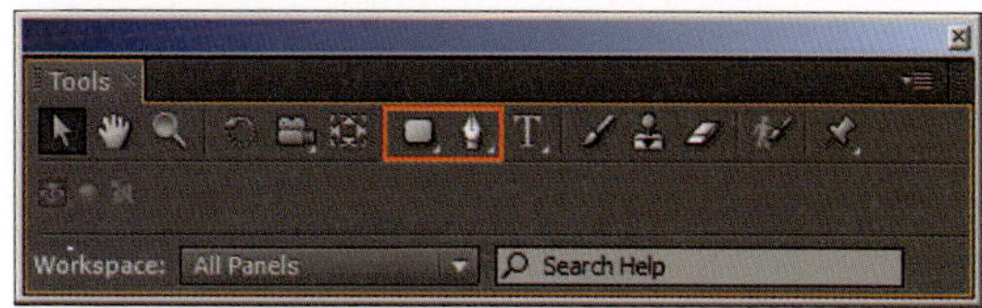

02. 라이트와 카메라 레이어는 [Composition] 패널에서 3D 레이어에 적용되며, [Timeline] 패널에서 3D 레이어를 생성해야 제대로 기능을 사용할 수 있습니다. 다른 레이어를 만드는 것과 동일한 방법으로 [Layer]–[New]–[Light](**Ctrl** + **Alt** + **Shift** + **L**)/[Camera](**Ctrl** + **Alt** + **Shift** + **C**) 메뉴를 클릭하거나, [Timeline] 패널의 빈 공간에서 마우스 오른쪽 버튼을 클릭하고 'New'–'Light' 또는 'Camera'를 선택하면 됩니다. 셰이프 레이어, 카메라와 라이트에 대한 더욱 자세한 내용은 뒤에서 다시 다루도록 합니다.

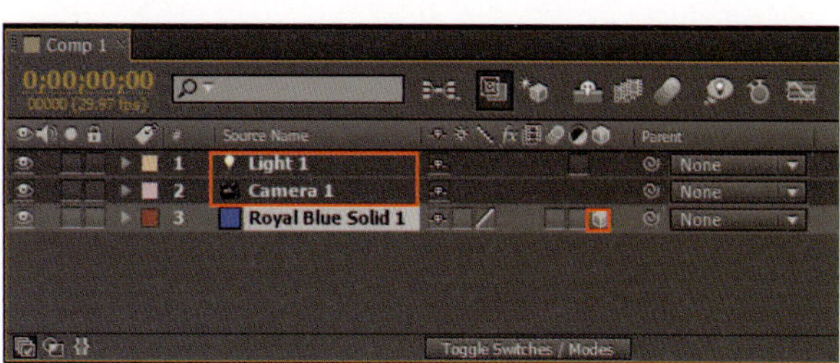

연관검색 카메라와 라이트의 자세한 설명은 305P의 내용을 참고하세요.

[Timeline] 패널의 레이어에 설정되는 키프레임을 통해 다양한 움직임과 변화를 줄 수 있습니다. 애니메이션은 키프레임의 설정 방법과 다양한 명령을 통해 더욱 정밀한 제어가 가능하며, 스틸이나 동영상에 사용되는 키 프레임 설정에 대해 알아봅니다. 또한 키프레임과 키프레임 사이에 이루어지는 보간에 대해 알아보고 패스를 부드럽게 또는 직선으로 변경하여 움직임을 변경하는 방법들에 대해 알아보도록 하겠습니다.

기초탄탄 ▶ 공간 및 시간 키프레임 보간 알아보기

■ 보간의 종류 208P

'보간(Interpolation)'은 레이어에 설정된 키프레임의 두 값 사이에 알 수 없는 데이터를 채워 넣는 프로 세스를 말합니다. 레이어에 키프레임을 설정하고 시간 속성 값을 지정하면 애프터 이펙트는 키프레임 사이의 모든 시간에 대해 해당 속성 값을 자동으로 보간해 줍니다. 키프레임 사이의 보간은 이동, 효과, 오디오 레벨, 이미지 조정, 투명도, 색상 변경 및 기타 여러 가지 시각 및 오디오 요소에 애니메이션을 적용할 때 사용됩니다. 시간에 따라 레이어에 키프레임이 설정되면 더욱 정밀한 조정을 필요로 합니다.

키프레임의 보간은 시간과 공간에 대한 값을 보간하며, 불투명도와 같은 속성에는 하나의 시간 구성 요 소만 있는 반면 위치와 같은 속성에는 여러 개의 공간 구성 요소가 있습니다.

• 시간 키프레임 보간(Temporal Keyframe Interpolation) : [Timeline] 패널의 그래프 에디터에서 'Value Graph' 를 사용하여 시간 속성 키프레임을 정밀하게 조정할 수 있습니다. 'Value Graph'에서 X 값은 빨간색 으로 표시되고 Y 값은 녹색, Z 값은 파란색으로 표시됩니다.

• 공간 키프레임 보간(Spatial Keyframe interpolation) : [Position]과 같은 속성에 공간 보간을 적용하거나 변경 하려는 경우 [Composition] 패널에서 동작 패스를 조정합니다.

레이어에서 공간 보간을 위한 기본설정으로 '자동 베지어(Auto Bezier)'가 사용되어 자동으로 곡선 형태 의 패스가 만들어집니다. 환경설정에서 기본 설정을 선형 보간으로 변경하려면 [Edit]-[Preferences]- [General](Ctrl + Alt + ;) 메뉴를 클릭하고 'Default Spatial Interpolation To Linear'를 체크합니 다. 환경설정을 변경해도 이미 있는 키프레임이나 기존 속성이 적용된 레이어에 설정되는 새로운 키프 레임에는 영향을 주지 않습니다.

레이어에 키프레임이 '베지어(Bezier)'로 설정되어 있는 경우 [Composition] 패널에는 키프레임을 제어 할 수 있는 핸들이 만들어 집니다. 핸들은 드래그하여 제어가 가능하며 '자동 베지어(Auto Bezier)', '연 속 베지어(Continuous Bezier)'는 2개의 핸들이 한꺼번에 제어되어 부드러운 움직임을 만들 수 있습니다. 만약 한꺼번에 움직이는 핸들을 개별적으로 제어하기 위해서는 Alt를 누른 상태로 각각의 핸들을 제어할 수 있습니다. 키프레임이 '베지어(Bezier)'로 설정되어 있는 경우는 핸들을 각각 제어할 수 있습니다.

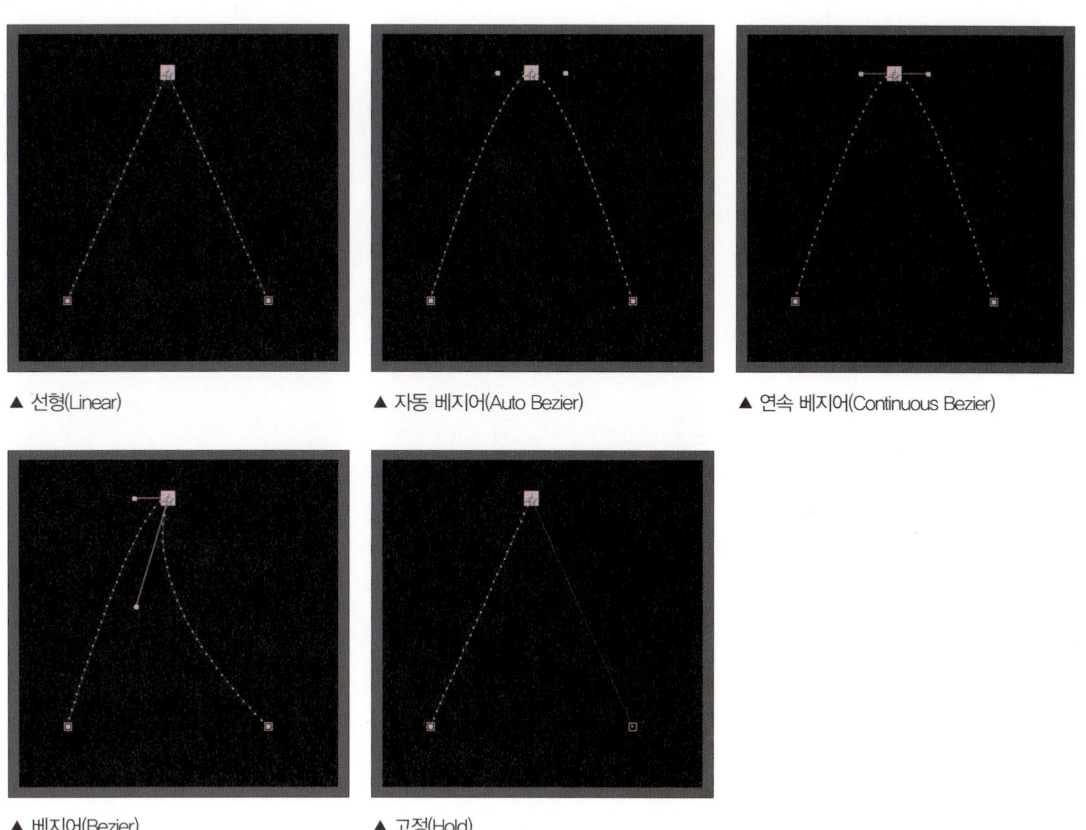

▲ 선형(Linear) 　　　▲ 자동 베지어(Auto Bezier) 　　　▲ 연속 베지어(Continuous Bezier)

▲ 베지어(Bezier) 　　　▲ 고정(Hold)

고정 보간은 'Temporal Keyframe Interpolation' 방법으로만 사용할 수 있습니다. 시간에 따라 레이어 속성의 값을 변경하는 데 사용할 수 있지만 점진적 변환이 아니고 갑자기 나타나거나 사라지게 하는 경우에 유용하게 사용됩니다. 레이어 속성의 키프레임에 고정 보간을 적용할 경우, 첫 번째 키프레임의 값이 다음 키프레임까지 그대로 유지되며 다음 키프레임에서 속성이 바로 변경됩니다. 동영상의 특정 프레임을 고정시키려면 고정할 프레임에 타임마커를 위치시킵니다. 레이어를 선택하고 [Layer]-[Time]-[Freeze Frame] 메뉴를 클릭하면 타임마커가 위치한 시간이 앞과 뒤의 모든 프레임에 적용되어 정지됩니다.

> **문제해결** **2개 이상의 키프레임이 설정되어 있을 때!**
> [Position] 키프레임에 자동 베지어 공간 보간을 사용하면 2개 이상의 키프레임 사이에 원하지 않는 움직임이 발생하는 경우가 있습니다. 이러한 경우에는 양쪽 키프레임을 모두 선형 보간으로 사용하면 원하지 않는 움직임을 보정할 수 있습니다.

레이어에 설정되는 아이콘의 모양에 따라 키프레임이 설정된 방식을 알 수 있습니다. 이러한 키프레임과 키프레임 사이를 설정하는 것을 보간(Interpolation)이라 합니다.

■ 레이어의 키프레임 아이콘

01. 레이어에서 키프레임 아이콘의 모양은 키프레임과 키프레임의 관계에서 만들어집니다. 아이콘의 절반이 진한 회색(◈)인 경우 진한 회색 부분은 해당 측면에 인접한 키프레임이 없다는 것을 나타내거나 이전 키프레임에 고정 보간이 적용되었음을 나타냅니다.

❶ 선형   ❷ 시작–선형, 끝–고정   ❸ 자동 베지어   ❹ 연속 베지어, 또는 베지어   ❺ 시작–선형, 끝–베지어

02. 기본적으로 하나의 키프레임에는 하나의 보간 방법이 사용되지만 2가지 방법을 적용할 수도 있습니다. 키프레임에 들어오고 나가는 보간 방법을 서로 다르게 설정할 경우 키프레임 아이콘이 그에 따라 변경됩니다. 즉 키프레임의 아이콘 절반은 들어오는 보간 방법에 대한 아이콘이고 다른 절반은 나가는 보간 방법에 대한 아이콘이 됩니다.

> **TIP :** 레이어의 키프레임 아이콘을 키프레임 숫자로 전환해서 사용할 수 있습니다.

03. 아이콘을 숫자로 전환하기 위해서는 [Timeline] 패널의 패널 메뉴(▤)에서 'Use Keyframe Icons', 또는 'Use Keyframe Indices'를 선택하여 사용하면 됩니다.

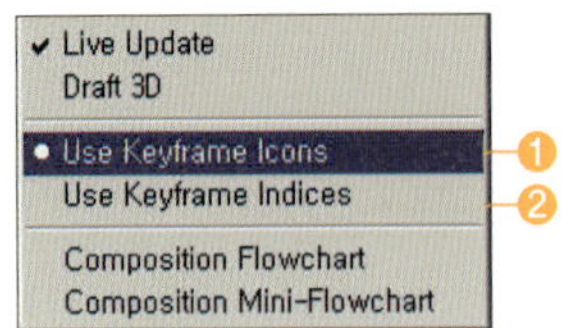

❶ **Use Keyframe Icons :** 레이어의 키프레임이 아이콘 형태로 나타납니다.

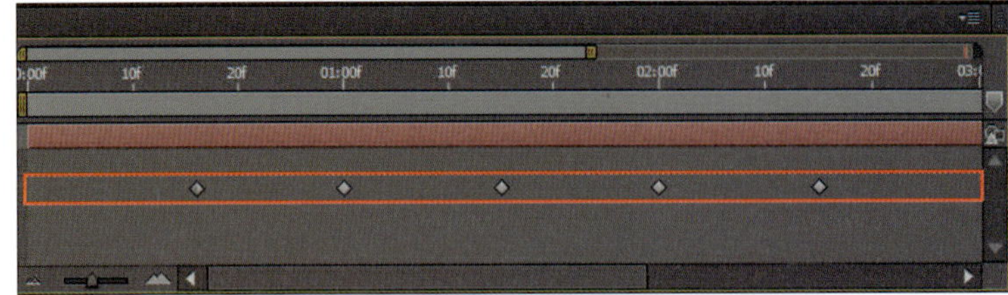

❷ **Use Keyframe Indices :** 레이어의 키프레임이 숫자로 나타납니다.

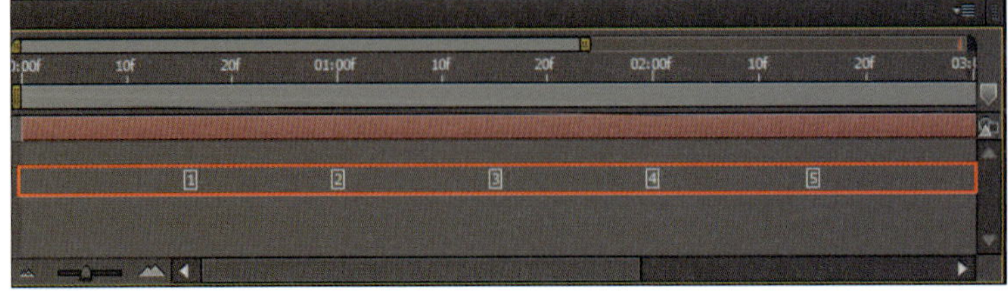

■ [Keyframe Interpolation] 대화상자를 통한 보간

01. [Keyframe Interpolation] 대화상자는 시간 및 공간 보간과 이동 설정(공간 속성에만 해당)을 위한 옵션을 제공합니다. [Keyframe Interpolation] 대화상자를 나타나게 하기 위해서 레이어, 또는 그래프 에디터에서 변경할 키프레임을 선택합니다. [Animation]-[Keyframe Interpolation](**Ctrl** + **Alt** + **K**) 메뉴를 클릭하거나, 레이어에서 키프레임을 선택하고 마우스 오른쪽 버튼을 클릭하고 'Keyframe interpolation'을 선택합니다.

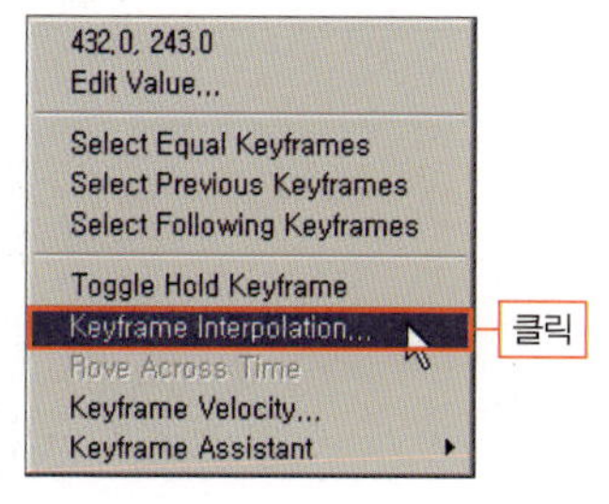

02. 시간 키프레임 보간(Temporal Keyframe Interpolation)과 공간 키프레임 보간(Spatial Keyframe interpolation)에서 변경하고자 하는 옵션을 선택합니다.

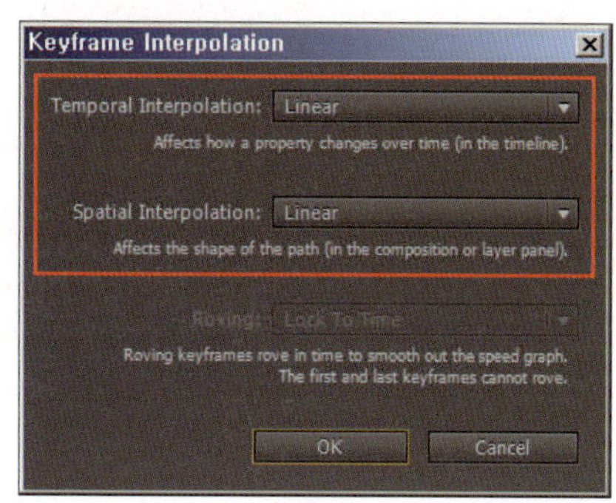

■ 레이어의 키프레임에서 선택 툴을 통한 보간

01. 툴 박스에서 [선택 툴]( )을 선택합니다.

02. [Timeline] 패널에서 키프레임이 설정된 레이어를 만듭니다. 키프레임에 선형 보간이 사용된 경우, 자동 베지어로 변경하려면 **Ctrl** 을 누른 상태에서 키프레임을 클릭합니다. 키프레임에 베지어, 연속 베지어, 자동 베지어가 사용된 경우 이를 선형으로 변경하려면 **Ctrl** 을 누른 상태에서 키프레임을 클릭합니다.

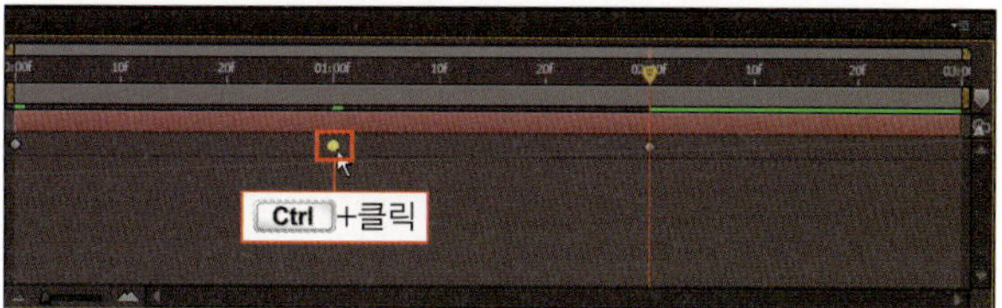

TIP : 그래프 에디터를 통해 키프레임 보간을 적용할 수 있습니다. 레이어의 키프레임을 선택하고 그래프 에디터의 아래쪽에 있는 'Hold', 'Linear', 'Auto Bezier'를 클릭하여 변경할 수 있습니다.

모션 스케치를 사용하여 레이어의 위치와 속력을 기록하여 선택한 레이어의 움직임에 대한 경로를 만들 수 있습니다. 레이어를 움직이면 레이어의 각 프레임에 [Position]에 대한 키프레임이 생성됩니다. 모션 스케치는 회전, 스케일 등에 대한 키프레임에는 영향을 주지 않습니다.

01. [Composition] 또는 [Timeline] 패널에서 모션 스케치를 적용할 레이어를 선택합니다. [Timeline] 패널에서 모션 스케치가 적용될 시간을 설정하기 위해 작업 영역을 설정합니다. 모든 준비가 완료되었으면 [Window]–[Motion Sketch] 메뉴를 클릭합니다. [Motion Sketch] 패널에서 자신의 작업에 적합한 옵션을 선택합니다.

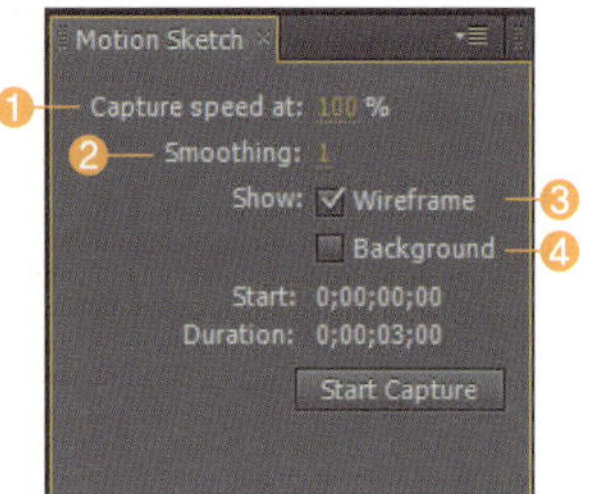

❶ **Capture Speed** : 모션 스케치를 진행할 때 기록되는 속력과 [Timeline] 패널에서 재생되는 속력의 비율을 나타냅니다. 캡처 스피드가 100%이면 움직임이 기록된 속력으로 재생됩니다. 캡처 스피드가 100%보다 크면 동작이 기록된 속력보다 느리게 재생됩니다.

❷ **Smoothing** : 모션 스케치에서 만들어지는 패스에 불필요한 키프레임을 제거합니다. [Smoothing]의 값이 높을수록 곡선이 더 매끄러워지지만 값이 너무 높으면 그리는 곡선의 모양이 달라질 수 있으므로 유의해야 합니다.

❸ **Wireframe** : 'Wireframe'을 체크하면 모션 스케치를 진행하는 동안 레이어가 와이어프레임으로 나타나고, 해지하면 마우스가 움직이는 포인트에 따라 도트로 표시됩니다.

❹ **Background** : 'Background'를 체크하면 모션 스케치를 진행하는 동안 [Composition] 패널에서 모션 스케치를 시작한 프레임을 고정적으로 표시합니다. 이 옵션은 컴포지션에서 다른 이미지를 기준으로 사용할 때 유용합니다.

> **TIP** : 작업 영역의 설정은 레이어를 움직여 경로를 만드는 전체 영역을 말하며, 모션 스케치가 적용되는 시간입니다.

> **TIP** : 모션 스케치를 진행하는 동안 컴포지션에 포함된 오디오를 들으려면 [Preview] 패널에서 [Mute Audio](🔊)를 클릭하여 선택을 취소합니다.

02. [Motion Sketch] 패널의 아래에 위치한 [Start Capture] 단추를 클릭하고 [Composition] 패널에서 드래그하며 움직이는 패스를 만듭니다. 작업 영역으로 설정된 Out 구간에 도착하면 캡처가 자동으로 멈추며, Out 구간에 도착하기 전에 멈추려면 마우스에서 손을 떼면 됩니다.

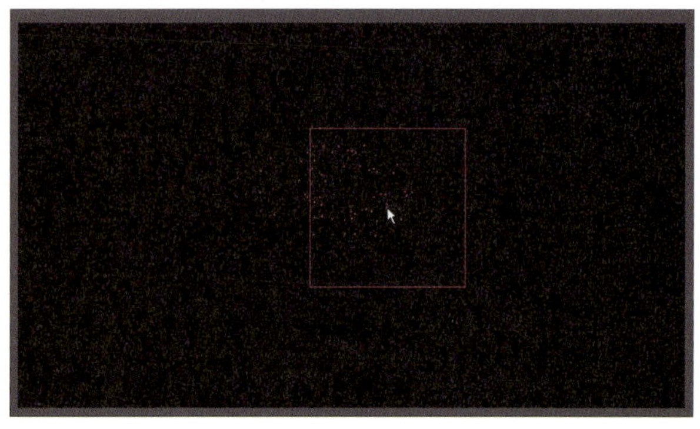

레이어에 키프레임을 설정하지 않고 마스크의 패스, 셰이프 레이어를 통해 만들어지는 레이어의 패스에 대한 속성, 페인트에서 만들어지는 선에 대한 패스, 일러스트레이터와 포토샵의 패스를 통해 움직이는 레이어를 만들 수 있습니다.

01. [Timeline] 패널에서 레이어를 선택하고 [Mask 1]의 [Mask Path], 또는 셰이프 레이어의 [Path], 페인트의 브러시에서 [Path] 중 하나를 클릭합니다.

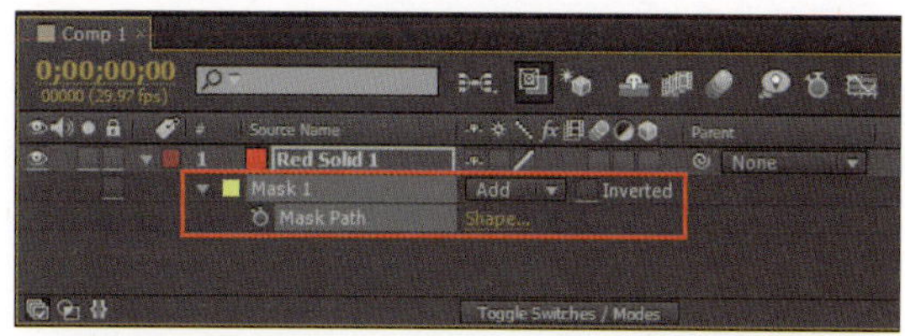

▲ 마스크의 [Mask Path]

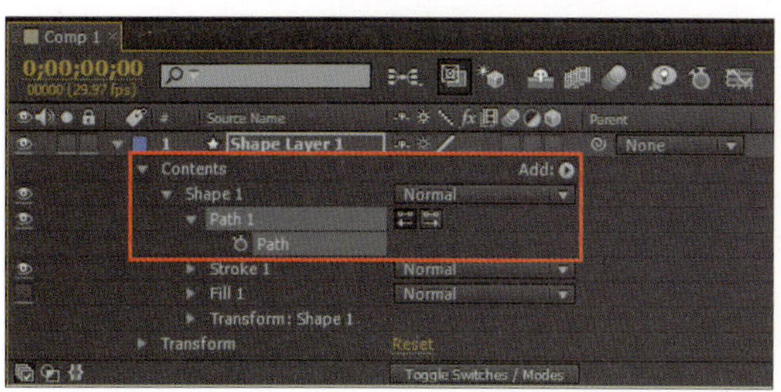

▲ 셰이프의 [Path]

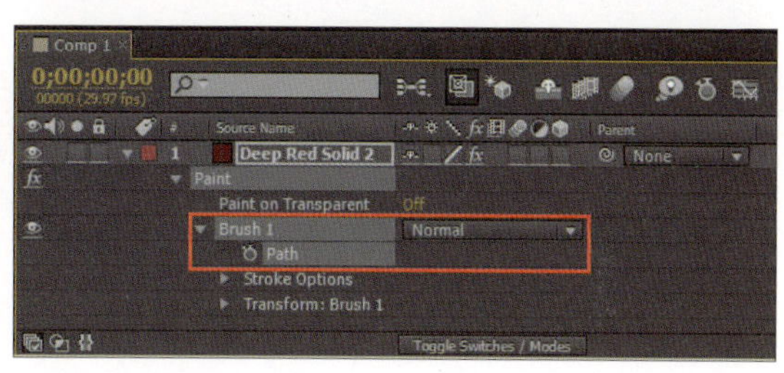

▲ 브러시의 [Path]

02. [Path]를 선택하고 [Edit]-[Copy](Ctrl + C) 메뉴를 클릭하여 패스를 복사합니다. 일러스트레이터, 또는 포토샵에서 패스를 선택하고 복사합니다. [Timeline] 패널에서 패스를 적용할 레이어를 선택하고 속성에서 [Position] 또는 [Anchor Point]이나 이펙트의 위치 속성을 선택합니다.

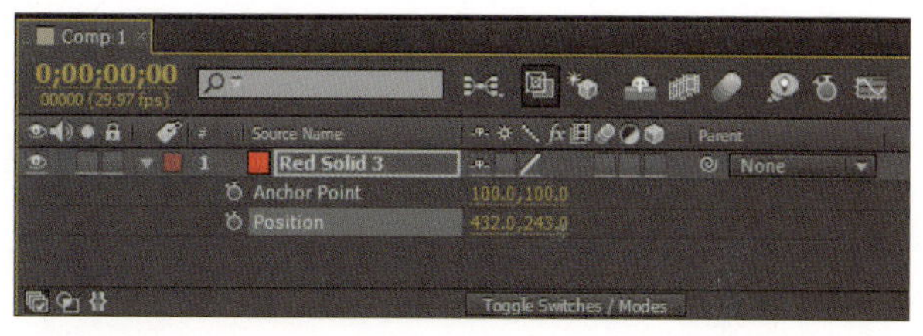

TIP : 패스에 대한 속성을 복사하여 레이어의 [Position], 또는 [Anchor Point]나 이펙트의 위치에 대한 속성에 붙여넣어 사용할 수 있습니다. 레이어의 속성에 붙여넣은 키프레임은 첫 번째와 마지막 키프레임을 제외하고 시간을 이동하도록 설정되며, 패스를 따라 속도가 일정하게 만들어집니다. 레이어에 만들어진 패스의 시간은 2초로 설정되며, 레이어의 첫 번째 키프레임이나 마지막 키프레임을 드래그하여 시간을 늘리거나 줄일 수 있습니다.

03. [Timeline] 패널에서 적용할 시간으로 타임마커를 이동합니다. 레이어에 선택된 속성에 [Stopwatch]( )를 체크하여 최초 키프레임을 설정하고 [Edit]-[Paste](Ctrl + V) 메뉴를 클릭하여 적용합니다.

TIP : 일정한 움직임을 만들 때 키프레임을 하나 하나 설정하는 것보다 고정된 키프레임을 만들고 레이어가 따라가도록 설정하면 더욱 부드러운 움직임을 만들 수 있습니다.

[Timeline] 패널에서 레이어의 위치 변화나 크기, 회전 등에 키프레임이 설정되어 있을 때 키프레임을 따라 움직이는 오브젝트를 더욱 더 부드럽게 만들 때 'Smoother'를 사용합니다.

01. [Window]-[Smoother] 메뉴를 클릭하면 다음과 같은 [Smoother] 패널이 나타납니다. 움직임에 대한 키프레임이 3개 이상 설정되고 곡선의 패스를 가진 레이어를 만듭니다. 레이어의 속성에서 3개의 이상의 키프레임을 드래그하여 선택합니다. 키프레임이 선택되면 [Smoother] 패널이 활성화되고 수치를 변경할 수 있습니다. [Smoother] 패널에서 [Apply To]를 'Spatial Path'로 선택하고 [Tolerance]의 값을 입력합니다. [Tolerance]의 수치가 클수록 더욱 부드럽게 처리되며, [Apply] 단추를 클릭하여 설정 값을 적용합니다.

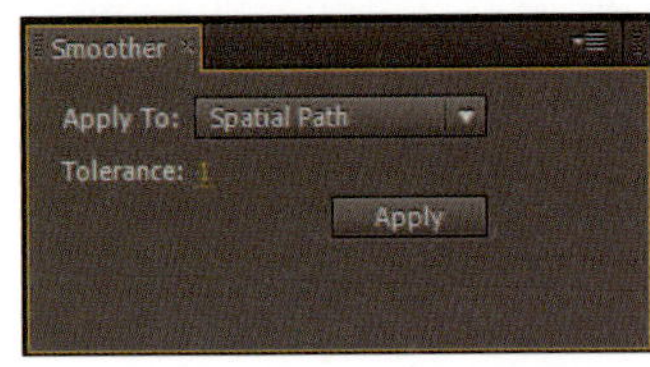
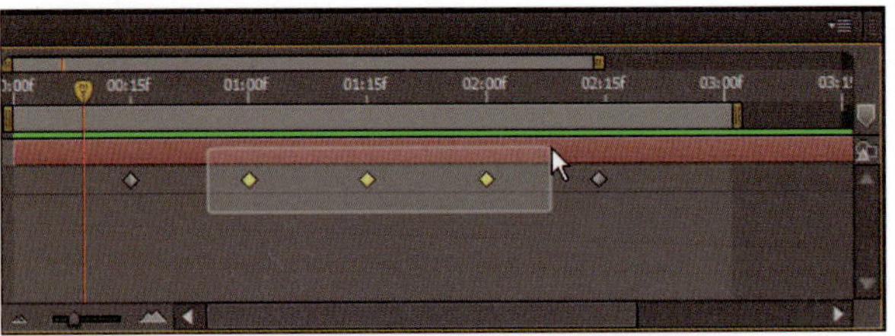

02. 레이어의 키프레임에 'Wiggler'를 적용하면 크기나 위치, 회전, 불투명도 등의 처음과 마지막 프레임 사이에 변화하는 프레임을 자동으로 만들 수 있습니다. 이것은 화면이 랜덤하게 흔들리는 효과를 만들 때 유용하게 사용됩니다. [Window]-[Wiggler] 메뉴를 클릭하면 다음과 같은 [Wiggler] 패널이 나타납니다.

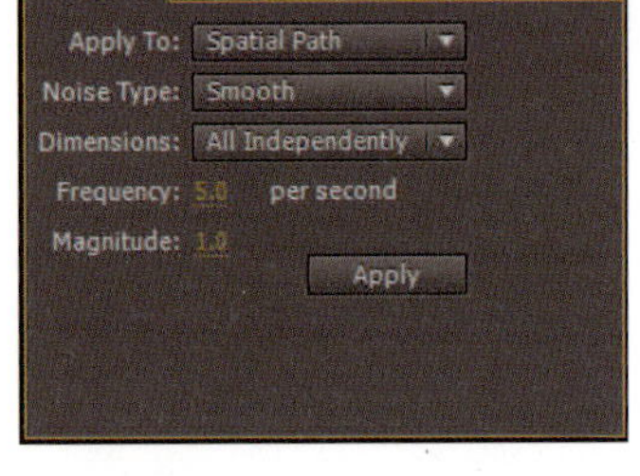

03. [Wiggler] 패널은 2개 이상의 키프레임이 설정되어 있어야 적용할 수 있으며 레이어의 속성에 설정한 2개 이상의 키프레임을 드래그하여 선택하면 활성으로 변경됩니다.

04. [Wiggler] 패널에서 옵션을 설정하고 [Apply] 단추를 클릭하면 2개의 키프레임 사이에 랜덤한 키프레임이 생성됩니다.

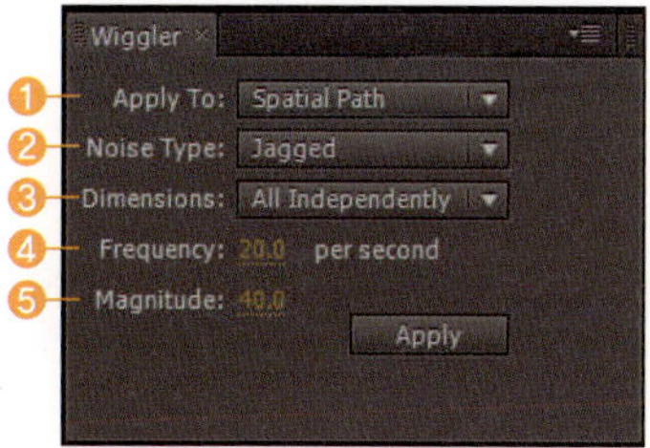

❶ Apply To

• Temporal Graph/Spatial Path : 키프레임의 속성에 따라 'Temporal Graph', 또는 'Spatial Path'를 설정할 수 있습니다. 공간적(Spatial Path)으로 변경되지 않는 속성의 키프레임을 선택한 경우에는 시간 그래프(Temporal Graph)만을 사용할 수 있습니다.

❷ Noise Type

• Smooth : 크게 변화하지 않고 자연스러운 움직임을 만듭니다.

• Jagged : 예상할 수 없는 랜덤한 변화의 움직임을 만듭니다.

❸ Dimensions

• X/Y/All the Same/All Independently : X축 또는 Y축에 적용되거나 X축과 Y축이 동일하게 적용됩니다. 'All Independently'는 모든 방향에 독립적으로 적용됩니다.

❹ Frequency : 초당 n개만큼의 키프레임을 생성합니다.

❺ Magnitude : 랜덤 값의 범위를 pixels 단위로 정해줍니다.

05. 패널에서 [Apple] 단추를 클릭하면 다음과 같이 [Frequency]가 '20'일 때 40pixels의 범위 내에서 랜덤한 키프레임이 1초에 20개가 만들어진 것을 확인할 수 있습니다.

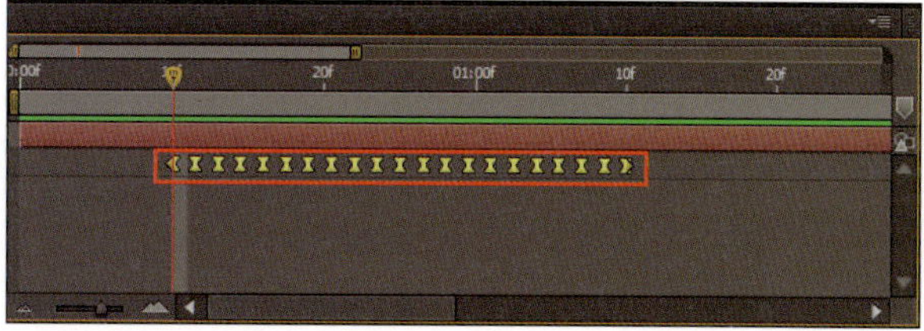

동영상의 원래 재생 속도를 제어하여 다양한 속도를 만들 수 있는 명령으로 'Time Remap'을 사용합니다. [Timeline] 패널의 동영상 레이어 또는 컴포지션 레이어, 시퀀스 레이어, 오디오 레이어에 사용할 수 있습니다. 'Time Remap'은 오디오와 비디오의 속도를 느리게 또는 빠르게 만드는데 효과적으로 사용할 수 있습니다.

■ Time Remap 적용 방법

01. [Timeline] 패널에서 적용할 레이어를 선택합니다. [Layer]-[Time]-[Enable Time Remapping](**Ctrl** + **Alt** + **T**) 메뉴를 클릭합니다.

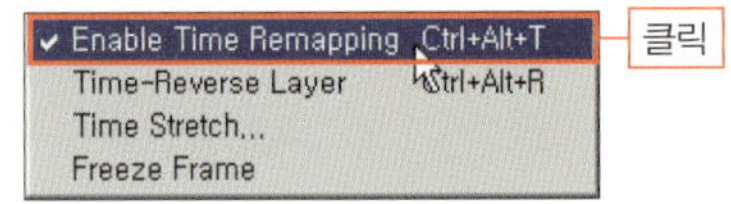

02. 'Time Remap'이 적용되기 전에는 다음과 같이 레이어의 처음과 끝의 위쪽에 검정색 삼각형으로 동영상의 처음과 끝점이 표시되어 나타납니다.

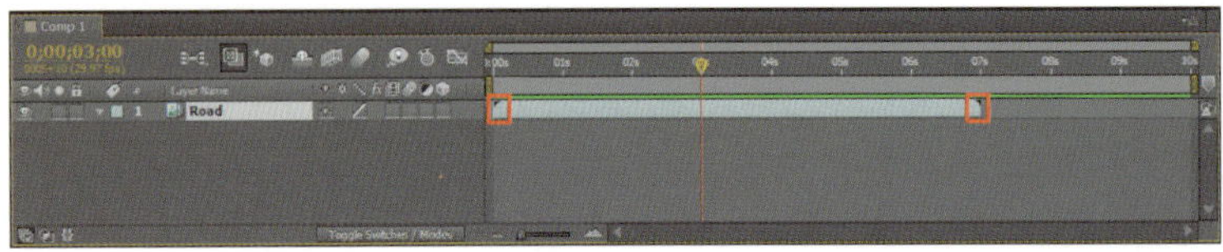

03. 'Time Remap'이 적용되면 다음과 같이 레이어의 속성에 'Time Remap'이 설정되고 레이어의 시작점과 끝점에 키 프레임이 생성됩니다. 'Time Remap'은 [Timeline] 패널의 위쪽에 있는 [Graph Editor]( )을 클릭하여 그래프가 나타나도록 설정하고 진행합니다.

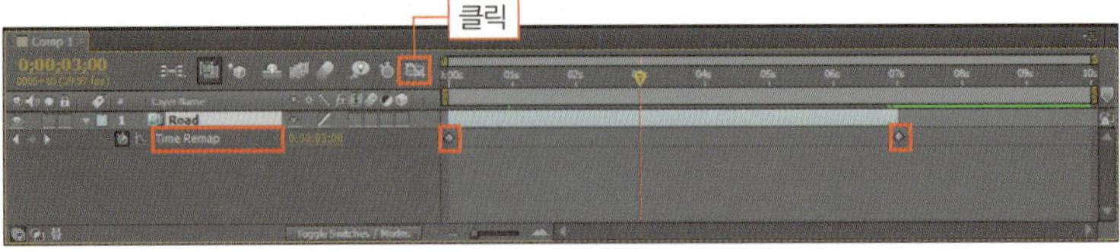

■ [Layer] 패널의 사용

예제 파일 | CD\Part 03\Sources\stove.mp4 파일

01. 애프터 이펙트를 실행하고 [File]-[Import]-[File](**Ctrl** + **I**) 메뉴를 클릭합니다. 'Stove.mp4' 파일을 불러오기하고 새로운 컴포지션을 만듭니다. [Project] 패널에서 불러온 'Stove.mp4' 파일을 [Timeline] 패널로 드래그합니다.

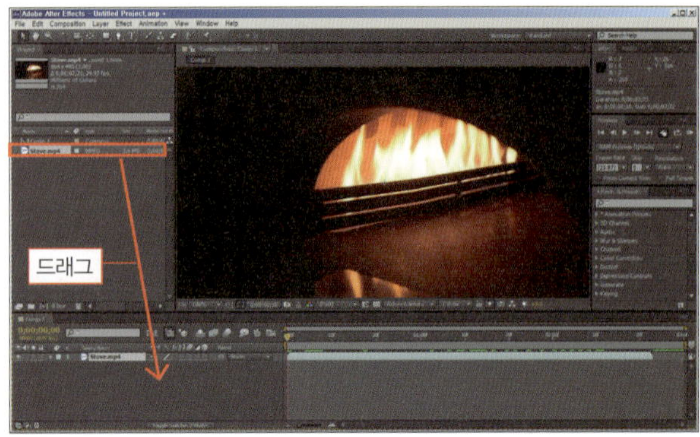

02. [Layer] 패널에서 직접 비디오 프레임을 보면서 스피드를 제어하기 위해서는 동영상 레이어를 선택하고 레이어를 더블클릭하여 다음과 같이 [Layer] 패널이 나타나도록 합니다.

① Current-Time
② Source Time
③ Time marker
④ Time-Remapping

03. [Timeline] 패널에서 [Graph Editor](　)를 해지하고 원하는 키프레임에 타임마커를 이동하거나 3번 타임마커를 드래그하여 원하는 위치로 동영상을 이동합니다. [Layer] 패널의 [Time-Remapping] 바를 좌우로 드래그하여 스피드를 조절할 수 있습니다. [Time-Remapping]을 4번 이동하면 [Timeline] 패널의 레이어에 자동으로 애니메이션 키프레임이 생성됩니다. [Layer] 패널에서 1번은 동영상의 현재 시간을 나타내며, 2번은 'Time Remap'이 적용된 이후의 시간을 나타냅니다.

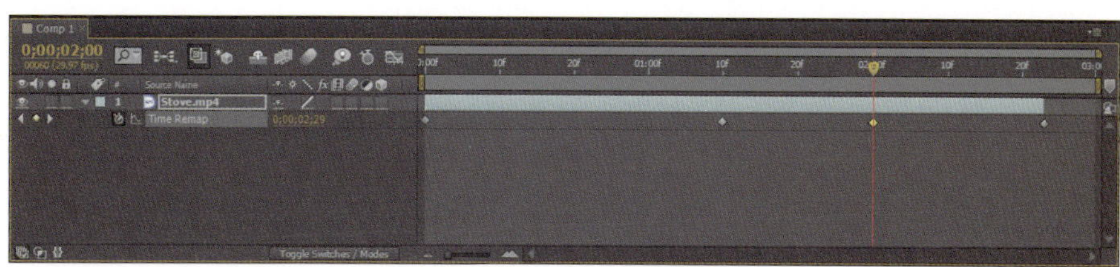

04. 동영상 레이어를 선택하고 [Layer]-[Time]-[Enable Time Remapping](Ctrl + Alt + T) 메뉴를 클릭하여 적용합니다. 다음은 'Time Remap'이 적용된 레이어의 그래프입니다. 그래프의 모양에 따라 속도가 빠르거나 느리게 나타납니다.

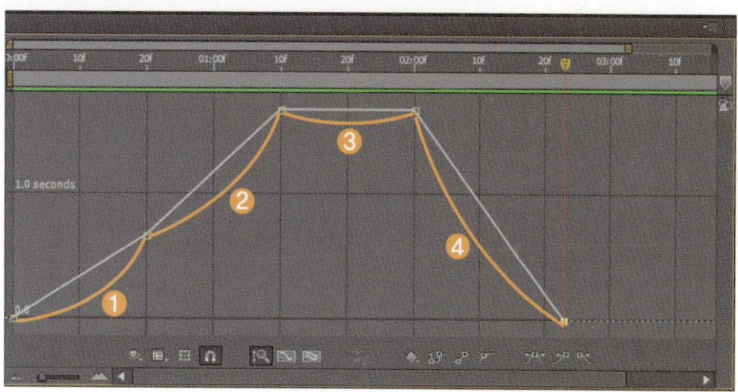

① **No change** : 무비가 원래의 속도로 이동하고 있는 상태를 나타냅니다.

② **Fast motion** : 무비가 빠르게 움직이는 부분입니다. 경사가 급할수록 무비의 속도가 빨라집니다.

③ **Freeze frame** : 하나의 이미지가 보여지는 영역을 표시합니다. 동영상이 움직이지 않고 하나의 정지 영상으로 나타나는 부분을 나타냅니다.

④ **Backward motion** : 무비가 재생될 때 무비가 역으로 재생되는 상태를 나타냅니다. 앞으로 전진하는 영상이 있으면 이 부분에서는 전진하지 않고 후진하는 장면으로 바뀌게 됩니다.

애프터 이펙트는 동영상의 속도를 빠르게, 또는 느리게 설정하거나, 정지된 상태로 만들 수 있습니다.
또한 동영상을 역으로 재생하여 새로운 느낌의 영상을 만들 수도 있습니다.

■ Time Remap

01. 동영상 레이어에 'Time Remap'을 적용한 후 애니메이션 키프레임 추가 전에는 그래프 에디터에서 동영상의 처음과 마지막에 2개의 키프레임이 사선으로 생성됩니다. 이것은 동영상이 원래 속도로 재생되고 있음을 나타냅니다. 동영상 레이어의 왼쪽 삼각형을 클릭하면 레이어에 적용된 'Time Remap'에 대한 속성을 볼 수 있습니다.

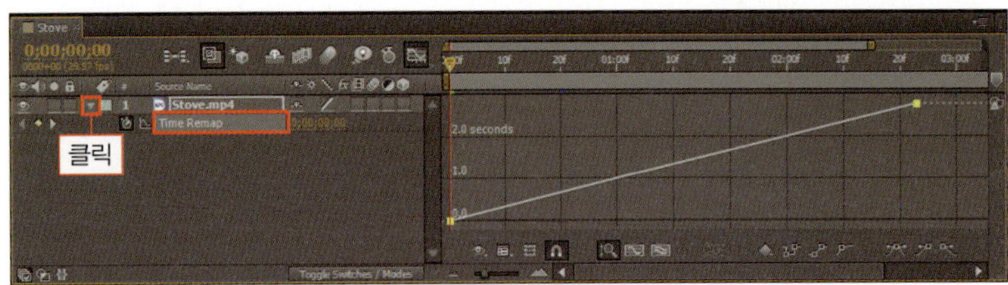

02. 그래프 에디터에서 처음과 마지막 프레임의 키프레임 위치가 동일선상에 위치해 있다면 동영상은 처음부터 끝까지 지정된 프레임의 이미지 1장을 보여 줄 것입니다. 동영상의 움직임은 없고, 단지 이미지 한 장이 연속적으로 나타나게 됩니다.

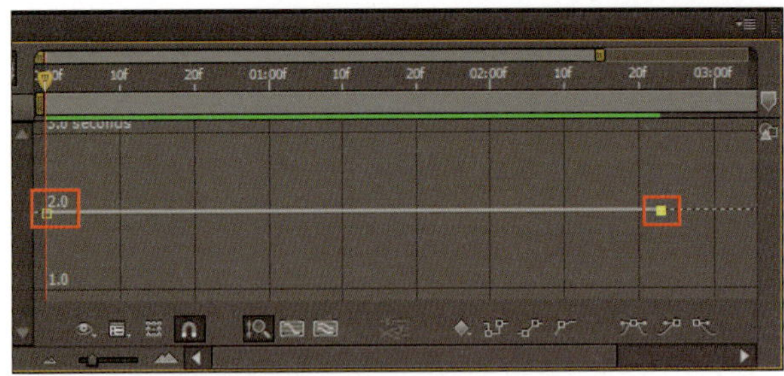

03. 그래프 에디터에서 동영상 레이어에 설정된 키프레임의 값을 수치로 변경하고 싶다면 키프레임을 더블클릭하고 [Time Remap] 대화상자에서 수치를 입력하여 값을 변경할 수 있습니다.

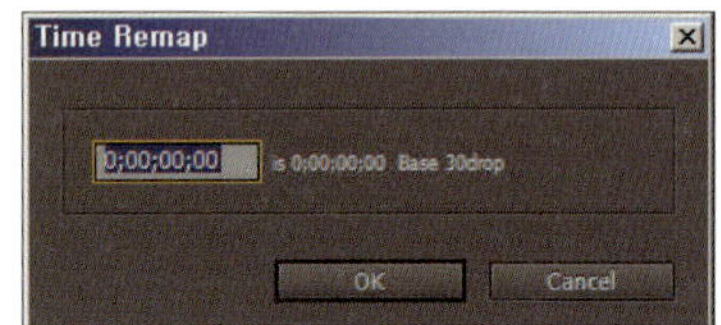

04. 작업을 하다보면 동영상 끝부분이 없어져 검정색으로 만들어집니다. 검정색이 나타나지 않고 동영상의 마지막 스틸이 지속적으로 나타나도록 설정할 수 있습니다. 동영상 마지막 스틸 부분을 렌더링하거나 마지막 스틸을 가져와 동영상의 끝나는 부분과 연결하면 됩니다. 그러나 'Time Remap'을 사용하면 번거로운 과정을 생략할 수 있습니다.

05. 동영상 레이어에 'Time Remap'을 적용하고 [Graph Editor]( )를 해지한 후 레이어의 마지막 부분을 드래그하여 레이어의 길이를 늘리게 되면 마지막 프레임이 지속적으로 정지된 상태를 유지하게 됩니다. 'Time Remap'을 적용하면 In점/Out점에 키프레임이 생성되며 레이어의 Out점을 드래그하여 원하는 길이만큼 늘릴 수 있습니다.

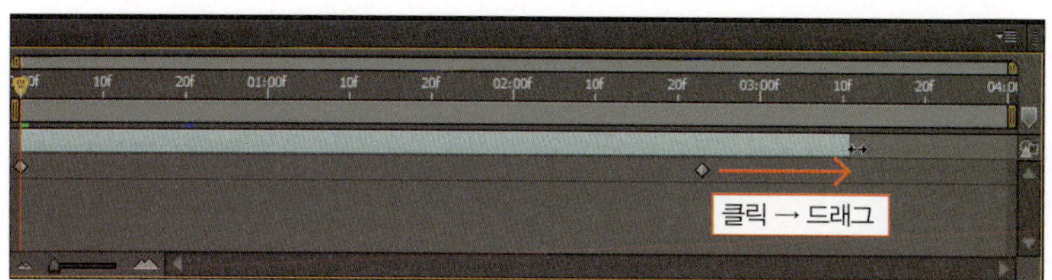

06. 동영상에 'Time Remap'을 사용하는 것과 마찬가지로 오디오 파일에도 같은 방법으로 'Time Remap'을 사용하여 오디오의 빠르기를 조절하여 오디오를 역재생하거나, 변조된 사운드를 만들 수 있습니다. 동영상의 속도를 처음에는 빠르게 뒤로 갈수록 느리게 조절하거나, 처음에는 느리게, 그리고 뒤로 갈수록 빠르게 재생되도록 할 수도 있습니다. 다음은 'Time Remap'을 적용하고 동영상 속도를 처음에는 빠르게 재생되고 뒤로 재생될수록 천천히 움직이도록 그래프의 핸들을 사용하거나 [Timeline] 패널 아래쪽의 [Easy Ease]( )를 사용해 설정한 그래프입니다.

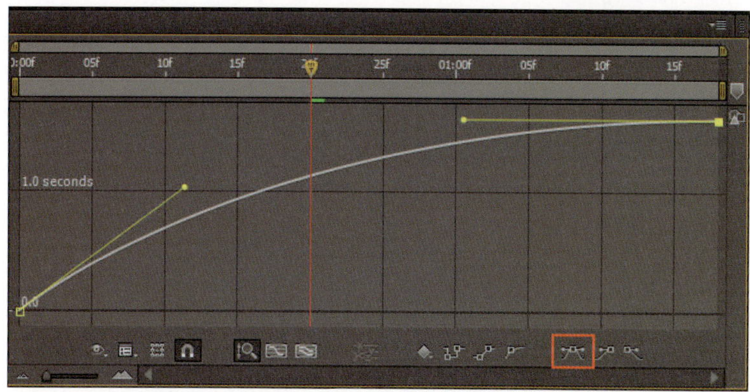

07. 다음은 동영상이 처음에는 느리게 재생되고 뒤로 재생될수록 천천히 재생되도록 설정한 그래프입니다. 'Time Remap'을 사용하면 동영상의 원래 속도를 변화시켜 더욱 세밀한 움직임을 제어할 수 있습니다.

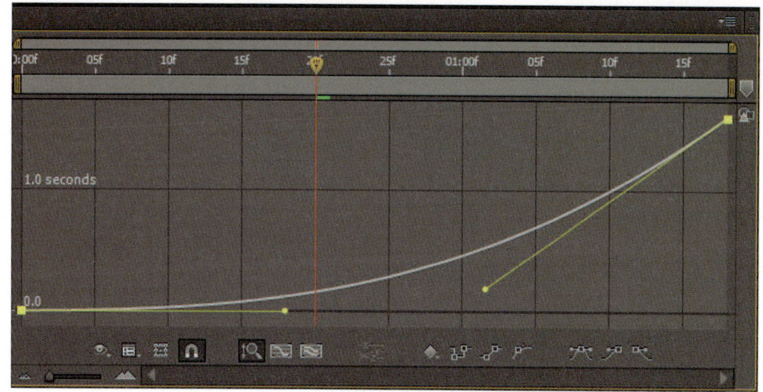

■ Freeze Frame

01. 그래프 에디터에서 키프레임을 이동해 적용하는 방법 이외에 다른 방법으로 동영상의 정지된 화면을 만들 수 있는 명령으로 'Freeze Frame'을 사용합니다. [Timeline] 패널에서 동영상 레이어를 선택하고 [Layer]–[Time]–[Freeze Frame] 메뉴를 클릭하여 적용하면 타임마커가 위치한 부분의 화면을 정지시킬 수 있습니다.

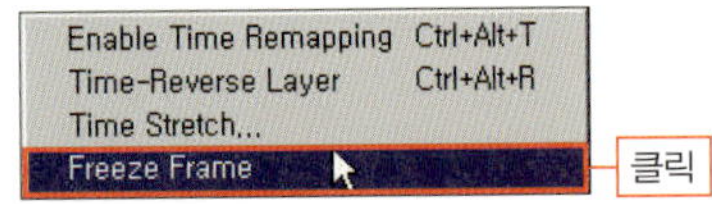

02. 레이어에 'Freeze Frame'을 적용하면 다음과 같이 타임마커가 위치한 부분에 사각형의 포인트가 만들어집니다. 사각형의 포인트가 설정된 부분의 스틸이 키프레임의 전과 후 모두에 적용됩니다.

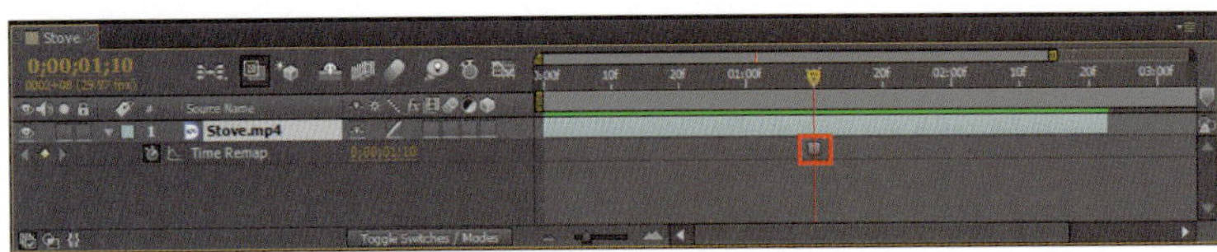

> **TIP** : 레이어에 적용한 'Freeze Frame' 명령은 동영상 레이어에 'Time Remap'을 적용하고 클립의 중간에 키를 설정한 후 'Toggle hold keyframe'을 설정한 것과 동일합니다. 키프레임의 전후에 모두가 정지된 상태를 유지하기 위해서는 'Time Remap'의 In점과 Out점을 지워야 'Freeze Frame'과 동일한 결과를 가져옵니다. In점과 Out점을 지우지 않으면 'Toggle hold keyframe'이 적용된 부분 이후 부분의 영상만 정지된 상태로 만들어 집니다.

■ Time Stretch

01. 동영상의 재생 방향을 역으로 설정하는 방법으로 'Time Stretch'를 사용합니다. 다음과 같이 그래프 에디터에서 In점과 Out점의 높이를 반대로 설정하게 되면 동영상이 역으로 재생하게 됩니다.

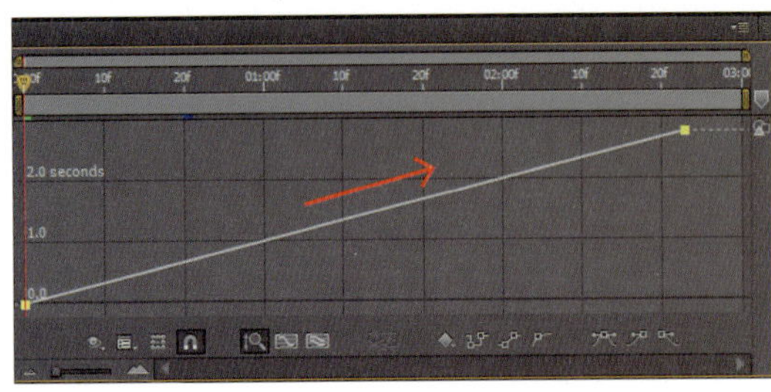

▲ 순방향의 재생　　　　　　　　　　▲ 역방향의 재생

02. 동영상을 역으로 재생하는 방법은 [Timeline] 패널의 [Stretch]의 100%를 클릭하거나 [Layer]–[Time]–[Time Stretch] 메뉴를 클릭합니다. [Stretch]에서 100%는 동영상의 원래 속도와 길이를 의미합니다.

> **연관검색** [Timeline] 패널의 칼럼 추가 삭제는 113P의 내용을 참고하세요.

03. [Time Stretch] 메뉴를 클릭하면 나타나는 [Time Stretch] 대화상자에서 [Stretch]-[Stretch Factor]에 '-100'을 입력하면 그래프 에디터에서 그래프의 방향을 변경한 것과 동일하게 동영상이 역으로 재생됩니다.

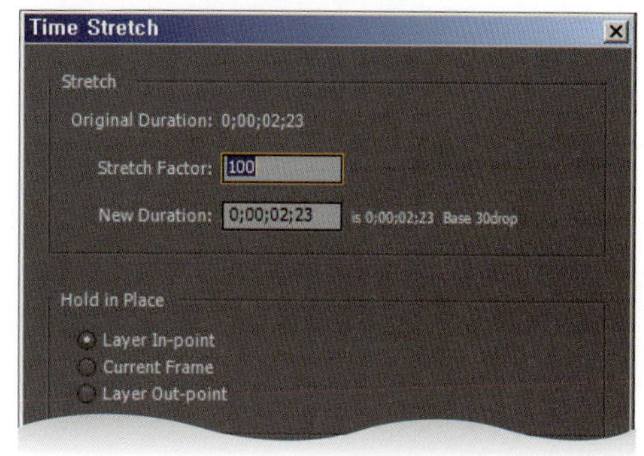

04. 다음과 같이 [Time Stretch] 대화상자에서 [Stretch]-[Stretch Factor]에 '-100'을 입력하면 레이어의 아래에 사선의 붉은 선이 생기고, 초기 In점을 중심으로 'Layer In-point' 레이어가 역으로 나타나게 됩니다. 'Time Stretch'는 동영상 레이어의 속도를 빠르게 하거나 느리게 설정합니다. [Time Stretch] 대화상자에서 [Stretch]-[Stretch Factor]의 값을 100보다 크게 입력하면 동영상의 속도가 느려지고, 100보다 적게 입력하면 동영상의 속도가 빨라집니다.

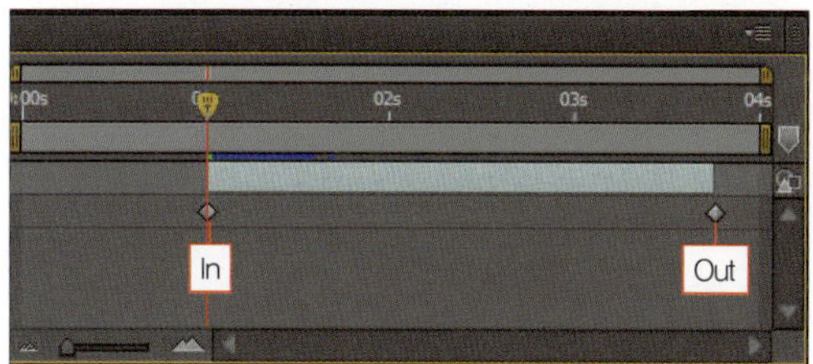

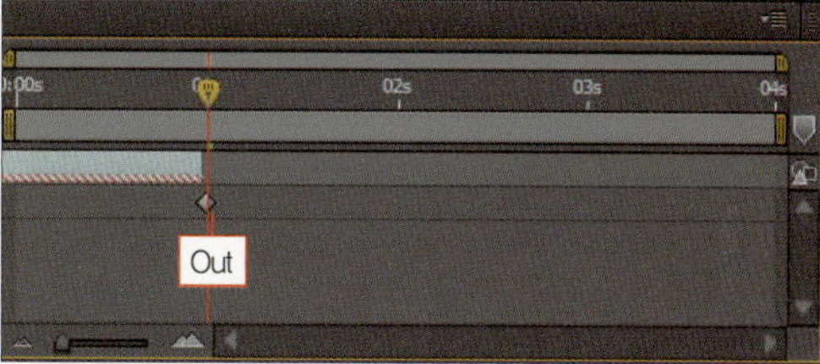

▲ Stretch : 100   ▲ Stretch : -100

05. [Time Stretch] 대화상자에서 [Hold In Place]의 'Current Frame'을 체크하면 [Timeline] 패널에서 타임마커가 위치한 부분을 중심으로 레이어가 역으로 배열됩니다. 'Layer Out-point'를 선택하면 레이어의 Out점을 시작점으로 레이어가 역으로 배열됩니다.

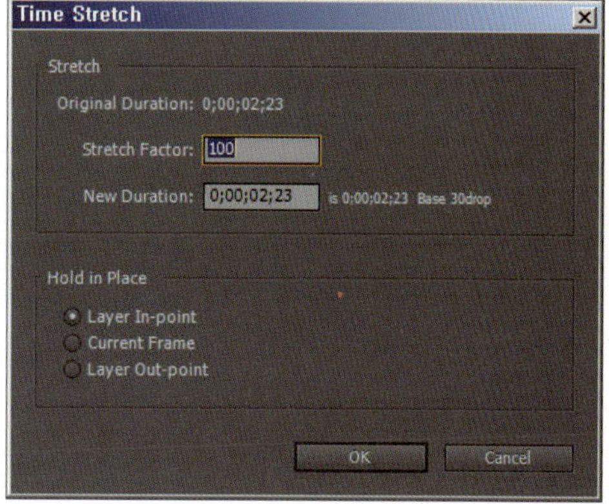

06. 'Time Stretch'를 적용하면 레이어의 속성에 적용된 키프레임의 위치도 함께 늘어나거나 줄어들게 됩니다. 키프레임을 잘라내고 붙여넣는 방식으로 키프레임은 유지하고 레이어의 길이를 늘리는 방법은 다음과 같습니다.

01 레이어에 설정된 여러 개의 키프레임 중 첫 번째 키프레임이 표시되는 시간을 적거나 컴포지션 마커를 설정합니다.

02 [Timeline] 패널에서 시간을 유지할 키프레임이 포함된 레이어 속성을 하나 이상 클릭합니다.

03 [Edit]-[Cut](**Ctrl** + **X**) 메뉴를 클릭합니다.

04 레이어에 'Time Stretch'를 적용하여 레이어에 변화를 적용합니다.

05 키프레임을 잘라내기 전에 첫 번째 키프레임이 표시된 시간으로 타임마커를 이동합니다.

06 [Edit]-[Paste](**Ctrl** + **V**) 메뉴를 클릭하면 키프레임은 원래의 위치에 변화 없이 만들어집니다.

■ Time-Reverse Layer

01. 동영상을 역방향으로 재생하도록 'Time Stretch'를 사용하는 방법에 대해 알아보았습니다. 이번에는 원래 레이어의 위치는 그대로 유지하면서 방향이 역으로 재생되도록 하는 방법입니다. 먼저 [Timeline] 패널에서 레이어를 선택하고 [Layer]-[Time]-[Time-Reverse Layer](**Ctrl** + **Alt** + **R**) 메뉴를 클릭합니다.

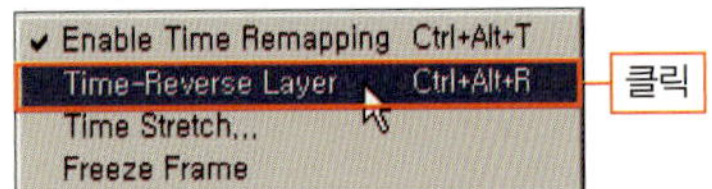

02. 명령이 적용되면 [Timeline] 패널의 [Stretch]가 '-100%'로 변경되며 레이어의 아래에 사선으로 이어지는 선이 생성됩니다. 동영상 레이어는 원래의 In점에서 무비의 마지막 장면부터 시작하는 동영상으로 변경됩니다.

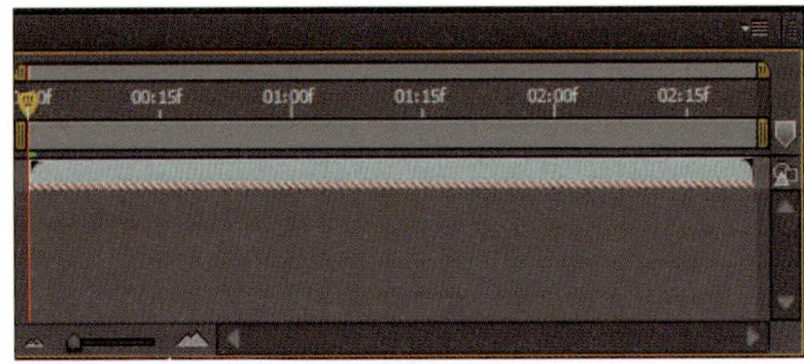

■ Time-Reverse Keyframes

01. 동영상 레이어 전체가 아니고 레이어에서 일정 부분의 영상을 역으로 재생하기 위해서 [Timeline] 패널에서 동영상 레이어를 선택하고 [Layer]-[Time]-[Enable Time Remapping](**Ctrl** + **Alt** + **T**) 메뉴를 클릭합니다. 동영상 레이어에서 역으로 재생할 부분의 영역에 'Time Remap' 속성에서 [Stopwatch]( )를 체크하여 키프레임을 생성합니다. 키프레임은 2개를 설정하여 역으로 재생되는 부분을 지정합니다. 생성된 2개의 키프레임을 드래그하여 선택합니다.

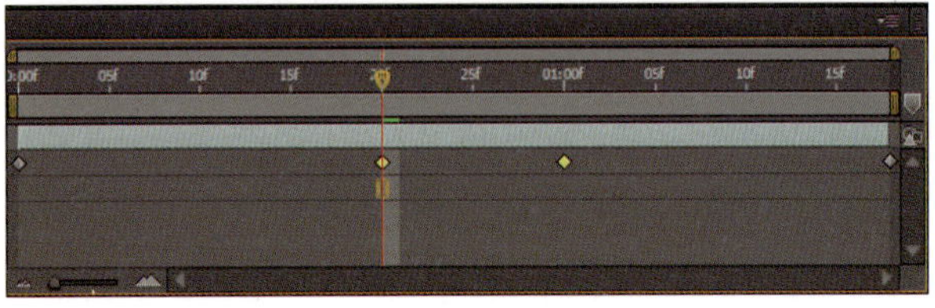

02. [Animation]-[Keyframe Assistant]-[Time-Reverse Keyframes] 메뉴를 클릭하여 적용합니다. 선택된 부분에 키프레임에서의 변화는 없으며 다음과 같이 그래프 에디터에서 변화를 확인할 수 있습니다.

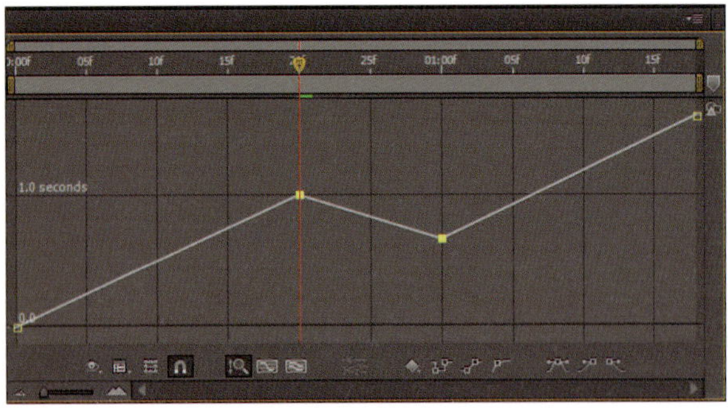

TIP : 'Time-Reverse Keyframes'은 'Time Remap'이 적용되었을 때만 사용되지 않습니다. 일반 레이어에 적용된 다른 속성(Position, Scale, Rotation 등)에 대해서도 마찬가지로 적용할 수 있습니다.

레이어의 키프레임을 드래그하는 것보다 훨씬 정밀한 방식으로 키프레임을 조정할 수 있습니다. 정밀한 방법으로 키프레임을 조정하기 위해 [Keyframe Velocity] 대화상자에서 숫자를 사용합니다. 대화상자에서 사용할 수 있는 옵션 및 단위는 레이어의 속성에 따라 다르며 플러그인에 따라 다를 수 있습니다.

■ [Keyframe Velocity] 대화상자

[Timeline] 패널에서 제어할 레이어의 키프레임을 선택합니다. [Animation]-[Keyframe Velocity] 메뉴를 클릭하고 [Keyframe Velocity] 대화상자에서 [Incoming Velocity]와 [Outgoing Velocity]에 값을 입력합니다. [Incoming Velocity]의 [Influence]를 입력하여 이전 키프레임(들어오는 보간), 또는 다음 키프레임(나가는 보간)에 대한 영향의 정도를 설정할 수 있습니다. 들어오기 속도 및 나가기 속도를 동일하게 유지하여 부드러운 변환을 만들려면 'Continuous'를 체크합니다.

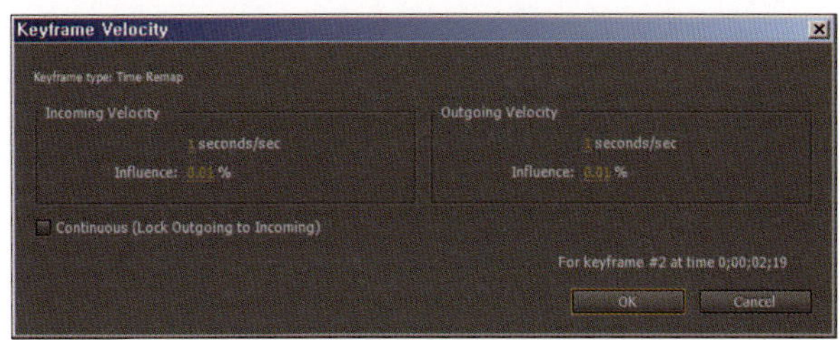

TIP : [Keyframe Velocity]를 사용해 값을 편집해도 현재의 비율 값. 또는 마스크 페더 값의 비율은 그대로 유지됩니다. 만약 비율을 유지하지 않으려면 [Timeline] 패널의 레이어 속성 값 옆에서 링크를 해지하면 됩니다.

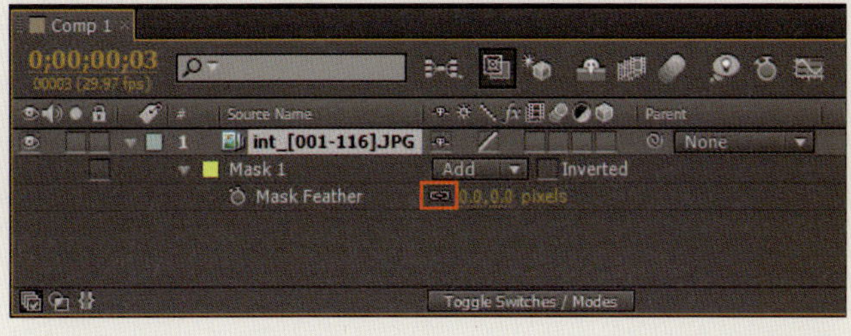

'Frame Blending'은 동영상을 원래 속도보다 느리거나 빠르게 움직이도록 만들었을 때 더욱 매끄러운 움직임을 만들어 주는 기능을 합니다. 동영상의 길이를 늘이거나 줄일 때 [Timeline] 패널에서 [Stretch]를 이용합니다. 동영상 레이어에 [Stretch]의 값을 많이 적용하여 동영상이 느리게 움직이는 상태를 만들고 동영상을 프리뷰하면 중간중간 영상이 끊어지는 상태가 나타나는 경우가 발생합니다. 이러한 문제점을 보완하고자 'Frame Blending'을 사용합니다.

01. 애프터 이펙트를 실행하고 [Project] 패널에서 동영상 파일을 드래그해 [Timeline] 패널에 동영상 레이어를 위치시키도록 합니다. 동영상 레이어에 'Frame Blending'을 적용하여 부드럽게 처리할 때 [Stretch] 값이 너무 많은 경우는 부드럽게 처리하지 못할 수 있습니다. 동영상에 따라 적당한 값을 적용하여 움직임을 최적화해야 합니다.

02. [Timeline] 패널 위쪽에서 [Enable Frame Blending]()을 체크하고 동영상 레이어의 [Draft]()를 체크합니다. 한 단계 더 부드럽게 처리하기 위해 [Draft]()를 한 번 더 클릭하여 [Best]()가 적용되도록 합니다.

03. 'Frame Blending'은 [Timeline] 패널에서 적용되는 방법과 메뉴에서 적용하는 방법이 있습니다. [Timeline] 패널에서 적용되는 것은 퀄리티 변경을 위한 것이고, 메뉴에서 적용하는 것은 프레임과 프레임이 전후 관계를 계산하여 동영상을 부드럽게 처리하는 방법입니다. [Layer]–[Frame Blending]–[Frame Mix] 또는 [Pixel Motion] 메뉴를 클릭하여 적용 가능합니다.

❶ **Off :** 기본으로 설정되어 있습니다.

❷ **Frame Mix :** 현재 프레임을 보완하여 새로운 프레임을 생성합니다. 렌더링 속도가 빠른 편입니다.

❸ **Pixel Motion :** 가까이 있는 프레임의 픽셀에 대한 움직임을 분석하여 새로운 프레임을 생성합니다. 렌더링 속도가 현저히 떨어지는 경향이 있으므로 동영상을 확인하고 최종 렌더링할 때 적용하는 것이 좋습니다.

이번에서는 드래그하여 마음대로 움직일 수 있는 [퍼핏 핀 툴](Puppet Pin tool, ▨)에 대해 알아보도록 하겠습니다. 'Puppet'은 꼭두각시라는 의미를 나타내며, [퍼핏 핀 툴](▨)로 벡터 이미지, 스틸 이미지, 셰이프, 텍스트 레이어 등을 더욱 빠르고 자연스럽게 동작을 만들 수 있습니다. [퍼핏 핀 툴](▨)은 움직이지 않는 스틸을 핀을 이용해 드래그하며 원하는 동작을 만들 수 있도록 합니다. 여러 개의 핀을 설치해 움직일 수 있고 움직임이 자연스럽도록 이미지를 고정할 수 있습니다.

예제 파일 | CD₩Part 03₩011_Example Project의 Puppet 컴포지션

01. [퍼핏 핀 툴](▨)은 다음과 같이 3개의 툴로 구성되어 있습니다.

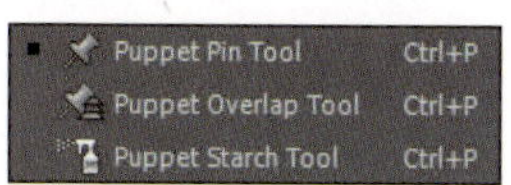

02. 예제 프로젝트에서 'Puppet' 컴포지션을 확인합니다. [Timeline] 패널에서 'Chain' 레이어를 선택하고 툴 박스에서 [퍼핏 핀 툴](▨)을 선택한 후 레이어의 연결 부위를 클릭합니다.

03. [퍼핏 핀 툴](▨)은 레이어에 핀을 설정하고 핀을 이용해 레이어를 움직이거나 변형할 수 있습니다. [퍼핏 핀 툴](▨)을 선택하면 다음과 같이 옵션들이 나타납니다.

❶ **Mesh :** [Mesh]의 'Show'를 체크하면 다음과 같이 레이어 전체에 삼각형의 분할된 면이 나타나게 됩니다.

❷ **Expansion :** 확장, 증식이라는 의미를 가지고 있으며, 'Mesh'의 영역을 수치가 높을수록 외각으로 크게 만들어 줍니다. 이것은 레이어가 움직이는 부분에 외곡이 적게 생기도록 만들어줍니다.

❸ **Triangles :** 'Mesh'가 생성될 때 몇 개의 삼각형의 면이 분할되도록 할 것인지를 결정합니다. 'Mesh'에 적용될 삼각형의 수가 적을수록 움직임이 부드럽지 못합니다.

04. [퍼핏 오버랩 툴]()의 'Overlap'은 '겹치다'는 의미를 가지고 있으며, [퍼핏 오버랩 툴]()은 이미지가 겹쳐 움직일 때 이미지의 앞과 뒤를 구분할 때 사용합니다. [퍼핏 오버랩 툴]()을 선택하면 다음과 같이 툴에 대한 옵션이 나타납니다.

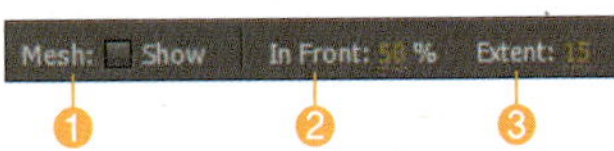

❶ **Mesh :** 레이어에 적용되는 삼각형의 면들이 [Composition] 패널이 표시되도록 합니다.

❷ **In Front :** [퍼핏 오버랩 툴]()을 이용해 하나 하나의 핀을 설치할 때마다 레이어가 서로 겹치는 부분이 생길 경우 어떠한 핀이 앞에 나오고 어떤 핀이 뒤에 나올 것인지를 결정합니다. 수치가 높을수록 겹치는 부분에서 앞으로 나타나고 수치가 적을수록 겹치는 부분일 경우 뒤에 나타납니다.

❸ **Extent :** 현재 생성된 오버랩 핀이 영향을 미칠 영역을 넓히거나 좁힐 수 있습니다.

05. [퍼핏 스타치 툴]()에서 'Starch'는 '단단하게 하다'라는 의미를 가지고 있으며, [퍼핏 스타치 툴]()을 적용한 영역은 [퍼핏 핀 툴]()의 영향을 받지 않도록 합니다. [퍼핏 스타치 툴]()을 선택하면 다음과 같이 툴에 대한 옵션이 나타납니다.

❶ **Amount :** 레이어에 여러 개의 스타치 핀이 설치되어있을 경우 핀의 단단한 정도를 다르게 설정할 수 있습니다. 수치가 높으면 핀 주위에 있는 'Mesh'의 색상이 어두운 회색에서 밝은 회색으로 변경됩니다.

❷ **Extent :** 스타치 핀이 설정된 위치에서 레이어에 미치는 영향을 넓게 확장할 수 있습니다. 핀의 위치는 드래그하면 언제든지 변경할 수 있으며 핀을 삭제할 때는 핀을 선택하고 **Delete**를 누르면 됩니다.

▲ 퍼핏 핀 툴을 배치하여 만든 'Mesh'(왼쪽)와 퍼핏 핀 툴을 드래그한 결과(오른쪽)

06. 레이어 위에 첫 번째 [퍼핏 핀 툴]()을 배치하면 레이어 영역이 삼각형 'Mesh'로 자동 분할됩니다. 각 'Mesh'의 부분은 이미지의 픽셀과 연결되어 있으므로 레이어를 잡고 드래그하면 이미지의 픽셀이 'Mesh'와 함께 이동하게 됩니다.

> **TIP :** [퍼핏 핀 툴]()을 적용하고 'Mesh'가 나타나도록 하려면 툴 박스의 오른쪽 [Mesh]에서 'Show'를 체크합니다. 하나 이상의 [퍼핏 핀 툴]()을 이동하면 움직임에 맞게 해당 'Mesh'의 모양이 변경되지만 전체적인 'Mesh'는 최대한 고정된 상태를 유지합니다. 그 결과 이미지의 한 부분에서 움직임이 발생하면 이미지의 다른 부분에서도 자연스러운 움직임이 만들어집니다.

동작 스케치를 사용하여 레이어의 동작 패스를 스케치하는 것처럼 실시간, 또는 지정한 속력으로 하나 이상의 [퍼핏 핀 툴]()의 동작 패스를 스케치할 수 있습니다.

■ [Puppet Record Options] 대화상자

[Record Options] 대화상자를 열려면 [퍼핏 핀 툴]()이 선택되어 있는 상태에서 동작을 기록하기 전에 툴 박스의 오른쪽에 있는 [Record Options] 단추를 클릭합니다.

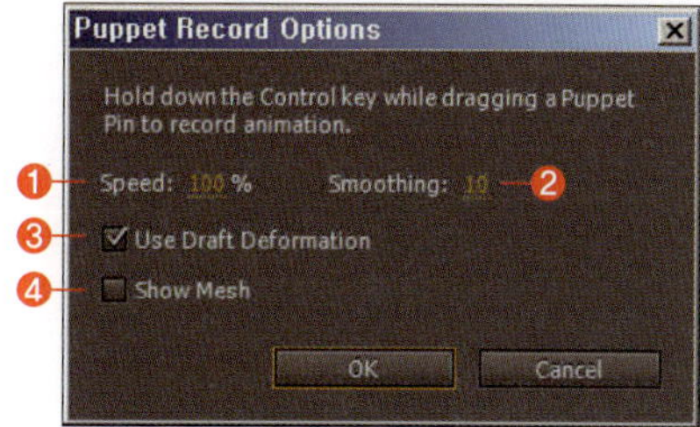

❶ **Speed** : 핀을 드래그하여 동작을 만들 때 움직이는 속도를 제어합니다. 기본 설정으로 100%가 설정되어 있으며 이것은 드래그하는 속도를 그대로 움직임에 적용하는 것입니다. 수치를 50%로 설정하고 드래그하면 드래그 속도보다 2배 빠른 속도로 움직임이 만들어 집니다. 속도 값이 100%보다 크면 동작이 기록된 속도보다 느리게 재생됩니다.

❷ **Smoothing** : 동작을 만들 때 만들어진 패스가 더욱 더 부드럽게 생성되도록 수치를 조절합니다. 수치가 높을수록 부드럽고 낮을수록 거칠게 만들어집니다.

❸ **Use Draft Deformation** : 체크하면 복잡한 'Mesh'를 제작할 때 속도를 증진시켜줍니다.

❹ **Show Mesh** : 'Show Mesh'를 체크하면 핀을 드래그하고 모션을 만드는 동안 'Mesh'가 보이도록 합니다.

■ 동작 스케치

예제 파일 | CD₩Part 03₩011_Example Project의 Puppet 1 컴포지션

01. 예제 프로젝트에서 'Puppet 1' 컴포지션을
확인합니다. [Timeline] 패널에서 'Chain' 레이어를
선택하고 툴 박스에서 [퍼핏 핀 툴]( )을 선택하
고 레이어에 클릭합니다. 원하는 위치에 여러 개
의 핀을 설정할 수 있습니다. 예제 파일의 레이어
에 3개의 핀이 다음과 같이 설정되어 있습니다.

02. [퍼핏 핀 툴]( )을 선택하면 [Effect Controls]
패널과 레이어의 속성에 [Puppet]이 자동으로 생
성됩니다. 작업을 진행하는 동안 [퍼핏 핀 툴]( )
이 사라지면 [Effect Controls] 패널에서 [Puppet]을
선택합니다. [Effect Controls] 패널에서 'Reset'을
클릭하면 레이어에 적용된 핀을 동작이 없는 초
기 상태로 만들어줍니다.

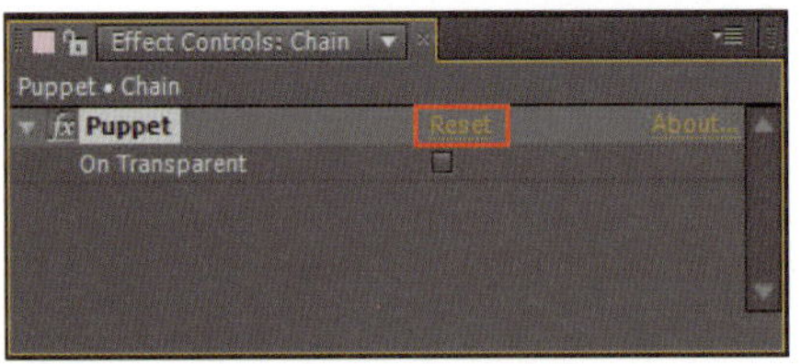

> **TIP :** [Effect Controls] 패널에서 'On Transparent'는 기본으로 체크 해제되어 있으며 체크하여 'On'으로 설정하면 하나로 연결되어 있지
> 않은 면을 레이어에 보이지 않도록 합니다.

03. 레이어에서 아래의 핀 툴을 선택합니다.
레이어에서 다른 핀을 추가적으로 선택하려면
Shift 를 누른 상태로 선택합니다. 레이어에 설
치된 핀을 선택하면 색상이 채워진 핀으로 변경
되고, 선택된 핀은 Delete 를 누르면 언제든지 지
울 수 있습니다.

04. [Composition] 패널에서 아래의 핀 하나만을
선택하고 [Timeline] 패널에서 타임마커를 동작 기
록이 시작될 시간으로 이동합니다. [Composition]
패널, 또는 [Layer] 패널에서 **Ctrl** 을 길게 누
르면 [퍼핏 스타치 툴]( )이 활성으로 변경되
고, 마우스 포인트가 시계 모양으로 변경됩니다.
Ctrl 을 누른 상태에서 애니메이션을 적용할 핀
을 좌우로 드래그합니다.

05. [Composition] 패널에서 드래그를 하면 동작 기록이 시작됩니다. 마우스에서 손을 떼면 기록이 종료됩니다. 스케
치 중인 동작의 윤곽선 색상은 핀의 색상인 노란색과 동일하며, 'Mesh'에 대한 윤곽선은 레이어의 라벨 색상과 일치
합니다. [퍼핏 핀 툴]( )을 사용해 만들어진 동작 패스도 다른 속성과 마찬가지로 개별적으로 수정할 수 있습니다.
[Effect] 패널에 [Puppet]이라는 이름으로 이펙트가 적용되어 있고, [Timeline] 패널의 레이어 속성에 [Puppet]이 이펙트
로 적용되어 키프레임이 생성되어 있는 것을 확인할 수 있습니다.

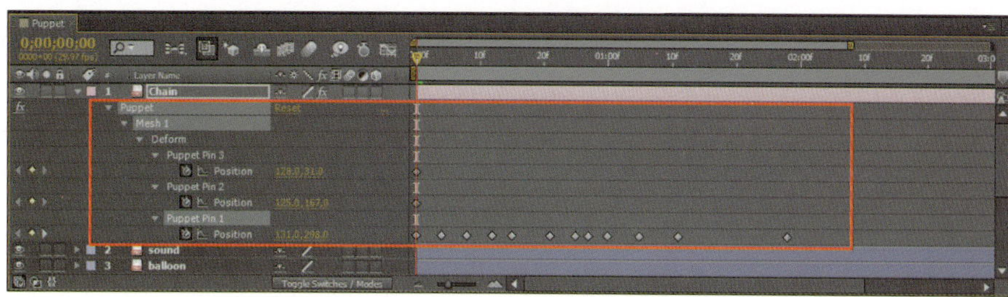

동영상 속도와 솔리드 레이어의 움직임 제어

동영상 파일의 속도 제어와 솔리드 레이어의 포지션 설정을 통해 작가의 이름과 제목을 표현해 보도록 하겠습니다. 전체 작업에 대한 다양한 기능들을 확인해 보시기 바랍니다. 예제 동영상은 드로잉 아티스트 김정기 작가님의 드로잉 과정 일부를 첨부하였습니다.

기초탄탄 ▶ 동영상과 직선의 키프레임 이해하기

■ 동영상 키프레임의 정지 `229P`

동영상 레이어의 특정 프레임을 정지하고 지속적으로 나타나게 하기 위해서는 'Time Remap'을 적용하고 정지하기를 원하는 위치에 키프레임을 설정합니다. 새롭게 설정된 키프레임을 선택하고 'Toggle Hold Keyframe'을 선택합니다.

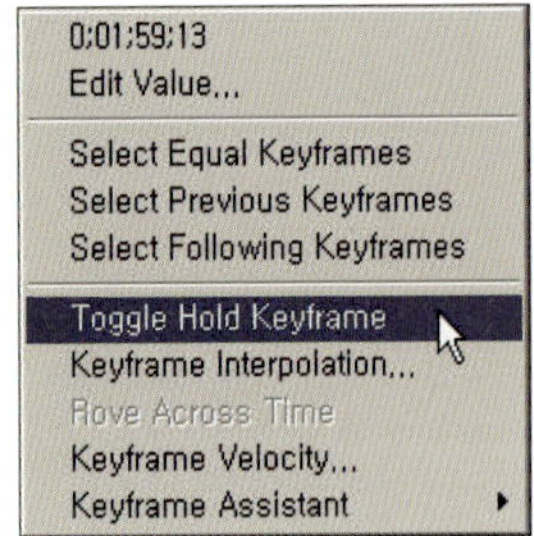

■ 곡선의 키프레임을 직선으로 변환하기 `230P`

레이어에 설정된 2개 이상의 키프레임에 키프레임의 속성이 곡선인 경우 키프레임을 선택하고 마우스 오른쪽 버튼을 클릭하고 'Keyframe Interpolation'을 선택합니다. [Keyframe Interpolation] 대화상자에서 곡선을 직선으로 바꿔 움직임을 변경할 수 있습니다.

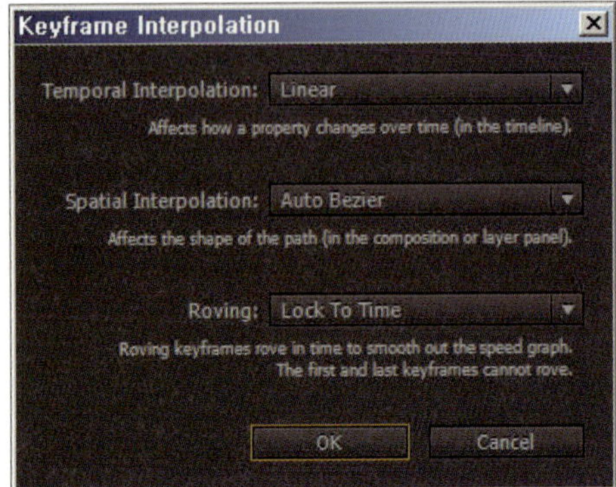

동영상과 솔리드 제어를 위해 예제 프로젝트를 실행하고 다음을 따릅니다.

예제 파일 | CD₩Part 03₩011_Example Project의 Kim 컴포지션　**완성 파일 |** CD₩Part 03₩011_Example.mp4 파일

01. 예제 프로젝트에서 'Kim' 컴포지션을 확인합니다. 동영상과 솔리드, 그리고 텍스트 레이어가 기본적으로 배치되어 있습니다. 솔리드 레이어에는 그레이디언트를 적용하는 이펙트가 적용되어 있습니다. [Timeline] 패널에서 타임마커를 2분 40초로 이동하고 '김정기 작가' 동영상 레이어를 선택합니다. [Edit]–[Split Layer](Ctrl + Shift + D) 메뉴를 클릭하여 레이어를 2개로 분리합니다. 잘린 레이어 중 아래쪽의 동영상 레이어를 선택하고 [Stretch]의 '100%'를 클릭합니다.

02. [Time Stretch] 대화상자에서 [Stretch Factor]를 '20'으로 설정하여 동영상이 빠르게 진행되도록 합니다. 수치를 낮추면 동영상의 속도가 빨라지고 수치를 높이면 동영상의 속도가 느려집니다. [OK] 단추를 클릭하고 동영상의 길이를 확인하고 프리뷰를 통해 빨라진 동영상의 속도를 확인합니다.

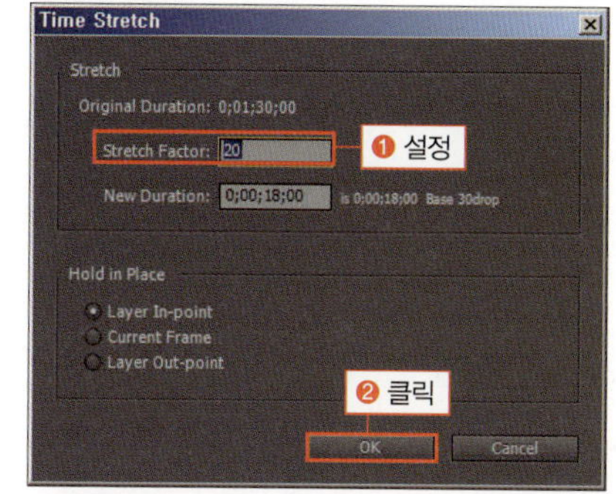

03. 잘린 동영상 레이어 중 위의 레이어를 선택하고 레이어를 하나 더 복제합니다. [Edit]–[Duplicate](Ctrl + D) 메뉴를 클릭하면 레이어가 복제됩니다. 복제된 레이어에서 아래 레이어를 선택하고 하단 레이어의 끝 지점에서부터 시작하도록 레이어를 이동합니다.

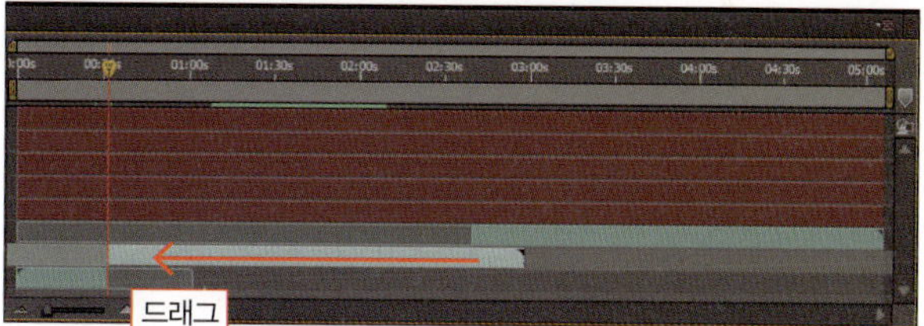

04. 중간에 있는 7번 레이어를 선택하고 [Layer]–[Time]–[Enable Time Remapping](Ctrl + Alt + T) 메뉴를 클릭하여 적용합니다. 이것은 동영상의 시작지점을 정지시키기 위한 명령으로 레이어 속성에 'Time Remap'이 적용되고 키프레임이 생성됩니다. 레이어의 시작부분에 타임마커를 위치시키고 키프레임을 설정하고 설정된 키프레임을 선택하고 마우스 오른쪽 버튼을 클릭해 'Toggle Hold Keyframe'을 선택하여 동영상이 정지된 상태로 지속되도록 설정합니다.

솔리드 레이어에 'Position' 키프레임을 설정하고 텍스트 레이어가 키프레임과 동일한 움직임을 갖도록 링크합니다.

01. 영상이 정지된 부분부터 솔리드와 텍스트 레이어가 나타나도록 이동할 레이어를 선택하고 선택된 전체 레이어를 드래그하여 이동시킵니다. 다음은 텍스트 레이어가 솔리드 레이어를 따라 다니도록 링크를 설정해 봅니다. 1번 레이어는 2번 'Dark_01' 레이어에 'Parent'를 설정하고, 4번 레이어는 5번 'Dark_02' 레이어에 'Parent'를 설정합니다.

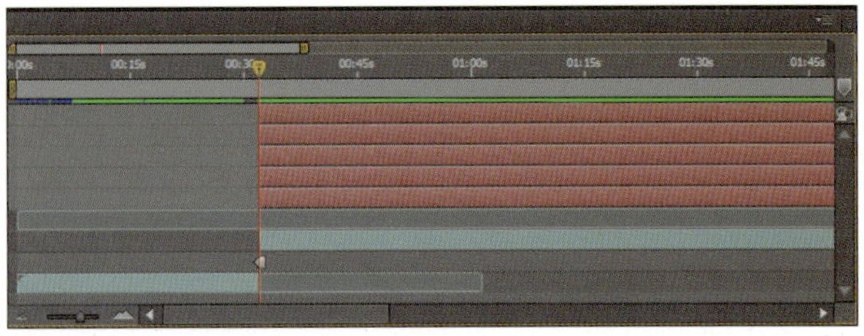

02. 3번 솔리드 레이어가 제일 먼저 왼쪽에서 나타나고, 2번 'Dark_01' 레이어가 왼쪽에서 두 번째고, 5번 'Dark_02' 레이어가 오른쪽에서 마지막에 나타나도록 다음과 같이 각각 3개의 키프레임을 설정합니다. 처음에 움직이는 속도는 10프레임으로 설정하고, 도착하는 위치까지 20프레임을 설정해 빠르게 움직이다가 천천히 움직이도록 합니다.

03. 키프레임이 3개가 설정되면 중간 프레임이 곡선의 패스를 갖게 되어 원하는 움직임이 만들어지지 않습니다. 이런 경우 키프레임이 설정된 3개를 드래그하여 선택하고 마우스 오른쪽 버튼을 클릭합니다. 메뉴에서 'Keyframe Interpolation'을 선택하면 대화상자가 나타나고 [Spatial Interpolation]에서 '자동 베지어(Auto Bezier)'를 '선형(Linear)'으로 바꿔 패스가 직선이 되도록 합니다.

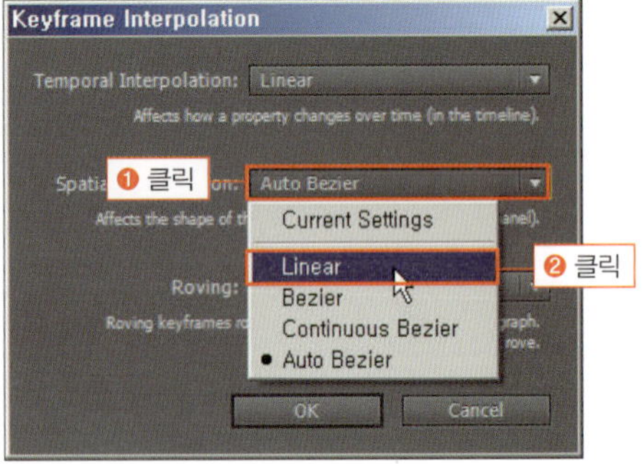

04. 다음은 타임마커를 34초로 이동하고 6번 레이어를 선택하고 [[ ]를 누릅니다. 동영상 레이어의 시작 부분을 타임마커가 위치한 부분으로 이동합니다. [Stretch]를 클릭하고, [Time Stretch] 대화상자에서 [Stretch Factor]를 '30'으로 설정합니다. 전체 길이 5분의 동영상이 1분 15초로 길이가 줄고 그림 그리는 시간을 단축시켜 효과적으로 표현할 수 있습니다.

■ **[Timeline] 패널의 영역** 154P

[Timeline] 패널에서 사용되는 전체 시간에서 일부 영역을 작업 영역(Work Area)이라 합니다. 작업 영역의 설정에 따라 렌더링되는 영역이 지정되며, 작업한 영역을 프리뷰하는 램 프리뷰 영역으로 사용됩니다.

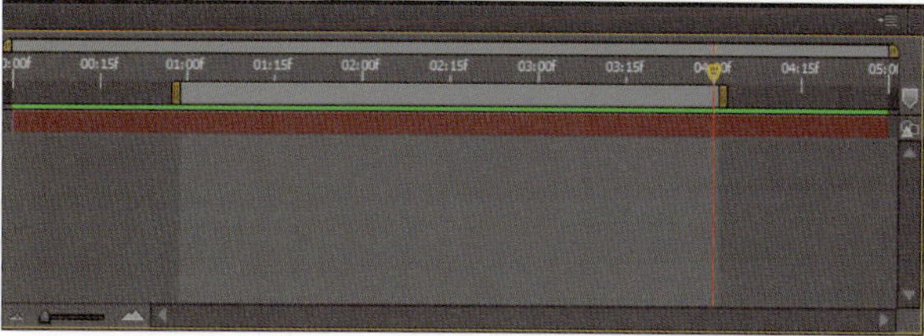

■ **레이어의 기본 속성** 181P, 184~186P

2D 레이어에 사용되는 기본 속성은 [Anchor point], [Position], [Scale], [Rotation], [Opacity]가 있으며 기본 속성에 대한 내용을 상세히 알아두면 다른 내용을 이해하는데 좋습니다. 일반적으로 기본 속성을 가지고 다른 내용들과 응용이 이루어지므로 쉬워도 다시 한 번 살펴 볼 필요가 있습니다.

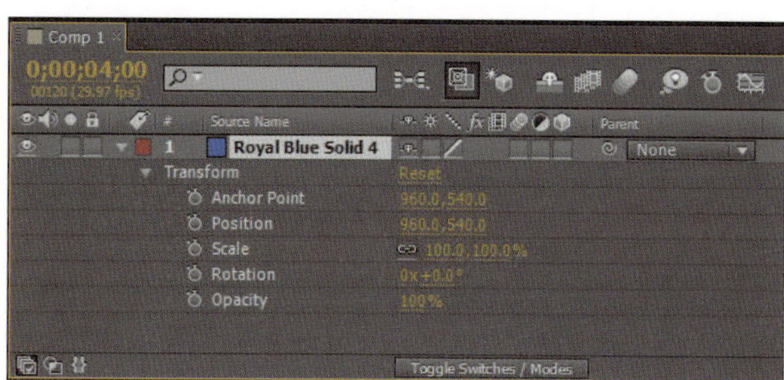

■ **레이어의 크기 조절** 186P

레이어의 크기를 조절할 때는 레이어를 선택하고 S 를 눌러 크기에 대한 속성인 [Scale] 나타나도록 합니다. 일반적으로 크기를 제어할 때는 동일하게 값을 적용하여 100% 이상은 기존 레이어보다 크게 만들어집니다. 레이어의 X와 Y의 값에 '–' 수치를 적용하여 레이어를 축에 따라 반전시킬 수 있습니다.

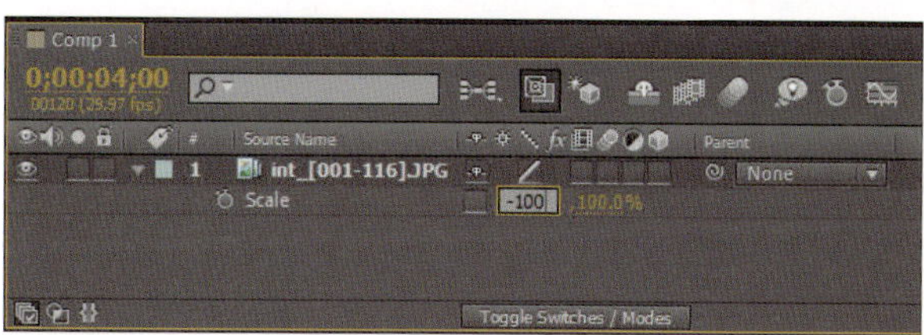

■ **솔리드 레이어** 202P

솔리드 레이어(Solid Layer)는 일반 오브젝트, 또는 이펙트를 적용하기 위해 가장 많이 사용되는 레이어입니다. 솔리드 레이어는 [Layer]-[New]-[Solid](Ctrl + Y) 메뉴를 클릭해 만들 수 있으며, 만들어진 솔리드 레이어의 색상이나 크기 등의 속성을 변경하기 위해서는 기존 솔리드 레이어를 선택하고 [Layer]-[Solid Settings](Ctrl + Shift + Y) 메뉴를 클릭해 [Solid Settings] 대화상자에서 변경할 수 있습니다.

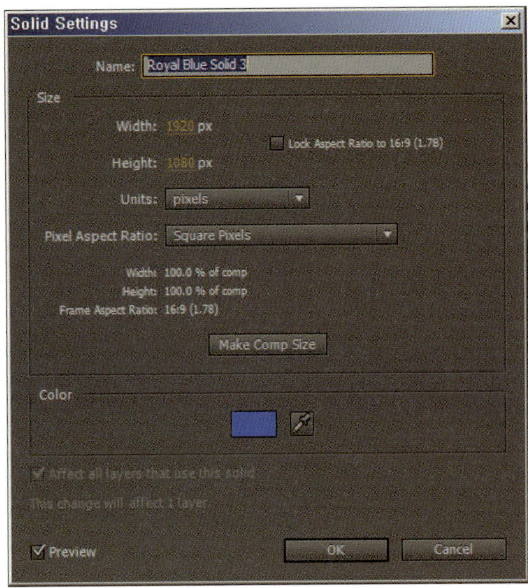

■ **동영상의 속도 제어** 216P, 229P

스틸 이미지가 아닌 동영상의 속도를 전체적으로 빠르게, 또는 느리게 변경하고자 할 때는 [Stretch]를 사용합니다. 그러나 동영상의 일부 구간의 속도를 변경하기 위해서는 'Time Remap'을 사용합니다. 'Time Remap'을 적용한 동영상의 Out점을 잡고 드래그하면 정지된 이미지가 지속적으로 나타납니다.

01
Pre-Composition 레이어의 컴포지션 마커를 소스 컴포지션에 설정된 레이어 마커로 동기화해 봅니다.

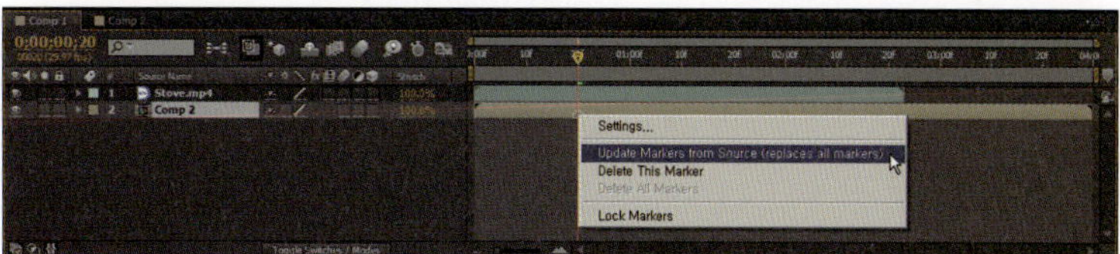

HINT

1. 애프터 이펙트를 실행하고 제작하려는 컴포지션을 생성합니다.
2. 컴포지션에서 사용 중인 레이어들을 [Timeline] 패널에서 선택하여 [Layer]-[Pre-Composition](**Ctrl** + **Shift** + **C**) 메뉴를 클릭해 기존 컴포지션에 포함되는 추가적인 컴포지션을 생성합니다.
3. 새롭게 추가된 컴포지션을 더블클릭하여 컴포지션에 마커를 설정합니다.
4. 최초 컴포지션으로 돌아와 추가된 컴포지션 레이어에 레이어 마커를 설정합니다.
5. 추가된 컴포지션 레이어의 마커에 마우스 오른쪽 버튼을 클릭하여 'Update Markers from Source'를 선택합니다.

02
[Timeline] 패널에서 복제된 솔리드 레이어를 개별적으로 속성을 변경해 봅니다.

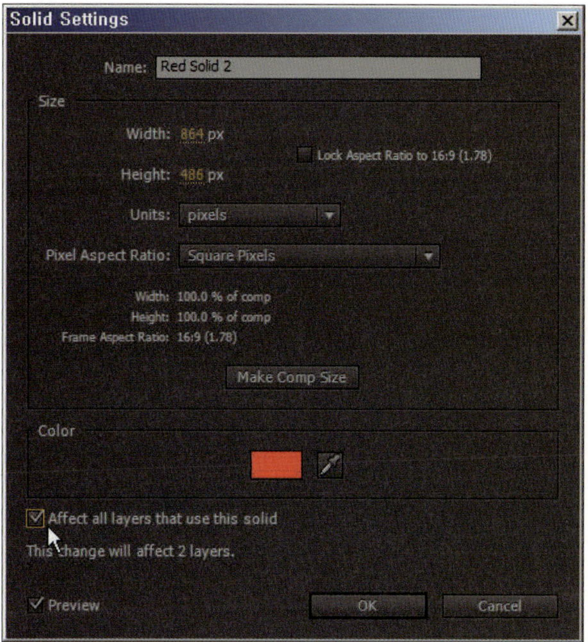

HINT

1. [Layer]-[New]-[Solid](**Ctrl** + **Y**) 메뉴를 클릭해 솔리드 레이어를 생성합니다.
2. [Timeline] 패널에서 솔리드 레이어를 선택하고 [Edit]-[Duplicate](**Ctrl** + **D**) 메뉴를 클릭해 레이어를 복제합니다.
3. 복제된 레이어는 동일한 속성을 가지고 있으며 다른 솔리드 레이어의 속성을 변경하면 동일하게 변경됩니다.
4. 솔리드 레이어를 선택하고 [Layer]-[Solid Settings](**Ctrl** + **Shift** + **Y**) 메뉴를 클릭합니다.
5. [Solid Settings] 대화상자의 'Affect all layer that use this solid'를 체크하면 복제된 모든 레이어가 한꺼번에 변경되고 해지하면 개별적으로 속성을 제어할 수 있습니다.

04

레이어의 합성과 마스크, 매트 활용하기

애프터 이펙트는 레이어와 레이어를 합성하여 더욱 효과적인 영상을 만들 수 있습니다. 또한 마스크와 매트를 활용해 불필요한 부분과 필요한 부분을 사용자가 원하는 대로 설정할 수 있습니다. 레이어 합성 방법과 마스크, 매트 활용 방법에 대해 알아보도록 합니다.

RGB 컬러 채널과 알파 채널에 대한 기본적인 내용과 선택한 영역으로 제한하여 보여주는 트랙 매트에 대해 알아보도록 하겠습니다. 알파 채널과 매트, 마스크는 다른 방법으로 사용되지만, 일부 영역을 가리거나 보이도록 만들 수 있는 유사한 기능을 가지고 있습니다.

기초탄탄 ▶ 채널과 매트 이해하기

■ 채널 237P

채널은 이미지를 구성하고 있는 각 색상(Red, Green, Blue)의 정보를 담고 있는 컬러 채널과 선택한 영역을 저장해 사용할 수 있는 알파 채널로 구성되어 있습니다.

컬러 채널의 RGB는 Red, Green, Blue를 토대로 색을 나타내는 것으로 빛의 3원색을 기반으로 하는 색상 모드입니다. 가산 혼합이라고 해서 혼합할수록 명도가 높아져서 밝아지는 RGB 컬러 모드는 3색을 겹칠수록 밝아지고 겹쳐지는 색의 양이 같아지면 흰색이 됩니다. 모니터나 조명, TV, 전광판 등과 같이 빛을 기반으로 하는 장치들은 RGB 모드를 이용하여 색상을 표현합니다.

알파 채널은 색상 정보를 갖지 않고, 단지 선택 영역에 대한 정보만을 가지고 있습니다. 때문에 알파 채널의 컬러는 그레이스케일(Grayscale)과 동일한 것이고, 알파 채널의 기본 배경은 검정색이며 흰색이 들어가는 부분은 선택 영역을 표시하는 부분입니다. 또한 회색계열의 색은 반투명을 나타내는 것입니다. 이렇게 생성된 영역 정보를 레이어에서 호출하여 사용하거나, 선택 영역을 이용한 편집에 활용합니다.

■ 매트 241P

매트는 채널과 유사한 형태로 사용됩니다. 채널에서 알파 채널은 일부 영역을 표현하기 위해 사용됩니다. 알파 채널과 같은 형태로 매트, 또한 채널을 사용하는 알파 매트와 명도를 사용하는 루마 매트로 구분하여 사용합니다. 매트는 일부 영역을 이미지, 또는 동영상으로 만들어 표현하고자 하는 레이어의 영역을 만듭니다.

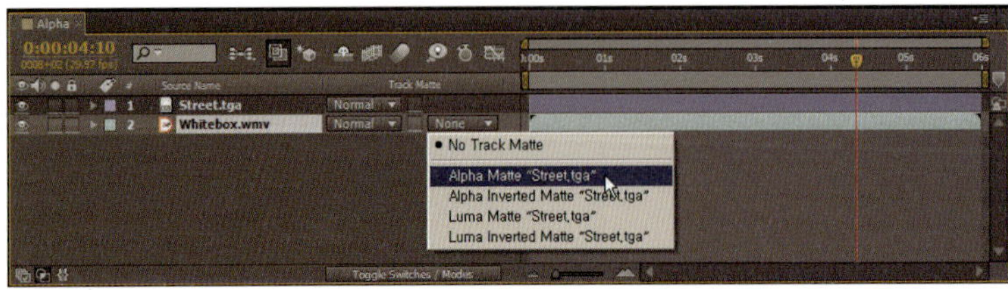

애프터 이펙트는 RGB 채널과 투명도에 대한 정보가 들어있는 네 번째 채널인 알파 채널을 사용합니다. 이미지, 또는 동영상에 알파 채널을 포함하고 있는 것을 나타내기 위해 'RGBA'라고 부르기도 합니다. 애프터 이펙트에서 제작되는 동영상은 빛을 이용해 표현하는 모니터에서 대부분 상영되기 때문에 RGB 채널을 사용합니다.

예제 파일 | CD₩Part 04₩Sources₩Alpha.tga 파일

01. 포토샵에서 이미지에 알파 채널을 포함한 예제 파일을 불러옵니다.

▲ 알파를 포함한 Tga 포맷의 이미지

TIP : 알파 채널을 포함한 이미지 파일은 어도비 포토샵, ElectricImage, flv, tga, tiff, eps, pdf, 일러스트레이터 등의 포맷과 동영상에 알파 채널을 포함하는 avi, QuickTime 파일 등이 있습니다. 어도비 일러스트레이터 eps, pdf 파일의 경우 애프터 이펙트는 비어 있는 영역을 자동으로 알파 채널로 변환하여 사용합니다.

02. 일반적으로 사용되는 모니터상의 컬러 이미지는 각 픽셀을 RGB 정보로 표현하고 각 컬러 채널은 8비트의 정보량을 갖습니다. 8비트의 의미는 2의 8제곱으로 256계조라는 구체적인 의미를 갖습니다. 이것은 흑백의 단계를 256단계로 나눈 것으로 이미지의 명암에 대한 정밀함을 결정하는 요소입니다. 따라서 R(8비트)+G(8비트)+B(8비트)=24비트의 이미지가 되고 이 경우 알파 채널 정보는 포함하고 있지 않습니다. 알파 채널을 포함하려면 여기에 +Alpha(8비트)가 추가되어 합이 32비트인 이미지가 되어야 합니다. 다음은 채널별로 분리된 채널을 나타냅니다. 알파 채널은 회색의 명암 이미지로 만들어지며 명암의 단계에 따라 투명도가 달라집니다. 포토샵에서 각 채널에 대한 단축키는 Red 채널은 Ctrl + 3, Green 채널은 Ctrl + 4, Blue 채널은 Ctrl + 5, Alpha 채널은 Ctrl + 6 을 사용합니다.

▲ Red 채널

▲ Green 채널

▲ Blue 채널

▲ Alpha 채널

▲ 4개의 채널을 모두 사용하고 투명영역에 다른 배경을 합성한 상태

03. 포토샵에서 제작한 'Alpha.tga' 파일을 애프터 이펙트로 불러와서 채널을 확인해봅니다. 애프터 이펙트를 실행하고 [File]-[Import]-[File](Ctrl + I) 메뉴를 클릭하고 폴더에서 이미지를 선택하고 [Import] 단추를 클릭하면 다음과 같이 [Interpret Footage] 대화상자가 나타납니다. 이것은 알파 채널을 불러올 때 알파에 대한 세부 내용을 선택하는 부분입니다. 'Straight-Unmatted'를 선택하고 [OK] 단추를 클릭합니다.

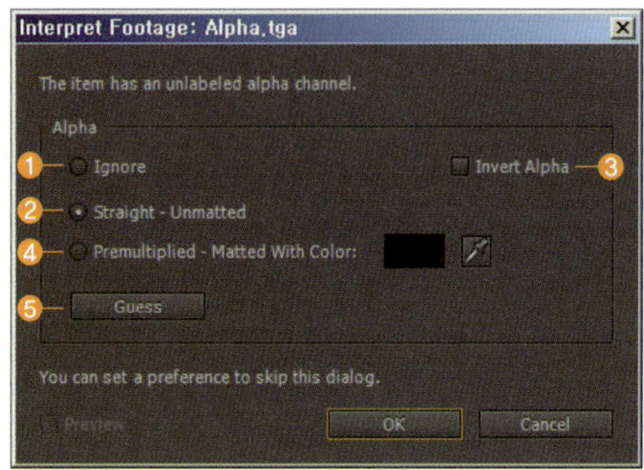

❶ **Ignore** : 알파 채널을 무시하고 파일을 애프터 이펙트로 불러올 때 선택합니다.

❷ **Straight-Unmatted** : 파일이 가지고 있는 알파 채널을 이용해 흰색 부분만 남고 검정색은 나타나지 않도록 불러옵니다.

❸ **Invert Alpha** : 파일이 가지고 있는 알파 채널 정보를 반대의 영역으로 변경하여 불러옵니다.

❹ **Premultiplied-Matted With Color** : 'Straight-Unmatted'와 동일하게 알파 채널을 이용해 흰색 부분은 남고 검정색을 나타나지 않게 하지만 오른쪽의 색상에 의해 다르게 사용됩니다. 포토샵에서 이미지를 알파로 만들 때 배경이 푸른색이라면 색상을 푸른색으로 선택하고 불러오면 외각에 남아있는 푸른색이 나타나는 것을 조금 더 방지할 수 있습니다. 이것은 알파 채널의 흰색 부분과 검정색 부분과의 경계 부분 색상을 제거할 때 사용합니다.

❺ **[Guess] 단추** : 알파에 대한 정보를 자동으로 추측해 불러옵니다.

04. [Composition]–[New Composition](**Ctrl** + **N**) 메뉴를 클릭하여 [Composition Settings] 대화상자에서 새로운 컴포지션을 만들고 불러온 이미지를 [Timeline] 패널에 드래그합니다.

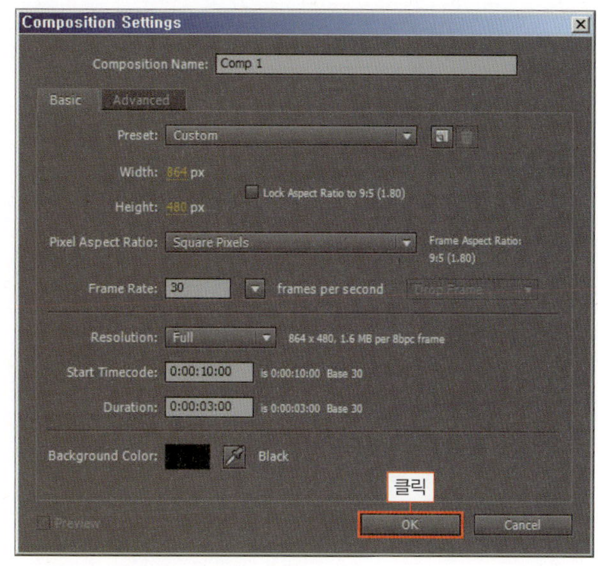

05. 애프터 이펙트에 불러온 이미지 파일은 알파 채널의 영향을 받아 검은색 부분은 보이지 않고 흰색 부분의 건물 이미지만 보이게 됩니다. [Composition] 패널의 아래쪽에 있는 [Channel] (🌐)을 클릭하면 다음과 같은 메뉴가 나타납니다. 기본 설정은 RGB로 되어 있으며 각각의 채널을 선택하여 채널별로 확인할 수 있습니다.

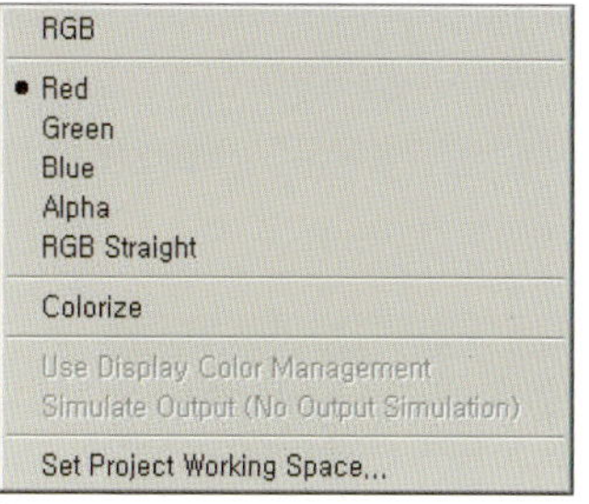

06. 다음은 메뉴에서 각각의 채널을 선택한 상태입니다. [Composition] 패널의 주위에 채널에 따라 색상이 다르게 나타나는 것을 확인할 수 있습니다.

▲ Red 채널

▲ Green 채널

▲ Blue 채널

▲ RGB Straight

07. 다음은 'Blue'를 선택하고 아래쪽의 'Colorize'를 체크하여 채널이 파란 색상으로 표현되도록 했습니다. 'RGB Straight'는 알파 채널을 포함한 파일을 이미지 작업 중 파일의 알파 채널 이외의 영역이 가지고 있는 원상태의 전체 이미지를 보고자 할 때 사용합니다.

08. 다음은 알파 채널로 포토샵에서 알파 채널로 추가한 부분이 그대로 나타납니다. 검은색 부분은 다른 이미지가 합성되는 부분이고 흰색 부분은 현재 이미지를 나타냅니다. 알파 채널은 마스크나 매트 등의 개념과 같은 형태로 사용되며 합성할 때 많이 사용되는 개념입니다. 알파 채널은 사용자가 직접 검정/흰색/회색의 무채색으로 도형이나 그림을 그려 넣으면 검정이 아닌 부분만을 이미지로 인식하게 됩니다. 이러한 성격을 이용해 3D에서는 합성을 위해 알파 채널을 포함한 이미지 시퀀스 파일로 렌더링하여 다른 프로그램에서 사용할 수 있도록 합니다.

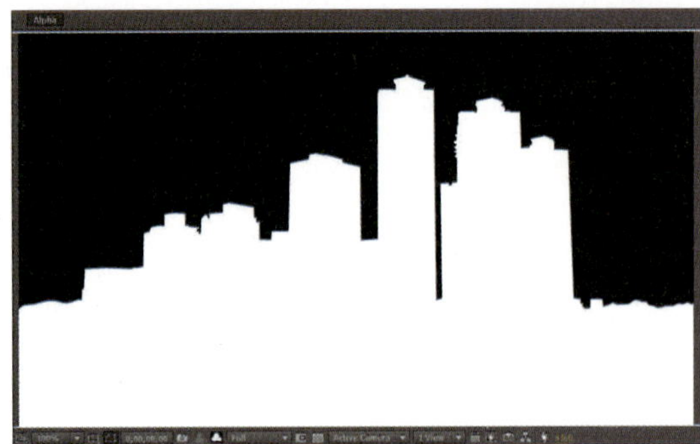

▲ Alpha 채널

09. 알파 채널은 비트맵 방식으로 투명도를 이용해 이미지를 합성하도록 도와줍니다. 비트맵은 부드러운 이미지를 만들기 위해 계단형태의 픽셀로 투명도의 정보를 만듭니다. 알파 채널과 이미지를 합성한 최종 파일은 Part 04₩012_Example Project의 'Channel' 컴포지션입니다.

> **TIP : 비트맵(Bitmap)과 벡터(Vector)의 차이**
>
> - **비트맵(Bitmap) :** 하나의 이미지를 여러 개의 점(픽셀)으로 나누어 저장하는 방식으로 다양한 색상을 활용할 수 있으며, 사진과 같은 화려한 색상과 유연한 그림에 적합합니다. 그러나 섬세한 선이나 형태의 처리를 하는데 한계가 있으며, 확대나 축소를 하면 화질이 거칠어지거나 훼손될 수 있습니다. 또한 픽셀 단위의 정보를 갖고 있기 때문에 파일의 용량도 큰 편입니다.
> - **벡터(Vector) :** 선과 도형으로 그림을 저장하는 방식으로 단순한 도형과 같은 개체 표현에 적합하며, 섬세한 선이나 형태를 효과적으로 표현할 수 있습니다. 그림을 확대하거나 축소해도 화질에는 전혀 변화가 없습니다. 그러나 사용할 수 있는 색상에 한계가 있고, 사진과 같은 유연한 작품을 만들 수 없는 단점이 있습니다.

다음은 트랙 매트의 종류와 그에 대한 사용방법에 대해 알아보도록 하겠습니다. 트랙 매트는 알파 채널을 사용하는 알파 매트와 명도 값을 사용하는 루마 매트의 2가지 종류로 구분됩니다.

■ 알파 매트와 루마 매트

예제 파일 | CD₩Part 04₩Sources₩street.tga 파일

01. 트랙 매트는 픽셀의 명도를 기반으로 사용되며, 알파 채널이 없거나 만들 수 없는 다른 프로그램에서 불러온 레이어를 사용하여 트랙 매트를 만들 경우 유용합니다. 알파 매트를 사용하는 경우와 명도에 대한 매트를 사용하는 경우 흰색에 가까운 값이 적용되는 부분이 더 투명합니다. 흰색이 아닌 중간 그레이 톤이 적용되는 경우 불투명한 정도를 나타냅니다. [Timeline] 패널에서 레이어를 선택하고 트랙 매트 부분을 클릭하면 매트에 대한 4개의 다른 옵션이 나타납니다. 매트는 키(Keying), 알파(Alpha) 마스크(Mask) 등과 같은 형태로 볼 수 있습니다. 블루 스크린이나 그린 스크린을 사용하여 영상을 합성하는 방식은 매트와 유사한 형태의 작업 방식으로 영화제작에 없어서는 안 될 하나의 효과입니다.

▲ 2012년 제작된 Marvel사의 The Avengers의 크로마 촬영장면

02. 애프터 이펙트에서 트랙 매트는 [Timeline] 패널에 위치해 있으며, 동영상이나 이미지 등을 사용해 매트를 만들 수 있습니다. [Timeline] 패널에 2개 이상의 레이어가 존재할 때 트랙 매트를 적용할 수 있습니다. 2개 이상의 레이어가 있어도 매트는 바로 위의 레이어와 자신 레이어에 적용됩니다. 매트의 적용 방식은 4가지 형태가 있습니다.

❶ **No Track Matte :** 투명도가 적용되지 않습니다. 위에 있는 레이어는 일반 레이어와 동일하게 사용됩니다.

❷ **Alpha Matte :** 알파 매트는 이미지나 동영상이 가지고 있는 알파 값에 적용됩니다. 흰색 부분이 적용되고 검정색 부분은 투명하게 나타납니다.

❸ **Alpha Inverted Matte :** 알파 매트와 반대의 결과를 가져옵니다.

❹ **Luma Matte :** 레이어가 가지고 있는 명도 값에 의해 적용되며 레이어의 흰색 부분은 불투명하게 그리고 검정색 부분은 투명하게 적용됩니다.

❺ **Luma Inverted Matte :** 루마 매트와 반대의 결과를 가져옵니다.

03. 레이어를 트랙 매트로 변환하기 위해서는 [Timeline] 패널에서 트랙 매트로 사용할 레이어를 소스 레이어로 사용할 레이어 바로 위로 이동합니다. 소스 레이어의 트랙 매트 메뉴에서 하나를 선택하여 트랙 매트의 투명도를 적용합니다.

04. 알파 매트는 포토샵에서 이미지에 알파를 포함한 상태의 이미지를 만들어 사용하거나 동영상에 알파를 포함시켜 렌더링해야 합니다. 포토샵에서 예제 파일 'street.tga' 파일을 확인합니다.

05. 포토샵의 [Channels] 패널에서 알파 채널을 확인하면 다음과 같이 검정색과 흰색으로 나타나게 됩니다.

06. 알파 채널을 포함한 파일로 이미지를 저장할 때 다양한 포맷이 있지만 일반적으로 확장자가 'Tga'인 파일로 저장합니다. 알파를 포함한 이미지 파일을 만들고 포토샵의 [File]–[Save As] (**Ctrl** + **Shift** + **S**) 메뉴를 클릭합니다. [Save As] 대화상자가 나타나면 [Format]에서 'Targa'를 선택하고 아래의 'Alpha Channels'을 체크하고 [저장] 단추를 클릭합니다.

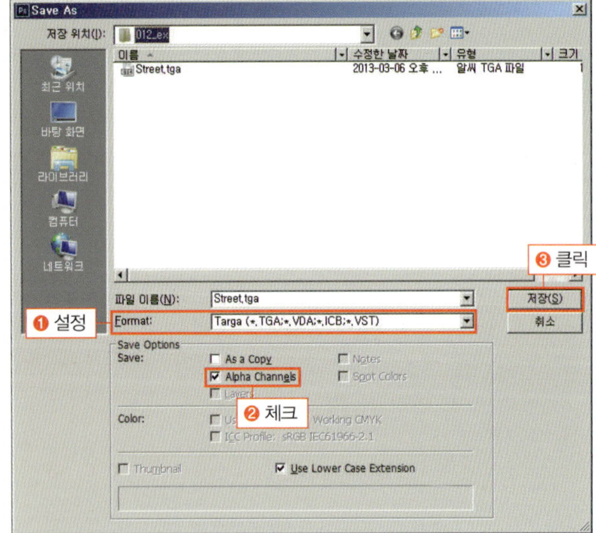

> **TIP :** 'Alpha Channels'를 체크하는 것은 'Targa' 파일로 저장할 때 알파 채널도 함께 저장하라는 명령입니다.

07. [저장] 단추를 클릭하면 [Targa Options] 대화상자가 나타납니다. '32bits/pixel'을 선택해야만 알파를 포함한 파일이 만들어 집니다. '32bits/pixel'를 선택하고 [OK] 단추를 클릭합니다.

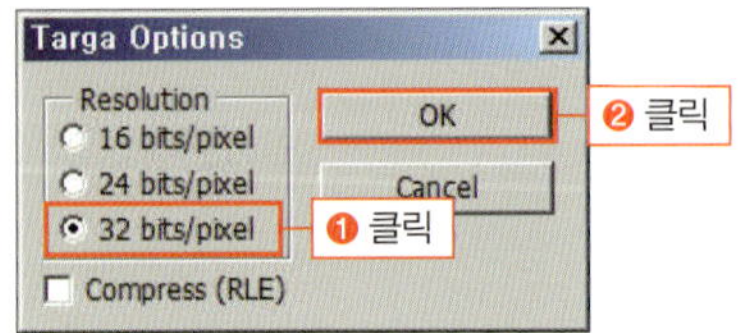

■ 알파 매트 적용하기

예제 파일ㅣ CD₩Part 04₩012_Example Project의 Alpha 컴포지션

01. 예제 프로젝트에서 'Alpha' 컴포지션을 확인하면 다음과 같이 [Composition] 패널이 열립니다.

02. [Timeline] 패널의 아래의 2번 레이어를 선택하고 알파 매트를 적용해 봅니다. 레이어의 오른쪽 트랙 매트에서 'Alpha Matte "Street.tga"'를 선택합니다.

> **TIP :** 'Alpha Matte'를 적용할 때 이때 뒤에 붙는 이름은 적용할 매트의 이름입니다. 이것은 현재 레이어의 위쪽에 다른 이름의 레이어가 있으면 그때마다 이름이 다르게 나타납니다.

03. 레이어에 알파 매트가 적용된 결과는 다음과 같습니다. 매트로 사용된 [Channels] 패널의 'Alpha' 레이어의 [Video](👁)를 체크 해제하면 레이어가 보이지 않게 됩니다. 매트로 사용된 레이어에 포함된 알파 채널에 의해 아래쪽의 레이어는 영역이 제한적으로 사용됩니다. 이것은 포토샵에서 제작한 알파 채널의 흰색 부분에서만 보이고 검정색 부분에서는 투명하게 적용됩니다.

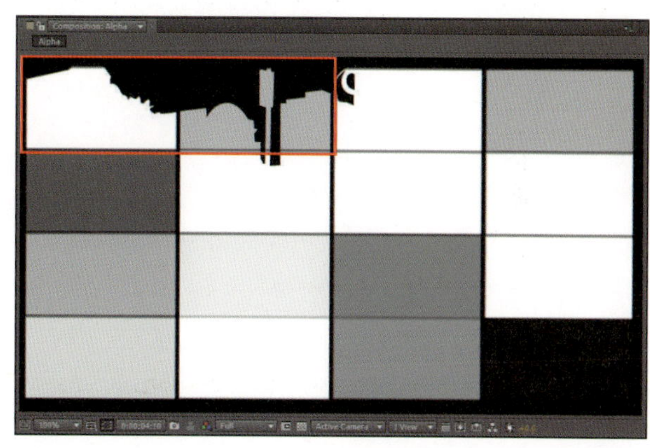

04. 레이어에 'Alpha Inverted Matte "street.tga"'를 적용하면 알파 매트와 반대의 결과를 가져오며, 적용된 결과는 다음과 같습니다. 흰색 부분이 아닌 검정색 부분의 영역이 나타나는 상태를 만들어 줍니다. 이렇게 알파 매트는 포토샵이나 편집 프로그램, 3D 프로그램에서 렌더링 된 알파를 포함한 이미지, 동영상 등을 불러와 매트로 사용할 수 있습니다.

■ 루마 매트 적용하기

루마 매트는 동영상이나 이미지의 명도 값을 사용해 적용됩니다. 흰색은 투명하게 검정색은 불투명하게 사용되며 그레이 톤의 밝기는 반투명으로 사용됩니다.

예제 파일 ㅣ CD₩Part 04₩012_Example Project의 Luma 컴포지션

01. 예제 프로젝트에서 'Luma' 컴포지션을 선택하고 루마 매트를 확인합니다. 레이어에 적용되는 루마 매트도 알파 매트와 동일한 방법으로 사용되며 적용되는 방법에 차이가 있습니다. 알파 매트는 외부에서 불러온 파일이 알파 채널을 포함하고 있어야 적용할 수 있지만 루마 매트는 명도에 대한 차이를 가지고 있으면 적용이 가능합니다. 'Luma'는 루미넌스(luminance)의 약자로 이미지의 흑과 백, 혹은 밝기를 나타냅니다. 알파 매트의 아래 부분에 2개의 옵션이 있으며 사용법은 동일합니다. 루마 매트는 2개의 레이어가 있어야 사용이 가능하며 그레이 톤의 이미지, 즉 흰색과 검정색의 단계로 모든 것이 적용됩니다. 흰색이 100%일 때 적용된 매트가 선명하게 나타나며, 검정색이 100%일 때는 보이지 않고 투명하게 됩니다. 그리고 중간 단계의 명도는 밝기에 따라 반투명하게 나타납니다.

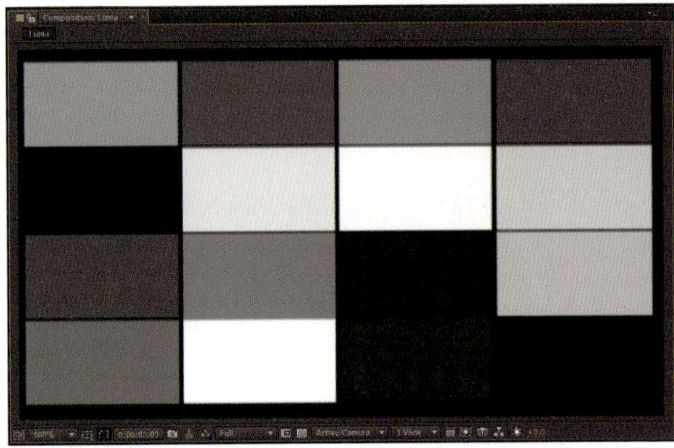

TIP ： 물론 흑백 이미지가 아닌 컬러 이미지에서도 루마 매트는 적용이 가능합니다. 루마 매트를 사용하면 색상은 인식하지 않고 명도만을 인식하여 매트로 사용할 수 있습니다.

02. 다음과 같이 [Timeline] 패널에서 아래쪽 레이어에 트랙 매트 중 'Luma Matte "Whitebox.wmv"'를 선택해 적용하면 위쪽 레이어의 [Video](🔘)가 해지하고 위쪽 레이어의 흰색과 검정색의 영역에 의해 아래쪽 레이어의 이미지가 나타나게 됩니다. [Timeline] 패널에서 타임마커를 왼쪽/오른쪽 이동해보면 매트가 적용된 결과를 확인할 수 있습니다.

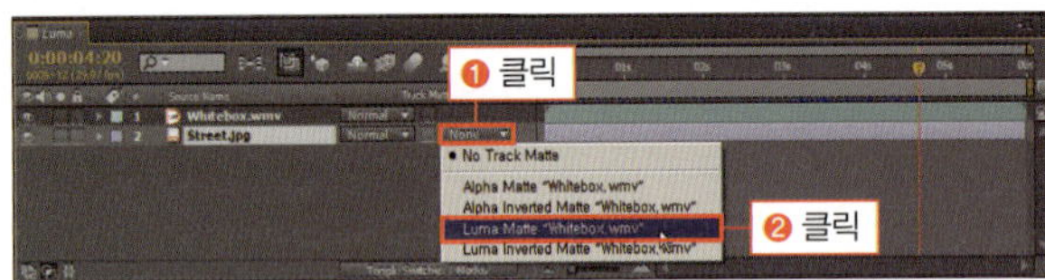

03. 루마 매트를 적용하면 다음과 같이 흰색 상자의 내부에 명도 값에 따라 사진이 나타나고 검정색 테두리 부분은 투명하게 나타납니다.

04. 루마 매트와 반대의 결과를 가져오는 'Luma Inverted Matte "Whitebox.wmv"'를 선택해 적용하면 다음과 같이 상자의 외부에 사진이 나타나고, 명도의 값에 따라 흰색 영역에도 사진이 나타나게 됩니다. 매트로 사용된 레이어는 동영상으로 제작되어 있기 때문에 램 프리뷰를 통해 사진이 나타나는 상황을 확인할 수 있습니다.

레이어를 합성할 때 [T]를 체크하여 적용한 위쪽의 레이어는 아래쪽에 위치한 레이어의 투명한 영역이 그대로 적용되어 유지됩니다. [T]는 [Timeline] 패널의 오른쪽에 위치하며 클릭하여 설정합니다.

예제 파일 | CD\Part 04\012_Example Project의 Transparency 컴포지션

01. 예제 프로젝트에서 'Transparency' 컴포지션을 확인합니다. [Timeline] 패널에서 1번 레이어를 체크하면 'Preserve Transparency'이 적용됩니다. 다음과 같이 [T]를 클릭하면 체스판 모양의 아이콘이 생기고 투명도 유지기능이 실행됩니다.

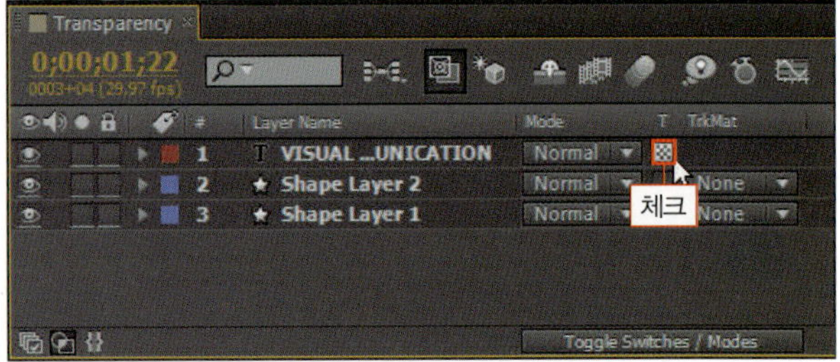

TIP : 위쪽의 레이어에 'Preserve Transparency'이 적용되기 위해서는 [Timeline] 패널의 아래쪽에 배경이 없어야 합니다.

02. 컴포지션의 배경이 투명한 상태를 유지해야 기능을 사용할 수 있으며, 만약 다른 배경을 적용하기 위해서는 'Preserve Transparency'이 사용된 전체 레이어를 선택하고 위쪽의 [Layer]-[Pre-Compose](**Ctrl** + **Shift** + **C**) 메뉴를 클릭하여 하나의 컴포지션 레이어가 되도록 만들어야 합니다.

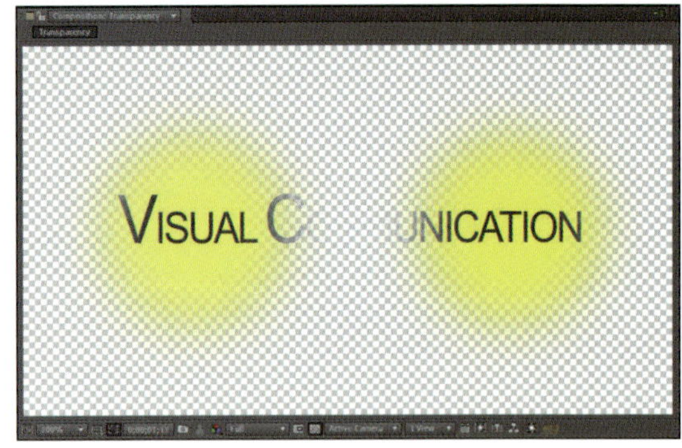

▲ 'Preserve Transparency'의 적용 전(왼쪽)과 적용 후(오른쪽)

이번에는 스위치를 눌렀을 때 새롭게 나타나는 [Mode] 칼럼에 대해 알아보도록 하겠습니다. 블렌딩 모드 (Blending Mode)는 레이어가 아래쪽의 레이어와 혼합되는 방식과 상호 작용하는 방식을 제어합니다. 애프터 이펙트의 블렌딩 모드는 포토샵의 블렌딩 모드와 동일하면 포토샵에서 적용된 블렌딩 모드는 애프터 이펙트 에서 동일하게 적용되어 나타납니다.

기초탄탄 ▶ 블렌딩 모드 알아보기

애프터 이펙트에서 사용되는 블렌딩 모드는 알파 채널이 아닌 소스 레이어의 색상 값과 명도 값에 영향 을 주며, 레이어가 혼합되는 다양한 방식을 만들어 냅니다. 블렌딩 모드에 키프레임을 설정할 수 없으 며, 특정 시간에 블렌딩 모드를 변경하려면 레이어를 분할하여 새로운 블렌딩 모드를 적용해야 합니다.

■ 블렌딩 모드 적용 방법 `249P`

[Timeline] 패널에서 선택한 레이어의 블렌딩 모드를 단축키를 사용해 변경할 수 있습니다. **Shift** 를 누른 상태에서 **−**, 또는 **+** 를 눌러 모드를 순환하며 사용할 수 있습니다.

선택한 레이어에 블렌딩 모드를 적용하려면 [Timeline] 패널에 있는 [Mode]에서 선택합니다. 만약 [Timeline] 패널에 [Mode]가 열려 있지 않은 경우, 패널의 왼쪽 아래에 있는 [Transfer Controls Pane] (🔲)을 클릭합니다.

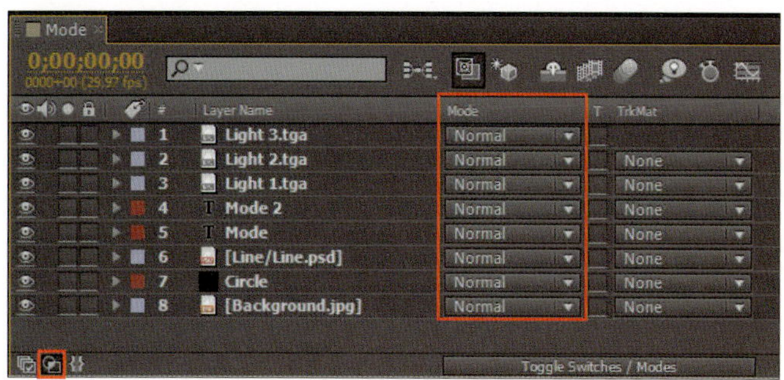

블렌딩 모드는 이미 사용해 왔던 포토샵의 블렌딩 모드와 동일합니다. 포토샵의 블렌딩 모드와 애프터 이펙트의 블렌딩 모드는 상호 호환되며 애프터 이펙트에 추가적인 요소가 더 구성되어 있습니다. 포토샵에서 블렌딩 모드가 이미지의 합성에 많이 사용되듯이 애프터 이펙트에서도 불러온 'Footage' 파일 간의 합성에 주로 사용됩니다.

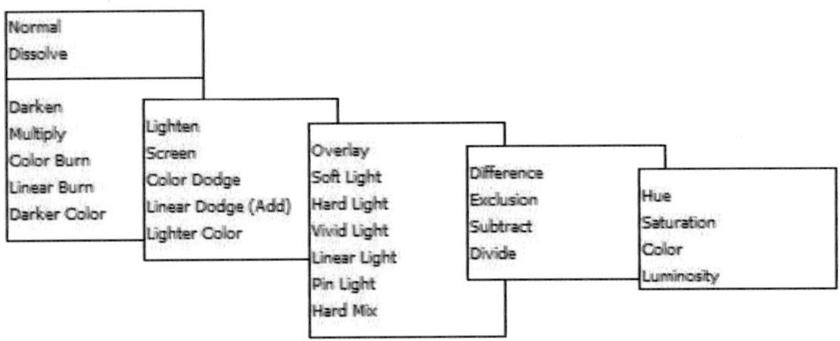

▲ 포토샵의 블렌딩 모드

애프터 이펙트에서 블렌딩 모드의 적용은 아래쪽의 이미지와 소스 이미지가 서로 겹쳐 이루어내는 합성의 조화를 말합니다. 모드의 적용은 색상이나 명도, 채도에 의해 이미지가 합성되며, 그에 따른 변화를 만들어 냅니다. 애프터 이펙트에는 포토샵의 블렌딩 모드보다 많은 모드가 다음과 같이 존재하며, 각각의 모드에 따라 합성되는 성격이 달라지게 됩니다.

▲ 애프터 이펙트의 블렌딩 모드

애프터 이펙트에서는 포토샵의 모드와 동일하게 사용되는 블렌딩 모드를 가지고 여러 가지 효과를 만들어 낼 수 있습니다. 각각의 블렌딩 모드에 대한 다양한 합성 방식을 알아보도록 하겠습니다.

예제 파일 l CD₩Part 04₩013_Example Project의 Mode 컴포지션   **완성 파일 l** CD₩Part 04₩013_Example Project의 Mode_Final 컴포지션

■ 표준 모드

Normal, Dissolve, Dancing Dissolve가 있으며 소스 레이어의 [Opacity]가 100% 미만인 경우가 아니면 아래의 레이어에 영향을 주지 않습니다.

❶ Normal : 애프터 이펙트의 타임라인에 풋테이지를 위치시키면 기본 모드로 'Normal'이 적용되며 이것은 풋테이지 자체가 가지고 있는 성격을 그대로 보여주게 됩니다. 아래에 어떠한 이미지가 있어도 보이지 않고 자체적인 표현만 가능합니다.

▲ 블렌딩 모드 적용 전 초기 상태   ▲ 블렌딩 모드 적용 후

❷ Dessolve : 'Dissolve'는 처음에 적용되었을 때는 효과가 적으며, 불투명도를 적용했을 때 'Dissolve'의 변화를 볼 수 있습니다. 화면에 노이즈가 전체적으로 깔린 형태로 나타나며, 불투명도의 값에 따라 노이즈의 정도가 틀리게 나타납니다. 불투명도, 즉 [Opacity]는 레이어를 선택하고 키보드에서 T를 누르면 나타나며 %로 수치를 조절합니다.

❸ Dancing Dessolve : 'Dissolve'와 같이 불투명도의 수치에 변화하며, 'Dissolve'와는 다르게 레이어에 모드만 적용하여도 'Dancing Dissolve'라는 이름에 걸맞게 흔들리는 형태로 만들어 줍니다. 'Dissolve'는 자체의 정지 스틸로 적용되지만 'Dancing Dissolve'는 키프레임을 적용하지 않아도 자체가 움직이는 형태로 'Dissolve'가 적용됩니다. 이것은 [Timeline] 패널에서 타임마커를 이동해 확인할 수 있습니다.

Darken, Multiply, Color Burn, Classic Color Burn, Linear Burn, Darker Color가 있으며, 2개의 레이어가 겹쳐져 어두운 색상을 만들어 냅니다.

❶ Darken : 두 레이어의 컬러 값을 비교하고 레이어 중 더욱 어두운 레이어 값을 사용합니다. 2개의 레이어가 합쳐서 더욱 어두운 결과를 만들어 냅니다.

❷ Multiply : 검정색이나 흰색 이외의 색상에 혼합된 결과를 확인할 수 있으며, 'Multiply'로 적용되는 레이어의 컬러 값은 아래 레이어 컬러 값에 의해 낮아지며 'Darken'보다 어두운 결과를 만들어 줍니다.

❸ Color Burn : 'Color Dodge'의 반대 결과를 가져오며, 색상의 대비를 높여 컬러 값에 따라 아래 레이어의 밝기를 낮춥니다.

❹ Classic Color Burn : 애프터 이펙트 5.0 및 이전 버전에서 사용되던 'Color Burn'이 'Classic Color Burn'으로 바뀌었으며, 이전 버전과의 호환을 위해 사용됩니다.

❺ Linear Burn : 'Multiply'와 비슷하며 원래의 이미지 컬러보다 더 어두운 결과를 가져옵니다.

❻ Darker Color : 두 레이어의 컬러 값 중에서 더욱 어두운 부분이 나타나도록 합니다.

Add, Lighten, Screen, Color Dodge, Classic Color Dodge, Linear Dodge, Lighter Color가 있으며, 2개의 레이어가 겹쳐 원래의 이미지보다 더 밝은 결과물을 만들어 줍니다.

❶ Add : 원래의 레이어에 적용된 레이어의 컬러 값은 아래의 레이어의 값에 더해져서 더욱 밝은 결과물을 만들어 줍니다.

다음은 예제 프로젝트에서 'Light' 레이어 3개의 [Mode]를 'Add'로 선택하여 소스 레이어와 아래의 레이어가 겹쳐지는 부분이 밝게 합성된 결과를 만들어 냅니다.

❷ Lighten : 'Darken'의 반대 효과를 만들어 주며, 두 레이어의 컬러 값을 비교하여 더 밝은 레이어의 값이 사용됩니다.

❸ Screen : 'Multiply'의 반대 효과를 만들어내며, 적용된 레이어의 컬러 값은 아래 레이어의 컬러 값에 따라 원래 컬러보다 밝은 결과를 만들어 줍니다.

❹ Color Dodge : 적용되는 레이어의 컬러 값에 따라 레이어의 밝기를 증가시킵니다.

❺ Linear Dodge : 'Add' 레이어 모드와 유사하며, 밝은 부분의 값이 서로 더해집니다. 순수한 검정은 바뀌지 않습니다.

❻ Lighter Color : 'Darker Color'와 반대 결과로 두 레이어의 컬러 값 중에서 더욱 밝은 부분이 나타나도록 합니다.

■ 복합 모드

Overlay, Soft Light, Hard Light, Linear Light, Vivid Light, Pin Light, Hard Mix 등이 있으며, 색상 중 명도가 50%보다 밝고 어두운 것에 따라 소스 색상 및 기본 색상에 각각 다른 작업을 수행합니다.

❶ Overlay : 적용되는 이미지에서 명도가 50%보다 어두운 부분은 'Multiply'가 적용되고, 명도가 50%보다 밝은 부분은 'Screen'으로 적용되어 채도가 증가합니다.

다음은 예제 프로젝트에서 흰색의 'Circle' 레이어에 'Overlay'를 적용하여 소스 레이어와 아래 레이어가 겹쳐지는 부분이 컬러로 선명하게 합성된 결과를 만들어 냅니다.

❷ Soft Light : 적용되는 기본 색상이 50%의 그레이보다 밝은 부분은 아래 이미지를 밝게 하고, 50%의 그레이보다 어두운 부분은 아래 레이어를 더욱 어둡게 만듭니다.

❸ Hard Light : 원래 이미지의 컬러에 의해 달라지며 'Multiply'나 'Screen'으로 적용됩니다. 기본 색상이 50%의 그레이보다 어둡다면 'Multiply'가 적용되어 어두워지고, 기본 색상이 50%의 그레이보다 밝다면 'Screen'이 적용되어 밝아지게 됩니다.

❹ Linear Light : 이미지의 기본 색상에 의해 달라지지만 'Burns'이나 'Dodges Colors'에 의해 밝기 값이 증가하거나 감소합니다. 기본 색상이 50%의 그레이보다 밝을 때는 'Brightness'의 증가에 의해 밝아지고, 50%의 그레이보다 어두울 때는 'Brightness'의 감소에 의해 어두워집니다.

❺ Vivid Light : 이미지의 기본 컬러에 의해 달라지지만 'Burns'이나 'Dodges Colors'에 의해 콘트라스트 값이 증가하거나 감소합니다. 기본 색상이 50%의 그레이보다 밝을 때는 콘트라스트가 감소하여 밝아지고, 기본 색상이 50%의 그레이보다 어두울 때는 콘트라스트가 증가하여 어두워집니다.

❻ Pin Light : 기본 색상이 50%의 그레이보다 밝을 때는 어두운 픽셀로 대치되고, 기본 색상보다 픽셀이 밝을 때는 바뀌지 않습니다. 그리고 기본 색상이 50%의 그레이보다 어두울 때는 기본 컬러보다 밝은 픽셀로 대치되고, 기본 색상보다 어두운 픽셀은 바뀌지 않습니다.

❼ Hard Mix : 기본 레이어와 소스 레이어의 결합으로 콘트라스트를 강화합니다.

■ 차이 모드

Difference, Classic Difference, Exclusion, Subtract, Divide가 있으며, 소스 색상 값과 기본 색상 값 간의 차이를 기반으로 색상을 만듭니다.

❶ Difference : 기본 레이어의 색상 값에서 소스 레이어 색상 값을 빼거나, 소스 레이어의 색상 값에서 기본 레이어의 컬러 값을 뺍니다. 이것은 밝기 값에 의해 결정됩니다.

❷ Classic Difference : 애프터 이펙트 5.0 및 이전 버전에서 사용되던 'Difference'가 'Classic Difference'로 변경되었으며, 이전 버전과의 호환을 위해 사용됩니다.

❸ Exclusion : 'Difference'와 비슷하지만 콘트라스트의 값을 낮춥니다.

❹ Subtract : 기본 레이어의 색상에서 소스 레이어 색상을 뺍니다. 소스 색상이 검정이면 색상이 기본 색상을 나타냅니다.

❺ Divide : 기본 색상을 소스 색상으로 나눕니다. 소스 색상이 흰색인 경우 결과 색상이 기본 색상을 나타냅니다.

■ HSL 모드

Hue, Saturation, Color, Luminosity가 있으며, 색상의 HSL(색상, 채도 및 명도) 중 하나 이상을 기본 색상에서 결과 색상으로 만듭니다.

❶ Hue : 기본 레이어의 컬러를 아래 레이어의 명도나 채도에 적용합니다.

❷ Saturation : 기본 레이어의 컬러를 아래 레이어의 색상과 명도에 적용합니다. 만약 아래의 레이어가 그레이일 때 'Saturation'을 적용하면 아무런 효과도 적용되지 않습니다.

❸ Color : 기본 레이어와 소스 레이어의 색상과 채도 값에 밝기 값을 적용합니다.

❹ Luminosity : 기본 레이어와 소스 레이어의 밝기 값에 색상과 채도 값을 적용하여 명도를 나타냅니다.

❺ Alpha Add : 투명도 영역이 매끄럽게 만들어지도록 보색의 알파 채널을 추가합니다. 서로 반전되는 두 알파 채널, 또는 애니메이션을 적용할 2개의 인접한 레이어의 알파 채널 가장자리에서 눈에 띄는 가장자리를 제거하는 데 유용합니다. 두 레이어가 모두 동일하거나 반전된 알파 채널이 존재해야하며, 가장자리나 이음새가 없으면 실제로 아무런 효과도 없습니다. 'Alpha Add'는 2개의 레이어가 합쳐지는 부분에 알파 값이 더해져서 갈라진 이음새를 사라지게 합니다.

■ Alpha Add 모드의 적용

예제 파일 | CD₩Part 04₩013_Example Project의 Alpha Add 컴포지션

01. 예제 프로젝트에서 'Alpha Add' 컴포지션을 확인합니다. [Project] 패널에 불러와 진 'Alpha Add1' 레이어는 알파를 포함하고 있으며 'Straight-Unmatted'를 체크하고 불러왔고, 'Alpha Add2' 레이어는 동일한 알파를 포함하고 있으며 불러올 때 다음과 같이 'Invert Alpha'를 체크하고 불러왔습니다.

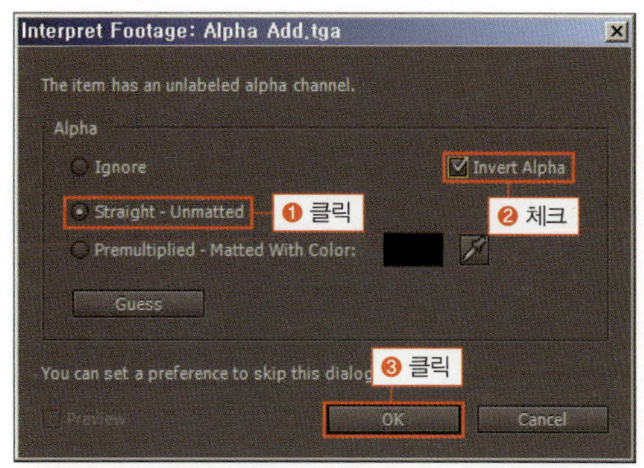

02. [Composition] 패널에 포함된 2개의 레이어는 알파 채널이 서로 반대로 되어있는 파일입니다. 적용된 알파 채널은 다음과 같습니다.

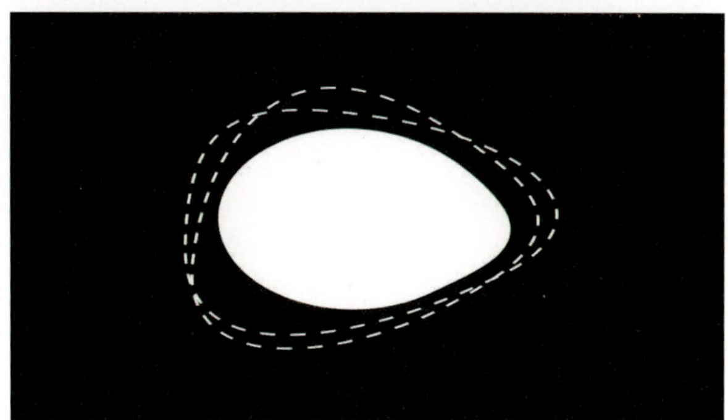

03. [Timeline] 패널에서 'Alpha Add2' 레이어에 'Alpha Add'를 적용하지 않았을 때는 다음과 같이 알파 채널을 중심으로 외곽 선이 생성되어 있는 것을 확인할 수 있습니다.

▲ 'Alpha Add' 적용 전

04. 2개의 반대되는 알파 채널을 가진 각각의 레이어가 겹쳐 보일 때 에지가 나타나는 것은 이음새를 따라 2개의 알파 채널이 만나는 곳에서 2개의 에지는 동일한 투명도 값을 갖고 있기 때문입니다. 이 값을 같이 더하지 않고 두 레이어 에지의 투명도가 지켜져 같이 계산됩니다. 50%(불투명)+50%(불투명)=75%의 불투명 값을 갖게 되어 선이 생성됩니다. 100%의 완전 불투명 픽셀을 만들지 못하므로, 이음새에 에지를 갖게 됩니다. 레이어가 겹친 부분의 중간 에지를 없애기 위해 [Mode]에서 'Alpha Add'를 적용하면 다음과 같이 중간의 에지가 완전 불투명이 되어 선이 사라지게 됩니다. 그림으로는 제대로 확인되지 않을 수 있으나 프로젝트에서 확인하면 차이를 확연히 느낄 수 있습니다.

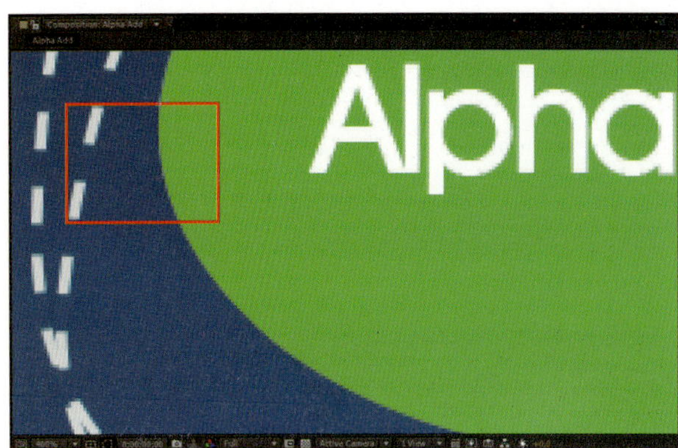

▲ 'Alpha Add' 적용 후

05. 블렌딩 모드에서 'Alpha Add'를 적용하기 위해 [Timeline] 패널에서 'Alpha Add2' 레이어의 오른쪽 [Mode]에서 'Alpha Add'를 선택합니다.

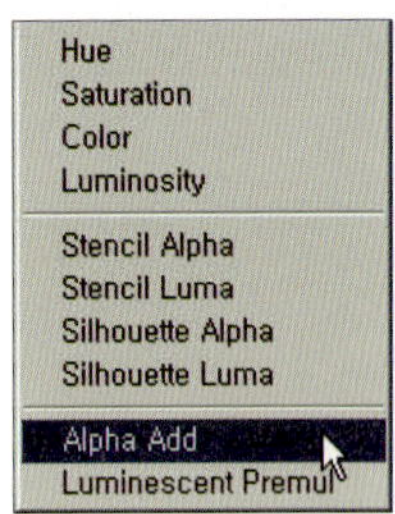

■ Luminescent Premul 모드의 적용

01. 'Luminescent Premul' 모드에 대한 적용 방식을 확인하기 위해 예제 프로젝트를 실행하고 'Luminescent' 컴포지션을 확인합니다. [Timeline] 패널의 'Light 1' 레이어 [Mode]에서 'Add' 모드와 'Luminescent Premul' 모드를 각각 적용해 봅니다.

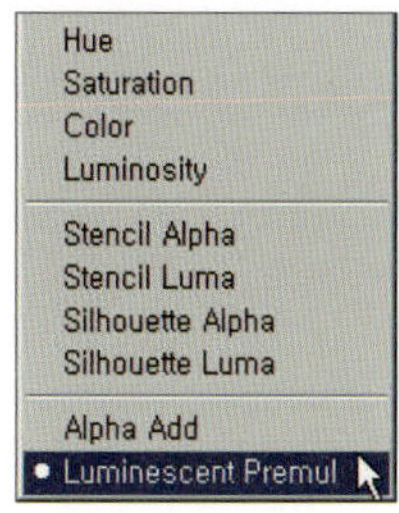

02. 컴포지션의 [Timeline] 패널에 추가되어 있는 'Light 1' 레이어 아래쪽에 배경 이미지를 추가하면 더욱 확연한 차이를 느낄 수 있습니다. 다음은 아래쪽에 이미지를 추가하지 않고 모드만을 변경한 상태를 나타냅니다.

▲ 'Add' 적용 후

▲ 'Luminescent Premul' 적용 후

스텐실 및 실루엣 블렌딩 모드는 레이어의 명도나 알파 채널의 흰색 부분에 의해 결정됩니다. 스텐실의 레이어에서 검정 부분은 아래 이미지를 지우거나 없애버린다는 의미입니다. 회색 부분은 부분적으로 투명하게 나타납니다. 스텐실과 실루엣은 적용하는 레이어의 아래쪽에 있는 모든 레이어에 적용됩니다.

■ 스텐실과 실루엣

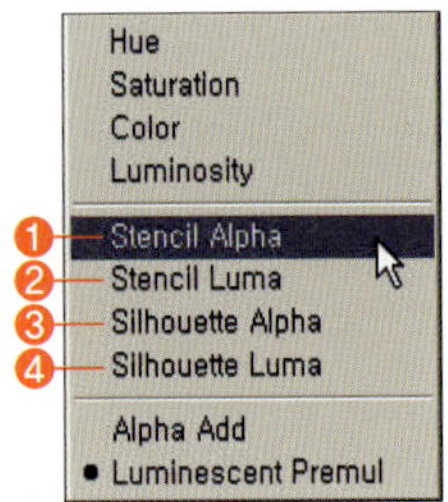

❶ Stencil Alpha : 'Stencil Alpha'는 레이어가 가지고 있는 알파 채널에 의해 적용되며, 알파 채널의 영역인 흰색 부분에서만 보이게 됩니다.

❷ Stencil Luma : 'Stencil Luma'는 알파 채널의 검정색 부분은 투명하게 나타나고, 흰색 부분은 적용하는 이미지의 명도 값에 의해 아래의 이미지가 나타나게 됩니다.

❸ Silhouette Alpha : 레이어의 알파 채널을 사용하며, 흰색 부분이 아닌 검정색 부분이 적용되어 아래의 모든 레이어를 보이게 만듭니다.

❹ Silhouette Luma : 'Silhouette Luma'는 'Stencil Luma'의 반대 효과로써 흰색 부분인 알파 채널 내의 명도 값에 따라 레이어를 나타냅니다.

가릴 건 가리는 마스크의 이해와 조작

이번에는 마스크에 대한 기본적인 사용 방법과 기능을 이해하도록 합니다. 마스크는 레이어에서 나타내고자 하는 부분만을 선택하여 나타나게 만들 수 있는 기능입니다. 자신이 원하는 형태를 만들어 사용할 수도 있고 기존의 형태를 사용할 수도 있습니다. 마스크는 다양한 분야에 다양한 형태로 사용되는 기능이며 자주 사용되는 기능 중 하나입니다.

기초탄탄 ▶ 마스크의 사용 방법 알아보기

■ 마스크 이해하기 `259P`

마스크는 애프터 이펙트에서 프로젝트를 진행할 때 많이 사용하는 명령입니다. 마스크는 여러 가지 형태를 취하고 있으며, 영상이나 스틸 이미지, 기타 레이어의 일부분을 가리거나 원하는 부분만을 보이게 하는 역할을 합니다. 마스크는 포인트를 움직여 쉽고 빠르게 원하는 형태의 모양을 만들 수 있습니다.

애프터 이펙트에서 마스크는 [Timeline] 패널의 레이어에서 속성을 제어하고, [Composition] 패널에서 포인트를 제어할 수 있습니다. 마스크는 툴 박스에서 선택해 만들 수 있으며, 선 형태로 나타납니다. [Composition] 패널에서 만들어진 마스크는 크기나 위치, 모양 등의 조절이 가능합니다.

[Timeline] 패널에서 마스크의 선이나 포인트는 보이지 않지만 마스크에 대한 속성들을 제어하거나 키 프레임을 설정하여 애니메이션을 만들 수 있습니다.

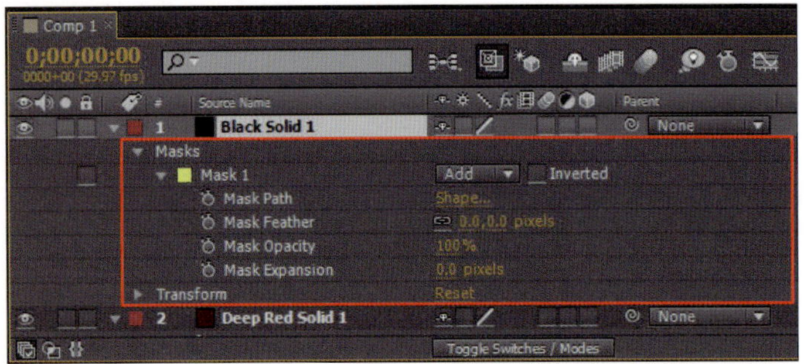

■ 기본적인 형태의 마스크 알아보기

[Composition] 패널에서 레이어에 마스크를 만드는 방법은 간단하며 마스크를 만드는 툴도 사용이 간편하며 종류도 여러 가지가 있습니다. [직사각형 툴](■), [모서리가 둥근 직사각형 툴](■), [원형 툴](●), [다각형 툴](●), [별 툴](★), [펜 툴](✎)이 그것이며 [Composition] 패널이나 [Layer] 패널에서 직접 마우스로 드래그하여 그려 나가면 됩니다. [펜 툴](✎)은 포토샵이나 일러스트레이터에서 사용하는 방법과 거의 동일하게 사용됩니다.

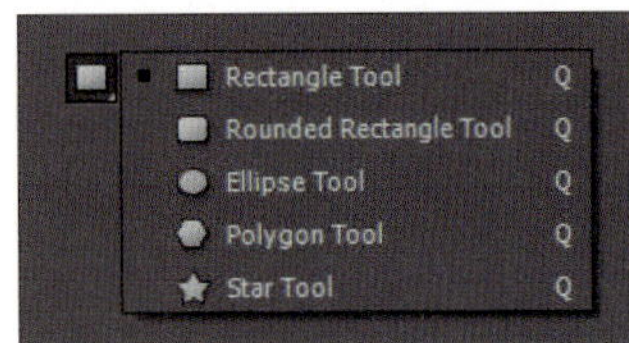

▲ 직사각형 툴 메뉴

▲ 펜 툴 메뉴

258

마스크에는 기본적인 형태의 마스크와 자유롭게 사용할 수 있는 마스크로 나눌 수 있습니다. 그 외에 다른 응용 프로그램에서 마스크를 가져와 사용할 수 있는 다양한 방법이 있어 쉽게 사용할 수 있습니다.

예제 파일 | CD₩Part 04₩014_Example Project의 Blue 컴포지션

■ 애프터 이펙트에서 마스크 만들기

01. 예제 프로젝트에서 'Blue' 컴포지션을 확인합니다. [Timeline] 패널 'Blue' 컴포지션에서 마스크를 만들 1번 레이어를 선택하고 툴 박스에서 사용할 [별 툴](★)을 선택합니다. [Composition] 패널이나 [Layer] 패널에서 마우스를 드래그하여 만듭니다. [펜 툴](♦)을 이용해 원하는 모양의 마스크를 만들 수도 있습니다. 툴 박스에서 선택한 툴의 모양과 동일한 마스크를 만들고 싶을 때는 툴 박스의 툴을 마우스로 더블클릭하면 됩니다.

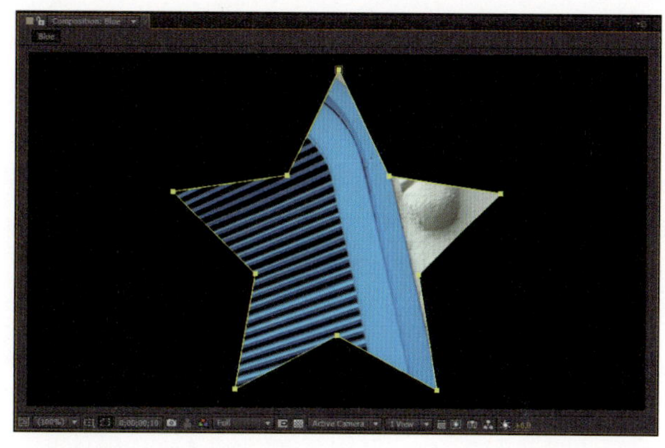

02. 원형, 사각형, 라운드 마스크 등을 만들 때 가로와 세로가 동일한 비율로 만들어지도록 하기 위해서는 키보드에서 **Shift** 를 누른 상태로 마스크를 만듭니다. 또한 마스크를 만들 때 마우스가 위치한 부분을 중심으로 마스크가 만들어지기를 원할 때는 마스크를 만드는 동안에 **Ctrl** 을 누르면 됩니다.

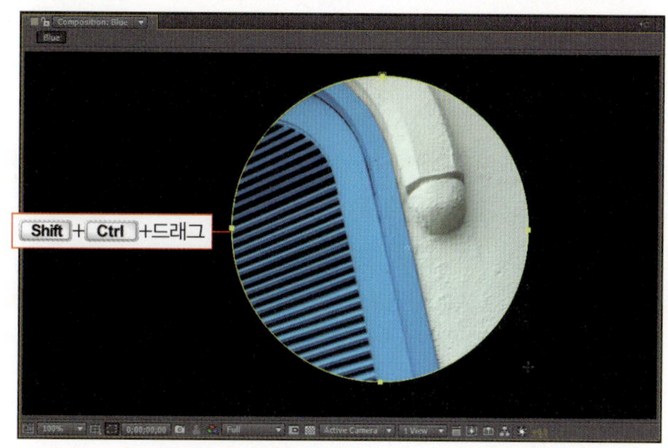

03. 마스크를 만드는 동안 마스크 이외의 영역이 보이는 상태로 만들고자 한다면 **Alt** 를 먼저 누르고 마스크를 만듭니다. 다음과 같이 마스크가 만들어지는 동안 외각이 가려지지 않고 이미지를 확인하며 마스크를 만들 수 있습니다.

■ 마스크 확인하기

01. [Composition] 패널의 아래쪽에 있는 [Mask&Shape]( )가 체크되어 있을 때는 레이어에 생성된 마스크가 설정된 색의 선으로 나타나며 아이콘이 해지되어 있을 때는 마스크의 선이 나타나지 않습니다.

> **TIP :** 레이어에 마스크가 적용되어 사용되고 있는지 [Composition] 패널과 [Timeline] 패널에서 확인할 수 있습니다.

02. [Timeline] 패널에서 레이어를 선택하고 [Layer]-[Mask]-[New Mask](Ctrl + Shift +N) 메뉴를 클릭하면 [Composition] 패널에 노란색의 사각 마스크가 생성됩니다. 생성된 마스크의 포인트를 조절하여 자신이 원하는 형태를 만들어 사용할 수 있습니다. [Timeline] 패널에서 마스크가 생성된 레이어를 선택하고 레이어를 더블클릭하면 [Layer] 패널이 나타나며 패널에서 레이어에 생성된 마스크를 확인할 수 있습니다.

03. [Timeline] 패널에서 레이어를 선택하고 새롭게 만들어진 마스크를 확인하려면 레이어의 왼쪽에 있는 삼각형을 클릭하여 마스크를 확인할 수 있습니다.

04. 레이어에 만들어진 마스크의 크기는 수치를 이용해 조절할 수 있습니다. [Layer]-[Mask]-[Mask Shape](Ctrl + Shift + M) 메뉴를 클릭하거나 [Timeline] 패널에서 마스크의 속성 중 [Mask Path]의 오른쪽에 있는 'Shape'를 클릭하면 [Mask Shape] 대화상자가 나타납니다. 다른 방법으로는 [Composition] 패널에서 마스크를 선택하고 마우스 오른쪽 버튼을 클릭하여 'Mask'-'Mask Shape'를 클릭하여 나타냅니다.

05. [Mask Shape] 대화상자의 [Bounding Box] 에서 아래/위의 크기, 그리고 가로/세로의 크기를 수치로 설정할 수 있으며, [Shape]에서 방식, 또한 선택할 수 있습니다.

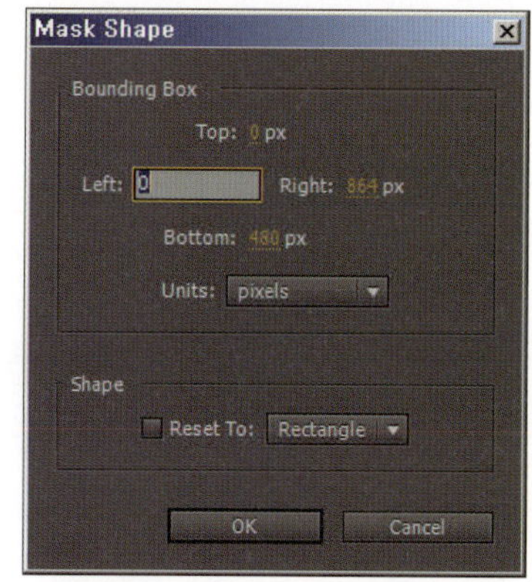

■ 마스크 지우기

01. 마스크를 지우는 방법 중 첫 번째로 [Time line] 패널의 레이어를 선택하고 레이어의 속성 중 적용된 마스크를 선택하고 **Delete** 를 누르면 마스크가 지워집니다.

02. 두 번째로 [Composition] 패널이나 [Layer] 패널에서 마스크를 선택하고 **Delete** 를 누릅니다. 마스크를 선택하면 마스크의 포인트가 모두 채워진 포인트로 바뀌어야 한 번에 모두 지워집니다. 포인트가 하나씩 채워져 선택된 경우는 하나의 포인트만 지워집니다.

03. 세 번째로 [Composition] 패널에서 마스크를 선택하고 마우스 오른쪽 버튼을 클릭하고 'Mask' 를 선택합니다. 다음과 같은 메뉴들이 나타나면 하위 메뉴들을 선택해 마스크를 지웁니다.

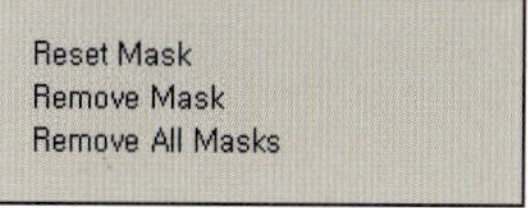

> **연관 검색** [Mask] 하위 메뉴 기능에 대한 자세한 설명은 269P의 내용을 참고하세요.

[펜 툴](🖊)은 사용자가 원하는 형태로 자유로운 마스크를 만들 때 사용하며, 이것은 특정 부분을 가리거나 필요한 일부분만을 보이도록 할 때 사용합니다.

01. [Composition] 패널에서 자유로운 마스크는 툴 박스에서 [펜 툴](🖊)을 이용해 패스를 만들어 사용하게 됩니다. 새롭게 만들어진 마스크는 닫힌 마스크와 열린 마스크 2가지 형태를 취하게 됩니다. 다음은 열려있는 마스크를 나타내며, 처음 시작한 부분과 마지막 끝나는 부분이 일치하지 않는 경우입니다. 이렇게 열려있는 마스크를 만들었을 때는 마스크를 만들어도 전체 이미지에는 아무런 변화가 없으며, 가이드 역할을 하는 라인으로 사용할 수 있습니다.

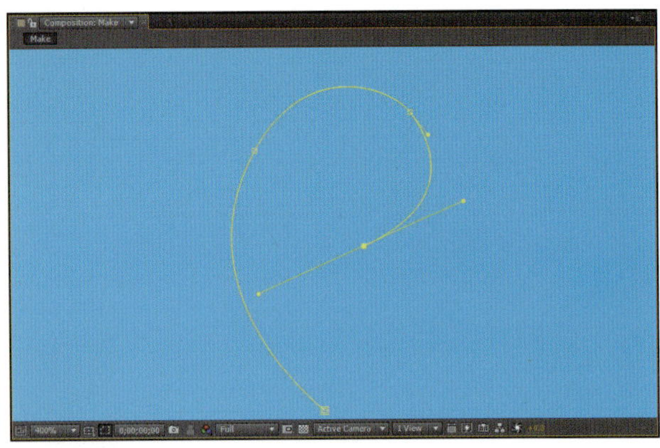

▲ 열려있는 마스크

02. 다음 그림은 포인트의 처음 시작 부분과 마지막 부분이 일치하는 닫혀있는 마스크의 경우입니다. 이 때는 마스크의 외각 부분은 나타나지 않게 됩니다.

▲ 닫혀있는 마스크

03. [Timeline] 패널의 레이어와 동일한 크기의 닫힌 마스크를 간단하게 만들 수 있습니다. 마스크를 만들 대상 레이어를 선택하고 툴 박스에서 마스크로 사용할 툴을 2번 클릭합니다. 2번 클릭하면 선택한 툴이 레이어의 크기와 동일한 닫힌 마스크가 만들어 집니다.

애프터 이펙트의 [펜 툴]( )은 다른 응용 프로그램들과 사용 방법이 유사하여, 기본적인 내용만 숙지한다면 사용하는데 불편함 없이 사용 가능합니다.

01. 툴 박스에서 [펜 툴]( )을 선택하고 원하는 위치에 첫 포인트를 클릭합니다. 이어 마우스 포인터를 이동하며 다시 원하는 위치를 클릭하면 패스가 만들어 집니다. 이때 패스에 굴곡이 있는 상태의 곡선을 만들고자 한다면 두 번째 포인트를 클릭한 상태에서 마우스에서 손을 떼지 않고 드래그하면 포인트를 제어하는 핸들이 나타납니다.

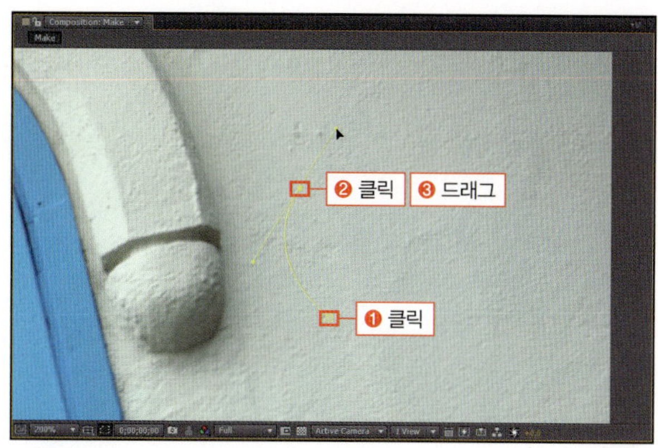

02. [펜 툴]( )을 사용하다 패스에 굴곡이 만들어진 곡선을 새롭게 조절하고 싶을 때 포인트를 선택하고 핸들의 포인트를 잡고 조절할 수 있습니다. [펜 툴]( ) 사용 중 패스의 핸들에서 한 방향을 제어하고 싶을 때는 **Ctrl**을 누르고 핸들 위에 마우스 포인터를 올려놓으면 [정점 변환 툴]( )로 변경되어 한 방향의 핸들만을 제어할 수 있습니다.

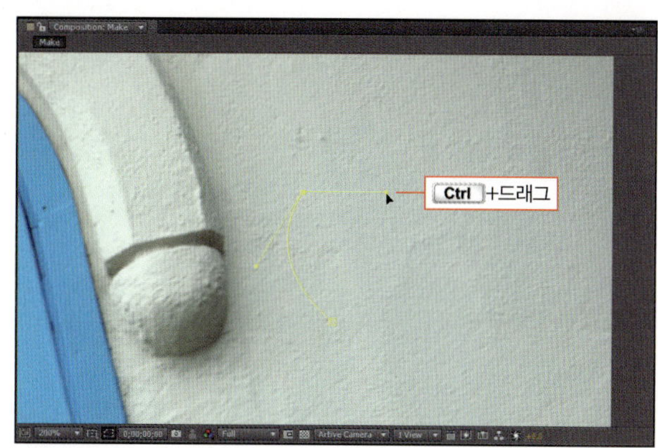

03. [Composition] 패널에서 닫힌 마스크가 만들어져 있을 때 마스크의 크기를 조절하려면 다음을 따릅니다.

01 마스크를 선택하고 마스크 포인터나 선을 마우스로 더블클릭합니다.

02 마우스로 포인트나 선을 더블클릭하게 되면 다음과 같이 마스크의 외각 부분에 사각의 바운딩 박스가 생성됩니다. 이 사각의 바운딩 박스를 통해 마스크의 크기와 회전을 제어할 수 있습니다.

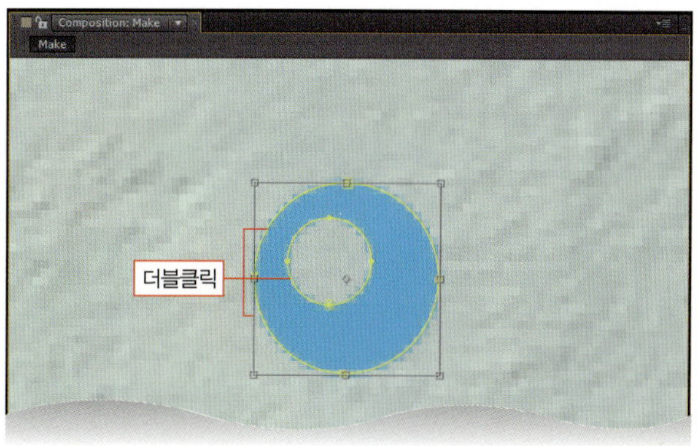

04. 바운딩 박스는 [Composition] 패널과 [Layer] 패널에서 모두 사용 가능하며, [Layer]–[Mask and Shape]–[Free Transform Points](**Ctrl** + **T**) 메뉴를 클릭하거나 마스크를 선택하고 마우스 오른쪽 버튼을 클릭하여 'Mask and Shape'– 'Free Transform Points'를 선택하면 됩니다.

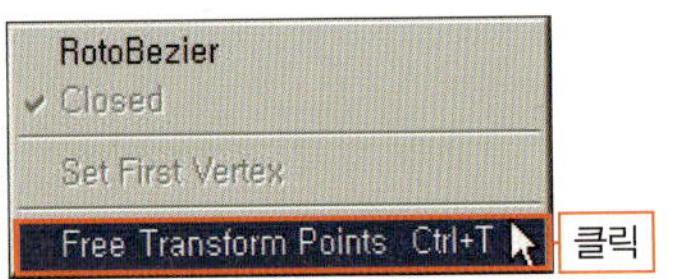

TIP : 'Free Transform Points'를 적용할 때 주의할 점은 패스의 한 포인트만을 선택하면 활성화되지 않습니다. 2개 이상의 포인트가 선택되어야 'Free Transform Points'가 활성화되어 바운딩 박스를 만들 수 있습니다.

05. 다른 방법으로 바운딩 박스를 만드는 방법으로 마스크를 선택하고 단축키로 포토샵과 마찬가지인 **Ctrl** + **T** 를 눌러 바운딩 박스를 나타나게 할 수 있습니다. 바운딩 박스를 해지하기 위해서는 **Esc** 를 누르면 됩니다. [Composition] 패널에서 마스크의 한 포인트가 선택되어 있으면 마우스를 드래그하여 다른 포인트를 선택할 수 있습니다. 바운딩 박스의 내부를 마우스로 잡고 이동하면 마스크의 위치를 변경할 수 있습니다.

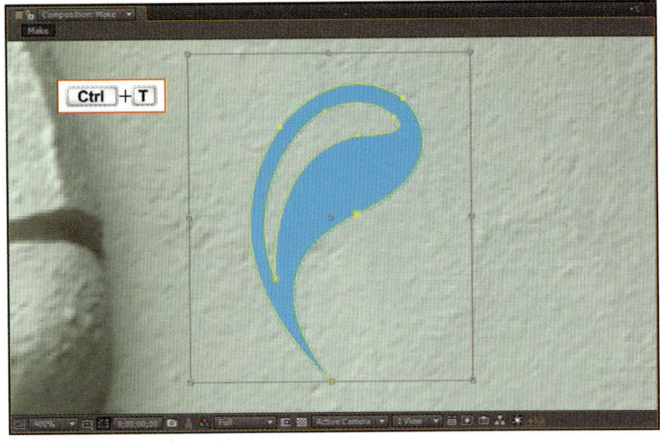

06. 바운딩 박스의 모서리 부분으로 마우스 포인터를 이동하게 되면 크기를 조절하는 마우스나 회전할 수 있는 마우스로 변경됩니다.

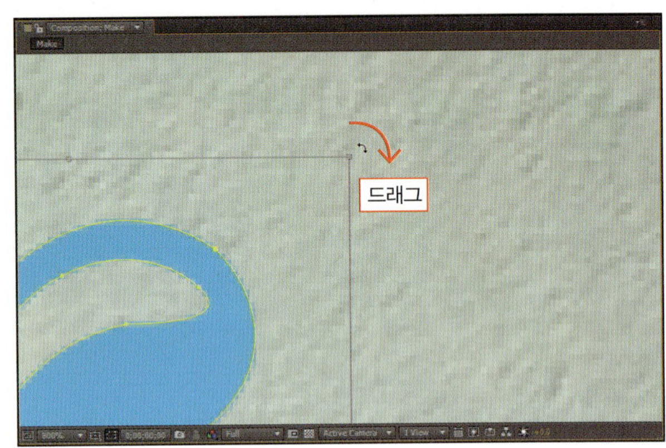

07. 모서리를 마우스로 클릭한 상태로 왼쪽/오른쪽이나 위쪽/아래쪽 또는 같은 비율로 크기를 조절할 수 있습니다.

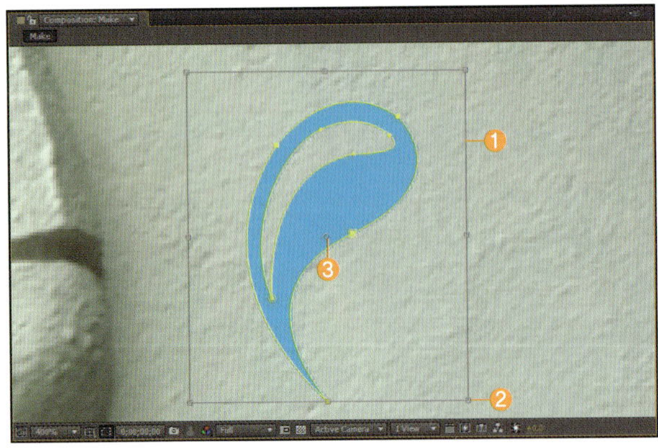

❶ 바운딩 박스 핸들
❷ 자유 변형 점 바운딩 박스
❸ 레이어 앵커 포인트

마스크의 포인트는 2가지 형태를 가지고 있습니다. 포인트가 색상이 가득 찬 형태와 포인트가 색상이 차지 않은 2가지 형태입니다.

예제 파일 | CD\Part 04\014_Example Project의 Make 컴포지션

01. 패스와 동일한 색상으로 채워진 형태의 포인트는 선택된 포인트를 의미하며, 마우스로 클릭한 상태에서 이동하거나 방향키를 이용해 움직일 수 있는 포인트입니다. 색상이 없는 형태는 선택되지 않은 상태를 나타내며 선택되어야만 움직이거나 제어할 수 있습니다.

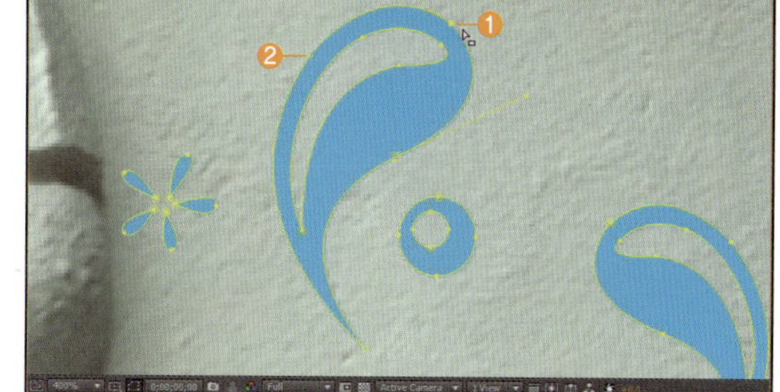

❶ 선택된 포인트
❷ 선택되지 않은 포인트

02. 마스크의 포인트는 다음과 같이 클릭한 상태로 드래그해 이동하거나 방향키를 이용해 이동할 수 있습니다.

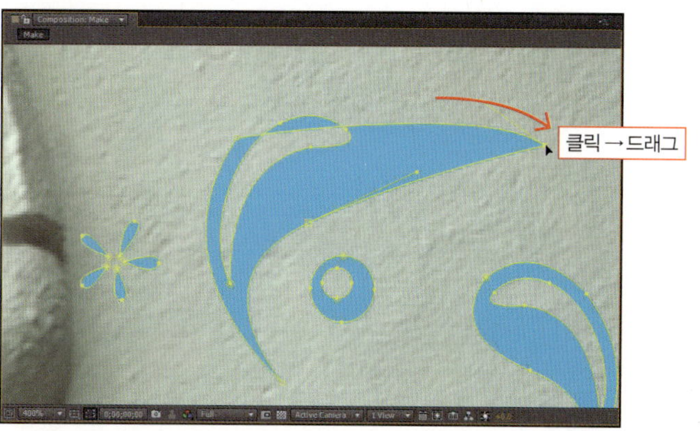

03. 마스크의 포인트를 선택하거나 이동할 때 더욱 편리하게 작업을 진행하려면 [Layer] 패널에서 마스크를 제어하는 것이 편리합니다. 마스크를 [Layer] 패널에서 제어하려면 [Timeline] 패널에서 마스크가 포함되어 있는 레이어를 더블클릭합니다.

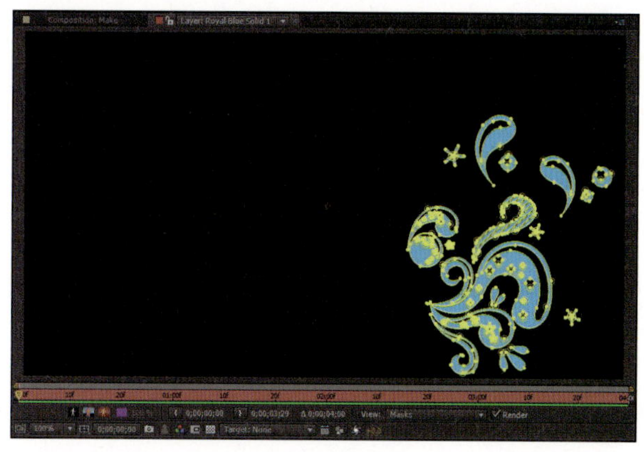

04. [Composition] 패널에서 마스크의 포인트를 선택할 때 하나 이상의 포인트가 선택되어 있어야 드래그하여 포인트를 선택할 수 있습니다. 다음과 같이 [Layer] 패널에서는 드래그하여 마스크의 한 포인트나 하나 이상의 포인트를 선택할 수 있습니다.

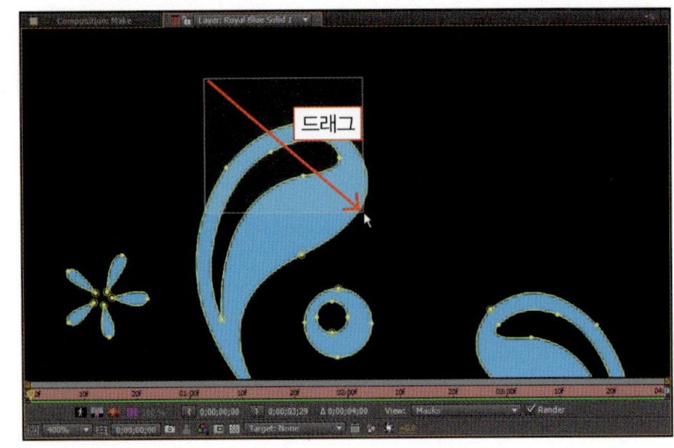

05. 마스크의 중앙에 위치한 앵커 포인트를 움직이기 위해서는 툴 박스에서 [선택 툴](■)을 선택하고 마스크를 더블클릭하여 바운딩 박스를 만들고 중앙의 앵커 포인트를 클릭한 상태로 이동하면 됩니다. 마스크의 앵커 포인트를 이동하는 것은 마스크를 회전이나 크기를 변경할 때 사용합니다.

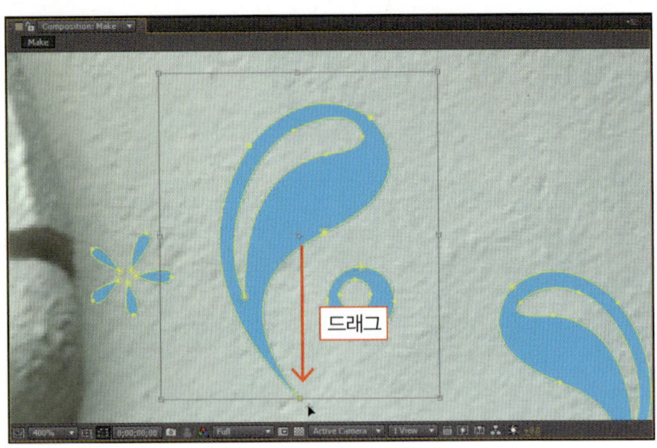

마스크의 모양을 변경하기 위해서는 포인트를 제어해 변경할 수 있지만 마스크에 포인트를 추가하거나 빼서 모양을 변경할 수 있습니다.

01. [Composition] 패널에서 레이어의 마스크에 포인트를 추가하거나 빼기 위해서는 툴 박스에서 [정점 추가 툴]( ) 과 [정점 삭제 툴]( )을 사용합니다. 툴 박스에서 [펜 툴]( )이 선택된 상태에서 포인트를 추가할 때는 추가하고자 하는 부분에 마우스 포인터를 위치시키고 클릭하면 되고, 포인트를 지울 때는 포인트가 위치한 부분에서 포인트를 클릭하면 지워지게 됩니다. 마스크에서 포인트를 지울 때는 툴 박스에서 [정점 삭제 툴]( )을 선택하여 지워도 되지만 [펜 툴]( )이 선택된 상태에서 포인트 위에 마우스를 위치시키고 Ctrl 을 누르면 [정점 삭제 툴]( )로 자동 변경됩니다. 마우스로 클릭하면 포인트가 지워집니다.

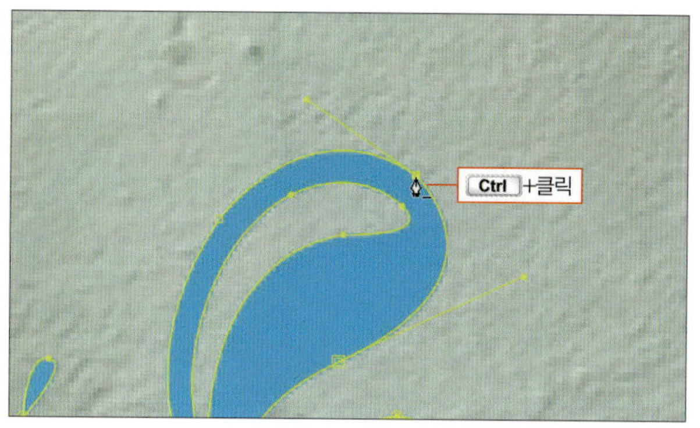

02. 레이어에 생성되어 있는 마스크의 둥근 부분이나 직선 부분을 새롭게 수정할 수 있습니다. 곡선의 포인트를 직선으로 변경하기 위해서는 [펜 툴]( )에서 [정점 변환 툴]( )을 선택하고 포인트를 마우스로 클릭하면 직선으로 변경됩니다. 또한 직선의 포인트는 [정점 변환 툴]( )로 클릭하고 드래그하면 새로운 핸들이 나타나 곡선의 마스크를 만들 수 있습니다.

03. [마스크 페더 툴]( )은 마스크의 주위를 부드럽게 처리하되 각각의 위치마다 영역을 다르게 설정하여 부드럽게 만들어 줍니다. 마스크의 영역을 위치마다 다르게 설정하기 위해 주위를 부드럽게 처리할 마스크를 선택하고 툴 박스에서 [마스크 페더 툴]( )을 선택합니다. 마스크에서 부드럽게 처리할 위치를 선정하고 [마스크 페더 툴]( )로 클릭하여 드래그하여 부드럽게 처리할 영역만큼 만듭니다. 마스크의 포인트나 선을 잡고 드래그하면 마스크의 내부, 또는 외부에 다음과 같이 마스크의 주위를 부드럽게 만들 수 있습니다. 선택된 포인트는 방향키를 이용해 왼쪽/오른쪽 또는 위/아래로 이동할 수 있습니다.

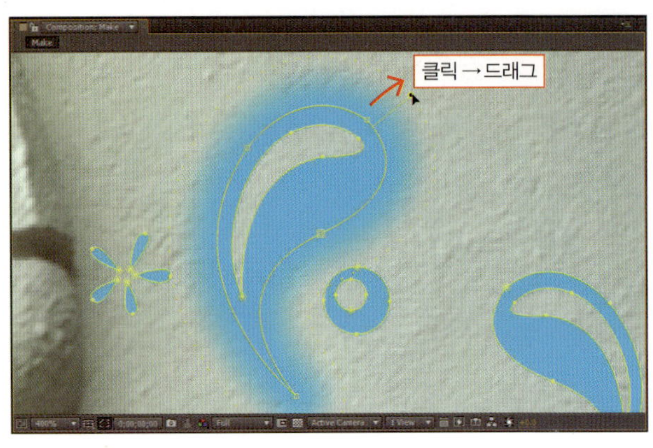

04. 하나의 포인트를 잡고 움직였을 때는 마스크의 외각이 모두 동일한 부드럽기로 만들어집니다. 마스크 주위의 부드러운 정도를 다르게 설정하기 위해 추가적으로 드래그하여 만듭니다. 추가할 부분에 다시 마우스를 가져가 원하는 만큼의 영역으로 드래그하면 다음과 같이 다른 영역의 부드럽기를 적용할 수 있습니다.

05. [마스크 페더 툴]( )로 적용된 선을 지우기 위해서는 Ctrl 을 누르고 [마스크 페더 툴]( )로 만든 포인트 위로 마우스를 이동합니다. 마우스의 포인트가 '－'로 변경되고 클릭하면 부드럽게 처리된 부분이 원래의 상태로 돌아가거나 다른 부분의 영향을 받아 부드러운 정도가 바뀌게 됩니다.

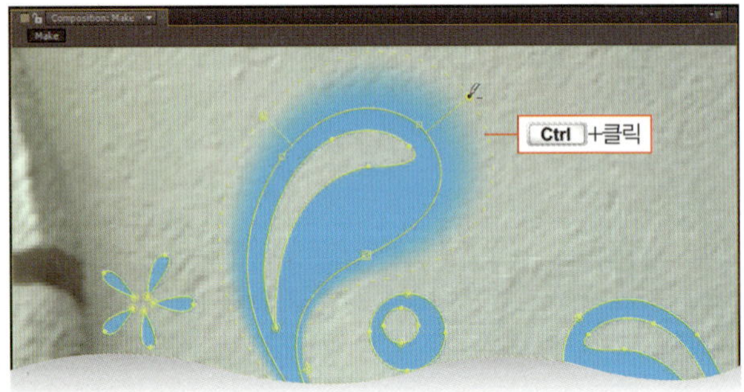

06. 마스크의 단축키는 G 를 사용하며 환경설정에서 마스크가 선택되는 순서를 조절할 수 있습니다. [Edit]–[Preferences]–[General](Ctrl + Alt + ;) 메뉴를 클릭하고 'Pen Tool Shortcut Toggles Between Pen and Mask Feather Tools'이 체크되어 있으면 [펜 툴]( )과 [마스크 페더 툴]( )만 서로 단축키 G 로 변환하여 사용하게 됩니다. [펜 툴]( )의 서브 툴들도 단축키로 이동하며 사용하려면 체크를 해지하면 됩니다. 환경설정에서 옵션을 체크했을 때와 옵션을 해지했을 때 툴의 단축키의 사용이 제한됩니다.

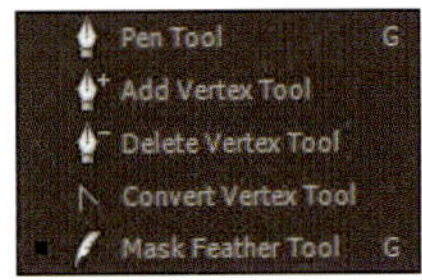

▲ 옵션 체크   ▲ 옵션 해지

[Composition] 패널에서 마스크를 만들고 마스크에서 마우스 오른쪽 버튼을 클릭했을 때 나타나는 하위 메뉴들을 알아봅니다. [Composition] 패널에서 마스크를 선택하고 [Layer]-[Mask]/[Mask Shape Path] 메뉴를 클릭해서 볼 수도 있습니다.

■ [Mask] 하위 메뉴

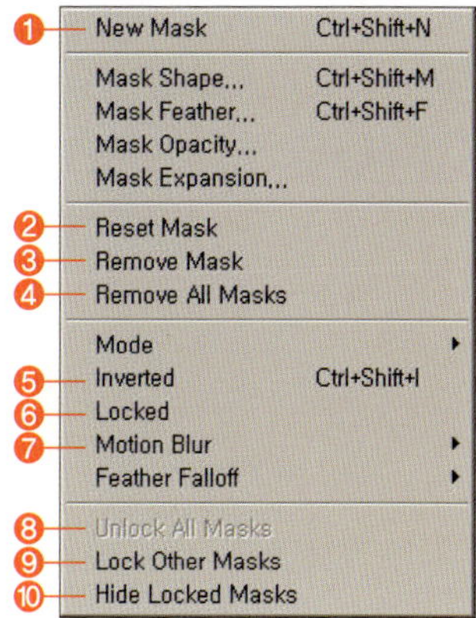

❶ New Mask(Ctrl + Shift + N) : 레이어와 동일한 크기의 사각 마스크를 만들어 줍니다.

❷ Reset Mask : 마스크를 선택하고 'Reset Mask'를 선택하면 레이어의 크기와 동일한 사각형의 마스크를 만듭니다.

❸ Remove Mask : 마스크를 선택하고 'Remove Mask'를 선택하면 마스크가 지워집니다.

❹ Remove All Masks : 여러 개의 마스크가 존재할 때 'Remove All Masks'를 선택하면 모든 마스크가 지워집니다.

❺ Inverted : 레이어에 만들어진 닫힌 마스크의 반대 영역이 나타나도록 다음과 같이 보이는 영역을 반전시킵니다.

▲ 'Inverted' 적용 전

▲ 'Inverted' 적용 후

❻ Locked : 마스크를 선택하고 'Locked'을 선택하면 마스크가 잠긴 상태로 바뀝니다. 마스크가 잠기면 이동하거나 선택할 수 없는 상태가 되며 [Timeline] 패널 레이어에 생성된 마스크가 잠금 상태로 만들어 집니다.

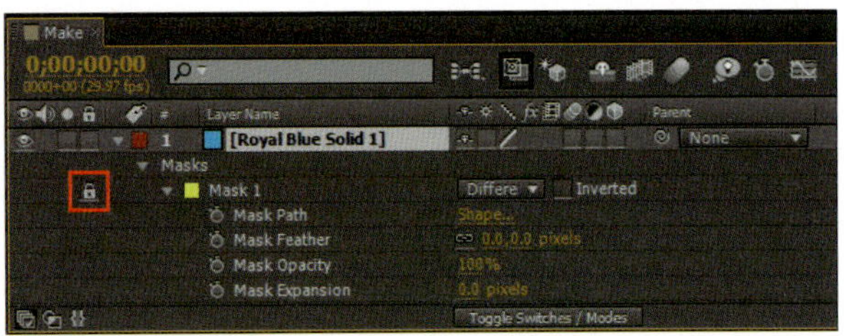

❼ Motion Blur : 마스크에 만들어지는 모션 블러는 마스크에 키프레임이 설정되어 움직일 때 모션 블러가 적용됩니다. 모션 블러를 적용하기 위해서는 마스크의 속성 중 'Mask Shape'의 키프레임을 설정해야 합니다. [Timeline] 패널이나 [Composition] 패널에서 마스크를 선택하고 [Layer]-[Mask]-[Motion Blur]-[On] 메뉴를 클릭합니다. 'Motion Blur'를 적용해도 마스크에 아무런 변화가 없는 경우는 [Timeline] 패널에서 위쪽의 [Enables Motion Blur]( )를 체크합니다.

❽ Unlock All Masks : 하나의 레이어에 여러 개의 마스크가 존재할 때 모든 레이어의 잠금 상태를 해제합니다.

❾ Lock Other Masks : 여러 개의 마스크가 존재할 때 현재 선택된 마스크 이외의 다른 레이어를 잠금 상태로 만들어 줍니다.

❿ Hide Locked Masks : 잠금 상태의 마스크가 [Composition] 패널에서 보이지 않도록 합니다.

■ [Mask and Shape Path] 하위 메뉴

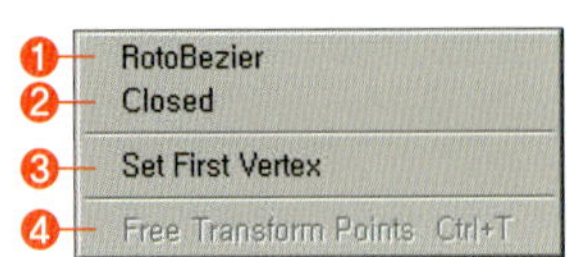

❶ RotoBezier : 레이어의 마스크가 곡선으로 만들어 졌을 때 마스크의 곡선을 자동으로 계산해 부드럽게 처리해 줍니다.

❷ Closed : 열린 마스크를 닫힌 마스크로 만들어 줍니다.

❸ Set First Vertex : 선택된 마스크의 포인트를 처음 시작하는 포인트로 변경합니다. 예를 들면 애프터 이펙트에서 'Stroke'를 적용했을 때 'Stroke'의 시작 포인트를 다른 위치로 변경할 때 사용합니다. 시작 포인트로 설정하고자 하는 포인트를 선택하고 마우스 오른쪽 버튼을 클릭하고 적용합니다.

❹ Free Transform Points(Ctrl + T) : 선택된 레이어의 마스크에 바운딩 박스를 만들어 크기, 회전 등을 제어할 수 있도록 합니다.

마스크는 [Mask Shape], [Mask Feather], [Mask Opacity], [Mask Expansion]의 4가지 속성을 가지고 있습니다. 이것들은 레이어의 마스크에 더욱 정밀한 작업을 진행할 때 사용하게 됩니다. 마스크의 모든 속성은 각각의 키프레임 설정이 가능합니다.

예제 파일 l CD₩Part 04₩014_Example Project의 Mask 컴포지션

■ Mask Shape 적용하기

01. 마스크를 만들고 키프레임을 설정하여 마스크를 이동하게 되면 마스크로 가려지는 부분이 움직이게 됩니다. 레이어가 움직이는 것이 아니고 마스크가 움직이기 때문에 레이어의 위치에는 영향을 주지 않습니다. 'Mask Shape' 는 레이어에 존재하는 마스크의 선 자체를 의미합니다. 마스크는 단축키로 Ⓜ을 사용하며 레이어를 선택하고 Ⓜ을 누르면 레이어에 존재하는 [Mask Shape]에 대한 속성이 나타납니다. 마스크의 모든 속성이 나타나도록 하기 위해서는 레이어의 왼쪽 삼각형(▶)을 클릭하거나 Ⓜ을 2번 누릅니다.

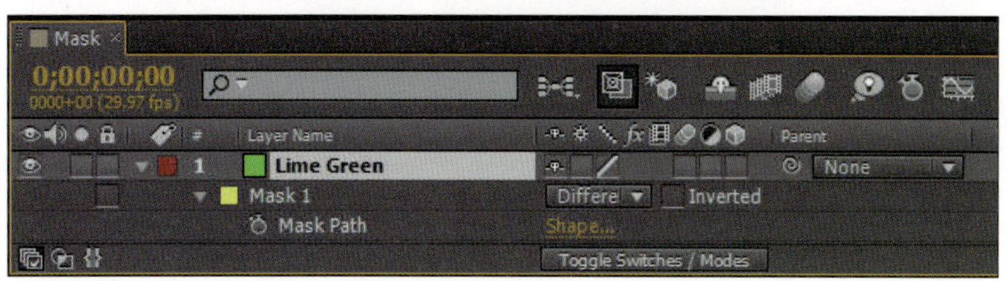

02. [Timeline] 패널에서 선택된 레이어에서 타임마커를 첫 프레임에 위치시키고 [Mask Shape]의 [Stopwatch](◷)를 체크하면 마스크의 첫 키프레임이 설정됩니다. 다시 타임마커를 이동하고 마스크를 이동하게 되면 마스크의 움직임이 생성됩니다.

03. 마스크는 다음과 같이 [Composition] 패널에서 마스크의 포인트를 잡고 이동하면 됩니다. 전체 마스크를 이동하거나 마스크의 크기를 제어하기 위해서는 마스크의 포인트를 마우스로 드래그해 모든 포인트를 선택하거나 마스크를 더블클릭하여 바운딩 박스가 나타난 상태에서 마우스로 드래그하면 됩니다.

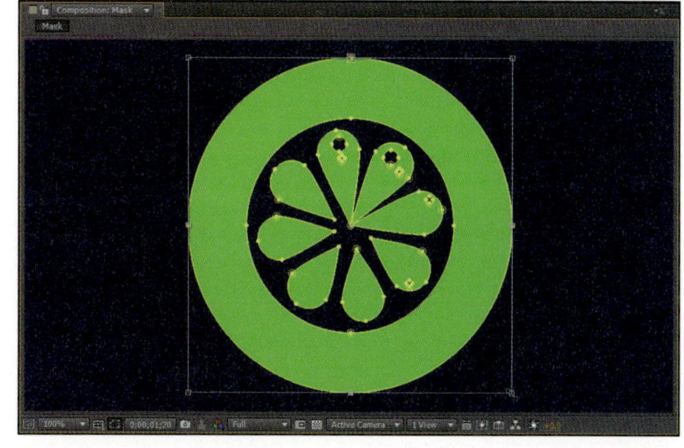

■ **Mask Feather 적용하기**

01. [Composition] 패널에서 레이어에 마스크를 생성합니다. 'Mask Feather'는 마스크 선의 안쪽과 바깥쪽 주위를 부드럽게 처리해 주는 역할을 합니다. 적용 방법은 [Composition] 패널과 [Layer] 패널에서 마우스 오른쪽 버튼을 클릭하고 'Mask' -'Mask Feather'를 선택하여 적용합니다. [Layer]-[Mask]-[Mask Feather](**Ctrl**+**Shift**+**F**) 메뉴를 클릭하여 동일하게 적용할 수도 있습니다. 'Mask Feather'의 값은 최대 999pixels까지 입력이 가능합니다.

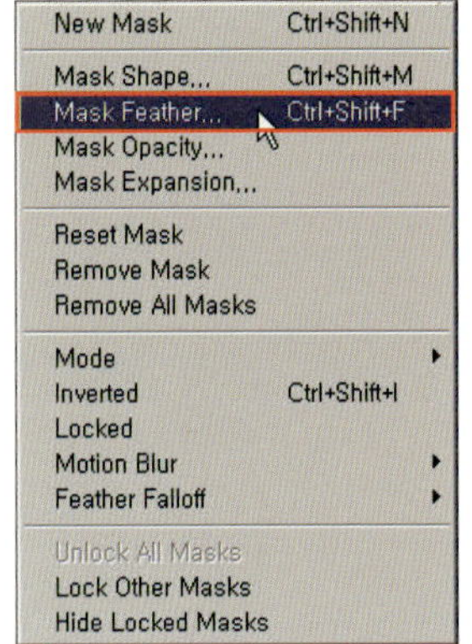

02. [Mask Feather] 대화상자가 나타나면 가로와 세로로 얼마나 부드럽게 처리될 것인지를 입력합니다. [Lock]은 가로/세로의 수치를 동일하게 변화시키도록 하는 옵션으로 체크 해제를 하면 가로/세로에 각각 다른 수치를 입력할 수 있습니다.

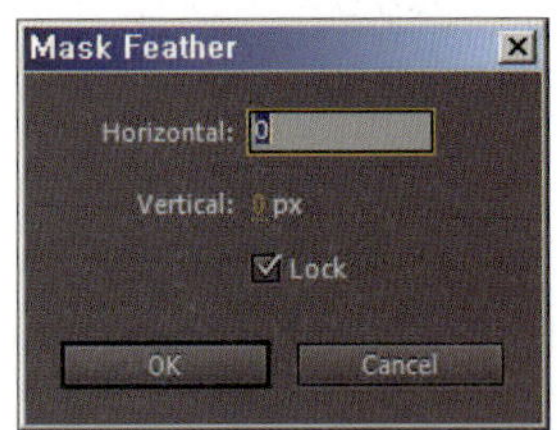

03. 다음은 마스크에 [Feather]를 '50pixels'로 설정했을 때의 결과입니다. [Feather]의 수치를 높일수록 마스크의 주위가 더욱 부드럽게 처리됩니다.

04. [Timeline] 패널의 레이어의 마스크 속성에서 [Mask Feather]를 살펴봅니다. 다음과 같이 [Mask Feather]이 적용된 것을 확인할 수 있습니다. 앞에서 사용한 방법으로 값을 변경하거나 [Timeline] 패널에서 [Mask Feather]를 변경해도 동일한 결과를 가져옵니다. 레이어를 선택하고 **F**를 누르면 [Mask Feather]에 대한 속성을 볼 수 있습니다. [Mask Feather]의 [Stopwatch]( )를 체크하여 키프레임을 설정하면 부드러움에 대한 애니메이션을 만들 수 있습니다.

272

■ Mask Opacity 적용하기

'Mask Opacity'는 마스크가 설정된 레이어의 불투명한 정도를 나타냅니다. [Opacity]는 마스크로 설정된 부분을 얼마나 불투명하게 만들 것인지를 결정합니다. [Composition] 패널과 [Layer] 패널에서 마우스 오른쪽 버튼, 위쪽의 메뉴를 이용하여 'Mask Opacity'를 선택합니다. 대화상자에서 불투명도에 대한 수치를 입력할 수 있으며 기본은 100%로 설정되어 있으며 100%일 때는 불투명하게 나타나고 수치를 낮출수록 투명하게 나타납니다.

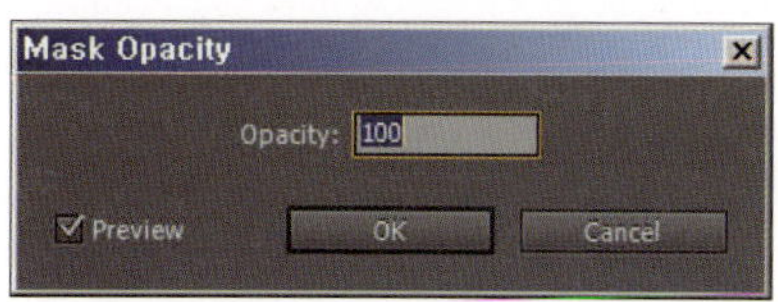

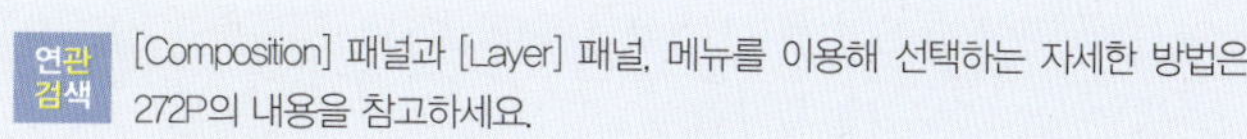

연관검색 [Composition] 패널과 [Layer] 패널, 메뉴를 이용해 선택하는 자세한 방법은 272P의 내용을 참고하세요.

■ Mask Expansion 적용하기

01. 'Mask Expansion'은 마스크가 고정된 상태에서 마스크의 영역을 넓혀주거나 영역을 좁혀주는 기능을 합니다. 마스크를 선택하고 [Composition] 패널과 [Layer] 패널에서 마우스 오른쪽 버튼, 위쪽의 메뉴를 이용하여 'Mask Expansion'을 선택하면 대화상자가 나타납니다. 'Expansion'은 확대, 확장이라는 의미를 지니고 있으며 대화상자에서 수치를 0 이상으로 설정하면 마스크의 영역 바깥으로 넓어지게 되고, 수치를 0 이하의 '−' 값을 입력하게 되면 마스크 영역의 내부로 영역이 좁아지게 됩니다. [Expansion]에 '20pixels'을 적용한 결과입니다. [Expansion]도 키프레임 설정이 가능하며 좁은 부분에서 넓은 부분으로 변화되는 애니메이션을 만들 수 있습니다.

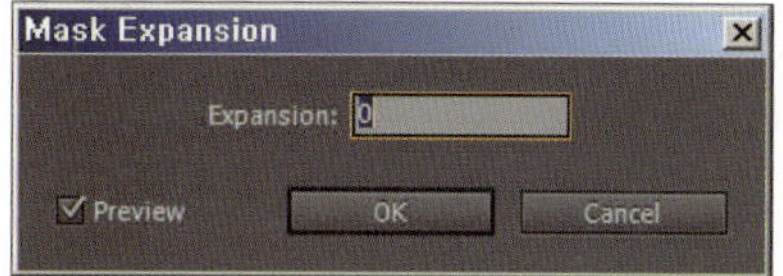

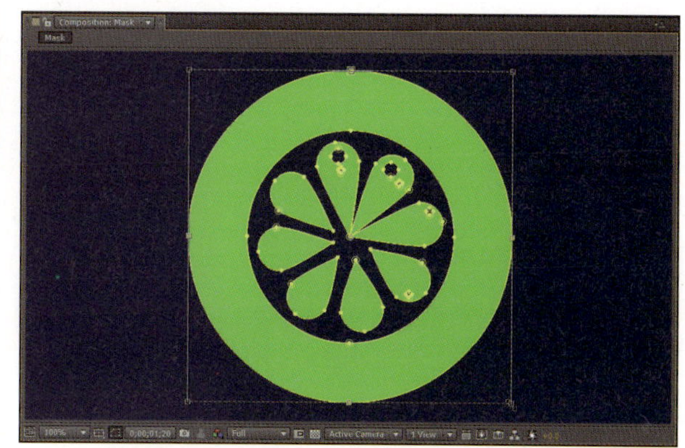

02. 'Mask Shape', 'Mask Feather', 'Mask Opacity', 'Mask Expansion'은 모두 키프레임 설정이 가능하며, [Timeline] 패널의 마스크 속성에서 수치 제어를 할 수 있습니다. 마스크의 속성에서 수치를 입력하거나 마우스를 수치 위에 위치시키고 왼쪽/오른쪽으로 마우스를 드래그하여 수치를 변화시킬 수도 있습니다. 또한 설정된 키프레임의 수치를 변화 시키고 싶을 때 설정된 키프레임을 마우스로 더블클릭하여 나타나는 대화상자에서 수치를 변화시킬 수도 있습니다.

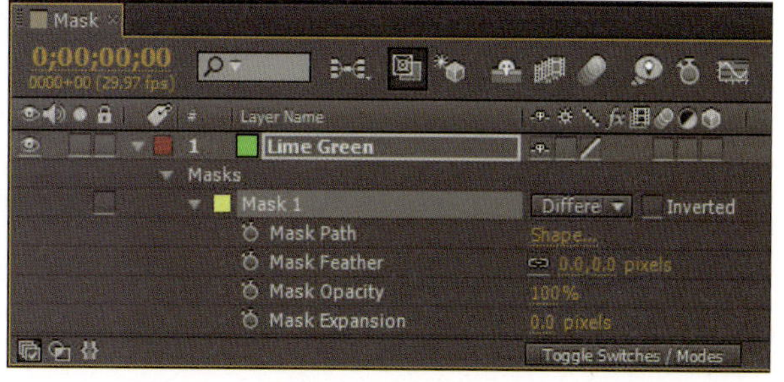

273

애프터 이펙트는 포토샵이나 일러스트레이터의 패스를 마스크로 사용할 수 있습니다. 애프터 이펙트의 패스가 서툴거나 다른 프로그램에서 이미 제작된 패스를 가져오고 싶을 때는 다음과 같은 방법을 사용하면 쉽게 마스크를 만들 수 있습니다.

■ 포토샵에서 애프터 이펙트로 패스 가져오기

01. 다음과 같이 포토샵에서 패스가 만들어졌다면 툴 박스에서 [패스 선택 툴]( )을 선택하고 패스를 드래그하여 전체를 선택합니다.

> **TIP :** 포토샵에서 제작된 패스를 애프터 이펙트로 가져오기 위해서는 먼저 포토샵에서 [펜 툴]( )이나 도형 툴을 이용해 패스를 만들어야 합니다.

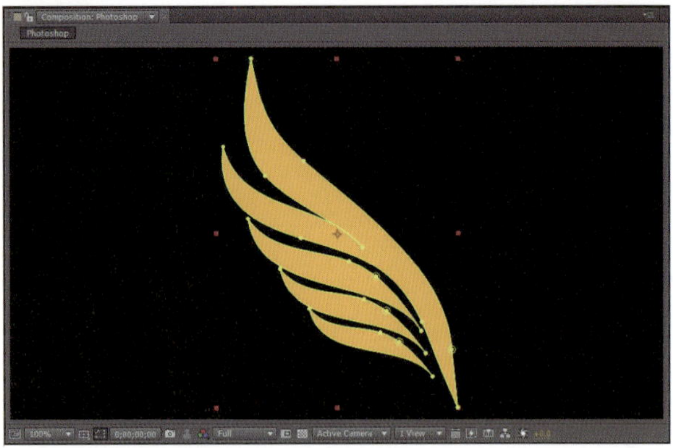

02. 포토샵에서 제작한 모든 패스가 선택이 되면 [Edit]-[Copy](**Ctrl** + **C**) 메뉴를 클릭합니다. 그러면 복사된 패스가 컴퓨터의 클립보드에 일시적으로 복사되어 저장됩니다. 애프터 이펙트를 실행하고 포토샵에서 복사한 패스를 사용할 레이어를 [Timeline] 패널에서 선택합니다. [Edit]-[Paste](**Ctrl** + **V**) 메뉴를 클릭하면 레이어에 마스크가 생성되며 [Composition] 패널에 다음과 같이 마스크가 만들어지게 됩니다.

03. [Timeline] 패널에서 레이어에 생성된 마스크를 확인해 보면 다음과 같이 여러 개의 마스크가 만들어지게 됩니다. 포토샵에서 여러 개의 패스를 선택하고 복사하면 레이어에 여러 개의 닫힌 마스크가 만들어지게 됩니다.

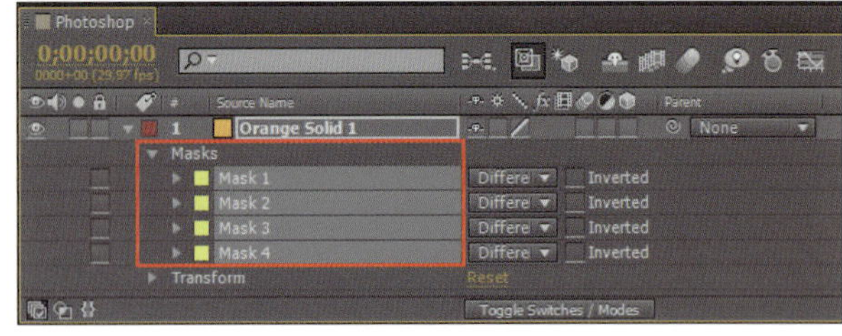

■ 일러스트레이터에서 애프터 이펙트로 패스 가져오기

01. 포토샵과 동일한 방법으로 일러스트레이터
를 실행하고 [펜 툴]( )을 이용해 원하는 형태의
패스를 만듭니다. 일러스트레이터에서 만들어진
패스를 툴 박스의 [선택 툴]( )을 사용해 전체 패
스를 선택합니다. [Edit]-[Copy](Ctrl + C) 메뉴
를 클릭해 패스를 클립보드에 일시적으로 복사하
여 저장합니다.

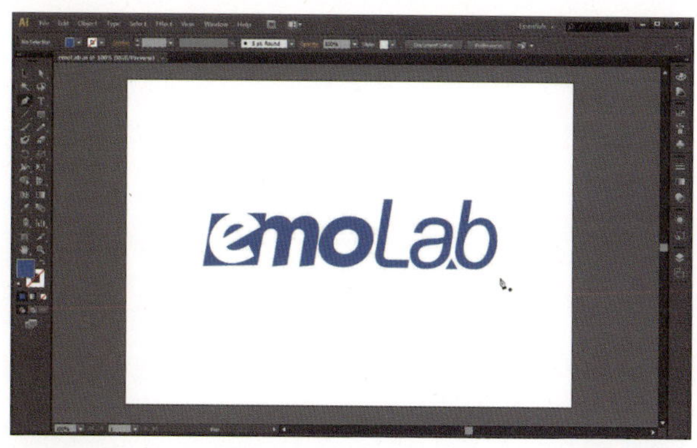

T I P : 벡터 방식을 사용하는 일러스트레이터에서 [펜 툴]( )을 이용해 원하는 오브젝트를 만들고 애프터 이펙트에서 사용할 수 있습니다.

---

02. 애프터 이펙트를 실행하고 [Composition]-
[New Composition](Ctrl + N) 메뉴를 클릭하
여 새로운 컴포지션을 만듭니다. [Layer]-[New]-
[Solid](Ctrl + Y) 메뉴를 클릭하여 [Solid
Settings] 대화상자를 나타내 새로운 솔리드 레이
어를 생성합니다. [Timeline] 패널에서 솔리드 레이
어를 선택하고 [Edit]-[Paste](Ctrl + V) 메뉴를
클릭해 일러스트레이터에서 복사한 패스를 솔리
드 레이어에 적용합니다. 레이어에 마스크가 생성
되며 [Composition] 패널에 다음과 같이 마스크가
만들어집니다.

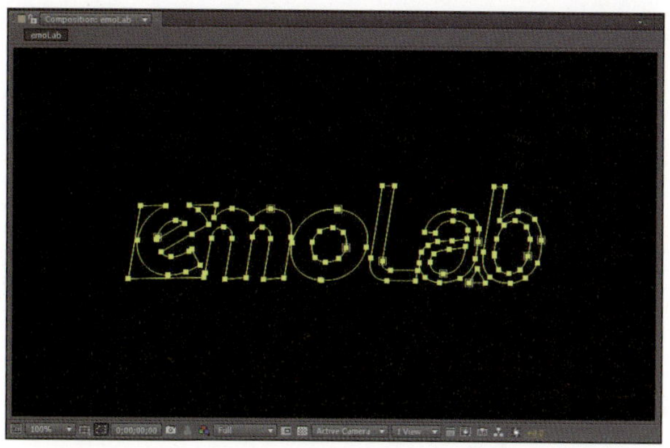

03. [Timeline] 패널에서 마스크를 확인해 보면
포토샵의 경우와 마찬가지로 다음과 같이 마스크
가 만들어 집니다. 마스크는 일러스트레이터에서
닫힌 패스 하나에 하나씩 마스크가 만들어지게
됩니다. 이미 포토샵이나 일러스트레이터에서 제
작된 패스가 있으면 다시 만들지 않고 간단히 애
프터 이펙트에서 사용할 수 있습니다.

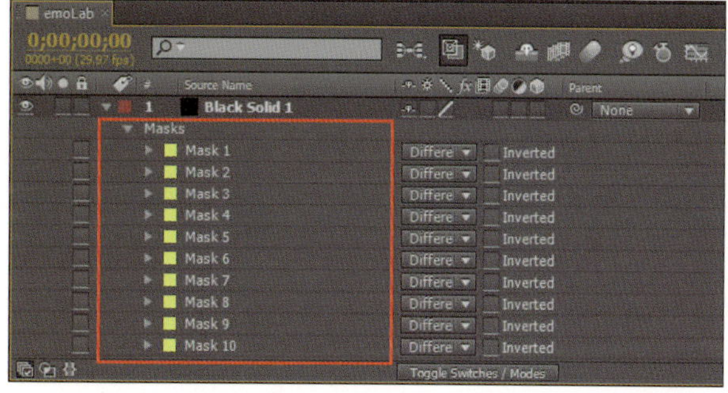

문제 해결 포토샵이나 일러스트레이터에서 패스를 복사하고 애프터 이펙트에서 사용할 때 적용되지 않는 경우가 있습니다. 이런 경우는 컴퓨터에 설치된 메모리가 적거나 너무 많은 프로그램이 실행되어 클립보드에 복사하지 못하는 경우입니다. 사용하지 않는 응용 프로그램을 종료하거나 애프터 이펙트를 종료하고 다시 시작하면 사용할 수 있습니다.

애프터 이펙트는 여러 개의 마스크를 하나의 레이어에서 최대 127개까지 사용할 수 있으며, 마스크를 자신이 원하는 형태로 사용하기 위해 마스크 모드를 사용합니다.

■ 마스크 모드

마스크 모드에는 None, Add, Subtract, Intersect, Lighten, Darken, Difference 등이 있으며, 적용된 모드에 따라 마스크와 마스크의 관계가 결정됩니다.

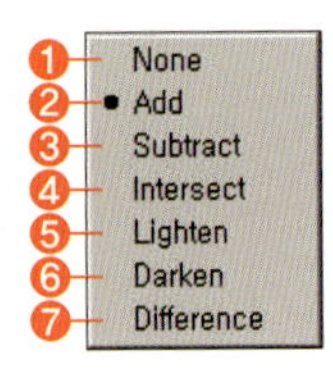

❶ None : 마스크와 마스크의 관계에서 마스크의 기능을 수행하지 않습니다. 마스크의 기능을 사용하기 보다는 패스를 이용해 다른 이펙트와 함께 사용할 때 사용하며 Path Text, Audio Waveform, Audio Spectrum, Stroke, Fill, Smear 등의 효과들로 효과적인 이펙트를 만들 수 있습니다.

❷ Add : 여러 개의 패스를 하나의 영역으로 만들어주는 합집합을 만들어 줍니다. 마스크가 만들어지면 기본적으로 선택되며 닫힌 마스크의 내부를 보이도록 합니다.

❸ Subtract : 빼기 명령으로 독자적으로 사용할 때는 마스크의 영역을 제외한 외부의 영역을 보여주며, 'Add'와 겹쳐 마스크의 겹쳐진 부분을 빼주는 역할을 합니다.

❹ Intersect : '교차하다, 엇갈리다'라는 의미로 위쪽 두 마스크가 겹쳐지는 부분을 남기고 나머지 부분은 나타나지 않도록 합니다. 교집합의 영역을 나타나게 하는 모드입니다.

❺ Lighten : 불투명도 값이 다른 레이어에 적용되며, 위쪽 마스크가 겹쳐지는 부분은 더 불투명한 마스크가 다른 마스크를 제어하여 나타나게 됩니다. 'Lighten'은 반투명의 마스크가 서로 겹쳐져서 불투명도를 만들 때 생기는 문제를 해결합니다. 2개의 마스크 중 더욱 불투명한 마스크가 나타나도록 합니다.

❻ Darken : 불투명도 값이 다른 레이어에 적용되며, 위쪽의 두 마스크가 겹쳐진 부분이 밝아지는 것이 아니라 원래 마스크의 불투명도 값을 유지 할 수 있도록 설정합니다.

❼ Difference : 불투명도 값이 다른 레이어에 적용되며, 위쪽 두 마스크가 겹쳐 있을 때 불투명도 값이 같을 때는 겹쳐있는 부분을 제외한 영역이 나타나도록 합니다. 불투명도가 다를 때는 겹쳐지는 부분의 100%를 기준으로 마스크가 가지고 있는 불투명도 값의 반대 값이 적용되어 나타납니다.

문제해결 여러 개의 마스크를 사용하다 보면 임의로 마스크가 움직여 낭패를 보는 경우가 종종 있습니다. 이럴 때 마스크를 움직이지 않도록 잠금장치를 할 수 있습니다. 각각의 마스크 왼쪽에 있는 체크 박스를 마우스로 클릭하게 되면 잠기고 다시 클릭하게 되면 잠금이 해제됩니다. 레이어를 잠그는 기능과 동일하게 마스크에 별도로 적용이 가능합니다. 마스크가 잠금 상태가 되면 마스크를 선택하거나 변경할 수 없습니다.

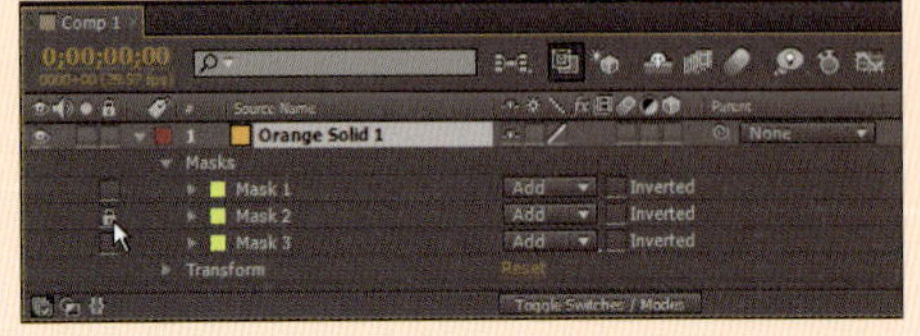

'Auto-trace'는 [Timeline] 패널의 레이어에서 레이어의 이미지가 가지고 있는 채널별로 마스크를 만들거나, 레이어가 알파 채널을 포함하고 있을 때 선택된 옵션에 따라 마스크를 만들 수 있습니다. 또한 문자 레이어를 마스크로 만들고자 할 때도 사용할 수 있습니다.

■ [Auto-trace] 대화상자

'Auto-trace'의 적용은 [Timeline] 패널에서 레이어를 선택하고 [Layer]-[Auto-trace] 메뉴를 클릭하고 [Auto-trace] 대화상자에서 옵션을 설정할 수 있습니다.

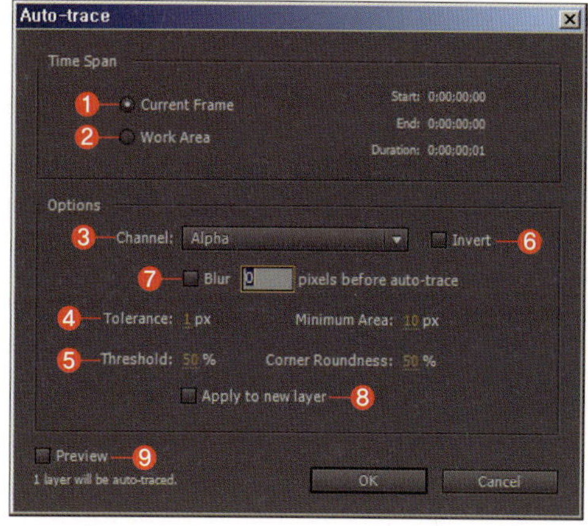

❶ Current Frame : [Timeline] 패널에서 타임마커가 위치한 부분의 프레임에만 마스크를 만듭니다.

❷ Work Area : [Timeline] 패널의 작업 영역에 프레임별로 마스크를 생성합니다. 만약 동영상을 마스크로 생성하기 위해 명령을 선택했다면 프레임별로 작업한 전체 영역에 마스크를 만들어 줍니다. 동영상 파일을 마스크로 만들게 되면 'Mask Shape'에 각각의 프레임에 대한 키프레임이 생성되며, 마스크는 영역별로 하나의 마스크로 생성되기 때문에 한 프레임에 많은 마스크가 만들어지게 됩니다.

❸ Channel : [Timeline] 패널에서 선택된 레이어의 4개 채널, 'Alpha', 'Red', 'Green', 'Blue'와 'Luminance'에서 선택된 옵션에 따라 마스크가 만들어지는 결과물이 달라집니다.

❹ Tolerance : 수치를 높일수록 마스크를 생성할 때 포인트의 거리가 멀어져 제대로 된 마스크를 만들기 힘듭니다. 수치는 0.1~999까지 입력 가능합니다.

다음은 [Tolerance]가 '1pixels'일 때와 '10pixels'일 때 마스크가 생성된 상태를 나타냅니다.

▲ Tolerance : 1pixels

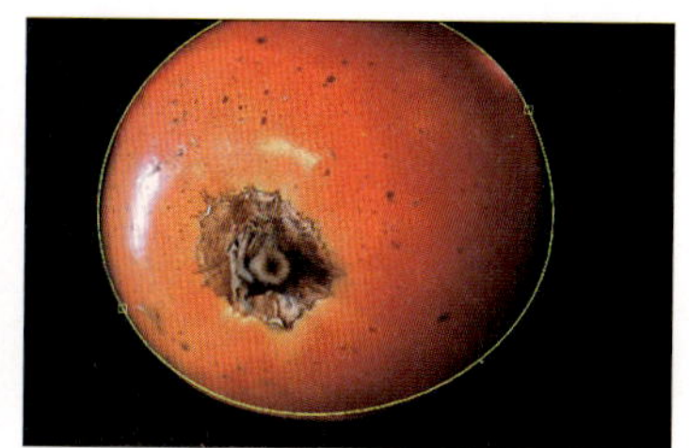

▲ Tolerance : 10pixels

❺ Threshold : 수치를 %로 나타내며, 50%이상 일 때는 흰색과 불투명도에 근거하여 마스크를 만들고, 50%이하 일 때는 검정과 투명도에 의해 마스크를 생성합니다.

다음은 채널을 'Luminance'로 설정하고 [Threshold]의 값이 '30%'일 때와 [Threshold]의 값이 '80%' 일 때의 결과입니다.

▲ Threshold : 30%　　　　　　　　▲ Threshold : 80%

❻ Invert : 마스크가 생성되는 영역을 반대 영역으로 설정하여 생성하도록 합니다. 다음 그림은 'Auto-trace'를 적용할 때 'Invert'를 적용하지 않은 것과 'Invert'를 적용한 결과를 보여줍니다.

▲ 'Invert' 적용 전　　　　　　　　▲ 'Invert' 적용 후

❼ Blur : 'Auto_trace'를 적용하기 전에 마스크에 블러를 적용하고 마스크를 만듭니다. 결과적으로 마스크가 블러를 적용하기 전보다 부드러운 에지를 갖게 됩니다.

❽ Apply to new layer : [Timeline] 패널에서 'Auto_trace'를 적용한 레이어에 마스크를 만들지 않고 새로운 레이어를 만들어 마스크를 생성합니다.

❾ Preview : 현재 옵션에서 설정된 상태를 [Composition] 패널에 확인하며 변경할 수 있도록 도와줍니다.

애프터 이펙트에서 사용되는 레이어에 다양한 방법을 통해 셰이프 레이어, 또는 마스크 레이어로 변환하여 벡터로 사용할 수 있도록 아웃라인을 만드는 방법에 대해 알아보도록 하겠습니다.

■ 알파 채널을 사용해 아웃라인 만들기

애프터 이펙트는 알파 채널을 이용해 아웃라인을 마스크로 만들 수 있습니다.

예제 파일 | CD₩Part 04₩Sources₩Tomato.psd 파일　**완성 파일 |** CD₩Part 04₩014_Example Project의 Auto-trace 컴포지션

01. 포토샵을 실행하고 예제 파일을 엽니다. 알파 채널을 마스크로 만들기 위해서는 알파 채널을 포함한 이미지나 동영상이 있어야 합니다. 알파 채널은 포토샵의 [Channels] 패널에서 Alpha 채널을 만들 수 있고 psd, Targa 등의 이미지 포맷으로 저장합니다. [File]-[Save As](**Ctrl** + **Shift** + **S**) 메뉴를 클릭합니다.

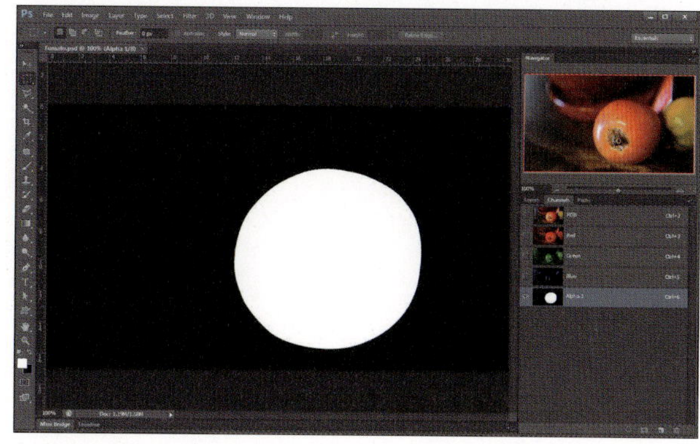

TIP : 이미지 파일에 알파와 패스가 저장되어 있는 상태를 확인하고 다음을 진행합니다.

02. 다음은 이미지를 'Targa' 파일로 저장할 때 나타나는 옵션입니다. 포토샵에서 알파를 포함한 이미지로 저장하기 위해서 [Resolution]에서 '32 bits/pixel'을 선택합니다.

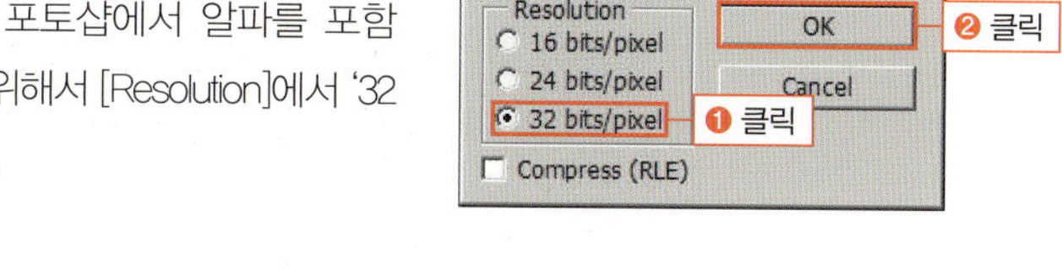

03. 다음은 포토샵에서 이미지를 psd 파일로 저장할 때의 옵션입니다. [Save Options]에서 'Alpha Channels'가 체크되어 있어야 알파를 포함한 파일로 만들어집니다.

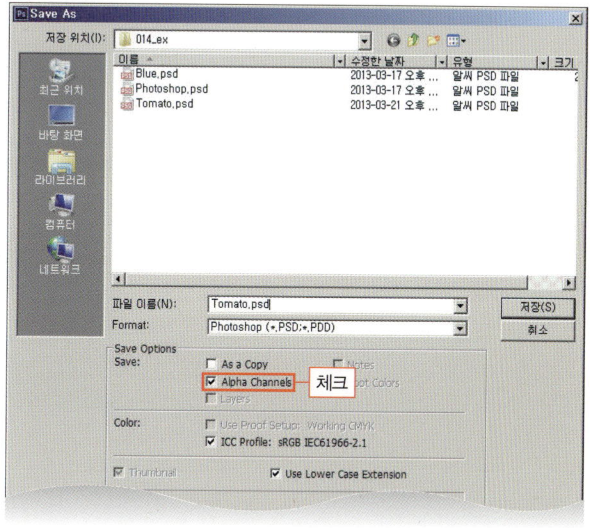

04. 알파 채널을 확인하기 위해 애프터 이펙트를 실행하고 알파를 포함한 이미지를 불러옵니다. 다음과 같이 애프터 이펙트의 [Composition] 패널의 [Channels]을 클릭하여 알파를 포함하고 있는 이미지의 알파를 확인할 수 있습니다.

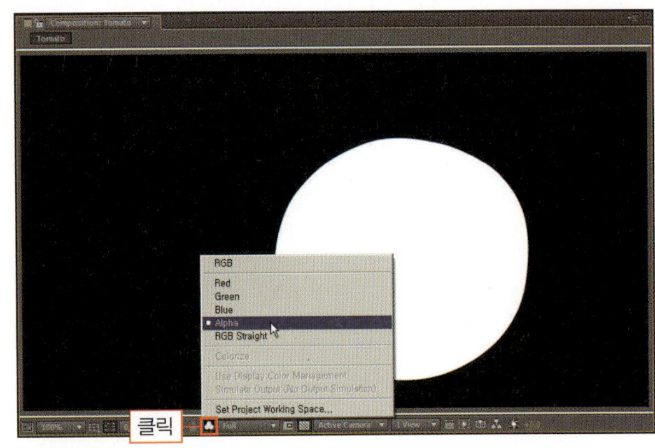

05. 애프터 이펙트의 [Timeline] 패널에서 알파를 포함한 레이어를 선택하고 [Layer]–[Auto–trace] 메뉴를 클릭합니다. [Auto–trace] 대화상자에서 [Options]–[Channel]에서 'Alpha'를 선택하고 [OK] 단추를 클릭하면 레이어에 마스크가 생성됩니다.

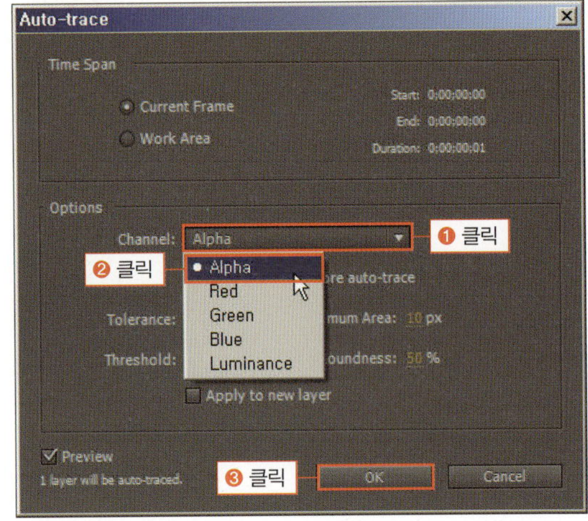

06. 레이어에 'Auto–trace'를 적용하여 만들어진 마스크는 [Composition] 패널에서 다음과 같이 나타납니다.

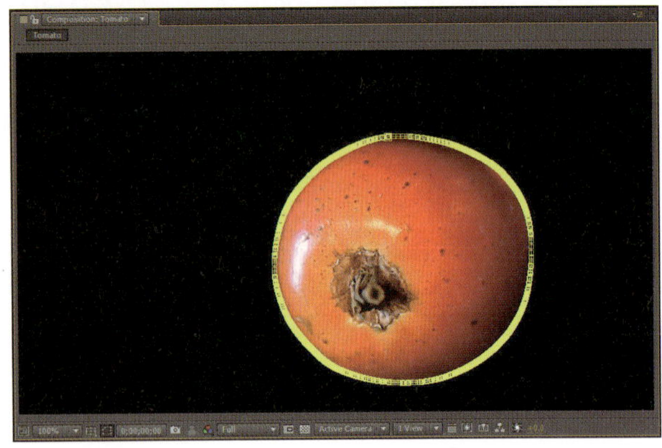

07. [Timeline] 패널에서 레이어의 마스크를 확인하기 위해 레이어를 선택하고 M을 누릅니다. 레이어의 속성에 새롭게 생성된 마스크를 확인할 수 있습니다. 마스크의 연결이 끊어지는 부분은 새로운 마스크로 생성되어 만들어지게 됩니다.

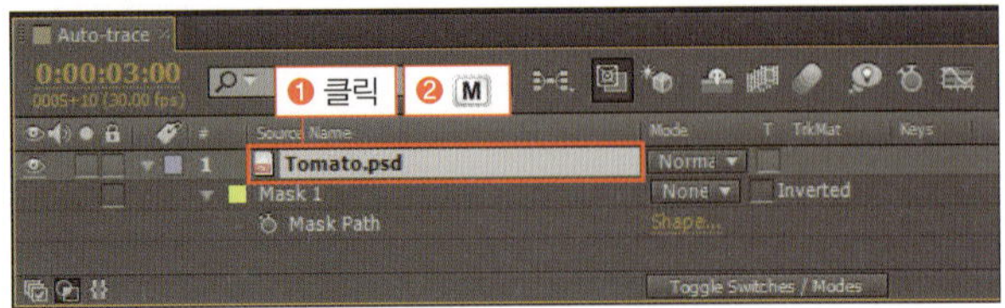

■ 문자를 셰이프 레이어로 변환하기

[문자 툴]([T.])을 사용해 문자의 아웃라인을 만드는 방법에 대해 알아보도록 하겠습니다. 새롭게 만들어 지는 라인은 셰이프 레이로 만들어지며 다양한 기능을 사용해 효과를 적용할 수 있습니다.

예제 파일 | CD\Part 04\014_Example Project의 Outlines 컴포지션   **완성 파일 |** CD\Part 04\014_Example Project의 Outlines_F 컴포지션

01. 예제 프로젝트에서 'Outlines' 컴포지션을 확 인합니다. 패널에 'Create'라는 문자 레이어가 존 재합니다. 애프터 이펙트에서 입력된 문자는 언제 든지 문자의 모양이나 크기 등의 변경이 가능합 니다. 사용자의 컴퓨터에 사용된 동일 폰트가 없 는 경우 다른 폰트로 대치되어 나타나게 됩니다.

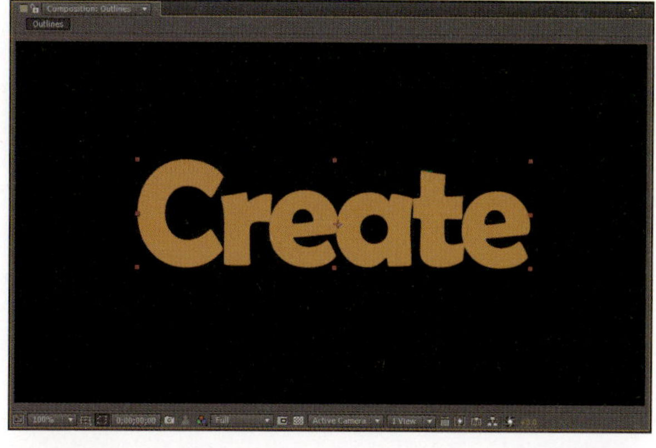

02. [Timeline] 패널에서 문자 레이어를 선택하 고 [Layer]–[Create Shapes from Text] 메뉴를 클 릭하면 문자 레이어 이외의 새로운 레이어가 [Timeline] 패널에 만들어지고 새롭게 만들어진 레 이어는 셰이프 레이어가 됩니다.

03. [Create Shapes from Text] 메뉴는 문자를 셰 이프 레이어로 만들어 주며, 새롭게 만들어진 레 이어는 셰이프 레이어의 기능을 사용해 다양한 효과를 적용할 수 있습니다.

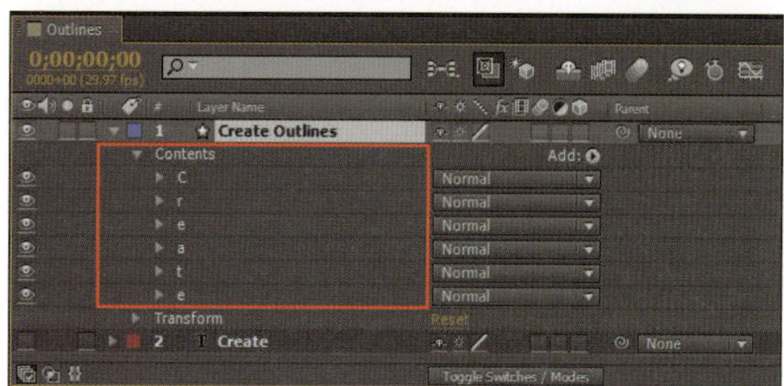

■ 문자를 마스크로 변환하기

문자를 셰이프 레이어로 변환하는 것과 동일한 방법으로 문자를 마스크로 변환하는 방법에 대해 알아보
도록 하겠습니다.

01. 문자가 입력되어 있는 상태에서 다음을 진
행합니다. 셰이프 레이어를 만드는 것과 동일
한 방법으로 문자 레이어를 선택하고, [Layer]–
[Create Masks from Text] 메뉴를 클릭하면 다음과
같이 [Timeline] 패널에 새로운 레이어가 생성되고
[Composition] 패널에 새롭게 만들어진 마스크 레
이어가 나타납니다.

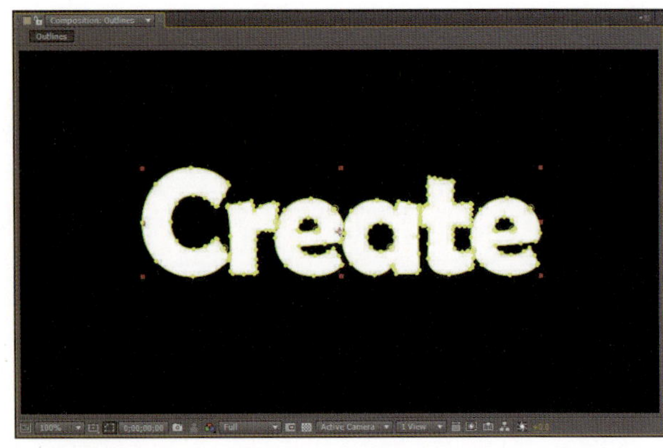

02. [Timeline] 패널의 레이어 속성에 새롭게 생
성된 마스크를 나타내며, 마스크는 각각의 문자마
다 만들어지고 각각의 마스크를 제어할 수 있습
니다.

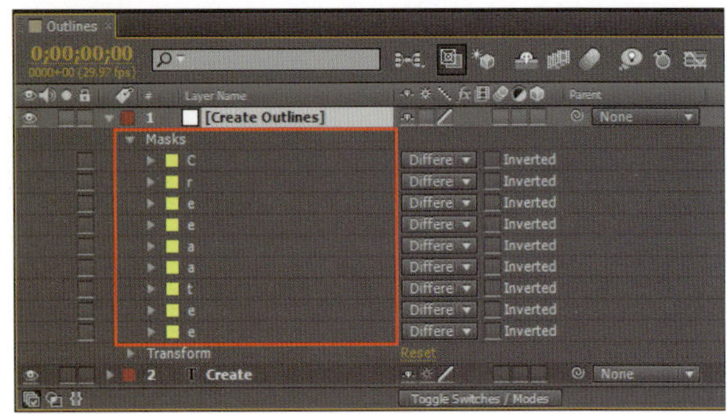

■ 벡터 파일을 셰이프 레이어로 변환하기

다음은 일러스트레이터에서 제작한 벡터 파일을 가져와 셰이프 레이어로 새롭게 만드는 방법입니다. 이
것 또한 문자를 셰이프 레이어로 변환하는 방법과 동일합니다.

[Timeline] 패널에 벡터 레이어를 선택하고 [Layer]–[Create Shapes from Vector Layer] 메뉴를 클릭
하면 새로운 셰이프 레이어가 생성됩니다.

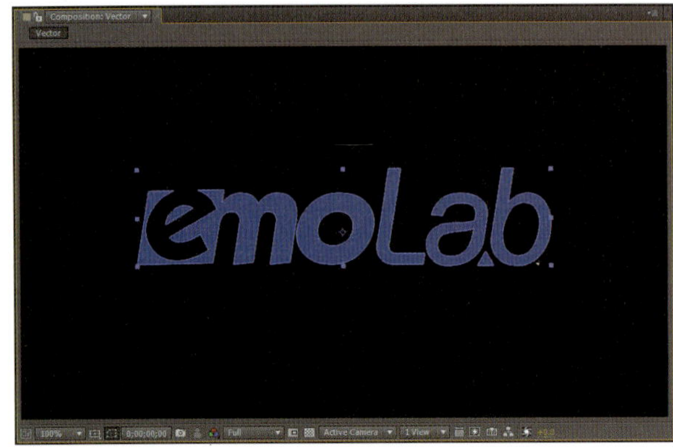

■ 포토샵의 문자를 애프터 이펙트에서 변경하기

포토샵에서 제작한 문자를 애프터 이펙트에서 서체, 크기, 색상 등을 변경할 수 있도록 설정해 보겠습니다. 포토샵에서 제작한 문자를 애프터 이펙트에서 변경할 수 있도록 만들기 위해서 다음을 따릅니다.

01. 포토샵을 실행하고 다음과 같이 문자를 입력합니다. 포토샵의 레이어를 확인해 보면 레이어의 아이콘에 'T'가 입력되어 있는 것을 확인할 수 있습니다. 이것은 문자 레이어를 나타내며, 레이어의 문자를 언제든지 변경할 수 있음을 나타냅니다.

02. 포토샵에서 이미지를 저장하기 위해 [File]-[Save As](**Ctrl** + **Shift** + **S**) 메뉴를 클릭합니다. [파일 이름]에 파일 이름을 입력하고 [Format]에서 'PSD'를 선택하고 [저장] 단추를 클릭해 파일을 저장합니다.

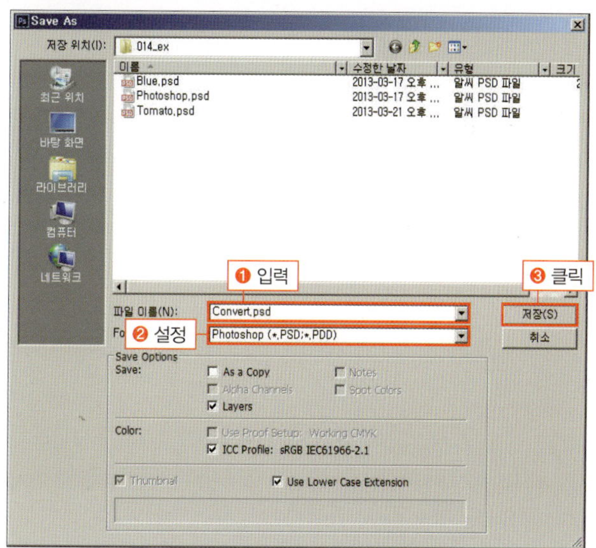

03. 애프터 이펙트를 실행하고 포토샵에서 저장된 파일을 불러옵니다. 파일을 불러올 때 아래쪽의 [가져오기]에서 'Composition-Ratain Layer Sizes'를 선택하여 각각의 레이어 크기와 동일한 사이즈의 레이어가 만들어지도록 합니다. [열기] 단추를 클릭합니다.

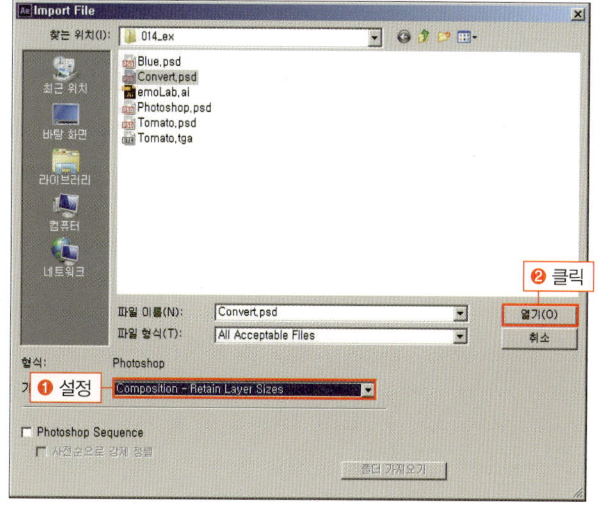

04. 포토샵에서 제작한 문자 파일을 [Timeline] 패널에서 확인하면 다음과 같이 문자가 수정할 수 없는 레이어 형태로 나타나게 됩니다. 포토샵의 문자 레이어는 애프터 이펙트에서 직접적으로 수정할 수 없습니다.

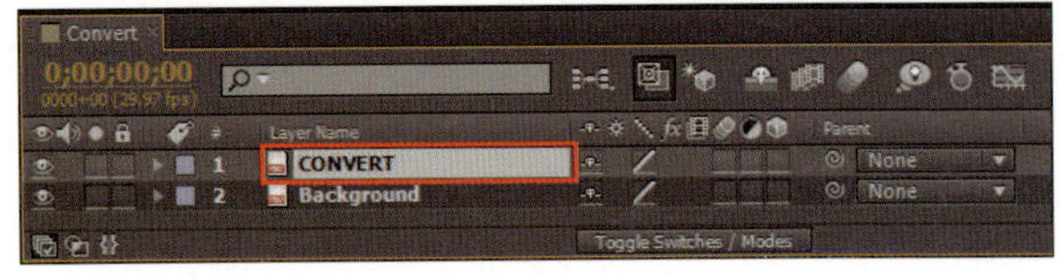

05. 포토샵에서 제작된 문자 파일을 애프터 이펙트에서 수정 가능한 문자 레이어로 변경하기 위해서는 [Layer]-[Convert To Editable Text] 메뉴를 클릭하면 문자 레이어에 포토샵에서 만들어진 문자 레이어가 이미지 아이콘으로 보이지 않고 다음과 같이 레이어의 아이콘이 'T'로 변경되어 나타나게 됩니다.

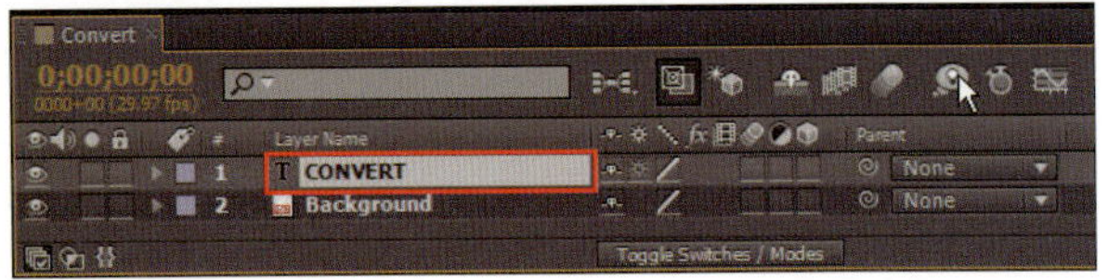

TIP : 'T'로 표시되는 것은 애프터 이펙트에서 [문자 툴] T 을 이용해 타이핑한 형태와 동일하게 만들어졌음을 의미합니다. 키프레임이 지원됩니다.

06. 컨버팅된 문자 레이어는 애프터 이펙트의 [Composition] 패널에서 문자 레이어의 일부를 선택하거나 서체, 색상 등의 변경이 가능하도록 변경됩니다.

배경에서 전경의 이미지를 분리하는 방법에는 크로마키, 마스크 등을 사용할 수 있습니다. 여기서는 배경과 전경의 이미지를 분리하기 위해서 [로토 브러시 툴]()을 사용하도록 하겠습니다. 이미지를 분리하면 매트로 사용하여 배경을 바꾸거나 전경 이미지에 다양한 효과를 적용할 수 있습니다. [로토 브러시 툴]()은 배경과 전경을 구분하는 작업과 매트를 만드는 작업을 좀 더 빠르게 진행할 수 있도록 도와줍니다. [로토 브러시 툴]()로 이미지의 일부 영역에 선을 그리면 인접한 영역에서 배경과 전경을 구분해 줍니다. 구분된 영역은 전과 후 프레임으로 이동하며 일정한 경계를 만들어 나가며, 구분된 이미지의 경계는 세부조정을 통해 매트를 만들 수 있습니다.

예제 파일 | CD₩Part 04₩014_Example Project의 Studio 컴포지션

01. [로토 브러시 툴]()을 사용해 이미지의 배경과 전경을 분리하기 위해 예제 프로젝트에서 배경과 전경을 분리할 'Studio' 컴포지션을 확인합니다. 프로젝트의 동영상에서 상의를 선택해 이펙트를 적용해 봅니다. 사용되는 동영상은 흰색을 배경으로 사용하여 촬영된 소스이고 이외에 배경에 다른 개체가 있어도 적용이 가능합니다. 애프터 이펙트의 툴 박스에서 [로토 브러시 툴]()을 선택하거나, **Alt** + **W** 를 눌러 [로토 브러시 툴]()을 활성화 시킵니다. [Timeline] 패널에서 적용할 레이어를 선택하고, 동영상 레이어를 더블클릭하여 [Layer] 패널이 열리도록 합니다.

02. [Layer] 패널에서 동영상을 미리 보면서 프레임에서 전경과 배경 사이의 구분이 가능한 한 명확한 프레임을 찾습니다. 여기서 상의는 다른 외부의 색상과 구분되어 있어 작업이 용이합니다. 동영상에 처음 선을 그리는 프레임이 기본 프레임으로 설정되며 나머지 프레임은 기본 프레임을 따라 영역이 설정됩니다. 전경으로 사용할 상의 부분에 선을 그려 영역을 구분하기 위해 [Layer] 패널에서 드래그하여 그립니다. 선을 그릴 때 [로토 브러시 툴]()은 원형의 가운데 더하기 표시가 있는 녹색의 원으로 나타납니다.

03. 선을 그리고 마우스를 놓으면 다음과 같이 전경 이미지의 주위에 나타나는 보라색의 윤곽선을 확인할 수 있습니다. 이 윤곽선은 배경과 전경을 구분하는 경계선입니다.

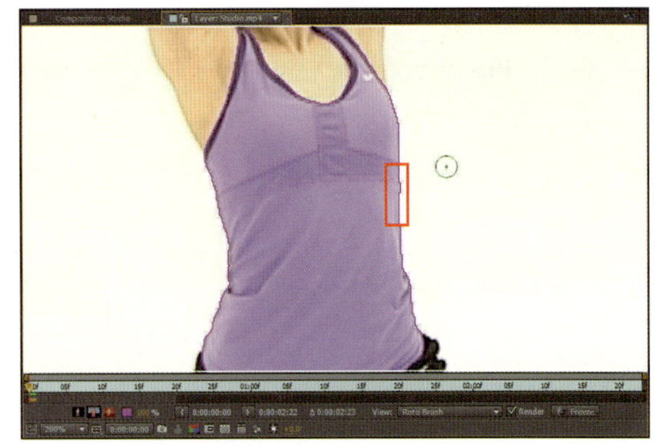

04. 전경으로 사용될 부분에 선을 그릴 때는 [로토 브러시 툴]로 그려나가고 전경을 벗어나는 부분을 다시 배경으로 정의하려면 Alt 를 누르고 드래그하면 됩니다. 배경 선을 그릴 때는 [로토 브러시 툴]의 가운데 빼기 기호가 있는 빨간색 원으로 표시됩니다.

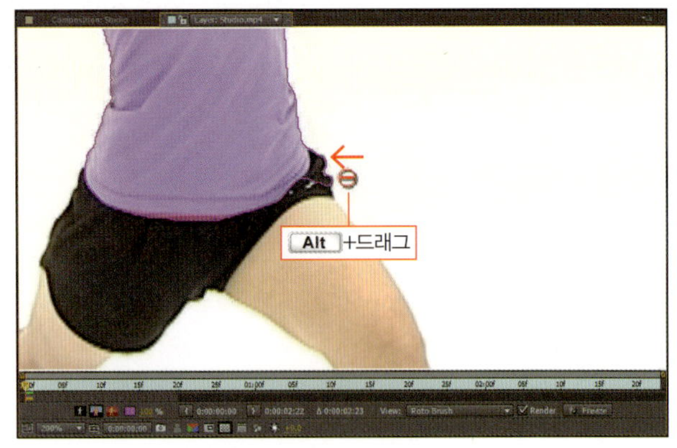

05. 윤곽선이 온전하게 생성될 때까지 전경 선 및 배경 선을 지속적으로 반복합니다. [로토 브러시 툴]을 사용해 영역을 만들 때 원형의 크기가 너무 크면 선택하기에 적합하지 않습니다. 이런 경우 원형의 팁 크기를 조절하여 세밀한 선을 만들도록 합니다. 팁의 크기를 조절하기 위해서는 [로토 브러시 툴]을 선택하고 Ctrl 을 누르고 왼쪽 마우스 버튼을 클릭하고 드래그하여 왼쪽/오른쪽, 위쪽/아래쪽으로 움직이며 크기를 조절합니다.

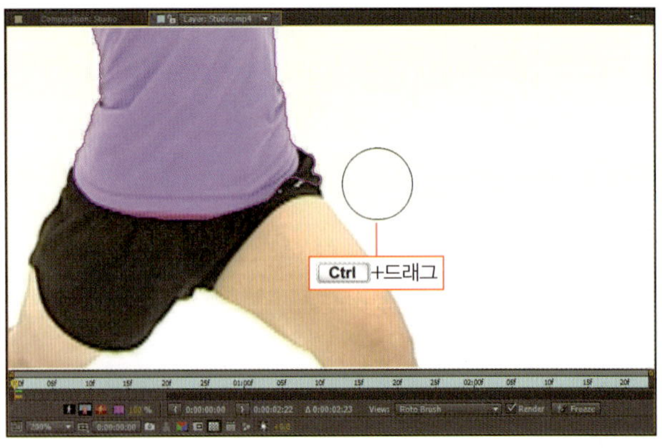

06. [Timeline] 패널에서 한 프레임 앞(**Page Down**) 으로 또는 뒤(**Page Up**)로 이동하며 전경 이미지를 만들어 가도록 합니다. 애프터 이펙트는 이전의 정보를 추적하여 다음 프레임에 자동으로 영역을 만들어 줍니다. 다음 프레임으로 진행될 때 영역을 이탈하는 경우가 있습니다. 영역을 이탈하는 경우 새롭게 영역을 구분하도록 선을 그려 주도록 합니다. 영역을 구분하고자 하는 부분은 한 프레임씩 이동하며 선을 그려나가도록 합니다.

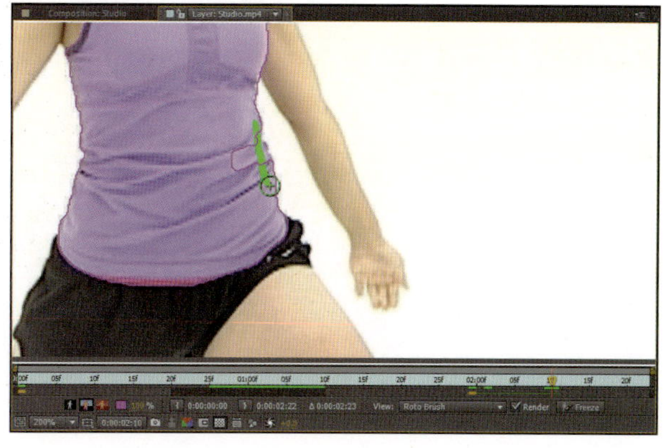

07. [Effect Controls] 패널의 [로토 브러시 툴]( )의 속성에서 매트에 대한 세부 옵션을 조정하여 더욱 세밀하게 조절할 수 있습니다. [Effect Controls] 패널에 적용된 [로토 브러시 툴]( )은 툴 박스에서 [로토 브러시 툴]( )을 적용하면 자동으로 패널에 생성됩니다. [Propagation]에 있는 효과는 전경 및 배경 사이의 영역 내 연속된 프레임에 정보가 사용되는 방식에 영향을 줍니다. [Matte]에 속한 효과는 타임마커가 위치한 초기 시점의 영역을 기반으로 생성되는 매트에 영향을 줍니다.

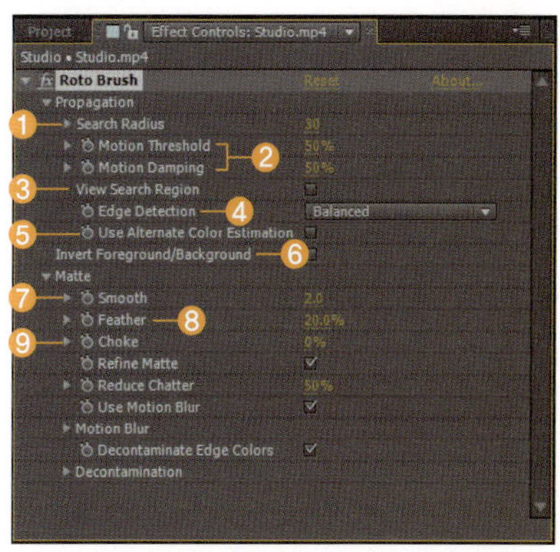

❶ **Search Radius** : 프레임과 프레임이 일치하는 픽셀을 애프터 이펙트가 검색하는 영역의 반경을 나타냅니다.

❷ **Motion Threshold/Motion Damping** : 동작을 기준으로 검색 영역을 제한하는 방법을 제어합니다.

❸ **View Search Region** : 미리 보기 검색 영역을 노란색으로 렌더링하고 전경 및 배경을 회색 명암 이미지로 렌더링합니다. Search Region, Motion Threshold/Motion Damping에 대한 값을 쉽게 적용할 수 있도록 도와줍니다.

❹ **Edge Detection** : 전경과 배경 사이의 가장자리를 결정할 때 격리의 현재 프레임에 대해 계산된 경계나 이전 프레임을 기반으로 계산된 경계를 사용할지 여부를 선택합니다.

❺ **Use Alternate Color Estimation** : 로토 브러시 효과가 전경 및 배경을 구분하기 위해 사용하는 프로세스를 일부 변경합니다.

❻ **Invert Forground/Background** : 전경 선으로 사용되는 선과 배경 선으로 사용되는 선을 반전시켜 바꿔줍니다.

❼ **Smooth** : 선의 부드러운 정도를 나타냅니다. 값을 늘리면 선의 가장자리가 부드러워 집니다. 날카로운 모양을 가진 이미지에 적용될 때는 값을 낮추는 것이 좋습니다.

❽ **Feather** : 선의 경계가 되는 부분을 부드럽게 처리합니다.

❾ **Choke** : 생성된 선의 영역을 넓히거나 축소할 때 사용합니다. 'Refine Matte'를 체크하면 아래쪽의 내용이 활성으로 바뀌며 프레임과 프레임의 가장자리에 대한 편차를 줄이기 위해 사용합니다.

08. [Timeline] 패널에서 프레임을 이동하며 전경 이미지에 대한 선을 모두 만들었으면 내용을 기록하도록 [Layer] 패널의 오른쪽 아래에 있는 [Freeze] 단추를 클릭하여 저장하도록 합니다. 'Freeze'를 적용하면 매트에 대한 정보가 보존되고 프로젝트에 저장되어 프로젝트를 다시 열거나 내용을 변경할 때 다시 계산하는 것을 방지할 수 있습니다. 'Freeze'가 고정되어 적용된 경우 다시 선을 변경하여 작업을 진행할 때는 [Freeze] 단추를 다시 클릭해 해지하면 됩니다. 결과를 [Composition] 패널에서 확인하면 다음과 같이 상의만 분리되어 매트로 사용할 수 있도록 나타납니다.

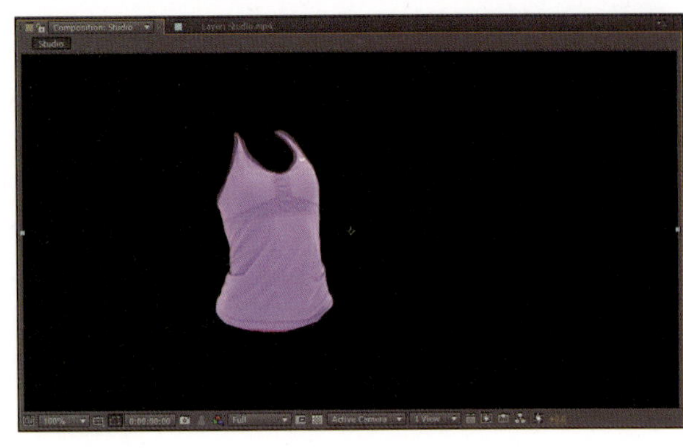

09. [Timeline] 패널에서 매트가 만들어진 레이어 아래쪽에 [로토 브러시 툴]( )이 적용되지 않는 동일한 영상을 [Project] 패널에서 드래그하여 위치시킵니다. 로토 브러시가 적용된 레이어의 색상을 변경하기 위해 [Effects]-[Color Correction]-[Hue/Saturation] 메뉴를 클릭해 원하는 색상으로 변경하도록 합니다.

루마 매트와 이펙트를 활용한 화면 전환

이번에는 루마 매트를 활용해 동영상이 다른 화면으로 전환되는 트랜지션 효과에 대해 다루도록 합니다. 화면을 전환할 때 섬광 효과나 일반 트랜지션을 많이 사용하지만 매트를 활용하면 더욱 효과적인 화면을 만들어 낼 수 있습니다.

기초탄탄 ▶ 이미지와 캔버스 크기 조절하기

■ [Image Size]/[Canvas Size] 대화상자

애프터 이펙트에서 사용되는 이미지는 포토샵에서 보정을 거쳐 사용하는 것이 좋습니다. 이미지를 화면 전환용으로 사용하기 위해서는 애프터 이펙트에서 최적의 환경으로 사용할 수 있도록 포토샵에서 이미지의 크기와 해상도를 조정해야 합니다. 포토샵에서 사용되는 이미지의 크기와 캔버스의 크기에 대한 내용을 알아보도록 하겠습니다.

포토샵에서 이미지를 불러오고 이미지의 크기를 변경하기 위해 [Image]-[Image Size] 메뉴를 클릭하고 [Image Size] 대화상자가 나타나면 가로와 세로 해상도에 대한 설정을 바꿔 이미지의 크기를 변경합니다.

이미지의 크기와 다르게 사용되는 캔버스 크기는 이미지의 크기는 변하지 않고 이미지가 놓여있는 주변이 넓게지게 됩니다. 즉 그림은 그대로 있고 액자의 크기가 커지는 결과를 가져옵니다. 캔버스 크기에서는 사용될 액자의 크기를 설정할 수 있고, [Anchor]에서 어느 부분을 중심으로 커지거나 작아질 것인지를 결정합니다.

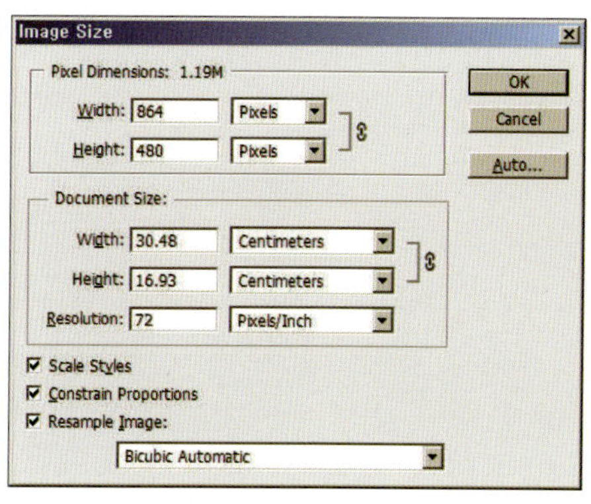

▲ [Image Size] 대화상자

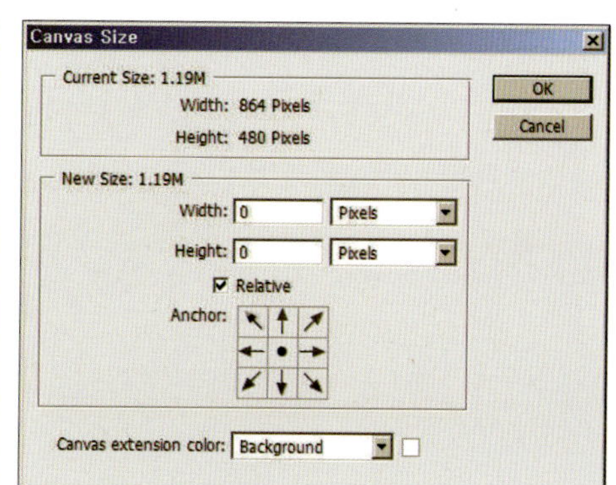

▲ [Canvers Size] 대화상자

이번에 다루게 될 내용은 동영상과 이미지를 자연스럽게 연결하기 위한 방법입니다. 일반적으로 화면을 연결하기 위해서는 투명도, 라이트 등의 방법을 많이 사용합니다. 여기서는 이미지를 매트에 적용해 이미지가 전체 화면에 나타나도록 하겠습니다.

예제 파일 | CD₩Part 04₩014_1_Example Project의 Matte 컴포지션

01. 예제 프로젝트에서 'Matte' 컴포지션을 확인합니다. [Timeline] 패널을 확인하면 다음과 같이 3개의 레이어가 배치되어 있습니다. 'Ink.mp4' 레이어는 매트로 사용될 동영상 레이어, 'drawing.jpg' 레이어는 전체 화면을 채울 이미지 레이어, 'drawing.mp4' 레이어는 전반부에 전개되는 동영상 레이어입니다.

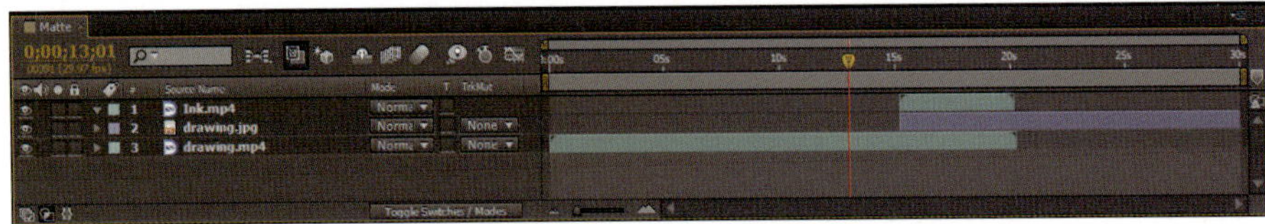

TIP : 예제를 진행하기 전에 '014_1_Example.mp4' 파일을 확인하시기 바랍니다.

02. 'drawing.jpg' 레이어를 선택하고 [Track Matte]에서 'Luma Matte "Ink.mp4"'를 선택합니다. 이미지 레이어의 아이콘이 변경되고 위쪽의 레이어는 [Video](눈 아이콘)가 체크 해제됩니다.

03. [Timeline] 패널에서 타임마커를 15초 20프레임으로 이동해 보면 [Composition] 패널에 다음과 같이 이미지가 점점 퍼지며 나타나는 것을 확인할 수 있습니다. 전반부의 동영상과 이미지가 화면이 전환되는 느낌은 이제 마무리되었습니다. 나머지 세부적인 내용을 정리하도록 하겠습니다.

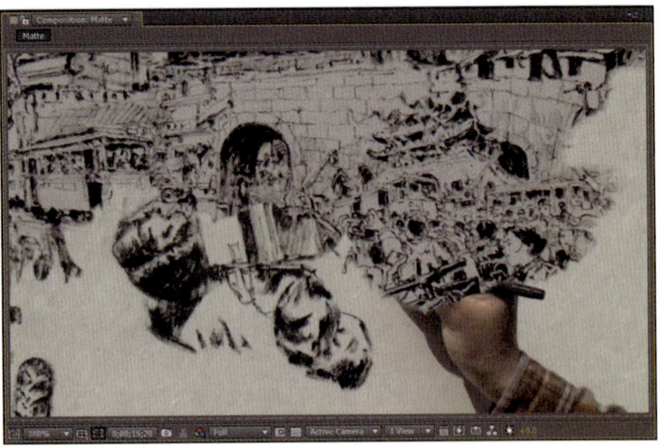

동일한 레이어를 복제하여 또 다른 레이어의 역할을 할 수 있도록 컴포지션으로 만들어 사용할 수 있습니다.

완성 파일 | CD₩Part 04₩014_1_Example Project의 Matte_Final 컴포지션, 014_1_Example.mp4 파일

01. 타임마커를 후반부로 드래그하면 'Ink.mp4' 레이어가 없는 부분에는 아무것도 나타나지 않습니다. 매트로 적용된 레이어의 길이가 너무 짧아서 생기는 문제입니다. 'Ink.mp4' 레이어를 선택하고 [Layer]–[Time]–[Enable Time Remapping] 메뉴를 클릭한 후 레이어의 끝 부분을 마우스로 클릭한 상태로 드래그하여 [Timeline] 패널의 끝까지 길이를 연장합니다.

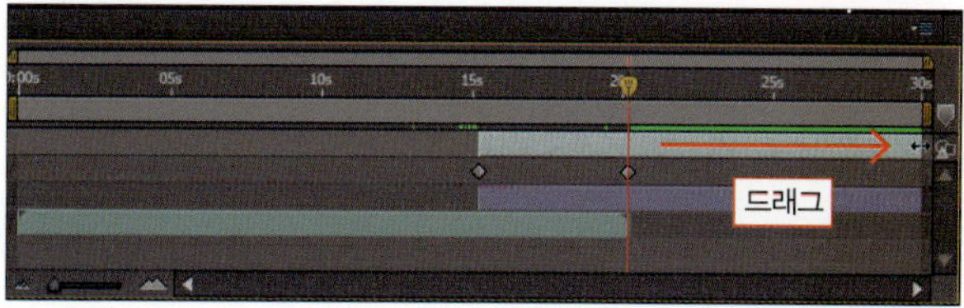

02. 'Ink.mp4' 레이어를 선택하고 2개 더 복제하기 위해 [Edit]–[Duplicate](Ctrl + D) 메뉴를 클릭합니다. 복제된 2개의 레이어를 활성으로 변경하기 위해 [Video]( )를 체크합니다. 복제된 2개의 레이어 중 아래에 있는 레이어를 선택하고 [Track Matte] 패널에서 'Luma Matte "Ink.mp4"'를 선택하여 적용합니다. 아이콘의 모양이 바뀌고 위쪽의 레이어의 [Video]( )가 체크 해제됩니다.

03. 복제된 2개의 레이어를 선택하고 [Layer]–[Pre–Compose] 메뉴를 클릭하여 하나의 컴포지션으로 만듭니다. [Pre–compose] 대화상자에서 컴포지션의 이름을 'Shadow'로 설정하고 [OK] 단추를 클릭합니다.

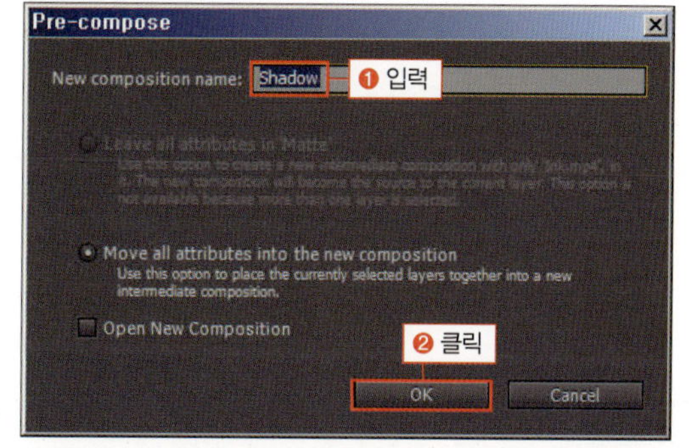

04. 레이어의 순서를 변경하기 위해 'Shadow' 컴포지션 레이어를 선택하고 드래그하여 'drawing.jpg' 레이어 아래쪽으로 내립니다.

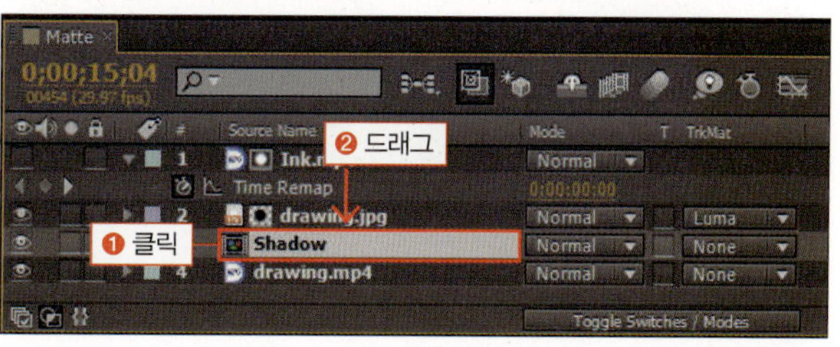

05. 컴포지션 레이어에 그림자 이펙트를 적용하여 동영상과 이미지가 화면 전환 시 구분될 수 있도록 합니다. 컴포지션 레이어를 선택하고 [Effect]-[Perspective]-[Drop Shadow] 메뉴를 클릭합니다. 컴포지션에 적용된 이펙트의 옵션을 변경하기 위해 [Effect Controls] 패널로 이동합니다. [Drop Shadow]의 [Opacity]를 '100%', [Direction]을 '180°', [Distance]를 '33', [Softness]를 '150'으로 변경하여 구분될 수 있도록 합니다.

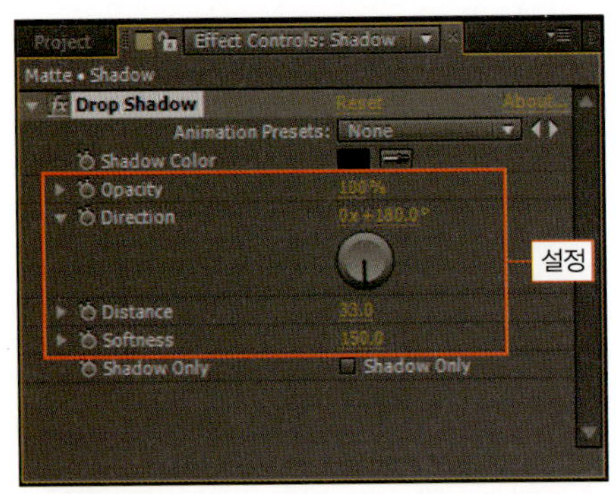

06. 이펙트의 옵션을 변경하면 다음과 같이 화면이 확연하게 구분되는 매트가 만들어지게 됩니다. 매트는 움직이는 영상을 활용해 다양하게 적용될 수 있습니다.

07. 마지막으로 이미지의 크기와 회전 값을 조절해 봅니다. 'drawing.jpg' 레이어를 선택하고 R을 눌러 회전 속성인 [Rotation]이 나타나도록 합니다. 레이어의 시작 부분으로 타임마커를 이동하고 [Stopwatch](⏱)를 체크하여 키프레임을 설정하고 회전 값을 '−20°'로 설정합니다. 타임마커를 이미지 레이어의 끝부분 30초로 이동하고 회전 값을 '7'로 설정합니다.

08. 이번에는 이미지 레이어를 선택하고 S를 눌러 크기에 대한 [Scale] 속성이 나타나도록 합니다. 회전 값에 대한 키프레임과 동일한 시간에 크기 값을 설정합니다. 타임마커를 이미지 레이어의 시작 부분으로 이동하고 [Scale]의 [Stopwatch](⏱)를 체크하고 값은 '100%'를 유지합니다. 타임마커를 30초로 이동하고 크기 값을 '55%'로 설정하여 점점 작아지도록 합니다. 속성에 대한 설정이 마무리되었다면 램 프리뷰를 통해 전체 작업 내용을 확인하기 바랍니다.

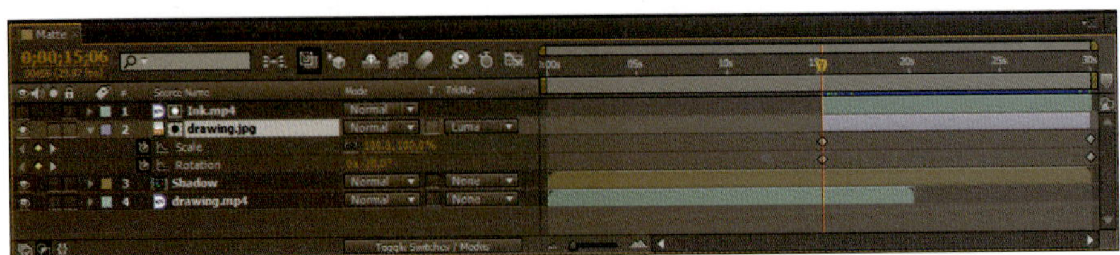

■ 매트 241P

매트는 알파 매트와 루마 매트로 구분되며, 이미지, 동영상에 포함된 알파를 사용하는 알파 매트와 이미지, 또는 동영상에서 명도 값을 가지고 적용하는 루마 매트가 있습니다. 매트는 일반적으로 동영상을 사용해 적용하며, 화면을 전환할 때 효과적으로 사용할 수 있습니다.

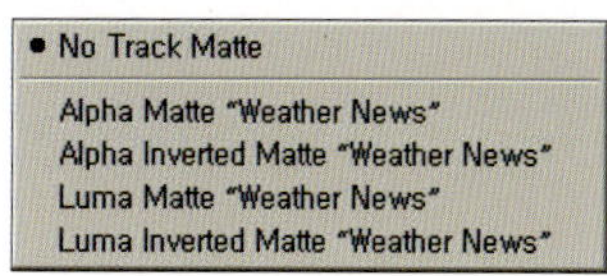

■ 블렌딩 모드 247P, 249P

레이어와 레이어가 합성되는 방식을 나타내는 블렌딩 모드(Blending Mode)가 있습니다. 블렌딩 모드는 2개 이상의 레이어가 있어야 적용할 수 있으며, 색상 값과 명도 값에 의해 레이어가 혼합되는 다양한 방식을 제공합니다. 레이어가 혼합되어 어둡거나, 밝게 또는 선명한 형태의 다양한 결과물을 만들어 냅니다.

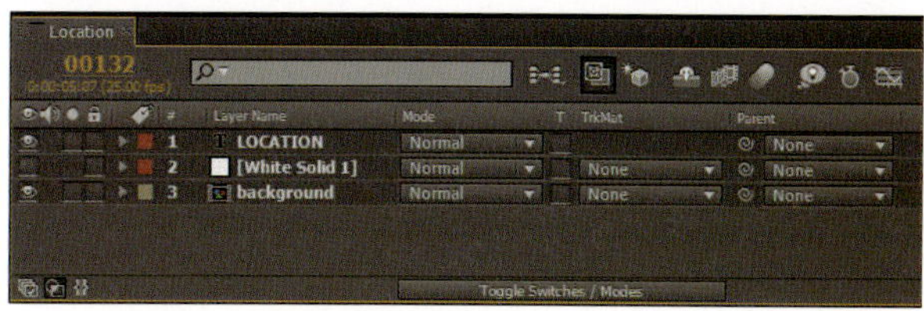

■ 마스크 257P, 259P

애프터 이펙트에서 마스크는 많이 사용하는 기능이며, 레이어를 가리거나 일부 영역만을 나타나게 할 때 사용합니다. 또한 마스크는 키프레임을 설정하여 움직이는 마스크를 만들 수 있습니다. 레이어에 마스크를 사용하거나 컴포지션에 마스크를 사용하여 효과적인 애니메이션을 만들 수 있습니다. 마스크를 레이어를 선택하고 툴 박스에서 도형 툴이나 [펜 툴]( )을 사용해 적용합니다. 레이어가 선택되어 있지 않은 상태에서 툴을 사용하면 마스크가 만들어지지 않고 셰이프 레이어가 만들어집니다.

01 매트를 사용하여 문자 레이어 내부에 이미지, 또는 동영상이 나타나도록 해 봅니다.

HINT

1. [Composition] 패널에서 문자를 입력할 때 문자의 색상을 흰색으로 설정합니다.
2. 문자 레이어를 위쪽에 놓고 아래쪽에 적용할 이미지나 동영상을 위치시킵니다.
3. [Timeline] 패널의 [Track Matte]에서 루마 매트를 적용합니다.

02 포토샵과 일러스트레이터의 패스를 마스크로 사용해 봅니다.

HINT

1. 포토샵과 일러스트레이터에서 [펜 툴]을 사용해 사용자가 원하는 패스를 만듭니다.
2. [펜 툴]을 사용해 제작된 패스를 선택하고 [Edit]-[Copy](Ctrl+C) 메뉴를 클릭해 복사합니다.
3. 애프터 이펙트에서 [Layer]-[New]-[Solid](Ctrl+Y) 메뉴를 클릭해 솔리드 레이어를 만들고 [Edit]-[Paste](Ctrl+V) 메뉴를 클릭해 적용합니다.
4. 솔리드 레이어의 속성에서 마스크가 생성된 것을 확인할 수 있습니다.

> 하나의 레이어에 겹쳐있는 2개의 원형 마스크에서 겹쳐있는 부분만을 나타나도록 해 봅니다.

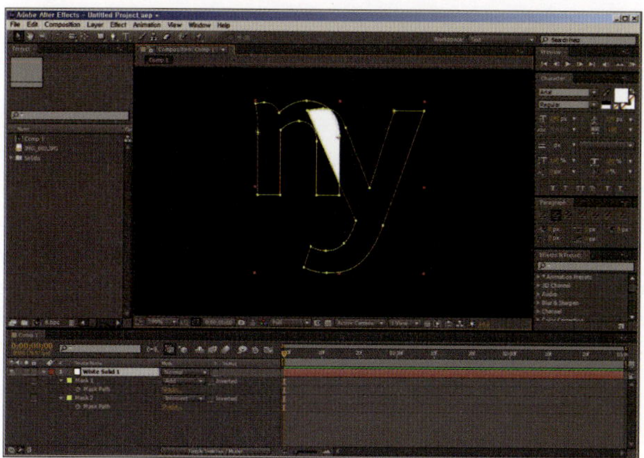

HINT

1. [Layer]—[New]—[Solid](**Ctrl** + **Y**) 메뉴를 클릭해 솔리드 레이어를 만듭니다.

2. [Timeline] 패널에서 솔리드 레이어를 선택하고 [원형 툴]( )을 사용해 겹쳐있는 원형의 마스크를 2개 만듭니다.

3. 솔리드 레이어의 마스크 속성에서 두 번째 만들어진 마스크를 선택합니다.

4. 두 번째 만들어진 마스크 모드에서 'Intersect'를 선택하면 겹쳐있는 부분만 나타나는 차집합이 됩니다.

05

카메라와
라이트 사용하기

애프터 이펙트에서는 2D 레이어를 3D 레이어로 변경하여 공간을 갖도록 설정합니다. 이때 3D 레이어와 함께 사용되는 카메라와 라이트를 설치하여 공간감을 증대 시킬 수 있습니다. 기존 2D 레이어에 없는 속성이 3D 레이어에 생성되며 속성의 제어를 통해 다양한 변화를 만들 수 있습니다.

3D 공간의 카메라, 그리고 라이트

2D 레이어에서 3D 레이어로 변경하게 되면 Z축이 추가되며, Z축의 추가에 따른 다양한 변화를 이해하도록 합니다. 3D 공간에 카메라와 라이트를 설치하고 각각의 속성에 대한 내용을 알아보도록 합니다.

기초탄탄 ▶ 3D 공간과 3D 레이어 이해하기

■ 3D 공간의 이해

지금까지 평면적인 디자인을 통해 애프터 이펙트를 사용하는 방법에 대해 알아보았습니다. 평면에서 제작할 수 있는 디자인은 한계가 있어 3D 공간을 사용해 한단계 진보된 영상을 제작해보도록 하겠습니다. 2D 개념에서 3D 개념으로 접어들게 되면 많은 혼동이 있을 수 있습니다. 그러나 2D 레이어와 동일하게 생각하고 단지 깊이를 만들어 주는 축이 하나 더 있다고 생각하면 됩니다. 물론 3D 프로그램을 다뤄 보았다면 더욱 쉽게 이번 장을 이해할 수 있습니다. 애프터 이펙트는 3D보다 렌더링과 프리뷰 시간이 훨씬 적게 소요되므로 작업하는데 많은 시간을 절약할 수 있습니다.

3D 공간은 우리가 현실 세계에서 볼 수 있는 부피를 가진 공간 체계를 말합니다. 일반적으로 사용하는 X축과 Y축을 가지고 있는 것이 평면이며, 여기에 추가적으로 Z축을 가지고 화면에서 멀어지는 방향을 나타내는 것이 3D입니다. 이렇게 오브젝트가 공간을 가지고 멀어지거나 가까워지는 공간을 표현할 수 있는 것이 3D입니다. 지금부터 Z축을 포함하는 3D 레이어를 애프터 이펙트에서 어떻게 사용하고 3D 레이어로 변환되었을 때 그에 따르는 다양한 옵션들을 알아보도록 하겠습니다.

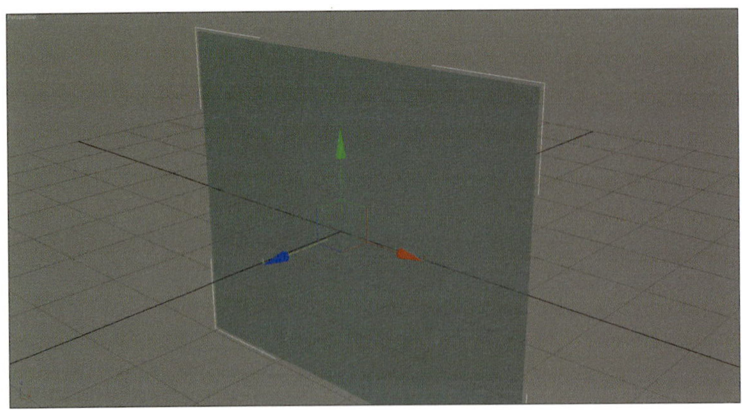

▲ 3D 응용 프로그램의 Perspective View

■ 2D 레이어를 3D 레이어로 변환하기

애프터 이펙트는 X축과 Y축을 기본으로 하고 있으며 추가적으로 Z축을 생성하여 3D 레이어를 만들 수 있습니다. 3D 공간을 활용해 오브젝트를 만들고, 카메라와 라이트를 함께 사용해 더욱 효과적인 작업이 가능합니다.

애프터 이펙트는 모션 그래픽과 합성 전문 프로그램으로 3D 프로그램처럼 오브젝트를 직접 제작하여 사용할 수는 없습니다. 그러나 3D 프로그램처럼 카메라와 라이트, 키프레임의 설정으로 애니메이션을 만들 수 있습니다.

애프터 이펙트는 기본적으로 2D 레이어를 사용해 모든 작업을 진행하며, 레이어를 3D 레이어로 사용하기 위해서는 먼저 3D 레이어로 전환하고 사용해야 합니다. 이 명령을 적용함으로써 여러 가지 옵션에 변화를 가져옵니다. 레이어 자체가 가지고 있는 평면적인 속성은 그대로 유지되지만 기준점, 위치, 방향, 회전, 질감에 대한 옵션 등의 추가적인 속성들이 생깁니다.

2D 레이어를 3D 레이어로 변환하는 방법

• [Timeline] 패널에서 레이어의 오른쪽에 있는 [3D Layer](⬢)를 체크함으로써 3D 레이어로 간단하게 설정할 수 있습니다.

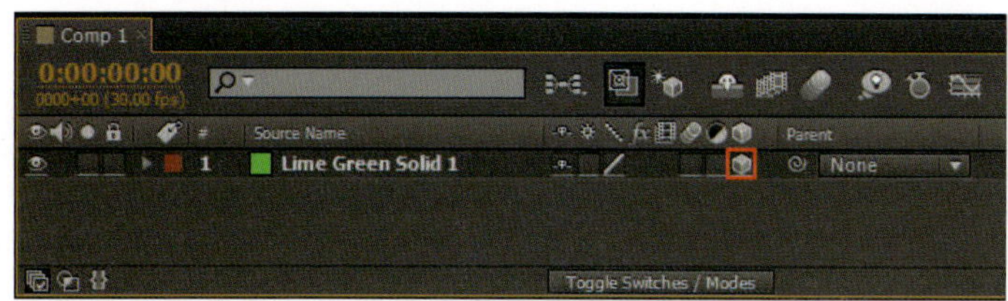

• [Composition] 패널에서 3D 레이어로 전환할 레이어를 선택하고 마우스 오른쪽 버튼을 클릭하고 '3D Layer'를 선택하여 설정할 수 있습니다.

• [Layer]–[3D Layer] 메뉴를 클릭해 3D 레이어로 전환할 수 있습니다. 다시 원래의 2D 레이어로 만들기 위해서는 3D 레이어로 전환한 방법을 다시 반복하면 됩니다.

2D 레이어가 Z축을 포함하는 3D 레이어로 전환되면 레이어의 속성이 달라집니다. 다음은 레이어의 속성이 변함에 따라 나타나는 변화입니다.

01. X와 Y축에 대한 속성만을 가지고 있던 2D 레이어가 Z축을 갖는 3D 속성으로 바뀝니다. [Anchor Point], [Position], [Scale], [Rotation]의 Z축이 생성되고, [Rotation]에 추가적으로 [Orientation]이라는 속성이 만들어지게 됩니다. 3D 레이어의 [Transform]에 추가된 Z축 이외에 [Material Options]이라는 속성을 갖게 됩니다. [Material Options]은 라이트와 그림자, 재질 등에 대한 설정을 변경할 수 있는 옵션들로 구성되어 있습니다.

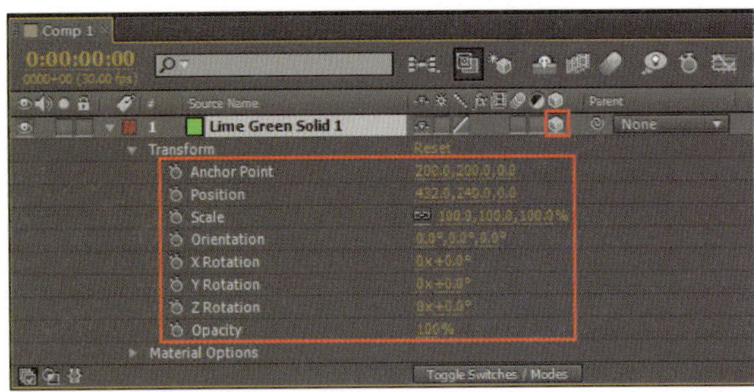
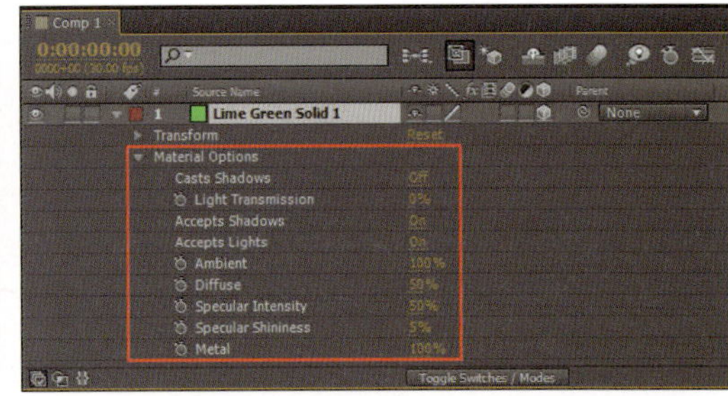

02. 2D 레이어를 3D 레이어로 설정하게 되면 Z축이 만들어지는데 레이어에서 어떻게 축들이 존재하는지 알아보겠습니다. 레이어의 축은 [Composition] 패널에서 확인할 수 있으며, 녹색의 화살표는 Y축을, 빨간색은 X축을, 파란색은 Z축을 나타냅니다. 각각의 축은 레이어를 회전하거나 위치를 변화 시킬 때 사용되며, 축에 대한 이해를 정확히 해야 어떠한 축을 이용해 작업을 할 것인지 알 수 있습니다.

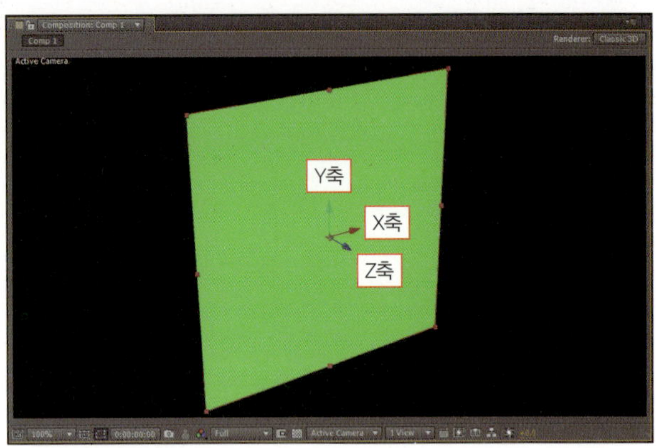

03. [Composition] 패널에서 축이 어떤 것인지 모를 때 툴 상자에서 [선택 툴]( )을 선택하고 레이어의 축에 마우스를 가져가면 어떠한 축인지 알 수 있도록 이름이 나타납니다. 다음과 같이 붉은색 위로 마우스를 위치하면 축의 이름이 마우스의 오른쪽에 나타납니다. 다른 축도 마찬가지로 이름이 나타납니다. [선택 툴]( )로 하나의 축을 잡고 이동할 때 Shift 를 누르고 움직이면 레이어를 더욱 빠르게 움직이도록 합니다.

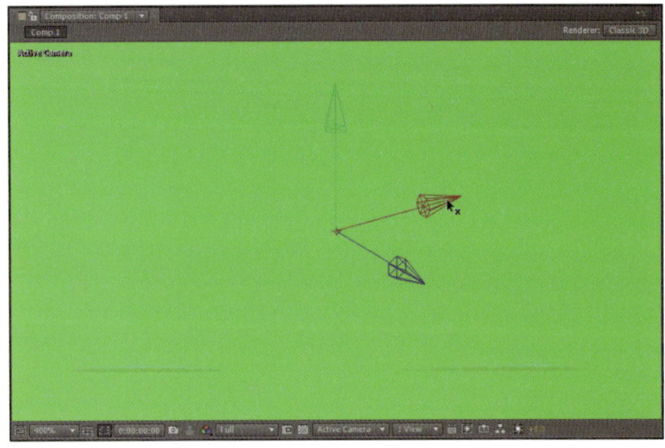

04. 툴 박스에서 [회전 툴]( )을 선택하고 축 위에 위치시키면 어떠한 축을 회전시킬 것인가에 대한 이름이 나타나게 됩니다. 레이어를 회전시켜 보면 축에 따라 회전하는 방향이 다르게 나타납니다. [회전 툴]( )로 레이어를 회전할 때 **Shift** 를 누르고 회전하면 45°로 레이어가 회전됩니다.

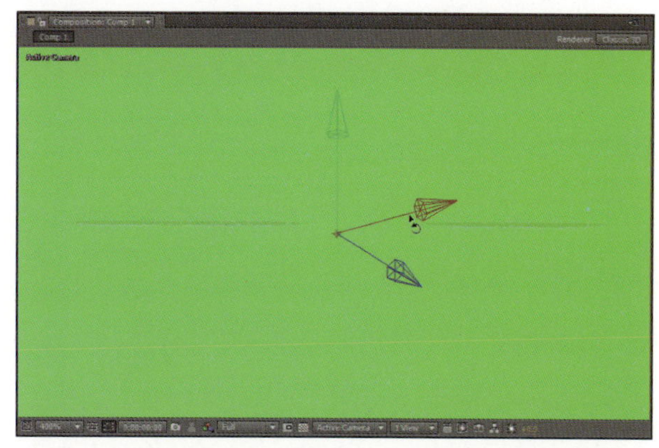

05. [Composition] 패널에서 절대축에 대한 정보가 나타나도록 하기 위해서는 [Composition] 패널의 왼쪽 아래에 있는 [Grid and Guide]( )를 클릭해 '3D Reference Axes'를 선택하면 [Composition] 패널의 왼쪽 아래에 절대 축에 대한 정보가 나타납니다.

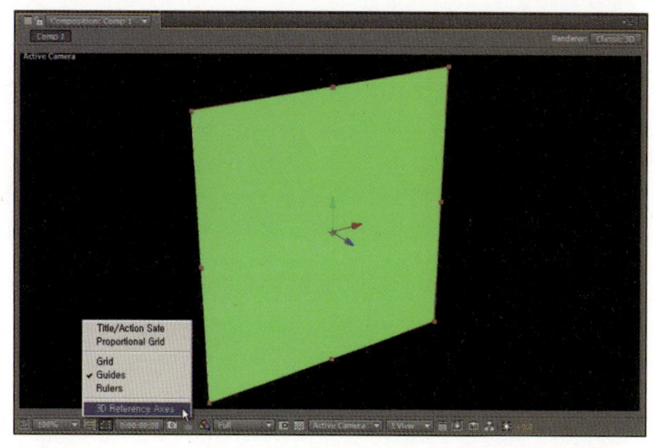

06. 툴 박스에서 [중심 이동 툴]( )를 선택하고 레이어의 중심축을 움직일 수 있습니다. 이것은 2D 레이어를 사용하는 것과 동일하게 적용되며, 앵커 포인트를 잡고 원하는 위치로 드래그해 축의 중심을 이동합니다.

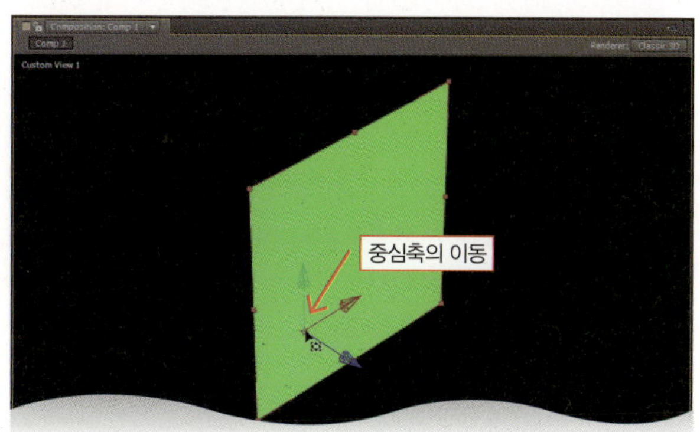

07. [Timeline] 패널에서 [Wireframe Interactions]( )가 해지되어 있으면 마우스로 레이어를 이동하는 동안 레이어의 움직임이 있는 중간은 와이어 프레임으로 나타나게 되어 컴퓨터의 프리뷰 계산 시간을 줄여 더욱 가볍게 작업을 진행할 수 있습니다.

> **T I P** : [Wireframe Interactions]( )을 체크하면 레이어의 이동 경로가 모두 프리뷰됩니다. 기본적으로 아이콘이 체크되어 있으며 특별한 경우를 제외하고는 그대로 사용합니다.

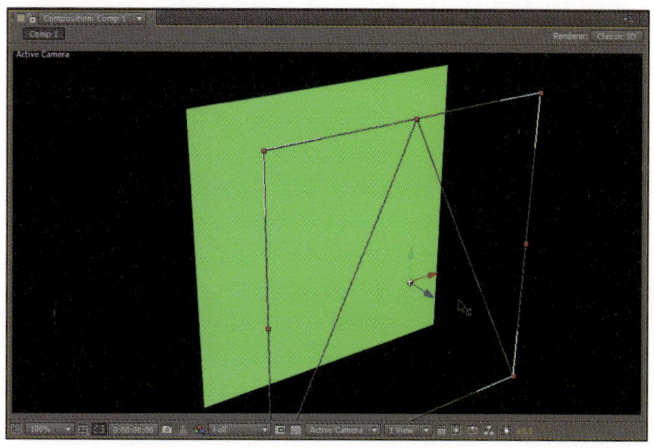

[Timeline] 패널에서 2D 레이어가 3D 레이어로 변환되면 레이어의 기본적인 속성이 바뀌게 됩니다. 3D 레이어로 바뀌면서 Z축의 속성이 추가되면 어떠한 옵션들이 추가적으로 생성되는지 알아보도록 하겠습니다.

■ Z축의 속성

• Anchor Point : 앵커 포인트는 레이어의 중심 포인트로 Z축이 추가되며, 앵커 포인트를 X, Y, Z축으로 이동하거나, 레이어를 회전할 수 있습니다. 범위는 0을 중심으로 '−' 수치와 '+' 수치로 적용이 가능합니다.

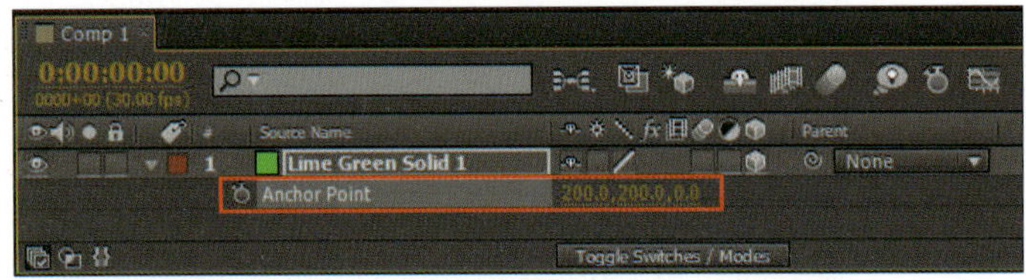

• Position : 레이어에 Z축이 추가되어 앞에서 뒤로 이동이 가능하게 됩니다. 이것은 마치 크기가 작아지는 것과 같이 느껴지지만 이것은 물체가 뒤로 이동하는 움직임을 만들어 줍니다. 다음은 'Top View'에서 바라본 화면으로 Z축을 드래그하면 뒤로 이동하는 움직임을 만들 수 있습니다.

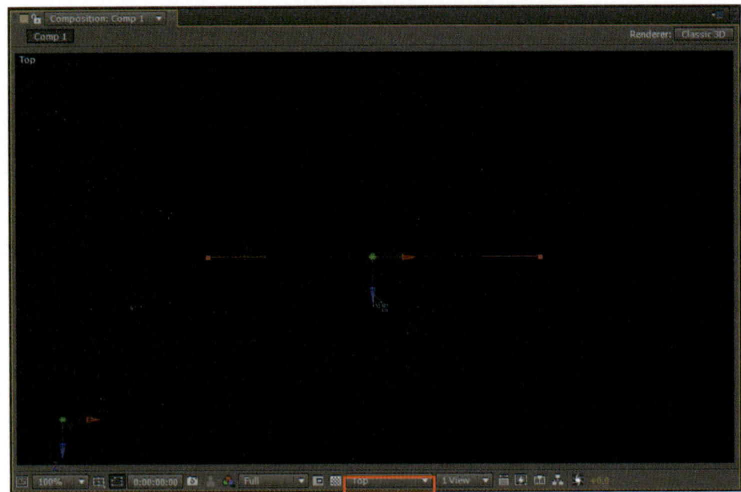

- Scale : 2D 레이어가 3D 레이어로 변환되면서 크기에도 Z축이 추가됩니다. Z축은 자체적으로 두께를 지니고 있지 않으며, Z축의 수치가 변해도 두께가 변하지는 않습니다. 컴포지션 설정의 [Advanced] 탭에서 3D 모드가 Classic 3D일 경우 두께가 없고, Ray-traced 3D로 변환되면 두께 설정이 가능합니다.

- Orientation/Rotation : 회전에 대한 2가지 속성은 모두 레이어를 회전시키는 기능을 가지고 있습니다. 먼저 [Composition] 패널의 왼쪽 아래의 [Grid And Guides](囯)에서 '3D Reference Axes'를 선택하면 [Composition] 패널의 왼쪽 아래에 참고할 수 있는 기본 X, Y, Z축이 나타납니다. Orientation은 참고하는 절대축을 이용하여 선택된 레이어를 회전시키고, Rotation은 선택된 레이어의 축을 중심으로 회전합니다. 이것은 레이어를 원하는 방향으로 회전시키기 위해 선택적으로 사용할 수 있으며, 2D 레이어는 축이 없기 때문에 이러한 옵션이 필요하지 않습니다.

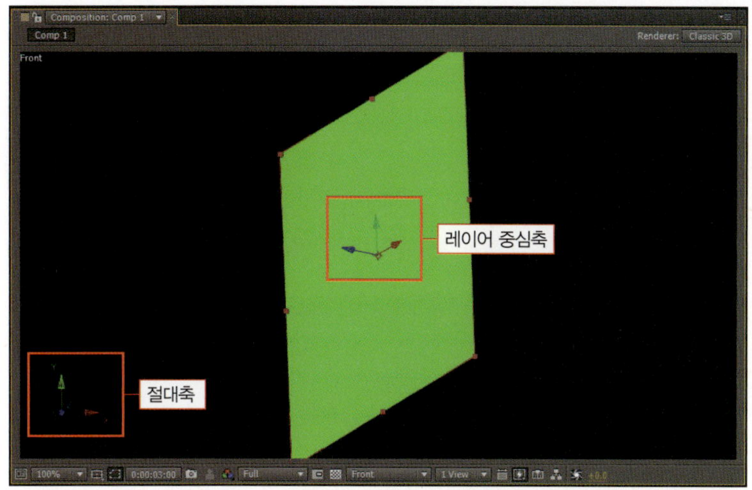

- Opacity : 불투명도는 변화된 내용이 없으며 2D 레이어의 사용과 동일하게 사용됩니다.

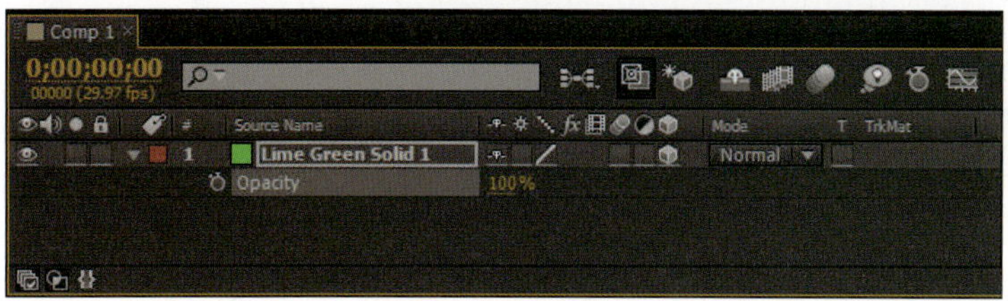

축 모드(Axes Mode)는 3D 레이어에서 변형할 축의 기준을 결정합니다. [Timeline] 패널에서 3D 레이어가 하나 이상 존재하면 툴 박스에서 활성으로 바뀝니다.

■ 툴 박스의 축 모드 살펴보기

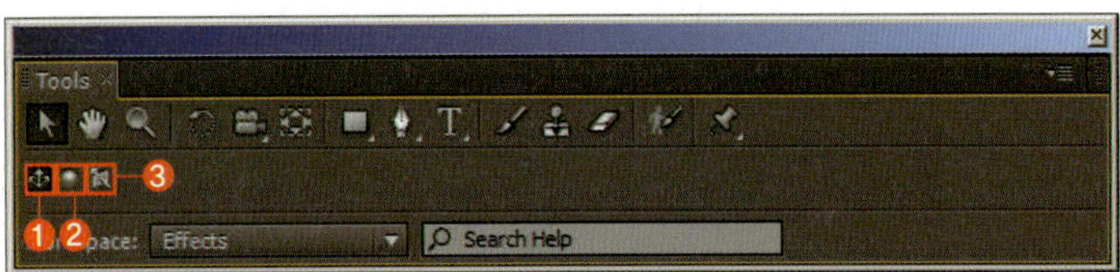

❶ Local Axis Mode : 3D 레이어의 표면에 따라 축을 정렬하며, 축을 기준으로 레이어를 변형합니다.

❷ World Axis Mode : X, Y, Z 각각의 축이 'Front View'를 기준으로 설정되어 있으므로 레이어를 회전하거나 이동해도 축의 방향은 항상 동일합니다. 절대 좌표를 축으로 레이어를 변형합니다. [Composition] 패널에서 '3D Reference Axes'를 선택하면 왼쪽에 절대축에 대해 참고할 수 있는 축 아이콘이 생성됩니다.

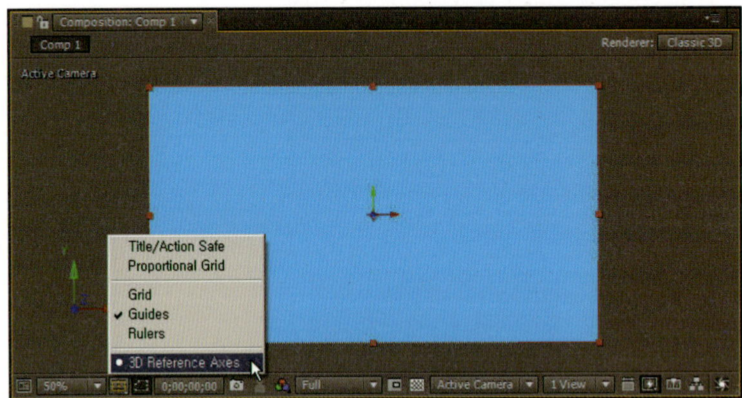

❸ View Axis Mode : [Composition] 패널에서 선택한 뷰에 따라 축을 정렬합니다. 레이어에 발생하는 모든 변형은 사용자가 레이어를 바라보는 방향에 해당하는 축을 따라 이루어집니다.

라이트는 [Timeline] 패널에서 하나의 레이어로 존재하며, [Composition] 패널에서는 다른 레이어에 빛을 비추는 오브젝트로 존재합니다. 애프터 이펙트에서 사용하는 라이트는 4개가 있으며 상황에 따라 선택적으로 사용이 가능합니다. 라이트도 다른 레이어와 동일하게 사용되며 [Transform]의 속성에 위치 값을 제어하여 키프레임 애니메이션이 가능합니다.

기초탄탄 ● 라이트와 카메라의 생성 방법 알아보기

■ 라이트의 생성 `308P`

프로젝트에 라이트를 설치하기 위해서는 다양한 방법을 사용할 수 있습니다.

- [Timeline] 패널이나 [Composition] 패널을 선택하고 [Layer]–[New]–[Light](`Ctrl` + `Alt` + `Shift` + `L`) 메뉴를 클릭하면 라이트를 설치할 수 있습니다.

- [Timeline] 패널이나 [Composition] 패널에서 마우스 오른쪽 버튼을 클릭하고 'New'–'Light'를 선택하여 라이트를 설치할 수 있습니다.

- 단축키 `Ctrl` + `Alt` + `Shift` + `L`를 눌러 새로운 라이트를 추가할 수 있습니다.

■ **공간에 사용하는 카메라의 생성** `311P`

카메라는 2D 레이어에서는 사용할 수 없으며 3D 레이어가 하나 이상 존재해야 사용이 가능합니다. [Timeline] 패널에 카메라를 설치하면 카메라를 이용해 3D 레이어 공간을 자유롭게 움직이며 다양한 형태의 애니메이션을 만들 수 있습니다. 여러 개의 오브젝트를 움직여 장면을 만드는 것보다 카메라를 움직여 다양한 장면을 만드는 경우가 간편한 경우가 많습니다.

• 카메라는 [Timeline] 패널에서 다른 레이어와 동일한 레이어로 존재하며, [Composition] 패널에서는 카메라 모양으로 나타나게 됩니다. 카메라를 설치하기 위해서는 [Layer]-[New]-[Camera](**Ctrl** + **Alt** + **Shift** + **C**) 메뉴를 클릭하여 [Timeline] 패널에 만드는 방법과 [Timeline] 패널이나 [Composition] 패널에서 마우스 오른쪽 버튼을 클릭하여 'New'-'Camera'를 선택하여 카메라를 설치하는 방법이 있습니다.

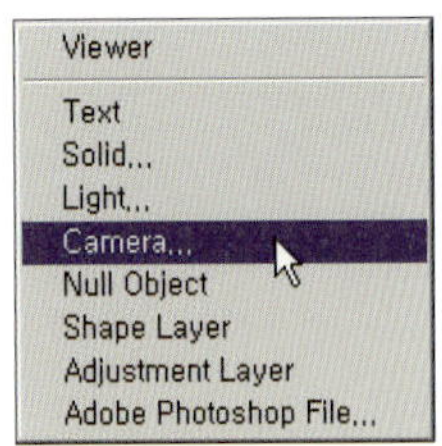

TIP : [Timeline] 패널에서 새로운 레이어를 만들 때 새 레이어는 [Timeline] 패널의 시작 부분부터 레이어가 생성됩니다.

• [Timeline] 패널에서 새롭게 만들어지는 레이어가 타임마커가 위치한 시간에서부터 시작하도록 환경설정을 변경할 수 있습니다. [Edit]-[Preferences]-[General]-[Create Layers at Composition Start Time] 메뉴를 클릭하여 해지하면 새로운 레이어가 타임마커가 위치한 현재의 시간에서 시작할 수 있습니다.

• 새로운 카메라를 생성하기 위해 마우스 오른쪽 버튼을 클릭하여 'New'-'Camera'를 선택하면 카메라에 대한 속성을 변경할 수 있는 [Camera Settings] 대화상자가 나타나며, 각각의 수치를 조절해 원하는 형태의 카메라를 만들 수 있습니다.

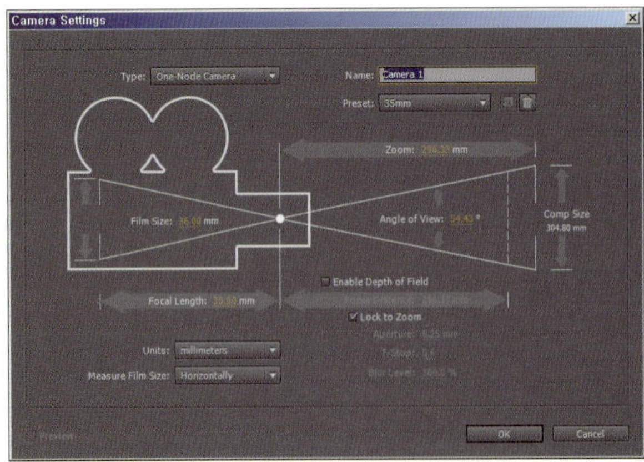

• 카메라에 대한 설정은 처음에 카메라를 만들 때 조절해도 되지만 생성된 카메라를 더블클릭하여 값을 변경하거나, [Timeline] 패널에서 레이어를 선택하고 [Layer]-[Camera Settings](**Ctrl** + **Shift** + **Y**) 메뉴를 클릭하여 변경할 수도 있습니다. 카메라의 설정 값을 키프레임으로 만들고 싶다면 카메라 레이어의 [Camera Options]에서 조절할 수 있습니다. 이미 설정한 초기 카메라 설정을 변경하고 싶다면 카메라 레이어를 더블클릭하여 초기 카메라 옵션을 다시 설정할 수 있습니다.

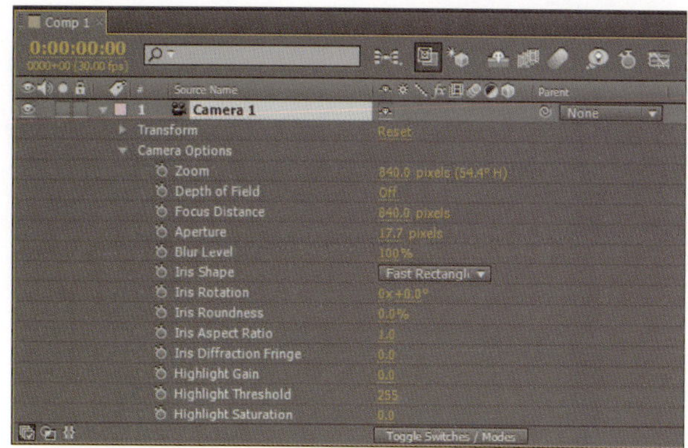

• 새로운 카메라를 설치하게 되면 [Timeline] 패널에 하나의 레이어로 존재하고, [Composition] 패널에는 카메라 모양의 오브젝트가 나타나게 됩니다. 카메라는 카메라의 몸체와 카메라가 화면을 담아내는 장면의 프레임 그리고 카메라가 바라보는 중심 포인트로 구성되어 있습니다. 물론 카메라도 다른 레이어와 동일하게 키프레임 애니메이션이 가능하며 X, Y, Z축을 가지고 있습니다.

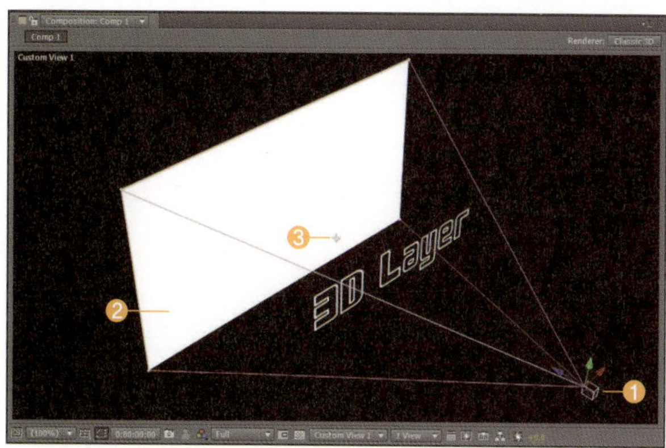

❶ 카메라 ❷ 프레임 ❸ 중앙 포인트(Point of Interest)

애프터 이펙트에서 라이트는 3D 레이어에서 사용이 가능하며 2D 레이어에는 적용되지 않습니다.

예제 파일 | CD\Part 05\016_Example Project의 Fence 컴포지션

■ 라이트 기본 옵션 살펴보기

예제 프로젝트에서 'Fence' 컴포지션을 확인합니다. [Layer]-[New]-[Light](**Ctrl** + **Alt** + **Shift** +**L**) 메뉴를 클릭하면 [Light Settings] 대화상자가 나타납니다. 라이트의 설정에는 라이트의 종류와 빛의 강도, 각도, 부드럽기, 그림자 등의 여러 옵션을 설정하는 부분이 있으며, 라이트의 종류에 따라 나타나는 옵션도 다릅니다.

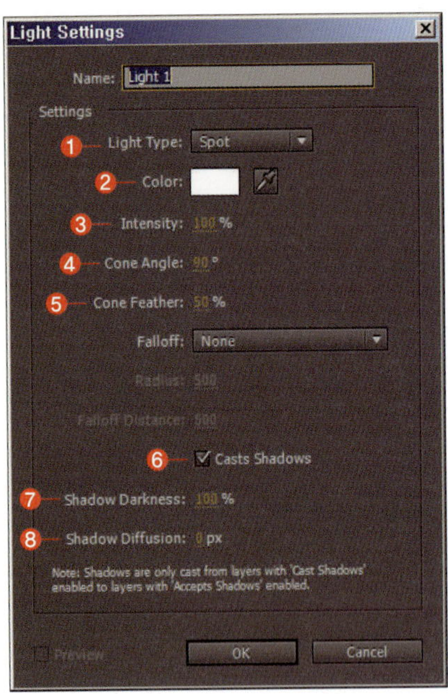

❶ Light Type : 라이트의 종류를 설정하며 4가지 종류가 있습니다. 라이트를 적용하고 다른 종류의 라이트로 변경하고 싶다면 언제든지 다른 라이트로 변경하여 사용할 수 있습니다. 컴포지션에서 사용되는 각각의 라이트는 다음과 같은 특성을 가지고 있습니다.

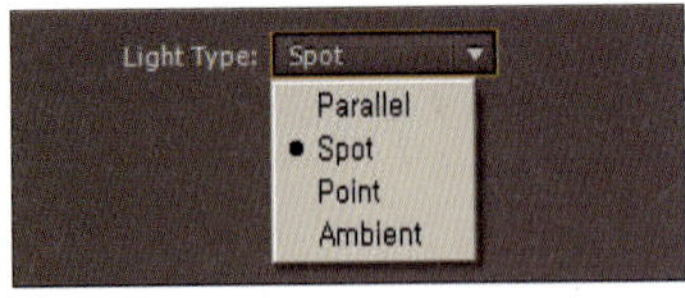

- Parallel : 일정한 방향을 유지하고 멀리서 한 방향으로 빛을 비춥니다. 'Parallel'과 'Spot'에는 'Point of Interest'가 있어 빛의 방향을 움직이며 제어가 가능합니다.
- Spot : 연극할 때 배우를 비출 때 사용하는 라이트처럼 특정한 영역을 집중적으로 비추고자 할 때 사용합니다. 다른 라이트에 비해 많은 속성을 가지고 있습니다.
- Point : 라이트가 생성된 위치를 중심으로 사방으로 빛을 발산하며 한 방향을 지향하지 않습니다.
- Ambient : 4개의 라이트 중 옵션이 가장 적으며, 한 방향을 지향하지 않고 전체에 일정한 빛을 비

추는 환경광입니다. 환경광은 [Timeline] 패널에는 레이어로 존재하지만 [Composition] 패널에는
라이트가 나타나지 않습니다.

❷ Color : 라이트가 오브젝트를 어떠한 색상의 빛으로 비출 것인가를 결정합니다. 클릭하여 라이트의 색
상을 변경할 수 있습니다.

❸ Intensity : 빛의 밝은 정도를 설정합니다. 빛의 강도에 따라 색상의 밝기가 달라집니다.

❹ Cone Angle : 'Spot'에서만 활성이 되며, 라이트에 앵글을 가지고 있는 것은 'Spot' 밖에 없습니다.
[Cone Angle]은 라이트가 오브젝트를 비출 때 빛의 각도를 말합니다. 수치를 높일수록 각도가 커지
고 영향을 주는 면적이 넓어집니다.

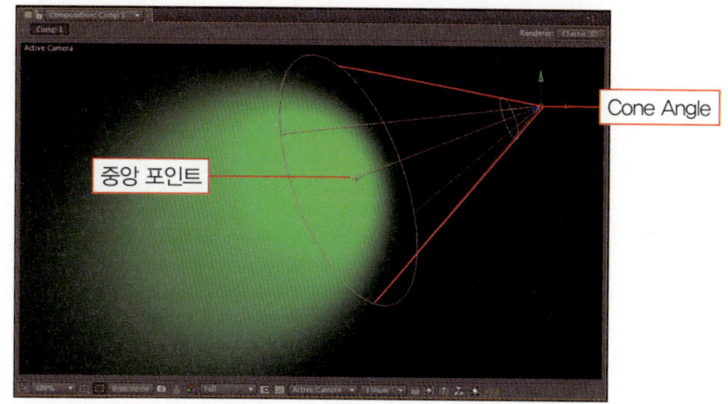

❺ Cone Feather : [Cone Angle]과 마찬가지로 'Spot'에서만 활성되며, 레이어에 빛이 닿았을 때 밝은 부
분과 어두운 부분의 경계 부분을 어떻게 처리할 것인가에 대한 옵션입니다. 라이트의 에지 부분의 부
드러운 정도를 설정할 수 있습니다. 수치가 높을수록 에지 부분이 부드럽게 처리됩니다. 빛이 비추고
있는 레이어의 영역이 부드럽게 나타나거나 선명하게 나타나게 할 수 있습니다.

▲ Cone Feather : 0%

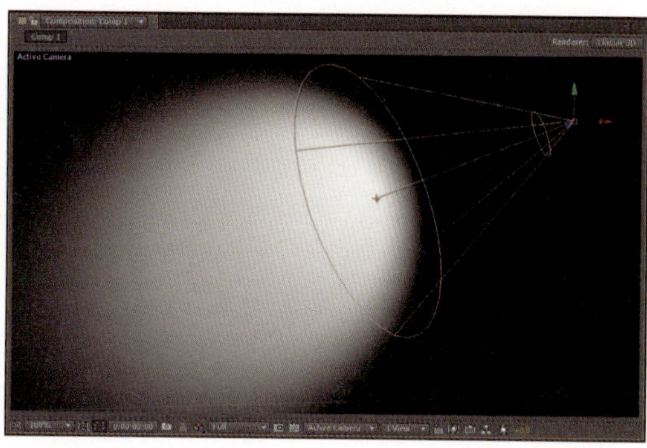

▲ Cone Feather : 50%

❻ Casts Shadows : 라이트가 레이어에 비출 때 라이트에 의해 레이어의 그림자가 생성될 것인지를 결정하는 옵션으로 체크되어 있어야 라이트에 의해 그림자가 생성됩니다. 그림자가 라이트에 의해 생성되도록 설정을 했어도 그림자를 만들고자 하는 레이어의 [Material Options]에서 [Casts Shadows]를 'On'으로 설정하지 않으면 그림자는 생성되지 않습니다.

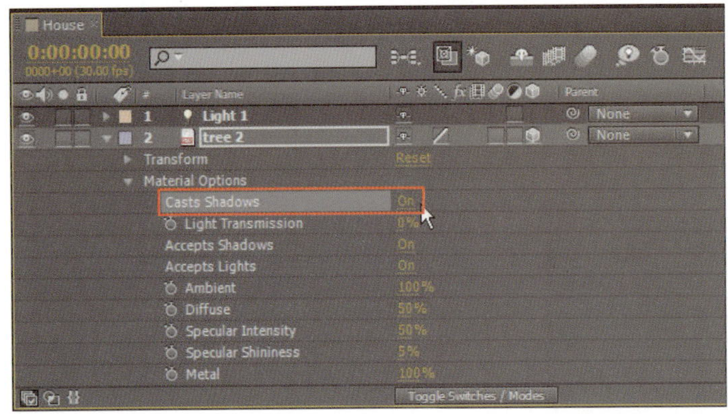

❼ Shadow Darkness : 그림자가 레이어에 생성될 때 얼마나 어두운 상태로 그림자가 나타날 것인가를 결정합니다. 이것 또한 그림자에 대한 옵션이므로 'Casts Shadows'가 체크되어 있어야 활성이 됩니다.

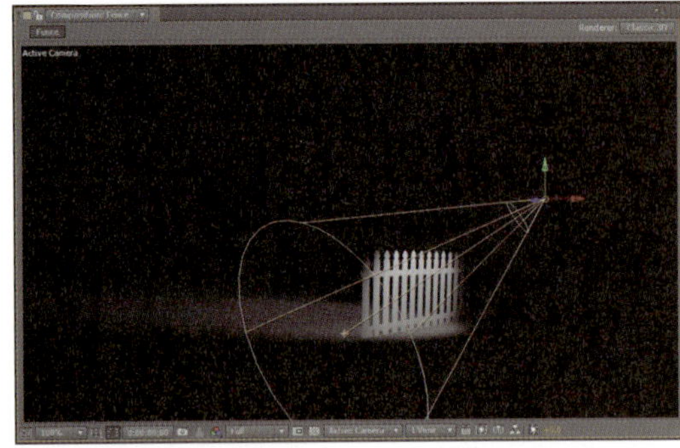

▲ Shadow Darkness : 20%　　　　　　▲ Shadow Darkness : 70%

❽ Shadow Diffusion : 라이트에 의해 그림자가 다른 레이어에 생성되었을 때 그림자의 에지 부분을 선명하게 하거나 부드럽게 처리하도록 합니다.

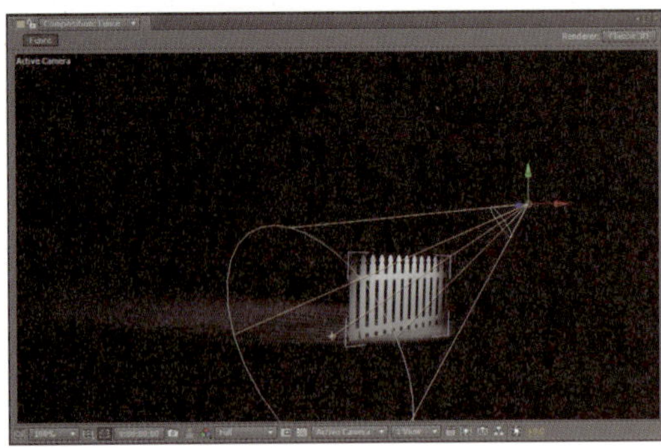
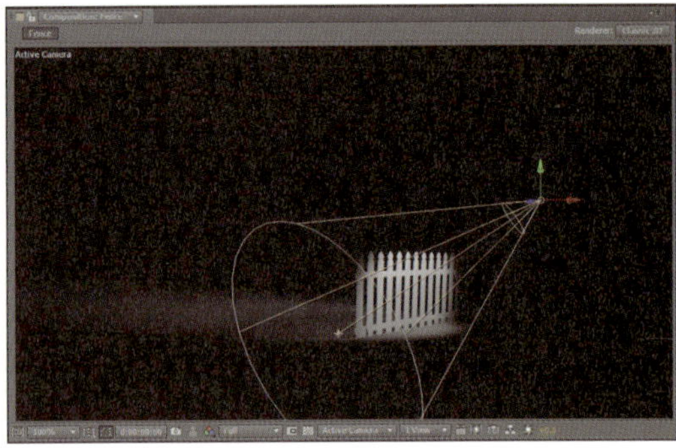

▲ Shadow Diffusion : 10%　　　　　　▲ Shadow Diffusion : 30%

애프터 이펙트의 카메라는 기본 렌즈와 망원 렌즈, 광각 렌즈 등의 렌즈를 포함하고 있어 용도에 따라 렌즈를 선택적으로 사용할 수 있습니다.

01. 카메라 렌즈는 [Layer]–[New]–[Camera] (**Ctrl** + **Alt** + **Shift** + **C**) 메뉴를 클릭해 나타나는 [Camera Settings] 대화상자의 [Preset]에서 선택할 수 있으며 렌즈의 기본 값은 '50mm'로 설정되어 있습니다.

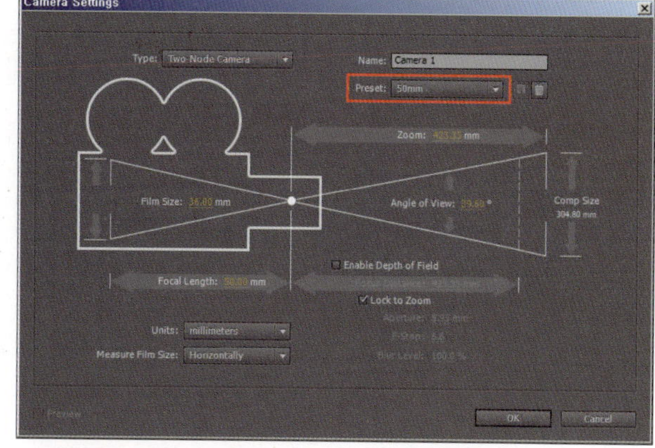

연관검색 [Camera Settings] 대화상자의 자세한 기능은 317P의 내용을 참고하세요.

02. 애프터 이펙트에서 사용되는 카메라 렌즈는 50mm 이외에도 15mm, 20mm, 24mm, 28mm, 35mm, 80mm, 135mm, 200mm 등의 렌즈가 있으며, 카메라 렌즈는 Focal Length(초점거리)에 따라 변화합니다. 카메라는 Null 오브젝트나 라이트와 마찬가지로 [Composition] 패널에 존재하지만 렌더링할 때는 나타나지 않습니다.

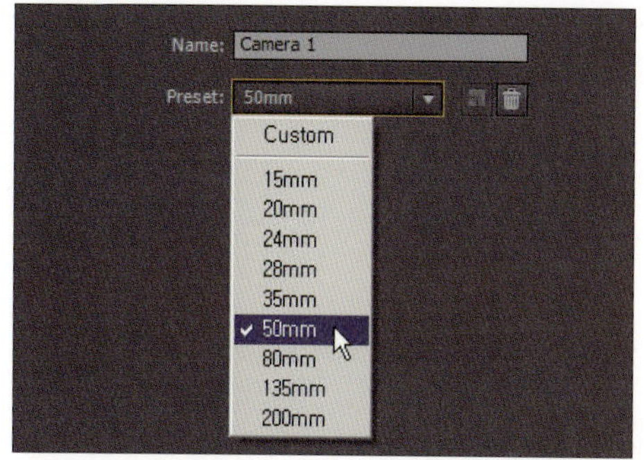

03. 표준 렌즈는 초점거리가 35mm, 50mm인 렌즈를 말하며, 표준 렌즈라고 부르는 이유는 초점거리 50mm에서 보이는 화상이 사람의 시야와 가장 근접한 이미지를 만들어 주기 때문입니다. 표준 렌즈를 기준으로 초점거리가 길어지게 되면 망원 렌즈가 되고 짧으면 광각 렌즈가 됩니다.

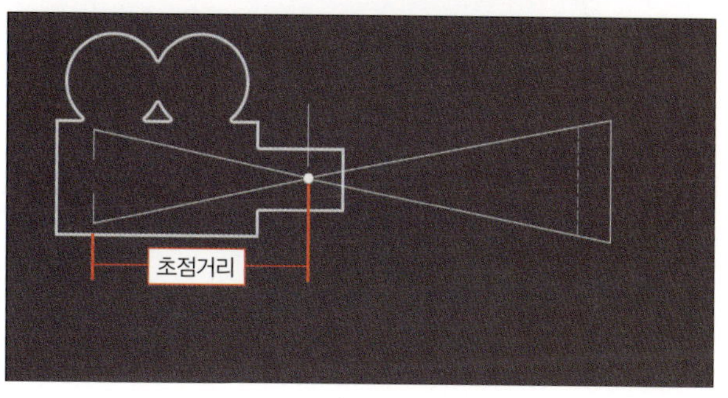

04. 광각 렌즈는 표준 렌즈보다 초점거리가 짧은 렌즈를 말하며 표준 렌즈보다 화상은 작아지게 되고 화각은 넓어지게 되며 원근감이 과장되게 표현되고 피사계 심도는 깊어지게 되는 것이 특징입니다. 광각 렌즈에서는 원근감이 강조되어 표현되기 때문에 피사체가 조금만 앞쪽에 있으면 크게 확대되어 보이고 반대로 조금만 뒤쪽에 있어도 작아 보이게 됩니다. 이런 현상은 특히 초점거리가 짧아질수록 심해지는데 흔히 말하는 광각시의 왜곡 현상이 바로 이런 이유로 발생하게 되는 것입니다. 광각 렌즈를 이용하면 화각이 넓고 전체적으로 초점이 잘 맞기 때문에 상당히 시원스럽고 경쾌한 느낌을 만들어 냅니다. 다음은 동일한 조건에서 카메라의 렌즈만 바꿔 사용한 것입니다.

▲ 35mm 표준 렌즈

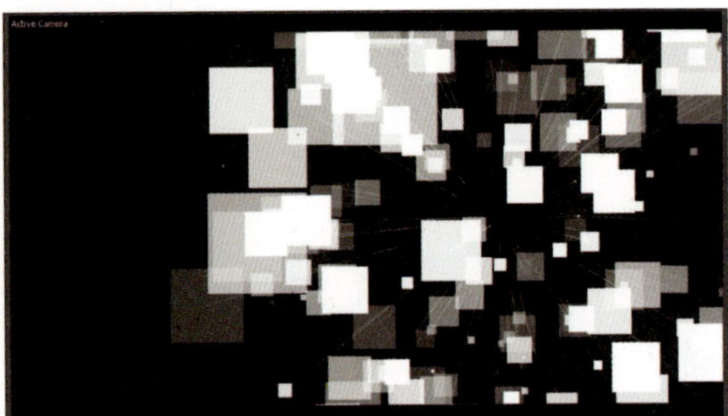

▲ 22mm 광각 렌즈

05. 망원 렌즈는 표준 렌즈보다 초점거리가 긴 렌즈이며 일반적으로 70mm 이상의 초점거리를 가진 렌즈를 말합니다. 망원 렌즈를 사용하게 되면 화상은 커지게 되고 화각은 작아지며 원근감의 표현은 잘 나타나지 않게 되고 피사계 심도는 얕아집니다. 망원 렌즈로 피사체에 초점을 맞추게 되면 배경은 초점이 맞지 않고 흐려진 상태로 나타나게 됩니다.

15mm, 20mm, 24mm, 28mm	35, 50mm	80mm, 135mm, 200mm
광각 렌즈	표준 렌즈	망원 렌즈

최종 작업의 결과물이 나타나는 부분으로 카메라의 움직임이나 방향에 따라 다양한 느낌의 결과물을 만들 수 있습니다.

■ 카메라의 타입

[Camera Settings] 대화상자의 [Type]에는 'One-Node Camera'와 'Two-Node Camera'가 있습니다.

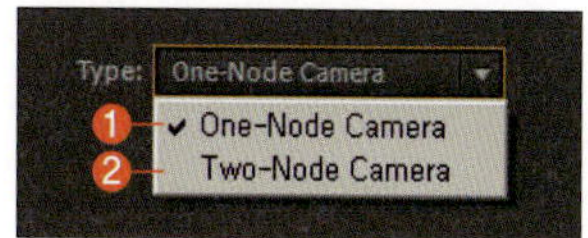

❶ One-Node Camera : 그 자체가 카메라 방향의 기준이 됩니다.
❷ Two-Node Camera : 중앙 포인트를 기준으로 카메라 방향을 설정합니다. 카메라를 'Two-Node Camera'로 설정하는 것은 카메라의 Auto Orientation 설정에서 'Orient Towards Point of Interest'를 선택하는 것과 같습니다.

■ 방향 설정

'방향 설정(Auto-Orient)'은 카메라, 라이트, 레이어의 움직임에 대한 패스, 프레임 및 카메라에 따라 레이어의 방향이 설정되는 방식을 설정합니다. 레이어 및 카메라, 라이트가 포지션을 가지고 있을 때 바라보는 방향이 패스를 따르도록 설정할 수 있습니다. 일일이 키프레임을 제어하지 않고 자동으로 카메라가 패스의 방향을 바라보도록 설정해 줍니다.

예제 파일 | CD₩Part 05₩ 016_Example Project의 House 컴포지션

01. 예제 프로젝트에서 'House' 컴포지션을 확인합니다. [Composition] 패널에 설정된 레이어와 카메라, 라이트 등을 확인하고, 레이어가 배열된 상태를 확인합니다. [Composition] 패널의 'Top View'와 'Camera View'에서 레이어들의 위치와 카메라의 위치를 확인합니다. 카메라는 시작점에서 끝점으로 이동하는 동안 움직이는 패스가 원형으로 만들어져 있는 것을 확인할 수 있습니다.

▲ Top View(왼쪽)와 Camera View(오른쪽)로 본 [Composition] 패널

02. [Timeline] 패널을 확인해 보면 다음과 같이 3D 레이어로 레이어가 설정되어 있고, 카메라와 라이트가 설치되어 있는 것을 확인할 수 있습니다.

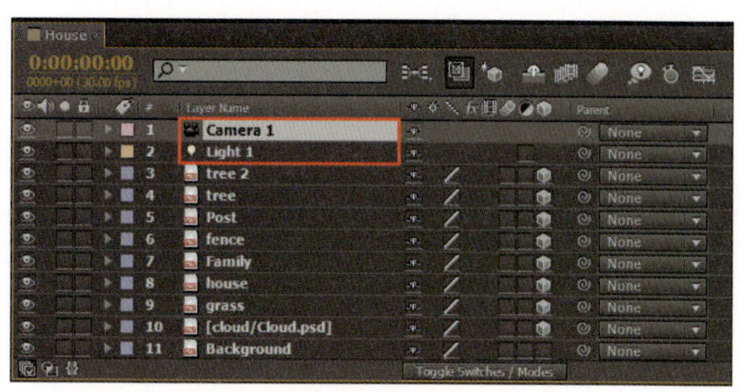

03. [Timeline] 패널에서 타임마커를 이용해 시간대를 움직이며 카메라의 움직임을 확인합니다. 카메라는 중앙 포인트를 바라보고 움직이는 것을 알 수 있습니다. 카메라가 바라보고 있는 고정된 중앙 포인트(Point of Interest)를 없애고 카메라가 정면만을 바라보며 움직일 수 있도록 설정을 바꿔 보겠습니다. 중앙 포인트가 있으면 카메라를 움직일 때 카메라가 지속적으로 포인트를 바라보게 되어 움직임에 제약을 받습니다.

04. 중앙 포인트를 없애기 위해 [Timeline] 패널에서 카메라를 선택하고 [Layer]-[Transform]-[Auto-Orient](**Ctrl** + **Alt** + **O**) 메뉴를 클릭합니다. [Auto-Orientation] 대화상자에서 'Off'를 선택하고 [OK] 단추를 클릭합니다. 카메라와 라이트를 선택했을 때는 다음과 같은 옵션들을 적용할 수 있습니다. 'Off'를 선택하여 중앙 포인트가 나타나지 않도록 설정하면 카메라가 정면을 바라보고 움직이게 됩니다.

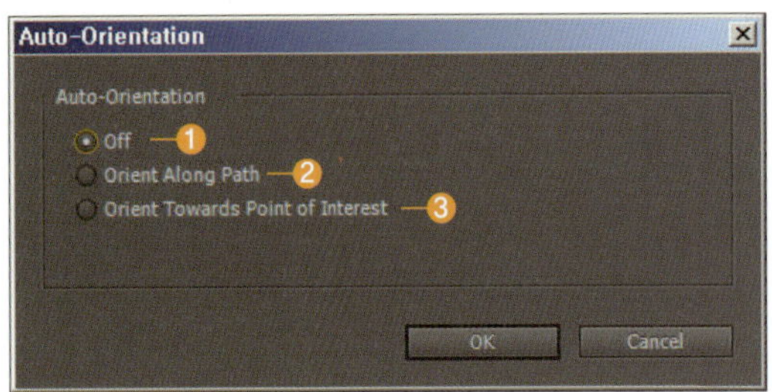

❶ **Off** : [Timeline] 패널의 카메라 옵션에서 중앙 포인트 속성을 없애고, 카메라는 동작 패스, 프레임, 또는 다른 레이어에 상관없이 회전하거나 움직일 수 있습니다.

❷ **Orient Along Path** : 카메라, 또는 라이트의 방향이 움직이는 패스의 방향을 향하도록 지정합니다.

❸ **Orient Towards Point of Interest** : 카메라가 하나의 포인트를 바라보며 이동합니다. 카메라, 또는 라이트가 항상 중앙 포인트를 바라보도록 지정됩니다. 이 옵션은 카메라 및 라이트 이외의 레이어에는 사용할 수 없습니다.

05. 카메라와 라이트 이외의 레이어를 선택하고 [Layer]-[Transform]-[Auto-Orient](**Ctrl** + **Alt** + **O**) 메뉴를 클릭하면 다음과 같이 다른 옵션 2개가 나타납니다.

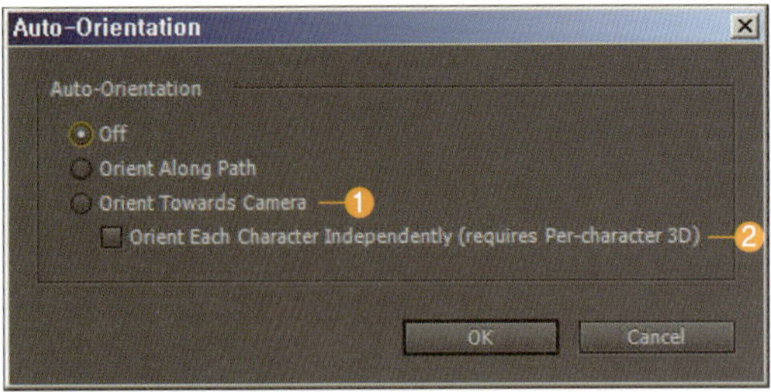

❶ **Orient Towards Camera** : 일반 레이어를 선택하고 'Orient Towards Camera'를 적용하면 적용된 레이어는 [Timeline] 패널에 만들어진 카메라를 바라보도록 설정됩니다. 이 옵션은 3D 레이어에 사용되며 2D 레이어, 카메라, 또는 라이트에는 사용할 수 없습니다.

❷ **Orient Each Character Independently(requires Per-character 3D)** : 레이어의 방향이 항상 [Timeline] 패널에 생성

된 카메라를 향하도록 설정됩니다. [Timeline] 패널에 입력한 2D 텍스트 레이어를 속성에서 3D 텍스트 레이어로 설정하면 적용할 수 있습니다. 텍스트 레이어를 선택하고 레이어의 속성에서 'Animate' 오른쪽의 삼각형 아이콘을 클릭합니다. 메뉴에서 'Enable Per-Character 3D'를 체크하면 2D 텍스트 레이어가 독립적으로 제어할 수 있는 3D 텍스트 레이어로 변경됩니다. 일반적으로 레이어에 적용하는 3D 레이어와 다르게 텍스트 레이어에만 적용할 수 있으며 개별적으로 문자를 제어할 때 사용합니다.

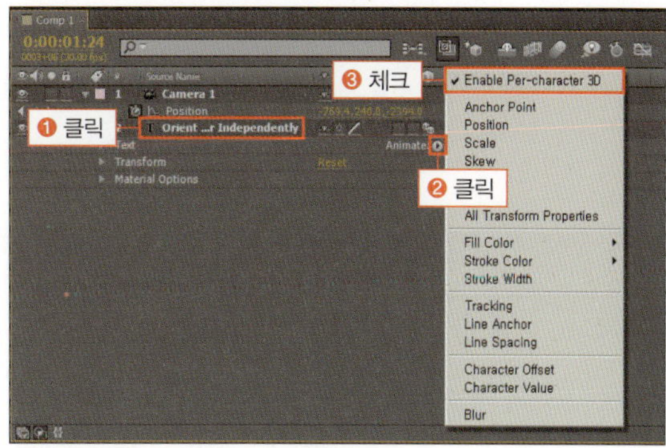

텍스트 레이어에 'Enable Per-Character 3D'가 적용되었을 때 'Orient Each Character Independently'를 적용하면 'Orient Towards Camera'도 함께 선택되며, [Timeline] 패널에 생성되어 있는 카메라를 문자가 개별적으로 바라보도록 지정됩니다.

06. 카메라가 지속적으로 정면만을 바라보지 않고 키프레임의 움직임에 따라 방향이 변경되도록 설정하려면, [Layer]-[Transform]-[Auto-Orient](**Ctrl** + **Alt** + **O**) 메뉴를 클릭하고 [Auto-Orientation] 대화상자에서 'Orient Along Path'를 선택하고 [OK] 단추를 클릭합니다.

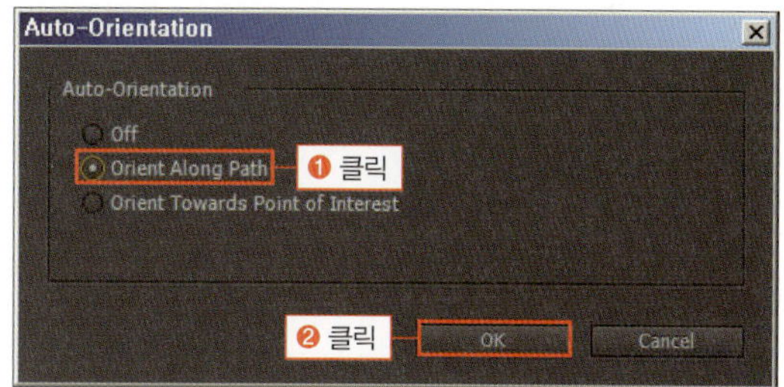

07. [Auto-Orientation] 대화상자에서 'Off'를 선택했을 때와 'Orient Along Path'를 적용했을 때 다음과 같이 카메라가 바라보는 방향이 다른 것을 확인할 수 있습니다. 움직이는 패스의 방향에 따라 카메라가 바라보는 방향도 함께 변화합니다.

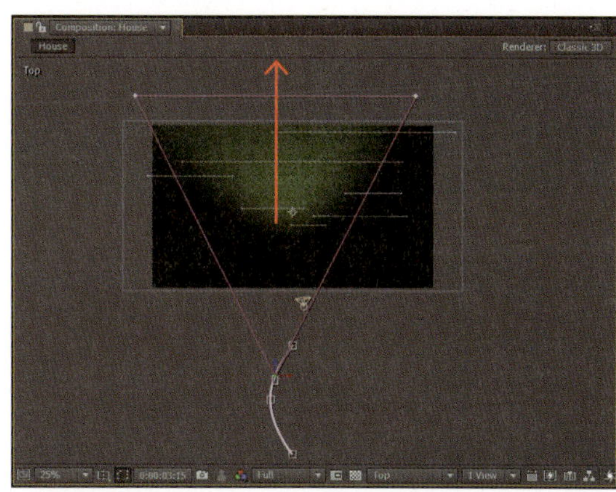

▲ 'Off' 적용 후

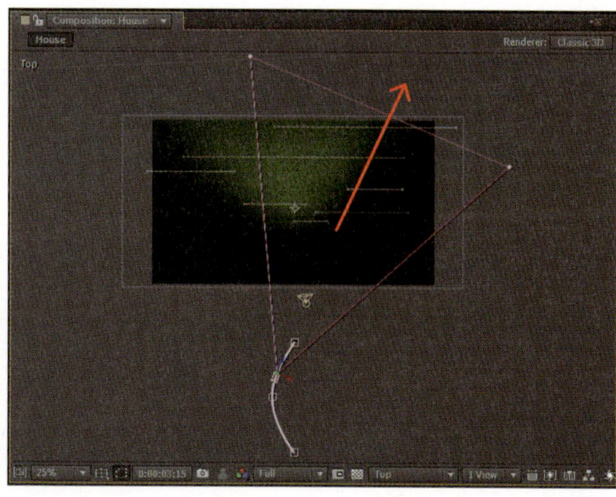

▲ 'Orient Along Path' 적용 후

하나의 포인트를 중심으로 카메라를 움직이고자 할 때는 [Auto-Orientation] 대화상자에서 'Orient Towards Point of Interest'를 선택하면 됩니다. 오브젝트를 중심으로 카메라가 회전하기 위해서는 카메라의 위치 값에 키프레임을 생성하여 움직임을 설정해야 합니다. 이러한 경우 카메라가 바라보고 있는 중앙 포인트를 이용해 움직임을 생성하면 더욱 편리하게 움직임을 생성할 수 있습니다.

예제 파일 | CD\Part 05\ 016_Example Project의 Point 컴포지션　**완성 파일 |** CD\Part 05\016_Example Project의 Point_Final 컴포지션

01. 카메라가 일정하게 회전할 수 있도록 설정하기 위해 예제 프로젝트에서 'Point' 컴포지션을 더블클릭하여 확인합니다. [Composition] 패널에서 프로젝트를 확인하면 다음과 같이 카메라가 중심을 바라보고 있습니다.

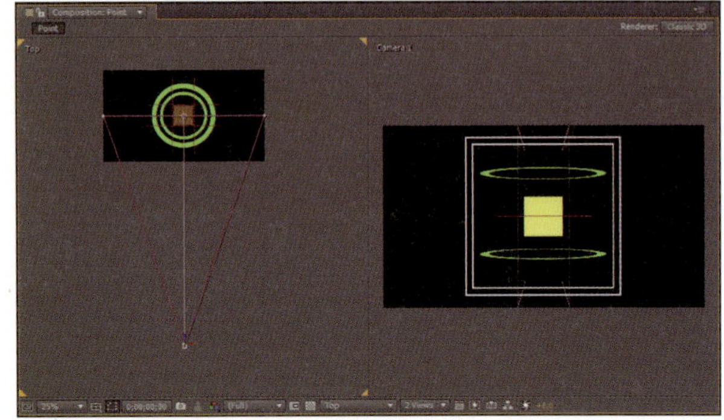

02. [Timeline] 패널에서 카메라를 선택하고 [Layer]–[Transform]–[Auto–Orient](**Ctrl** + **Alt** + **O**) 메뉴를 클릭하여 [Auto–Orientation] 대화상자에서 'Orient Towards Point of Interest'가 선택되어 있는지 확인하고 [OK] 단추를 클릭합니다. 카메라를 선택하고 [Layer]–[Camera]–[Create Orbit Null] 메뉴를 클릭합니다. [Timeline] 패널에는 'Camera 1 Orbit Null'이라는 이름의 레이어가 생성됩니다. 그리고 [Composition] 패널에는 카메라의 중앙 포인트에 다음과 같이 Null 오브젝트가 생성되는 것을 확인할 수 있습니다. 새롭게 생성된 Null은 카메라의 중심점으로 카메라의 회전을 담당하게 됩니다.

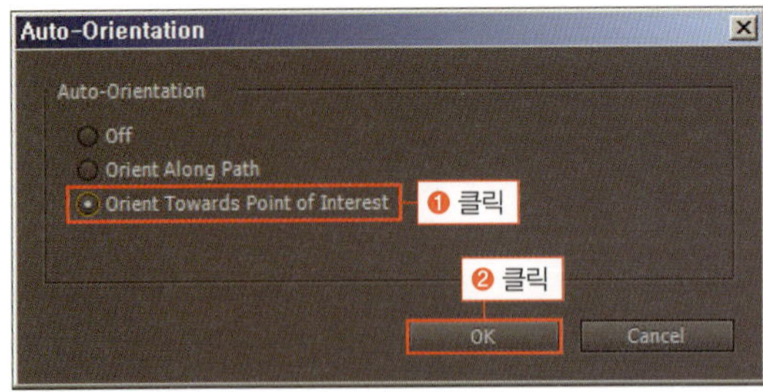

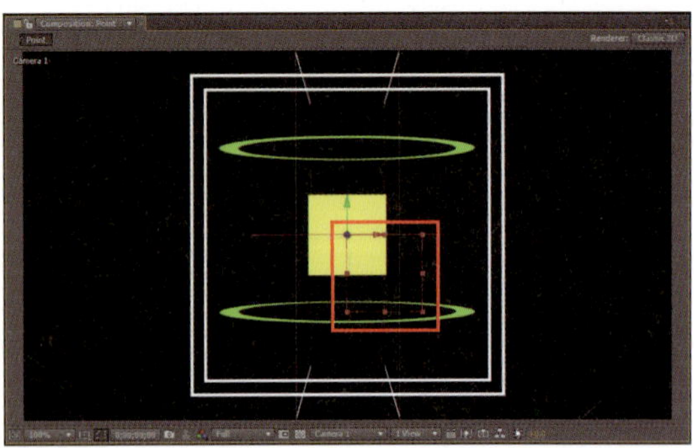

03. 새롭게 생성된 'Camera 1 Orbit Null' 레이어의 속성에서 [Y Rotation]에 변화를 주면 카메라가 회전 값에 따라 중심을 바라보고 회전하게 됩니다. 회전에 대한 제어는 새롭게 생성된 'Camera 1 Orbit Null' 레이어에 적용하고 카메라는 전진과 후퇴에 대한 키를 설정하여 다이나믹한 움직임을 만들 수 있습니다.

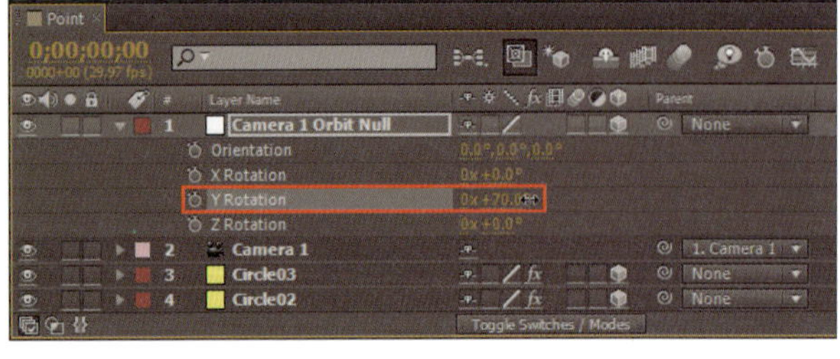

[Camera Settings] 대화상자에 표시되는 다양한 옵션들에 대해 알아보도록 하겠습니다. 카메라를 [Timeline] 패널에 새롭게 생성할 때 각각의 모든 옵션을 설정할 필요는 없습니다. 카메라의 타입과 렌즈의 종류만 선택하면 초점거리, 앵글, 확대거리 등이 자동으로 변경됩니다. 나머지는 기본으로 사용해도 무관하며 카메라를 설치하고 나중에 다시 옵션을 변경할 수 있습니다.

■ [Camera Settings] 대화상자 살펴보기

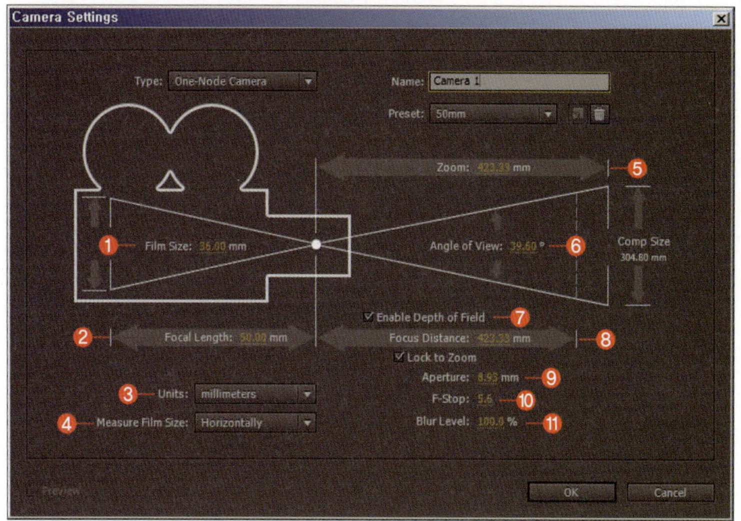

❶ Film Size : 수치를 높이면 카메라의 화각은 넓어지고 확대율은 낮아지며, 그와 반대로 [Film Size]를 줄이면 화각은 좁아지고 확대율은 커지게 됩니다.

❷ Focal Length(초점거리) : 초점거리는 밀리미터(mm)로 나타내며, 렌즈와 필름 면과의 거리를 말합니다. 무한대의 거리에 있는 한 점으로부터 출발하여 카메라의 렌즈를 통과한 빛이 다시 한 점에 모이게 되고 이렇게 모인 점들이 전체적으로 하나의 또렷한 상을 맺게 되는데, 이때 렌즈와 상이 맺히는 필름 면과의 거리를 초점거리라 합니다. 카메라 렌즈의 굴절률에 따라 초점거리가 변화하게 되면 결과적으로 화각의 차이로 나타나게 됩니다. 렌즈의 초점거리가 길면 화각이 좁아지고 초점거리가 짧으면 화각은 상대적으로 넓어지게 됩니다. 초점거리가 짧은 렌즈를 광각 렌즈, 초점거리가 중간인 렌즈를 표준 렌즈, 초점거리가 긴 렌즈를 망원 렌즈라 하고, 초점거리의 수치가 적을수록 사물은 많이 보이고 그와 반대로 초점거리의 수치가 클수록 사물은 적게 보이게 됩니다.

❸ Units : 카메라 수치를 나타내는 측정단위를 선택하는 옵션입니다.

❹ Measure Film Size : 카메라 렌즈의 초점거리를 가로(Horizontally), 세로(Vertically), 대각선(Diagonally) 중에 어떠한 것을 기준으로 삼을 것인가를 선택하는 옵션입니다.

❺ Zoom : 대상체로부터 카메라까지의 거리를 말합니다.

❻ Angle of View : 렌즈를 통해 볼 수 있는 가능한 범위의 각도를 나타내며, 이 값은 [Focal Length]의 설정에 따라 변하기 때문에 둘 중에 1가지만 설정을 바꾸면 다른 쪽의 설정 값도 함께 변하게 됩니다.

❼ Enable Depth of Field : 체크를 해야 옵션들이 활성화됩니다. [Depth of Field], [Focus Distance], [Aperture], [Blur Level]은 카메라 옵션에서 수치를 변경할 수 있으며, [Timeline] 패널 카메라 레이어의 [Camera Options]에서 수치에 대한 키프레임 애니메이션을 설정할 수 있습니다.

❽ Focus Distance : 수치가 높을수록 Z축의 뒷부분에 있는 레이어가 흐려지게 됩니다.

❾ Aperture : 렌즈가 열리는 사이즈를 결정하며, 수치가 높을수록 피사계 심도의 블러가 증가하게 됩니다. [Aperture]의 수치를 조절하면 [F-Stop]의 수치도 변화합니다.

❿ F-Stop : [Aperture]의 초점거리 값을 보여주는 수치이며, [F-Stop]의 수치가 적을수록 심도는 얕아지고 [F-Stop]의 수치가 클수록 심도는 깊어지게 됩니다.

⓫ Blur Level : 이미지의 피사계 심도에 대한 블러 값을 조절하는 옵션으로, 수치가 높을수록 이미지에 적용되는 블러 값도 함께 높아지게 됩니다.

> **TIP : Depth of Field(피사계 심도)**
>
> 화면에서 초점이 맞아 선명하게 보이는 가장 가까운 거리와 화면에서 가장 먼 거리까지의 길이를 말합니다. 낮은 피사계 심도는 피사체의 일정 부분에만 포커스를 맞출 수 있지만 시각을 집중시킬 수 있는 효과가 있으며, 반면에 깊은 피사계 심도는 그림의 선명도가 원거리에서도 보장되기도 합니다. 광각 렌즈는 표준이나 망원 렌즈에 비해 피사계 심도가 훨씬 깊으며, 초점거리가 짧아지면 피사계 심도는 증가합니다. 피사계 심도는 레이어와 레이어 사이의 거리를 나타낼 때 효과적으로 사용할 수 있습니다. 피사계 심도에 영향을 주는 3가지 항목은 초점거리, 조리개 및 피사체와의 거리입니다. 초점거리가 길고, 피사체와의 거리가 짧고 조리개 값이 크면(작은 F-Stop) 피사계 심도가 얕습니다(작습니다). 피사계 심도가 얕으면 피사계 심도 흐림이 크게 나타납니다.

■ 카메라 레이어의 [Transform]

[Timeline] 패널의 카메라 속성 중 [Transform]에서 카메라의 [Position]이나 [Orientation], [Rotation]은 각각의 X, Y, Z축을 중심으로 이동 및 회전이 가능하며 다른 레이어와 동일하게 사용됩니다. 카메라 레이어에 설정한 속성을 원래대로 되돌리려면 [Transform] 오른쪽에 있는 'Reset'을 클릭하거나, [Layer]-[Transform]-[Reset] 메뉴를 클릭해 초기 상태로 되돌릴 수 있습니다.

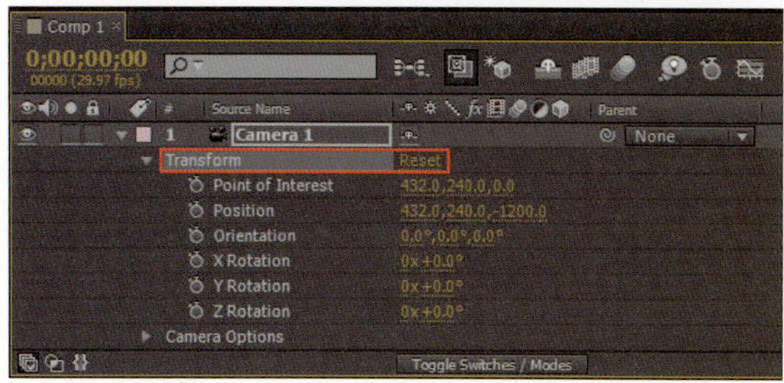

[Timeline] 패널의 카메라에서 [Camera Options]을 확인하면 카메라의 설정에 대한 내용들을 확인할 수 있습니다. 속성에서 [Iris]는 [Depth of Field]를 적용했을 때 오브젝트의 주위에 흐리게 만들어지는 현상을 제어하는 부분입니다. [Iris]는 블러의 영역을 넓히거나 퀄리티를 더욱 좋게 설정할 수 있으며 [Highlight]는 레이어의 밝기나 색상 등을 제어합니다.

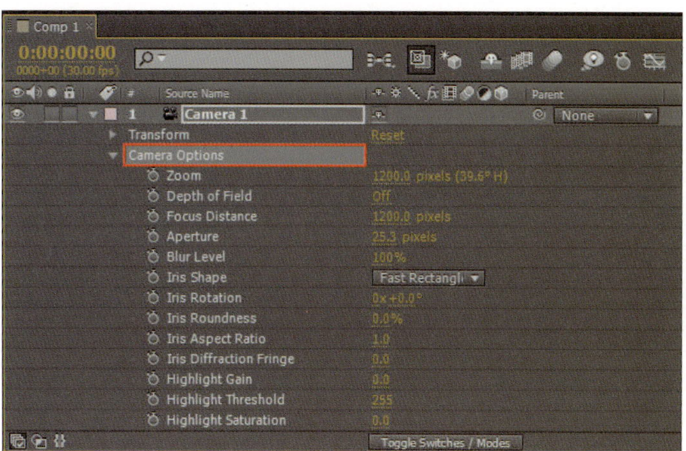

319

카메라 툴은 카메라를 제어하는 툴로 [Timeline] 패널에 3D 레이어가 포함되어 있고, 카메라가 존재할 때 활성화됩니다. 2D 레이어에는 카메라 툴을 사용할 수 없습니다.

01. 카메라 툴은 다음과 같이 4가지가 있습니다. 카메라 툴은 레이어에 존재하는 카메라 뷰, 또는 'Custom View'에서 사용하며 다른 뷰에서는 일반적으로 사용하지 않습니다. 카메라 이동 툴을 전환하며 사용할 때 단축키로 C 를 이용해 4가지의 툴을 번갈아 가며 사용할 수 있습니다.

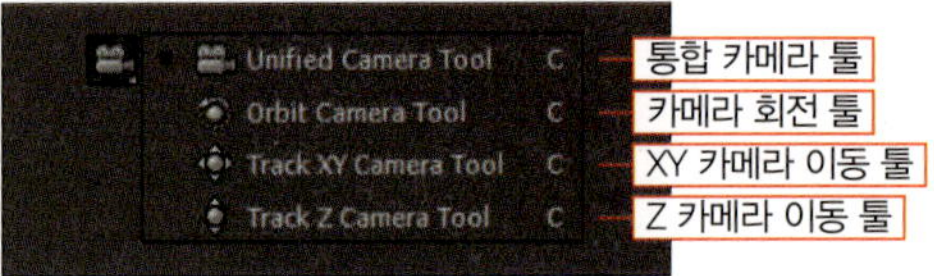

02. 카메라를 제어하는 가장 기본적인 툴로 [통합 카메라 툴]( )을 사용하며, 카메라 툴을 다른 카메라 툴로 전환하며 사용하지 않고 마우스를 사용해 카메라를 제어합니다. 마우스 왼쪽 버튼을 클릭하고 움직이면 회전할 수 있고, 마우스 오른쪽 버튼을 클릭하고 움직이면 [Z 카메라 이동 툴]( )로 전환되고, 마우스 휠을 클릭하면 [XY 카메라 이동 툴]( )로 전환되어 카메라를 손쉽게 제어할 수 있습니다.

T I P : [통합 카메라 툴]( )을 사용하는 동안 Shift 를 누른 상태로 드래그하면 [카메라 회전 툴]( )로 일시적으로 변경되고 회전하는 축이 제한적으로 사용됩니다. 카메라를 왼쪽/오른쪽, 또는 왼쪽/오른쪽으로 회전할 때 유용합니다.

03. 카메라를 회전하며 뷰를 확인할 때 사용하는 [카메라 회전 툴]( )은 카메라 뷰를 선택하고 중앙 포인트를 중심으로 카메라를 회전 시켜가며 화면에 보여지는 각을 변경할 수 있습니다. 카메라를 선택하고 뷰를 움직일 때 [Timeline] 패널의 카메라 속성 중 [Position]의 [Stopwatch]( )를 체크하고 움직이면 카메라가 움직이는 진행 상황을 키프레임으로 설정할 수 있습니다. 물론 키프레임을 설정할 때 타임마커를 이동하며 잡아야 합니다. Alt 를 누르고 툴을 사용하면 레이어들이 와이어로 나타나며 화면을 가볍게 움직이며 뷰를 생성할 수 있습니다.

04. 카메라를 선택하고 [Composition] 패널에서 클릭한 상태로 가로 또는 세로 방향으로 움직일 때 [XY 카메라 툴]()을 사용해 뷰를 자유롭게 움직일 수 있습니다.

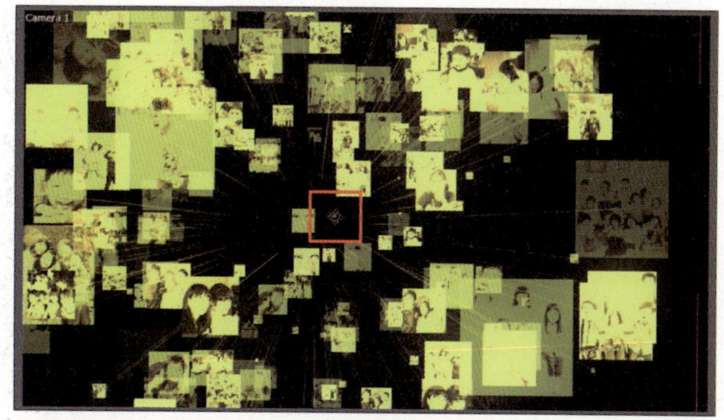

05. [Composition] 패널에서 클릭한 상태로 왼쪽/오른쪽, 아래쪽/위쪽으로 움직이며 화면이 커지거나 작아지게 할 때 [Z 카메라 툴]()을 사용합니다. 화면이 작아지거나 커지는 것은 카메라가 오브젝트로 가까이 이동하거나 멀어지는 것을 나타냅니다. 카메라가 오브젝트로 이동하는 과정을 확인하기 위해서는 [Composition] 패널의 뷰에서 'Top View'를 선택합니다. 4가지의 카메라 이동 툴을 이용하여 적절한 카메라의 움직임과 화면을 만들어 낼 수 있습니다.

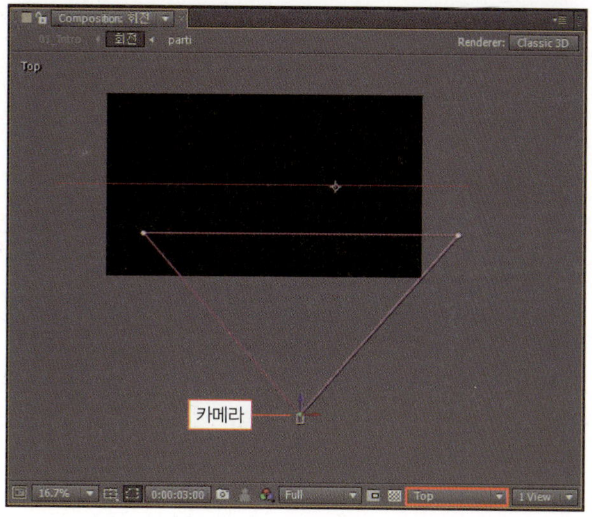

[Material Options]은 물체의 속성을 정의하는 것으로 2D 레이어가 3D 레이어로 설정되면 [Timeline] 패널의 레이어 속성으로 나타나며 3D 레이어에 적용되는 빛이나 그림자 등의 옵션 값을 조절하는 메뉴들로 구성되어 있습니다. 레이어의 속성 자체로 조절이 가능한 것도 있지만 다른 기능과 함께 적용해야 효과가 나타나는 속성들도 있습니다.

■ 그림자의 생성

예제 파일 | CD\Part 05\016_Example Project의 Material 컴포지션

예제 프로젝트에서 'Material' 컴포지션을 확인하면 카메라와 라이트가 설정되어 있습니다. 레이어에서 그림자에 관련된 속성을 사용하기 위해서는 라이트 레이어의 [Light Options]의 'Casts Shadows'를 체크해야 합니다. 이미 설치된 라이트 레이어를 더블클릭하여 [Light Settings] 대화상자에서 체크하거나 [Timeline] 패널의 라이트 레이어 [Light Options]–[Casts Shadows]를 'Off'에서 'On'이나 'Only'로 설정하면 됩니다.

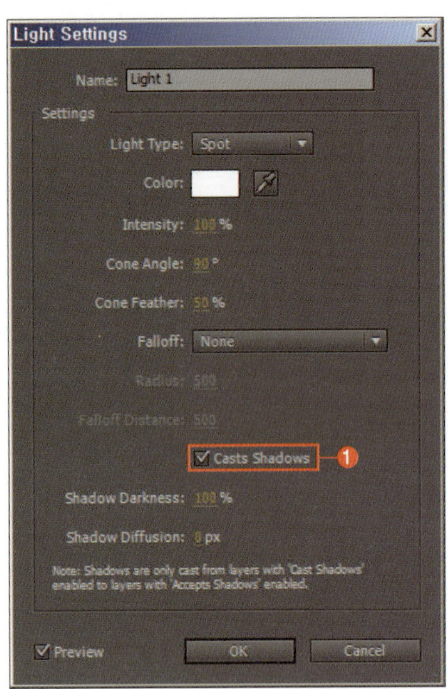

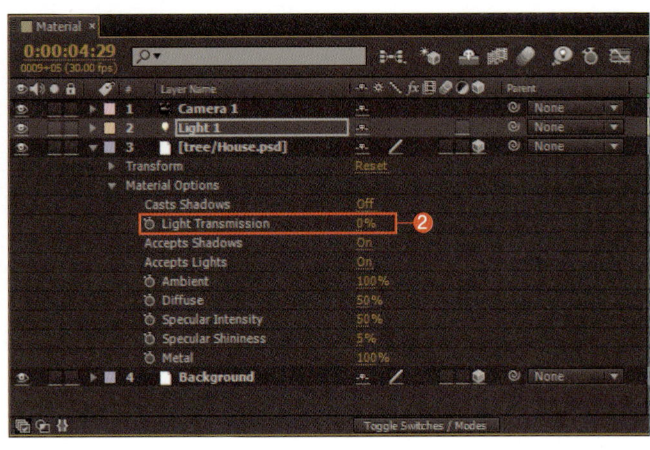

3D 레이어에 사용 가능한 [Light Settings] 대화상자의 기능은 308P의 내용을 참고하세요.

❶ Casts Shadows : 레이어가 빛을 받아 그림자가 생성되도록 합니다. 기본 값은 'Off'로 설정되어 있으며, 3가지 옵션으로 이루어져 있습니다.
  • Off : 레이어의 그림자를 만들지 않습니다.
  • On : 레이어의 그림자가 생성되도록 합니다.
  • Only : 원래의 레이어는 나타나지 않게 하고 그림자만 나타나도록 합니다.

▲ Casts Shadows : Off / Shadow Darkness : 60%

▲ Casts Shadows : On / Shadow Darkness : 60%

▲ Casts Shadows : Only / Shadow Darkness : 60%

❷ **Light Transmission** : 라이트가 빛을 비추면 레이어가 이것을 받아 그림자를 생성하지 않고 그림자가 있어야 할 자리에 원래 오브젝트의 모양을 나타나게 만들어 주는 기능을 합니다. 값을 0%로 설정하면 빛이 통과하지 못해 그림자가 나타나고, 100%로 설정하면 레이어의 무늬가 나타납니다. 이 기능을 사용하면 성당이나 교회에 설치된 스테인글라스 창을 통과해 무늬가 바닥에 비치는 현상을 만들 수 있습니다.

예제 파일 | CD₩Part 05₩016_Example Project의 Trans 컴포지션

01. 'Light Transmission'을 적용하기 위해서 예제 프로젝트에서 'Trans' 컴포지션을 확인합니다. 배경 레이어에 그림자가 나타나도록 설정하기 위해 [Timeline] 패널에서 'Circle' 레이어를 선택하고 레이어의 [Material Options]에서 [Casts Shadows]를 'On'으로 설정합니다.

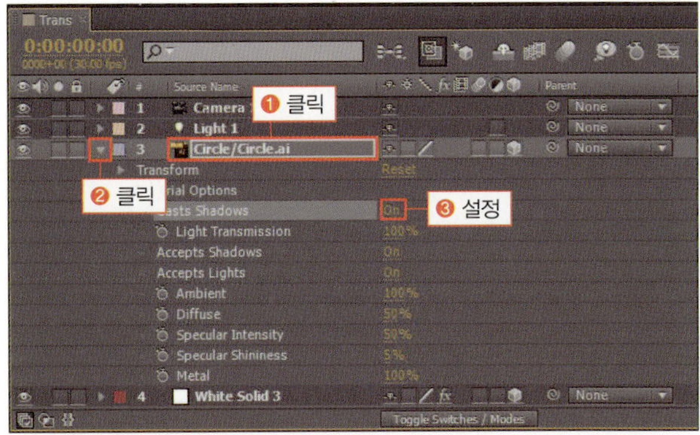

02. 레이어에 설정한 그림자 효과를 [Composition] 패널에서 확인해 보면 뒤의 배경 레이어에 'Circle' 레이어의 그림자가 나타나는 것을 확인할 수 있습니다.

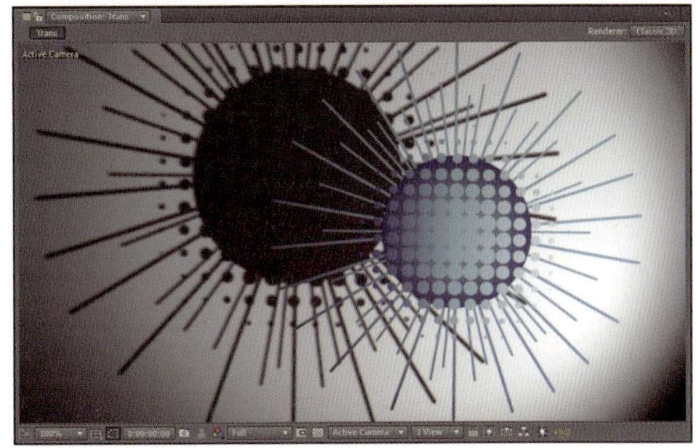

03. 'Circle' 레이어의 [Material Options] 중 [Light Transmissions]의 값을 조절해 봅니다. 기본 값은 '0%'로 되어 있고 값을 '100%'로 설정하게 되면 다음과 같이 스테인글라스 효과를 볼 수 있습니다. [Light Transmissions]의 수치에 따라 이미지의 선명도 또한 다르게 나타납니다.

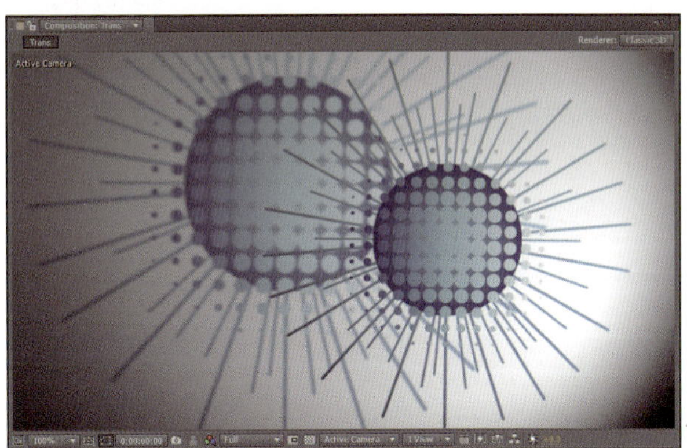

▲ Light Transmissions : 100% / Shadow Darkness : 80%

04. 라이트의 색상을 변경하여 전체적인 분위기를 변경할 수도 있습니다. 라이트의 색상을 변경하기 위해서 [Timeline] 패널에서 라이트 레이어를 더블클릭합니다. [Light Settings] 대화상자의 [Color]에서 색상을 변경할 수 있습니다.

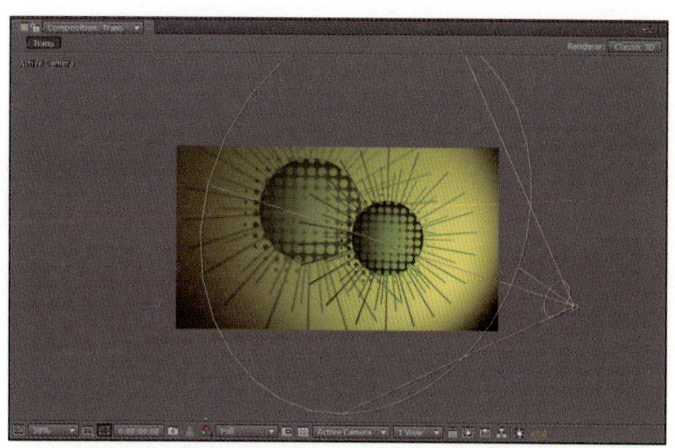

연관검색 [Light Settings] 대화상자의 기능은 308P의 내용을 참고하세요.

05. [Material Options]의 옵션을 변경하면 다양한 느낌의 결과물을 만들 수 있습니다.

❶ **Accepts Shadows :** 다른 레이어가 빛을 받아 그림자를 생성할 때 그림자가 도달하는 레이어에 그림자가 생성될 것인지, 생성되지 않게 할 것인지를 결정합니다. 기본 값은 'On'으로 [Casts Shadows]를 설정하면 나타나게 됩니다.

❷ **Accepts Lights :** 레이어가 빛의 영향을 받을 것인지 아닌지를 결정하는 옵션입니다. 설정 값이 'On'일 경우 레이어는 빛의 영향을 받아 색상이나 명도가 변하고, 'Off'일 경우는 빛의 영향을 받지 않고 원래의 레이어로 유지합니다.

❸ **Ambient :** 환경광은 공간에 균일하게 퍼져있는 빛을 말하며, 레이어의 표면이 환경광을 받아들이는 정도를 결정합니다. [Ambient Light]가 [Timeline] 패널의 레이어에 존재할 때 변화가 나타납니다. [Ambient]는 레이어의 밝은 부분이나 어두운 부분, 그림자 등 모든 영역에 퍼져있는 전체적인 밝기와 어둠을 변화시킵니다. '0%'일 때는 검정색으로 변화하고 '100%'일 때는 [Ambient Light]가 비추는 색상을 모두 받아들입니다.

❹ **Diffuse :** 빛이 레이어에 닿았을 때 빛에 대해 얼마나 반응할 것인가에 대한 반사도를 나타냅니다. 반사의 정도에 따라 빛을 흡수하는 재질인지, 빛을 반사하는 재질인지를 나타냅니다.

❺ **Specular Intensity :** 빛이 레이어에 닿아 반사하는 하이라이트 부분의 밝기를 제어합니다. 0~100%까지 조절이 가능하며, 레이어의 재질에 대한 성격을 부여할 수 있습니다.

❻ **Specular Shininess :** 레이어에 비추어진 [Specular]의 하이라이트 범위를 설정합니다. [Shininess]가 적용되려면 [Specular]의 값은 '0'보다 커야 적용이 가능합니다. '0%'일 때 하이라이트의 범위가 가장 넓습니다.

❼ **Metal :** 반사되는 레이어의 색상에 레이어가 가지고 있는 색상을 나타내는 정도를 설정합니다. [Specular]의 하이라이트 색상을 제어하며 기본 설정 값은 '100%'입니다.

프로젝트를 진행하다 보면 선택한 레이어를 [Composition] 패널에서 크게 보고 싶을 때가 있습니다. [Timeline] 패널에서 레이어를 선택하거나 [Composition] 패널에서 선택된 레이어를 [Composition] 패널에 전체적으로 나타나도록 할 수 있습니다.

예제 파일 | CD\Part 05\016_Example Project의 Look at 컴포지션

01. 예제 프로젝트에서 'Look at' 컴포지션을 확인합니다. 레이어의 크기를 화면의 크기에 맞추기 위해 화면에 가득 채우는 명령은 [Timeline] 패널에 카메라가 설치되고 3D 레이어로 레이어가 변환되어 있어야 합니다.

02. [Composition] 패널에 크게 보고 싶은 하나 이상의 레이어를 [Timeline] 패널이나 [Composition] 패널에서 선택합니다. 레이어가 선택되어 있는 상태에서 [View]–[Look at Selected Layers] 메뉴를 클릭하면, [Composition] 패널의 전체 화면에 선택된 레이어가 화면 가득 만들어집니다.

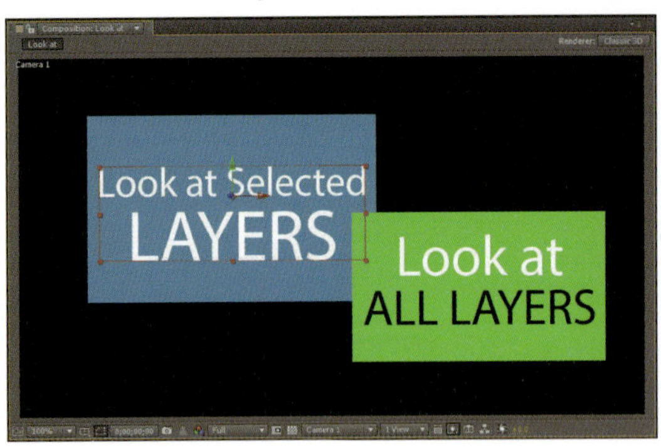
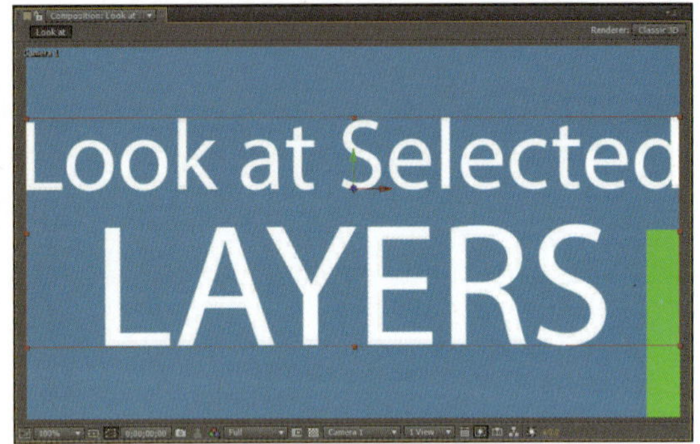

03. 컴포지션에 만들어진 모든 레이어를 화면에 나타나도록 하려면 [View]–[Look at All Layers] 메뉴를 클릭합니다. 컴포지션의 모든 레이어를 화면에 나타낼 때 사용하지만 아무것도 선택되지 않은 상태에서 'Look at Selected Layers' 명령을 선택해도 같은 수행합니다.

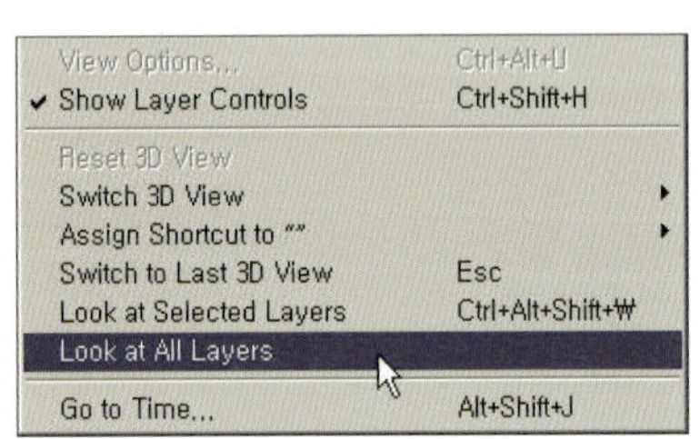

04. [Composition] 패널에서 마지막으로 본 3D 뷰로 전환하기 위해서는 [View]–[Switch to Last 3D View](**Esc**) 메뉴를 클릭합니다. 작업 중 마지막에 본 Custom View 1, 2 ,3, 또는 카메라 뷰 중 하나의 뷰로 전환됩니다.

Classic 3D와
Ray-traced 3D 활용

지금까지 애프터 이펙트에서 사용해온 3D 레이어 방식은 Classic 3D 방식이었으며, 여기에 새롭게 추가된 Ray-traced 3D 방식이 있습니다. 기존의 방식과 다르게 텍스트 레이어나 셰이프 레이어에 두께를 사용할 수 있는 Z축을 활성화하여 다른 3D 응용 프로그램에서만 가능했던 오브젝트를 만들 수 있게 되었습니다. 그렇지만 그래픽 카드가 GPU를 지원하지 않는다면 프리뷰하는 시간에 인내심을 가지고 기다려야 합니다. 물론 그래픽 카드가 지원을 한다고 해도 시스템의 성능이 낮다면 기다리는 시간은 필요로 합니다. 3D 레이어에 두께를 적용하지 않는 프로젝트를 진행할 때는 모드를 변환해서 사용할 필요가 없습니다.

> **기초탄탄** ▶ Ray-traced 3D 모드로의 변환 방법 알아보기

■ Ray-traced 3D 모드 `329P`

2D 레이어에 입체감을 표현하기 위해 3D 모드를 사용합니다. 애프터 이펙트는 기본적으로 Classic 3D 모드를 사용하며 3D 레이어에 두께를 적용할 때 모드를 변환해 사용합니다. 기존의 Classic 3D 모드를 Ray-traced 3D 모드로 변환하는 단추는 [Composition] 패널의 오른쪽, [Renderer] 옆의 단추를 클릭하면 변환할 수 있는 대화상자가 나타납니다.

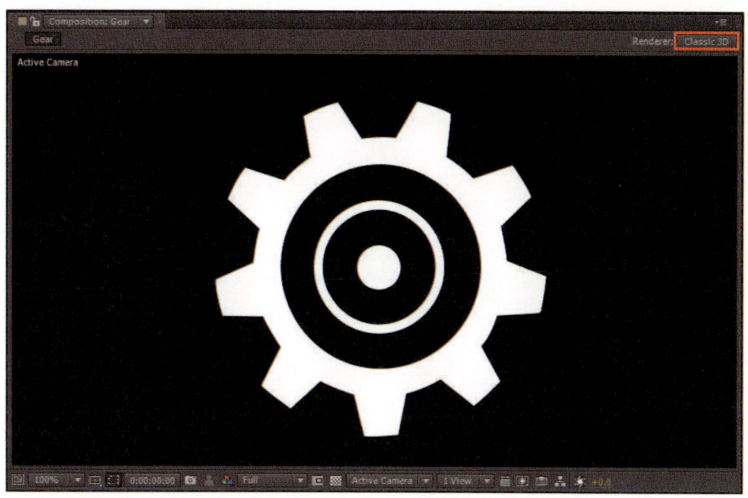

Ray-traced 3D 모드로 변환하기 전 텍스트와 셰이프 레이어에 적용할 수 있는 것과 적용할 수 없는 것
들에 대한 내용을 경고 메시지로 확인할 수 있습니다.

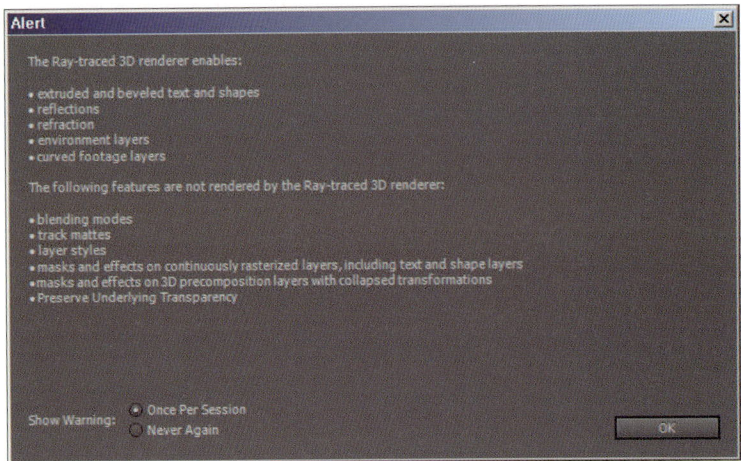

[Composition] 패널의 3D 모드 변환 단추를 클릭하면 [Composition Settings] 대화상자가 나타나고
[Advanced] 탭의 [Renderer]에서 'Ray-traced 3D'를 선택하여 변환할 수 있습니다.

프로젝트 진행 중 3D 모드의 변환은 [Composition] 패널에서 단추를 이용할 수도 있지만 [Composi-
tion]-[Composition Settings](**Ctrl** + **K**) 메뉴를 클릭해도 동일하게 사용됩니다.

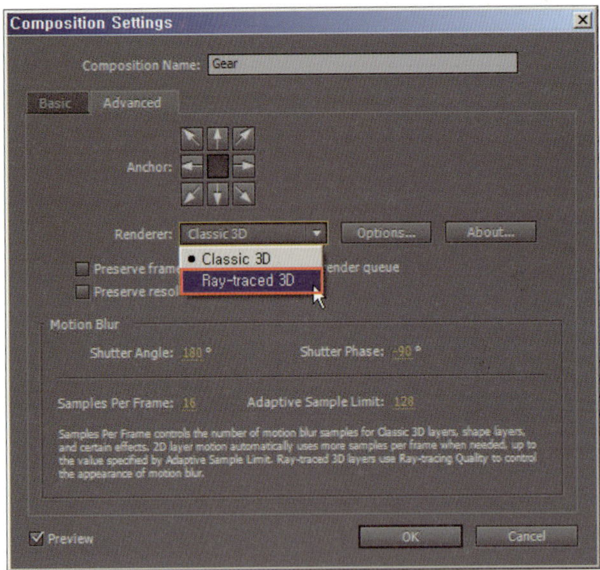

기존의 Classic 3D 모드에서 Ray-traced 3D 모드로 변환하게 되면 레이어의 3D 레이어의 속성에 추가적인 내용이 새롭게 나타납니다. 레이어에 새롭게 추가되는 내용을 통해 변화된 오브젝트를 만들 수 있습니다.

예제 파일 | CD₩Part 05₩017_Example Project의 Gear 컴포지션

01. 예제 프로젝트에서 'Gear' 컴포지션을 확인합니다. [Renderer]를 Classic 3D 모드에서 Ray-traced 3D 모드로 변환하게 되면 기본적인 입체가 적용되며, [Timeline] 패널의 셰이프 레이어 속성에 추가적인 속성이 만들어지게 됩니다. 일반적으로 3D 레이어를 사용할 때는 [Material Options]이 추가적으로 생성되지만, Ray-traced 3D 모드일 때는 [Geometry Options]이 추가적으로 생성됩니다.

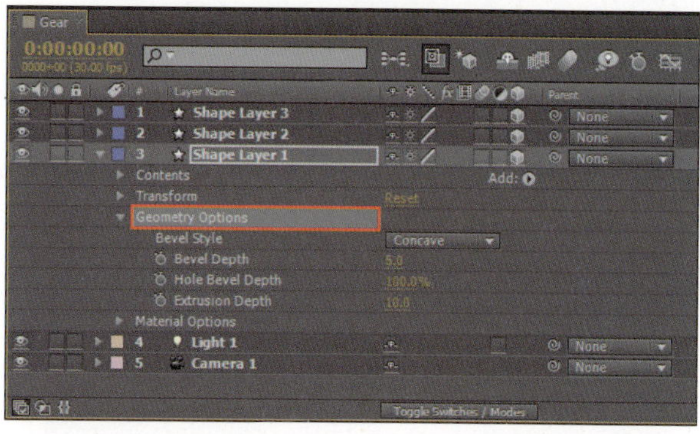

02. [Ray-traced 3D] 모드로 변환했을 때 셰이프 레이어에 생성되는 [Geomety Options]은 다음과 같습니다. [Geometry Options]은 오브젝트에 적용되는 두께, 베벨, 베벨의 타입 등을 선택할 수 있습니다. 각각의 옵션을 살펴보면 다음과 같습니다.

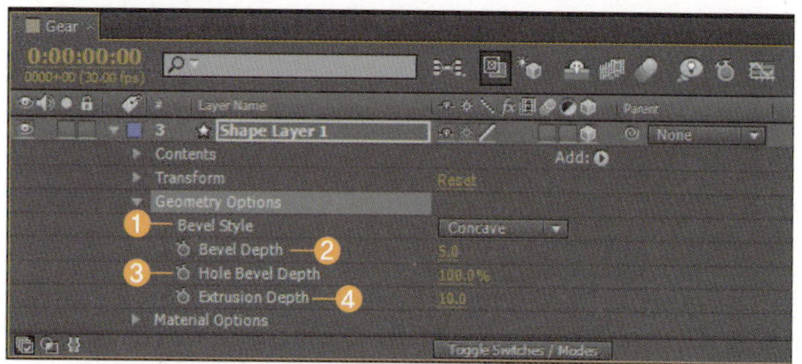

❶ **Bevel Style :** 베벨의 타입에는 총 4가지가 있으며, 각각의 선택에 따라 오브젝트의 에지 부분의 모양이 변경됩니다. 에지의 모양에 따라 빛을 받는 양이 다르고 빛의 위치에 따라 반사하는 정도도 다르게 나타납니다. 다음은 [Bevel Depth]를 '2.5'로 설정하고 [Extrusion Depth]를 '10'으로 설정하고 [Bevel Style]만 변경한 결과입니다.

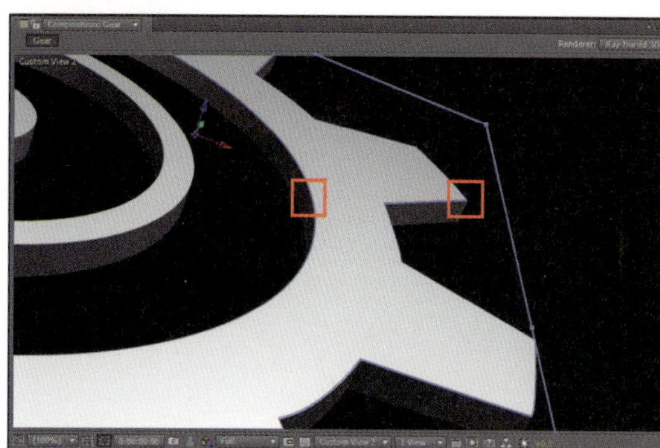

▲ Bevel Style : None

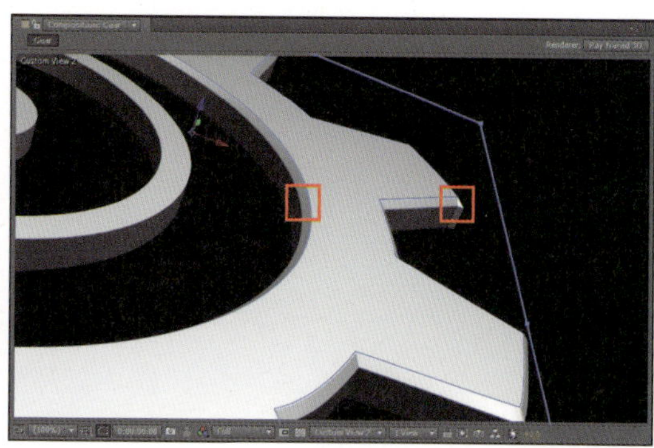

▲ Bevel Style : Angular

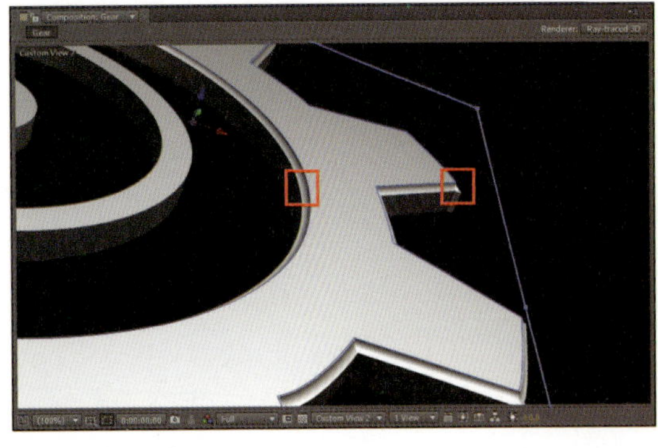

▲ Bevel Style : Concave

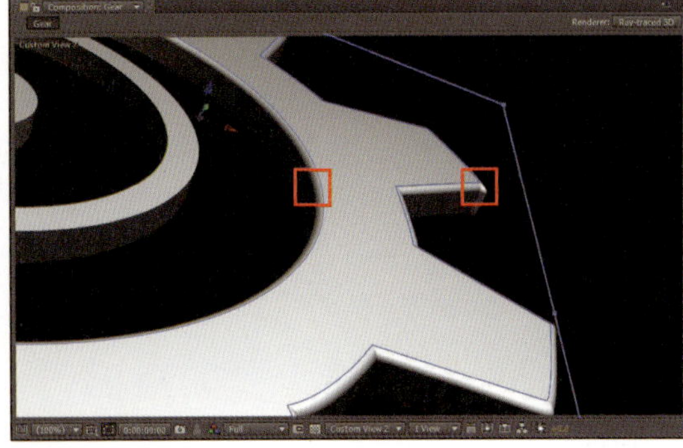

▲ Bevel Style : Convex

❷ **Bevel Depth :** 오브젝트의 에지에 설정되는 기울기 값으로 값이 클수록 에지가 크게 만들어집니다.

❸ **Hole Bevel Depth :** 오브젝트의 안쪽에 만들어지는 에지의 크기를 조절합니다. 바깥 에지에 적용되는 수치를 기준으로 늘리거나 줄일 수 있습니다.

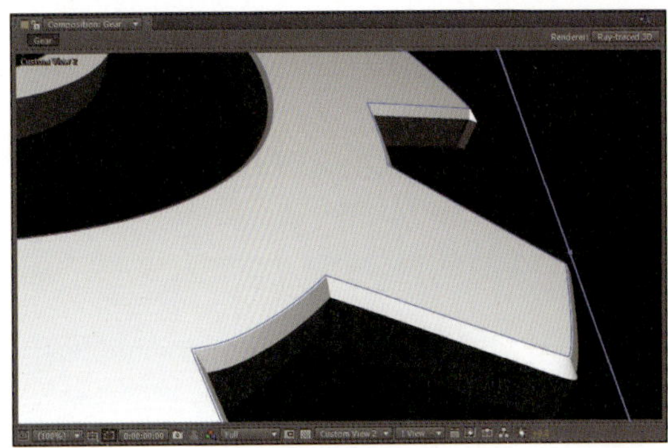

▲ Bevel Depth : 2.5 / Hole Bevel Depth : 50%

❹ **Extrusion Depth :** 오브젝트의 Z 값인 두께를 설정할 수 있습니다. 오브젝트의 성격에 따라 두께를 설정합니다.

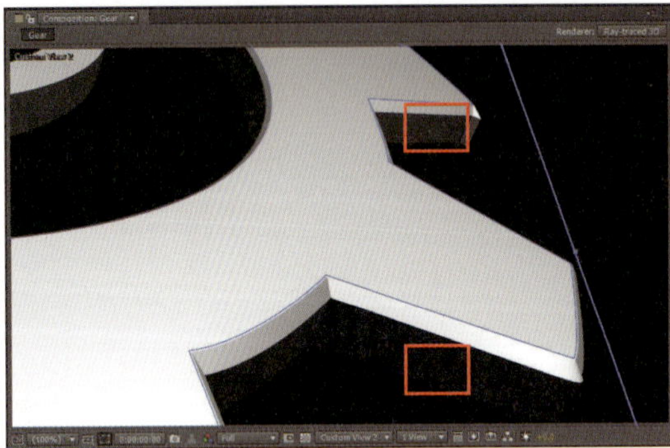

[Geometry Options] 이외에 [Material Options]에 추가적인 속성을 확인할 수 있습니다. 오브젝트에 반사와 투명도에 대한 설정 값을 변경하여 3D 오브젝트처럼 느낌을 다르게 만들 수 있습니다.

예제 파일 ❘ CD₩Part 05₩017_Example Project의 Gear_En 컴포지션

01. 오브젝트에 반사 값과 투명도 값을 변경하기 위해서 예제 프로젝트에서 'Gear_En' 컴포지션을 확인합니다. 예제 프로젝트는 Ray-traced 3D 모드로 변환되어 있는 상태이며, 셰이프 레이어에 각각 베벨 값이 적용되어 있습니다.

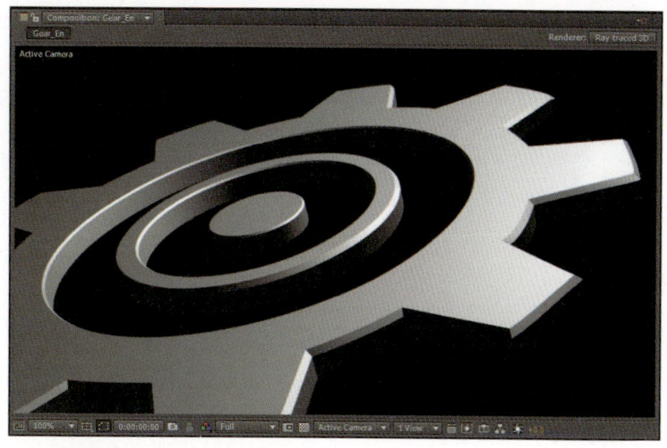

02. 셰이프 레이어는 애프터 이펙트에서 [펜 툴]을 사용해 직접 만들어 사용해도 되지만, 일러스트레이터에서 제작한 파일을 변환해서 사용하는 것이 더욱 쉽습니다. 일러스트레이터에서 제작한 파일을 애프터 이펙트로 불러오고 [Timeline] 패널에 위치시킵니다. 레이어를 선택하고 오른쪽 마우스 버튼을 클릭하고 'Create Shapes from Vector Layer'를 선택하여 벡터 파일을 셰이프 레이어로 변환하여 사용할 수 있습니다.

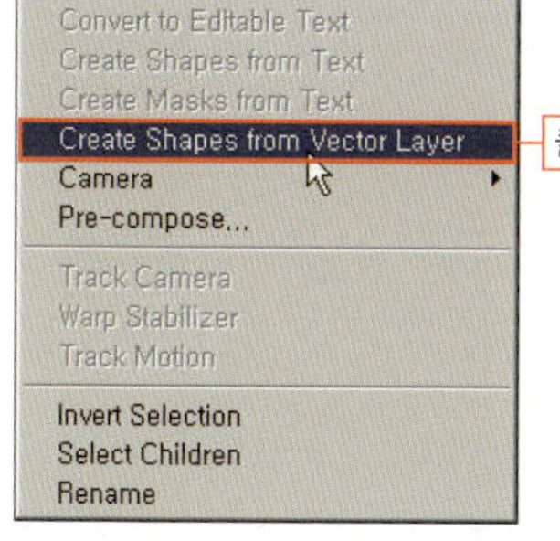

03. [Timeline] 패널의 가장 아래쪽에 'Gold' 레이어를 선택하고 왼쪽에서 [Video]( )를 체크하여 [Composition] 패널의 화면에 나타나도록 합니다.

TIP : 컴퓨터의 사양에 따라 화면에 표시하는 데 시간이 오래 걸릴 수 있습니다.

04. 'Gold' 레이어는 셰이프 레이어에 반사되는 환경으로 사용하기 위한 맵핑으로 사용하게 됩니다. 'Gold' 레이어를 선택하고 메뉴를 이용하거나 마우스 오른쪽 버튼을 클릭해 'Environment Layer'를 클릭하여 환경 맵이 되도록 설정합니다. 환경으로 사용하는 맵은 스틸 이미지도 사용하지만 움직이는 맵을 만들어 사용하면 더욱 다이나믹한 움직임을 만들 수 있습니다. 'Gold' 레이어가 환경 맵으로 사용되면 [Composition] 패널의 전체 공간을 감싸는 형태로 만들어지게 되고, [Orientation]과 [X/Y/Z Rotation]을 사용해 회전해도 반사 값이 적용됩니다. [Timeline] 패널에서 [Environment Layer]로 설정된 'Gold' 레이어는 다음과 같은 아이콘 모양을 갖게 됩니다. 환경에 아무것도 없는 상태로 반사 값을 적용하면 검정색이 반사되어 오브젝트가 어둡게 만들어지게 되므로 맵을 사용합니다.

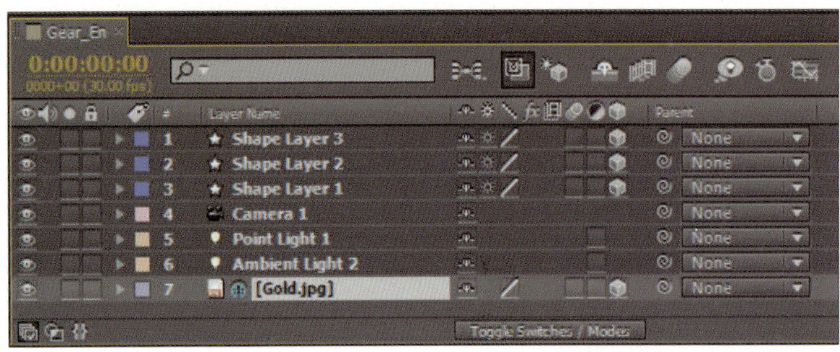

05. [Timeline] 패널에서 먼저 'Shape Layer1' 레이어를 선택하고 [Material Options]에서 [Reflection Intensity]의 수치를 올리도록 합니다. 오브젝트가 반사하는 강도를 높이면 환경 맵이 오브젝트에 나타나게 됩니다. [Reflection Intensity]를 '100%'로 설정하고 [Reflection Sharpness]의 값을 '80%'로 설정하여 선명한 정도를 낮추면 다음과 같이 나타나게 됩니다.

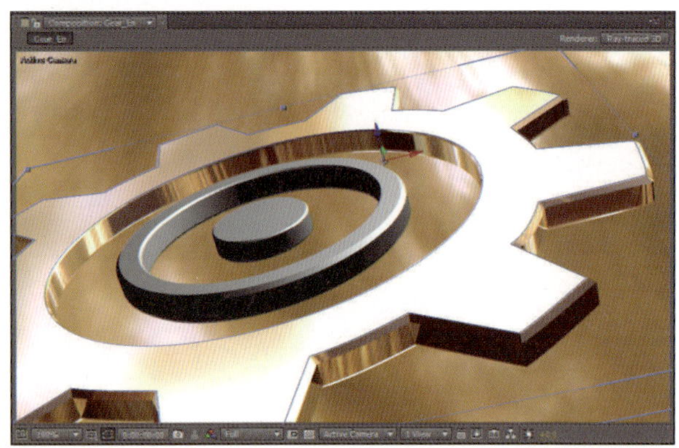

06. [Transparency]와 [Transparency Rolloff]를 조절하여 오브젝트의 투명도를 제어하고, [Index of Refraction]의 값을 조절하여 오브젝트의 굴절 값을 제어할 수 있습니다. [Transparency]는 [Reflection Intensity]가 '100%' 이하일 때 적용할 수 있습니다.

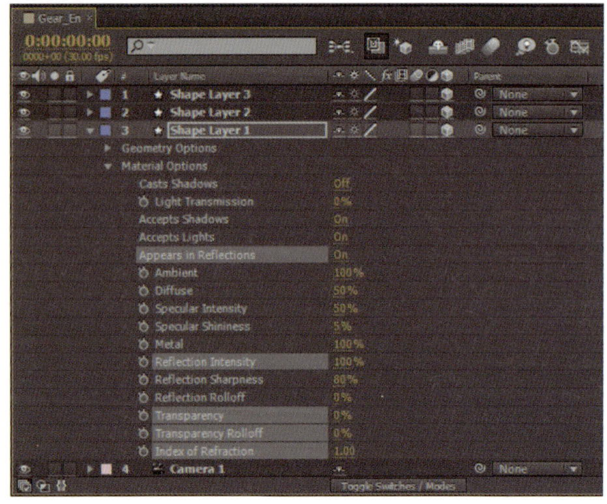

07. 환경으로 사용된 레이어가 [Composition] 패널에서 보이지 않도록 설정할 수 있습니다. 프로젝트에서 환경 맵으로 사용된 'Gold' 레이어를 선택하고 레이어 속성이 나타나도록 합니다. 레이어의 속성은 회전 값과 투명도 값을 설정할 수 있는데 환경 맵으로 사용되는 레이어를 회전하면서 원하는 부분의 이미지가 반사되도록 선택할 수 있습니다. 이외에 [Material Options]의 새로운 속성으로 [Appears in Reflections]에 대한 속성을 제어할 수 있습니다. [Appears in Reflections]는 기본적으로 'On'으로 설정되어 있으며, 'Only', 'Off'를 사용할 수 있습니다.

▲ On

▲ Only

▲ Off

❶ **On** : 환경 맵이 [Composition] 패널에서 반사되는 부분과 전체 배경에 보이도록 설정됩니다.

❷ **Only** : 반사되는 오브젝트에는 나타나고 전체 배경에는 나타나지 않는 상태를 만듭니다.

❸ **Off** : 전체 배경에는 나타나고 오브젝트에 반사되지 않는 상태를 만듭니다.

08. 최종으로 만들어진 결과물의 퀄리티를 향상시키고 싶을 때는 [Composition] 패널의 [Ray-traced 3D] 단추를 클릭해 [Composition Settings] 대화상자를 나타내고 [Options] 단추를 클릭합니다.

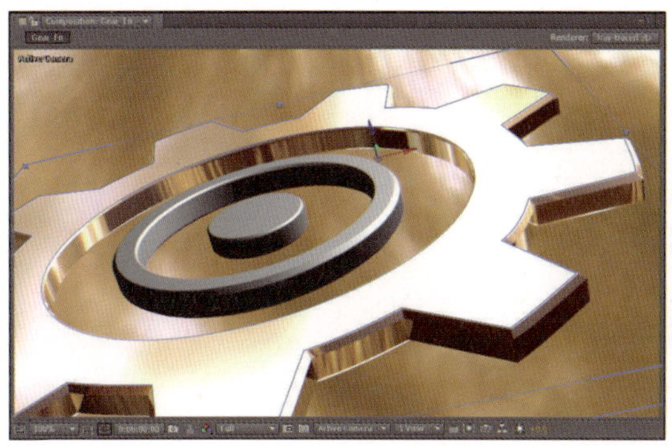

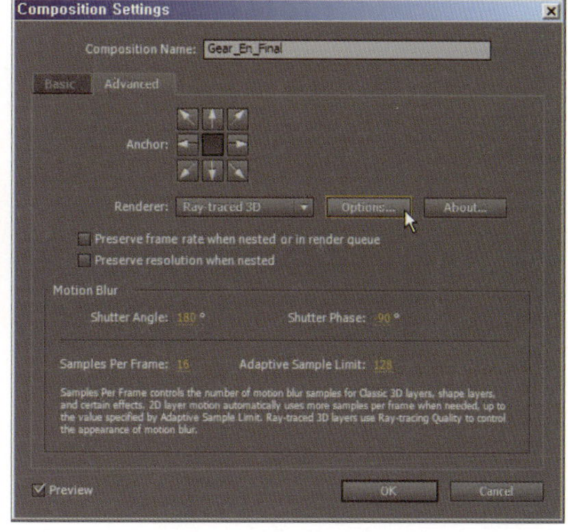

09. [Ray-trace 3D Renderer Options] 대화상자가 나타납니다. [Ray-tracing Quality]의 수치 값을 올리면 현재의 렌더링 결과보다 좋은 결과를 얻을 수 있습니다. 그러나 렌더링 시간은 그만큼 늘어나게 됩니다.

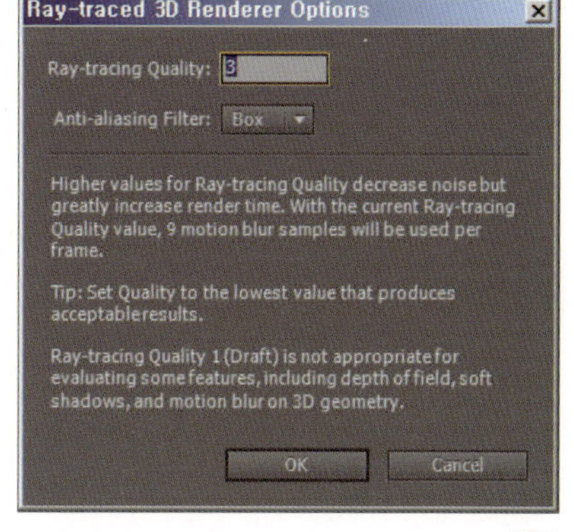

333

Ray-traced 3D 모드의 적용은 텍스트 레이어와 셰이프 레이어에 적용되지만 일반 레이어와 컴포지션에도 적용되는 내용이 있습니다. 레이어에 적용되는 속성은 텍스트와 셰이프 레이어의 모든 내용이 적용되지 않고 둥근 형태의 커브를 갖는 모양을 만들 수 있는 [Geometry Options]이 있습니다.

예제 파일 | CD₩Part 05₩017_Example Project의 Stage 컴포지션

01. 예제 프로젝트에서 'Stage' 컴포지션을 확인합니다. Ray-traced 3D 모드가 적용된 'Stage' 컴포지션에 'Light' 레이어가 존재합니다. 'Light' 레이어를 3D 레이어로 변환합니다. 3D 레이어로 변환된 레이어를 'Custom View 1'로 설정하면 다음과 같이 나타납니다.

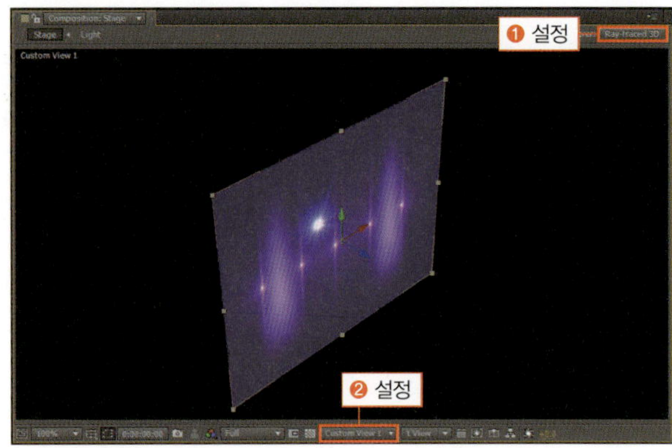

02. 컴포지션과 일반 레이어의 [Geometry Options]에는 'Curvature'와 'Segments', 2개의 속성이 나타납니다.

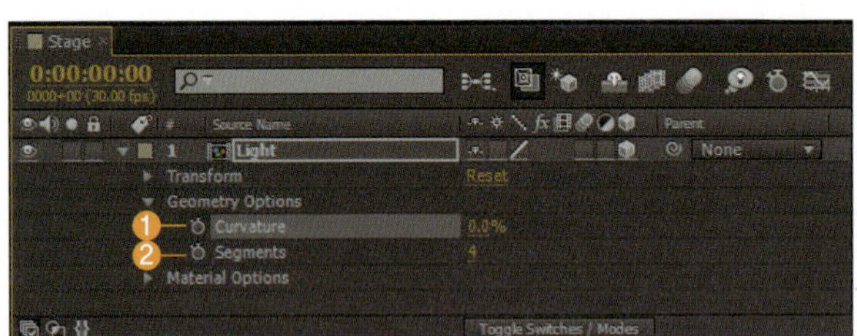

❶ **Curvature :** 레이어를 3D 공간에 둥근 형태의 커브로 만들 수 있습니다.

❷ **Segments :** 둥근 형태의 세그먼트를 여러 개로 나누어 부드럽게 처리할 수 있습니다.

03. 다음은 [Geometry Options]에서 [Curvature]을 '100%'로 설정하고 [Segments]가 '4'로 설정된 화면입니다.

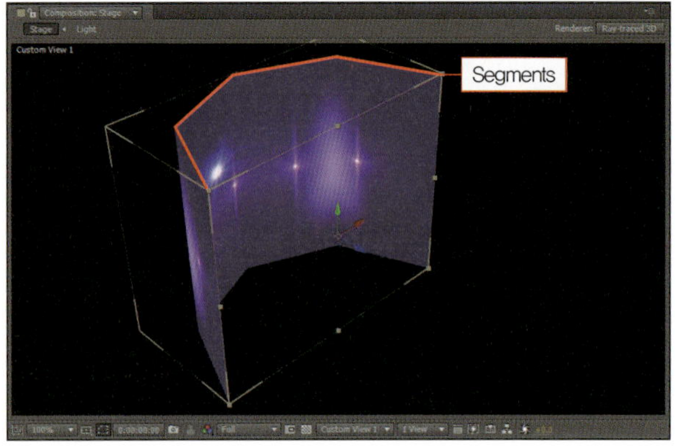

▲ Curvature : 100% / Segments : 4

04. [Geometry Options] 속성에 적용된 [Segments]을 '100'으로 설정하면 다음과 같이 커브가 부드러운 형태를 얻을 수 있습니다.

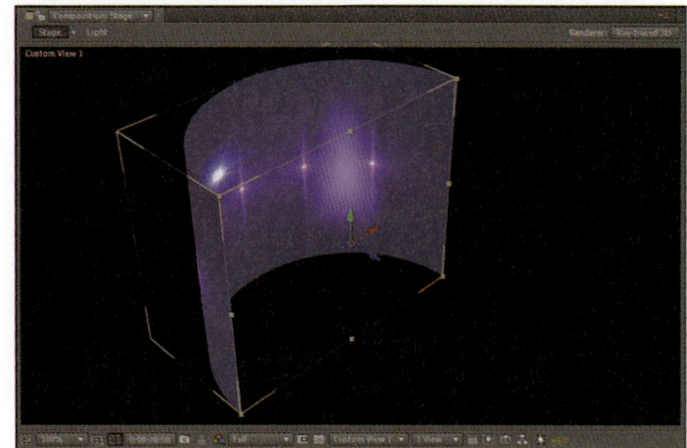

▲ Segments : 100

05. 컴포지션 레이어와 일반 레이어에 사용된 [Geometry Options]은 텍스트, 셰이프 레이어와 함께 사용이 가능하며 [Material Options]은 동일하게 적용됩니다.

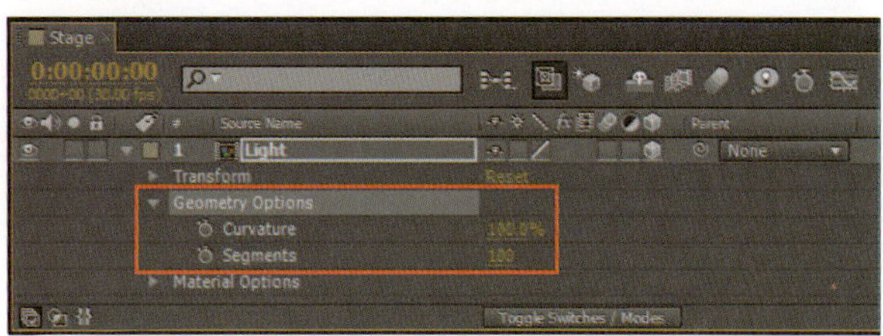

텍스트 레이어, 또는 셰이프 레이어를 이용해 3D 오브젝트를 만들었을 때 각각의 면에 대한 색상, 반사, 굴절, 불투명도 등 [Material Options]에 있는 내용들을 모두 변화시킬 수 있습니다. 여기서는 각각의 면에 대한 색상을 변경하는 방법을 알아보도록 하겠습니다. 나머지 속성에 대한 변경은 앞에서 설명한 내용과 동일하게 사용되며 각각의 면에 적용할 수 있습니다.

예제 파일 | CD₩Part 05₩017_Example Project의 emo 컴포지션 **완성 파일 |** CD₩Part 05₩017_Example Project의 emo_Final 컴포지션

01. 예제 프로젝트에서 'emo' 컴포지션을 확인합니다. 다음과 같이 셰이프 레이어와 카메라, 라이트가 설치되어 있습니다. 3D 레이어의 면에 색상과 속성을 변경하기 위해서 [Timeline] 패널에서 아래쪽의 셰이프 레이어를 선택하고 레이어의 왼쪽 삼각형을 클릭하여 레이어의 속성이 나타나도록 합니다. 레이어의 속성에서 [Contents]의 오른쪽의 [Add]를 클릭합니다.

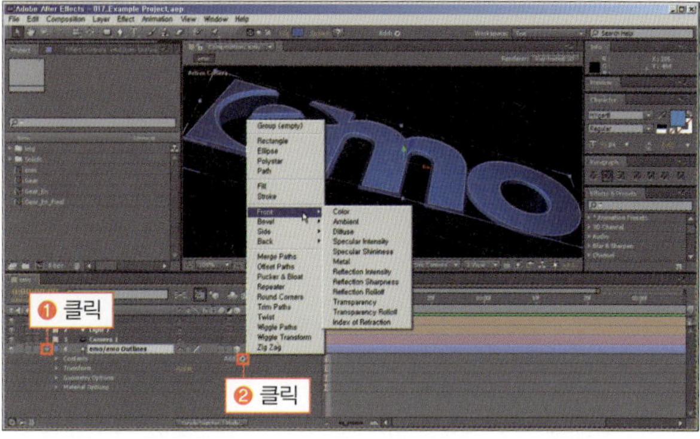

02. [Add]를 클릭했을 때 나타나는 메뉴에서 'Front', 'Bevel', 'Side', 'Back', 4가지를 확인할 수 있습니다. 이것은 오브젝트의 앞면, 선의 에지, 옆면, 오브젝트의 뒷면을 각각 나타내며 각각의 면은 다음과 같습니다.

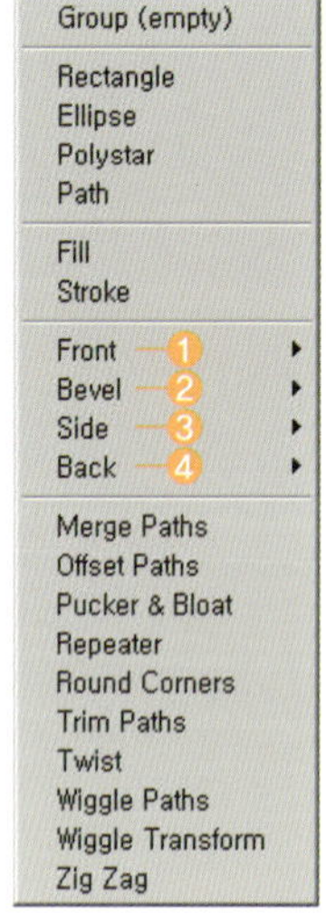

❶ **Front :** 오브젝트의 앞면

❷ **Bevel :** 오브젝트의 선에 생성되는 경사진 면

❸ **Side :** 오브젝트의 두께로 사용되는 면

❹ **Back :** [Front]의 반대쪽 면

03. [Front]의 색상을 붉은색으로 변경하기 위해 'Front'−'Color'를 선택합니다. 'Color'를 선택하면 다음과 같은 메시지 창이 나타납니다. 하나의 셰이프 레이어가 아닌 여러 개의 셰이프 레이어로 이루어진 오브젝트에 'Material Options' 명령을 적용하기 위해서는 [Add]에서 'Group(empyt)'를 선택해 새로운 그룹을 만들고 그 그룹에 나머지 셰이프의 그룹을 넣어 하나의 [Material Options]을 적용하라는 내용입니다.

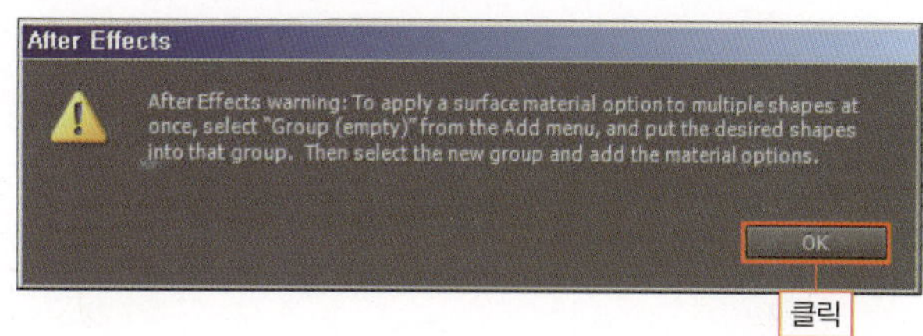

04. [Add]에서 'Group(empyt)'을 선택하면 다음과 같이 [Group4]가 만들어집니다.

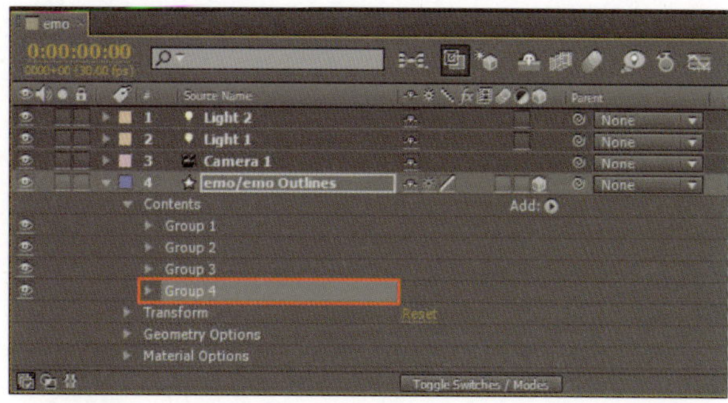

05. [Group1]~[Group3]을 선택하여 [Group4]에 드래그하여 하나의 그룹에 포함되도록 만듭니다.

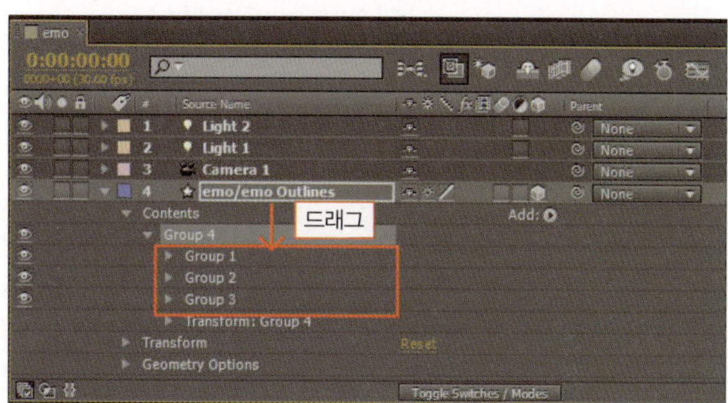

06. [Group4]를 선택하고 [Add]에서 'Front'− 'Color'를 선택합니다. [Front] 속성을 변경할 수 있는 것은 'Color'만이 아니고 다음과 같이 기존 3D 레이어에 적용할 수 있는 모든 속성들이 있습니다.

07. [Front]에 'Color'를 적용하면 [Timeline] 패널에 레이어에 다음과 같이 [Material Options]에 그룹에 생성되고 그룹에 속한 오브젝트의 [Front] 색상을 한 번에 변경할 수 있습니다.

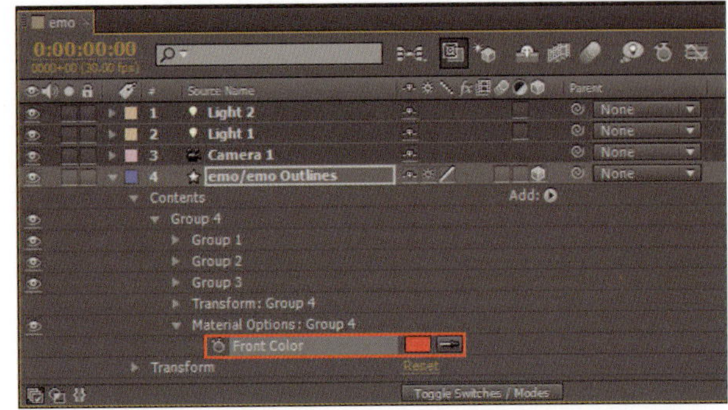

08. [Front]의 색상이 변경된 것을 [Composition] 패널에서 확인하면 다음과 같이 앞면의 색상이 변경된 것을 알 수 있습니다.

09. [Front]와 'Side', 'Bevel', 'Back'의 색상도 동일한 방법으로 변경할 수 있습니다. 색상과 반사 등의 값을 추가적으로 변경하여 새로운 느낌의 오브젝트를 만들 수 있습니다. Ray-traced 3D 모드는 텍스트, 또는 셰이프 레이어를 이용해 다양한 오브젝트를 만들고 3D로 변환하여 다양한 느낌을 만들 수 있도록 도와줍니다.

3D 공간과 3D 카메라 트래커

카메라 트래커는 동영상에서 카메라의 움직임을 찾아내는 역할을 하며, 카메라의 움직임과 동일하게 오브젝트를 추가할 수 있도록 도와줍니다. 2D의 영상에서 3D 공간을 인식할 수 있는 데이터를 추출하여 다양한 합성이 가능하도록 합니다.

기초탄탄 ▶ 3D 카메라 트래커란?

■ 동영상 데이터의 사용 `340P`

3D 카메라 트래커(3D Camera Tracker)는 동영상의 데이터를 분석해 동영상에 포함되어 있는 정보를 시각적으로 나타내주는 역할을 합니다. 시각화된 포인트를 사용해 동영상과 함께 합성하거나 따라다니는 레이어를 추가적으로 만들 수 있습니다. 트래커 데이터는 동영상이 가지고 있는 각도에 대한 정보를 나타내기 때문에 적용되는 레이어도 동일한 방향을 향하고 함께 움직일 수 있도록 합니다.

동영상 레이어의 트랙 포인트(Track Point)를 찾아 타깃을 설정할 수 있습니다. 트랙 포인트는 동영상에서 고정되어 지속적으로 확인할 수 있는 영역을 찾아 다른 오브젝트가 참고할 수 있도록 합니다.

예제 파일ㅣ CD\Part 05\018_Example Project의 Building 컴포지션

01. 예제 프로젝트에서 'Building' 컴포지션을 더블클릭하여 컴포지션을 확인합니다. [Timeline] 패널에서 'Building' 레이어를 선택하고 마우스 오른쪽을 클릭하여 'Track Camera'를 선택합니다. 명령이 실행되면 다음과 같이 [Composition] 패널에 푸른색의 띠가 만들어지고 동영상에서 추적 데이터를 분석합니다.

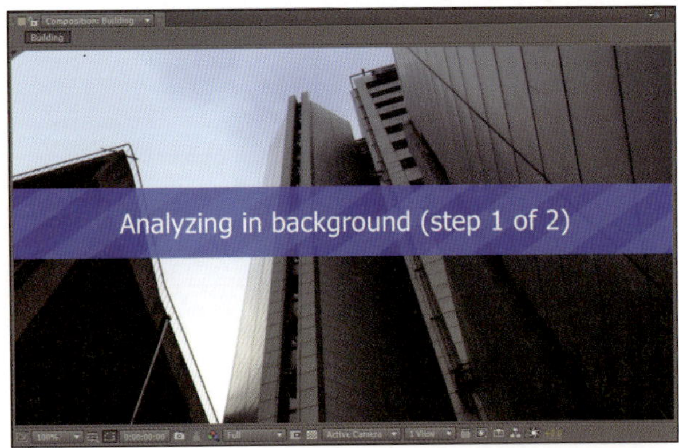

02. 1차 분석이 끝나면 다음과 같이 2차 분석을 통해 마무리합니다. 모든 분석이 마무리되면 기존에 생성되었던 띠는 사라지게 됩니다. 동영상을 분석하는 동안 다른 작업을 진행해도 분석은 계속 진행됩니다.

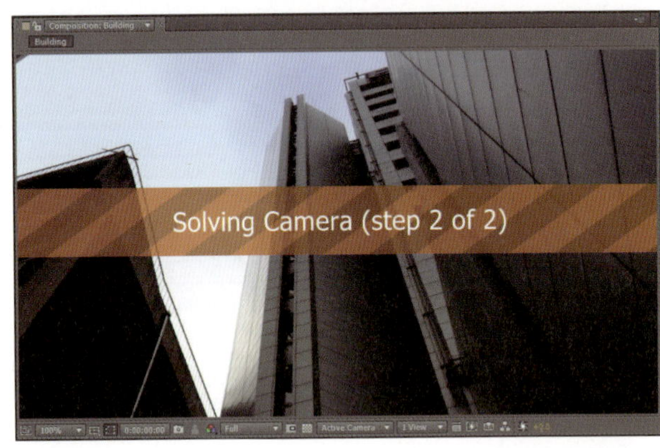

03. 모든 과정이 마무리되면 다음과 같이 동영상을 분석한 결과가 [Composition] 패널에 표시됩니다. 각각의 포인트는 타깃 포인트로 사용되며 개별적인 방향을 가지고 있습니다.

04. 'Track Camera'를 적용하면 [Composition] 패널에 타깃 포인트가 나타나고 [Effect Controls] 패널에 [3D Camera Tracker]라는 이펙트가 나타납니다. 이펙트에서 세부적인 제어를 할 수 있습니다. 'Render Track Points'를 체크하면 포인트가 최종 결과물을 렌더링했을 때 그대로 표시되도록 합니다. [3D Camera Tracker] 이펙트를 지우면 분석 데이터도 함께 지워집니다.

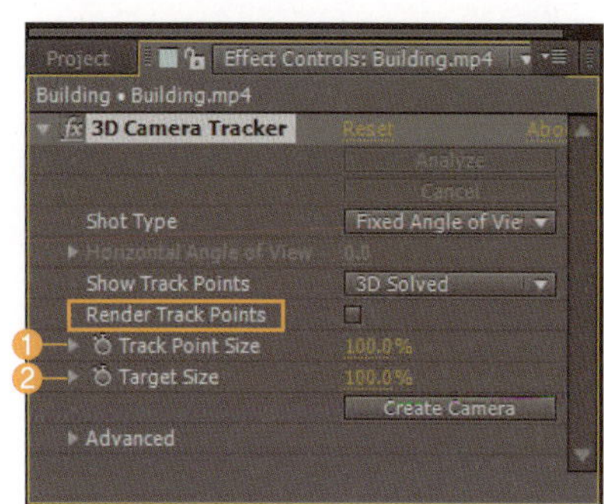

❶ **Track Point Size** : [Composition] 패널에서 나타나는 표시들의 크기를 조절할 수 있습니다.

❷ **Target Size** : 포인트들이 가지고 있는 방향에 대해 나타나는 붉은색의 원형 크기를 조절할 수 있습니다.

05. 트랙 포인트 주위로 마우스를 움직이면 다음과 같이 타깃이 나타납니다. 타깃은 트랙 포인트마다 다르게 나타나며 2개, 또는 그 이상의 포인트가 하나의 타깃을 만듭니다. 여러 개의 포인트를 선택해 하나의 기울기를 갖는 타깃을 만들 수 있습니다.

06. 클릭한 상태로 이동하면 다음과 같이 마우스 포인터의 모양이 [올가미 선택 툴]( )로 변경되고 여러 개의 트랙 포인트를 임의로 선택할 수 있습니다. 불필요한 트랙 포인트는 마우스로 드래그하여 선택하고 **Delete** 를 눌러 지우거나, 마우스 오른쪽 버튼을 클릭하고 'Delete Selected Point'를 선택하여 지울 수 있습니다.

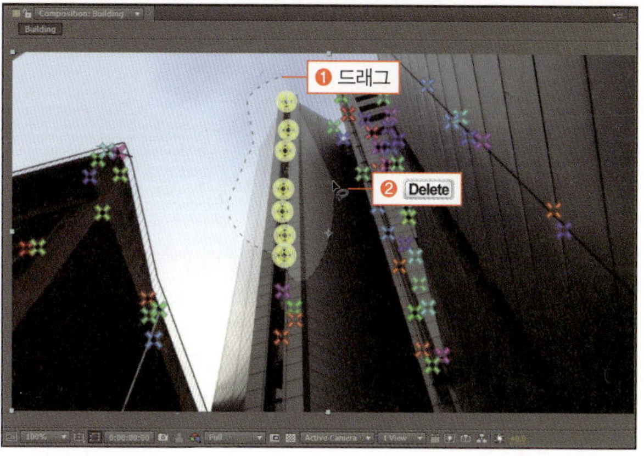

07. [Composition] 패널에서 트랙 포인트가 사라지게 되면 [Effect Controls] 패널에서 '3D Camera Tracker'를 선택하면 됩니다. 트랙 포인트는 드래그해서 선택할 수도 있지만 마우스를 움직이다가 원하는 타깃이 나타나면 마우스로 타깃을 클릭하면 트랙 포인트가 선택됩니다. 타깃은 [Effect Controls] 패널의 [3D Camera Tracker]-[Target Size]를 조절하여 크기를 조절합니다. 크기를 조절하여 생성될 오브젝트의 크기를 지정할 수 있습니다.

08. 타깃의 중앙 부분을 클릭한 상태로 드래그하면 타깃의 위치를 변경할 수 있습니다. 새롭게 생성될 오브젝트의 위치로 이동하면 됩니다.

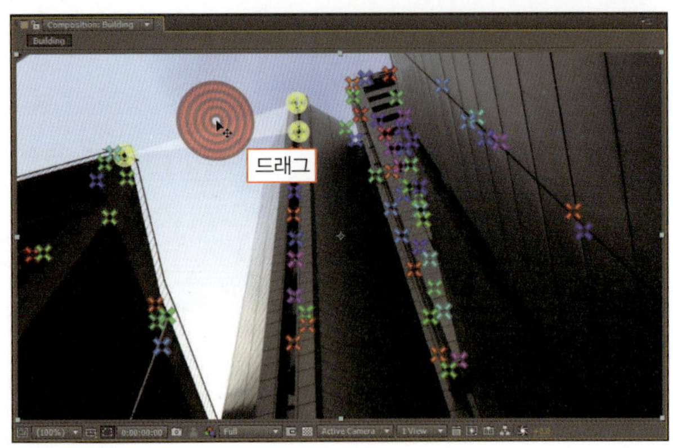

트랙 포인트와 타깃이 설정되면 설정된 위치에 텍스트나 오브젝트 레이어를 일치시켜 동영상과 동일한 움직임을 갖게 할 수 있습니다.

완성 파일 | CD₩Part 05₩018_Example Project의 Building_Final 컴포지션

01. 타깃의 위치에 오브젝트를 생성하기 위해 [Composition] 패널에서 타깃을 선택하고 마우스 오른쪽 버튼을 클릭합니다.

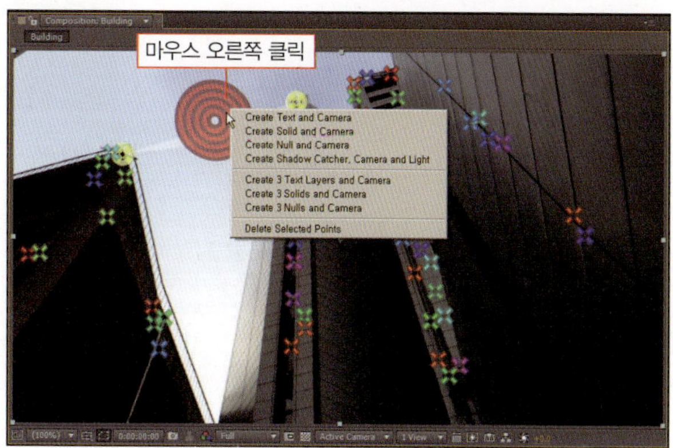

02. 각 메뉴들의 기능과 적용 화면은 다음과 같습니다.

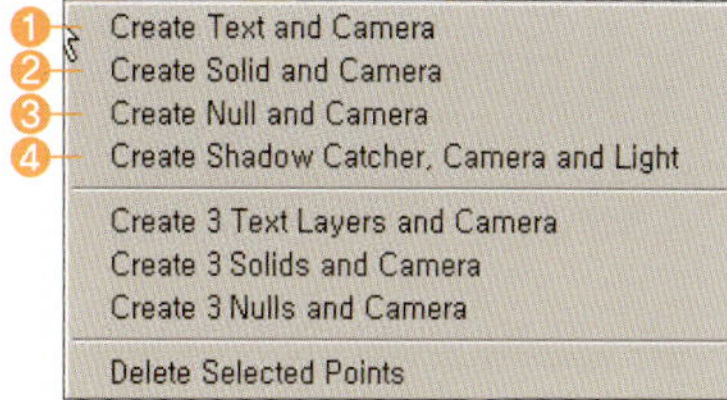

❶ **Create Text and Camera :** 카메라와 텍스트 레이어를 선택된 타깃의 위치에 만들어 줍니다.

❷ **Create Solid and Camera :** [Timeline] 패널에 카메라와 솔리드 레이어를 타깃의 위치에 만들어 줍니다.

❸ **Creative Null and Camera :** [Timeline] 패널에 카메라와 Null 레이어를 타깃의 위치에 만들어 줍니다.

❹ **Creative Shadow Catcher, Camera and Light :** [Timeline] 패널에 카메라와 라이트를 만들고 텍스트 레이어나 다른 오브젝트를 만들었을 때 그림자가 생성될 수 있는 솔리드 레이어를 타깃의 위치에 만들어 줍니다.

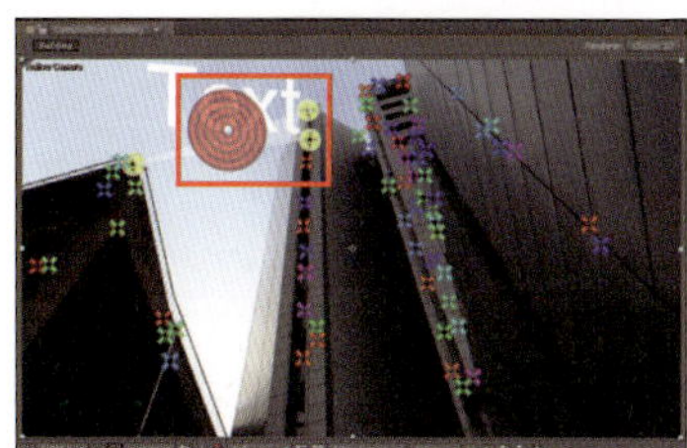

▲ Creative Text and Camera

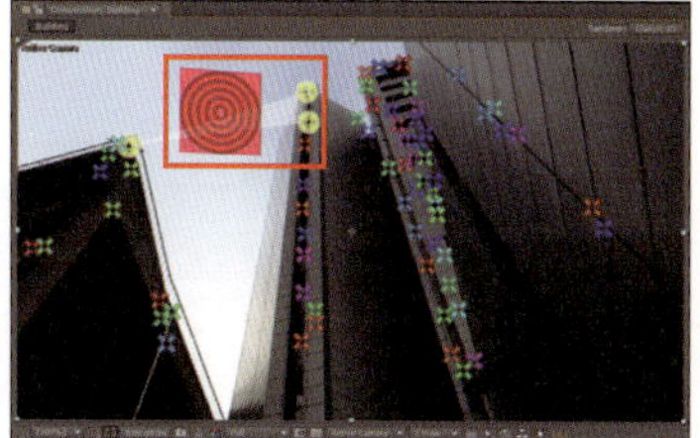

▲ Create Solid and Camera

▲ Creative Null and Camera

03. 타깃에서 'Creative Text and Camera'를 선택해 카메라와 텍스트 레이어를 만들도록 합니다. [Timeline] 패널에 만들어진 텍스트 레이어는 사용자가 임의로 변경하여 사용할 수 있습니다. 문자의 크기, 회전, 위치, 색상 등 모든 내용을 일반 텍스트와 동일하게 사용하면 됩니다.

04. 텍스트가 만들어지면 [Timeline] 패널에서 타임마커를 이동해 동영상의 움직임을 확인합니다. 동영상의 움직임과 텍스트 레이어가 함께 움직이는 것을 확인할 수 있습니다. 컴포지션의 3D 모드를 Ray-traced 3D 모드로 변환하여 텍스트를 입체로 제작할 수 있습니다.

3D 입체 영상을 만들기 위한 기본기

3D 입체 영상을 만들 수 있는 원리는 사람의 눈이 가로방향으로 약 6.5cm 떨어져 존재하는 양안시차 때문입니다. 양안시차는 사람이 입체감을 느끼는 가장 중요한 요인입니다. 좌/우로 떨어져 있는 눈은 각각 서로 다른 2차원의 상을 보게 되고 이 두상이 망막을 통해 뇌로 전달되면, 뇌는 이를 정확히 서로 융합하여 3차원 영상의 원근감과 같은 입체감을 재생하게 됩니다. 이러한 구조를 '스테레오스코피(Stereoscopy)'라고 합니다.

기초탄탄 ▶ 3D 입체 영상 제작을 위한 준비

■ 영상 제작을 위한 준비 사항

3D 입체 영상을 제작하기 위해서는 최소한의 준비가 되어 있어야 프로젝트를 진행할 수 있습니다. 최소한의 장비가 없으면 프로젝트는 만들 수 있지만 어느 정도의 입체감을 나타내는지 확인할 수 있는 방법이 없어 난감할 수 있습니다.

3D 입체 영상 제작을 위한 준비 사항

① 3D TV가 있으면 좋으며, 없으면 빨강 및 청록의 3D 안경을 끼고 [Composition] 패널에서 작업합니다.

② 3D TV가 있으면 3D TV와 TV 제조업체에서 제공하는 3D 안경을 사용하여 프로젝트를 진행합니다.

③ 애프터 이펙트에서 3D 레이어로 제작한 컴포지션을 준비합니다.

④ HDMI 케이블(DVI 케이블)을 사용해 컴퓨터와 3D TV를 연결합니다.

⑤ 애프터 이펙트에서 [Composition] 패널을 '100%'로 설정하고 제작한 3D 컴포지션과 출력할 TV의 해상도를 일치시킵니다.

⑥ 스테레오 3D 컴포지션에 대한 새로운 컴포지션을 만듭니다. 컴포지션을 잠그고 3D TV로 드래그합니다.

⑦ `Ctrl`+`I`를 2번 눌러 컴포지션이 3D TV에 전체화면으로 출력되도록 합니다.

⑧ [Effect Controls] 패널의 [3D Glasses]-[3D View]에서 'Stereo Pair', 'Over Under', 'Interlaced' 중 하나를 선택하여 출력방식을 설정합니다.

⑨ 3D TV에서 3D 모드를 켜고 [3D Glasses]에서 설정된 3D View의 설정과 일치 시킵니다. 'Stereo Pair'와 'Over Under'는 일반적인 3D TV에서 기본적으로 지원합니다.

⑩ 3D 안경을 착용하고 입체 영상을 편집하거나 수정합니다.

일련의 과정을 거쳐 최종 결과를 3D TV에서 확인할 수 있습니다.

양안시차를 이용하여 2개의 카메라 렌즈로 담은 2개의 2차원 상을 좌안과 우안에 따로따로 제시하여 평면의 전후에 입체감이 있는 공간을 제한하는 방식으로 3D 입체 영상을 만듭니다. 애프터 이펙트는 3D 컴포지션을 입체 3D 컴포지션으로 변환할 수 있는 메뉴들을 포함하고 있습니다. 스테레오 3D 리그를 사용하여 3D 안경 효과, 카메라의 배치, 심도 등의 다양한 요소들을 더욱 쉽게 제어해 3D 입체 영상을 만들 수 있습니다. 스테레오 3D 리그 명령을 사용하기 위해서는 3D 요소가 포함되어 있는 컴포지션을 만들어서 사용합니다.

예제 파일 | CD₩Part 05₩019_Example Project의 NFL 컴포지션

01. 스테레오 3D 리그를 적용해 3D 입체 영상을 만들기 위해 예제 프로젝트에서 'NFL' 컴포지션을 확인하고 카메라 레이어를 더블클릭하고 [Camera Settings] 대화상자에서 [Type]이 'Two-Node Camera'로 선택되어 있는지 확인합니다. 카메라가 중앙 포인트를 갖고 있는 'Two-Node Camera'일 때 리그가 작동하기 때문입니다. [Timeline] 패널에서 카메라를 선택하고 마우스 오른쪽 버튼을 클릭하고 'Camera'-'Create Stereo 3D Rig'를 선택해도 됩니다.

문제 해결 019_Example Project의 'NFL' 컴포지션이 에러 없이 열리기 위해서는 써드파티 플러그인중 'Paricular'가 설치되어 있어야 합니다. 만약 없다면 컴포지션의 가장 위쪽에 있는 'Black Solid 1' 레이어의 [Video]를 체크 해제하시기를 바랍니다.

02. 'Create Stereo 3D Rig' 명령을 적용하면 [Timeline] 패널에 최초에 선택한 마스터 카메라를 기준으로 왼쪽 시점의 카메라와 오른쪽 시점의 카메라가 초기 [Composition] 패널에 만들어집니다.

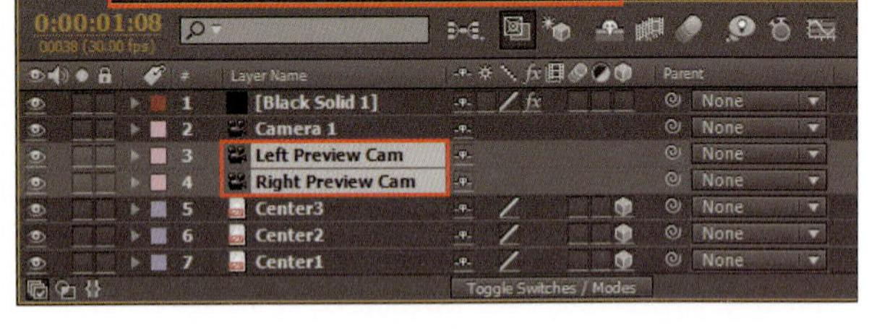

03. 카메라의 시점에 따라 왼쪽 시점의 컴포지션과 오른쪽 시점의 컴포지션이 새롭게 생성됩니다. 그리고 입체 3D 영상을 최종으로 만들어 내보내는 'Stereo 3D' 컴포지션이 만들어집니다. 이렇게 추가적인 3개의 컴포지션이 더 만들어지게 됩니다.

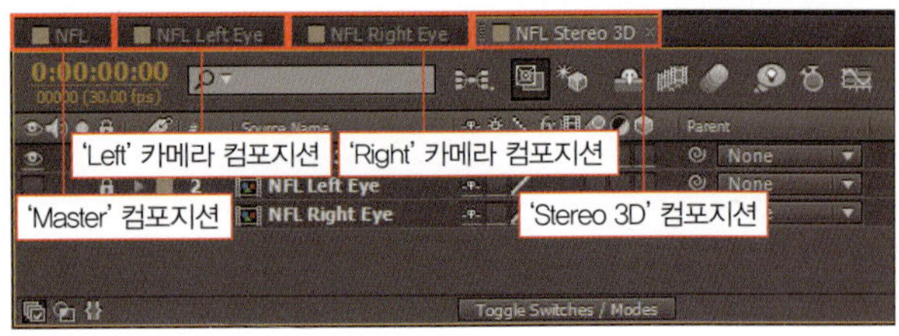

04. ‘Stereo 3D’ 컴포지션은 두 시점의 컴포지션이 중첩되어 나타나며 두 시점의 컴포지션을 포함하고 있습니다. ‘Stereo 3D’ 컴포지션에는 ‘Stereo 3D Controls’이라는 레이어를 포함하는데 이 레이어는 리그를 제어할 수 있는 스테레오 3D 컨트롤 이펙트와 왼쪽 시점 및 오른쪽 시점 컴포지션을 하나의 스테레오 이미지로 결합하는 3D 안경 이펙트가 포함되어 있습니다. [Stereo 3D Controls]과 [3D Glasses]는 ‘Stereo 3D’ 컴포지션이 생성될 때 자동으로 만들어지는 이펙트로 [Effect] 패널에 별도로 존재하지 않습니다.

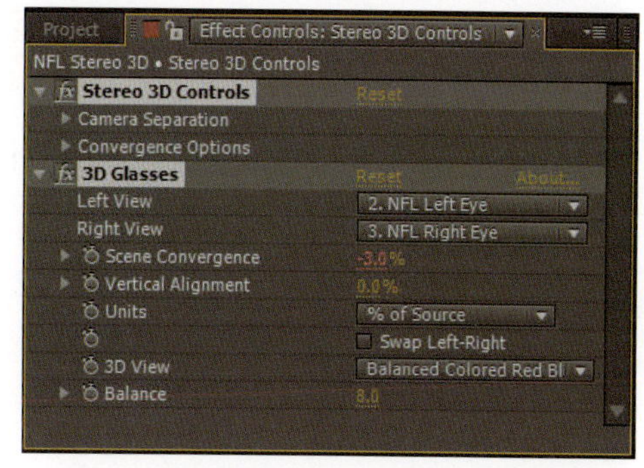

T I P ： 리그(Rig)

보통 카메라 2대의 렌즈 간격의 기본 값을 6.5cm 정도로 맞추는데, 이 간격을 줄이고 늘리며 공간감을 만들어냅니다. 이때 카메라 2대를 연결한 고정 프레임을 ‘Rig’라 하며, ‘Rig’의 조절을 통해 3D 입체를 만들어 내는 것입니다.

Stereo 3D 리그를 통해 생성된 입체 3D 영상은 [Stereo 3D Controls]과 [3D Glasses] 이펙트를 통해 입체감의 정도를 조정할 수 있습니다.

■ Stereo 3D Controls

카메라에 배치되는 방법을 결정합니다.

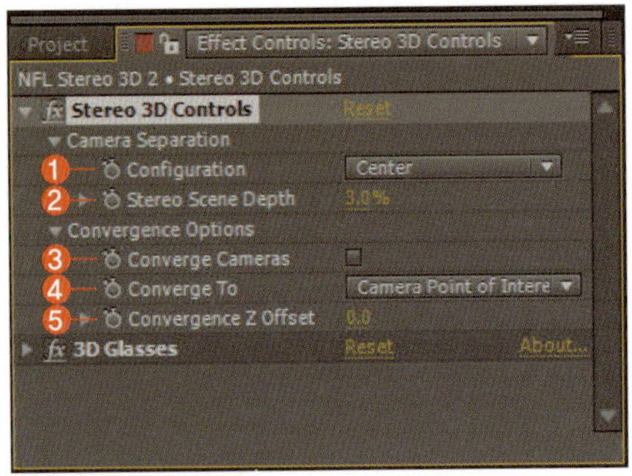

❶ Configuration

- Center : 왼쪽/오른쪽 카메라를 마스터 카메라의 양쪽에 배치합니다.
- Hero Left : 오른쪽에 있는 마스터 카메라와 동일한 지점에 왼쪽 카메라를 배치합니다.
- Hero Right : 왼쪽에 있는 마스터 카메라 위치에 오른쪽 카메라를 배치합니다.

❷ Stereo Scene Depth : 카메라와 카메라 사이의 축 간 거리를 컴포지션 폭의 백분율로 제어합니다. 기본 설정은 '3%'로 낮은 값에서 시작되며, 일반적으로 14~30% 사이에서 설정되는 것이 좋습니다. 값을 너무 많이 적용하게 되면 입체감이 과하게 적용되어 눈을 피로하게 만듭니다.

❸ Converge Cameras : 'Converge Cameras'의 체크를 해지하면 카메라는 마스터 카메라와 평행하게 유지되지만 양쪽으로 움직여 빈 가장자리가 나타납니다. 이 설정을 켜면 위치가 이동되어 2대의 카메라가 이동하여 빈 가장자리가 채워집니다. 빈 가장자리를 없애려면 레이어 크기를 조절합니다.

❹ Converge To : 'Converge'가 적용되는 위치를 선택할 수 있습니다.

❺ Convergence Z Offset : 3D 안경을 통해 화면을 볼 때 카메라로부터 떨어져 나타날 Z 거리를 결정합니다. 'Converge Cameras'를 체크하지 않고 작업 중이고 카메라가 병렬일 때는 [Stereo Scene Depth]를 변경하는 것과 [Convergence Z Offset]을 변경하는 것은 동일한 효과를 가져옵니다. 다른 객체를 화면 앞으로, 또는 뒤로 이동하려면 'Converge Cameras'를 체크하고 [Convergence Z Offset]을 변경합니다. Z 오프셋보다 카메라에 가까운 객체는 화면 앞쪽에 나타나고, 그보다 먼 객체는 뒤에 나타납니다.

■ 3D Glasses

3D Glasses 이펙트는 왼쪽 시점과 오른쪽 시점을 결합하여 하나의 3D 이미지를 만듭니다. 하나의 이미지를 만드는 데 사용하는 방법에 따라 최종 이미지를 보는 방법이 결정됩니다.

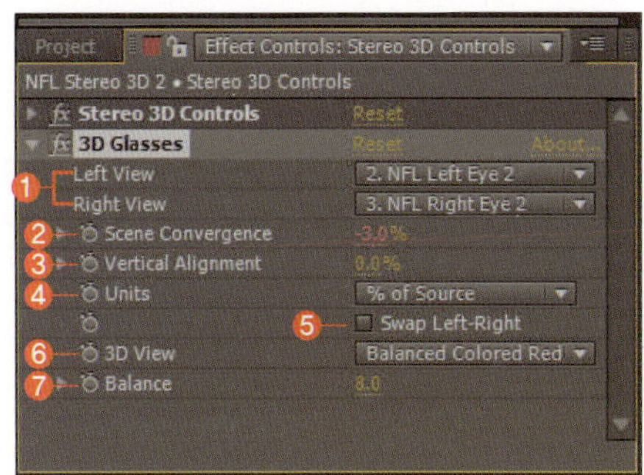

❶ Left View/Right View : 왼쪽, 또는 오른쪽 뷰로 사용할 레이어를 선택합니다. 왼쪽, 또는 오른쪽 뷰의 이미지가 인터레이스되는 경우 3D 안경을 사용하기 전에 인터레이스를 제거해야 필드 불일치를 방지할 수 있습니다. 3D 안경을 사용하면 인터레이스 프레임이 만들어지므로 렌더링할 때 인터레이스 옵션은 사용하지 말아야 합니다.

❷ Scene Convergence : Stereo 3D Controls을 사용하여 3D 요소를 화면 앞이나 뒤에 표시합니다.

❸ Vertical Alignment : 왼쪽, 또는 오른쪽 뷰의 수직 오프셋을 제어합니다.

❹ Units : [Scene Convergence]와 [Vertical Alignment]의 값에 대한 측정 단위(Pixels, 또는 소스의 백분율)를 설정합니다.

❺ Swap Left-Right : 체크하면 왼쪽 뷰와 오른쪽 뷰를 서로 바꿉니다.

❻ 3D View : 뷰를 어떻게 결합할 것인지를 선택합니다. 최종으로 확인할 TV 종류에 따라 변경될 수 있습니다. 제조업체에서 지원하는 방식을 선택적으로 사용하면 됩니다.

• Stereo Pair(Side by Side)/Over Under : [Composition] 패널에 왼쪽/오른쪽으로 나란히(Stereo Pair), 또는 위/아래(Cover Under)로 배열하여 두 레이어의 비율을 조정합니다.

▲ Stereo Pair(Side by Side)

▲ Over Under

349

• Interlace Upper L Lower R : 왼쪽 뷰 레이어에서 위쪽 필드를 가져오고 오른쪽 뷰 레이어에서 아래쪽 필드를 가져와 2개의 필드를 인터레이스 프레임의 시퀀스로 합칩니다. 편광, 또는 LCD 셔터 안경을 사용하여 결과를 확인하려면 이 옵션을 선택하면 됩니다.

▲ Interlace Upper L Lower R

• Difference : 이미지를 'Difference'로 표시하며 이미지에서 화면의 위치를 설정할 때 유용합니다.

▲ Difference

• Red Green LR : 각 레이어의 빛의 세기에 대한 값을 사용하여 오른쪽 뷰 레이어에 빨강을, 왼쪽 뷰 레이어에 녹색을 나타냅니다.

• Red Blue LR : 각 레이어의 빛의 세기에 대한 값을 사용하여 오른쪽 뷰 레이어에 빨강을, 왼쪽 뷰 레이어에 파랑을 나타냅니다.

• Balance Red Green LR/Balance Red Blue LR : 'Red Green LR', 'Red Blue LR'과 동일하게 작용하며 'Balance'를 조정하여 전체적인 대비를 제어합니다.

▲ Red Green LR　　　　　　　　　　　　　　　▲ Red Blue LR

❼ Balance : [Balance]를 '0.0'으로 설정하면 3D 안경을 통해 3D 심도가 표현되지 않고, [Balance]를 너무 높게 설정하면 3D 안경을 사용할 때 채도가 지나치게 높은 출력이 생성됩니다.

특별한 이미지 포맷과 베니싱 포인트

그래픽에서 일반적으로 사용되는 이미지 포맷은 jpg, psd, Targa 등이 있습니다. 이외에 자주 사용하지는 않지만 가끔 사용하는 파일 포맷을 다루도록 합니다. 3D 응용 프로그램에서 렌더링할 때 채널에 대한 다양한 정보를 담고 있는 rla, rpf 포맷의 이미지와 빛에 대한 정보를 담고 있는 Raw, HDR에 대해 알아보도록 하겠습니다. 또한 소실점을 이용해 애프터 이펙트에서 이미지를 3D 환경에 배치하도록 합니다.

기초탄탄 ▶ 소실점 이해하기

■ 소실점 `360P`

소실점을 발견한 사람은 1410년경 르네상스시대 피렌체 건축가 필리포 브루넬레스키(Filippo Brunelleschi)였습니다. 그의 이론은 '회화에 관하여(On Painting)'라는 원근법에 관한 저술로 유명한 레오네 알베르티에 의해 발전되었습니다. 그러나 본격적인 보급은 레오나르도 다 빈치(Reonardo da vinci), 파울로 우첼로(Paolo Uccello), 피에로 델라 프란체스카(Piero della Francesca) 등에 의해서입니다. 16세기의 화가나 건축가에게 원근법과 소실점은 중요한 의미를 지니고 있습니다.

소실점은 3차원의 현실을 2차원의 화면에 재현하기 위하여 쓰이며, 회화뿐 아니라 건축, 조경, 무대 장치, 인테리어 설계도에서도 쓰입니다. 소실점을 이용하여 거리감이나 구도를 나타내므로 소실점이 몇 개 있느냐에 따라 그림의 느낌이 달라집니다.

- 1점 소실점 투시법 : 3차원적인 부피감을 나타내는 기초 기법으로 평행선 원근법이라고도 합니다. 소실점이 1개이며, 집중감이 강하며, 대각선 구도로서 가로수길 등을 그릴 때 많이 사용됩니다.
- 2점 소실점 투시법 : 사선 원근법이라고도 하며, 소실점이 화면의 양쪽에 2개가 있습니다. 주로 웅장한 건물 등을 표현할 때 사용됩니다.
- 3점 소실점 투시법 : 공간 원근법이라고도 하며 소실점이 3개로 양쪽과 위쪽이나 밑에 있습니다. 스케치나 드로잉에서는 잘 사용하지 않으나 높은 건물을 그릴 때 사용됩니다.

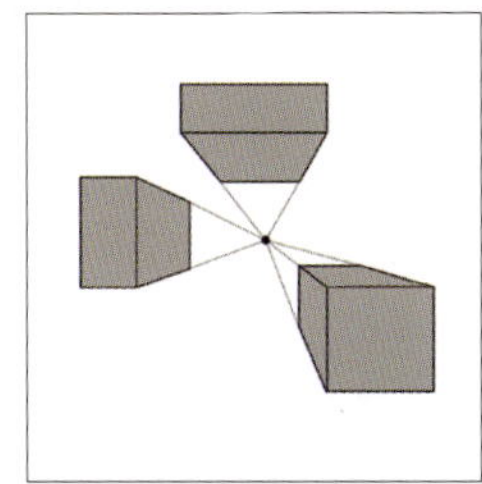

▲ 1점 소실점 투시법

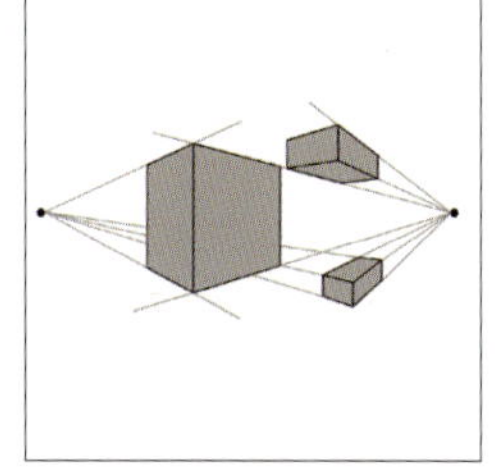

▲ 2점 소실점 투시법

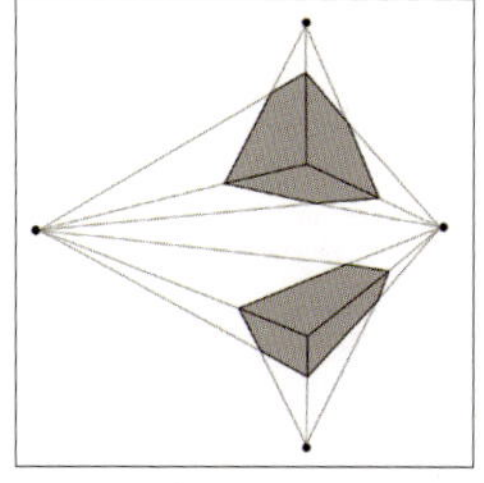

▲ 3점 소실점 투시법

3D 응용 프로그램에서 제작된 오브젝트는 렌더링 과정을 거쳐 애프터 이펙트에서 사용할 수 있습니다. 렌더링 포맷은 RLA, 또는 RPF 시퀀스 파일이며, RLA, 또는 RPF 파일과 함께 저장된 카메라 데이터를 애프터 이펙트에서 사용합니다. 다음은 3D 맥스에서 RPF 파일을 준비하고 애프터 이펙트로 불러와 사용하는 방법에 대해 알아보도록 하겠습니다.

■ 3D 맥스에서 RPF의 생성

01. 3D 맥스 카메라 데이터를 사용하여 'RLA', 또는 'RPF' 파일을 준비합니다. 오브젝트를 만들고 렌더링하는 과정에서 RPF 포맷에 Alpha, Z Depth, Object ID 등 애프터 이펙트에서 사용할 채널에 대한 옵션을 설정합니다.

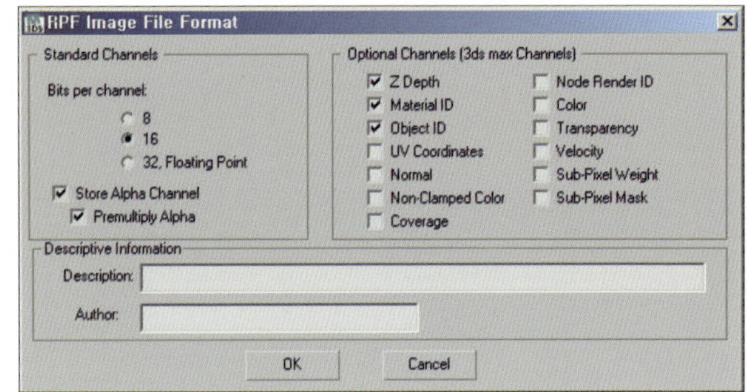

02. 3D 맥스에서 RPF로 저장되는 하나의 파일은 다음과 같이 Alpha, Z Depth, Meterial ID, Object ID 등을 포함하는 데이터를 가지고 있습니다.

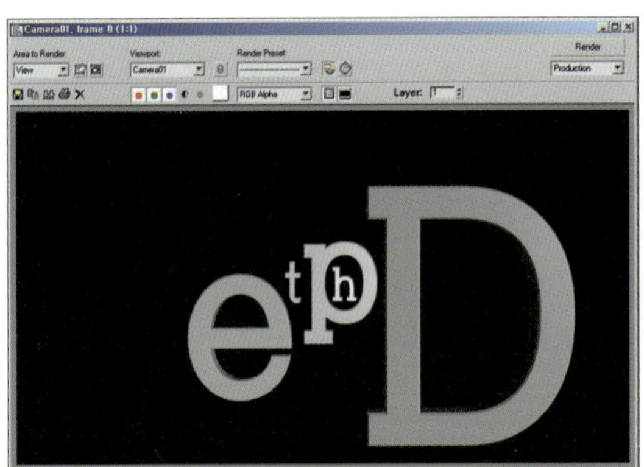

▲ Alpha 데이터

▲ Z Depth 데이터

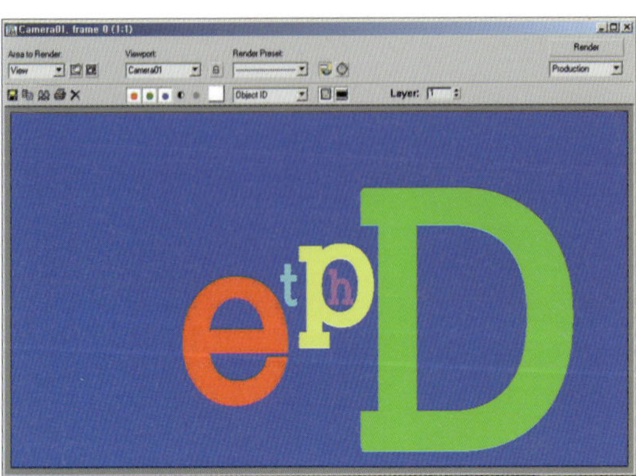

▲ Meterial ID / Object ID 데이터

■ ID Matte

이펙트에서 3D Channel 이펙트는 Z-depth, Surface normals, Object ID, Texture coordinates, Background color, Unclamped RGB, Material ID 등의 추가 정보 채널을 읽고 조절할 수 있습니다. ID Matte는 3D 응용 프로그램에서 오브젝트에 고유의 ID 값을 할당하면, 애프터 이펙트에서 ID을 통해 특정 개체에 이펙트를 적용할 수 있습니다.

예제 파일 | CD\Part 05\020_Example Project의 Depth 컴포지션

01. 예제 프로젝트에서 'Depth' 컴포지션을 확인합니다. [Timeline] 패널에서 위쪽에 있는 'Depth' 레이어를 선택합니다.

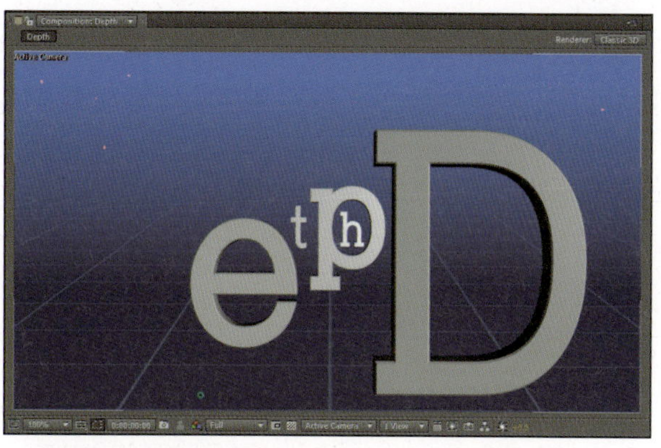

02. 오브젝트별로 설정된 ID를 선별적으로 사용해 색상을 바꾸거나 특정 오브젝트에 선별적으로 이펙트를 적용할 수 있습니다. 'Depth' 레이어를 선택하고 [Effect]–[3D Channel]–[ID Matte] 메뉴를 클릭합니다. [Effect Controls] 패널의 [Aux. Channel]은 'Object ID', [ID Selection]은 '2'를 적용해 [Composition] 패널에서 ID 2에 해당하는 영문 e가 나타나도록 합니다.

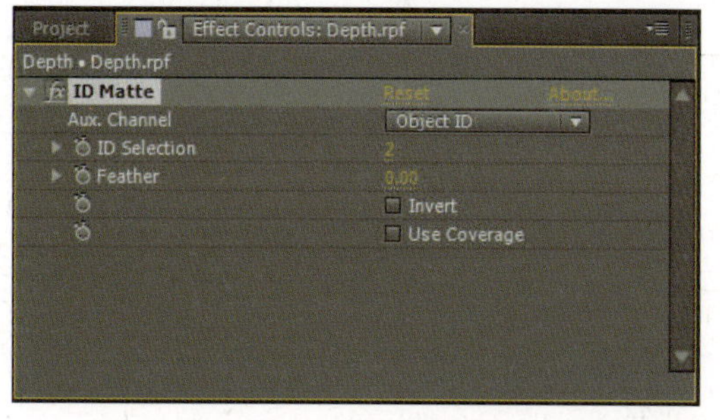

03. [ID Selection]을 변경하면 [Composition] 패널에 각각의 ID에 해당하는 오브젝트가 나타나게 됩니다. [Feather]는 매트의 가장자리를 따라 적용되는 블러의 양을 조절하며, [Invert]는 선택된 ID 이외의 영역을 나타내도록 합니다. [Use Coverage]는 매트 가장자리의 픽셀에서 오브젝트 뒤에 저장된 색상을 제거합니다.

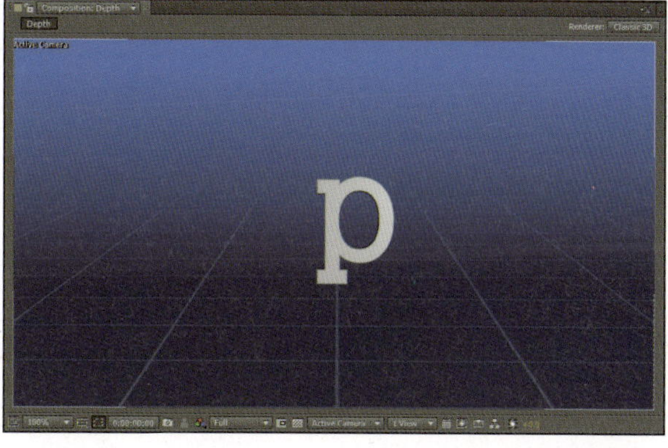

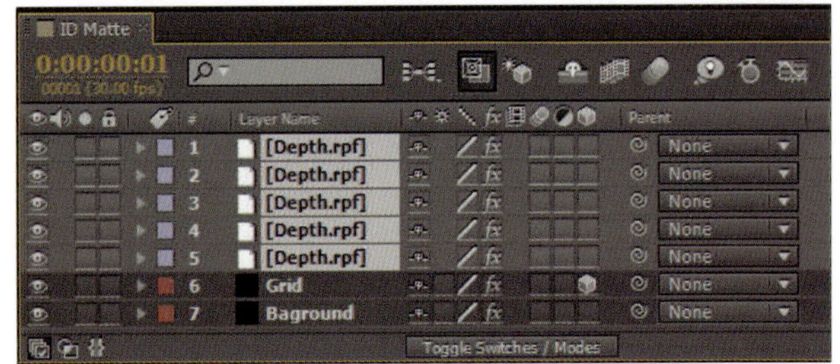

04. 'Depth' 레이어 하나에 이펙트가 적용되어 하나의 오브젝트가 나타나게 되므로, 각각의 오브젝트를 화면에 나타나게 하려면 'Depth' 레이어를 복제하여 오브젝트의 숫자만큼 만들어 사용해야 합니다. 개별의 레이어에 컬러를 변경하거나 새로운 효과를 적용할 수 있습니다.

■ Depth of Field

3D 응용 프로그램에서 적용한 Z Depth 값을 가지고 애프터 이펙트에서 오브젝트의 거리에 따른 블러 효과를 적용할 수 있습니다.

예제 파일 | CD₩Part 05₩020_Example Project의 Depth of Field 컴포지션

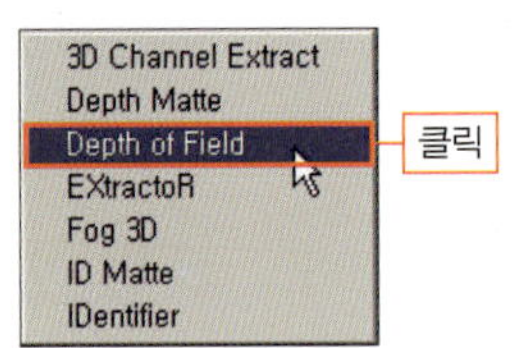

01. 예제 프로젝트에서 'Depth of Field' 컴포지션을 확인하고 'Depth' 레이어를 선택한 후 [Effect]-[3D Channel]-[Depth of Field] 메뉴를 선택해 적용합니다.

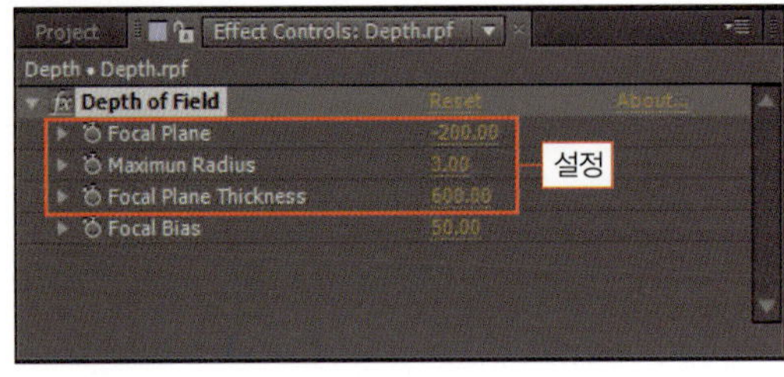

02. 이펙트에서 초점면 이외의 영역에 있는 오브젝트에 블러 효과를 적용하기 위해 [Maximun Radius]를 '3'으로 설정하여 오브젝트에 블러가 적용되도록 합니다. [Focal Plane Thickness]를 '600'으로 설정하여 초점면의 양쪽에서 초점을 얼마만큼의 심도를 부여하지를 지정합니다. [Focal Plane]은 '-200'으로 설정하여 영문 e 부분이 선명하게 보이도록 합니다.

> **TIP : Focal Plane**
> 카메라에서 초점면의 Z축의 거리를 말하며, 오브젝트의 어느 부분을 기준으로 선명하게 보일지를 결정합니다.

03. [Depth of Field] 이펙트를 적용한 결과는 다음과 같습니다. 앞부분은 선명하고 뒤로 갈수록 오브젝트가 흐리게 나타나도록 설정하였습니다.

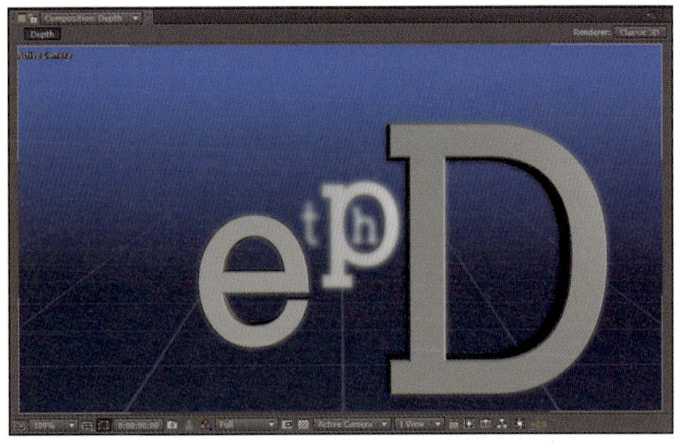

■ Depth Matte

3D 이미지의 심도 데이터로 Z축을 따라 임의의 위치에서 이미지를 분할할 수 있습니다. 예를 들어 P와 e사이에 다른 오브젝트를 삽입하고자 할 때 사용할 수 있습니다.

01. p와 e를 분리하여 다른 레이어를 삽입하기 위해 예제 프로젝트에서 'Depth Matte' 컴포지션을 확인하고 'Depth' 레이어를 선택한 후 [Effect]─[3D Channel]─[Depth Matte] 메뉴를 클릭합니다. 이펙트에서 [Depth]를 '─700'으로 설정하면 Z축에서 e자 이후 오브젝트는 보이지 않게 됩니다.

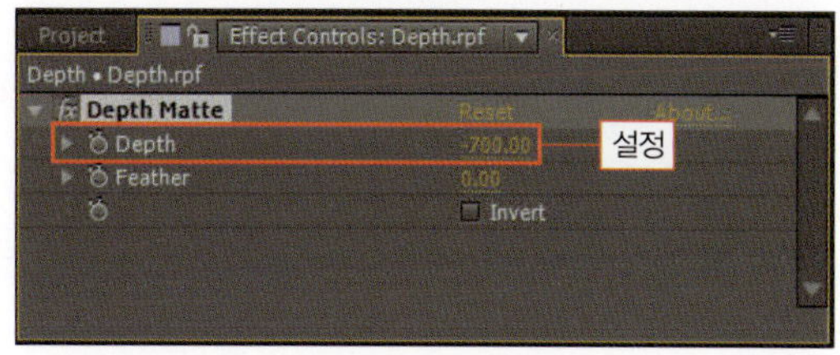

02. 다음과 같이 D와 e만 보이는 상태가 만들어졌습니다. 이제 D와 e 이외의 오브젝트만 보이는 레이어를 만들면 됩니다.

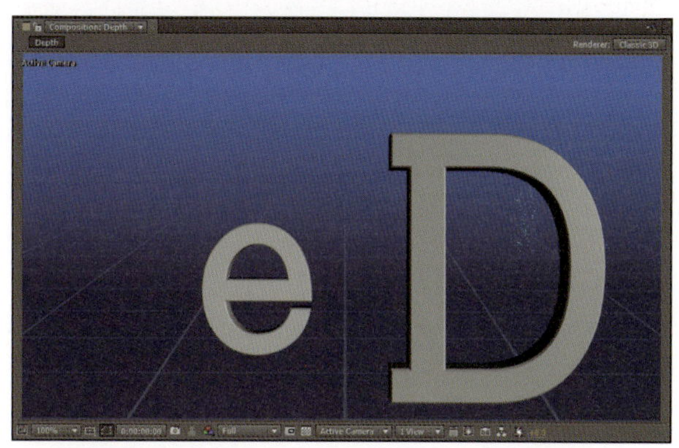

03. [Timeline] 패널에서 이펙트가 적용된 'Depth' 레이어를 선택하고 [Edit]─[Duplicate] (Ctrl+D) 메뉴를 클릭해 레이어를 복제합니다. 복제된 레이어의 [Effect Controls] 패널에 [Depth Matte]를 확인합니다. 복제 전의 레이어와 동일한 효과이므로 반대의 영역이 나타나도록 설정하기 위해 'Invert'를 체크합니다.

04. 모든 적용이 마무리되었으면 복제된 레이어를 원본 레이어 아래로 내리고 레이어 사이에 추가하고자 하는 오브젝트 레이어를 삽입하면 됩니다.

애프터 이펙트는 다양한 이미지를 사용해 프로젝트를 진행할 수 있습니다. 일반적으로 사용되는 이미지 이외에 HDR 이미지를 사용하면 더욱 광범위한 이미지의 정보를 사용할 수 있습니다.

■ HDR의 색상정보

HDR, 즉 High Dynamic Range Image(HDRI)에 대해 알아보도록 하겠습니다. 'Dynamic Range' 동적 범위란 어두운 영역과 밝은 영역 간의 비(Ratio)를 나타내며, 가시 세계의 동적 범위는 사람의 시각이 감지할 수 있는 범위와 모니터에 표시되거나 인쇄되는 이미지의 범위보다 훨씬 넓습니다. 그러나 사람의 눈은 많은 종류의 서로 다른 명도 레벨을 수용할 수 있는 반면 대부분의 카메라와 컴퓨터 모니터가 캡처하고 재현할 수 있는 동적 범위는 이보다 훨씬 적은 수로 제한되어 있습니다. 그 결과 사진가와 영상 예술가, 그리고 그 밖의 디지털 이미지 작업자는 제한된 동적 범위를 사용해야 함으로 장면에서 중요한 부분만을 선택적으로 표현할 수밖에 없습니다.

그러나 HDR(High Dynamic Range) 이미지를 사용하여 가시 세계의 동적 범위(DR) 전 영역을 표현할 수 있게 되었습니다. HDR 이미지는 실세계의 모든 광도 값에 정확히 비례하여 표현되고 이 정보를 저장하기 때문에 실세계의 장면을 촬영할 때 노출을 조정하는 것처럼 HDR 이미지의 노출을 조정할 수 있습니다. 따라서 사실적인 흐림 효과와 기타 실세계 조명 효과를 표현할 수 있습니다. 현재 HDR 이미지는 대개 영화, 특수 효과, 3D 작업 및 일부 전문 사진 촬영에서 사용되고 있습니다.

HDRI(High Dynamic Range Image)는 우리가 일반적으로 접하는 비트맵 이미지가 가지는 정보보다 광범위한 정보를 포함하는 이미지 포맷으로 기존의 jpeg, tiff, bmp 등과 같은 비트맵 이미지의 한 형태이며 RGBA 색상정보는 0~255단계의 색상정보를 담고 있지만 HDRI 이미지는 소수점까지 디테일 한 이미지 정보를 가지고 있기 때문에 이미지의 변경에 대한 손상이 없습니다. HDRI에는 색의 요소 이외로 에너지의 정보도 포함되어 있어 이 자체를 장면의 조명으로서 사용할 수 있습니다. 각 픽셀의 컬러들은 빛의 양에 비례하는 것으로 각 픽셀들이 빛의 양을 저장하고 있습니다. HDRI 샘플 자체는 일반 이미지 뷰어로는 확인할 수 없으며 HDR Viewer를 사용해야 이미지를 볼 수 있습니다.

예제 파일 | CD₩Part 05₩020_Example Project의 HDRI 컴포지션

01. 애프터 이펙트에서 HDR 이미지를 불러와 적용되는 범위와 방법을 알아 봅니다. 예제 프로젝트에서 'HDRI' 컴포지션을 확인합니다. 컴포지션에 적용된 HDR 이미지는 어두운 상태의 화면을 나타냅니다. 애프터 이펙트는 프로젝트 기본 설정이 '8bpc'로 되어있고, HDR 이미지는 기본적으로 '32bpc'를 사용하므로 애프터 이펙트의 [Project] 패널에서 환경을 설정해야 합니다. [Project] 패널 아래쪽에 '8bpc'에 마우스 포인터를 위치시키고 **Alt** 를 누른 상태로 클릭하면 '16bpc', 다시 클릭하면 '32bpc'로 변환됩니다.

02. [Composition] 패널의 오른쪽 아래에 있는 [Adjust exposure]( )로 노출을 조절할 수 있습니다. [Adjust exposure]( )는 HDR 이미지에 대한 색조 조정을 위해 만들어졌지만 8비트 및 16비트 이미지에서 사용할 수 있습니다. 노출은 이미지의 현재 색상 공간보다는 선형 색상 공간(감마 1.0)에서 계산을 수행하여 작동합니다.

> **TIP :** **노출(exposure)**
> 카메라의 CCD(Charge-Coupled Device/이미지 기록 센서)에 필요한 적당한 빛의 양을 조절하여 공급해 주는 것을 노출이라 합니다.

03. 이미지의 노출을 조절하기 위해서는 [Composition] 패널의 [Adjust exposure]( )을 클릭하고 왼쪽/오른쪽으로 옮기면 수치가 '-' ~ '+' 수치로 변경되며 화면의 밝기를 조절할 수 있습니다. '+'로 설정하고 [Adjust exposure]( )을 클릭하면 조절하기 전의 원래 수치로 되돌아갑니다.

> **TIP :** [Composition] 패널에서 노출을 조절하는 것은 최종 결과물에 영향을 주지는 않습니다. 단지 프리뷰하는 동안 영상이 어떻게 나타나는지만 보여줍니다. 결과물에 영향을 주기 위해서는 이펙트에서 노출에 대한 이펙트를 적용해야 합니다.

04. 노출에 대한 효과를 적용하기 위해서는 레이어를 선택하고 [Effect]–[Color Correction]–[Exposure] 메뉴를 클릭합니다. [Effect Controls] 패널의 [Exposure]를 다음과 같이 조절하게 되면 [Composition] 패널의 [Adjust exposure]( )를 조절하는 것과 동일한 노출 정도를 얻을 수 있습니다.

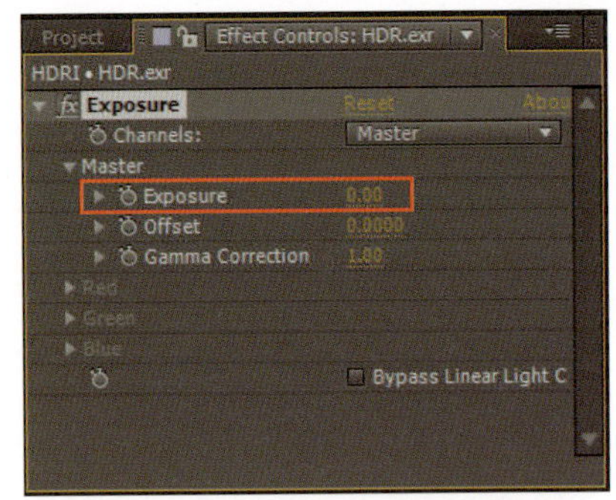

05. [Effect & Presets] 패널을 살펴보면 8비트와 16비트, 32비트에 적용되는 이펙트가 표시되어 있습니다. 이펙트 이름의 왼쪽 아이콘의 내부에 작게 8, 16, 32라는 숫자를 확인할 수 있습니다.

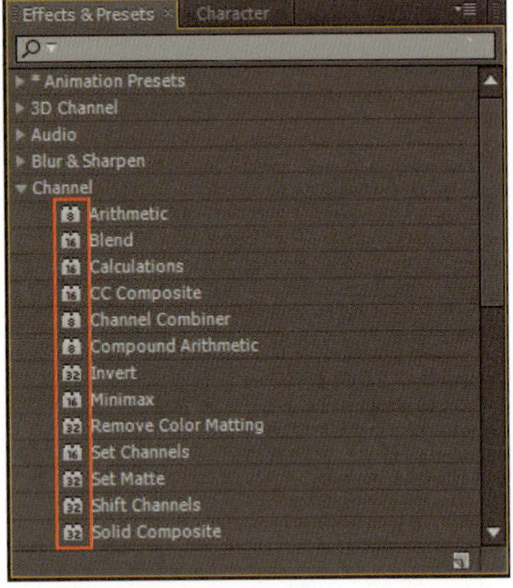

06. 이펙트에서 [HDR Compander]를 이용해 감마를 조절할 수 있으며, [HDR Highlight Compresstion]을 이용해 HDR 이미지의 밝은 부분을 제어할 수 있습니다.

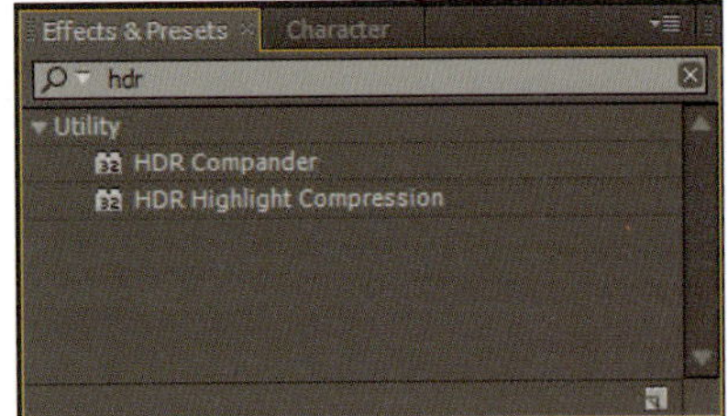

RAW라는 단어는 날것의, 가공하지 않은, 원료 그대로의 의미를 지니고 있습니다. 디지털 카메라에서 RAW 포맷으로 촬영된 사진 파일을 컴퓨터에서 더욱 정밀하게 가공할 수 있습니다.

■ RAW

포맷과 파일

- 포맷 : 렌즈를 통해서 들어온 빛을 디지털 신호로 변경한 후 어떤 처리도 하지 않은 상태로 컬러 정보만을 담고 있는 상태의 파일을 의미합니다. 디지털 카메라에 들어오는 정보를 CMOS가 비트 데이터로 변환합니다. 이때 원본 데이터는 크기가 너무 크기 때문에 JPEG라는 압축 포맷으로 변환하여 메모리에 저장을 하게 됩니다. 애프터 이펙트에서 압축하지 않은 원본 데이터 RAW를 가져와 수정 후 JPEG로 변환하면 압축된 JPEG를 수정한 것보다 손실이 적어지게 됩니다.

- 파일 : 가공되지 않은 데이터 파일로 별도의 유틸리티를 통해 기록된 값을 변경시킬 수 있는 장점이 있습니다. 카메라가 JPEG로 저장하기 전에 거치는 이미지 프로세싱 과정이 생략된, 그 이전의 데이터라고 보시면 되고, 이미지 프로세싱에 대한 것은 촬영자가 직접 해야 합니다.

RAW의 장점과 단점

- 장점 : 사진을 촬영할 때 화이트 밸런스에 대한 걱정을 하지 않아도 됩니다. 일반적으로 JPEG를 사용할 경우 실내에서 전체적으로 주황 색감으로 촬영되는 경우가 많습니다. 촬영 후 포토샵에서 색감을 바꿀 수 있지만 완벽하게 지원하지 않습니다. RAW의 경우는 아직 화이트 밸런스가 적용된 상태가 아니기 때문에 나중에 화이트 밸런스를 조정하고 JPEG로 변환해서 사용할 수 있습니다. RAW는 노출 보정에 뛰어난 성능을 가집니다. JPEG는 색 채널당 8비트의 정보를 가지고 있지만 RAW는 12비트의 정보를 가지고 있기 때문에 더욱 섬세한 노출 보정이 가능합니다. 또한 색감, 계조, 노이즈, 샤프닝 등 모든 면에서 좋은 결과를 얻을 수 있습니다. RAW는 모든 설정을 촬영 이후 컴퓨터를 통해 더욱 자신이 원하는 화질을 얻을 수 있습니다.

- 단점 : 디지털 카메라의 메모리 용량을 많이 차지하게 됩니다. 일반적으로 JPEG보다 2배에서 10배까지 차이가 날 수도 있습니다. 또한 RAW를 변환해 주는 프로그램이 없으면 사용이 불가능합니다. 촬영한 모든 파일을 JPEG나 TIF 포맷으로 변환해 사용해야 합니다.

RAW 방식

디지털 카메라 생산업체마다 다른 형식을 취하고 있습니다. 캐논은 파일 확장자가 '*.CR2'와 '*.CRW', 니콘은 '*.NEF(Nikon Electronic Format)', 소니는 '*.SRF', 코닥은 '*.DCR', 펜탁스는 '*.PEF', 올림푸스는 '*. ORF'를 각각 사용합니다.

> **TIP :** 다음 사이트에서 어도비사의 포토샵(Photoshop)과 라이트룸(Lightroom)에서 Raw 지원에 대한 내용을 확인할 수 있습니다.
> http://www.adobe.com/kr/products/photoshop/extend.html
> http://www.adobe.com/support/downloads/product.jsp?product=39&platform=Windows

'베니싱 포인트(Vanishing Point)'는 소실점, 소점, 사물이 소멸되는 최후의 한 점이라는 의미를 가지고 있으며 소실점은 일반적으로 1점 소실점, 2점 소실점, 3점 소실점이 있습니다.

예제 파일 | CD\Part 05\Sources\tree.jpg 파일 **완성 파일 |** CD\Part 05\020_Example Project의 tree.vpe 컴포지션

01. 포토샵에서 소실점을 이용해 평면의 이미지를 분리하고, 애프터 이펙트에서 입체감이 표현되도록 합니다. 포토샵을 실행하고 베니싱 포인트로 사용할 예제 파일을 열도록 합니다. [Filter]-[Vanishing Point](**Alt** + **Ctrl** + **V**) 메뉴를 클릭하면 다음과 같이 베니싱 포인트를 설정할 수 있는 새로운 창이 나타나고 중앙에 이미지가 위치합니다. 각 면에 따라 이미지를 분리하는 작업을 진행하도록 합니다.

TIP : 이미지는 애프터 이펙트에서 최종으로 작업하는 사이즈보다 큰 이미지를 사용하는 것이 좋습니다.

02. 베니싱 포인트의 왼쪽 위에 수평면을 만들어 3D 입체가 만들어지도록 면을 분할하는 툴들이 있습니다. 초기에는 수평면을 새롭게 만들어 주는 역할을 하는 [면 생성 툴]( )만 활성으로 되어있고 나머지는 비활성 상태입니다. 이미지에서 공원의 바닥면에 4개의 포인트를 이용해 수평면을 만듭니다. 수평면을 하나 만들면 다음과 같이 왼쪽 상단의 툴들이 활성으로 변경됩니다. 수평면의 기울기가 이미지와 동일하도록 수평면의 모서리와 중앙에 위치한 사각 포인트를 잡고 수정합니다. 수평면의 색상이 파란색이 되도록 포인트를 조절합니다. 노란색이나 붉은색으로 면의 색상이 나타나면 소실점이 제대로 만들어지지 않아 애프터 이펙트로 보낼 수 없습니다.

❶ **선택 툴(Marquee Tool,)** : 수평면이 만들어진 영역 내의 일부를 선택할 수 있습니다. **Ctrl** 을 누르고 마우스로 선택 영역을 드래그하면 영역 내의 이미지가 기존의 큰 이미지에서 변경되며 움직이게 되고, **Alt** 를 누르고 선택 영역을 드래그하면 영역이 복사되어 다른 곳으로 이동할 수 있습니다.

❷ **도장 툴(Stamp Tool, ⬛)** : [선택 툴](⬚)로 선택된 부분을 다른 영역의 이미지로 채울 수 있습니다. [도장 툴](⬛)은 이미 사용해 왔던 방식대로 **Alt**를 누르고 복사하고자 하는 위치에 클릭하고 덮어 씌우고자 하는 곳에 그려 나가면 됩니다. 도장의 크기는 키보드에서 **[** 와 **]**를 사용해 조절합니다.

❸ **브러시 툴(Brush Tool, 🖌)** : 수평면 위에 붓을 이용해 색상을 바꿔가며 그림을 그리거나 색상을 칠할 수 있습니다.

❹ **변형 툴(Transform Tool, ⬚)** : [선택 툴](⬚)로 영역을 설정하고 다른 이미지를 붙여넣기 했을 때 활성으로 변경됩니다. 선택 영역에 포함되는 다른 이미지가 있을 때 선택 영역에 대한 크기, 회전, 이동 등에 대한 제어를 할 수 있는 툴입니다.

❺ **스포이트 툴(Eyedropper Tool, 💧)** : [브러시 툴](🖌)에서 사용할 색상을 이미지에서 추출하는 역할을 합니다.

❻ **측정 툴(Mesure Tool, ➖)** : 수평면의 거리와 각도를 측정할 수 있습니다.

❼ **손 툴(Hand Tool, ✋)** : 이미지를 확대했을 때 화면을 [손 툴](✋)로 잡고 이동할 수 있습니다. 화면의 이동은 다른 툴이 선택되어 있을 때 **Space Bar**를 누르고 사용하면 됩니다.

❽ **돋보기 툴(Zoom Tool, 🔍)** : 이미지를 확대할 때 사용합니다. [돋보기 툴](🔍)을 선택했을 때는 기본적으로 확대할 수 있고 축소할 때는 **Alt**를 누르고 사용합니다. 단축키로 축소는 **Ctrl**+**−**를, 확대는 **Ctrl**+**+**를 사용합니다.

03. 다음은 오른쪽면을 만들어 봅니다. 베니싱 포인트의 툴 박스에서 [편집 툴](▶)을 선택하고 오른쪽은 **Ctrl**을 누른 상태로 수평면의 오른쪽 가운데에 있는 사각 포인트를 잡고 드래그하면 면이 이어지면서 직각의 수평면이 만들어 집니다. [편집 툴](▶)은 수평면을 선택, 이동, 크기조절 등의 기능을 담당합니다.

04. 새롭게 생성되는 오른쪽면은 이미지와 동일한 소실점을 따르지 않고 생성됩니다. 수평면을 소실점과 동일하게 맞추기 위해 오른쪽면의 가운데에 있는 사각 포인트를 **Alt**를 누른 상태로 회전시킵니다. **Alt**를 누르면 사각 포인트 위에서 마우스가 회전할 수 있는 모양으로 변경됩니다.

05. 기본적인 수평면은 만들어졌으며 이미지를 따라 나머지 기울기를 따라 수평면을 만들어갑니다. 제작하는 과정은 앞의 과정과 동일합니다. Ctrl 을 누른 상태로 드래그하여 새로운 수평면을 만들고 Alt 를 누른 상태로 수평면을 회전시켜 기울기를 일치시키면 됩니다. 순서에 따라 모든 과정이 마무리되면 다음과 같이 수평면이 5개가 만들어집니다.

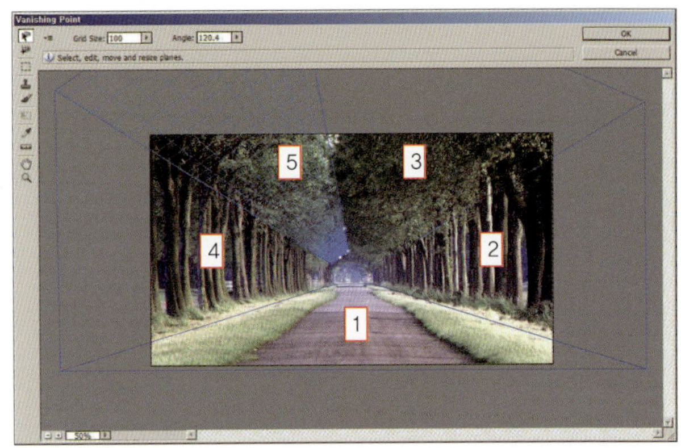

06. 수평면이 적용된 부분이 애프터 이펙트에서 나타나게 되고 적용되지 않는 나머지 부분은 잘려 없어지게 됩니다. 수평면이 없는 빈 공간이 있다면 [편집 툴]()을 사용해 수평면을 연장하도록 합니다. 기존에 만들어진 면에서 포인트를 마우스로 잡고 연장되는 면을 만듭니다. 가장 처음에 만든 수평면의 가운데에서 [편집 툴]()을 이용해 연장되는 면을 만들고 크기와 회전 값을 조절해 비어있는 중앙 부분을 채우도록 합니다.

07. 모든 작업이 마무리되었으면 왼쪽 위의 삼각형을 클릭합니다. 메뉴에서 'Export for After Effects(.vpe)'를 선택하고 저장할 위치와 이름을 입력하고 [저장] 단추를 클릭합니다. 이것은 애프터 이펙트에서 입체를 만들 수 있도록 파일을 분리해 보내는 명령입니다.

08. 파일이 저장된 폴더를 확인하면 다음과 같이 6개의 수평면과 '3ds', 'vpe' 파일이 만들어집니다.

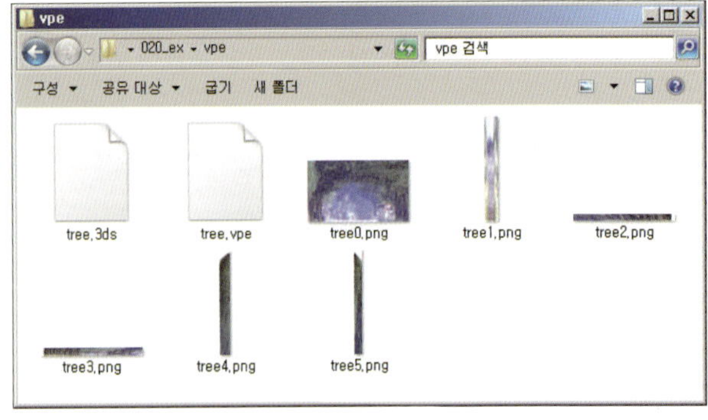

09. 애프터 이펙트를 실행하고 포토샵에서 제작한 건물 이미지를 불러오기 위해 [File]–[Import]–[Vanishing Point(.vpe)] 메뉴를 클릭합니다. 파일이 저장된 폴더에서 확장자가 'vpe'로 만들어진 파일을 선택하고 [OK]를 클릭합니다.

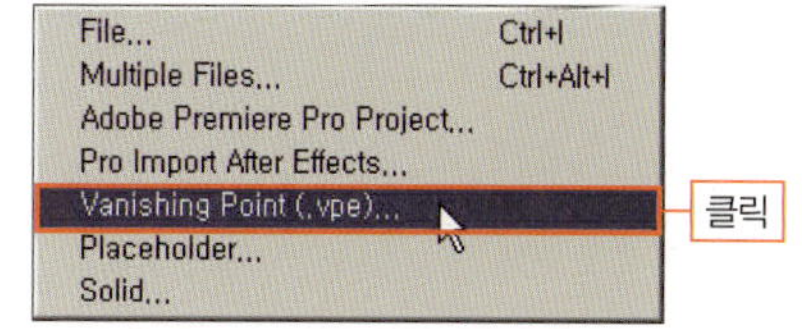

10. 파일을 불러오면 다음과 같이 [Project] 패널에 컴포지션과 폴더가 만들어집니다. [Project] 패널에서 컴포지션을 선택하고 더블클릭합니다.

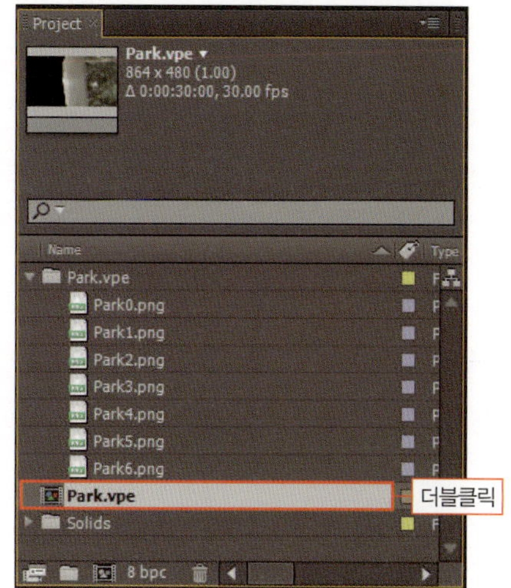

11. [Project] 패널에서 컴포지션을 더블클릭하면 다음과 같이 [Timeline] 패널과 [Composition] 패널에 레이어가 존재하는 프로젝트가 열리게 됩니다. 포토샵에서 저장한 'vpe' 프로젝트가 제대로 화면에 나타나지 않을 수 있습니다. 카메라 뷰에서 제대로 보이지 않는다면 [Timeline] 패널에서 Parent의 위치와 회전 값을 조정해 카메라 뷰에 맞출 수 있습니다.

12. [Timeline] 패널에서 카메라 레이어를 선택하고 툴 박스에서 [Z 카메라 이동 툴]을 선택하고 [Composition] 패널에서 도로의 안쪽으로 이동해보면 입체적으로 변화된 상태를 확인할 수 있습니다. 카메라를 회전하거나 이동해서 키프레임을 설정하면 움직이는 입체영상을 제작할 수 있습니다. 배경에 다른 이미지나 동영상과 합성해 또 다른 느낌을 만들어 낼 수 있습니다. 360° 회전해서 전체를 보여줄 수는 없고 정면에서 보여지는 부분에 대해서 움직임을 만들 수 있습니다.

07 3D 레이어와 이펙트 활용

레 벨 ● ● ●

이번에는 미식축구의 한 장면을 스틸 이미지를 이용해 제작해 보도록 하겠습니다. 3D 레이어와 카메라의 움직임을 설정하고 써드파티 플러그인을 활용해 장면을 구성하도록 합니다. 먼저 포토샵에 선수들의 이미지와 배경을 분리하는 작업을 진행해 사용할 파일을 준비합니다. 그리고 파티클로 사용될 작은 돌 이미지를 준비하도록 합니다.

**기초
탄탄** ▶ 광각 렌즈와 Particular 플러그인

■ 3D 카메라의 설정

2D 레이어를 3D 레이어를 변환하고 카메라를 설치할 때 카메라의 렌즈를 광각 렌즈로 설정하여 앞에 나타나는 이미지와 뒤에 나타나는 이미지의 거리가 더욱 멀어 보이도록 합니다. 광각 렌즈는 35mm 표준 렌즈 아래의 렌즈를 선택하여 사용하며 일반적으로 20mm에서 28mm사이의 렌즈를 많이 사용합니다. 렌즈를 교체하기 위해서는 [Layer]-[New]-[Camera]의 [Preset]에서 선택하여 사용합니다.

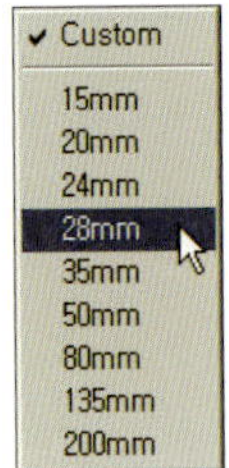

■ 써드파티 플러그인의 사용

애프터 이펙트에서 사용되는 플러그인 이외에 유료로 판매되는 외부 플러그인을 써드파티 플러그인이라 합니다. 이번 프로젝트에 사용되는 Particular는 트랩코드사에서 유료로 판매되는 플러그인으로 작은 조각을 자연스럽게 퍼지도록 만들어주는 플러그인입니다. 기본적인 도형이 중력이나 바람의 영향을 받아 작은 조각으로 퍼져나갑니다. 이렇게 퍼져나가는 파티클에 다른 이미지를 교체해 퍼져나가도록 이번 프로젝트에서 변환해 보도록 합니다.

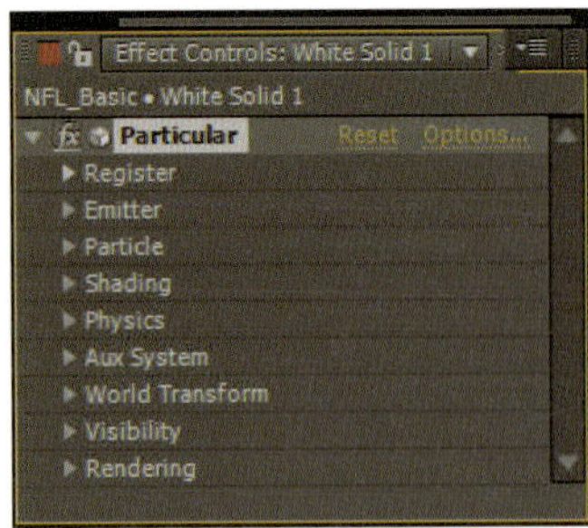

포토샵에서 준비된 이미지를 불러와 사용하도록 하겠습니다.

예제 파일 | Part 05₩021_Example Project의 NFL 컴포지션, Part 05₩Sources₩NFL.psd 파일, Stone.psd 파일

01. 애프터 이펙트를 실행하고 [File]–[Import]–[File](**Ctrl** + **I**) 메뉴를 클릭하거나 [Project] 패널을 더블클릭합니다. [Import File] 대화상자의 [가져오기]에서 'Composition–Retain Layer Sizes'를 선택하고, 'NFL.psd' 파일을 선택하고 [열기] 단추를 클릭합니다. 아래쪽의 레이어의 크기로 이미지들을 불러올 수 있도록 합니다. 'Stone.psd' 파일도 동일한 방법으로 불러옵니다.

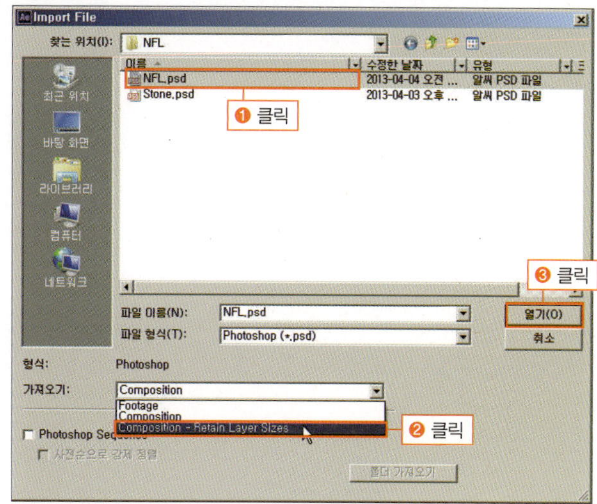

02. [열기] 단추를 클릭하면 레이어에 대한 옵션을 선택하는 대화상자가 나타납니다. [OK] 단추를 클릭합니다. 불러온 2개의 이미지 파일은 [Project] 패널에 다음과 같이 컴포지션 2개와 폴더 2개로 만들어집니다.

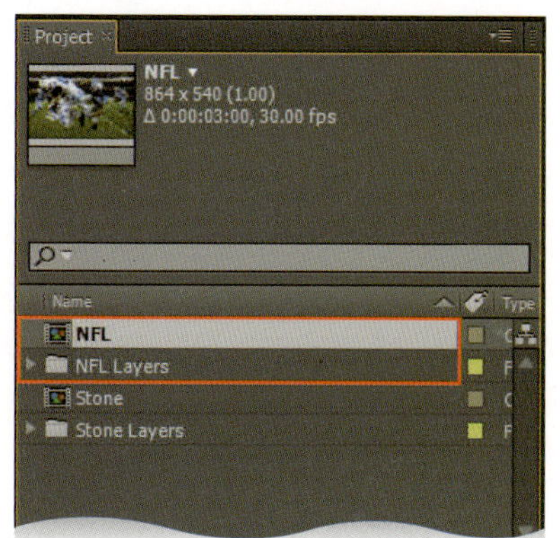

03. 포토샵에서 작업한 파일의 이미지 크기는 864x540Pixels로 만들어져 방송규격이 아니므로 사이즈를 방송 규격으로 변경해 봅니다. 'NFL' 컴포지션을 더블클릭하여 컴포지션을 열고 [Composition]–[Composition Settings](**Ctrl** + **K**) 메뉴를 클릭하고, [Composition Settings] 대화상자에서 컴포지션의 세로 크기를 '480px'로 설정합니다. 'Stone' 컴포지션은 이펙트를 적용할 때 사용하도록 합니다.

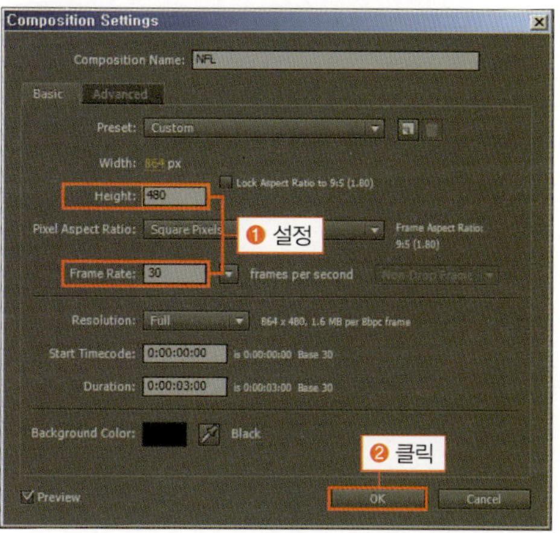

다음은 2D 레이어를 3D 레이어로 변환하고 카메라를 설치하고, 각각의 레이어를 [Composition] 패널에서 배치하도록 하겠습니다.

01. [Timeline] 패널에서 전체 레이어를 마우스로 드래그하여 선택하거나 Shift 를 눌러 선택하여 다음과 같이 3D 레이어로 변환합니다.

02. [Composition] 패널의 'Top View'에서 각각의 레이어를 다음과 같이 배열하여 레이어들이 공간을 갖을 수 있도록 마우스로 드래그하여 배열합니다.

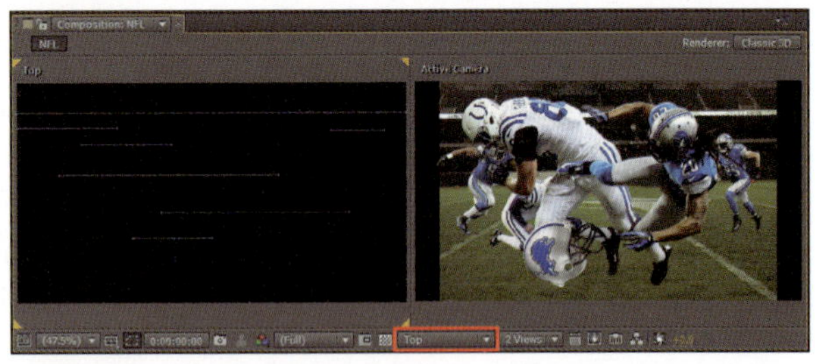

03. [Timeline] 패널에서 마우스 오른쪽 버튼을 클릭하고 'New'–'Camera'를 선택합니다. [Camera Settings] 대화상자의 [Preset]에서 '28mm'을 선택해 28mm 광각 렌즈를 갖는 카메라를 생성합니다.

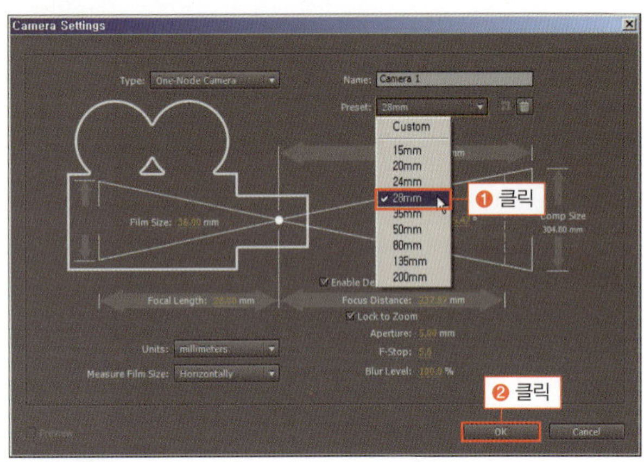

04. 배경으로 사용되는 'Background' 레이어를 선택하고 S 를 누른 후 [Scale]을 '150%'로 설정하여 화면보다 크게 만듭니다. 배경을 컴포지션에서 뒤로 이동했기 때문에 카메라의 프레임보다 작아 크기를 조절하는 것입니다. 이제 움직임을 위한 준비가 마무리되었습니다.

레이어와 카메라를 동시에 서서히 움직이도록 키프레임을 설정하도록 하겠습니다.

01. 카메라를 선택하고 P를 눌러 카메라에 대한 회전 속성인 [Position]을 나타나게 합니다. [Timeline] 패널에서 타임마커를 0프레임으로 이동하고, [Position]의 왼쪽 [Stopwatch]()를 체크하여 현재 카메라의 위치를 키프레임으로 설정합니다.

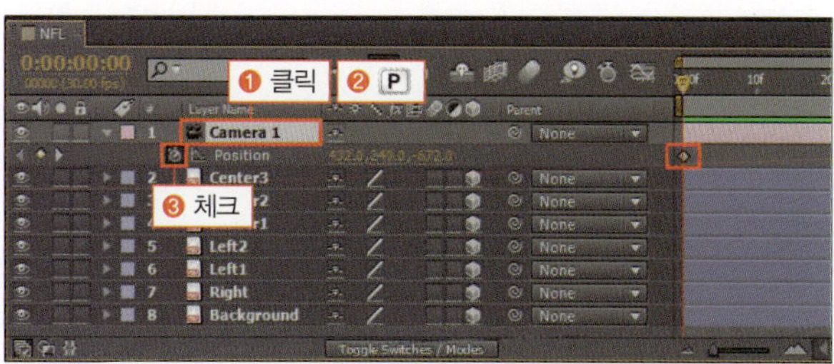

02. [Timeline] 패널에서 타임마커를 3초로 이동하고 카메라를 오른쪽 전방으로 이동하여 다음과 같이 키프레임을 설정합니다. 카메라의 중앙 포인트는 움직이지 않고 그대로 유지하도록 합니다.

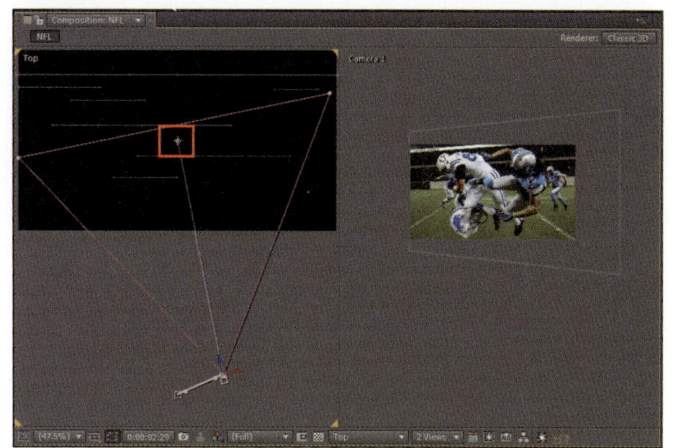

03. 다음은 카메라의 움직임에 따라 전면에 있는 레이어들이 카메라를 바라보면 회전할 수 있도록 설정합니다. 'Center1~3' 레이어를 선택하고 R을 눌러 [Rotation]이 나타나도록 합니다. 타임마커를 0프레임으로 이동하고 [Y Rotation]의 왼쪽 [Stopwatch]()를 체크하여 키프레임을 생성합니다.

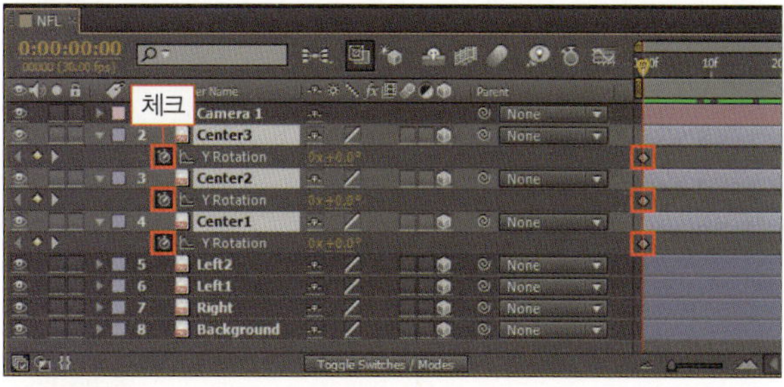

04. [Timeline] 패널에서 타임마커를 3초로 이동하고 카메라의 중앙 포인트를 바라보고 이동한 카메라의 각도만큼 레이어에 회전 값을 적용합니다. 0프레임에 키프레임을 만들었기 때문에 3초에 레이어를 회전하거나 값을 입력하여 회전시키면 자동으로 키프레임이 생성됩니다. 3초에서 레이어의 회전 값을 '-11°'로 설정하였습니다. 키프레임을 모두 설정하였으면 0을 눌러 프리뷰를 확인합니다. 카메라가 오른쪽으로 이동하며 선수들의 움직임이 자연스럽게 연출됩니다.

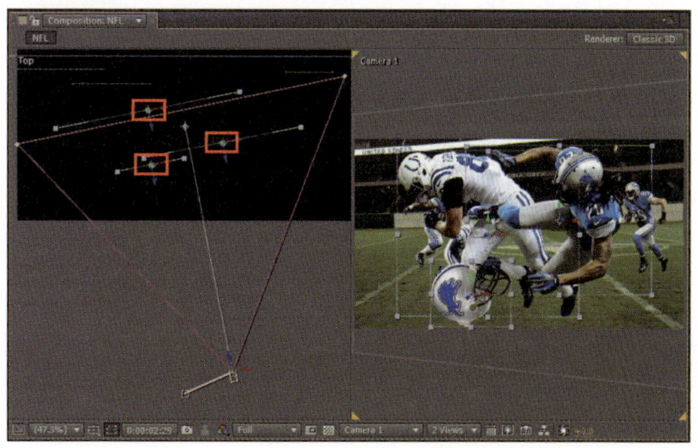

이번에 제작되는 것은 선수들이 움직일 때 튕기는 흙이나 돌 등을 표현하기 위해 파티클을 사용합니다.

예제 파일 | CD₩Part 05₩021_Example Project의 Stone 컴포지션
완성 파일 | CD₩Part 05₩021_Example Project의 NFL_Final 컴포지션, 021_Example.mp4 파일

01. 먼저 파티클에 적용될 3장의 이미지를 정리합니다. 3장의 이미지가 파티클을 적용했을 때 반복적으로 화면에 나타나도록 설정할 것이기 때문에 전체 시간에 걸쳐 이미지가 존재하도록 합니다. [Project] 패널에서 'Stone' 컴포지션을 더블클릭하여 컴포지션이 화면에 활성화되도록 합니다. [Composition] 패널에 3개의 이미지가 겹쳐 나타납니다.

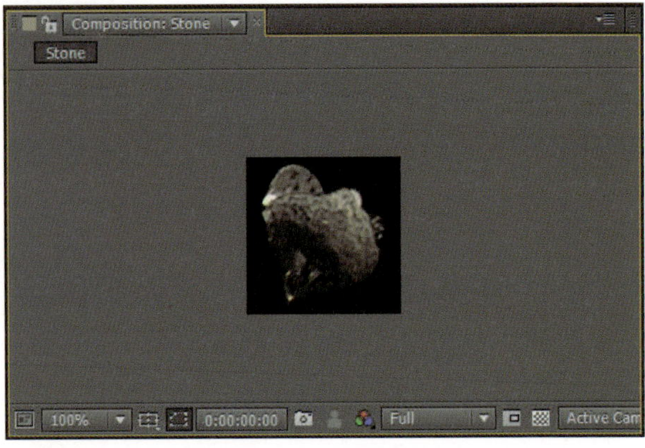

02. [Timeline] 패널에서 3개의 레이어가 1프레임씩 존재하도록 레이어를 정리합니다. [Composition]–[Composition Settings](**Ctrl** + **K**) 메뉴를 클릭하고 [Duration]을 3프레임으로 설정합니다.

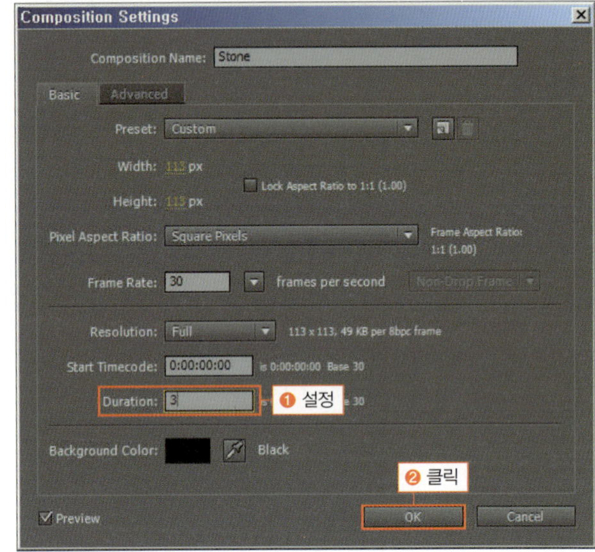

03. [Timeline] 패널에 레이어가 다음과 같이 1프레임씩 만들어지도록 타임마커를 0프레임으로 이동하고 3개의 레이어를 선택합니다. **Alt** + **[** 를 눌러 레이어의 끝점이 1프레임이 되도록 설정하고 각각의 레이어를 다음과 같이 1프레임에 1개의 레이어가 존재하도록 레이어를 클릭한 상태로 이동시킵니다.

04. [Project] 패널에서 'NFL' 컴포지션에 'Stone' 컴포지션을 드래그하여 가장 아래쪽에 위치하도록 드래그합니다.

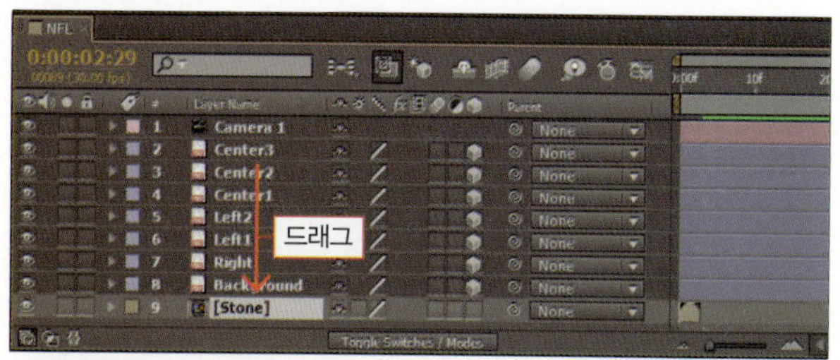

05. 다음은 'NFL' 컴포지션에 새로운 솔리드를 만들도록 합니다. [Layer]-[New]-[Solid](**Ctrl** + **Y**) 메뉴를 클릭하거나 [Timeline] 패널에서 마우스 오른쪽 버튼을 클릭하고 'New'-'Solid'를 선택하여 컴포지션과 동일한 크기의 검정색 솔리드를 만듭니다.

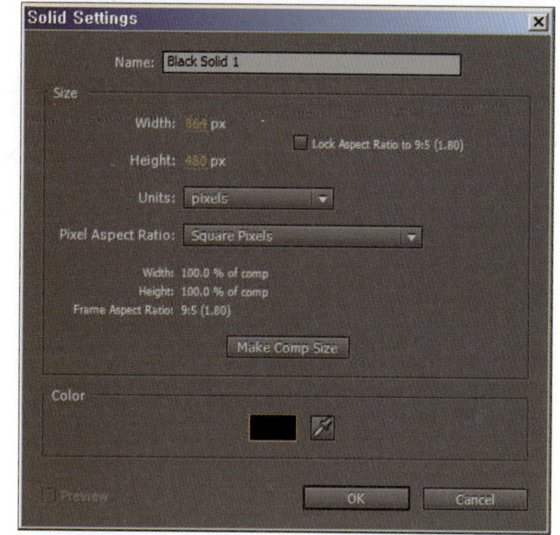

06. [Timeline] 패널에서 새롭게 만든 검정색 솔리드를 선택하고 마우스 오른쪽 버튼을 클릭하고 'Effect'-'Trapcode'- Particular'를 선택합니다.

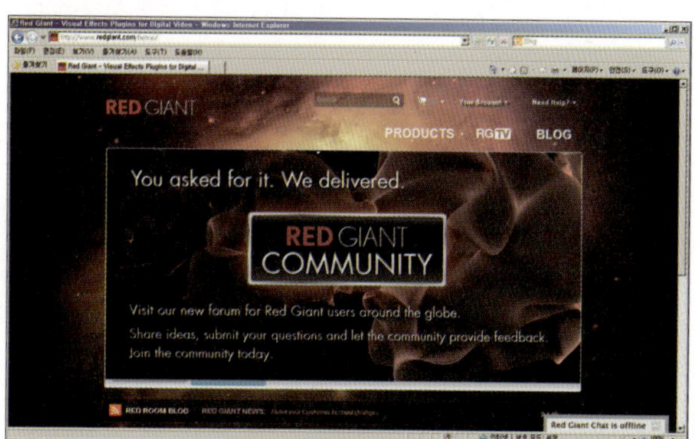

07. Particular가 솔리드 레이어에 적용되면 타임마커를 움직일 때 다음과 같이 중앙에서 퍼져 나오는 알갱이들이 보입니다.

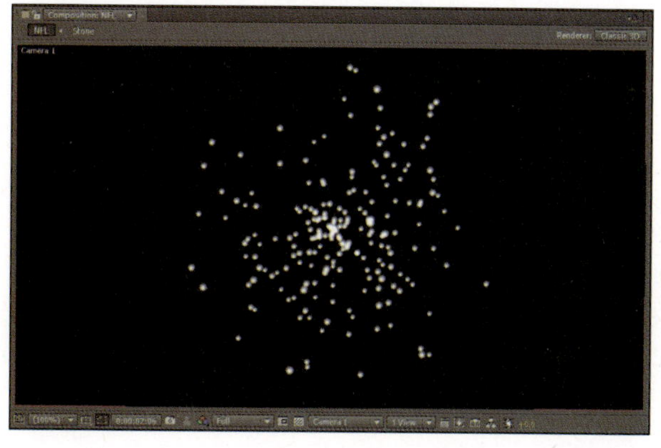

08. 파티클의 모양이 원형으로 나타나는 것을 앞에서 만든 'Stone' 컴포지션으로 변경하도록 하겠습니다. [Timeline] 패널에서 'Stone' 컴포지션의 [Video]( )를 체크 해제합니다. [Composition] 패널에서 보이지 않고 솔리드의 이펙트에 소스로 사용하기 때문에 보이지 않아도 무관합니다.

09. [Effect Controls] 패널에서 [Particular]–[Emitter]–[Emitter Type]에서 'Box'를 선택하고 [Position XY]의 위치는 '432,400'으로 설정합니다. 파티클이 퍼져나가는 영역으로 [Emitter Size X]는 '400', [Emitter Size Y]는 '200', [Emitter Size Z]는 '200'으로 설정합니다. [Emitter]의 가로와 세로, 깊이의 크기를 조절해 퍼져 나오는 영역을 조금 더 넓게 설정합니다.

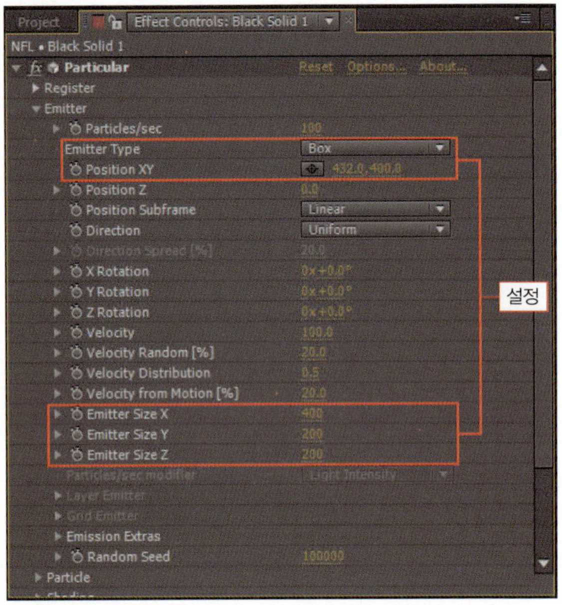

10. 다음은 퍼져 나오는 알갱이에 대한 옵션을 제어합니다. [Particle]–[Particle Type]는 'Sprite'를 선택하고, [Time Sampling]은 'Random–Still Frame'을 선택하여 하나의 스틸 이미지가 지속되는 시간동안 나타나도록 합니다. [Texture]–[Layer]는 기존에 준비해 둔 'Stone' 컴포지션을 선택하여 돌조각들을 퍼져 나오는 알갱이 대신 적용되도록 합니다. [Rotation]–[Random Rotation]을 '100'으로 설정해 조각들이 퍼져나갈 때 회전방향이 자유롭도록 설정합니다. [Size Random[%]]에서 값을 '100'으로 설정하여 조각들의 크기가 모두 다르게 나타나도록 조절합니다.

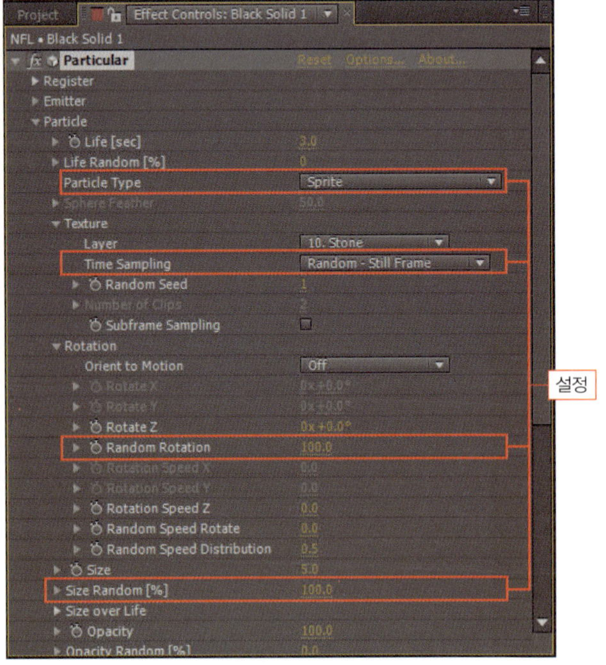

11. [Timeline] 패널에서 타임마커를 이동하며 현재 파티클의 움직임을 확인하면 너무 움직임이 많고 조각들이 지속적으로 너무 많이 나오는 것을 확인할 수 있습니다. 조각들이 처음에 많이 나오고 멈추도록 설정하기 위해 이펙트의 [Emitter]–[Particles/sec]의 개수를 0프레임일 때 '1000'개로 설정하고 [Particles/sec]의 오른쪽에 있는 [Stopwatch](🕭)를 체크하여 키프레임을 설정합니다. [Timeline] 패널에서 타임마커를 1프레임으로 이동하고 [Particles/sec]의 개수를 '0'개로 설정하여 처음에만 나타나도록 합니다.

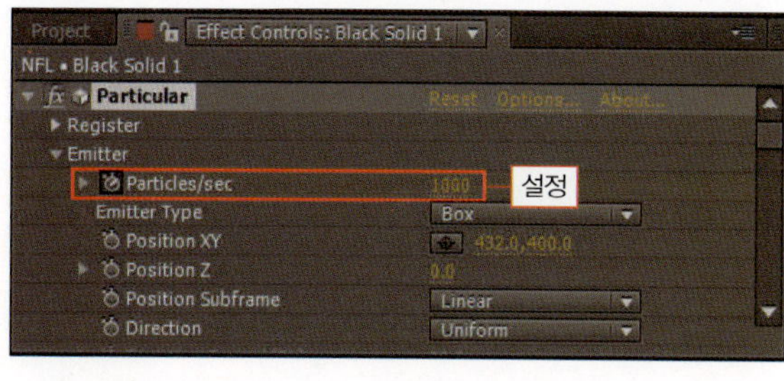

12. 이번에는 [Emitter]–[Velocity]을 '10'으로 설정하여 조각들이 움직이는 속도를 천천히 움직이도록 설정하여 부드러운 느낌을 만듭니다.

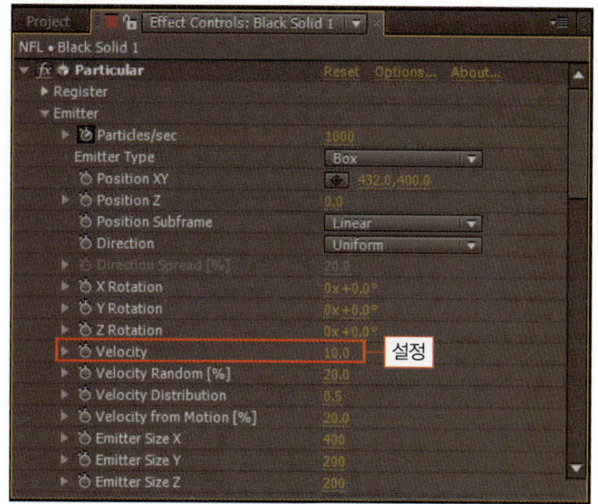

13. [Timeline] 패널에서 파티클이 적용된 검정색 솔리드 레이어를 1프레임 앞으로 드래그하도록 합니다. 현재 파티클이 적용된 솔리드는 1프레임부터 조각들이 나타나기 시작하므로 1프레임 앞으로 레이어를 이동하여 처음부터 조각들이 보여지도록 합니다.

14. 전경과 배경이 약간 분리된 느낌을 주기 위해 검정색 솔리드를 만들고 [Name]에 'Gradation'을 입력하고 [OK] 단추를 클릭해 솔리드의 이름을 설정합니다. 'Gradation' 솔리드 레이어를 선택하고 툴 박스에서 사각 마스크를 이용해 다음과 같이 아래 부분만 나타나도록 마스크를 만듭니다.

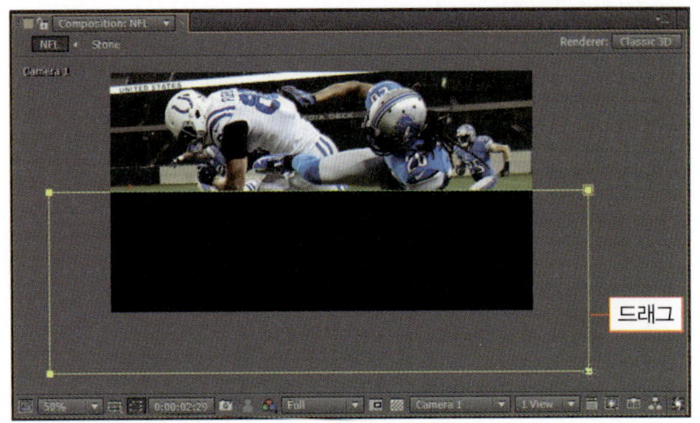

15. [Timeline] 패널에서 'Gradation' 솔리드 레이어를 'Center1' 레이어 아래로 드래그하여 위치시킵니다. 'Gradation' 솔리드 레이어를 선택하고 F 를 눌러 [Mask Feather]가 나타나도록 하고, Y축에 대한 픽셀만 부드럽게 처리하도록 링크는 해지하고 '350pixels'을 적용합니다.

16. [Composition] 패널에서 솔리드 레이어가 적용된 결과를 확인하면 다음과 같이 전경과 배경으로 구분되는 장면이 만들어졌습니다.

■ 3D 레이어 300P

애프터 이펙트는 2D 레이어를 기본으로 사용하며, 3D 레이어를 사용하기 위해서는 변환 아이콘을 클릭하여 변환해야 합니다. 3D 레이어로 변환된 레이어는 3D 속성을 추가로 갖게 되면 각각의 속성에 따라 다양한 효과를 만들어 낼 수 있습니다.

■ 라이트와 카메라 305P

3D 레이어가 [Timeline] 패널에 만들어져 있다면, 라이트와 카메라를 설치할 수 있습니다. 라이트를 설치하여 빛에 의해 생성되는 그림자를 만들 수 있고, 카메라를 설치하여 공간을 마음대로 이동할 수 있습니다.

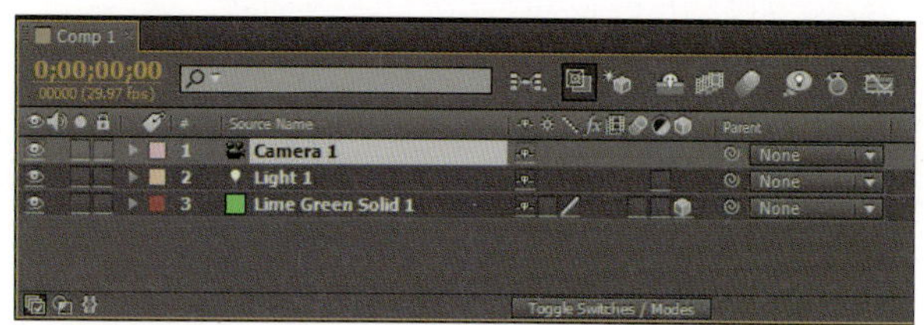

■ Classic 3D와 Ray-traced 3D 327P

애프터 이펙트를 실행하면 기존에 사용하던 3D 방식을 사용하게 되고, 만약 문자나 셰이프 레이어에 3D 입체감을 추가하기 위해서는 [Composition] 패널의 오른쪽 위에 있는 [Classic 3D] 단추를 클릭하고 기존의 3D 모드를 Ray-traced 3D 모드로 변경합니다. 레이어의 3D 모드가 변경되면 레이어의 속성에 [Geometry Options]가 추가되고 [Material Options]에도 옵션이 추가됩니다. 각각의 옵션을 제어하면 3D와 동일하게 두께를 가진 오브젝트를 만들 수 있습니다.

■ 3D Camera Tracker 339P

'Camera Tracker'는 동영상 데이터를 분석하여 카메라 정보를 찾아내고, 카메라의 움직임과 동일하게 레이어를 추가할 수 있도록 데이터를 제공합니다. 동영상에서 분석된 데이터를 활용해 3D 공간에 다양한 합성이 가능하도록 도와줍니다.

01 움직이는 방향에 따라 카메라의 방향이 변하도록 설정해 봅니다.

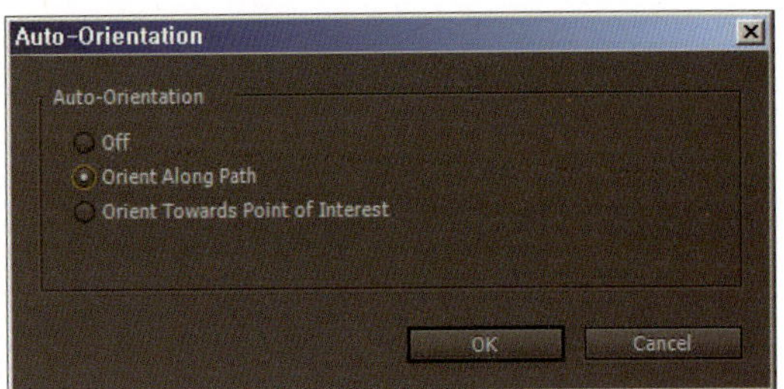

HINT

1. 카메라에 2개 이상의 키프레임을 설정하여 카메라가 이동하도록 합니다. 카메라가 바라보고 있는 타깃점(Point of Interest)이 없어야 카메라가 패스를 따라 움직일 수 있습니다.

2. 카메라가 키프레임으로 설정된 패스를 따라 이동하며 바라볼 수 있도록 [Timeline] 패널에서 카메라를 선택하고 [Layer]-[Transform]-[Auto-Orientation](Ctrl + Alt + O) 메뉴를 클릭하고 [Auto-Orientation] 대화상자에서 'Orient Along Path'를 선택하여 적용합니다.

02 3D 레이어에 적용되는 2가지 방식의 회전을 다시 한 번 체크해 봅니다.

HINT

1. 2D 레이어에서 3D 레이어로 변환되면서 회전에 대한 방식이 추가적으로 생깁니다.

2. 3D 레이어를 회전 시킬 때 절대축과 레이어를 축으로 회전하는 방식이 다릅니다. 레이어의 속성에서 [Orientation]과 [Rotation]에 대한 내용을 다시 한 번 확인합니다.

03 > 컴포지션에 문자를 입력하고 3D 문자와 같이 두께를 적용해 봅니다.

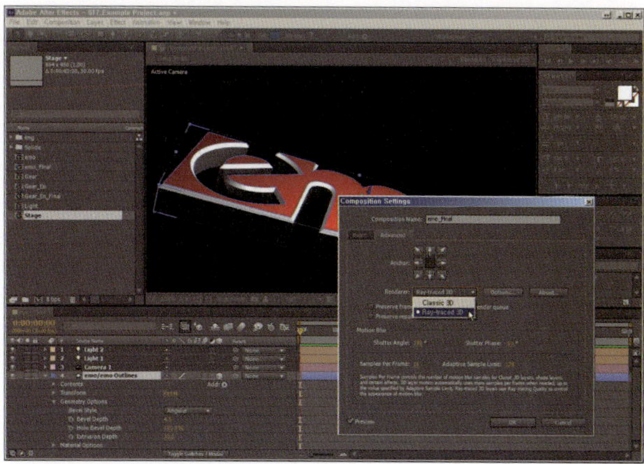

HINT

1. 3D 문자와 같이 두께를 적용하기 위해서는 3D 모드를 변환해야 합니다. [Composition] 패널의 오른쪽 위에 [Renderer]에서 [Classic 3D] 단추를 클릭하고 [Renderer]를 'Ray-traced 3D'로 변환합니다.

2. [Timeline] 패널에서 3D 문자 레이어의 [Geometry Options]에서 [Extrusion Depth]의 수치 값을 조정합니다. [Geometry Options]의 수치 값을 변경하면 더욱 3D에 가까운 느낌을 만들 수 있습니다.

06

문자, 셰이프 레이어, 그리고 이펙트

이번에는 문자를 사용하는 다양한 방법을 알아
보고 셰이프 레이어를 만들고 레이어의 속성에
추가되는 다양한 기능을 알아봅니다. 또한 이펙
트의 적용방법을 알아보고 이펙트와 구분되어
사용되는 레이어 스타일의 사용방법에 대해 알
아보도록 합니다. 포토샵에서 사용되는 레이어
스타일이 애프터 이펙트에서 사용되는 과정도
알아보도록 합니다.

애프터 이펙트는 문자를 더욱 더 쉽고 빠르게 이용할 수 있도록 다양한 프리셋을 제공하고 있습니다. 하나하나 제작하기에는 많은 시간이 걸리는 애니메이션을 프리셋으로 제공함으로써 더욱 빠른 시간 내에 작업을 마무리할 수 있습니다.

기초탄탄 ▶ 패널에서 프리셋 확인하기

■ [Effects & Preset] 패널 380P

문자를 위해 제공되는 [Effects & Presets] 패널은 [Window]–[Effects & Presets](**Ctrl** + **5**) 메뉴를 클릭하면 나타나며, [Effects & Presets] 패널의 [Animation Presets]의 [Text]에서 프리셋을 확인할 수 있습니다. [Effects & Presets] 패널에는 문자와 배경, 트랜지션 등을 포함하는 애니메이션 프리셋과 애프터 이펙트의 플러그인이 함께 존재합니다.

[Composition] 패널의 오른쪽 위에서 [Workspace]를 'Text'로 변경하면 문자를 사용하는데 도움이 되는 패널들이 화면 오른쪽에 나타나게 됩니다.

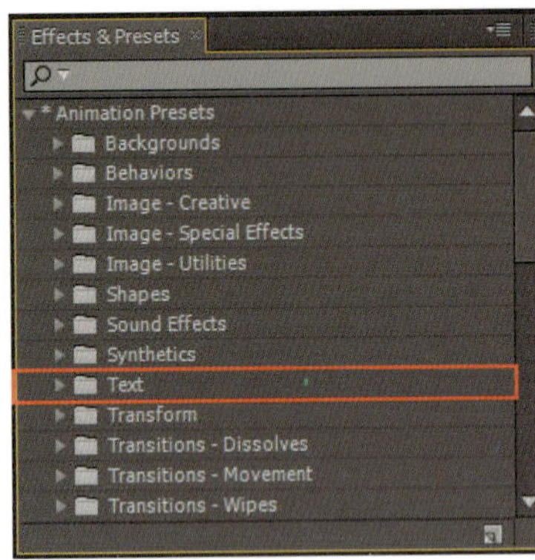

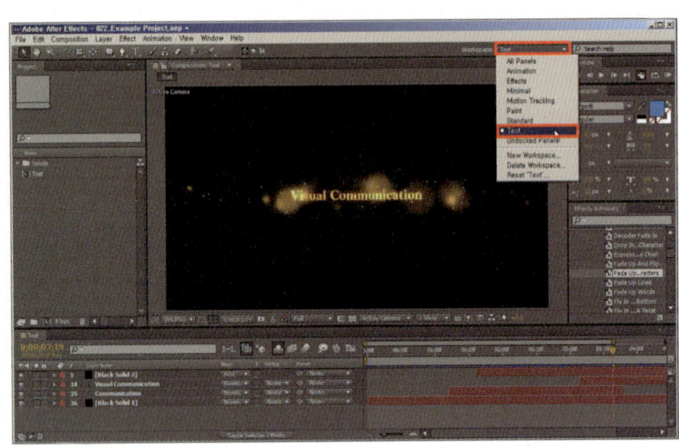

[Effects & Presets] 패널의 [Animation Presets]에서 [Text]의 왼쪽 삼각형을 클릭하면 문자에 대한 프리셋의 종류가 나타납니다. 제공되는 프리셋은 종류에 따라 각각의 폴더로 분류되어 있으며, 폴더마다 각각의 프리셋이 제공됩니다.

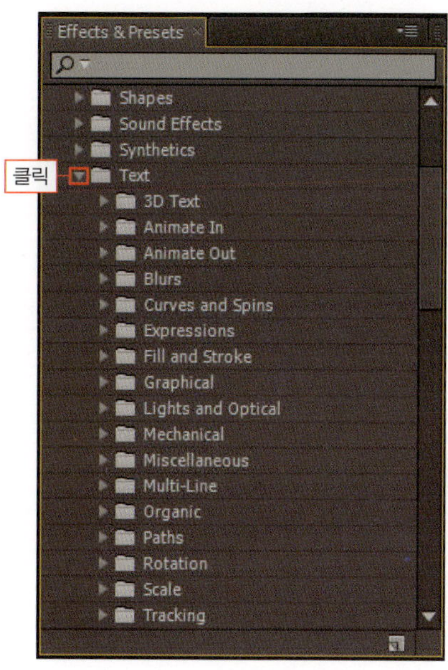

프리셋은 어도비 브릿지에서 움직이는 모양이나 배경 등에 대한 미리보기를 할 수 있습니다. [File]–[Browse in Bridge](Ctrl + Alt + Shift + O) 메뉴를 선택해 어도비 브릿지를 실행하고 애프터 이펙트의 [Support Files]–[Presets]에서 Backgrounds, Test, Transitions, Shapes 등에 대한 미리보기를 확인할 수 있습니다.

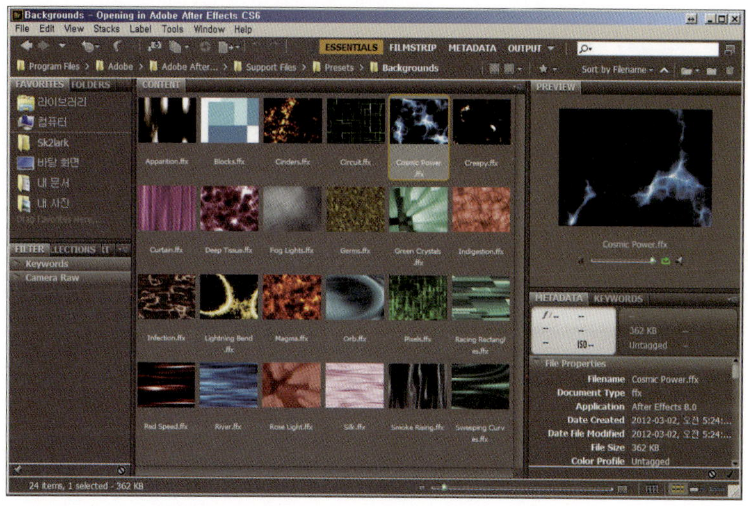

문자에 프리셋을 적용하기 위해서는 직접 드래그하거나 단축키, 브릿지를 사용해 적용할 수 있습니다.

■ 프리셋 적용하기

01. 프리셋을 적용하기 위해서는 프리셋을 [Composition] 패널로 드래그하거나, 문자 레이어를 선택하고 적용할 프리셋을 `Ctrl`+`Alt`+`Shift`+`F`를 눌러 적용할 수 있습니다. 또 다른 방법으로는 다음과 같이 [Timeline] 패널의 문자 레이어로 직접 드래그하여 적용할 수 있습니다.

❶ [Composition] 패널의 문자로 직접 드래그
❷ [Timeline] 패널의 문자 레이어로 직접 드래그

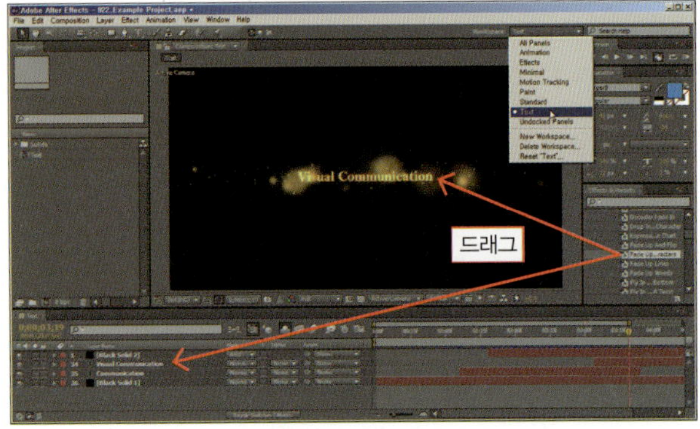

TIP : 프리셋을 적용할 때 주의할 점은 [Timeline] 패널의 타임마커는 애니메이션이 시작되길 원하는 위치에 있어야 합니다. 애니메이션은 타임마커가 위치한 지점부터 적용됩니다.

02. 프리셋을 적용하는 다른 방법으로 어도비 브릿지 자체에서 적용할 수도 있습니다. 애프터 이펙트를 실행하고 [Timeline] 패널에서 프리셋을 적용할 문자 레이어를 선택합니다. 어도비 브릿지를 실행하기 위해 [Effects & Presets] 패널의 패널 메뉴(▬)를 클릭하고 메뉴에서 'Browse Presets'을 선택합니다.

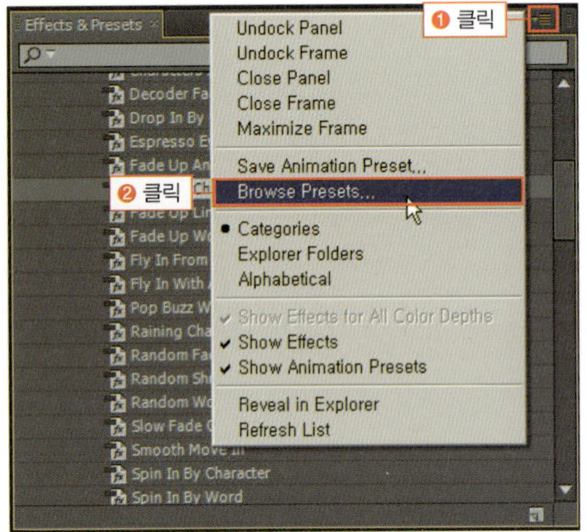

03. 패널에서 'Browse Presets'을 선택하면 다음과 같이 어도비 브릿지가 별도로 실행되고 애프터 이펙트의 프리셋에 대한 폴더가 나타납니다. 프리셋 전체 폴더 중 'Text' 폴더를 더블클릭합니다.

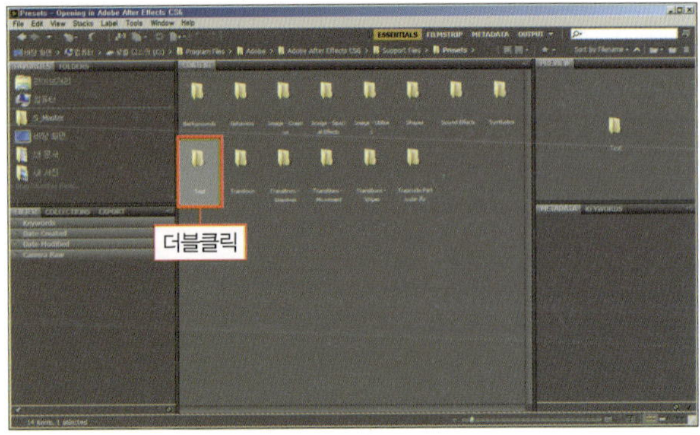

04. 'Text' 폴더에서 원하는 프리셋을 더블클릭하면 다양한 문자 애니메이션을 확인할 수 있습니다. 프리셋을 선택하고 마우스 오른쪽 버튼을 클릭하면 'Place in After Effects' 명령이 있습니다. 이 명령을 선택하면 애프터 이펙트에 현재 선택된 레이어에 프리셋이 적용됩니다.

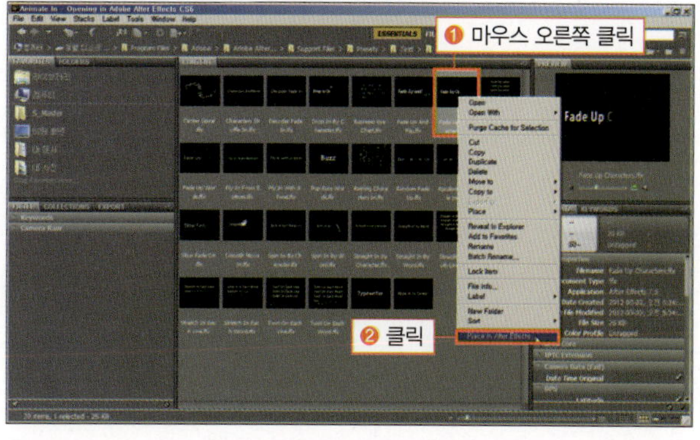

05. [Timelinc] 패널에서 문자 레이어에 애니메이션 프리셋이 적용되면 이미 설정된 시간만큼의 길이로 움직임이 만들어 집니다. 자신이 원하는 시간의 길이로 조절하기 위해서는 적용된 키프레임을 조절해야 합니다. 키프레임이 설정된 부분을 확인하기 위해 프리셋이 적용된 문자 레이어를 선택하고 U를 누릅니다. 레이어에 키프레임이 적용된 시작점과 끝점을 확인할 수 있습니다. 사용자가 원하는 시간으로 키프레임을 이동하면 전체 시간을 길게, 또는 짧게 조정할 수 있습니다.

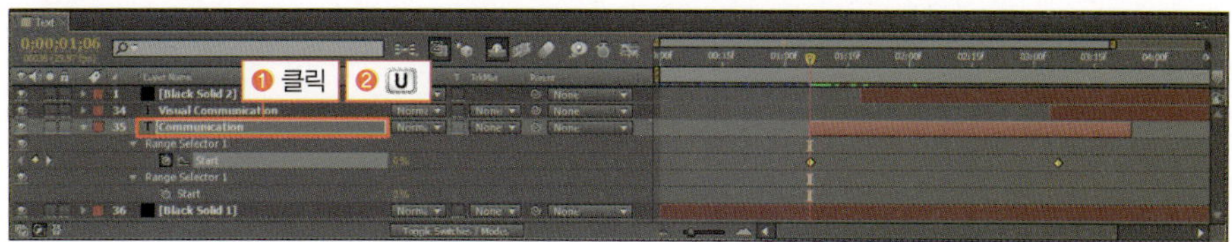

01. 문자를 입력하고 사용자가 원하는 문자 애니메이션을 만듭니다. 애니메이션이 모두 완료되었으면 문자 레이어의 속성에서 [Text]를 선택합니다.

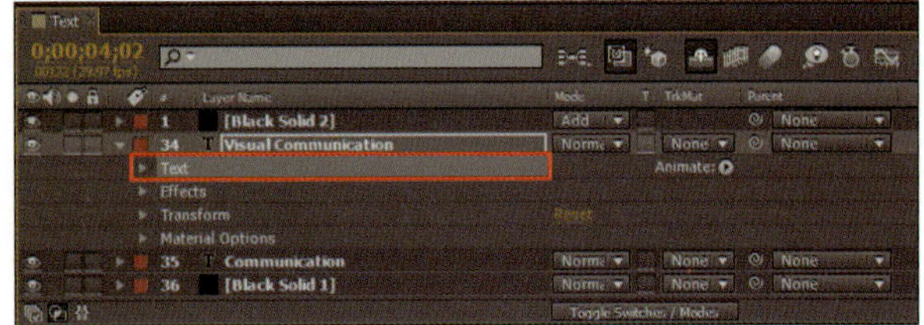

> **TIP :** 프리셋은 현재 제공되는 것을 사용할 수도 있지만 사용자가 직접 만든 문자 애니메이션을 프리셋으로 저장해 나중에 동일한 애니메이션을 적용할 수 있습니다.

02. 사용자가 제작한 애니메이션을 저장하기 위해 애니메이션이 적용된 레이어를 선택하고 [Animation]–[Save Animation Preset] 메뉴를 클릭합니다.

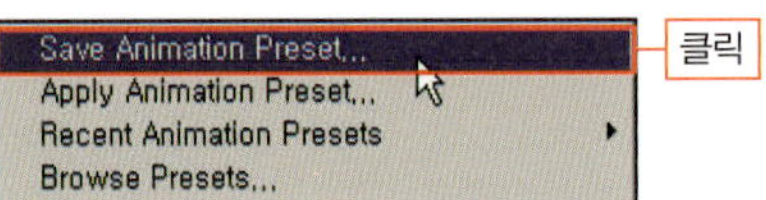

03. [Save Animation Preset] 메뉴를 클릭하면 [Save Animation Preset as] 대화상자가 나타나며 저장할 위치를 내 컴퓨터의 'Program Files\Adobe\Adobe After Effects CS6(CC)\Support Files\Presets\Text' 폴더에서 원하는 폴더를 선택하고 이름을 입력 후 [저장] 단추를 클릭해 저장하면 됩니다.

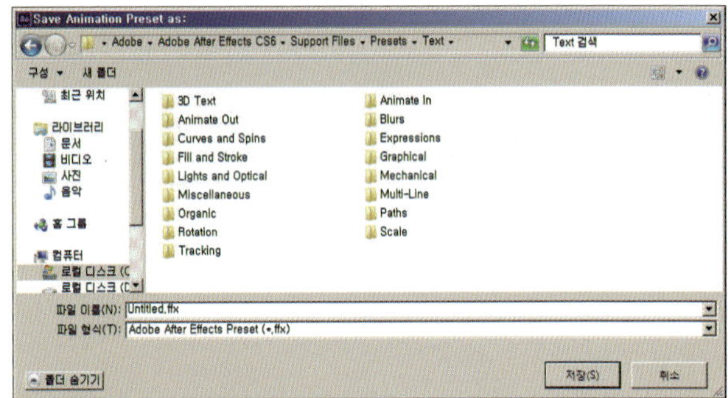

> **TIP :** 새롭게 저장된 프리셋은 실시간으로 저장되어 [Effects & Presets] 패널에 자신이 저장한 폴더에 나타나게 됩니다. 저장할 때 자신이 수정한 프리셋이 어떠한 움직임에 적당한가를 판단하여 폴더를 선택하여 저장해야 쉽게 찾을 수 있습니다.

04. [Timeline] 패널의 문자 애니메이션 레이어의 속성에서 [Text]를 선택하고 [Effects & Presets] 패널 오른쪽 아래의 [Create New Animation Preset]()을 클릭하면 앞의 방법과 동일한 형태로 프리셋을 만들 수 있습니다.

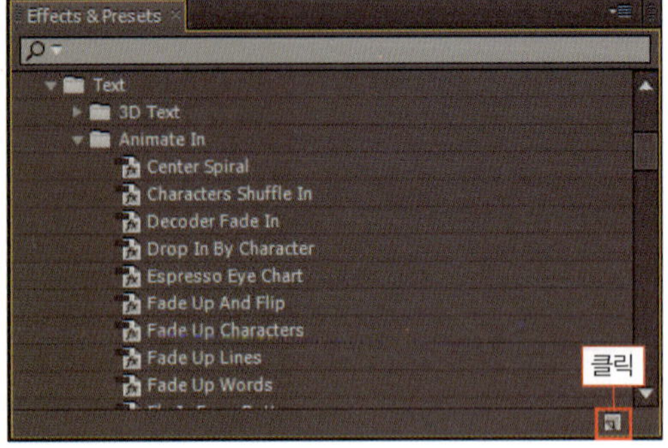

05. 프리셋은 문자만 저장할 수 있는 것은 아니고 레이어에 적용한 이펙트를 프리셋으로 저장할 수도 있습니다. 레이어에 이펙트를 여러 개 적용하여 자신이 원하는 효과를 만들었다면 이것을 프리셋으로 저장하여 다른 레이어나 다른 장소에서 사용할 수 있습니다. 다음과 같이 [Effect] 패널에서 적용한 이펙트를 모두 선택하고 드래그하여 [Effects & Presets] 패널의 아래쪽에 있는 [Create New Animation Preset](圖)에 놓거나 클릭하면 저장할 위치를 묻습니다. 나머지는 문자 프리셋의 저장 방식과 동일합니다.

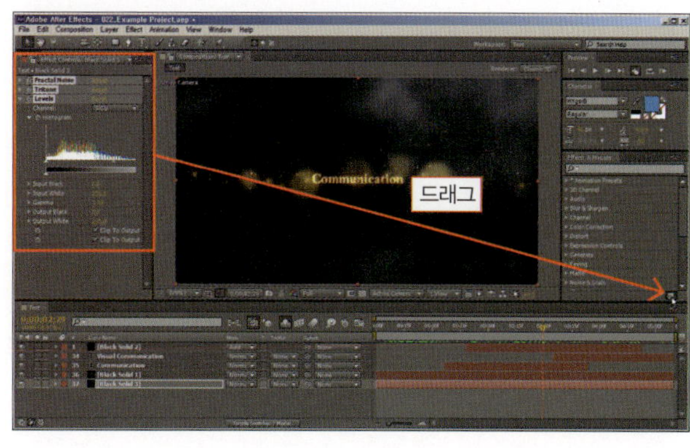

■ 불필요한 프리셋 지우기

01. 새롭게 만들어진 프리셋이 불필요해 졌을 때 패널에서 지우기 위해서는 [Effects & Presets] 패널에서 지우고자 하는 프리셋을 먼저 선택합니다. [Effects & Presets] 패널의 오른쪽 위의 패널 메뉴(圖)를 클릭하고 'Reveal in Explorer'를 선택합니다.

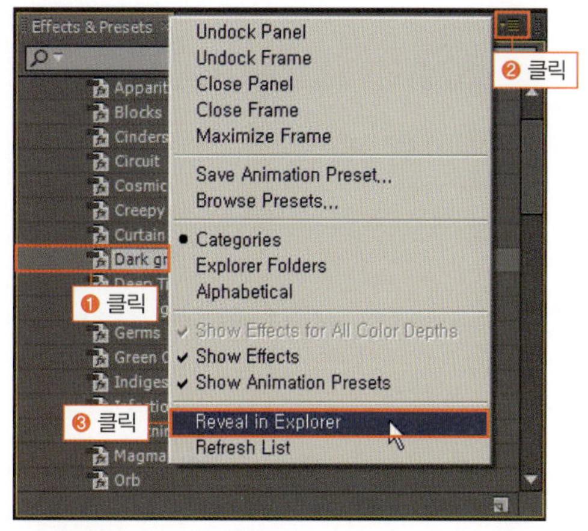

> **TIP :** 여기서 'Reveal'은 '(감추어진 것)을 드러내다, 나타내다' 등의 의미를 가지고 있습니다.

02. 'Reveal in Explorer'를 선택하면 다음과 같이 선택된 프리셋이 위치한 폴더가 나타납니다. 폴더에서 새롭게 만든 프리셋을 선택하고 지우거나 사용자가 만든 프리셋을 별도의 폴더에 저장해 사용할 수 있습니다.

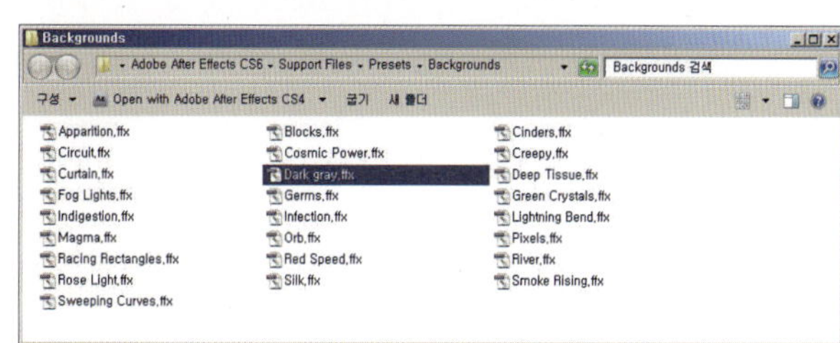

> **TIP :** 프리셋이 저장된 폴더에서 프리셋을 지워도 프로그램이 실행되어 있는 상태에서는 프리셋이 그대로 있습니다. 이런 경우 프로그램을 재시작하거나 'Reveal in Explorer' 아래쪽의 'Reflash List'를 선택하면 보이지 않게 됩니다.

애프터 이펙트는 복잡한 문자 애니메이션을 더욱 쉽고, 신속하게 만들어 낼 수 있도록 지원하고 있습니다. 문자 애니메이션을 쉽게 만들 수 있도록 제공되는 프리셋과 문자 레이어가 가지고 있는 속성의 제어가 바로 그것입니다. 문자 레이어가 가지고 있는 기본적인 속성에 대해 알아보도록 하겠습니다.

01. [Source Text]는 문자 레이어의 [Text]에서 [Source Text]의 키프레임을 이용해 프레임에 나타나는 문자를 시간에 따라 변화 시킬 수 있습니다. 타임마커를 5프레임으로 이동하고 [Stopwatch]( )를 체크해 키프레임을 설정하고, 6프레임으로 이동해 원래의 문자를 다른 문자로 변경합니다. 타임마커를 이동해 보면 키프레임에 입력된 문자로 바뀌어 나타나는 것을 확인할 수 있습니다.

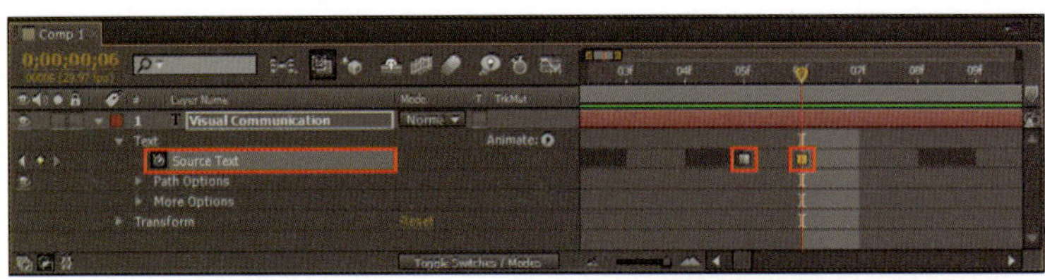

T I P : 문자 레이어의 속성에는 [Transform] 이외에 [Text]라는 속성이 하나 더 있습니다. 다음에서 볼 수 있듯이 [Timeline] 패널에서 레이어의 속성을 볼 수 있습니다.

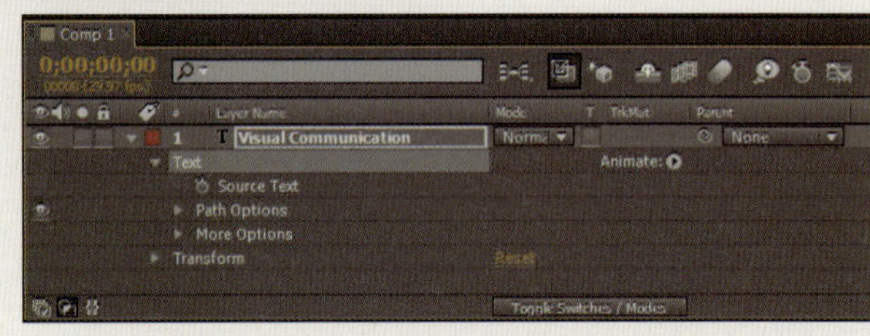

02. [Path Options]은 [Composition] 패널에서 문자 레이어에 [펜 툴]( )을 이용해 패스를 만들고, [Timeline] 패널의 레이어 속성에서 다음과 같이 패스를 선택하게 되면 기존에 없었던 [Path Options]가 나타나며 문자들이 패스를 따라 정렬됩니다.

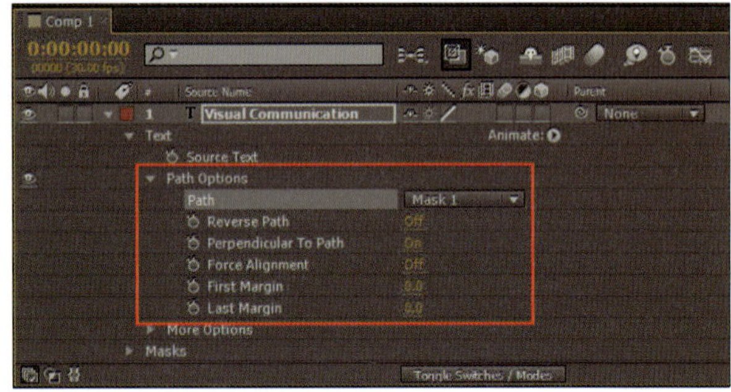

03. 패스가 적용된 문자 레이어는 패스의 움직임에 따라 함께 움직이며 [Path Options]의 변경에 따라 다양한 움직임을 만들 수 있습니다.

04. 문자 레이어의 [Path]에 적용되는 속성들은 다음과 같은 기능을 가지고 있습니다.

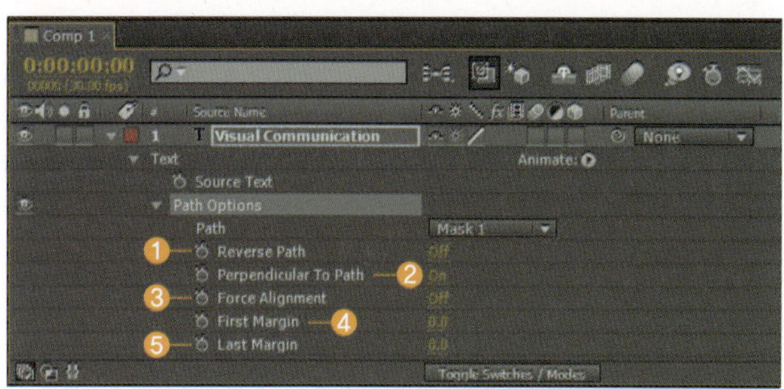

❶ **Reverse Path :** 'On'과 'Off'의 2가지 선택이 있으며, 패스의 처음 시작하는 부분과 끝 부분을 바꾸어 주는 기능을 담당합니다.

❷ **Perpendicular To Path :** 'On' 상태일 때 패스가 곡선이면 문자들이 곡선을 따라 기울어지게 됩니다. 이때 'Off'로 설정하여 문자를 수직으로 바꿔주는 역할을 합니다.

❸ **Force Alignment :** 패스의 처음과 끝 부분에 문자가 전체적으로 분포되도록 문자의 자간을 강제로 넓혀 맞추는 기능입니다.

❹ **First Margin :** 문자가 패스를 따라 움직일 때 처음에 시작할 패스의 위치를 지정합니다.

❺ **Last Margin :** 'First Margin'의 반대로 문자가 패스를 따라 움직일 때 마지막에 도착하는 문자의 위치를 지정합니다.

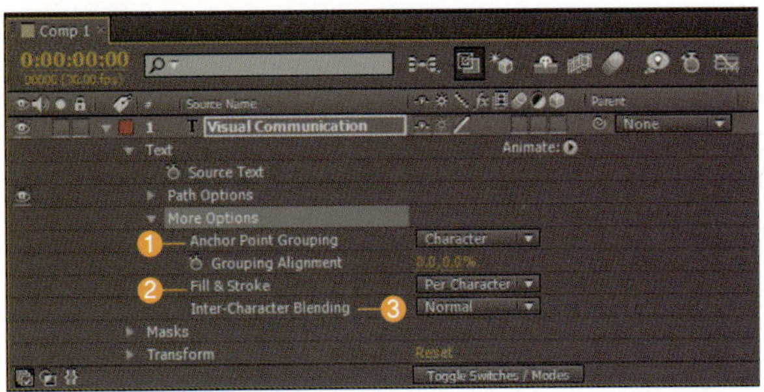

❶ **Anchor Point Grouping** : 각 문자, 단어, 줄, 또는 전체 문자에서 변형에 사용될 기준점을 지정합니다. 입력한 문자 레이어를 자소 단위나 문장 단위로 그룹별 정렬, 문자의 외각 색상이나 내부 색상 등에 대한 설정을 변경할 수 있는 옵션이 있습니다.

❷ **Fill & Stroke** : 문자의 외각 획과 내부의 색상 [Fill]의 위치를 위쪽/아래쪽으로 변경할 수 있습니다.

❸ **Inter-Character Blending** : 내부의 문자들이 겹쳤을 때 문자와 문자가 겹쳐지는 모드의 상태를 설정할 수 있습니다.

06. 문자 레이어에는 기본적인 속성 이외에 별도로 추가할 수 있는 [Animate]가 있습니다. 다음과 같이 위치나 크기, 불투명도, 색상, 트래킹, 블러 등의 여러 가지 속성을 적용할 수 있으며 각각의 속성을 문자에 별도로 적용할 수 있습니다. 문자 레이어를 선택하고 [Animation]–[Animate Text] 메뉴를 클릭해도 볼 수 있습니다. 선택하지 않고 다음과 같이 레이어 속성 오른쪽에 [Animate]를 클릭하면 선택하는 것과 동일하게 추가적인 속성을 선택할 수 있습니다.

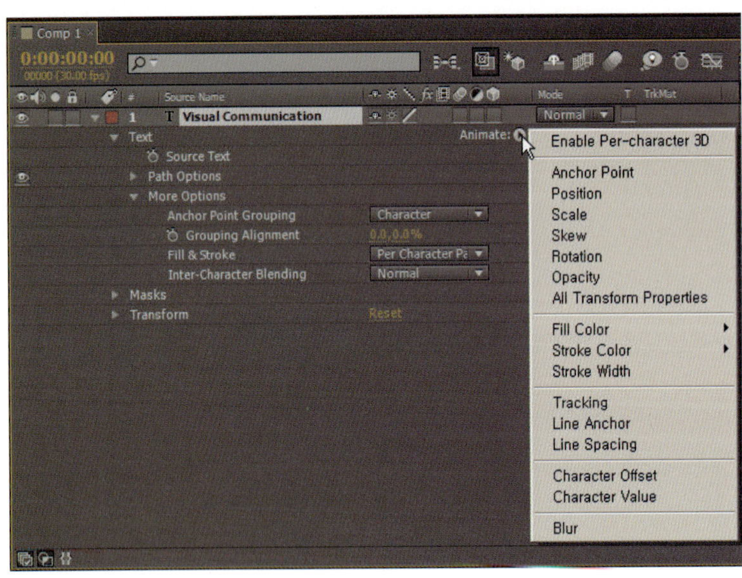

[Animator]는 애니메이터 그룹을 통해 선택된 문자에 영향을 주며, 문자 레이어에 3D 속성을 추가하려면 'Enable Per-character 3D'를 체크합니다.

01. 문자 레이어에서 애니메이터 그룹을 추가하기 위한 첫 번째 방법으로는 [Timeline] 패널에서 문자 레이어를 선택하고 [Animation]-[Animate Text] 메뉴를 클릭해 적용합니다. 두 번째 방법으로는 [Timeline] 패널에서 레이어 왼쪽의 삼각형을 클릭해 속성이 나타나도록 합니다. 속성에서 오른쪽에 있는 [Animate]를 클릭해 메뉴에서 적용합니다. 새롭게 적용된 [Animator] 그룹은 문자 레이어에 나타납니다.

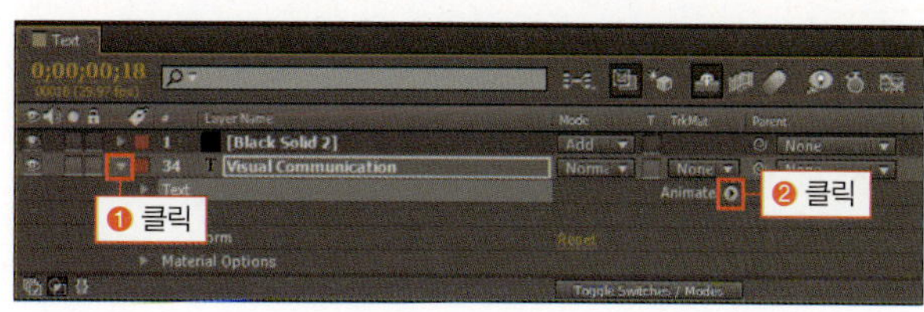

02. 기존에 생성된 [Animator] 그룹에 새로운 애니메이터 속성을 추가하려면 기존 애니메이터 그룹의 오른쪽의 [Add]에서 속성을 선택하여 적용합니다.

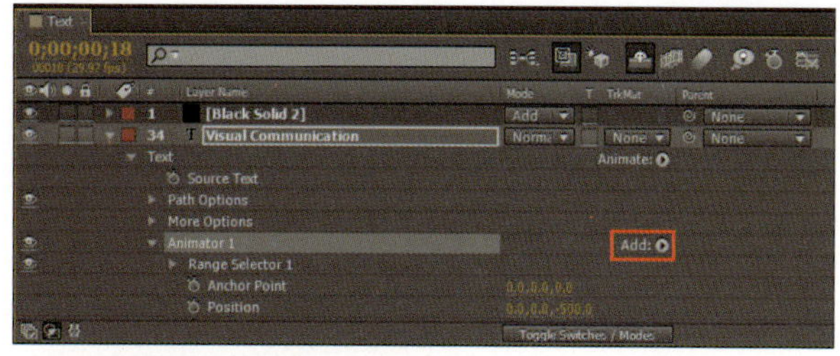

03. 애니메이터 속성이나 그룹을 삭제하려면 해당 속성이나 그룹을 선택하고 **Delete** 를 누릅니다. [Timeline] 패널의 문자 레이어에 적용된 애니메이터를 모두 지우려면 문자 레이어를 선택하고 [Animation]-[Remove All Text Animators] 메뉴를 클릭합니다.

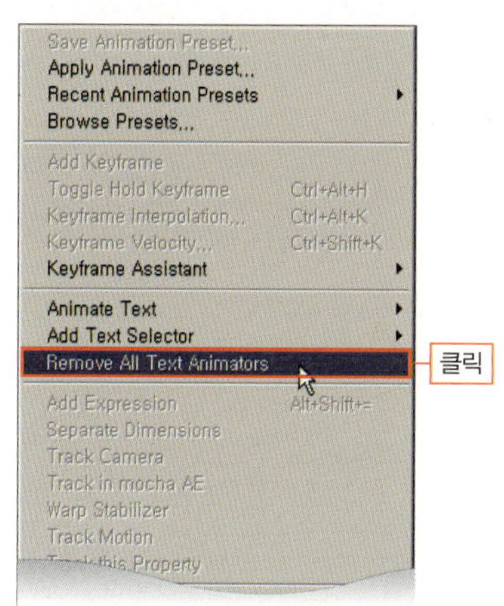

04. 문자 레이어에 적용된 애니메이터 그룹의 이름을 변경하려면 그룹을 선택하고 **Enter** 를 누르거나 마우스 오른쪽 버튼을 클릭하고 'Rename'을 선택합니다.

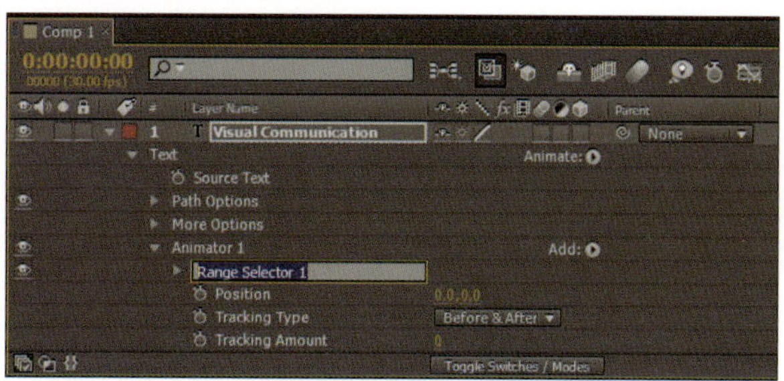

05. 문자 레이어에서 적용된 [Animator] 그룹의 위치를 변경하려면 드래그하여 원하는 위치로 이동합니다.

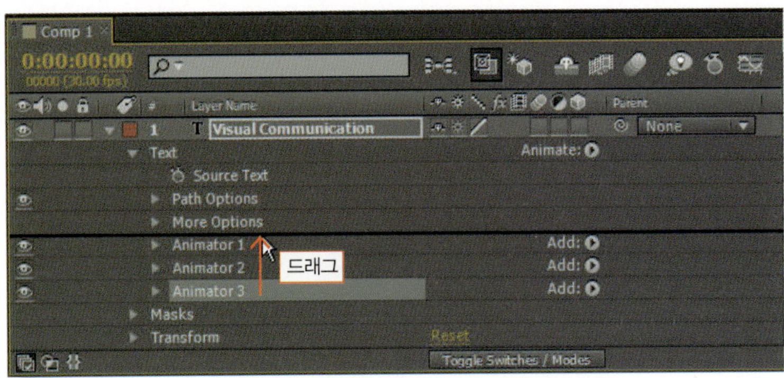

06. 문자 레이어에서 [Animator] 그룹에 포함된 다양한 명령들에 대해 알아보도록 합니다.

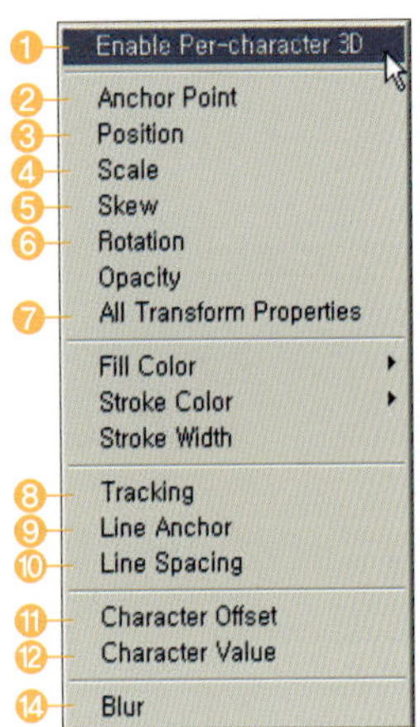
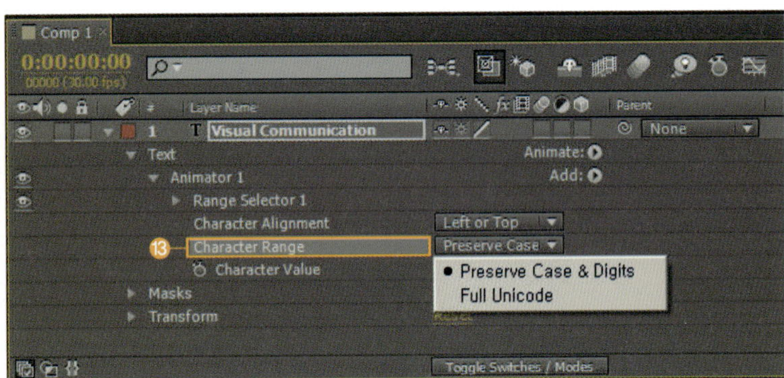

❶ **Enable Per-character 3D** : 2D인 문자를 3D 속성을 가진 문자 레이어로 변경합니다. 3D 문자로 변경되면 문자를 개별적으로 이동하거나 회전 및 비율 등을 조절할 수 있습니다. [Timeline] 패널에서 3D 레이어로 변경하는 것과는 다르게 사용됩니다. 이것은 문자를 개별적으로 제어하는 3D로 변경되는 것을 의미합니다. 문자 레이어가 3D 레이어로 변환되면 일반 레이어가 3D로 변환된 아이콘( )과 다르게 2개의 상자( )가 문자 레이어에 나타나게 됩니다.

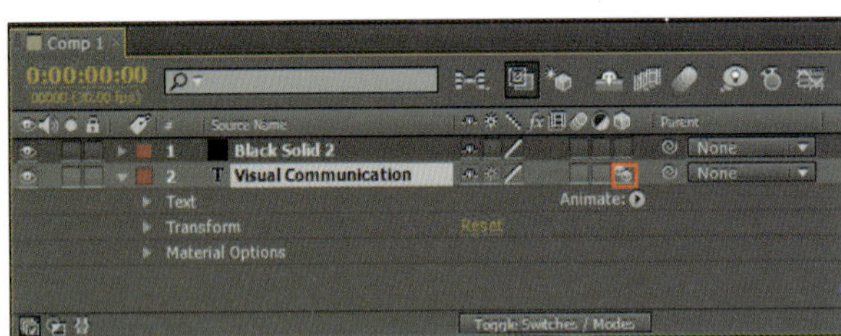

❷ **Anchor Point** : 문자의 기준이 되는 중심 포인트로 회전이나 크기 등을 제어할 때 기준이 됩니다.

❸ **Position** : 문자의 X, Y, Z에 대한 위치를 나타냅니다.

❹ **Scale** : 문자의 크기를 제어하며 기준점을 기준으로 변화를 가져옵니다.

❺ **Skew** : 문자의 기울기를 제어하며 Skew Axis를 조정하여 기울어지는 문자의 축을 지정합니다.

❻ **Rotation** : 'Enable Per-character 3D'가 체크되어 있으면 X, Y, Z축을 중심으로 개별적인 회전의 적용이 가능합니다.

❼ **All Transform Properties :** 모든 변형 속성(Anchor Point, Position, Scale, Skew, Rotation)을 하나의 [Animator] 그룹에 추가합니다.

❽ **Tracking :** 문자의 자간을 넓게 하거나 좁게 설정할 때 사용합니다.

❾ **Line Anchor :** 각 문자 줄의 자간을 정렬하며 값을 '0%'로 설정하면 왼쪽 정렬이, '50%'로 설정하면 가운데 정렬이, '100%'로 설정하면 오른쪽 정렬로 설정됩니다.

❿ **Line Spacing :** 여러 줄로 된 문자 레이어에 있는 문자 줄 사이의 간격을 조정합니다.

⓫ **Character Offset :** 선택한 문자를 변화시키는 유니코드 값입니다. 예로 값을 '5'로 설정하면 단어에 있는 문자가 사전순으로 다섯 단계 앞으로 이동하므로 'offset'이라는 단어는 'ikkxjy'가 됩니다.

⓬ **Character Value :** 선택한 문자의 새로운 유니코드 값을 나타내며, 각 문자를 새로운 값이 나타내는 하나의 문자로 바꿉니다. 예로 값을 65로 설정하면 단어에 있는 모든 문자가 65번째 유니코드 문자(A)로 변경되므로 'value'라는 단어는 'AAAAA'가 됩니다.

⓭ **Character Range :** 레이어에 속성 [Character Offset], 또는 [Character Value]를 추가할 때마다 나타나며 문자에 대한 제한을 지정할 때 사용합니다. 문자를 해당 그룹에 유지하려면 'Preserve Case & Digits'를 선택하고, 문자 변경을 무제한 허용하려면 'Full Unicode'를 선택합니다. 그룹에는 대문자 로마자, 소문자 로마자, 자릿수, 기호, 일본어 가타카나 등이 있습니다.

⓮ **Blur :** 개별적인 문자에 추가할 블러 효과를 나타내며, 가로와 세로의 블러 값을 따로 지정할 수 있습니다.

문자 레이어에 적용된 [Animator]에 추가적으로 적용할 수 있는 속성이 있습니다. 추가적인 [Selector]는 영향을 줄 문자의 범위와 정도를 지정할 수 있으며, 속성으로 [Range], [Wiggly], [Expression]이 있습니다.

01. [Timeline] 패널에서 'Selector'를 추가하려면 문자 레이어의 속성에서 [Animate] 그룹을 적용하고 적용한 그룹의 [Add]에서 'Selector'를 선택합니다.

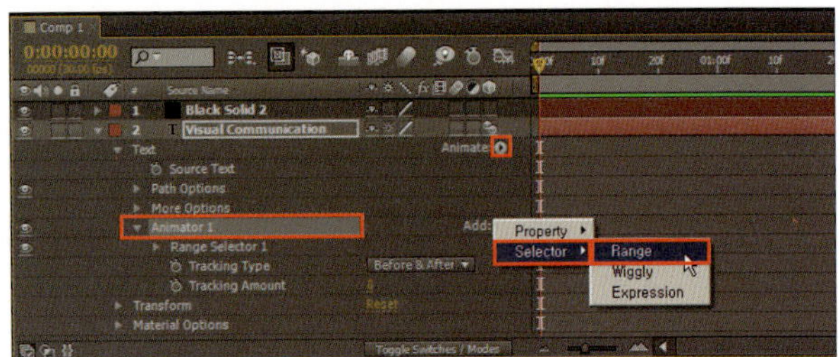

02. 두 번째 방법으로 문자 레이어의 [Animate] 그룹을 선택하고 [Animation]–[Add Text Selector] 메뉴에서 속성을 적용합니다.

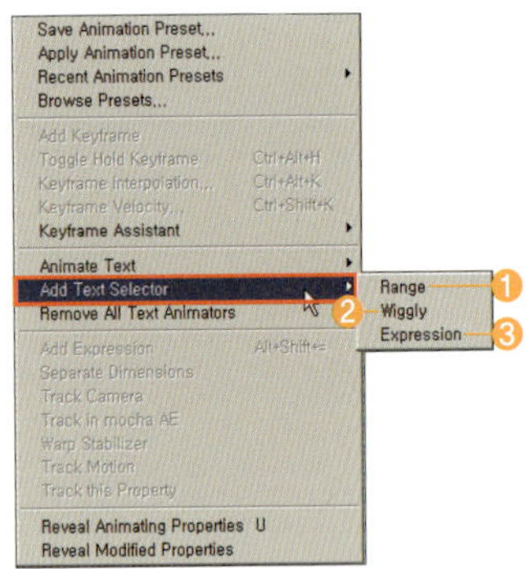

❶ **Range** : 문자 레이어에서 사용할 영역을 선택하여 설정합니다. 'Selector'에 공통으로 사용되는 [Mode]는 마스크가 결합되는 방식과 유사하며, [Amount]는 애니메이터 속성이 문자의 범위에 주는 영향의 정도를 설정합니다. [Unit]은 [Start], [End], [Offset]의 단위를 변경합니다.

• Start/End : 문자가 선택되는 영역의 시작과 끝을 나타냅니다.

• Offset : [Start]와 [End]로 선택된 영역을 이동하는 양을 조절합니다.

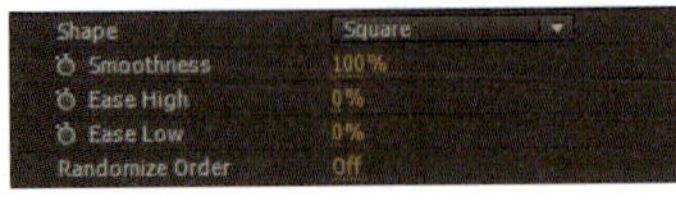

• Shape : Start와 End로 지정된 영역에서 문자를 선택하는 방법을 제어합니다. 각 옵션은 선택된 [Shape]의 종류에 따라 선택 영역을 재배치합니다.

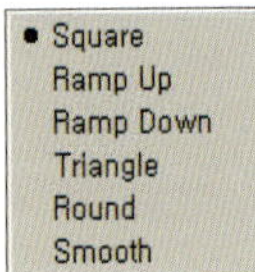

• Smooth : [Shape]에서 'Square'를 적용했을 때 문자에서 문자로 전환되는 데 걸리는 양을 결정합니다.

• Ease Hight/Ease Low : 선택 값이 'Ease Hight'에서 'Ease Low'로 변경될 때의 변경 속력을 결정합니다.

• Randomize Order : 'On'으로 설정했을 때 활성으로 변경되며, 'Range Selector'를 사용해 지정한 문자에 속성이 적용되는 순서를 랜덤하게 변경됩니다.

❷ **Wiggly** : 애니메이터 속성 값이 랜덤하게 사용됩니다.

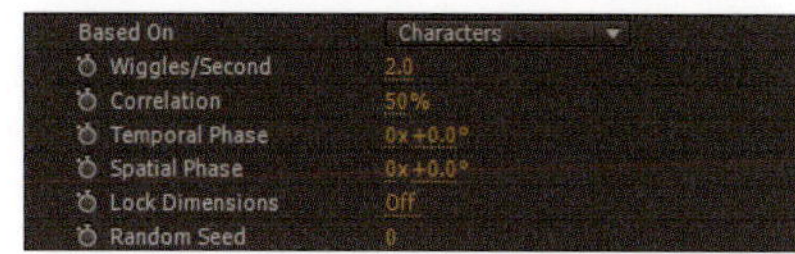

• Wiggles/Second : 문자에 지정된 선택 영역에서 변화가 일어나는 초당 수치를 지정합니다.

• Correlation : 100%일 때 모든 문자는 같은 시간에 동일한 양만큼 흔들리고, 0%일 때 모든 문자는 독립적으로 흔들립니다.

• Temporal Phase/Spatial Phase : 시간과 공간을 기반으로 하는 흔들기 변화 값을 지정합니다.

• Lock Dimensions : 문자가 흔들린 영역의 X와 Y의 비율을 같은 값으로 조정합니다. 특히 크기를 조절할 때 동일한 비율을 유지해 줍니다.

❸ **Expression** : [Amount]에 익스프레션 필드를 만듭니다.

03. 세 번째 방법으로 [Composition] 패널에서 [문자 툴](T.)을 사용해 문자의 범위를 드래그하고 마우스 오른쪽 버튼을 클릭하고 'Add Text Selector'를 선택해 적용합니다.

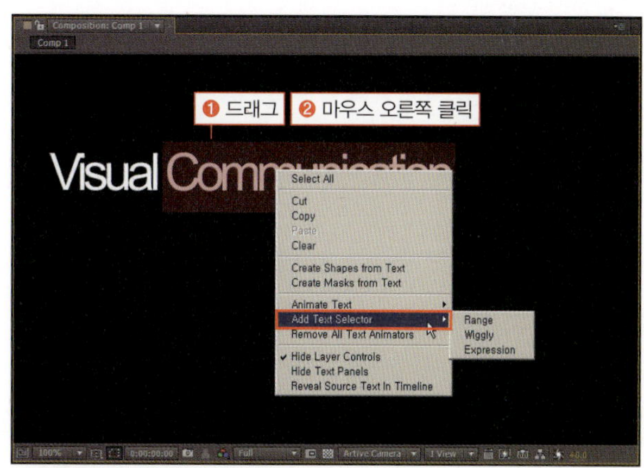

04. [Timeline] 패널에서 레이어에 적용한 'Selector'를 지우려면 적용된 'Selector'를 선택하고 **Delete**를 눌러 지우도록 합니다.

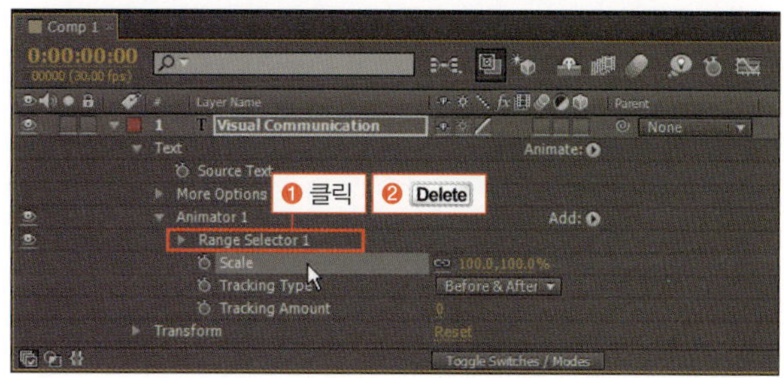

기초탄탄 ▶ 벡터 그래픽과 셰이프 레이어

■ 비트맵 그래픽과 벡터 그래픽

일러스트레이터에서 사용하는 벡터 방식의 그래픽과 애프터 이펙트에서 사용되는 셰이프 레이어는 동일한 형태를 사용하며 오브젝트의 크기를 자유자재로 제어할 수 있습니다.

픽셀(pixels)을 사용하여 이미지를 표현하는 방식으로 각 픽셀에는 특정 위치와 색상 값이 할당되어 있습니다. 우리가 일반적으로 사용하는 jpeg, png, bmp 등의 파일 포맷을 가지며, 부드럽고 다양한 컬러를 표현할 때 사용합니다. 이미지를 확대하면 계단 현상이 나타나며 크기를 조절하면 이미지의 퀄리티가 떨어지고, 벡터 그래픽에 비해 파일의 용량이 큽니다.

벡터 그래픽은 선이나 형상을 배치하는 데 있어 수학적 표현을 통해 디지털 이미지를 만들며, 오브젝트를 확대해도 계단 현상 없이 깨끗한 이미지를 만들 수 있습니다. 애프터 이펙트에서 텍스트와 셰이프 레이어는 벡터 그래픽 방식을 사용하여 오브젝트를 크게 만들어도 부드러운 결과물을 얻을 수 있습니다. 일반적인 이미지의 크기를 조절하면 계단 현상이 나타나 사용할 수 없으며 크기를 조절하려면 최대한 큰 이미지를 가지고 작업을 진행해야 합니다.

STEP 01 · 셰이프 레이어 만들기

셰이프 레이어는 다양한 방법으로 [Timeline] 패널에 추가적인 레이어로 만들어 사용할 수 있습니다.

01. 셰이프 레이어를 만들기 위해 애프터 이펙트를 실행하고 새로운 컴포지션을 생성합니다. [Timeline] 패널과 [Composition] 패널에서 마우스 오른쪽 버튼을 클릭하고 'New'–'Shape Layer'를 선택하면 만들 수 있습니다.

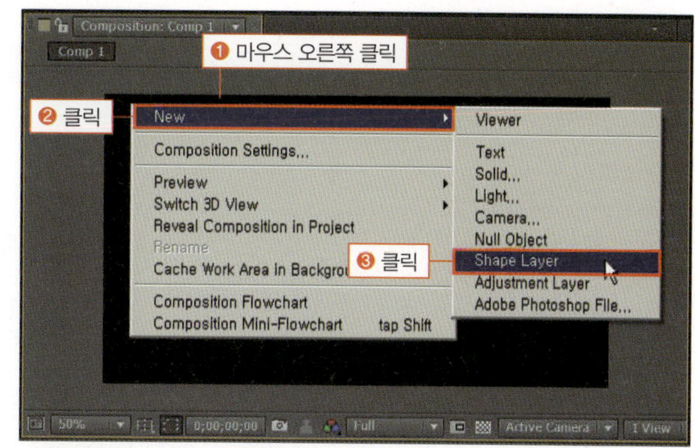

> **TIP :** [Timeline] 패널이나 [Composition] 패널을 선택하고 [Layer]–[New]–[Shape Layer] 메뉴를 클릭해도 동일한 형태로 셰이프 레이어를 만들 수 있습니다.

02. 셰이프 레이어가 만들어 지면 다음과 같이 [Timeline] 패널에 'Shape Layer 1' 레이어가 생성됩니다. 새로운 셰이프 레이어가 만들어져도 [Composition] 패널에는 아무런 오브젝트도 만들어지지 않으며 가운데에 파란점이 나타납니다. 오브젝트를 만들기 위해서는 마스크를 만들 때와 동일하게 [펜 툴]( )이나 도형 툴들을 이용해 [Composition] 패널에서 만들면 됩니다.

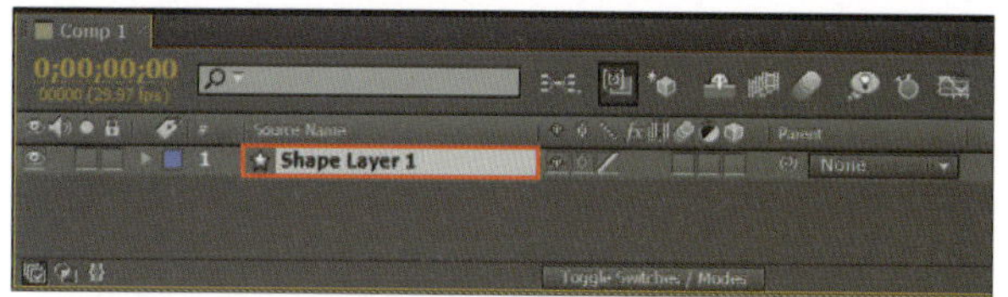

03. 셰이프 레이어는 하나의 레이어에 여러 개의 셰이프를 만들 수 있습니다. 툴 박스에서 [직사각형 툴]( )을 선택합니다. [Composition] 패널에서 마우스로 드래그하면 다음과 같이 셰이프 레이어를 쉽게 만들 수 있습니다.

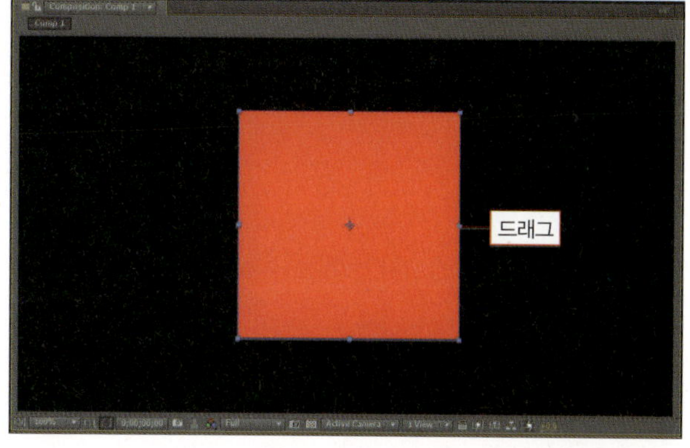

> **TIP :** 다른 마스크 툴(모서리가 둥근 사각형 툴, 원형 툴, 다각형 툴, 별 툴)을 선택하고 싶다면 직접 선택하거나 Q를 눌러 순서대로 툴을 변경해 사용합니다.

> **TIP :** 셰이프 레이어는 도형 툴과 [펜 툴]( )을 모두 이용해 만들 수 있으며, [Timeline] 패널에서 어떤 레이어도 선택되어 있지 않을 때 툴 박스의 도형 툴과 [펜 툴]( )은 셰이프 레이어를 만들고, 셰이프 레이어 이외의 레이어가 선택되어 있을 때는 레이어에 마스크를 만듭니다.

[Timeline] 패널에 셰이프 레이어를 만들면 셰이프 레이어를 제어할 수 있는 다양한 옵션이 나타납니다.

01. 셰이프 레이어를 만들기 위해 [Timeline] 패널에서 아무런 레이어도 선택하지 않고 툴 박스에서 [직사각형 툴](🔲)을 선택하면 다음과 같이 툴 박스의 오른쪽에 옵션을 선택할 수 있는 메뉴가 나타나게 됩니다.

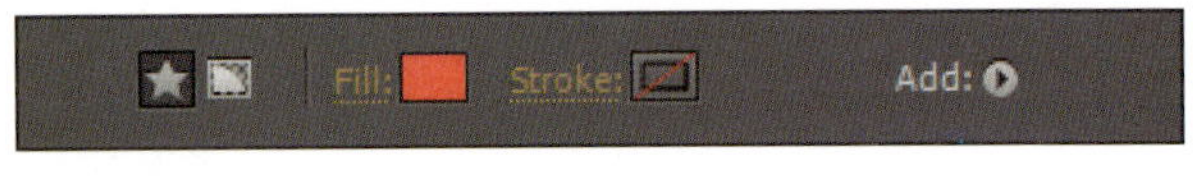

02. 도형 툴을 선택하면 활성으로 변경되는 [Creates Shape](★)는 셰이프 레이어를 만들 때 선택하며, [Timeline] 패널에서 아무런 레이어도 선택되지 않았을 때 도형 툴이나 [펜 툴](🖊)을 선택하면 기본적으로 선택되어 있습니다. [Creates Mask](🔳)는 셰이프 레이어에 마스크를 만들어 일부 영역을 가리거나 보이게 할 때 사용합니다.

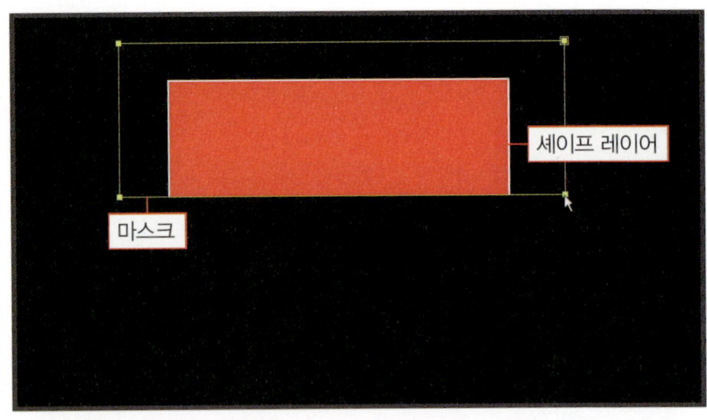

03. 옵션에서 [Fill]의 색상표를 클릭하면 다음과 같이 셰이프 레이어의 채워지는 내부 색상을 변경할 수 있는 [Shape Fill Color] 대화상자가 나타납니다.

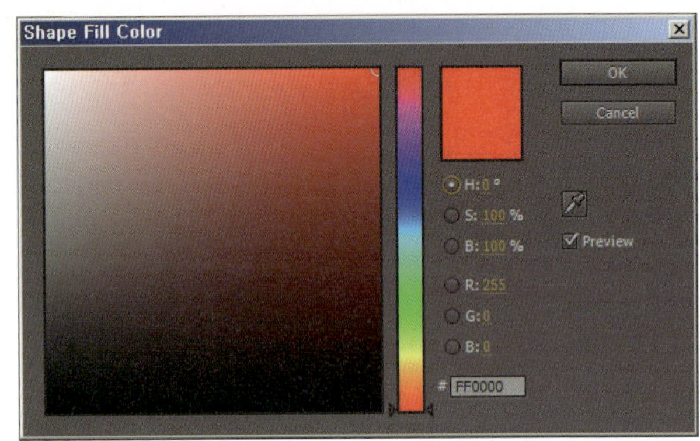

04. 색상 아이콘을 클릭하지 않고 [Fill] 문자를 클릭하면 다음과 같이 [Fill Options] 대화상자가 나타납니다. [Fill Options] 대화상자에서 'Linear Gradient'나 'Radial Gradient'를 선택하고 [OK] 단추를 클릭하면 기본 그레이디언트로 적용되며 다음과 같이 사용자가 원하는 색상으로 변경할 수 있습니다.

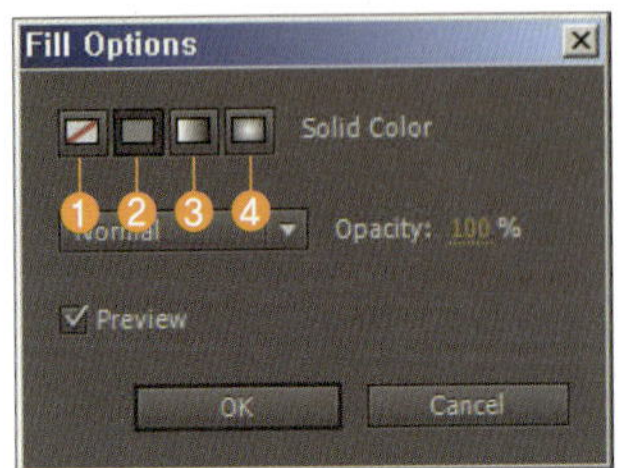

❶ **None :** 셰이프 레이어의 내부 색상을 채우지 않도록 합니다.

❷ **Solid Color :** 기본 설정으로 1가지 색상으로 채웁니다.

❸ **Linear Gradient :** 직선의 그레이디언트로 셰이프 레이어를 채웁니다.

❹ **Radial Gradient :** 원형의 그레이디언트로 셰이프 레이어를 채웁니다.

05. 그레이디언트의 색상을 변경하기 위해 다시 [Fill] 오른쪽의 색상표를 클릭합니다.

06. 다음과 같이 그레이디언트의 색상을 변경할 수 있는 [Gradient Editor] 대화상자가 나타납니다.

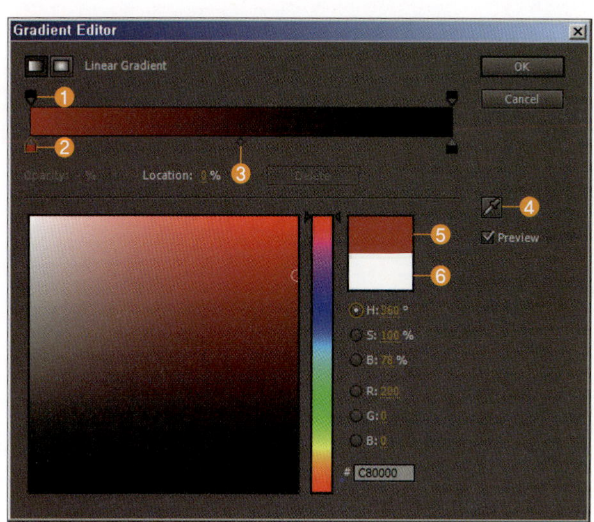

❶ **Opacity Stop** : 마우스로 이동하며 원하는 위치에서 아래의 [Opacity] 값을 조절하여 색상의 투명도를 다르게 설정할 수 있습니다.

❷ **Color Stop** : 그레이디언트가 적용될 때 원래 색상이 다른 색상과 섞이는 마지막 지점입니다.

❸ **Color midpoint** : 그레이디언트를 만들었을 때 양쪽 색상의 중간 포인트를 나타냅니다. 마우스로 이동하여 그레이디언트의 중심을 이동할 수 있습니다.

❹ **Eyedropper** : 스포이트 아이콘을 마우스로 클릭하여 사용자가 원하는 색상을 가져올 수 있습니다.

❺ **New-Color** : 새롭게 바꿀 색상을 선택했을 때 나타납니다.

❻ **Original-Color** : 색상이 바뀌기 전의 색상을 나타냅니다. 다른 색상이 선택되어 반으로 나타날 때 마우스로 클릭하면 원래의 색상으로 돌아갑니다.

07. 그레이디언트의 색상을 변경하기 위해서는 다음과 같이 변경하고자 하는 부분의 아래쪽 삼각형을 선택합니다. 삼각형을 선택하면 주위에 노란색의 테두리가 생깁니다. 삼각형을 선택하고 아래의 색상에서 원하는 색상을 선택하면 색상이 변경됩니다. 그레이디언트를 여러 가지 색상으로 만들고 싶다면 마우스로 바의 원하는 위치를 클릭하면 새로운 삼각형을 만들 수 있으며 색상을 여러 단계로 추가할 수 있습니다. 삼각형과 삼각형의 중간에 생성되는 다이아몬드를 마우스를 이용해 왼쪽/오른쪽으로 이동하면 색상이 만들어지는 범위를 조절할 수 있습니다. 새롭게 생성된 삼각형을 지우고 싶으면 마우스로 잡고 아래 방향으로 드래그하면 쉽게 지울 수 있습니다.

08. 그레이디언트가 적용된 셰이프 레이어에서 그레이디언트의 위치나 방향을 변경할 수 있도록 2개의 포인트가 생성됩니다. [Composition] 패널에서 포인트를 클릭하고 드래그하며 색상의 위치와 방향을 변경할 수 있습니다.

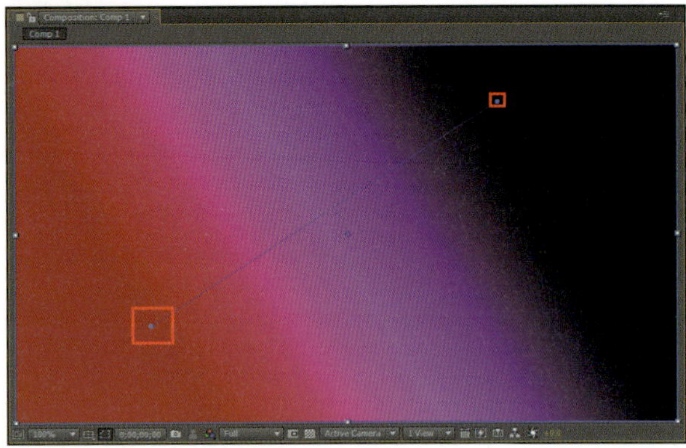

09. 셰이프 레이어의 테두리 색상을 변경할 수 있는 [Stroke] 문자를 클릭하면 색상을 변경할 수 있도록 [Stroke Options] 대화상자가 나타납니다. [Fill]을 클릭했을 때와 동일하게 테두리 색상을 없애거나, 단색과 그레이디언트 모두 적용이 가능합니다. [Stroke Options] 대화상자의 'Normal'에서 모드에 대한 설정을 변경할 수 있습니다. 셰이프 레이어의 모드는 [Timeline] 패널에 존재하는 레이어와 레이어의 모드 적용이 아니고 셰이프 레이어에 만들어진 여러 개의 셰이프와의 모드 적용을 의미합니다.

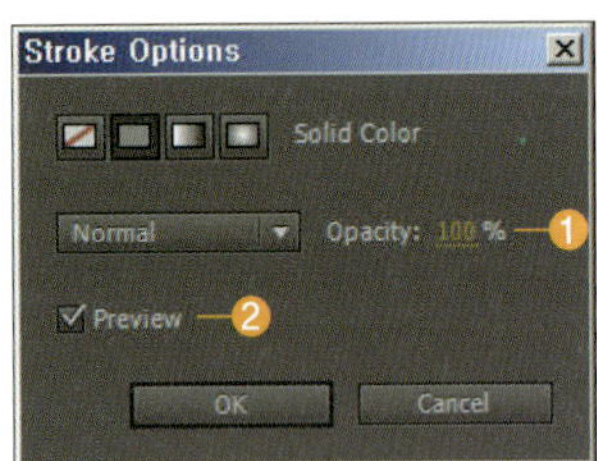

❶ Opacity : 셰이프 레이어의 [Fill]과 [Stroke]의 불투명도를 각각 제어합니다.

❷ Preview : [Fill]과 [Stroke Options] 대화상자에서 적용되는 효과에 대한 진행 상황을 [Composition] 패널에서 바로 확인하며 설정할 수 있도록 도와줍니다.

T I P : [Stroke Options] 대화상자는 셰이프 레이어의 테두리 색상에 관련한 것으로 [Fill]과 사용방법은 동일합니다.

10. [Timeline] 패널에 새롭게 만들어진 셰이프 레이어는 다른 2D 레이어가 가지고 있는 속성 이외에 셰이프 레이어를 제어할 수 있는 속성을 추가적으로 갖게 됩니다.

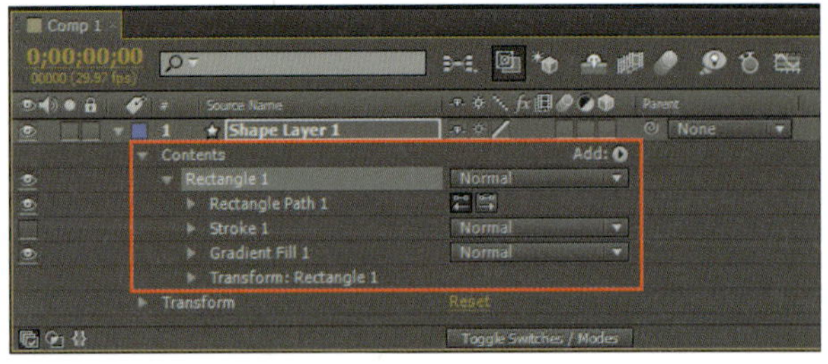

그룹 명령은 여러 개의 셰이프에 대한 앵커 포인트를 하나로 만들며 크기나 회전, 기울기, 투명도 등 속성을 한꺼번에 제어할 때 사용합니다.

예제 파일 | CD₩Part 06₩023_Example Project의 Group Shapes 컴포지션

01. 예제 프로젝트에서 'Group Shapes' 컴포지션을 확인합니다. 여러 개의 셰이프를 하나의 그룹으로 만들기 위해서는 [Timeline] 패널에서 하나의 셰이프 레이어에서 하나 이상의 셰이프를 선택합니다. [Timeline] 패널에서 각각의 셰이프를 선택할 때 **Ctrl** 이나 **Shift** 를 누르고 여러 가지 선택하거나 [Composition] 패널에서 **Shift** 를 누르고 셰이프를 선택하면 됩니다. [Composition] 패널에서 셰이프 레이어가 전체가 한꺼번에 선택될 때는 레이어를 더블클릭하면 개별적으로 선택할 수 있습니다.

02. 셰이프가 선택되면 [Layer]-[Group Shapes](**Ctrl** + **G**) 메뉴를 클릭하면 셰이프가 그룹으로 만들어집니다. 다음과 같이 여러 개의 셰이프가 하나의 그룹으로 만들어지면 [Transform:Group]에서 하나의 속성을 제어하면 모든 셰이프에 대한 속성을 한꺼번에 제어할 수 있습니다. 셰이프 레이어를 [펜 툴]( )을 이용해 만들면 다음과 같이 셰이프 레이어에 [Group]이라는 이름으로 만들어지게 됩니다. 이것은 전체 셰이프를 하나의 그룹으로 만드는 것과 다르게 사용됩니다.

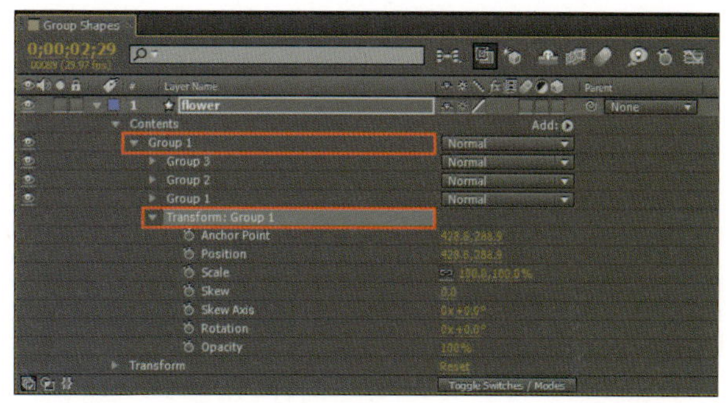

03. 셰이프에 설정된 그룹을 다시 해지하기 위해서는 그룹을 선택하고 [Layer]-[Ungroup Shapes](**Ctrl** + **Shift** + **G**) 메뉴를 클릭하면 됩니다.

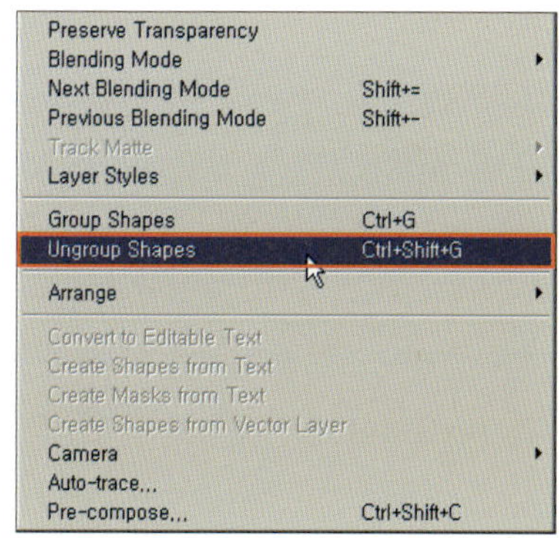

셰이프 레이어에 만들어진 셰이프는 다음의 명령들에 의해 다양하게 변화시킬 수 있습니다.

01. 셰이프 레이어의 모양을 변형하기 위한 명령을 적용하기 위해서는 [Timeline] 패널에서 셰이프 레이어를 선택하고 레이어 왼쪽의 삼각형을 클릭하면 [Contents] 속성이 나타납니다. [Contents]의 오른쪽 [Add]를 클릭하면 포함된 여러 종류의 메뉴를 확인할 수 있습니다.

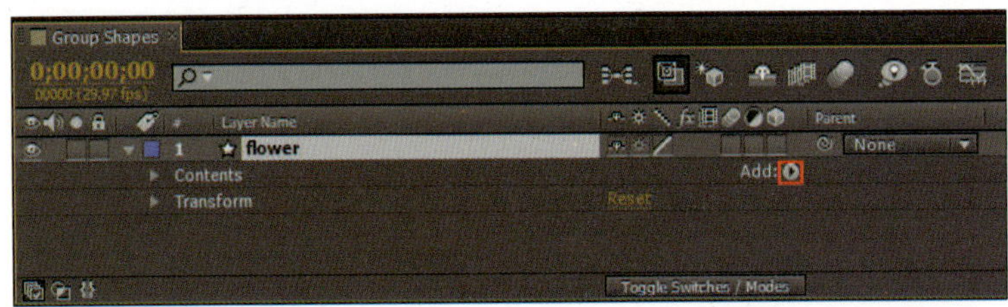

02. 변형에 대한 명령을 적용하는 다른 방법으로 셰이프 레이어를 선택했을 때 툴 박스의 오른쪽에 나타나는 [Add]의 화살표를 클릭하여 사용할 수도 있습니다.

03. 변형을 위한 [Add]에 포함된 명령은 다음과 같이 그룹, 도형, 색상, 변형 등 다양한 종류의 명령으로 구성되어 있습니다.

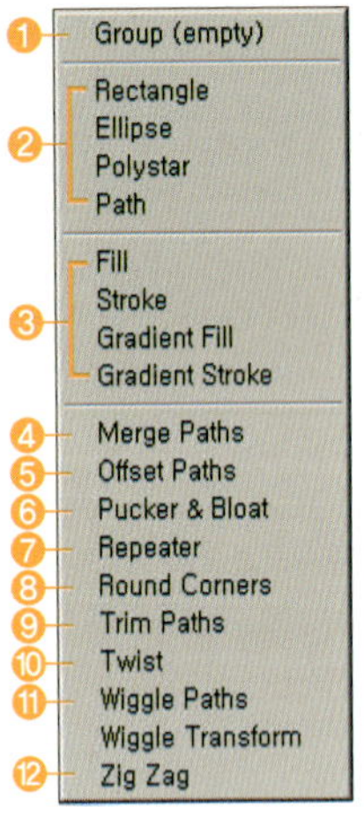

❶ **Group(empty)** : 셰이프 레이어를 선택하고 'Group'을 선택하면 셰이프 레이어에 새로운 그룹이 만들어집니다. 새롭게 만들어진 그룹에 다른 셰이프를 마우스로 드래그하여 포함시킬 수 있습니다. 그룹에 포함된 전체 셰이프를 한꺼번에 제어할 수 있습니다.

❷ **Rectangle/Ellipse/Polystar/Path** : 사각형이나 원, 별 등의 셰이프를 추가적으로 셰이프 레이어에 만들어 줍니다.

❸ **Fill/Stroke/Gradient Fill/Gradient Stroke** : 셰이프의 테두리나 내부 색상을 제어할 수 있는 명령을 새롭게 추가할 수 있습니다.

❹ **Merge Paths** : 셰이프 레이어에 2개 이상의 셰이프가 있을 때 적용할 수 있으며, 두 셰이프의 관계를 설정할 수 있습니다. 'Merge Paths'나 'Offset Paths', 'Pucker & Bloat'……'Zig Zag'를 적용하게 되면 다음과 같이 [Timeline] 패널의 셰이프 레이어 아래쪽에 새로운 속성이 나타나며, 각각의 명령에 따라 다른 옵션이 나타나게 됩니다.

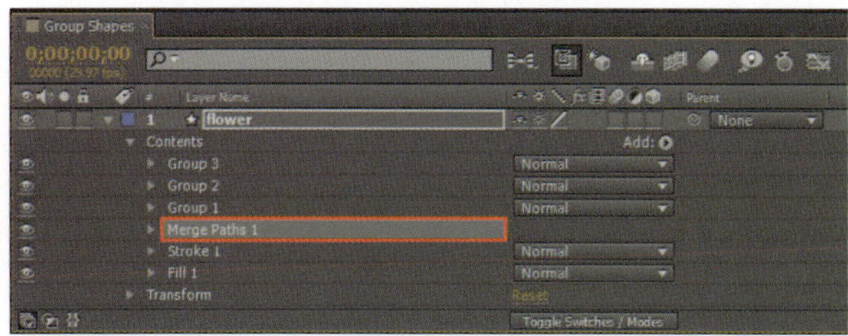

다음과 같이 5개의 메뉴가 있으며 각각의 메뉴는 셰이프에 대한 설정을 변경해 줍니다. 셰이프 레이어에 2개 이상의 셰이프가 교차되어 있어야 적용할 수 있으며 셰이프의 교차 부분에 대한 결과를 다음과 같이 다르게 나타나도록 합니다.

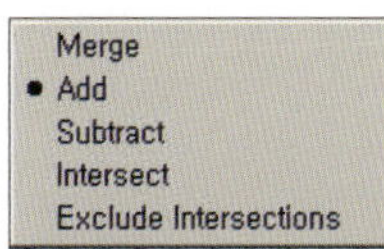

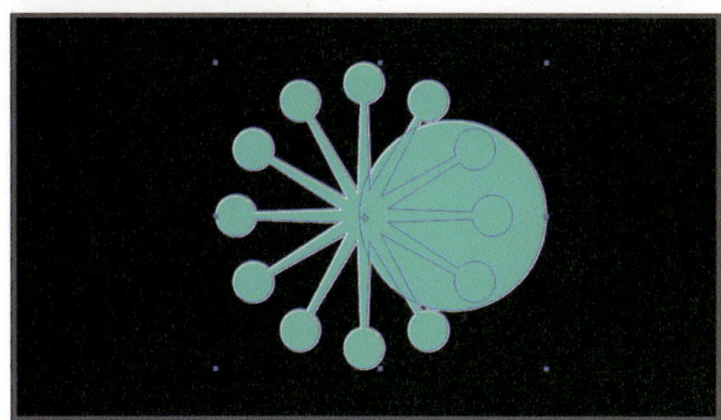

▲ Add

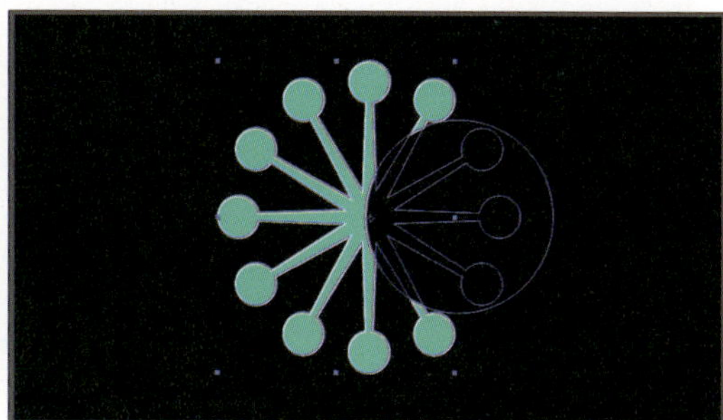

▲ Subtract

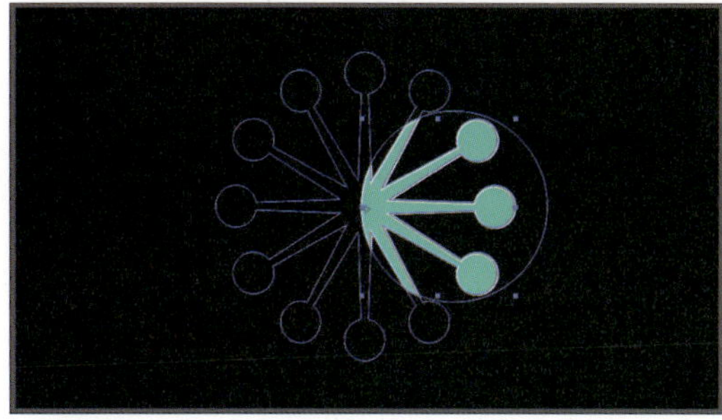

▲ Intersect

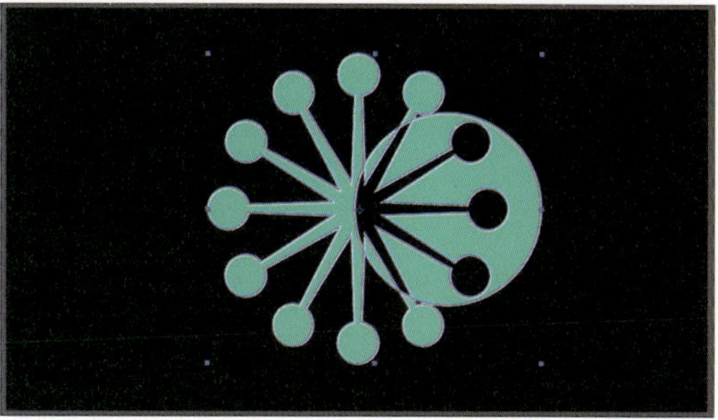

▲ Exclude Intersections

• Merge : 텍스트 레이어를 셰이프 레이어로 변환하는 명령 'Create Shapes from Text'를 적용했을 때 A 자와 같이 여러 개의 셰이프로 만들어진 레이어에 기본으로 적용되는 모드입니다. A, B, D… 등 2개 이상의 셰이프로 만들어진 셰이프의 중간 부분을 나타나지 않게 적용합니다.

• Add : 2개의 셰이프가 교차된 부분을 하나로 만들어 줍니다.

• Subtract : 2개의 교차된 셰이프 중 위에 있는 셰이프가 남고 나머지 부분은 가려집니다.

• Intersect : 2개의 교차된 셰이프에서 서로 교차된 부분만 남고 나머지 부분은 가려줍니다.

• Exclude Intersections : 'Intersect'와는 반대로 셰이프가 서로 교차된 부분을 제외한 나머지 부분이 나타나도록 합니다.

❺ **Offset Paths** : 초기에 설정된 셰이프보다 외각, 또는 내부로 셰이프의 영역을 넓히거나 좁힐 때 사용합니다. 셰이프가 닫힌 패스일 때는 전체 영역이 넓혀지거나 좁아집니다. 다음과 같이 셰이프가 열린 패스일 때는 선 부분의 영역이 새로운 영역으로 설정되어 넓어지거나 좁아지는 상태를 만듭니다.

▲ 'Offset Paths' 적용 전

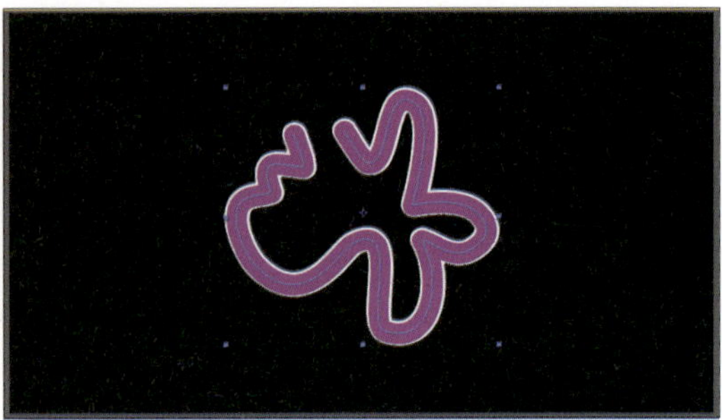

▲ 'Offset Paths' 적용 후

❻ **Pucker & Bloat** : 셰이프의 앵커 포인트를 중심으로 안쪽으로 주름지게 하거나 바깥쪽으로 주름지게 합니다.

❼ **Repeater** : 셰이프를 여러 개 반복적으로 배열하는 명령입니다. 셰이프에 대한 반복의 개수나 위치 등의 조절이 가능하며 복사된 셰이프에 대한 속성이 새롭게 추가되어 크기나 위치 투명도 등의 제어가 가능합니다.

▲ 'Repeater' 적용 전

▲ 'Repeater' 적용 후

❽ **Round Corners** : 셰이프의 모서리가 각진 부분을 부드럽게 처리해 줍니다.

❾ **Trim Paths** : 셰이프의 [Fill] 색상을 없애고 [Stroke]의 시작점과 끝점을 설정하여 셰이프의 길이를 조절할 수 있습니다. 'Offset'을 사용해 선이 움직이는 애니메이션을 만들 수 있습니다.

▲ 'Trim Paths' 적용 전

▲ 'Trim Paths' 적용 후

❿ **Twist** : [Angle] 값을 조정하여 셰이프를 왼쪽, 또는 오른쪽으로 회전시켜 다양한 오브젝트를 만들 수 있습니다.

⓫ **Wiggle Paths** : 셰이프를 [Detail]의 수치에 따라 흔들리도록 왜곡시키고 [Wiggle/Second]의 수치에 따라 흔들리는 속도를 제어할 수 있습니다. [Wiggle/Second]가 '0'일 때는 움직이지 않고 수치가 높을수록 빠르게 움직입니다.

⓬ **Zig Zag** : 'Wiggle Paths'가 불규칙한 움직임을 만들어 낸다면 'Zig Zag'는 규칙적인 파형을 만들어 줍니다. 파형의 개수, 크기를 설정하거나 외각을 부드럽게, 또는 코너 형태로 만들 수 있습니다. 셰이프에 적용되는 다양한 옵션들은 모두 키프레임 애니메이션이 가능하며, 움직임의 제어를 통해 더욱 다이내믹한 영상을 만들 수 있습니다.

레이어 스타일과 이펙트

레이어 스타일의 일반적인 내용은 이펙트에 존재하는 내용들과 비슷한 것들이 있습니다. 포토샵에서 레이어에 적용되는 레이어 스타일은 애프터 이펙트에서 레이어의 트랜스폼 속성 이외에 레이어 스타일이라는 새로운 속성으로 레이어에 만들어집니다. 애프터 이펙트에서 적용되는 이펙트는 레이어에 [Effects] 속성으로 나타나게 됩니다.

기초탄탄 ▶ 이펙트에 대해 알아보기

■ 이펙트 이해하기 `403P`

애프터 이펙트는 이미지, 비디오 및 오디오에 새로운 특성을 추가하거나 수정하기 위해 레이어에 적용할 수 있는 다양한 이펙트를 가지고 있습니다. 이미지, 또는 동영상의 왜곡, 노출, 색상을 변경하고, 다양한 시각적 변화와 사운드 등의 제어를 통해 더욱 효과적인 영상을 만들 수 있습니다.

이펙트는 애프터 이펙트에서 가장 많이 사용하는 부분으로 다양한 기본 이펙트와 어도비사 이외의 공급업체에서 제공하는 써드파티 플러그인이 있습니다. 플러그인은 파일 확장자가 '.aex', '.pbk', '.pbg' 등인 작은 소프트웨어 모듈로, 응용 프로그램에 기능을 추가합니다. 플러그인은 'Program Files\Adobe\Adobe After Effects CS6(CC)\Support Files\Plug-ins' 폴더에 새롭게 추가적으로 설치하여 사용할 수 있습니다.

이펙트의 특성

- 이펙트의 대부분 속성은 키프레임을 적용하여 애니메이션을 만들 수 있습니다. 키프레임의 설정은 일반 레이어에 키프레임을 설정하는 방법과 같습니다.
- [Timeline] 패널의 레이어에 이펙트를 다양한 방법으로 적용해 프로젝트를 진행할 수 있습니다.
- [Timeline] 패널에서 'New'-'Adjustment layers'를 선택해 만들어 이펙트를 적용하면 조정 레이어 아래에 있는 모든 레이어에 동일한 이펙트를 적용할 수 있습니다.

- 이펙트는 16bpc(채널당 비트), 또는 32bpc의 심도로 이미지 색상 및 알파 채널 데이터를 처리할 수 있습니다. 16bpc, 또는 32bpc 프로젝트에 8bpc 이펙트를 적용하면 색상에 대한 세부 정보를 잃을 수 있습니다. 프로젝트가 16bpc, 또는 32bpc로 설정되어 있을 때 8bpc를 지원하는 이펙트를 적용하면 [Effect Controls] 패널에서 이펙트 이름 왼쪽에 경고 아이콘(⚠)이 표시됩니다.

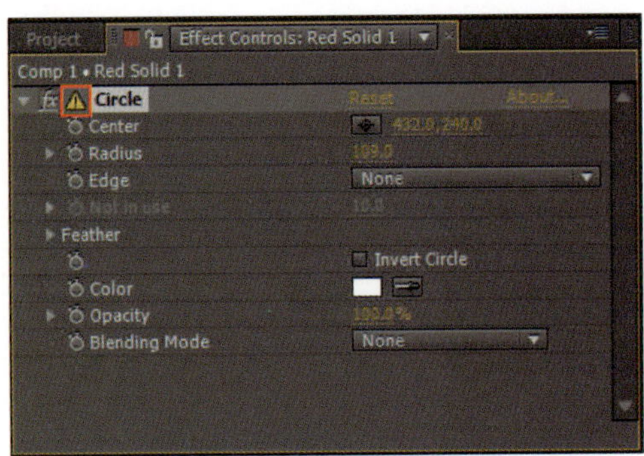

- [Timeline] 패널의 레이어에 적용된 이펙트가 하나 이상일 때 이펙트가 표현되는 순서를 변경할 수 있습니다. [Effect Controls] 패널에서 순서를 변경하고자 하는 이펙트를 선택하고 드래그하여 변경할 수 있습니다.

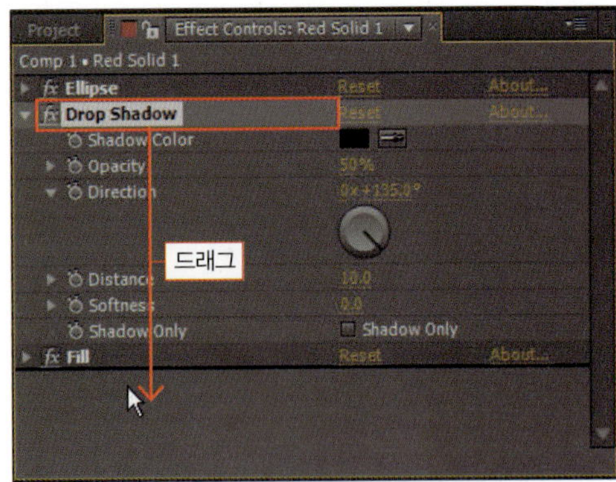

[Timeline] 패널의 레이어에 이펙트를 적용하는 다양한 방법이 있으며, 프로젝트를 진행할 때 더욱 적용하기 쉬운 방법을 선택해 사용할 수 있습니다.

01. 첫 번째 방법으로 [Timeline] 패널, 또는 [Composition] 패널에서 레이어를 선택하고, [Effect] 메뉴를 클릭하여 적용합니다. 두 번째 방법으로 [Timeline] 패널, 또는 [Composition] 패널에서 마우스 오른쪽 버튼을 클릭하고 'Effect'를 클릭하여 적용합니다. 다음과 같은 세 번째 방법으로 [Window]–[Effects & Presets] 메뉴를 클릭하면 [Effects & Presets] 패널이 나타납니다. 패널에서 이펙트를 클릭한 상태로 [Timeline] 패널의 레이어나 [Composition] 패널의 레이어로 드래그하여 적용할 수 있습니다.

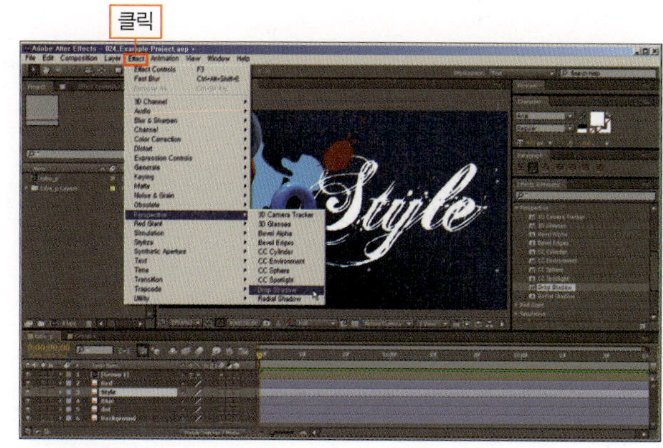

02. 네 번째 방법으로 [Effect Controls] 패널에서 마우스 오른쪽 버튼을 클릭하면 애프터 이펙트 플러그인을 모두 적용할 수 있는 메뉴가 나타납니다. [Effect Controls] 패널에서 직접 이펙트를 선택해 적용할 수도 있습니다.

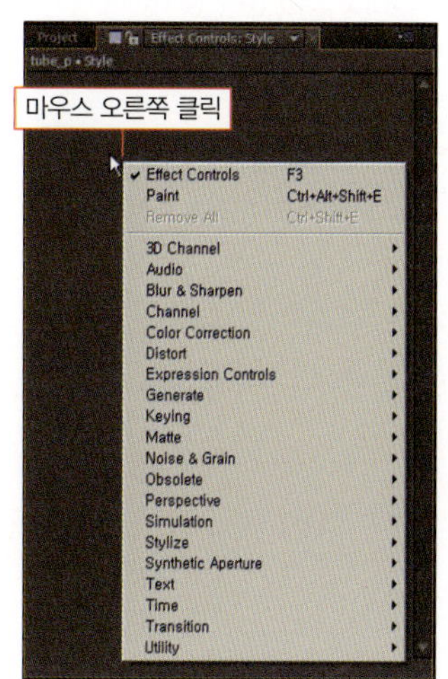

TIP : 레이어에 동일한 이펙트를 빠르게 적용하기 위해 단축키로 Ctrl + Alt + Shift + E 를 누릅니다.

03. 애프터 이펙트는 다양하고 많은 이펙트를 제공하므로 이펙트를 적용하기 위해서는 이펙트가 포함된 위치를 알아야 합니다. 모든 이펙트의 위치를 기억할 수 없을 때는 [Effects & Presets] 패널을 이용해 쉽게 찾아 사용할 수 있습니다. [Effects & Presets] 패널 위쪽의 필드에 찾고자 하는 이펙트의 전체 이름이나 일부를 입력하면 원하는 이펙트를 빠르게 찾을 수 있습니다.

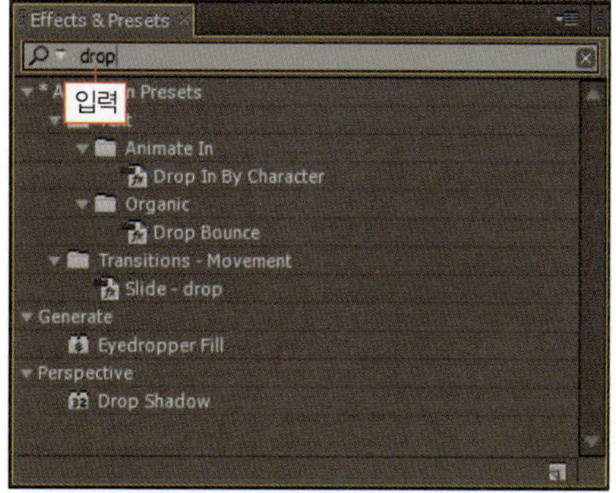

[Timeline] 패널에서 레이어에 이펙트를 적용하고 적용된 이펙트를 확인하는 방법을 알아보도록 하겠습니다.

01. [Timeline] 패널에서 이펙트를 적용한 레이어 이름의 왼쪽 삼각형을 클릭합니다. 그러면 레이어에 대한 모든 속성들이 보이고 속성 중 [Effects]가 나타납니다. 레이어를 선택하고 E를 누르면 [Effects]만 나타납니다.

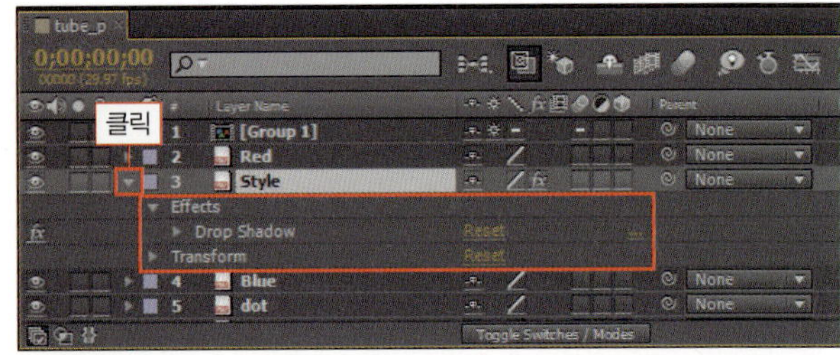

02. [Timeline] 패널의 레이어에 [fx](fx)가 체크되어 있으면 이펙트가 적용되었다는 것을 나타냅니다. [fx](fx)를 체크해서 해지되면 이펙트가 적용되지 않는 상태를 만듭니다.

03. [Timeline] 패널에서 레이어를 선택하고, 마우스 오른쪽 버튼을 클릭하여 'Open Effect Controls'를 선택하거나, F3을 누르면 [Effect Controls] 패널이 나타납니다. [Effect Controls] 패널에서는 이펙트가 적용된 내용들을 더욱 세밀하게 조절하고 변경할 수 있습니다.

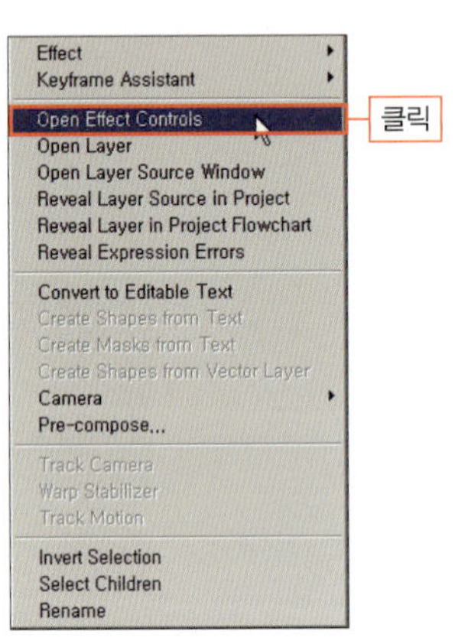

04. 이펙트를 제거하려면 [Effect Controls] 패널에서 이펙트를 선택하거나 [Timeline] 패널에서 레이어의 이펙트를 선택하고 Delete를 눌러 이펙트를 제거합니다. 다른 방법으로는 [Effect]-[Remove All](Ctrl + Shift + E) 메뉴를 선택할 수 있습니다.

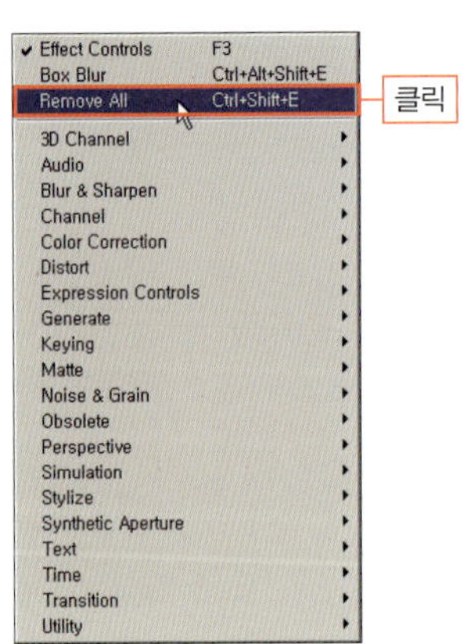

레이어에 적용되는 이펙트의 옵션은 비슷한 형태를 나타냅니다. 메뉴의 적용이나 설정 방법들이 비슷하기 때문에 이에 대한 몇 가지 사용 방법을 알아보겠습니다.

01. 이펙트의 옵션들은 비슷하기 때문에 몇 가지만을 예로 설명하도록 하겠습니다. 다른 이펙트도 비슷한 옵션으로 구성되어 있고 적용되는 이펙트의 내용만 다릅니다. [Effect Controls] 패널의 패널 메뉴(￭)를 클릭하고 'Show Animation Presets'을 선택하면 저장된 프리셋을 사용할 수 있도록 옵션이 나타납니다.

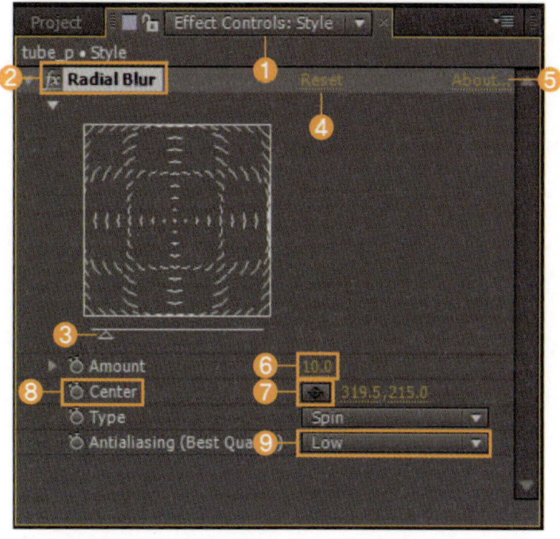

❶ [Timeline] 패널에서 이펙트가 적용된 레이어 이름을 나타냅니다. 레이어의 이름을 변경하면 이곳의 이름도 같이 변경됩니다.

❷ 레이어에 적용된 이펙트의 이름을 나타내는 부분이며, 이름 왼쪽의 [fx](￼)를 해지하면 이펙트가 적용되지 않습니다.

❸ 삼각형을 클릭하고 왼쪽/오른쪽으로 이동하여 이펙트 수치를 조절합니다.

❹ 사용자가 변경한 이펙트의 수치나 내용을 원래의 초기 상태로 돌려주는 명령입니다.

❺ 이펙트에 대한 버전과 제작사에 대한 정보를 담고 있습니다.

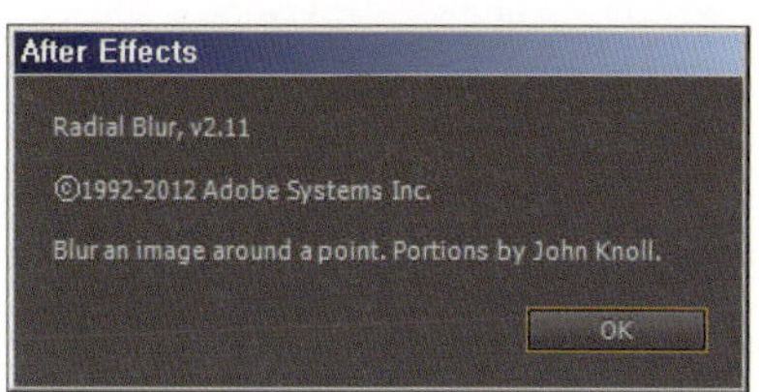

❻ 클릭하여 직접 수치를 입력하거나 숫자 위에서 왼쪽/오른쪽으로 드래그하여 움직이며 수치를 조절할 수 있습니다.

❼ 클릭하면 [Composition] 패널에 십자 모양의 선이 나타나게 됩니다. 이것은 [Composition] 패널에서 어떠한 위치를 이펙트의 중심으로 사용할 것인지를 결정합니다. [Composition] 패널에서 마우스 포인터를 원하는 위치로 이동하여 클릭하면 클릭한 위치가 이펙트의 중심이 됩니다. 다른 이펙트에서도 마찬가지로 십자 모양의 포인트로 이펙트의 시작점이나 끝점 등을 설정할 수 있습니다.

❽ 키프레임을 설정하는 스톱워치(Stopwatch)입니다. 스톱워치가 있는 아이콘은 키프레임 설정으로 이펙트에 대한 애니메이션을 만들 수 있습니다. 클릭하면 레이어에 키프레임이 생성되고 타임마커를 이동해 수치를 변경하면 새로운 키프레임이 생성됩니다.

❾ 클릭하면 내부에 다른 메뉴들을 포함하고 있습니다. 메뉴의 선택에 따라 이펙트의 적용 방법이 달라지게 됩니다.

02. [Animation Presets]에서 'Save Selection as Animation Presets'을 선택하면 이펙트를 저장할 수 있는 윈도우가 나타납니다. 이펙트에서 설정 값을 변경하고 저장을 하면 나중에 동일한 이펙트를 적용할 때 프리셋에서 선택적으로 사용할 수 있습니다.

03. 이펙트 중 다음과 같이 원형으로 나타나는 것은 마우스로 원형의 중간에 있는 선을 클릭한 상태로 회전시켜 수치를 조절할 수 있습니다. 또는 원형 위에 있는 수치 입력란에 수치를 입력하거나 드래그하여 변경하면 됩니다. 다음에서 '0x+0.0'은 회전하는 값을 나타냅니다. 앞의 '0'은 '360˚'를 '1'로 표시하여 한 바퀴를 나타내며, 뒤의 '+0.0'은 회전각을 나타냅니다.

04. 이펙트에서 옵션의 이름 왼쪽에 있는 삼각형은 아래쪽에 다른 옵션을 가지고 있거나 바를 이용해 수치를 변경하는 경우입니다. 다음과 같이 색상이 있는 부분은 클릭하면 색상을 선택할 수 있는 색상 속성이 나타나며 원하는 색상으로 변경이 가능합니다. 또는 색상 오른쪽에 있는 스포이트를 클릭하면 마우스가 스포이트로 변경되며 윈도우에 있는 다른 색상을 추출하여 사용할 수 있습니다.

05. 애프터 이펙트에서 기본으로 제공하는 플러그인 이외에 사용할 수 있는 다양한 플러그인이 있습니다. 다음은 애프터 이펙트 플러그인을 개발하는 업체로 다양한 기능의 이펙트와 튜토리얼을 확인할 수 있습니다. 플러그인은 무료가 아닌 유료로 사용할 수 있으며, 데모 버전은 무료로 받아 사용할 수 있습니다. 사이트에서 플러그인을 사용해 다양하게 제작된 예제 영상도 많은 도움이 될 것입니다. 다음의 사이트 외에도 많은 개발업체가 플러그인을 제공하고 있습니다.

http://www.imagineersystems.com

http://cycorefx.com

http://www.digieffects.com

http://synthetic-ap.com

http://www.redgiant.com

http://www.genarts.com

http://www.thefoundry.co.uk

http://zaxwerks.com

http://www.trapcode.com

http://www.borisfx.com

포토샵의 레이어 스타일에는 다음과 같이 Blending Options, Bevel & Emoboss, Stroke, Inner Shadow, Inner Glow, Satin, Color Overlay, Gradient Overlay, Pattern Overlay, Outer Glow, Drop Shadow 등이 있으며 이러한 모든 스타일은 애프터 이펙트에서 그대로 레이어에 적용되어 사용할 수 있습니다. 포토샵에서 적용되는 레이어 스타일이 애프터 이펙트의 레이어에 어떻게 적용되는지 알아보도록 하겠습니다.

예제 파일 | CD₩Part 06₩Sources₩tube.psd 파일, tube_p.psd 파일

01. 포토샵에서 레이어 스타일을 적용하고 애프터 이펙트에서 불러와 적용해 보기 위해 포토샵을 실행하고 예제 파일을 불러옵니다. [Layer] 패널에서 'style' 레이어를 선택하고 패널 아래쪽의 [Layer Style](fx.)을 클릭하고 'Drop Shadow'를 선택하여 [Layer Style] 대화상자에서 스타일을 적용합니다.

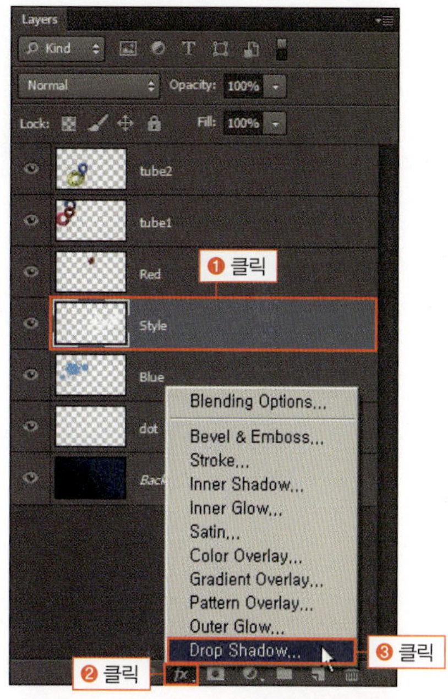

02. 포토샵의 [Layer] 패널에서 만들어진 폴더는 애프터 이펙트에서 어떻게 적용되는지를 알아보기 위해 [Layer] 패널의 아래쪽에서 [Create a New group](📁)을 클릭해 패널에 폴더를 만듭니다. 새롭게 생성된 폴더에 'tube1'과 'tube2' 레이어를 **Shift** 를 누른 상태로 선택합니다. 선택된 2개의 레이어를 새롭게 만들어진 폴더에 드래그하여 옮깁니다.

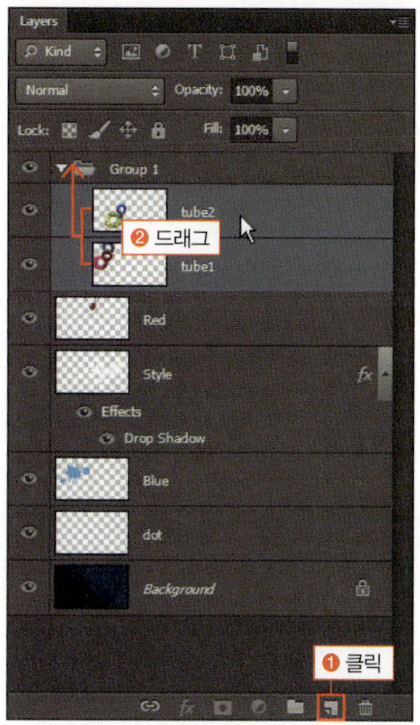

03. [File]–[Save As]($\boxed{Ctrl}$ + $\boxed{Shift}$ + $\boxed{S}$) 메뉴를 클릭해 포토샵에서 적용된 그대로를 'tube_p.psd' 파일로 이름을 바꿔 다른 이름으로 저장합니다.

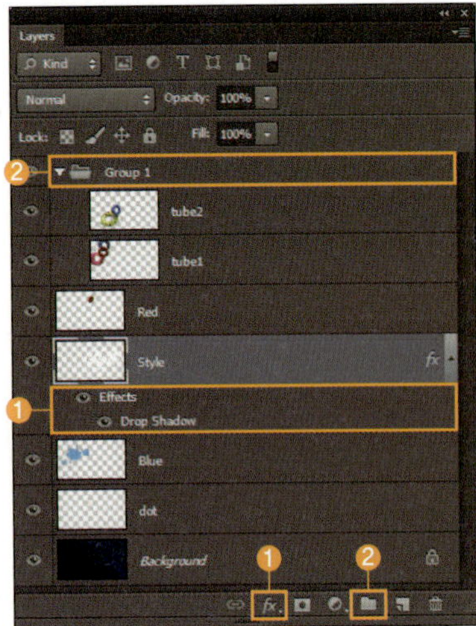

❶ Layer Style
❷ Create a New group

04. 애프터 이펙트를 실행하고 [File]–[Import]–[File]($\boxed{Ctrl}$ + $\boxed{I}$) 메뉴를 클릭하여 저장한 파일을 불러오도록 합니다. [Import File] 대화상자의 [가져오기]를 'Composition–Retain Layer Sizes'로 선택하고 'Tube_p.psd' 파일을 선택하고 [열기] 단추를 클릭합니다.

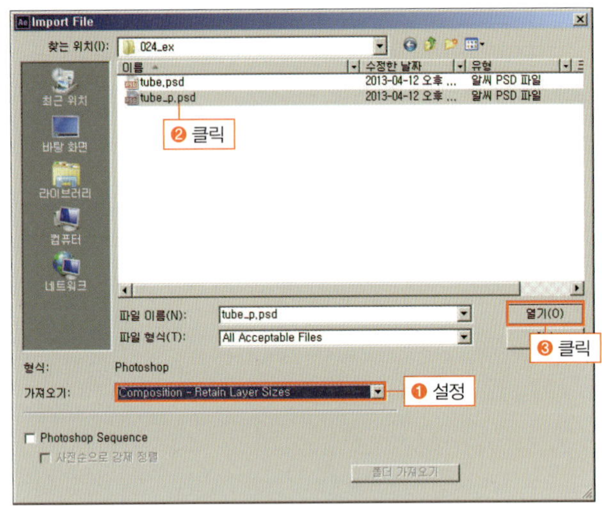

05. [열기] 단추를 클릭하면 다음과 같이 대화상자가 나타납니다. 대화상자에서 레이어 옵션을 확인해 봅니다. [Layer Options]에서 'Editable Layer Styles'을 선택하고 [OK] 단추를 클릭해 포토샵에서 적용된 레이어 스타일을 애프터 이펙트에서 사용할 수 있도록 합니다.

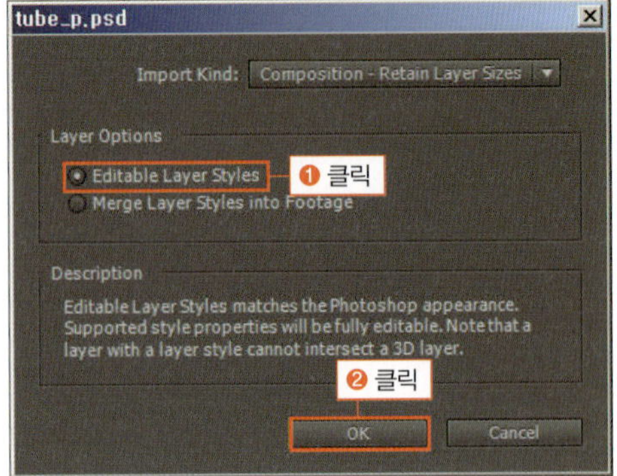

06. 애프터 이펙트의 [Project] 패널에 컴포지션과 폴더가 각각 생성됩니다. 컴포지션을 더블클릭하여 [Timeline] 패널과 [Composition] 패널을 활성화 시킵니다.

07. [Project] 패널에서 컴포지션을 더블클릭하면 [Timeline] 패널에 포토샵과 동일한 순서대로 레이어가 정렬됩니다. [Timeline] 패널에 정렬된 각각의 레이어는 포토샵의 [Layer] 패널과 같은 효과들이 적용된 것을 확인할 수 있습니다. 포토샵과 어떻게 다르게 어떠한 위치에 적용되어 있는지 확인해 봅니다.

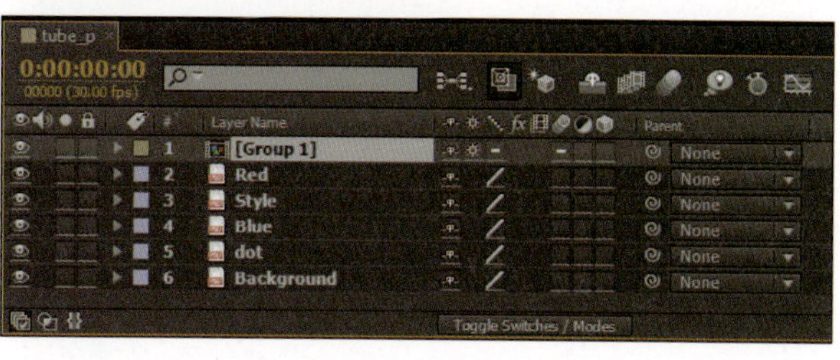

08. [Timeline] 패널에 레이어가 배열된 상태는 포토샵과 다른 내용이 없습니다. 포토샵에서 폴더를 생성해 'tube1' 레이어와 'tube2' 레이어를 넣었는데 애프터 이펙트에서는 'Group 1' 폴더가 컴포지션으로 변경되었습니다. [Timeline] 패널에서 'Group 1' 컴포지션 레이어를 더블클릭하면 컴포지션에 포함된 2개의 레이어를 확인할 수 있습니다.

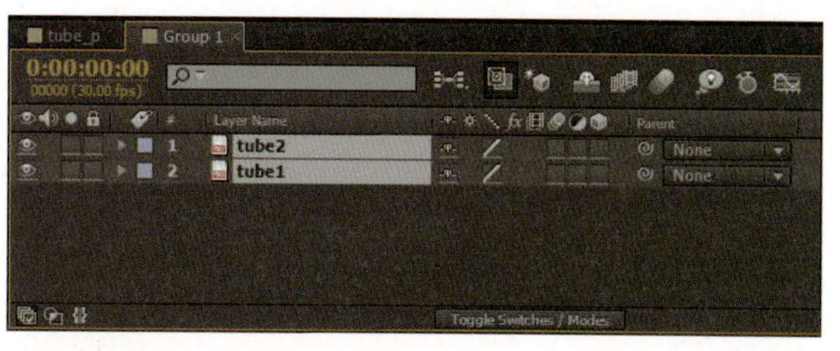

09. 포토샵에서 'Style' 레이어에 적용한 레이어 스타일 중 'Drop Shadow'를 확인해 봅니다. 'Style' 레이어의 왼쪽 삼각형을 클릭하면 [Transform]과 [Layer Styles] 속성이 나타납니다. 포토샵에서 적용한 'Drop Shadow'를 확인할 수 있으며, 포토샵에서 제어할 수 있는 옵션과 동일한 옵션들이 포함되어 있습니다.

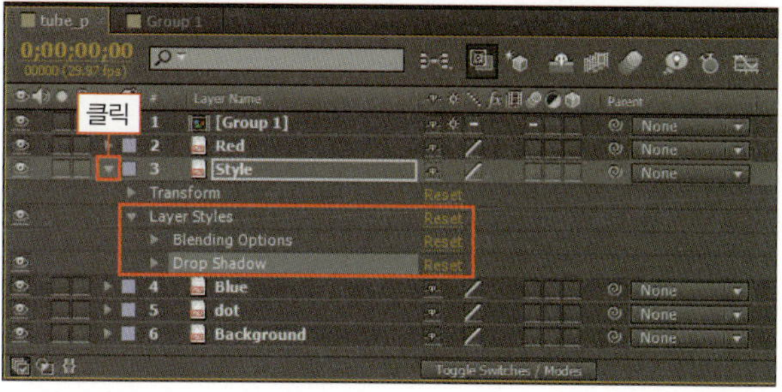

TIP : 포토샵의 [Layer] 패널에서 2개 이상의 레이어를 선택하고 [Layer]–[Group Layers] 메뉴를 클릭하는 것은 [Layer] 패널에서 폴더를 생성하는 것과 동일한 결과를 가져옵니다. 애프터 이펙트의 [Timeline] 패널에서 그룹 명령, 또한 컴포지션 레이어로 나타납니다. 애프터 이펙트는 포토샵의 렌더링 엔진을 포함하고 있기 때문에 애프터 이펙트는 포토샵의 모든 속성을 공유해서 사용합니다. 위치, 크기, 블렌딩 모드, 투명도, 알파 채널, 레이어 마스크, 레이어 그룹, 조정 레이어, 벡터 마스크, 이미지 가이드, 클리핑 그룹 등 모든 속성은 애프터 이펙트에서 동일하게 표현됩니다.

포토샵에서 적용된 레이어 스타일은 애프터 이펙트에서 동일하게 적용되어 따로 설정을 변경할 필요가 없습니다. 만약 수정을 해야 한다면 [Timeline] 패널의 레이어 속성에서 변경합니다.

예제 파일 | CD₩Part 06₩024_Example Project의 Layer Styles 컴포지션

01. 애프터 이펙트에서 레이어 스타일을 적용하기 위해서 예제 프로젝트에서 'Layer Styles' 컴포지션을 확인합니다. 포토샵에서 적용했던 'Drop Shadow'를 동일한 레이어에 적용해 봅니다. [Timeline] 패널에서 레이어 스타일을 적용할 'Style' 레이어를 선택하고, [Layer]-[Layer Styles]-[Drop Shadow] 메뉴를 클릭해 'Drop Shadow'를 적용합니다.

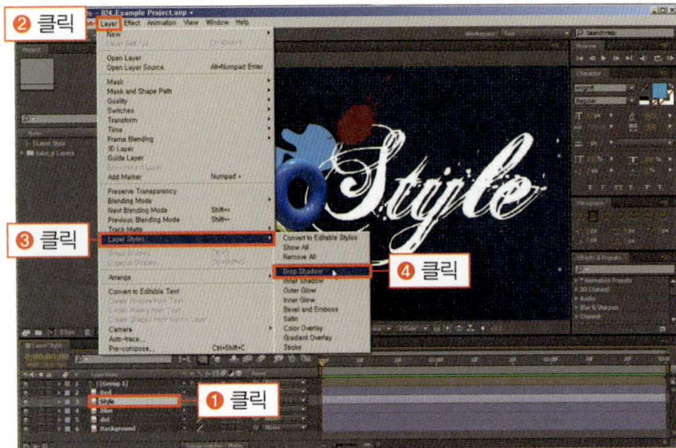

> **TIP :** [Timeline] 패널 레이어를 마우스 오른쪽 버튼으로 클릭하여 선택할 수도 있습니다.

02. 포토샵에서 적용한 것과 동일하게 레이어 스타일에 대한 속성이 추가됩니다.

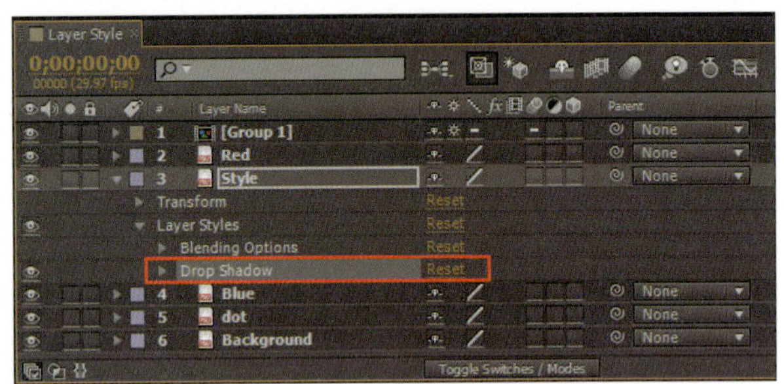

03. 애프터 이펙트는 [Layer]-[Layer Style] 메뉴에 Drop Shadow, Inner Shadow, Outer Glow, Inner Glow, Bevel & Emoboss, Satin, Color Overlay, Gradient Overlay, Stroke가 있습니다. 각 레이어 스타일들을 살펴보면 다음과 같습니다.

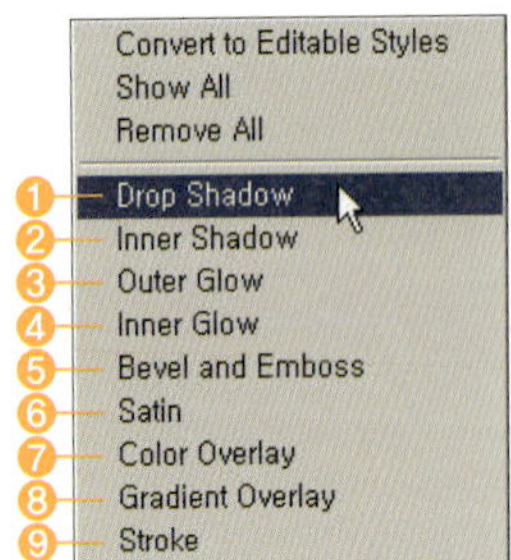

❶ **Drop Shadow :** [Timeline] 패널에서 선택된 레이어 뒤에 그림자를 만들어 줍니다. 그림자의 색상, 거리, 투명도, 방향등의 옵션 설정으로 레이어를 돋보이게 합니다.

❷ **Inner Shadow :** 'Drop Shadow'와 동일하게 그림자를 만들어 주지만 레이어의 내부에 그림자를 만들어 줍니다. 그림자를 내부에 만들어 움푹 들어가 보이는 느낌을 만들어 줍니다.

▲'Drop Shadow' 적용 후

▲ 'Inner Shadow' 적용 후

❸ **Outer Glow** : 레이어의 바깥으로 블러처럼 퍼지는 효과를 만들어줍니다.

❹ **Inner Glow** : 레이어의 안쪽으로 블러처럼 퍼지는 효과를 만들어줍니다.

❺ **Bevel & Emboss** : 레이어에 밝은 영역과 어두운 영역을 만들어 경사진 면을 만들어 입체처럼 보이는 효과를 나타 냅니다. 베벨의 스타일과 깊이, 크기, 부드러운 정도, 라이트, 각도, 그림자 등의 옵션을 제어할 수 있습니다.

❻ **Satin** : 레이어의 내부에 음영을 추가하여 부드러운 입체감을 적용합니다. 음영이 만들어질 색상과 투명도, 방향, 거 리, 크기 등의 옵션을 제어할 수 있습니다.

❼ **Color Overlay** : 레이어의 내부를 사용자가 원하는 단색으로 선택하여 채울 수 있습니다.

❽ **Gradient Overlay** : 레이어의 내부 색상을 그레이디언트를 만들어 채울 수 있습니다. 그레이디언트의 컬러와 방향, 위치, 투명도, 스타일 등을 변경할 수 있습니다.

❾ **Stroke** : 레이어의 외각에 전체적으로 선을 만들어 줍니다. 선의 색상과 두께, 투명도 등을 설정할 수 있습니다.

▲'Satin' 적용 후

▲'Gradient Overlay' 적용 후

포토샵에서 적용한 레이어 스타일이 애프터 이펙트로 불러올 때 레이어 스타일이 레이어와 통합되어 불러와 지는 경우 레이어 스타일을 사용할 수 있도록 변환할 수 있습니다.

01. 애프터 이펙트에서 포토샵 파일을 불러올 때 대화상자에서 [Layer Options]에서 'Merge Layer Styles into Footage'를 선택했을 경우 애프터 이펙트에서 레이어 스타일을 사용할 수 없습니다. 이런 경우 레이어 스타일을 다시 레이어에 나타나도록 변환 명령을 사용할 수 있습니다.

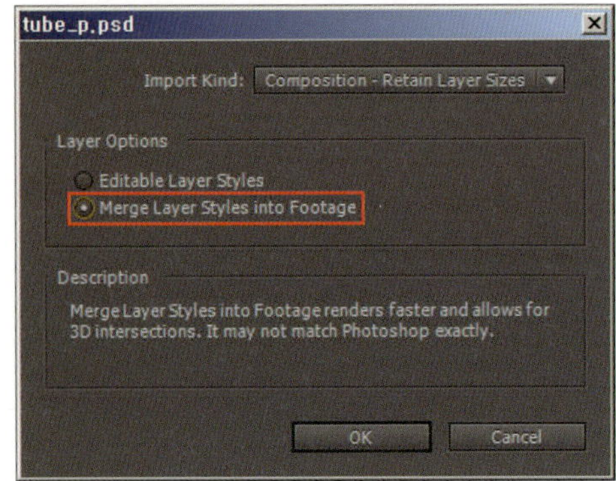

02. 포토샵에서 스타일을 적용한 레이어를 선택하고 [Layer]–[Layer Styles]–[Convert to Editable Styles] 메뉴를 클릭합니다. 포토샵에서 적용한 레이어 스타일이 레이어에 다시 나타나며 속성을 제어해 값을 변경할 수 있습니다. 레이어 스타일이 적용된 레이어에 다른 스타일을 적용하려면 기존과 동일하게 [Layer]–[Layer Styles] 메뉴를 선택한 다음 원하는 레이어 스타일을 적용합니다.

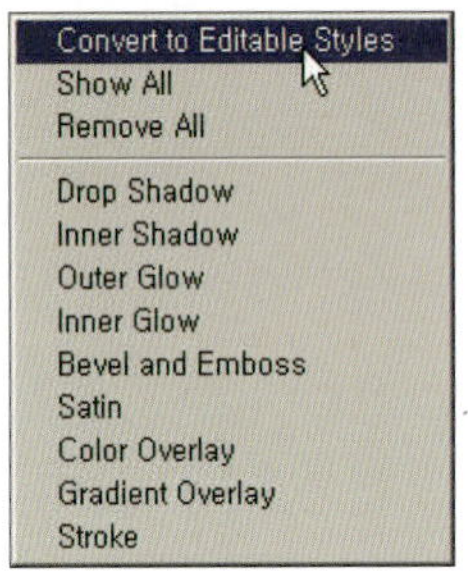

03. 레이어에 적용된 레이어 스타일을 제거하려면 레이어에 적용된 레이어 스타일을 선택하고 Delete 를 눌러 레이어 스타일을 삭제합니다. 레이어에 여러 개의 레이어 스타일이 적용되어 있을 때 모든 레이어를 제거하려면 [Layer]–[Layer Styles]–[Remove All] 메뉴를 선택해 모든 레이어 스타일을 삭제합니다.

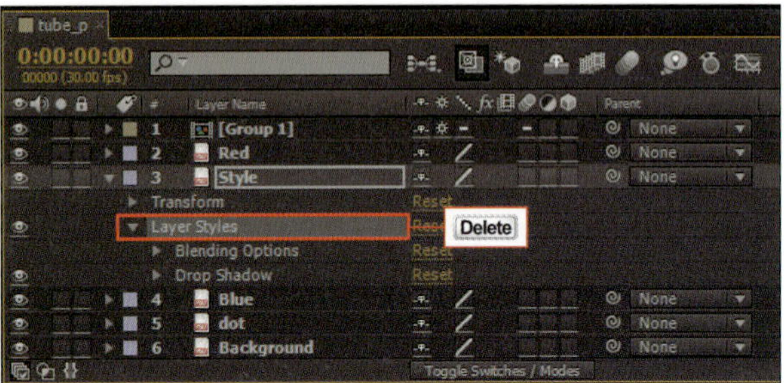

TIP : [Timeline] 패널 레이어를 마우스 오른쪽 버튼으로 클릭하여 선택할 수도 있습니다.

이번에는 솔리드와 셰이프 레이어를 이용해 배경을 만들고, 문자 레이어에 레이어 스타일을 적용한 애니메이션을 만들어 보도록 합니다.

기초탄탄 ▶ Repeater와 Ramp 이펙트

■ 셰이프 레이어 Repeater

셰이프 레이어는 다양한 부분에 사용됩니다. 셰이프 레이어를 이용해 3D 오브젝트를 만들 수 있고 다양한 모양의 오브젝트를 만들어 사용할 수도 있습니다. 셰이프 레이어에 추가적인 기능을 이용해 랜덤하게 움직이거나 변화하는 오브젝트를 만들 수도 있습니다. 셰이프 레이어를 이용해 오브젝트를 만들고 'Repeater' 명령을 사용하면 하나의 셰이프 레이어를 여러 개로 복사하여 다양한 패턴을 만들 수 있습니다.

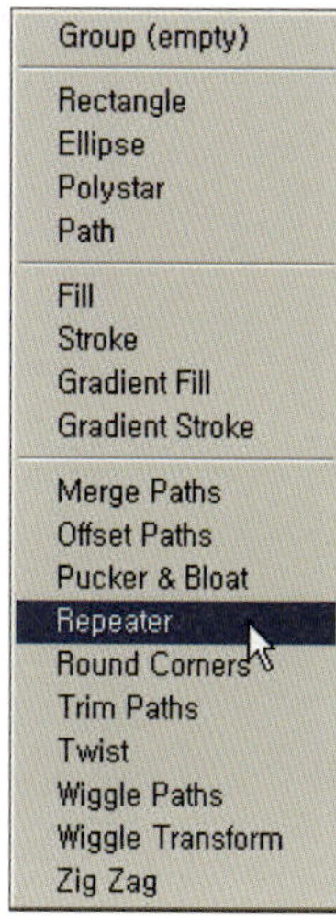

연관검색 'Repeater' 기능에 대한 설명은 400P의 내용을 참고하세요.

■ Ramp 이펙트 `418P`

Ramp 이펙트는 2가지 색상을 적용하며 색상의 시작점을 설정할 수 있어 사용자가 원하는 그레이디언트를 쉽게 만들 수 있습니다. 원형이나 직선의 그레이디언트를 만들어 배경으로도 많이 사용합니다.

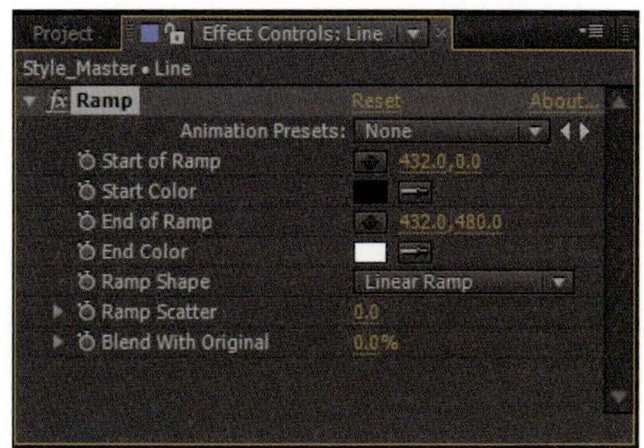

애프터 이펙트에서 솔리드 레이어와 셰이프 레이어 배경을 만들거나 이펙트, 오브젝트 등 다양한 부분에 활용할 수 있습니다.

01. [Composition]–[New Composition](Ctrl +N) 메뉴를 클릭하고 제작하고자 하는 컴포지션의 기본 정보를 설정하고 [OK] 단추를 클릭합니다.

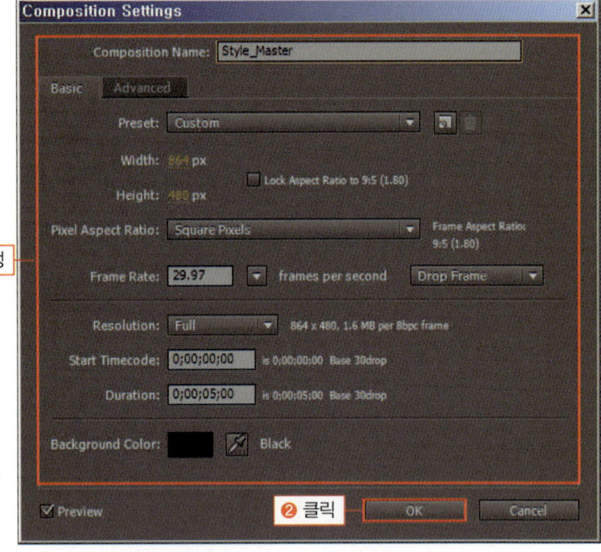

02. [Layer]–[New]–[Solid](Ctrl +Y) 메뉴를 클릭하고 컴포지션과 동일한 크기의 솔리드 레이어를 만듭니다. 솔리드 레이어의 이름은 'Background'로 입력하고 [Color]의 색상표를 클릭합니다.

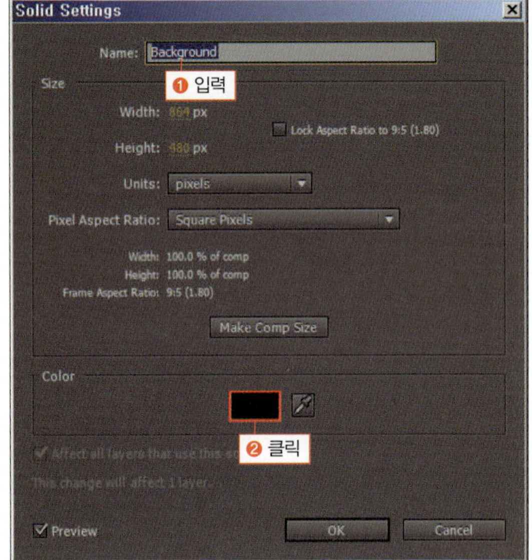

03. [Solid Color] 대화상자에서 솔리드의 색상은
완전 검정색이 아닌 그레이톤을 선택하고 [OK] 단
추를 클릭합니다.

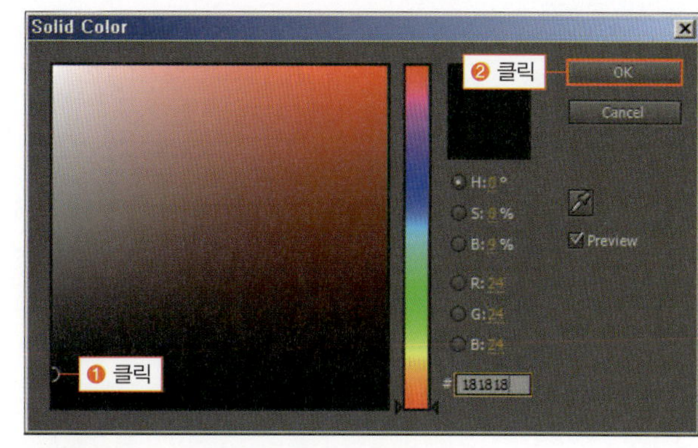

04. 솔리드의 설정이 마무리되었을 때 [Timeline]
패널에서 색상이나 크기를 변경하고 싶을 때는
[Timeline] 패널에서 설정을 변경할 솔리드 레이
어를 클릭하고, [Layer]–[Solid Settings](**Ctrl**
+**Shift**+**Y**) 메뉴를 클릭하고 설정을 변경합
니다.

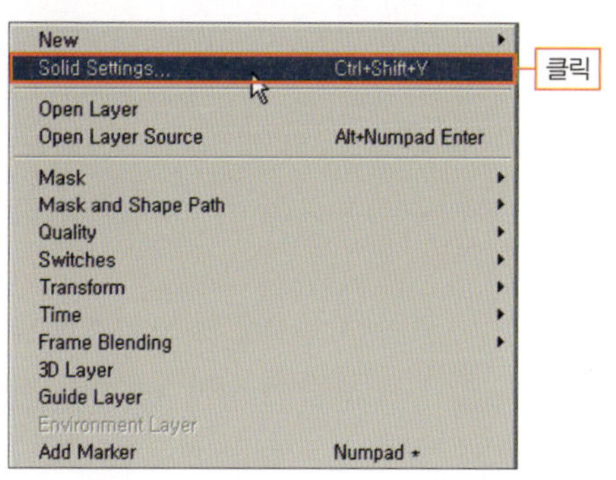

05. 이번에는 셰이프 레이어를 만들기 위해
[Timeline] 패널에서 레이어를 선택하지 않고 툴
박스에서 [직사각형 툴]( )을 선택하고 [Composi
tion] 패널의 왼쪽 외각에 다음과 같이 세로로 긴
사각형을 만듭니다.

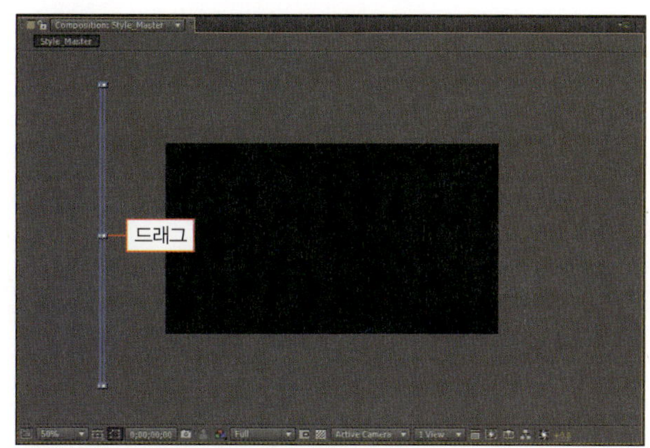

06. 사각형을 만들고 툴 박스의 오른쪽에 있는
옵션 [Fill]과 [Stroke]에서 색상표를 클릭합니다.
이때 [Fill]의 색상은 사용자가 임의로 설정합니다.
사각형의 선 색상을 없애기 위해 [Stroke]를 클릭
하고 패널에서 빨간색의 대각선이 있는 [None]
( )을 체크하고 [OK] 단추를 클릭합니다.

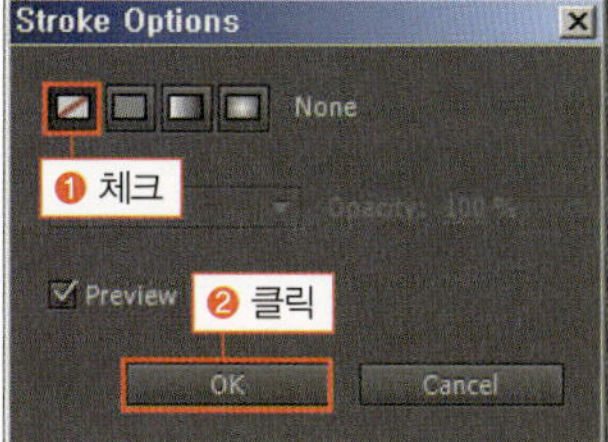

07. [Timeline] 패널에서 셰이프 레이어의 이름을 변경하기 위해 레이어를 선택하고 Enter 를 누릅니다. 셰이프 레이어의 이름을 'Line'으로 변경하고 Enter 를 누릅니다. 셰이프 레이어의 왼쪽 삼각형을 마우스로 클릭하여 속성이 나타나도록 합니다.

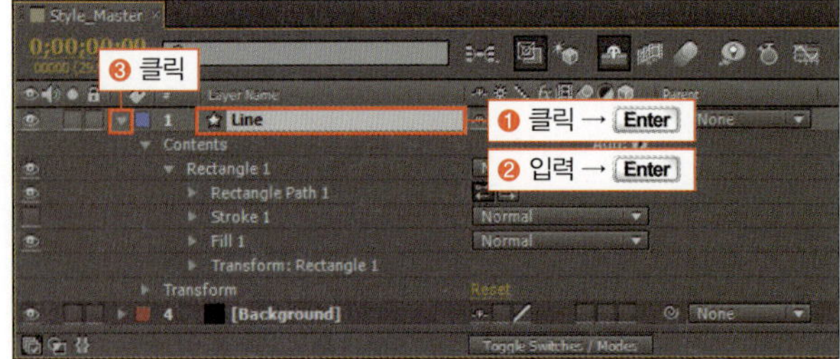

08. 레이어의 속성에서 [Rectangle Path 1]–[Size]를 변경합니다. 가로 세로 비율을 다르게 설정하기 위해 링크를 해지하고, 가로를 '2'로, 세로를 '900'으로 설정하여 셰이프 레이어의 크기를 변경합니다.

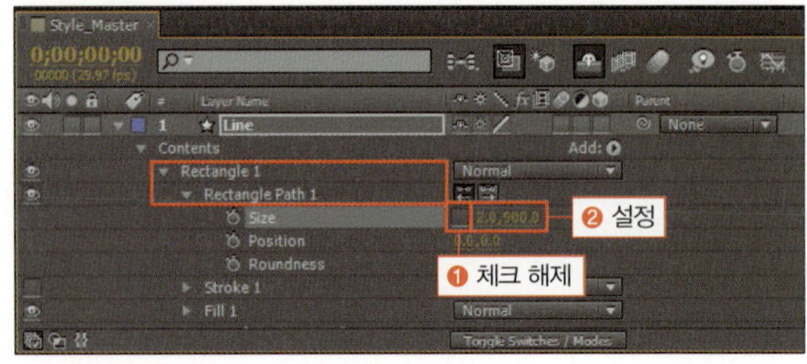

09. 셰이프 레이어의 [Contents]의 오른쪽에 있는 [Add]를 클릭하고 메뉴에서 'Repeater'를 선택합니다.

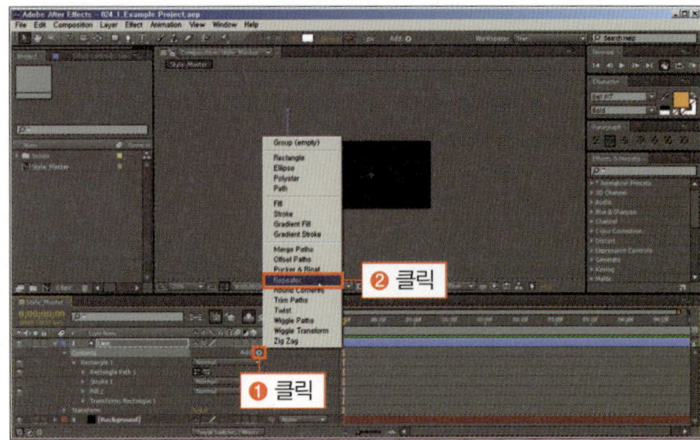

TIP : 'Repeater'로 하나의 셰이프 레이어를 복사하여 여러 개의 선을 만들 수 있습니다.

10. [Repeater 1]에서 셰이프 레이어가 복사되는 [Copies]는 '230'으로 설정하고, [Transform: Repeater 1]–[Position]에서 x의 위치 값을 '6'으로 설정합니다.

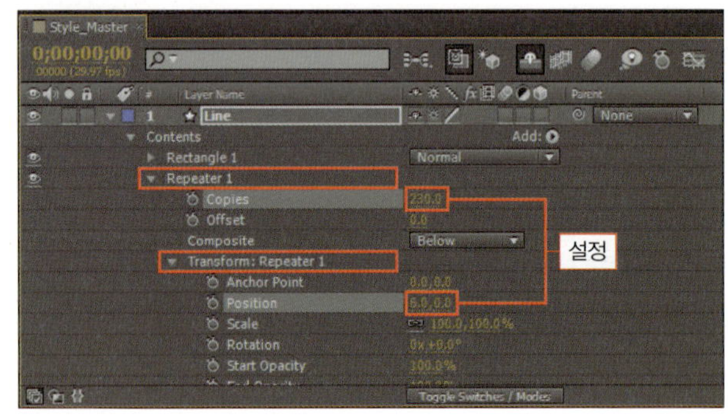

11. 셰이프 레이어를 기울이기 위해 속성에서 [Rectangle 1]–[Transform:Rectangle1]–[Skew]의 값을 '–30'으로 설정합니다.

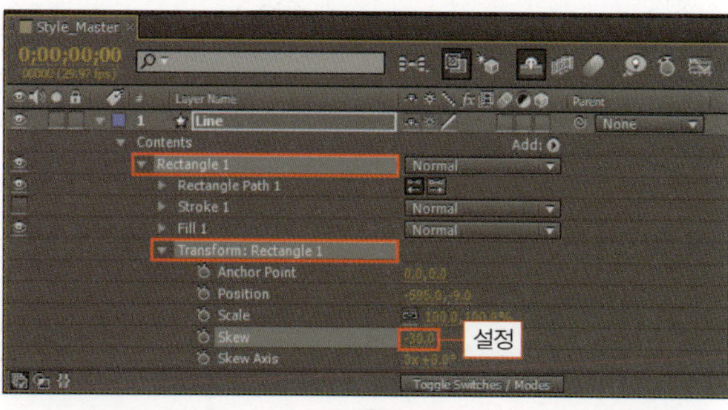

12. 셰이프 레이어의 기울기가 설정되면 다음과 같이 여러 개의 선이 기울어진 형태로 배열된 것을 확인할 수 있습니다.

417

셰이프 레이어에 Ramp 이펙트를 적용해 중간이 밝고 점점 어두워지는 그레이디언트를 적용해 보도록 하겠습니다.

01. [Timeline] 패널에서 셰이프 레이어인 'Line' 레이어를 선택하고 [Effect]-[Generation]-[Ramp] 메뉴를 클릭해 이펙트를 적용합니다. 이펙트를 적용하면 다음과 같이 그레이디언트가 적용됩니다. 아래 흰색에서 위 검정색으로 이어지는 직선의 그레이디언트입니다.

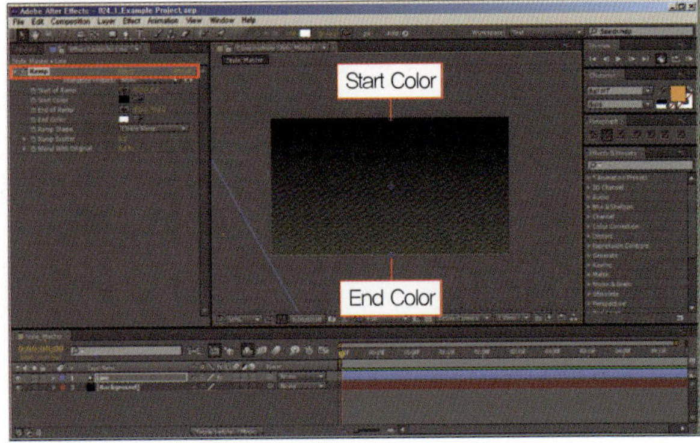

TIP : 애프터 이펙트 CC 사용자는 [Effect]-[Generate]-[Gradient Ramp] 메뉴를 클릭해 이펙트를 적용합니다.

02. 그레이디언트를 원형으로 변경하고 색상을 변경하도록 합니다. [Effect Controls] 패널에서 [Ramp Shape]를 'Radial Ramp'로 설정하여 둥근 그레이디언트가 만들어지도록 합니다. 그레이디언트가 시작하는 지점과 끝나는 지점의 위치를 변경하여 서서히 어두워지는 형태로 만듭니다.

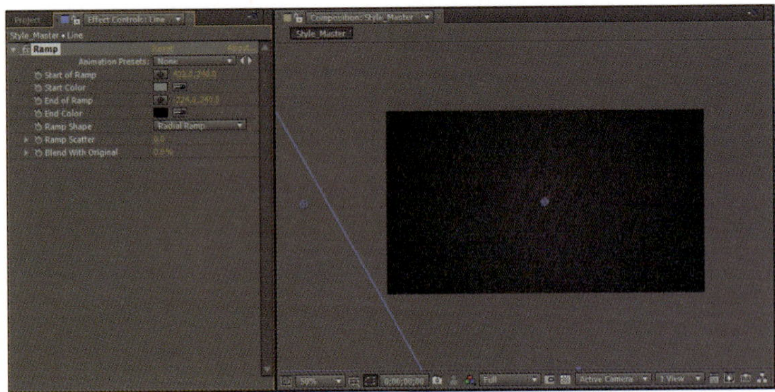

문자를 입력하고 레이어 스타일을 적용해 문자가 돋보이도록 변경해 보도록 하겠습니다.

01. 툴 박스에서 [문자 툴](T)을 선택하고 [Composition] 패널에서 'in Style...'이라 문자를 입력합니다.

02. [Timeline] 패널에서 문자 레이어를 선택하고 [Layer]-[Layer Styles]-[Drop Shadow] 메뉴를 클릭하여 문자 레이어에 그림자를 만듭니다.

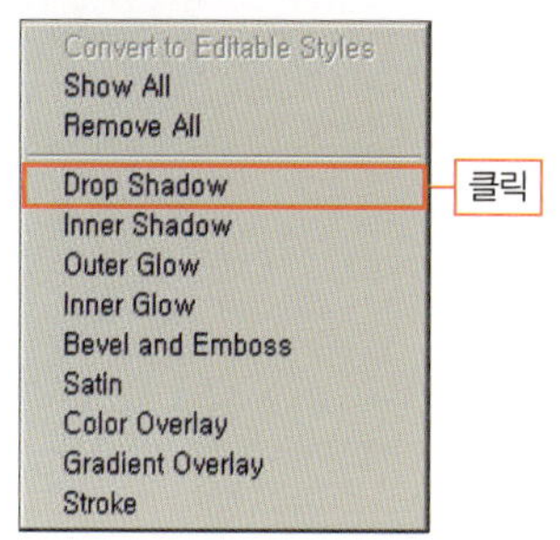

03. 문자 레이어의 [Layer Styles]-[Drop Shadow]-[Opacity]를 '100%'로, [Size]는 '19'로 설정하여 문자에 부드러운 그림자가 넓게 퍼지도록 합니다.

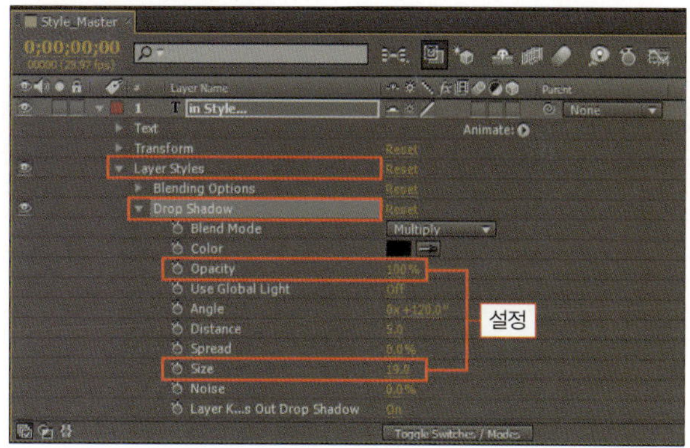

04. 이어 레이어에 같은 방법으로 'Gradient Overlay'를 적용하여 문자에 그레이디언트를 적용합니다. 그레이디언트의 [Color]와 [Offset]를 조절하여 위치를 설정한 후 'Stroke'를 적용하여 문자의 테두리인 [Color]는 흰색으로 만듭니다. 문자의 두께 [Size]는 '1.5'로 설정하여 다음과 같이 나타나도록 합니다.

05. 문자 레이어에 입체감을 주기 위해 'Bevel & Overlay'를 적용합니다. [Size]를 '2'로 설정하여 입체감을 조절합니다. 문자에 입체감을 적용하면 그림과 같이 글자의 엣지 부분에 변경됩니다.

문자 레이어를 컴포지션으로 만들고 키프레임을 설정하여 움직임을 만듭니다. 움직이는 컴포지션을 마스크로 설정하고 컴포지션을 복제하고 마스크의 위치를 조절하여 작업을 마무리해 보도록 하겠습니다.

완성 파일 | Part 06₩024_1_Example Project의 Style_Master 컴포지션, 024_1_Example.mp4 파일

01. 문자 레이어를 선택하고 [Layer]–[Pre-Compose](Ctrl + Shift + C) 메뉴를 클릭하고 [Pre-compose] 대화상자에서 컴포지션의 이름을 입력하고 [OK] 단추를 클릭합니다.

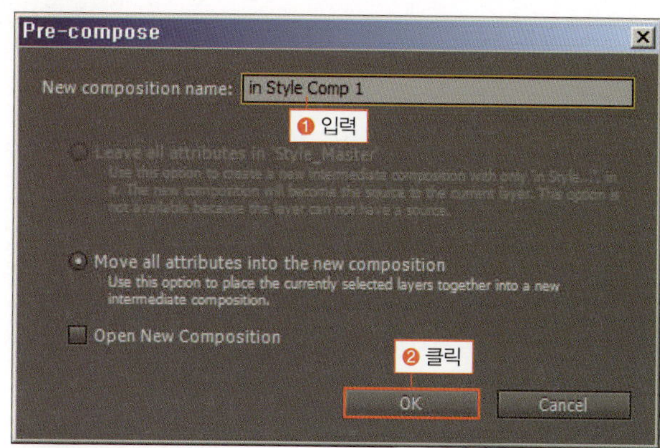

02. 문자 컴포지션의 크기를 변경하기 위해 새롭게 만들어진 컴포지션을 더블클릭하여 컴포지션을 열도록 합니다. [Composition]–[Composition Settings](Ctrl + K) 메뉴를 클릭하고 세로의 크기인 [Height]를 '150'으로 설정하고 [OK] 단추를 클릭합니다.

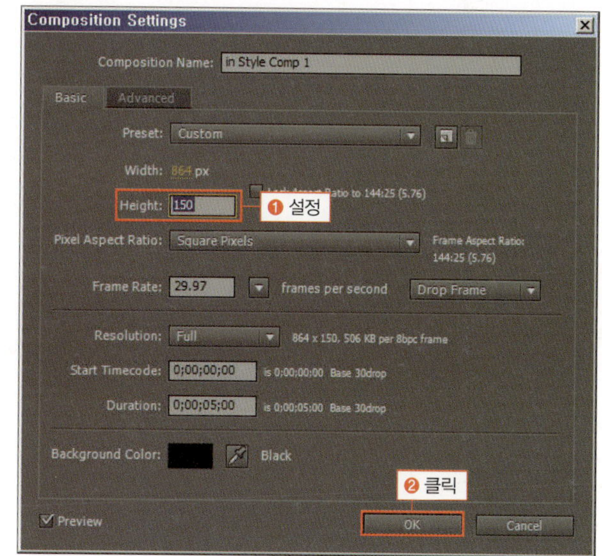

03. [Timeline] 패널에서 'in Style Comp 1' 레이어를 선택합니다. 타임마커를 1초로 이동하고 P 를 눌러 [Position]이 나타나도록 하고, [Stopwatch]( )를 체크하여 위치 값에 대한 키프레임을 설정합니다. 타임마커를 0프레임으로 이동하고 레이어를 다음과 같이 왼쪽 아래로 이동합니다. 레이어의 이동으로 키프레임이 자동으로 설정됩니다.

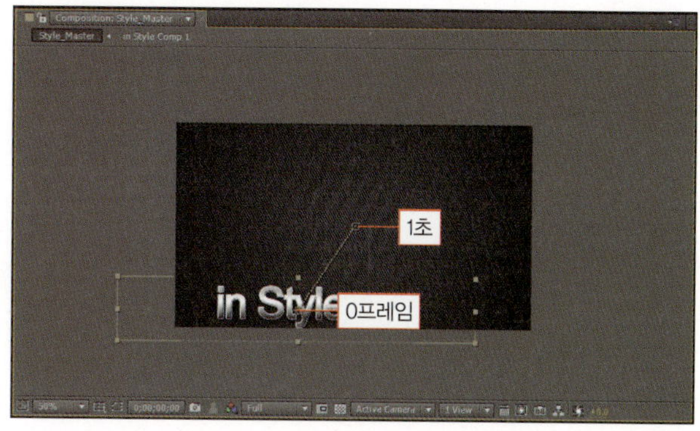

04. 'in Style Comp1' 레이어를 선택하고 툴 박스
에서 [직사각형 툴]()을 선택하여 드래그해 다
음과 같이 컴포지션에 마스크를 설정합니다. 컴
포지션을 2개로 분리하여 움직임을 적용할 것입
니다.

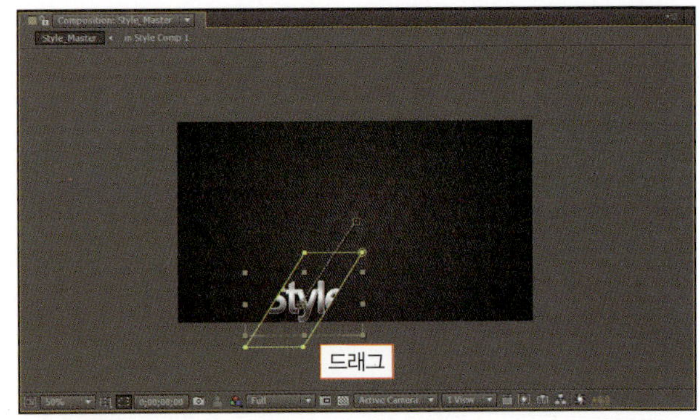

05. 컴포지션을 2개로 분리하기 위해 컴포지션
을 1개 더 복제합니다. [Edit]–[Duplicate](Ctrl
+ D) 메뉴를 클릭하여 2개의 동일한 컴포지션이
만들어지도록 합니다. 새롭게 만들어진 컴포지션
의 이름을 'in Style Comp2'로 변경합니다.

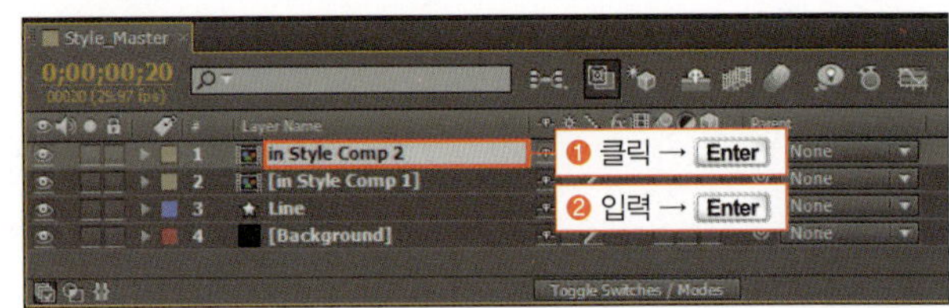

06. 'in Style Comp1' 레이어는 그대로 유지하고,
'in Style Comp2' 레이어를 선택하고 타임마커를 0
프레임으로 이동합니다. [Composition] 패널에서
'in Style Comp2' 컴포지션을 다음과 같이 오른쪽
위로 이동합니다. 'in Style Comp2'의 시작 지점은
오른쪽 위이고 'in Style Comp1'의 컴포지션은 왼
쪽 아래가 됩니다.

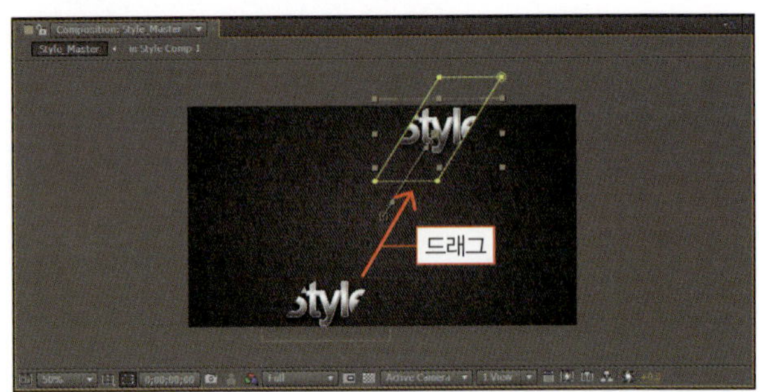

07. 'in Style Comp1' 레이어를 선택하고 M 을
눌러 [Mask]가 나타나도록 합니다. 마스크의 오른
쪽의 'Inverted'를 체크해 마스크의 영역을 반전시
킵니다.

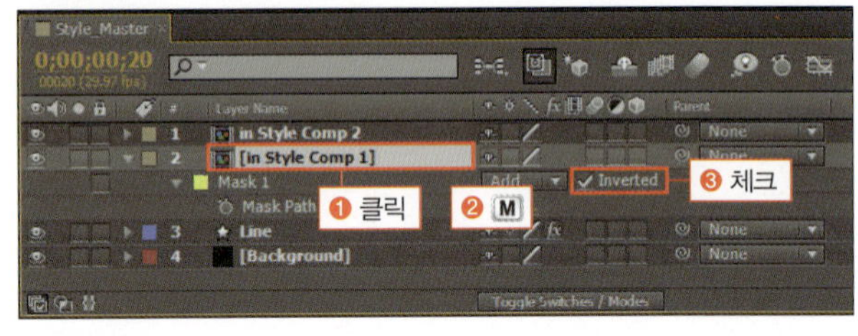

08. 2개의 컴포지션을 선택하고 T 를 눌러 불
투명도에 대한 속성 [Opacity]가 나타나도록 합니
다. 0프레임에서 '0'으로, 1초에서 '100'으로 설정
하여 서서히 나타나도록 키프레임을 설정합니다.
나머지 추가적인 움직임은 사용자가 직접 적용해
보시기 바랍니다.

문자와 셰이프,
이펙트를 활용한 애니메이션

이번에는 문자와 셰이프 레이어, 이펙트를 활용해 문자가 나타나는 애니메이션을 만들어 보도록 하겠습니다.
화면에서 작은 입자들이 위로 올라가고 문자가 화면의 중앙에 나타나는 간단한 움직임입니다.

기초탄탄 ▶ 솔리드 레이어와 Lens Flare 이펙트

■ 솔리드 레이어와 이펙트

이펙트를 적용할 때는 [Timeline] 패널에 사용되고 있는 레이어
에 적용하지만 솔리드 레이어를 만들어 사용해야 하는 경우도
있습니다. 레이어에 적용해야 효과적인 경우와 솔리드에 적용해
효과적인 경우를 사용자가 판단하여 사용해야 합니다. 소립자가
퍼져나가는 움직임을 만들 수 있는 [Particular]는 일반적으로
솔리드 레이어에 적용하며 다른 레이어를 소스로 사용하기도 합
니다.

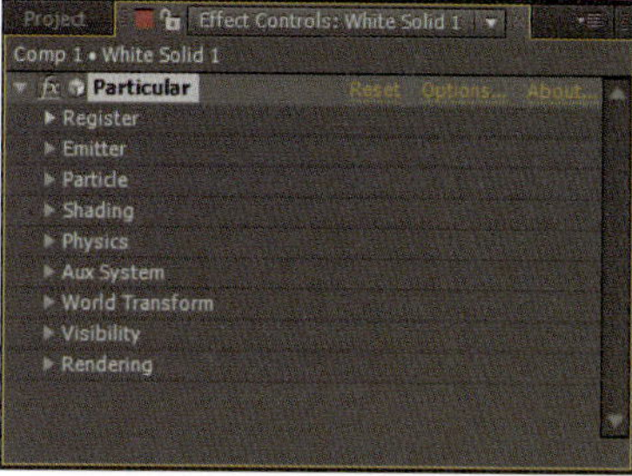

■ Lens Flare 이펙트 `429P`

Lens Flare 이펙트는 빛을 만들어주는 이펙트로 빛의 위치와 밝기, 렌즈의 종류를 선택할 수 있습니다.
화면전환이나 강조하고자 하는 부분에 많이 사용됩니다.

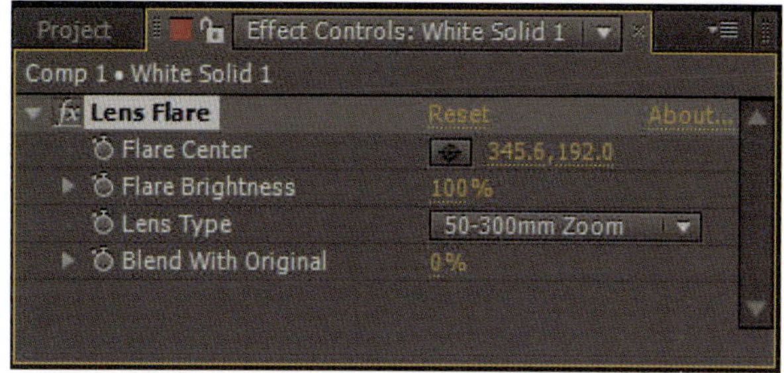

프로젝트를 진행할 때는 하나의 기능만을 사용하지 않고 다양한 기능들이 사용됩니다. 하나의 기능을
적용했어도 추가적으로 필요한 요소들을 이펙트, 또는 하나하나의 오브젝트를 만들어 사용해야 하는 경
우도 있습니다.

이펙트를 이용해 화면 뒤에서 움직이는 입자를 만들어 보도록 하겠습니다.

01. [Compositon]–[New Composition](**Ctrl** +**N**) 메뉴를 클릭하고 이름은 'Text'로 설정하고, [Width]와 [Height]를 각각 '864', '480'으로 입력합니다. [Duration]은 5초로 설정하고 [OK] 단추를 클릭합니다. [Layer]–[New]–[Solid](**Ctrl** +**Y**) 메뉴를 선택해 검정색 솔리드를 만듭니다. 솔리드의 이름은 'Particle 01'로 설정하고 [Make Comp Size] 단추를 클릭해 컴포지션의 크기와 동일한 크기의 솔리드를 만듭니다. [OK] 단추를 클릭합니다.

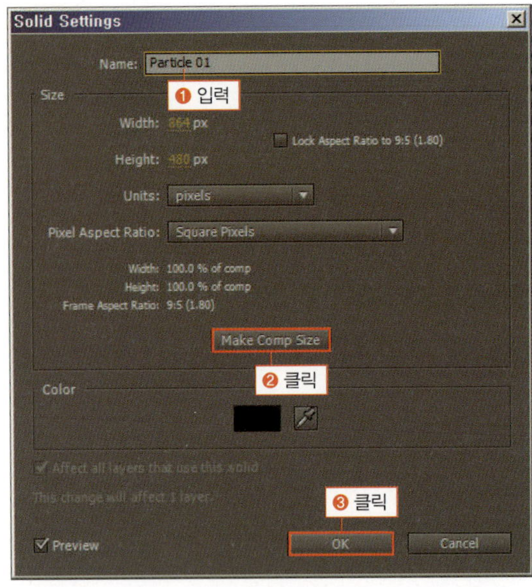

02. [Timeline] 패널의 솔리드 레이어를 선택하고 [Effect]–[Trapcode]–[Particular] 메뉴를 클릭해 적용합니다. 파티클을 이용해 많은 양의 입자가 위로 올라가도록 설정할 것입니다.

03. [Effect Controls] 패널에서 [Particular]의 옵션을 조절해 봅니다. [Emitter]의 왼쪽 삼각형을 클릭해 파티클이 퍼져 나오는 영역에 대한 내용을 조절합니다. [Emitter Type]은 'Grid', [Direction]은 'Directional', [Direction Spread[%]]는 '30'으로 설정합니다. [Velocity]를 '60', [VelocityRandom[%]]은 '0', [Velocity from motion[%]]은 '0'으로 설정하여 입자들이 천천히 움직이도록 합니다. [Emitter Size X]는 '864', [Emitter Size Y]와 [Emitter Size Z]는 '0'으로 설정합니다. [Grid Emitter]-[Particles in X]는 '30'으로 설정하여 가로에 나타나는 입자의 발생 빈도를 높입니다.

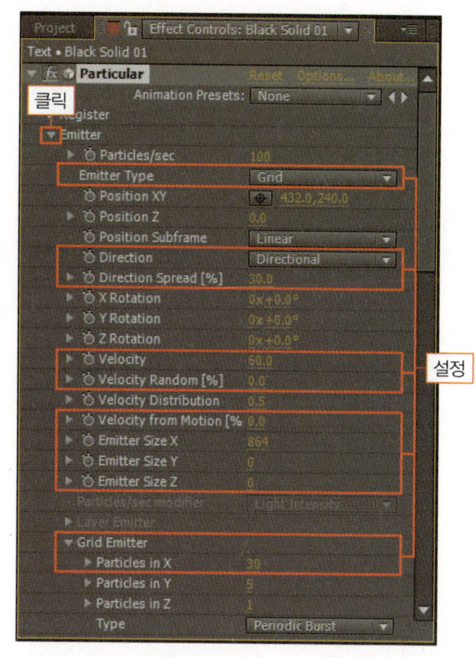

04. [Particle]의 왼쪽 삼각형을 클릭해 파티클에 대한 내용을 조절해 봅니다. [Life[sec]]를 '3'으로 설정하여 3초 동안 파티클이 퍼져 나오도록 하고, [Size]는 '1'로, [Size Random[%]]은 '100'으로 설정합니다. 투명도가 서로 다른 입자들을 만들기 위해 [Opacity Random[%]]은 '100'으로 설정하고 [Opacity over Life]를 다음과 같이 동산 3개가 있는 모양으로 만들어 입자들이 서서히 나타났다 사라지기를 반복하도록 합니다. 파티클의 색상을 노란색으로 변경하기 위해 [Color]를 클릭하여 '노란색(#FFDE78)'을 선택합니다.

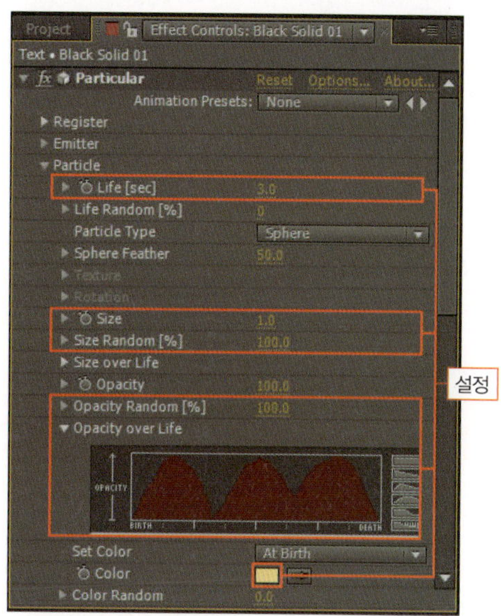

05. [Timeline] 패널에서 파티클의 움직임을 확인해 보면 중간에서 아래/위로 퍼지는 노란 입자를 확인할 수 있습니다. 입자들이 위로 퍼지도록 설정하기 위해 [Physics]의 왼쪽 삼각형을 클릭하고 [Gravity]를 '-8'으로 설정합니다. 중력 값을 '-'로 설정하면 위로 올라가고 '+' 값으로 설정하면 아래로 내려갑니다.

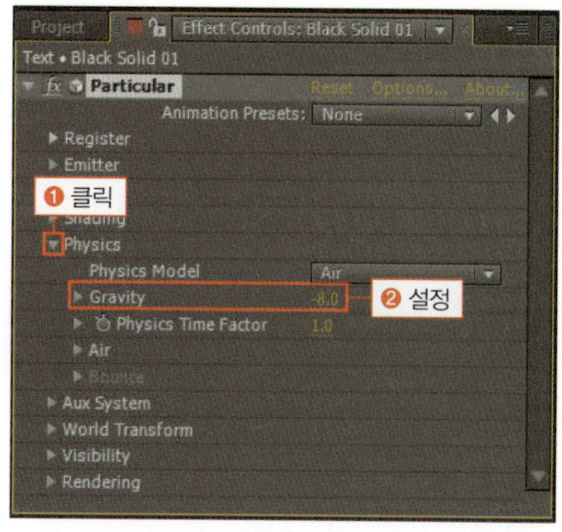

문자를 입력하고 문자 프리셋을 적용해 움직이는 애니메이션을 만들어 보도록 하겠습니다.

01. 툴 박스에서 [문자 툴](T)을 선택하고 [Composition] 패널에 클릭합니다. 문자의 크기는 [Character] 패널에서 '40px'로 설정하고 'Visual Communication'이라는 노란색(#F7A222)의 문자를 입력합니다. 문자 레이어는 [Composition] 패널의 중앙에 위치하도록 이동해 배치합니다.

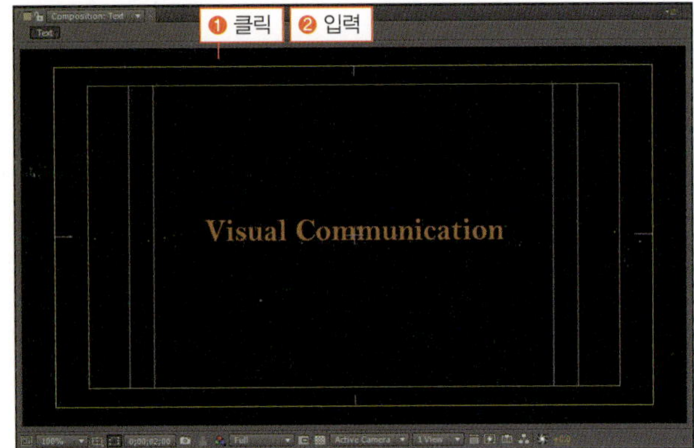

02. 문자 레이어에 프리셋을 적용하기 위해 [Timeline] 패널에서 문자 레이어를 선택하고 [File]-[Browse in Bridge](Ctrl + Alt + Shift + O) 메뉴를 클릭합니다. 문자 레이어가 선택되어 있지 않으면 적용할 때 적용할 레이어를 찾을 수 없으므로 문자 레이어를 선택합니다.

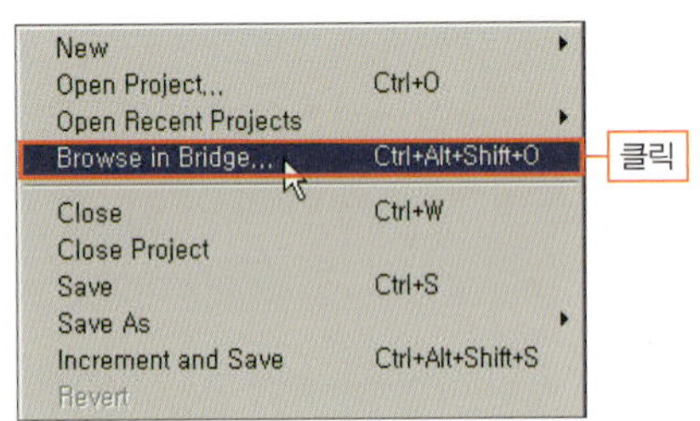

03. 다음과 같이 브릿지가 실행됩니다. 브릿지에서 'Program Files\Adobe\Adobe After Effects CS6(CC)\Support Files\Presets\Text'로 이동합니다. 문자에 대한 다양한 프리셋이 있으며 '3D Text' 프리셋에서 '3D Fly Down Random & Rotate Y'를 선택하고 마우스 오른쪽 버튼을 클릭하고 'Place in After Effects'를 선택해 [Timeline] 패널에서 선택한 문자 레이어에 애니메이션 프리셋을 적용합니다.

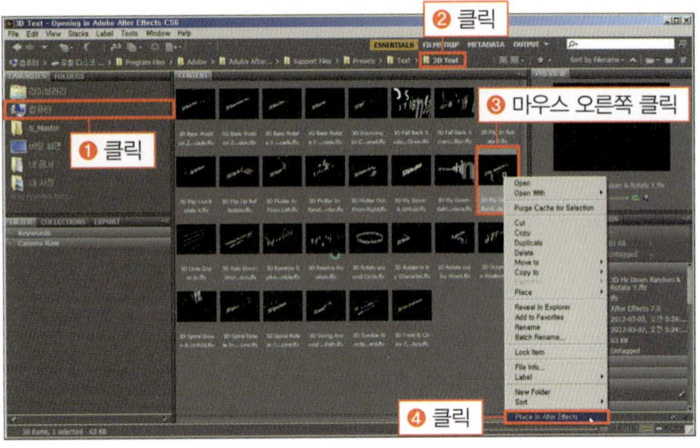

04. [Timeline] 패널의 레이어에 프리셋이 적용되는 위치는 타임마커가 위치한 부분입니다. 프리셋이 적용된 레이어의 속성을 확인하면 다음과 같이 0부터 2초에 [Offset]이 적용된 것을 알 수 있습니다. [Timeline] 패널에서 타임마커를 움직여 보면 문자가 큰 상태에서 원래의 상태로 랜덤하게 돌아오는 것을 알 수 있습니다.

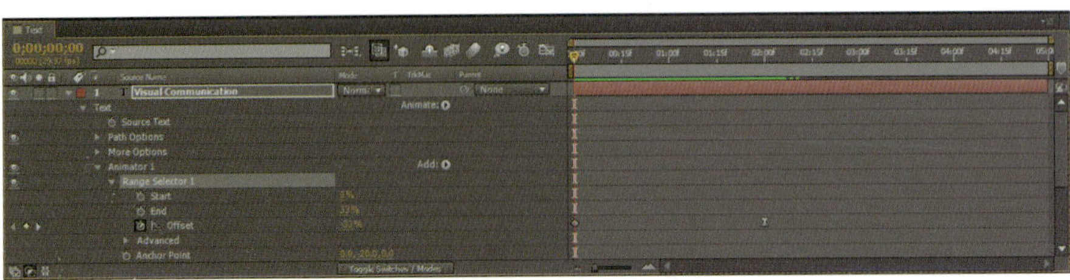

05. 문자 레이어에 적용된 프리셋을 원하는 느낌으로 만들기 위해 수정해 봅니다. 먼저 문자가 중앙에서 나타나 원래의 위치로 이동하도록 [Anchor Point]의 Y값을 '0'으로 설정합니다. 다음은 문자가 회전하면서 들어오지 않도록 설정하기 위해 [Y Rotation]을 '0'으로 변경합니다.

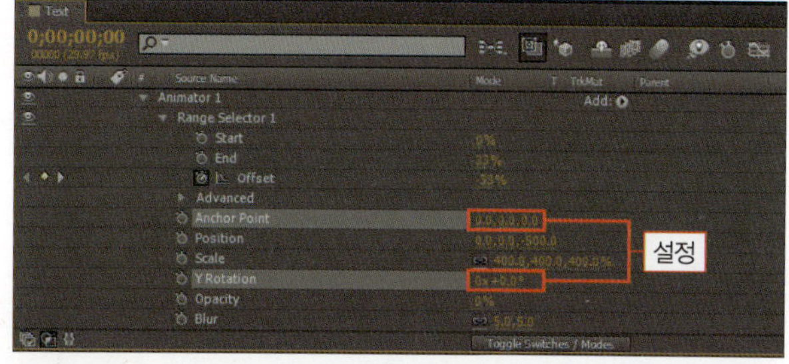

06. [Timeline] 패널에서 타임마커를 이동하며 움직임을 확인하면 문자가 투명한 상태에서 중앙으로 작아지면서 랜덤하게 원래의 상태로 돌아오는 것을 알 수 있습니다.

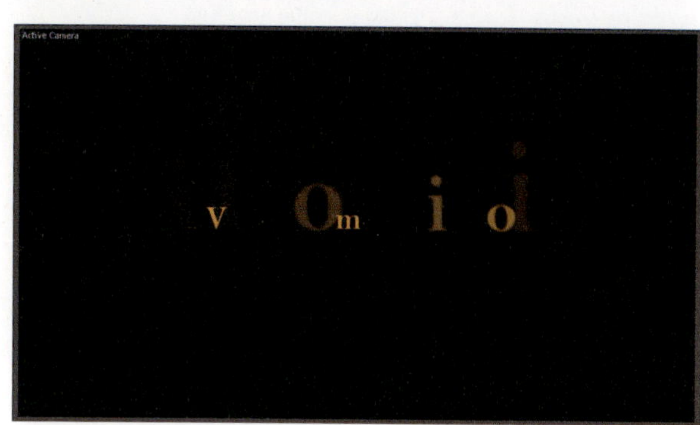

07. 다음은 문자가 큰 상태일 때 블러가 많이 적용되고 원상태일 때 블러가 적용되지 않도록 설정해 봅니다. [Blur]에서 값이 '5'로 설정된 것을 확인할 수 있습니다. [Blur]를 '50'으로 변경하여 처음에 시작할 때 부드럽게 나타나도록 합니다. 문자 레이어가 시작하는 위치를 1초로 이동하여 작은 입자가 먼저 나타나고 문자가 나타나도록 설정합니다.

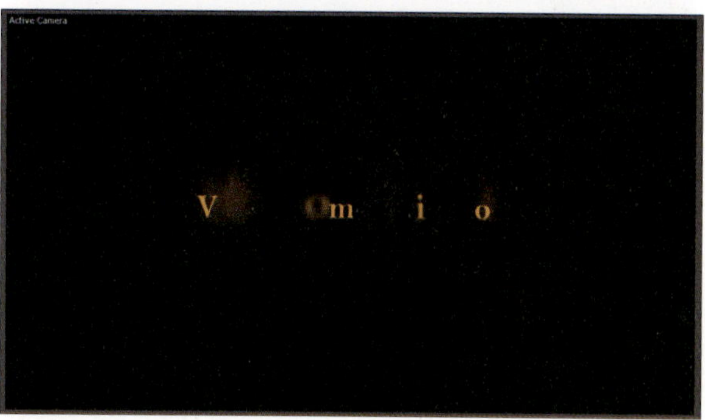

문자가 나타날 때 원형의 셰이프 레이어를 여러 개 만들어 배치하고 문자와 조화를 이루도록 해보도록
하겠습니다.

01. [Timeline] 패널에 레이어가 선택되지 않은
상태에서 툴 박스의 도형 툴에서 [원형 툴]( )을
선택하여 원형의 셰이프 레이어를 만듭니다. 셰이
프 레이어의 색상은 노란색으로 설정하고 다음과
같이 [Composition] 패널에 배치합니다.

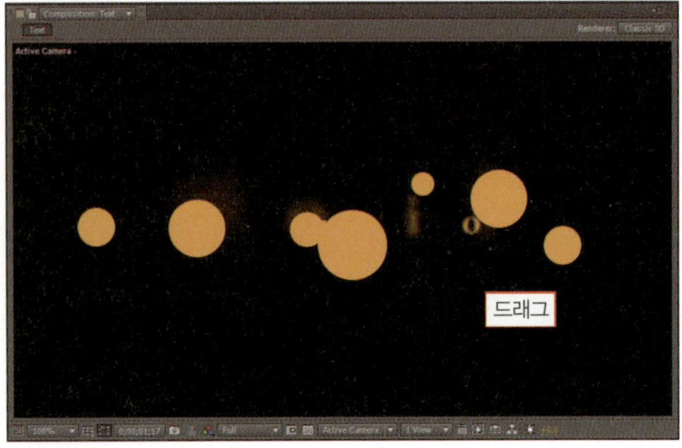

02. [Timeline] 패널에서 셰이프 레이어의 길이는 25프레임으로 조절하고 처음 시작점은 [Opacity]가 '0', 중간은 '100',
끝은 '0'으로 설정하여 나타났다가 사라지도록 합니다. 셰이프 레이어 전체를 선택하고 모드를 [Add]로 변경하고 다음
과 같이 레이어가 나타나는 시간을 랜덤하게 변경합니다.

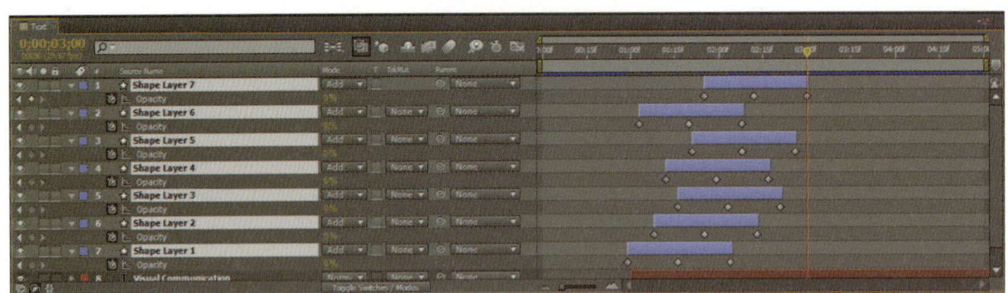

03. [Timeline] 패널에서 셰이프 레이어 전체
를 선택하고 [Effect]–[Blur & Sharpen]–[Gaussian
Blur] 메뉴를 클릭해 적용합니다. [Effect Controls]
패널에서 각각의 셰이프 레이어에 적용된
[Gaussian Blur]–[Blurriness]를 셰이프 레이어의 크
기에 따라 '20~40'까지 다양하게 적용합니다. 블
러를 적용하면 다음과 같이 셰이프 레이어가 나
타나서 없어지는 동안 전체적으로 흐린 현상을
만들 수 있습니다.

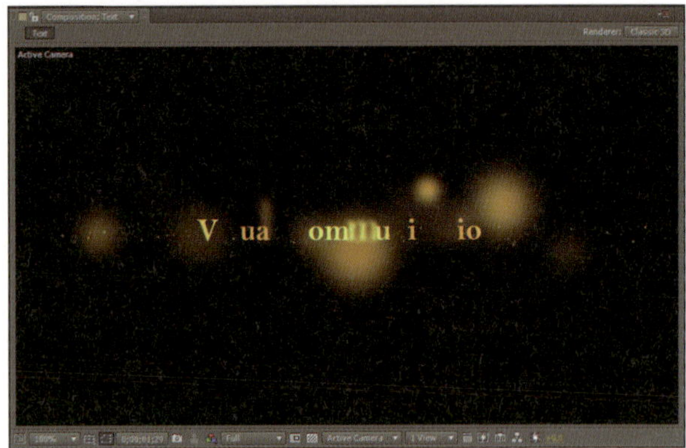

문자에서 마지막 문자 n자가 나타나는 순간에 빛이 반짝이고 사라지는 이펙트를 추가해 보도록 하겠습니다.

완성 파일 | CD\Part 06\025_Example Project의 Text 컴포지션, 025_Example.mp4 파일

01. [Layer]—[New]—[Solid](Ctrl + Y) 메뉴를 클릭하거나 마우스 오른쪽 버튼을 클릭해 검정색 솔리드 레이어를 만듭니다. 이름을 'Light'로 설정하고 [Make Comp Size] 단추를 클릭해 컴포지션의 크기와 동일한 크기의 솔리드를 만든 후 [OK] 단추를 클릭합니다.

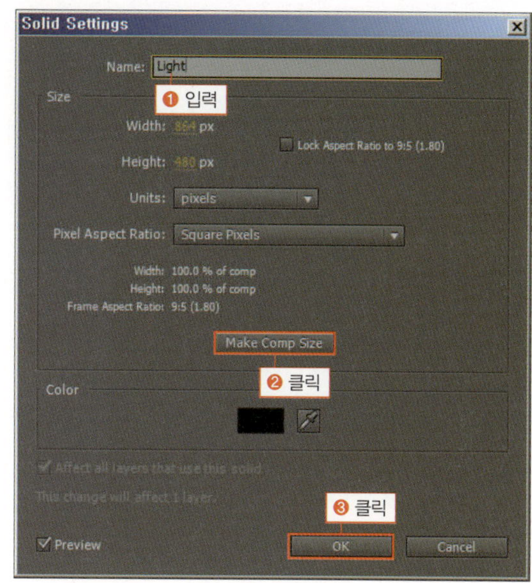

02. 'Light' 레이어를 선택하고 [Effect]—[Generate]—[Lens Flare] 메뉴를 클릭해 적용합니다. [Timeline] 패널에서 'Light' 레이어가 2초 15프레임부터 시작하도록 이동하고, 레이어의 [Mode]를 'Add'로 변경합니다.

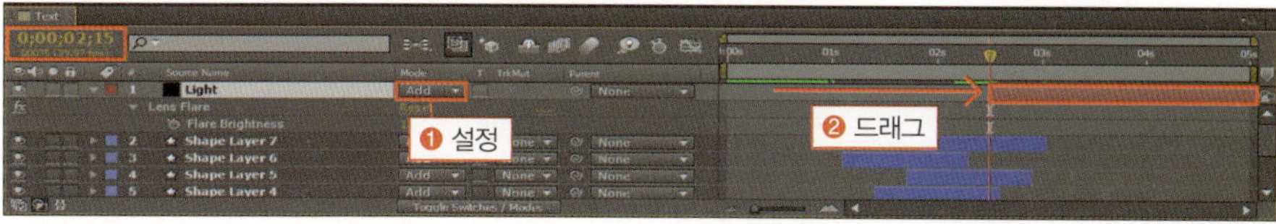

03. [Effect Controls] 패널에서 [Lens Flare]—[Flare Center](⊕)를 클릭하고 [Composition] 패널에서 마지막 문자 'n'의 위쪽을 클릭하여 빛이 반짝이는 위치를 설정합니다.

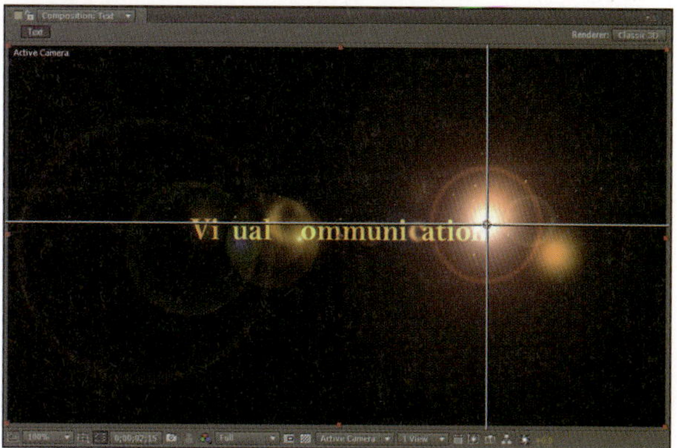

04. [Timeline] 패널에서 타임마커의 위치를 2초 15프레임으로 이동하고 [Flare Brightness]의 [Stopwatch]( )를 체크하여 키프레임을 설정합니다.

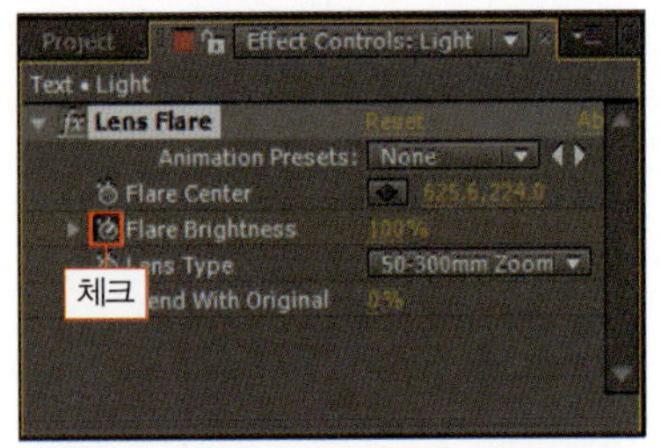

05. 'Light' 레이어가 2초 15프레임일 때 [Flare Brightness]를 '100%'로 설정하고 타임마커를 이동해 3초 15프레임일 때는 '0'으로 설정하여 서서히 사라지도록 키프레임을 설정합니다.

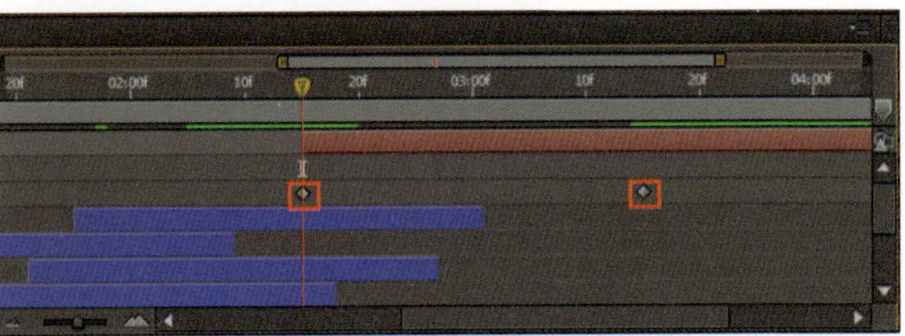

■ 문자 레이어 378P

애프터 이펙트에서 사용되는 문자는 프리셋을 이용해 다양한 움직임을 더욱 쉽게 만들 수 있습니다. 또한 문자에 포함된 속성을 통해 개별적인 움직임을 더욱 쉽게 적용할 수 있습니다.

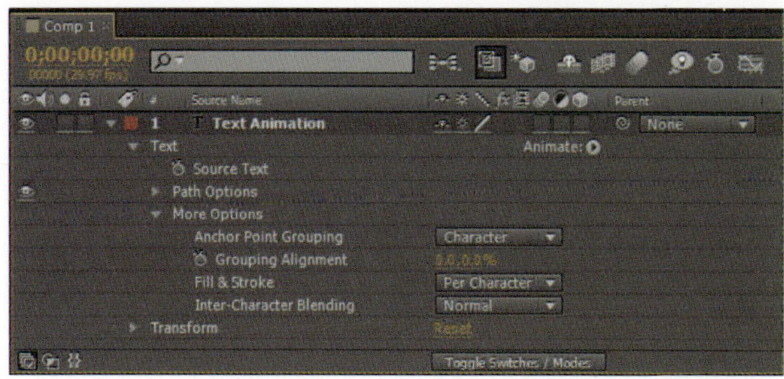

■ 셰이프 레이어 392P

툴 박스의 도형 툴과 [펜 툴]( )을 사용해 컴포지션에 사용자가 원하는 오브젝트를 만들 수 있으며, 벡터 방식을 사용해 크기를 변화시켜도 부드러운 이미지를 만들어 냅니다. 셰이프 레이어의 속성에 포함되어 있는 기능을 통해 색상, 두께, 반복, 그레이디언트, 변형, 랜덤 효과 등 다양한 변화를 만들어 낼 수 있습니다.

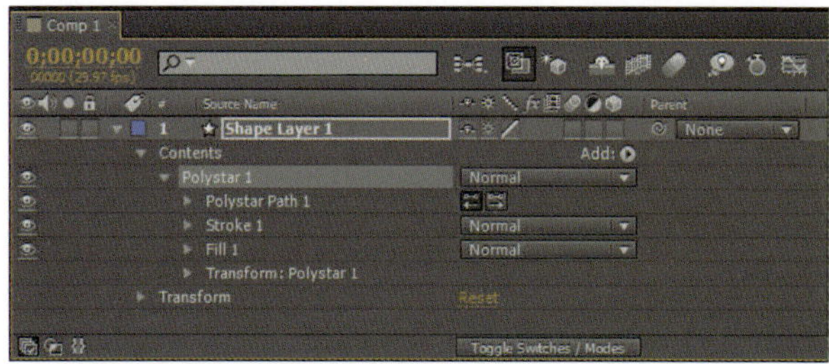

■ 레이어 스타일 401P, 413P

레이어 스타일(Layer Style)은 포토샵에서 사용되는 그대로를 애프터 이펙트에서 사용할 수 있도록 합니다. 포토샵에서 적용된 레이어 스타일은 애프터 이펙트에서 레이어의 속성에 그대로 적용되어 수치를 변경하여 작업을 진행할 수 있습니다. 레이어 스타일은 [Layer]-[Layer Styles] 메뉴에서 적용하거나 삭제할 수 있습니다.

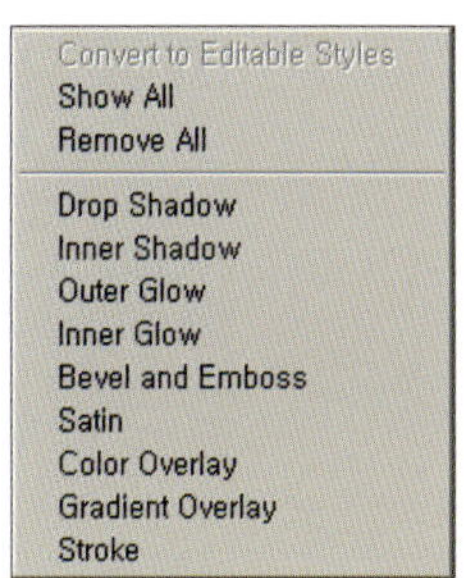

01

문자 레이어를 Z축에 배열하고 각각의 문자에 블러를 적용해 봅니다.

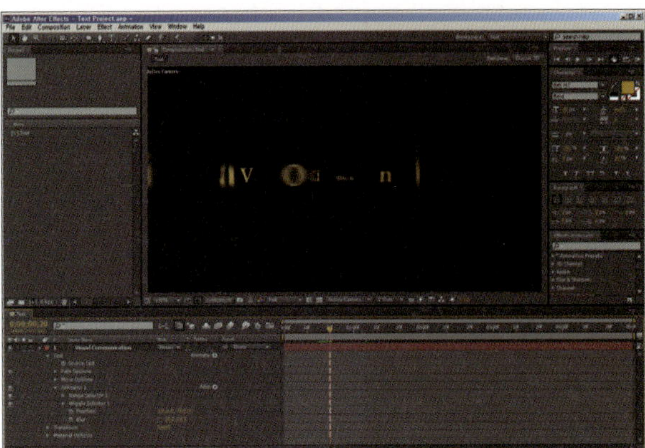

HINT

1. [문자 툴](T)을 선택하고 [Composition] 패널에 클릭해 문자를 입력합니다.
2. [Timeline] 패널의 문자 레이어를 선택하고 [Animation]–[Animate Text]–[Enable Per–charcter 3D]를 체크해 레이어를 3D 레이어로 변환합니다.
3. [Timeline] 패널의 문자 레이어를 선택하고 P 를 눌러 [Position]을 나타냅니다.
4. 레이어에 생성된 [Animator 1]의 [Add]를 클릭해 'Selector'–'Wiggly'를 선택해 옵션을 설정합니다.
5. [Add]를 다시 클릭해 'Property'–'Blur'를 적용합니다.

02 > 셰이프 레이어를 이용해 정사각형의 작은 패턴을 컴포지션에 채워 봅니다.

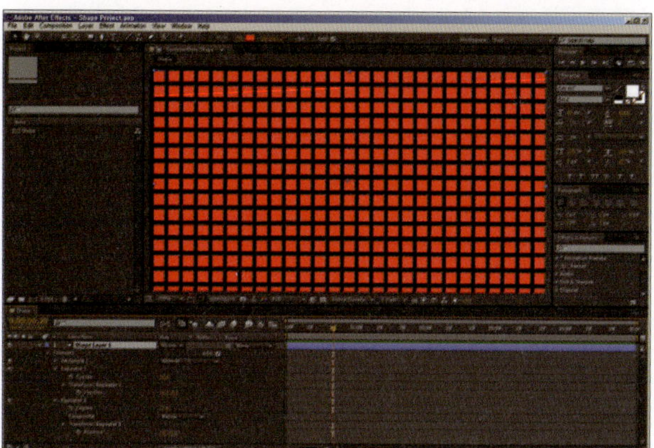

HINT

1. [직사각형 툴]( )을 선택하고 [Composition] 패널에 작은 정사각형을 그립니다.
2. 셰이프 레이어를 선택하고 [Contents] 오른쪽의 [Add]를 클릭하여 'Repeater'를 선택합니다.
3. 셰이프 레이어에 적용된 [Repeater]-[Copies]의 수치를 높여 가로로 복사되는 개수를 설정합니다.
4. [Repeater]-[Transform:Repeater 1]-[Position]의 가로 값을 조정해 간격을 설정합니다.
5. 한 번 더 'Repeater'를 적용해 세로로 적용되는 개수를 설정합니다.

03 > 문자 레이어에 그림자를 적용해 봅니다.

HINT

1. [문자 툴]( )을 선택하고 [Composition] 패널에 클릭해 문자를 입력합니다.
2. 그림자를 적용하기 위해 [Layer]-[Layer Styles]-[Drop Shadow] 메뉴를 클릭합니다.
3. 레이어 적용된 이펙트는 [Effect Controls] 패널에서 옵션을 조절할 수 있고, [Layer Styles]은 [Timeline] 패널 레이어의 속성에
   서 조절할 수 있습니다.

07

계층구조와
익스프레션!

익스프레션(Expression)은 일일이 수작업으로 하기 어려운 작업을 더욱 간편하게 만들 수 있도록 도와줍니다. 레이어 속성 간의 관계를 만들며, 한 레이어의 속성에 대한 키프레임을 사용하여 다른 레이어에 연속된 애니메이션을 적용할 수 있습니다.

자바 스크립트는 몰라도 되는 익스프레션

익스프레션은 자바 스크립트 언어를 기반으로 하지만 자바 스크립트를 몰라도 익스프레션을 사용할 수 있습니다. Pick Whip을 이용하거나 간단한 예제 스크립트를 복사해 사용할 수 있습니다. 이번에는 익스프레션의 기본적인 사용 방법에 대해 알아보도록 하겠습니다.

기초탄탄 ▶ 익스프레션의 아이콘 기능

■ 익스프레션 관련 아이콘 438P

[Timeline] 패널에서 레이어에 익스프레션을 적용하면 다음과 같이 관련 아이콘이 나타나게 됩니다.

❶ On/Off 스위치 : 익스프레션을 적용하게 되면 다음과 같이 '='로 표시되고 적용된 상태에서 마우스로 클릭하게 되면 Off 상태로 등호에 사선이 나타나 일시적으로 익스프레션을 사용하지 않을 수 있습니다. 이것은 [Animation]–[Remove Expression] 메뉴를 클릭하여 제어하는 결과와 같습니다.

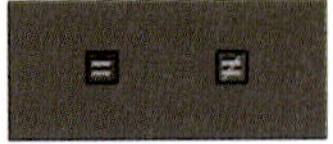

❷ 그래프 : 다른 레이어와 익스프레션이 링크되면 그에 대한 수치를 그래프로 나타내거나 가리는 역할을 합니다.

❸ Pick Whip : 자신 레이어의 속성과 다른 레이어의 속성을 링크하는 역할을 합니다.

❹ **익스프레션 언어 메뉴** : 자바 스크립트를 수정해 사용할 수 있는 사용자들은 [Pick Whip]( )을 사용하지 않고 스크립트를 필드에 적용할 수 있도록 스크립트에 대한 메뉴들을 지원합니다. 클릭하면 다음과 같이 그에 대한 여러 가지 스크립트 메뉴들이 나타나며, 조금만 바꾸고 응용하면 익스프레션에 쉽게 적용할 수 있습니다.

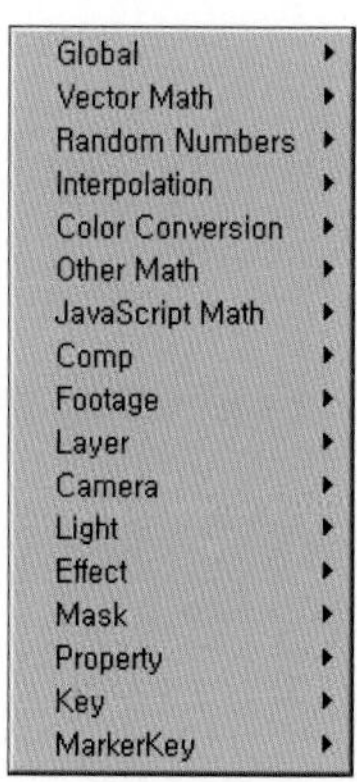

❺ **익스프레션 필드** : 필드 부분에는 스크립트를 직접 입력하거나 링크해 효과를 적용하는 부분입니다. 스크립트에 미숙하다면 [Pick Whip]( )을 사용하여 적용하면 익스프레션 필드에 링크한 부분에 대한 스크립트가 자동으로 생성됩니다.

레이어의 속성에서 간단하게 익스프레션을 적용하는 방법에 대해 알아보도록 합니다. 스크립트를 사용하지 않고 링크를 통해 익스프레션을 간단히 적용할 수 있으며, 적용된 익스프레션을 간단한 방법을 통해 원하는 정도로 수정할 수 있습니다. 익스프레션은 레이어에 적용되지 않고 레이어의 속성에 명령을 추가하여 적용할 수 있습니다. 시계의 시침과 분침, 초침이 회전하는 움직임을 예로 익스프레션을 설명해보도록 하겠습니다.

예제 파일 | CD₩Part 07₩026_Example Project의 026_Example_A 컴포지션   **완성 파일 |** CD₩Part 07₩026_Example Project의 026_Example_AFinal 컴포지션

01. 예제 프로젝트에서 '026_Example_A' 컴포지션을 확인합니다. [Timeline] 패널에서 'Hour' 레이어를 선택하고 R 을 눌러 회전 속성, [Rotation]이 나타나도록 합니다. 회전은 'Point' 레이어를 중심으로 회전하도록 시침, 분침, 초침의 중심점을 모두 [중심 이동 툴]( )을 이용해 이동시킵니다.

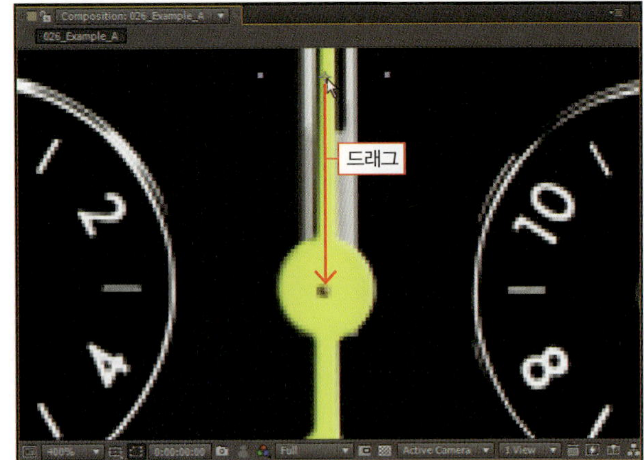

02. 'Hour' 레이어의 첫 프레임에 [Stopwatch]( )를 체크하여 [Rotation] 키프레임을 설정하고, 타임마커를 3초로 이동해 '30°' 회전하도록 값을 입력하여 1시간 이동하도록 합니다.

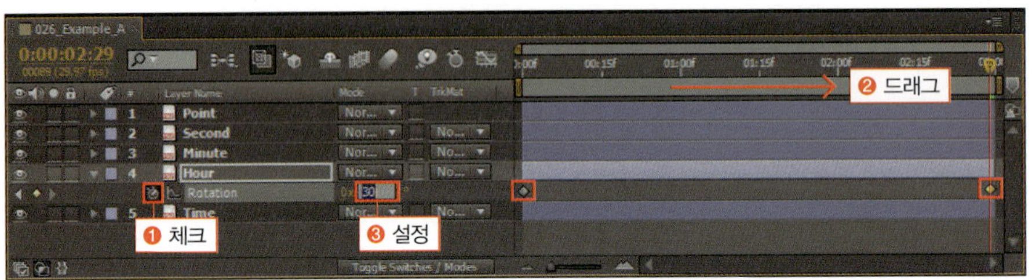

03. 'Hour' 레이어가 1시간 이동할 때 'Minute' 레이어는 한 바퀴 회전하여 60분 이동하도록 하면 됩니다. 'Minute' 레이어를 선택하고 R 을 눌러 [Rotation]이 나타나도록 합니다. [Rotation]을 클릭합니다.

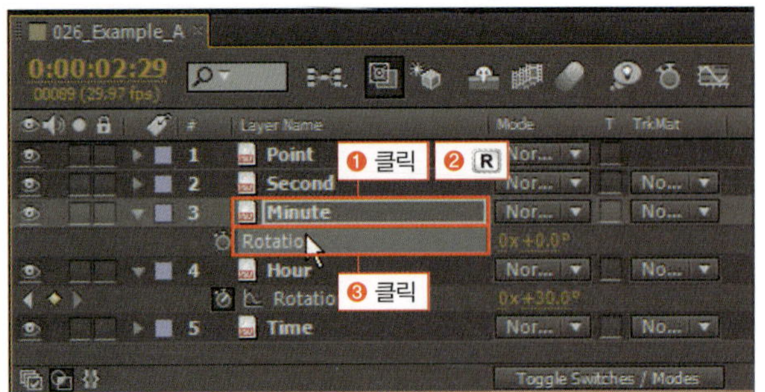

04. 이제 레이어의 속성에 익스프레션을 적용하는 방법을 알아봅니다. 레이어의 속성을 선택하게 되면 [Animation]–[Add Expression](**Alt** + **Shift** + **=**) 메뉴를 클릭할 수 있도록 활성화됩니다.

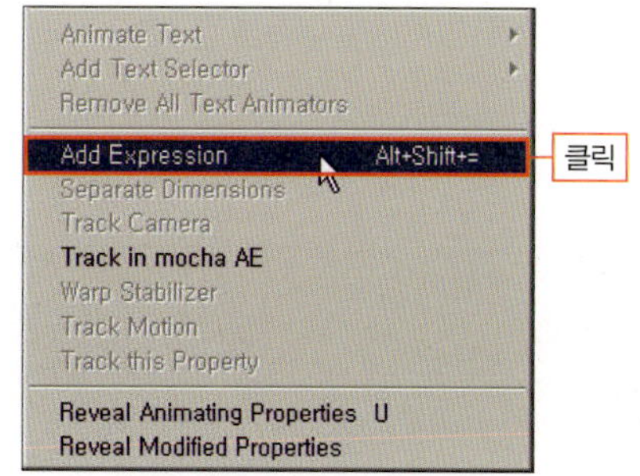

05. [Animation]–[Add Expression](**Alt** + **Shift** + **=**) 메뉴를 클릭하면 다음과 같이 [Rotation] 아래쪽에 [Expression: Rotation]이 나타나고 오른쪽에 스크립트를 입력할 수 있는 필드가 생성됩니다. 익스프레션을 더욱 간단하게 적용할 수 있습니다. 메뉴 대신 **Alt** 를 누른 상태로 레이어의 속성에서 [Stopwatch]( )를 체크하면 메뉴를 선택하는 것과 같은 역할을 합니다. 익스프레션이 입력된 속성은 붉은색으로 강조되며 초기 입력 값은 항상 스스로의 값을 사용하게 됩니다. 스스로의 값이 입력된 상태이기 때문에 이 시점에서는 아무런 변화가 없습니다.

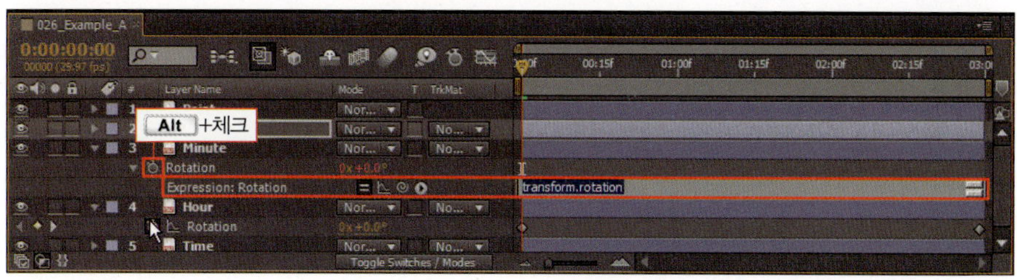

06. [Timeline] 패널에서 레이어에 익스프레션을 적용하면 다음과 같이 관련 아이콘이 나타나게 됩니다.

연관검색 익스프레션의 아이콘 기능은 436P의 내용을 참고하세요.

439

01. 'Minute' 레이어에 익스프레션을 적용하고 'Minute' 레이어의 [Expression Rotation]에서 [Pick Whip]( )을 'Hour' 레이어의 [Rotation]에 드래그하여 링크합니다.

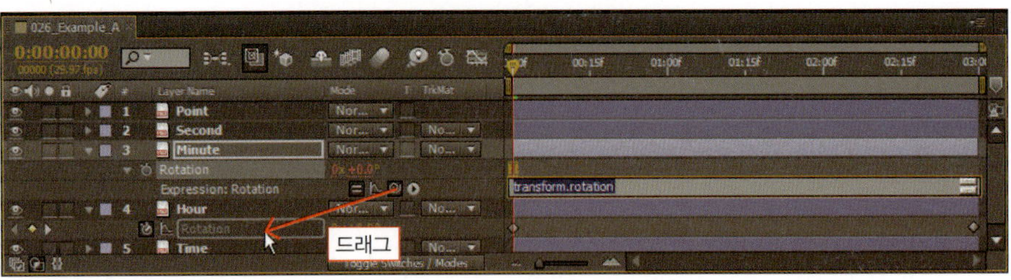

02. [Pick Whip]( )으로 드래그하면 [Expression Rotation]의 필드 부분에 다음의 익스프레션이 표시됩니다.

> thisComp.layer("Hour").transform.rotation

익스프레션에서 대문자와 소문자가 사용되는 경우는 속성이나 매서드들 중에서 2가지 이상의 단어가 모여 1가지 의미를 갖는 경우 두 번째 이상의 단어가 시작할 때는 항상 대문자가 쓰입니다.(예 : thisComp, colorDepth, loopOutDuration...) 익스프레션은 왼쪽에서 오른쪽으로 갈수록 하위 속성이며 '.'를 기준으로 오른쪽이 하위 속성입니다. 앞의 익스프레션을 해석하면 현재 컴포지션은 레이어("Hour")의 트랜스폼 속성 중 회전 속성을 따른다. 이것은 'Hour' 레이어의 [Rotation]이 변화함에 따라 'Minute' 레이어의 [Rotation]이 변화한다는 것을 의미합니다. 이렇게 익스프레션은 드래그해 그 기능을 쉽게 적용할 수 있습니다.

03. 타임라인의 공간이 좁아 레이어의 모든 속성을 보지 않고 익스프레션의 속성만을 보고 싶을 때는 **E**를 2번 눌러 익스프레션이 적용된 속성만 나타나게 하거나 가릴 수 있습니다.

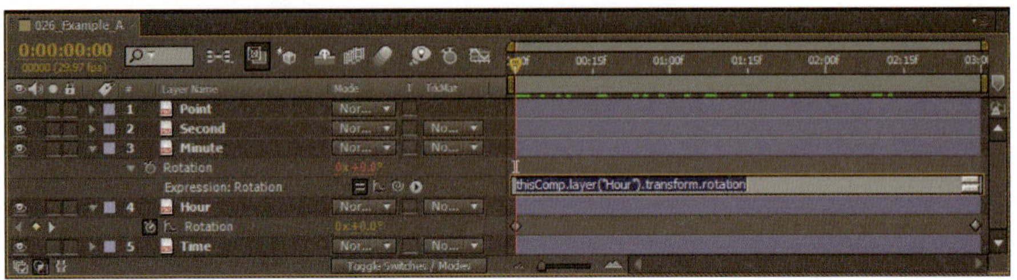

04. 만약 익스프레션의 적용이 잘못되었을 때는 에러 메시지가 나타나고 익스프레션의 왼쪽에 노란색의 경고 아이콘이 나타나게 됩니다. 이렇게 되면 익스프레션의 적용이 작용하지 않으며 잘못된 부분을 고치거나 새롭게 적용해야 합니다. 오류 메시지를 다시 보려면 노란색 경고 아이콘( )을 클릭합니다.

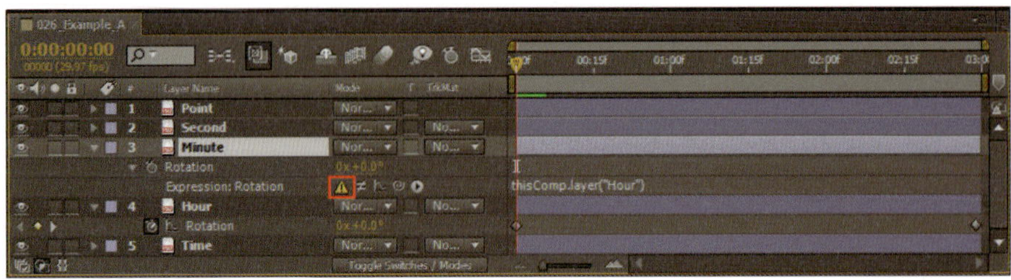

익스프레션에서 레이어의 이름을 지정할 때 주의해서 사용해야 하는 내용에 대해 알아보도록 하겠습니다.

■ 익스프레션에서 레이어 지정

익스프레션에서 문자와 숫자의 구분은 " "(큰 따옴표)로 결정하며, 이름을 설정할 때는 "."(마침표) 사이에 레이어 이름을 넣어야 하며 인덱스 번호를 사용할 때는 숫자만을 사용합니다.

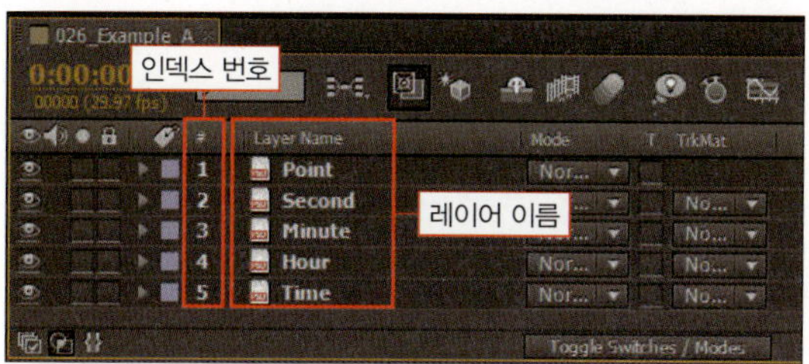

thisComp.layer("Hour").transform.rotation에서 layer("Hour")는 'Hour'라는 이름의 레이어를 지정합니다. 레이어의 인덱스 번호를 사용해 작성하면 'layer(4)'로 바꿀 수 있습니다. 익스프레션에서 같은 결과를 발생시키지만 인덱스 번호는 타임라인에서 레이어의 위치에 따라 변경되기 때문에 꼭 필요한 경우가 아니면 레이어의 이름을 사용하는 것이 좋습니다.

■ 익스프레션에서의 레이어 이름

01. 파일 이름과 레이어 이름은 [Layer Name]/[Source Name]을 클릭하면 바뀌며, 기본적으로 애프터 이펙트에서 레이어 이름은 파일 이름을 따라 갑니다.

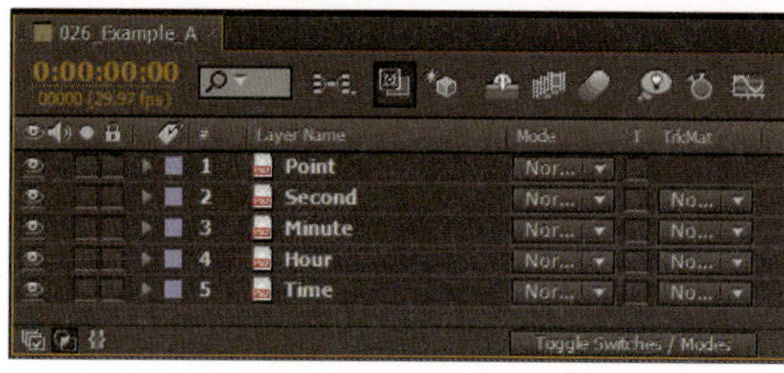 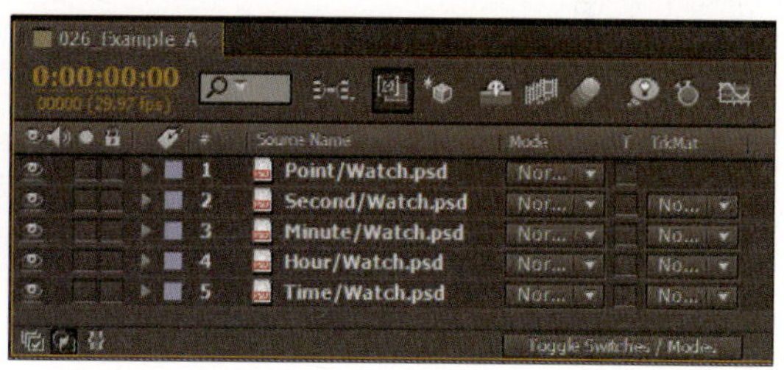

TIP : 익스프레션에서 사용되는 이름은 레이어의 이름이며 파일의 이름을 사용하지 않습니다.

02. [Timeline] 패널에서 기본적으로 레이어 이름은 [Layer Name]으로 되어 있으며, 이것의 의미는 현재 레이어 이름이 소스 이름으로 지정되어 있음을 말합니다. 레이어 이름을 수정하면 '[ ]'는 없어지게 됩니다. 애프터 이펙트는 [Timeline] 패널에서 동일한 이름을 가진 레이어를 사용할 수 있습니다. 이것을 익스프레션에서 지정하는 경우 [Timeline] 패널에서 가장 위에 있는 레이어를 사용하게 됩니다. 애프터 이펙트는 레이어를 복제할 때 복제된 레이어는 '레이어 이름+숫자'로 변경합니다.

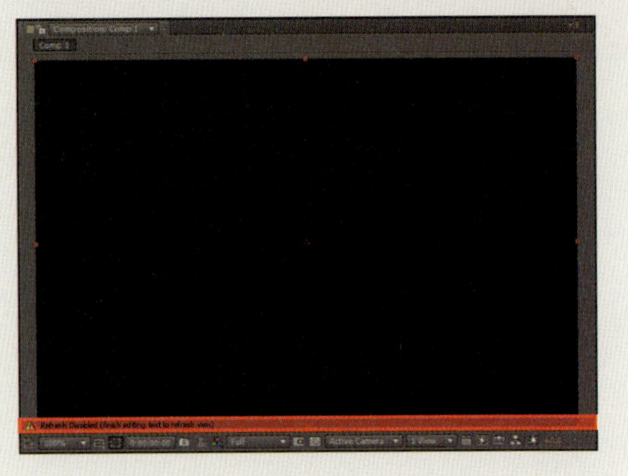

03. 현재 적용된 2개의 레이어가 움직이는 상태를 확인하면 같은 시간동안 같은 영역을 회전하게 됩니다. 이 때 시침이 한 시간일 때(30° 회전) 분침은 360° 회전하여 1시간이 되도록 하면 됩니다. 그러면 'Minute' 레이어의 익스프레션 필드에 12배 빨리 회전하도록 '*12'를 붙여 다음의 익스프레션을 만듭니다.

```
thisComp.layer("Hour").transform.rotation*12
```

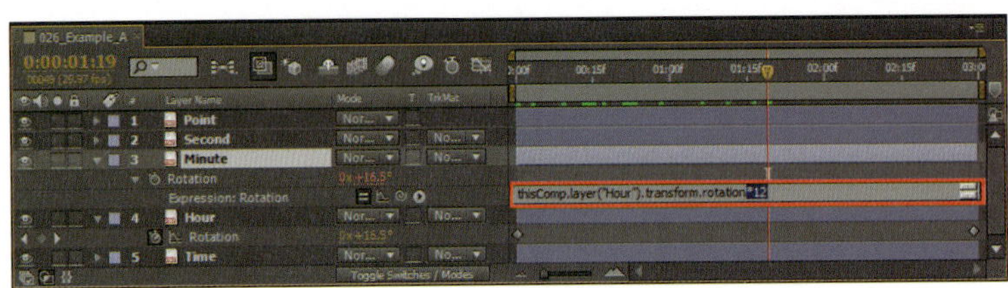

04. 익스프레션 초기 사용자는 [Pick Whip]()을 이용해 간단한 익스프레션을 링크하여 만들고, 간단한 수학 연산을 사용해 익스프레션의 움직임을 제어하는 것이 좋습니다. 순서가 있는 숫자는 쉼표로 구분되고 [ ](대괄호)로 묶인 숫자의 목록으로 표시합니다.

기호	역할	차 원	속 성
+	더하기	1	회전 ° 불투명도 %
−	빼기		
/	나누기	2	비율[x=폭, y=높이] 위치[x y] 기준점[x, y] 오디오 레벨[왼쪽, 오른쪽]
*	곱하기		
*−1	원래 연산의 반대 연산 수행		
		3	비율[폭, 높이, 깊이] 3D 위치[x, y, z] 3D 기준점[x, y, z] 방향[x, y, z]
		4	색상[빨강, 녹색, 파랑, 알파]

05. 익스프레션을 적용하고 [Composition] 패널에서 움직임을 확인하면 다음과 같이 3초에 한 시간 움직이는 시침과 3초에 60분 회전하는 분침을 확인할 수 있습니다. 시침과 분침이 회전할 때 초침은 그보다 빠르게 움직여야 합니다. 그래서 분침의 익스프레션에 60바퀴 빠르게 움직이도록 설정하면 됩니다. 'Second' 레이어의 익스프레션은 다음과 같이 입력합니다.

```
thisComp.layer("Hour").transform.rotation*12*60
```

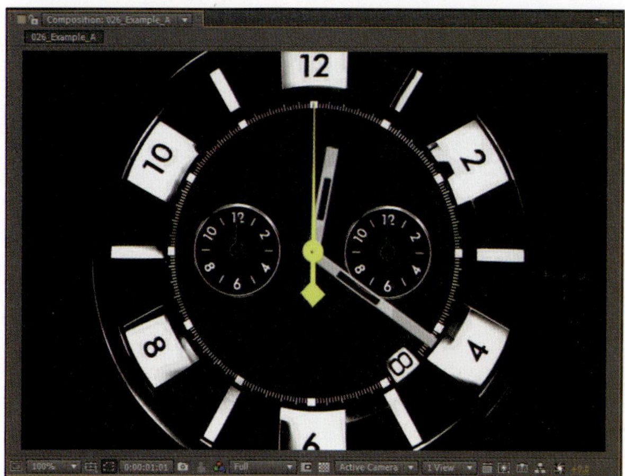

06. 레이어에 적용된 익스프레션에서 3초 동안 초침이 60바퀴 회전하게 되는데 너무 빨라 다른 것과 조화롭지 않습니다. 마지막 '*60'을 '*5' 정도로 낮추어 적용하면 다른 것과 느낌을 비슷하게 적용할 수 있습니다.

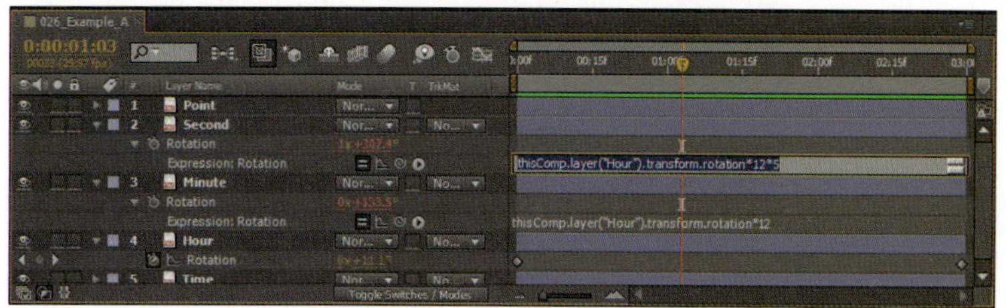

레이어에 적용된 익스프레션을 제거하는 방법과 다른 레이어에 적용된 익스프레션을 복사하여 다른 레이어에 익스프레션만 적용하는 방법에 대해 알아보도록 하겠습니다.

■ 익스프레션 제거

익스프레션 적용이 잘못되었을 때 제거하는 방법은 첫 번째로 익스프레션 필드 부분의 내용을 전체 선택하고 Delete 를 눌러 내용을 모두 지웁니다. 두 번째로 Alt 를 누른 상태로 [Stopwatch]( )를 체크 해제하여 익스프레션을 제거할 수 있습니다. 마지막으로 [Animation]-[Remove Expression](Alt + Shift + =) 메뉴를 클릭할 수도 있습니다.

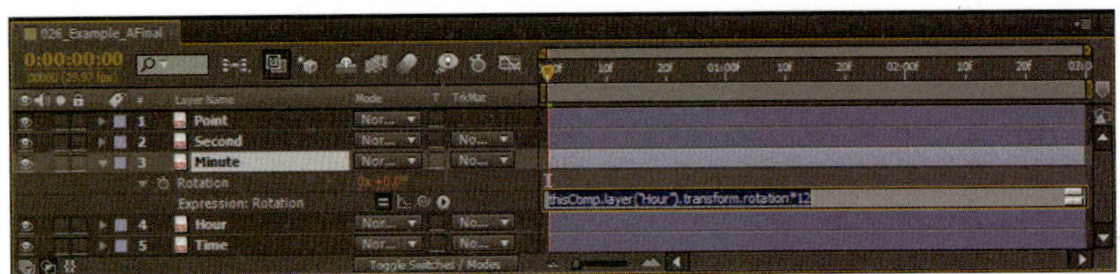

■ 익스프레션만 복사하고 익스프레션만 붙여 다시쓰기

01. 익스프레션의 복사는 레이어 속성의 키프레임까지 복사할 것인지 익스프레션만을 복사할 것인지에 따라 달라집니다. 레이어의 속성을 선택하면 레이어의 속성에 적용된 키프레임이 모두 선택됩니다. 이때 [Edit]-[Copy](Ctrl + C) 메뉴를 클릭해 복사하면 키프레임과 익스프레션이 함께 복사됩니다.

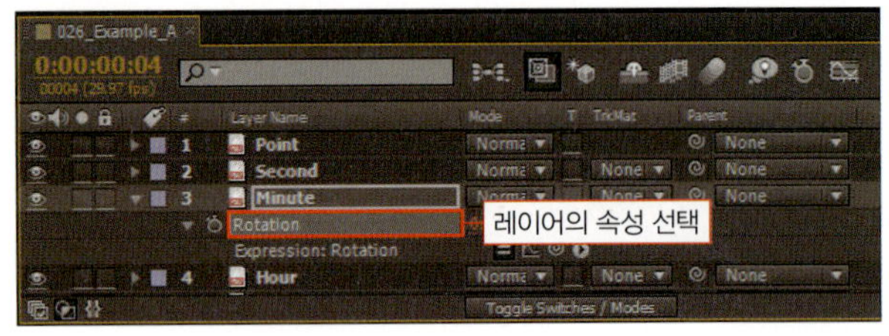

02. 레이어의 속성에서 모든 키프레임이 선택되지 않고 일부가 선택된 상태에서 속성을 복사하는 경우는 선택된 키프레임만을 복사합니다. 레이어의 속성을 선택하고 익스프레션만을 복사하고 싶으면 [Edit]-[Copy Expression Only] 메뉴를 클릭합니다.

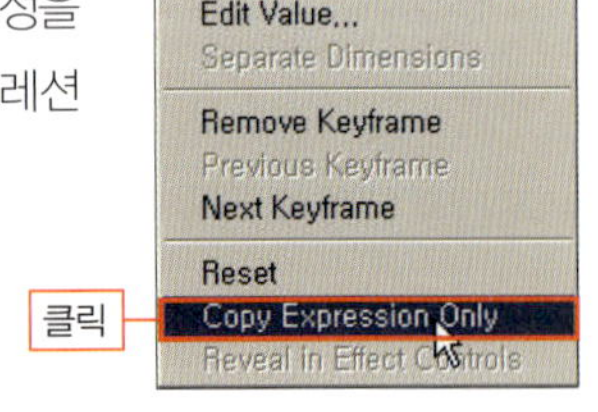

03. 레이어의 속성이나 익스프레션이 복사된 정보를 붙여넣기할 때는 사용될 레이어를 선택하고 [Edit]-[Paste](Ctrl + V) 메뉴를 클릭합니다. 만약 레이어의 이펙트에 레이어 속성과 익스프레션이 적용되어 있다면 이펙트가 적용되면서 익스프레션이 함께 적용됩니다.

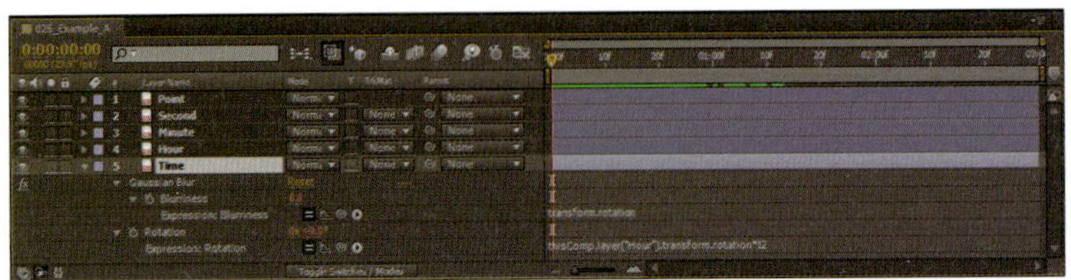

익스프레션으로 설정된 움직임을 키프레임으로 변환하여 다른 레이어와 링크하여 사용하는 경우가 있습니다. 익스프레션을 키프레임으로 변환해 보도록 하겠습니다.

01. [Animation]–[Keyframe Assistant]–[Convert Expression to Keyframes] 메뉴는 익스프레션을 이용하여 링크를 적용한 상태의 스크립트를 키프레임으로 변환해 주는 명령입니다. 키프레임으로 변환되면 개별적으로 키프레임의 조절이 가능합니다.

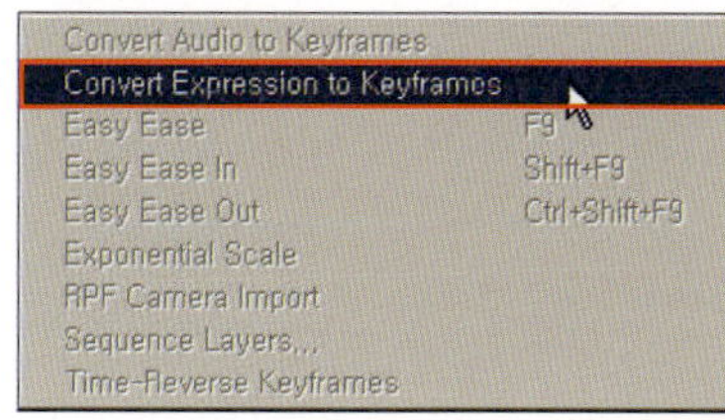

02. [Convert Expression to Keyframes] 메뉴를 클릭해 적용하면 다음과 같이 익스프레션은 등호에 대각선 표시가 나타나 적용이 중지되며 레이어에 키프레임이 자동으로 생성됩니다.

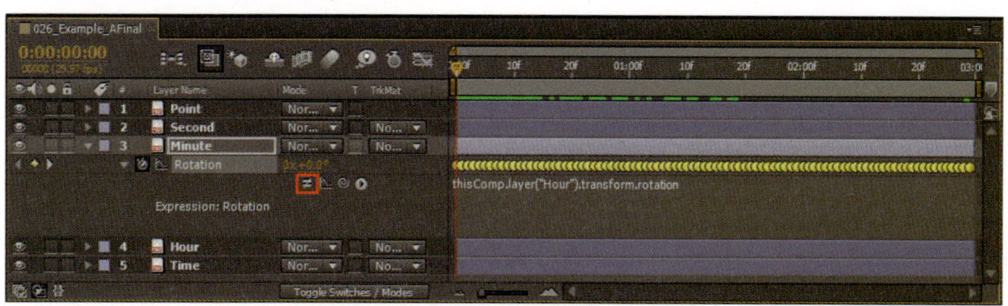

스크립트는 수행할 명령을 응용 프로그램에게 알려주는 명령들을 모아놓은 곳입니다. 대부분의 어도비사 응용 프로그램에서 스크립트를 사용해 번거로운 작업을 자동화해 명령을 쉽게 처리하고 있습니다. 문자 레이어에서 문자를 찾아 다른 문자로 바꾸거나, 렌더링이 완료되었을 때 이메일을 보내도록 설정할 수 있습니다. 애프터 이펙트의 스크립트에서는 자바 스크립트의 확장 형식으로 어도비 액션 스크립트와 유사한 어도비 익스텐드 스크립트 언어를 사용하며 익스텐드 스크립트 파일의 확장자는 '.jsx', 또는 '.jsxbin'입니다.

기초탄탄 ▶ 스크립트 실행 방법 이해하기

■ 다양한 스크립트의 사용

애프터 이펙트를 실행하면 'Scripts' 폴더에서 스크립트가 로드되며, 스크립트는 'Program Files'–'Adobe'–'Adobe After Effects CS6(CC)'–'Support Files'–'Scripts' 폴더에 위치해 있습니다. 애프터 이펙트에서는 다양한 스크립트가 제공되며, 불러온 스크립트는 [File]–[Scripts] 메뉴에서 사용할 수 있습니다.

```
Run Script File...
Open Script Editor

Change Render Locations.jsx
Convert Selected Properties to Markers.jsx
Demo Palette.jsx
Double-Up.jsx
Find and Replace Text.jsx
Render and Email.jsx
Scale Composition.jsx
Scale Selected Layers.jsx
Smart Import.jsx
Sort Layers by In Point.jsx
```

애프터 이펙트가 실행되는 동안 스크립트를 편집한 경우 변경 내용을 저장해야 변경 내용이 적용됩니다. 애프터 이펙트 실행 중 'Scripts' 폴더에 스크립트를 배치한 경우 해당 [Scripts] 메뉴에 나타나도록 하려면 프로그램을 다시 시작하거나, [File]–[Scripts]–[Run Scripts File] 메뉴를 클릭해 인식시켜야 합니다.

'ScriptUI Panels' 폴더의 스크립트는 [Window] 메뉴 아래에서 사용할 수 있습니다. 기존의 패널과 같이 도킹 가능한 패널에 사용자 인터페이스를 제공하도록 스크립트를 작성한 경우에는 해당 스크립트를 'ScriptUI' 폴더에 저장해야 합니다. 'ScriptUI'에 복사된 스크립트는 애프터 이펙트 사용자 인터페이스와 동일한 방식으로 작동합니다.

Part 07₩Sources 폴더의 'matrix.zip' 파일에 있는 'matrix.jsxbin' 파일을 예로 사용해 보시기 바랍니다.

그 외에 다양한 스크립트를 보고 싶다면 http://aescripts.com에 방문해 보시기 바랍니다.

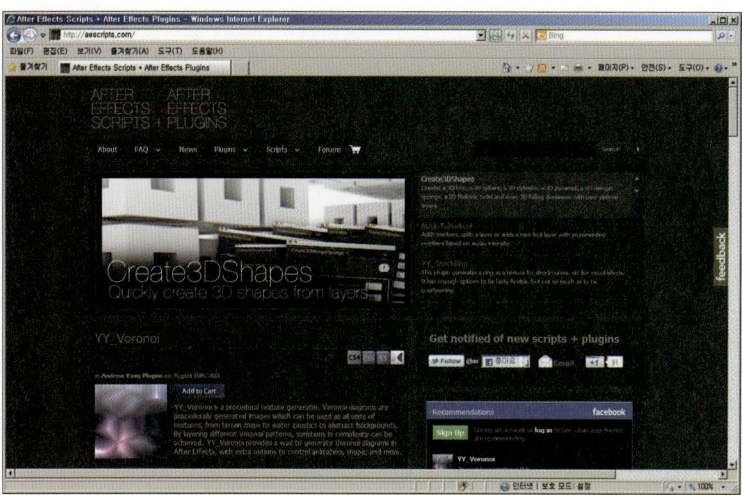

TIP : 스크립트는 파일을 쓰거나 네트워크를 통해 통신을 주고받을 수 없습니다. 만약 네트워크로 통신을 원한다면 [Edit]-[Preferences]-[General] 메뉴를 클릭하고 'Allow Scripts to Write Files and Access Network'를 체크합니다.

스크립트 편집기 사용 방법에 대해 간단히 알아보도록 하겠습니다.

ExtendScript Toolkit의 일부인 스크립트 편집기를 사용하면 애프터 이펙트에서 사용할 스크립트를 직접 작성할 수 있습니다.

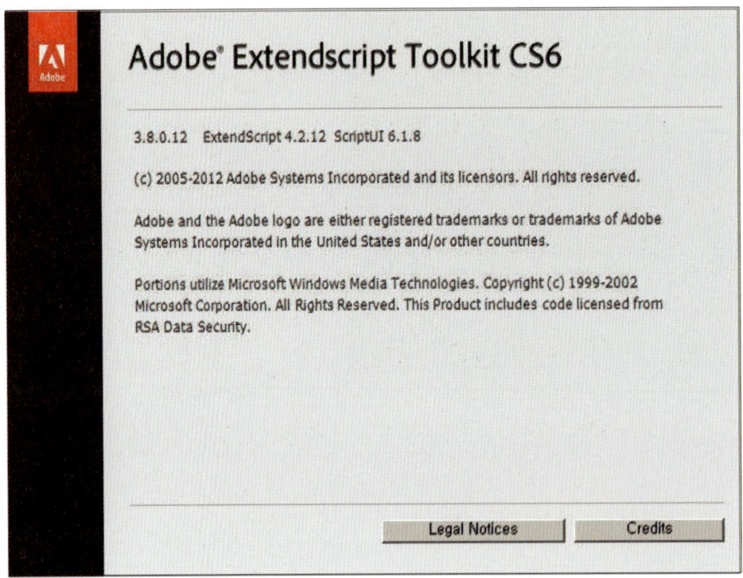

스크립트를 만들고, 디버깅하고 테스트할 수 있는 편리한 인터페이스를 제공합니다. 경우에 따라 기존 스크립트를 약간만 수정해도 스크립트를 통해 원하는 작업을 수행할 수 있습니다.

[File]–[Scripts]–[Open Scripts Editor] 메뉴를 선택해 스크립트 편집기를 실행할 수 있습니다.

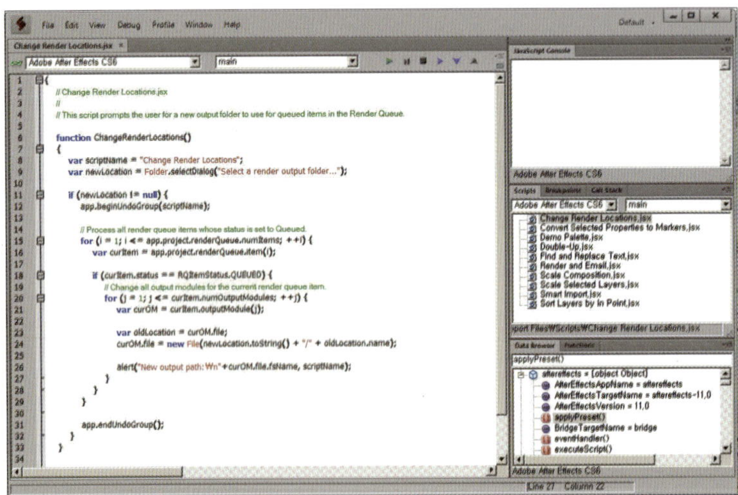

익스프레션을 활용한 간단 조작 방법

Expression Controls은 레이어에 변화를 주는 이펙트가 아니라 익스프레션의 제어를 도와주는 이펙트입니다.
여러 레이어의 익스프레션을 한 번에 조절하거나 익스프레션 자체의 변수를 조절할 때 사용합니다.

기초탄탄 ▶ Expression Controls 이펙트 이해하기

■ Expression Controls 이펙트 `450P`

Expression Controls 이펙트는 모든 레이어에 적용할 수 있지만 'Null' 레이어를 만들고 익스프레션을 링크해 사용하는 것이 기본입니다. [Effect]–[Expression Controls] 메뉴에서 7개의 이펙트를 선택할 수 있습니다.

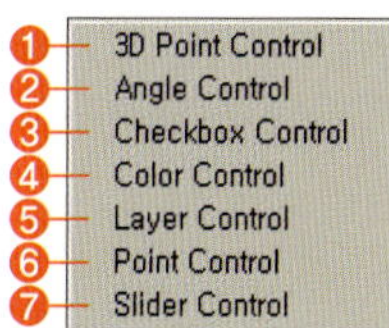

❶ 3D Point Control : 3차원의 좌표 값(X, Y, Z)을 선택하고 조절하는 이펙트입니다.

❷ Angle Control : 레이어의 회전 값을 제어하는 이펙트입니다.

❸ Checkbox Control : 체크 박스를 체크함으로서 ON/OFF, 혹은 1과 0으로 제어할 수 있습니다.

❹ Color Control : 컬러 값을 선택하고 수치를 제어할 수 있는 이펙트입니다.

❺ Layer Control : 레이어를 선택하는 이펙트이며, 키프레임 설정이 불가능하고 익스프레션 입력 자체가 허용되지 않아 사용처를 알 수 없습니다.

❻ Point Control : 2차원의 좌표 값(X, Y)을 선택하고 제어할 수 있습니다. 다른 이펙트들은 'Null' 레이어의 사이즈에 영향을 받지 않지만 'Point Control'은 'Null' 레이어의 영향을 받습니다. 'Point Control'의 좌표는 컴포지션의 좌표가 아닌 레이어의 좌표를 따라가게 됩니다. 직관적인 조절을 위해 'Null' 레이어 자체 사이즈를 컴포지션 사이즈로 변경하거나 컴포지션 사이즈의 솔리드를 사용하는 것이 좋습니다.

❼ Slider Control : 이펙트의 Expression Controls 중에서 가장 많이 사용되며, 특히 변수의 입력에 주로 사용됩니다. 익스프레션을 수정하지 않고 변수를 입력하고 키프레임을 설정할 수 있는 장점이 있습니다. Slider 아래쪽의 바에는 0부터 100까지만 표시되며, 위쪽의 숫자 입력란을 이용해 음수와 100이상의 수도 사용할 수 있습니다.

Expression Controls 이펙트 중에서 가장 많이 사용되는 Slider Control을 예로 이펙트를 적용해 보도록 하겠습니다.

예제 파일 | CD₩Part 07₩026_Example Project의 026_Example_B 컴포지션 **완성 파일 |** CD₩Part 07₩026_Example Project의 BFinal 컴포지션

01. 예제 프로젝트에서 '026_Example_B' 컴포지션을 확인합니다. 다음과 같이 배경과 문자 레이어, 그리고 꼬리로 사용할 'T_01'~'T09'까지의 레이어가 나타납니다. 9개의 꼬리 레이어가 아래위로 회전하며 전체적으로 움직이도록 설정해 봅니다.

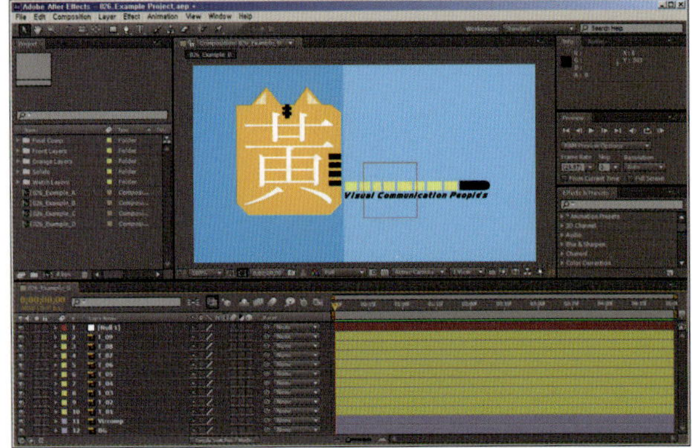

02. 먼저 [Layer]–[New]–[Null Object](**Ctrl** + **Alt** + **Shift** + **Y**) 메뉴를 클릭하여 이펙트를 적용할 Null을 생성합니다.

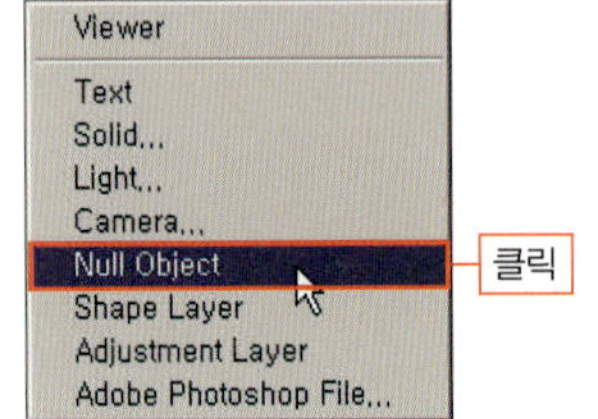

03. 새롭게 생성된 'Null' 레이어에 [Effect]–[Expression Controls]–[Slider Control] 메뉴를 클릭해 적용하고 이펙트의 이름을 '회전'으로 변경합니다.

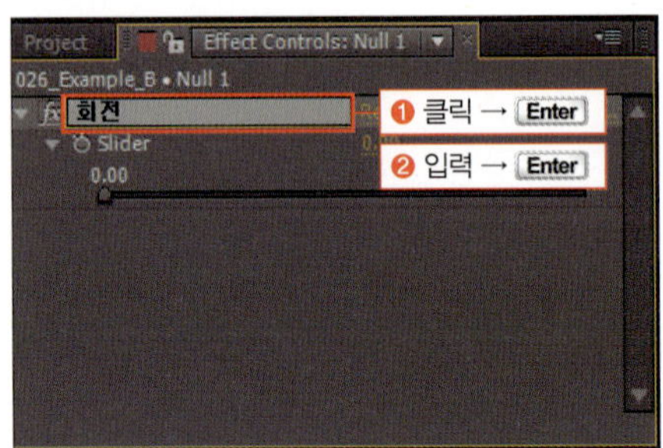

04. 'T_01'~'T_09' 레이어의 중심점을 [중심 이동 툴](아이콘)을 이용해 다음과 같이 왼쪽으로 각각 이동합니다.

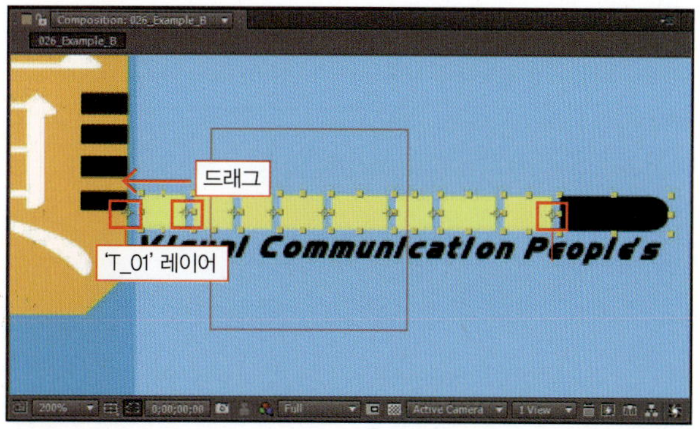

05. 'T_01' 레이어를 선택하고 [R]을 눌러 회전 속성, [Rotation]이 나타나도록 합니다. 'T_01' 레이어의 [Rotation]이 나타나면 [Alt]를 누른 상태로 [Stopwatch](아이콘)를 체크하면 다음과 같이 익스프레션이 적용됩니다.

06. 다음은 먼저 'Null' 레이어를 선택합니다. 익스프레이션이 적용된 'T_01' 레이어의 [Rotation]에서 [Pick Whip](아이콘)을 클릭한 상태로 'Null' 레이어에 적용된 이펙트 '회전'에서 [Slider]에 드래그하여 링크를 적용합니다.

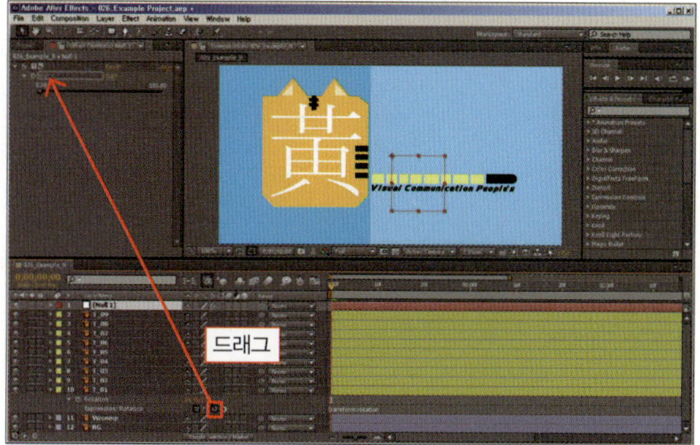

07. 링크를 적용하면 다음과 같이 익스프레션이 적용됩니다. 적용된 익스프레션은 다음의 의미를 갖습니다. 'T_01' 레이어는 'Null 1' 레이어의 회전 이펙트의 [Slider] 수치 값에 따라 변화합니다.

```
thisComp.layer("Null 1").effect("회전")("Slider")
```

08. 다음은 'T_01' 레이어를 선택하고 익스프레션이 적용된 [Rotation]을 선택하고 [Edit]-[Copy Expression Only] 메뉴를 클릭합니다. 이 명령은 레이어에 적용된 다른 효과는 복사하지 않고 익스프레션만을 복사하는 명령입니다.

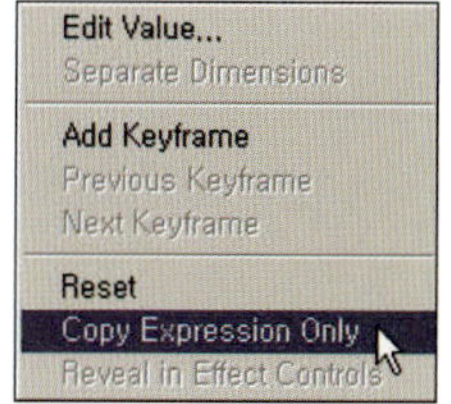

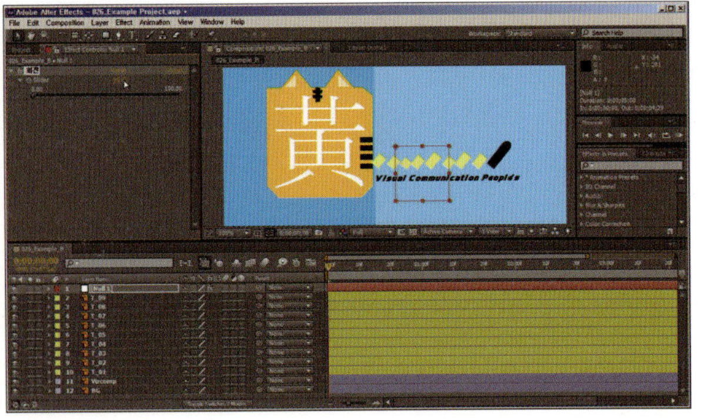

09. 복사된 익스프레션은 'T_02'~'T_09' 레이어
에 각각 붙여넣기합니다. 각각의 레이어를 하나씩
선택하고 [Edit]–[Paste](Ctrl + V) 메뉴를 클릭
합니다. 'T_01'~'T_09' 레이어 모두에 동일한 익
스프레션이 적용되었습니다. 다음과 같이 'Null 1'
레이어의 이펙트에서 [Slider]의 수치를 움직이면
꼬리 레이어 'T_01'~'T_09' 레이어가 회전하는 것
을 확인할 수 있습니다.

10. 꼬리가 각각의 오브젝트로 회전하지 않도록 'Parent'를 설정해 봅니다. 'T_01'~'T_09'까지의 레이어는 앞의 레이
어를 따라 회전하도록 앞의 레이어에 링크하도록 합니다. 'T_02' 레이어는 'T_01' 레이어에 링크하고, 'T_03' 레이어는
'T_02' 레이어에 링크하고, 'T_04' 레이어는 'T_03' 레이어에 링크하는 방식으로 모든 레이어에 링크합니다.

11. 'T_01' 레이어는 'Null 1' 레이어에 링크하도
록 합니다. 전체가 링크되면 다음과 같이 앞의 레
이어에 링크됩니다.

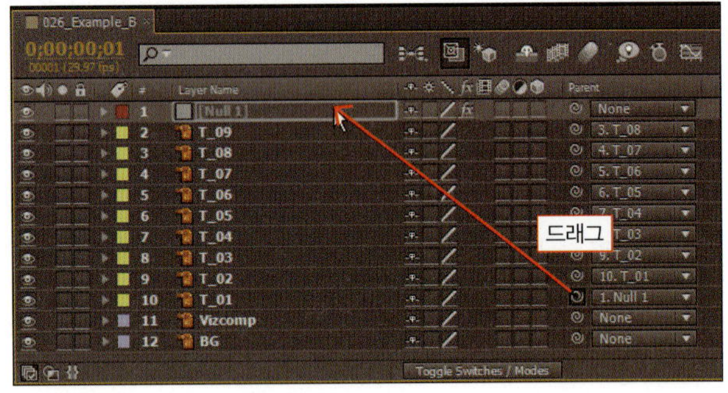

12. 이제 모든 링크가 마무리되었습니다. 링
크가 제대로 되었는지 각각의 레이어를 다시 한
번 살펴보고, 이제 'Null 1' 레이어의 이펙트에서
[Slider]의 수치를 움직여 변화시켜 보도록 합니다.
수치의 변화에 따라 다음과 같이 꼬리가 하나로
연결된 것 같이 회전하게 됩니다.

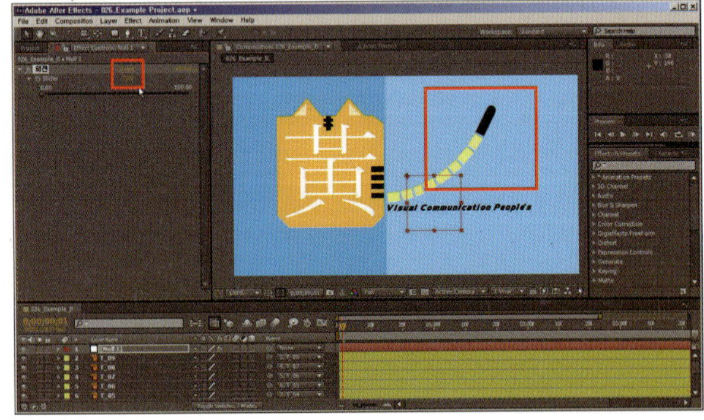

오브젝트가 하나의 중심점을 가지고 회전하는 움직임을 만들어 보겠습니다. 이때 회전하는 각각의 오브젝트는 지속적으로 정면을 보도록 설정해 보도록 하겠습니다.

예제 파일 | CD\Part 07\026_Example Project의 026_Example_D 컴포지션
완성 파일 | CD\Part 07\026_Example Project의 D Final 컴포지션, 026_Example_D.mov 파일

01. 최종 렌더링된 파일을 먼저 확인하고 예제 파일을 열도록 합니다. 예제 프로젝트에서 '026_Example_C' 컴포지션을 확인합니다. 다음과 같이 4개의 레이어가 존재하고 하나는 배경으로 사용됩니다. 그러면 'A', 'B', 'C' 레이어를 회전하도록 만들어 봅니다.

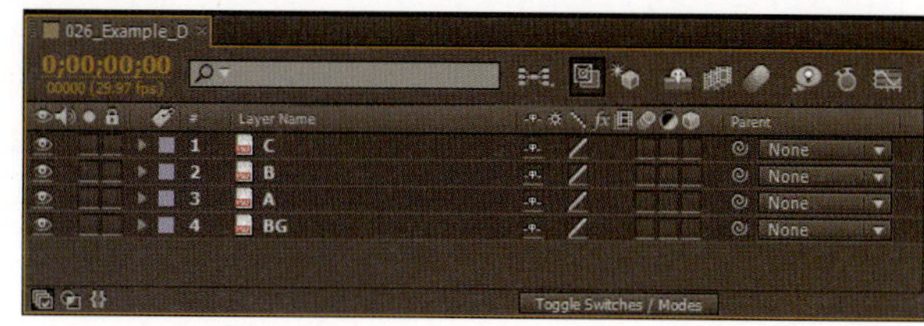

02. [Layer]-[New]-[Null Object](Ctrl + Alt + Shift + Y) 메뉴를 클릭하여 3개의 레이어가 중심으로 사용할 레이어를 만듭니다. 'Null' 오브젝트는 타임라인에 레이어로 존재하지만 렌더링할 때 결과물에 영향을 주지는 않습니다.

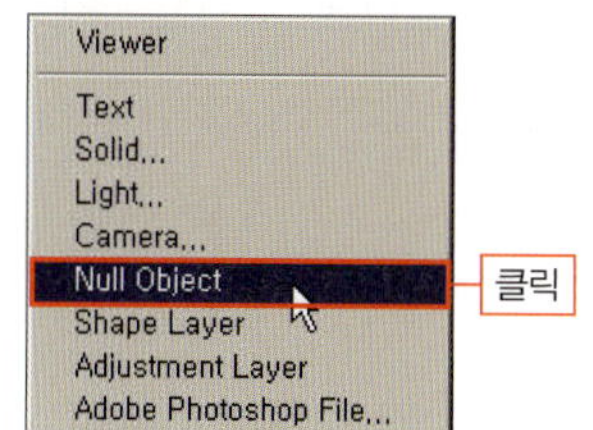

03. [Timeline] 패널에서 'Null' 오브젝트를 선택한 후 이름을 'Axis'로 변경합니다. 'Axis' 레이어를 선택하고 A 를 눌러 앵커 포인트(Anchor Point) 속성인 [Anchor Point]를 나타냅니다. 다른 레이어의 중심이 될 'Axis' 레이어의 중심을 '50', '50'으로 변경합니다.

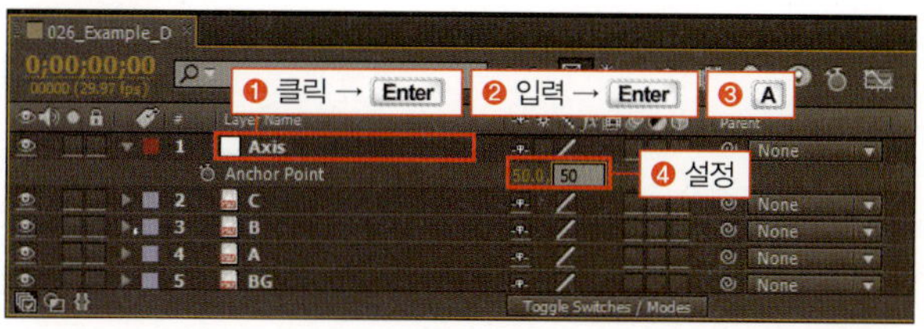

TIP : 'Null' 오브젝트의 중심은 레이어의 왼쪽 위, 즉 '0', '0'으로 설정되어 있습니다. 'Null' 오브젝트가 생성되는 기본 크기는 가로/세로 100Pixels이므로, 중심점으로 이동하기 위해서는 '50', '50'으로 설정하면 됩니다.

04. [Timeline] 패널에서 배경 레이어를 제외한 모든 레이어를 3D 레이어로 변환합니다.

05. [Composition] 패널의 아래쪽에서 레이어 뷰를 '2Views-Horizontal'로 선택하여 가로로 2개가 정렬되는 뷰를 만듭니다.

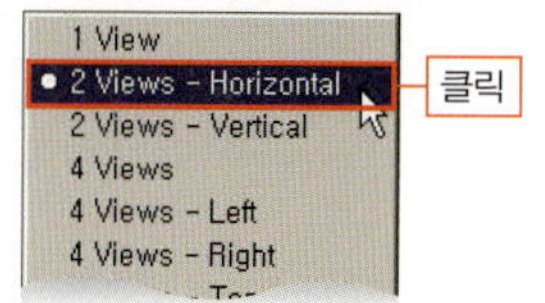

06. 왼쪽은 위에서 보는 'Top View', 그리고 오른쪽은 앞에서 보는 'Front View'로 설정됩니다.

07. 'A' 레이어는 중심에 있으므로 그대로 유지하고 **Ctrl**을 누르고 'B'와 'C' 레이어를 선택합니다. 선택된 2개의 레이어를 [Composition] 패널의 'Top View'에서 일정거리 이동하도록 합니다.

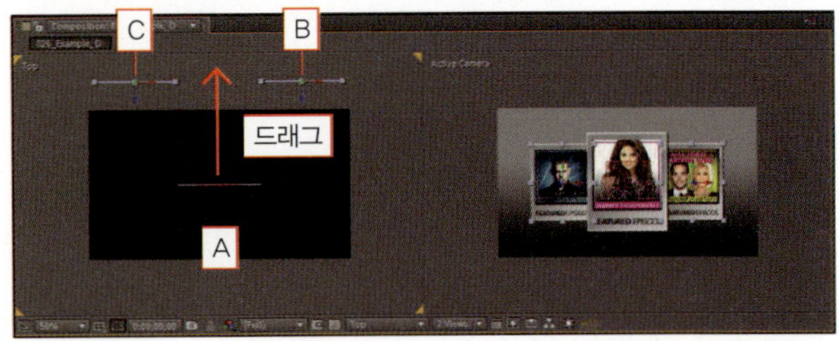

08. 다른 레이어의 중심으로 사용할 'Axis' 레이어를 선택하고 3개의 레이어가 존재하는 중심으로 이동합니다. [Composition] 패널에서 'Axis' 레이어를 클릭한 상태로 이동합니다.

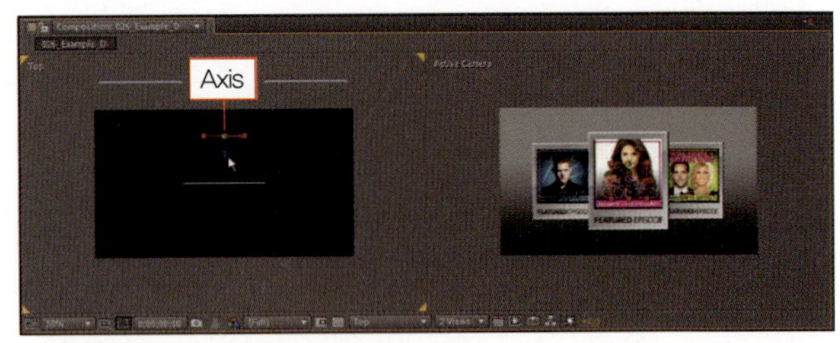

09. 'A∼C' 레이어가 'Axis' 레이어가 회전할 때 함께 회전할 수 있도록 'Parent'를 설정합니다. 'A' 레이어를 선택하고 [Parent]의 [Pick Whip]( )을 드래그하여 다음과 같이 링크합니다. 'B'와 'C' 레이어도 동일한 방법으로 'Axis' 레이어에 링크하여 [Parent]를 설정합니다.

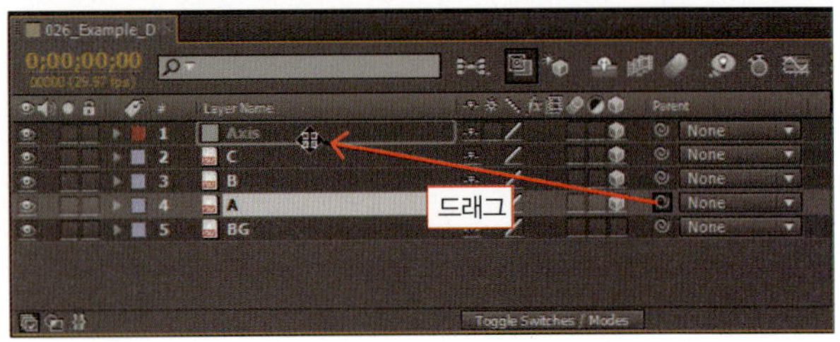

10. 이제 각각의 레이어에 익스프레션을 적용해 봅니다. 먼저 'Axis' 레이어와 'A' 레이어를 선택하고 **R**을 눌러 회전 속성, [Rotation]을 나타냅니다. 지금하는 작업은 정면을 바라보면서 Y축으로 회전하는 움직임을 만드는 것이므로 'A' 레이어의 [Y Rotation]을 클릭하고 **Alt**를 누른 상태로 [Y Rotation]–[Stopwatch]( )를 체크합니다.

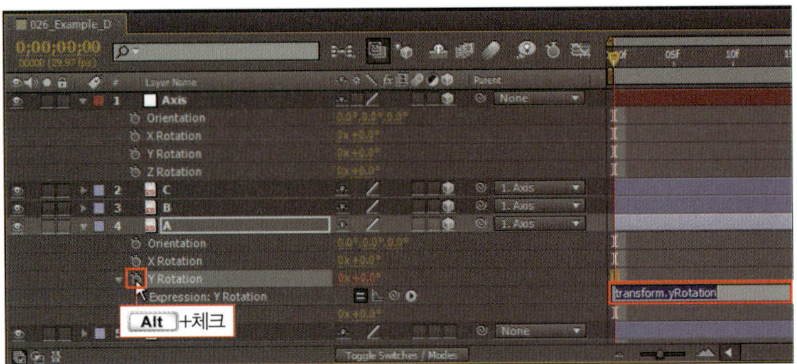

11. 익스프레션이 적용된 [Y Rotation]–
[Expression]–[Pick Whip](◎)을 클릭하고 다음과
같이 'Axis' 레이어의 [Y Rotation]으로 드래그하여
링크합니다.

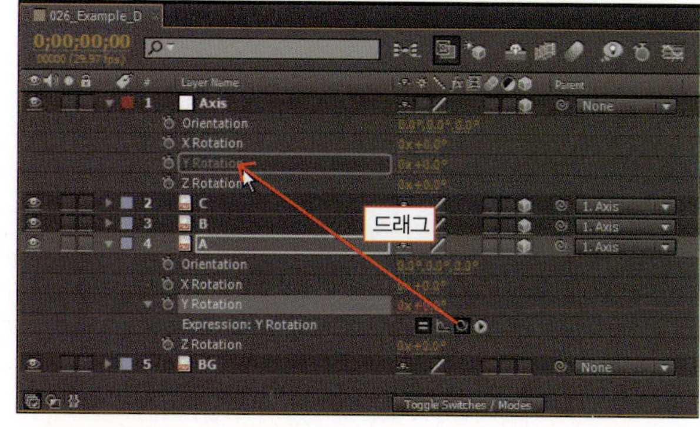

12. 'Axis' 레이어에 적용된 익스프레션을 살펴보면 다음과 같습니다. 뜻을 살펴보면 'A' 레이어는 'Axis' 레이어의 [Y
Rotation] 속성을 따라 회전한다는 내용입니다.

thisComp.layer("Axis").transform.yRotation

13. 익스프레션이 적용되지 않은 나머지 'B'와 'C' 레이어도 동일한 방법으로 익스프레션을 적용하도록 합니다.

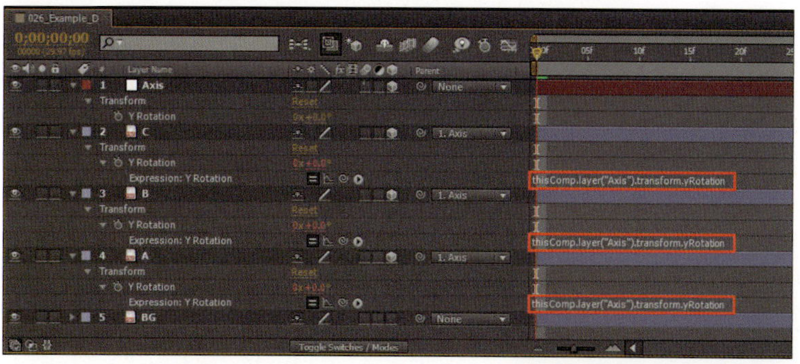

14. [Timeline] 패널에서 'Axis' 레이어를 선택하
고 [Y Rotation] 값을 변경하면 다음과 같이 레이어
가 정면을 바라보지 않고 회전하는 것을 알 수 있
습니다. 이렇게 레이어가 회전하지 않고 정면을
바라보려면 각각의 레이어에 적용된 익스프레션
에 추가적인 내용을 입력하면 됩니다.

15. 'A~C' 레이어의 [Y Rotation]에 적용된 익스프레션은 다음과 같이 동일하게 적용되어 있습니다.

thisComp.layer("Axis").transform.yRotation

위의 익스프레션의 후반부에 'Axis' 레이어가 회전하는 수치만큼 'A'~'C' 레이어의 [Y Rotation]에 '−'값을 적용하여 다시 원점으로 돌리도록 명령을 추가합니다. 익스프레션의 후반에 '*−1' 이라는 값을 적용하여 회전하는 값에 곱하기 '−1'을 적용해 회전 값이 '0'이 되도록 합니다.

thisComp.layer("Axis").transform.yRotation*−1

16. 'A'~'C' 레이어의 [Y Rotation]에 적용된 익스프레션을 모두 변경하도록 합니다. 다음과 같이 'Axis' 레이어의 [Y Rotation]을 변경해도 [Composition] 패널에서 회전하는 모든 레이어는 정면을 바라보며 회전하는 것을 알 수 있습니다.

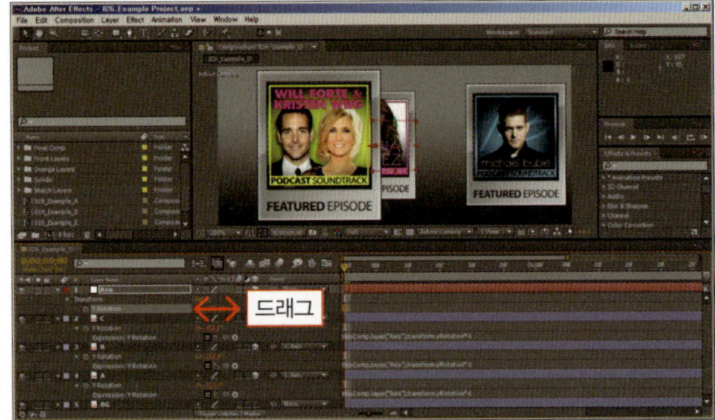

TIP : 스스로 움직이는 'wiggle' 간단 스크립트

레이어의 익스프레션 필드에 입력하여 간단히 적용할 수 있습니다. 'wiggle'은 wiggle(초당적용수, 변화량)의 형태로 사용하며, 레이어의 속성에 적용하여 변수의 수치에 따라 랜덤한 변화를 줄 수 있습니다. 'wiggle'을 사용하기 위해서는 레이어의 속성에 다음과 같이 적용할 수 있습니다. 가로 안에 입력되는 수치의 정도에 따라 변화하는 정도가 다르게 나타납니다.

■ 익스프레션의 적용 438P

익스프레션은 반복되는 명령이나 랜덤한 움직임 등 키프레임을 하나하나 설정할 수 없는 경우 간단한 스크립트를 사용해 제어할 수 있는 명령입니다. 익스프레션을 적용하기 위해 [Pick Whip](◎)을 사용하거나 익스프레션 필드에 직접 기입 또는 스크립트 메뉴에서 선택적으로 사용할 수 있습니다.

■ 익스프레션의 제거 444P

레이어에 적용된 익스프레션을 제거하기 위해서는 익스프레션 필드 부분의 내용을 선택하고 **Delete**를 눌러 지우거나, **Alt**를 누르고 [Stopwatch](◎)를 체크하여 제거할 수 있습니다. 또한 [Animation]–[Remove Expression](**Alt** + **Shift** + **=**) 메뉴를 선택하면 제거할 수 있습니다.

■ Expression Controls 이펙트 449P

익스프레션의 제어를 더욱 쉽게 할 수 있도록 Expression Controls을 사용합니다. Expression Controls은 여러 레이어의 익스프레션을 한 번에 조절하거나 익스프레션 자체의 변수를 조절할 때 사용합니다. [Effects]–[Expression Controls] 메뉴에서 선택적으로 사용할 수 있습니다.

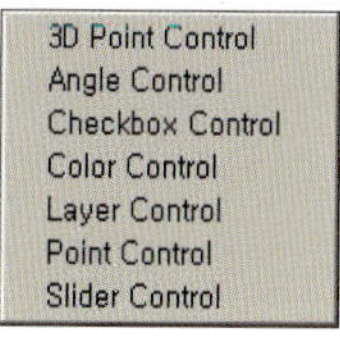

01 〉 레이어의 크기에 따라 회전하는 익스프레션을 설정해 봅니다.

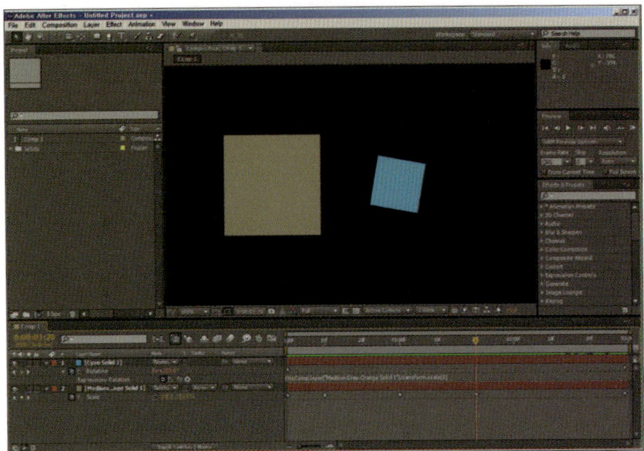

HINT

1. 2개의 레이어를 준비합니다.
2. 한 레이어는 [S]를 눌러 [Scale]를, 다른 레이어는 [R]을 눌러 [Rotation]이 나타나도록 합니다.
3. [Scale]–[Stopwatch](🕐)를 체크해 키프레임을 설정하여 크기의 변화를 줍니다.
4. [Rotation]을 선택하고 [Animation]–[Add Expresstion] 메뉴를 선택해 적용하고, [Expresstion]–[Pick Whip](◎)을 마우스로 드래 그하여 [Scale]에 링크합니다.

02 〉 직선으로 움직이는 레이어에 지그재그 변화하는 움직임을 익스프레션으로 설정해 봅니다.

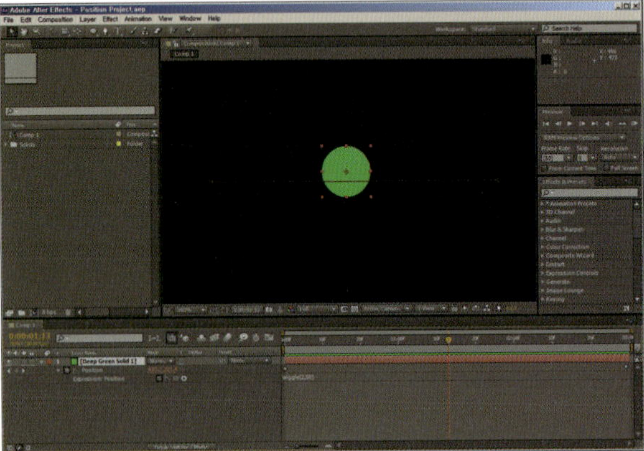

HINT

1. [Composition] 패널에 움직이는 레이어를 하나 만듭니다.
2. 레이어를 선택하고 [R]를 눌러 [Position]을 나타낸 후 [Animation]–[Add Expresstion] 메뉴를 클릭합니다.
3. 레이어의 [Expresstion]에서 화살표를 클릭해 Wiggle을 적용합니다.

08

키잉과 트래킹

배경과 전경의 개체를 분리하고자 할 때 키잉 효과를 사용하여 배경을 제거할 수 있습니다. 전경의 개체를 분리해서 사용하고자 할 때 개별 프레임을 수동으로 그리거나 페인트, 마스크, 또는 로토스코핑을 사용하기도 합니다. 트래킹을 사용하면 동영상의 특정 부분을 따라 움직이는 문자나 레이어를 자연스럽게 만들 수 있습니다. 이러한 키잉과 트래킹의 활용 방법에 대해 알아보도록 하겠습니다.

키잉(Keying)은 이미지의 특정 색상 값이나 광도 값을 사용해 배경을 투명하게 만들 수 있으며, 특정 값을 제거할 때 해당 값과 유사한 색상 값이나 광도 값을 갖는 픽셀을 함께 투명하게 만듭니다. 키잉은 배경색을 제거하기 위해 블루 스크린, 또는 그린 스크린을 사용해 촬영한 영상을 사용하며, 다양한 방법을 통해 색상을 제거할 수 있습니다.

기초탄탄 ▶ 키잉과 크로마키 이해하기

■ 키잉 이펙트 464P

애프터 이펙트에는 키잉에 사용할 수 있는 기본 이펙트와 써드파티 플러그인으로 'Keylight'가 포함되어 있습니다. 'Keylight'는 다른 키잉 이펙트보다 기능이 뛰어나 다른 이펙트에 비해 많이 사용됩니다. 애프터 이펙트에서 키잉에 사용할 수 있는 이펙트는 'Keylight'를 포함해 11개가 있으며 상황에 따라 선택적으로 사용할 수 있습니다.

CC Simple Wire Removal
Color Difference Key
Color Key
Color Range
Difference Matte
Extract
Inner/Outer Key
Keylight (1.2)
Linear Color Key
Luma Key
Spill Suppressor

■ 크로마키 467P

크로마키(Cromakey)는 2개의 영상을 합성하는 기술로 다양한 분야에서 사용됩니다. 크로마키라는 말은 라틴어로 색을 의미하며, 블루 스크린을 배경으로 촬영하는 경우는 일반적으로 강의 동영상, 날씨, 뮤직비디오 등 다양한 분야에 사용됩니다.

그 외에 실사 동영상과 그래픽을 합성할 때 사용하는데 우리가 극장에서 볼 수 있는 영화들이 대부분 이러한 촬영 기법을 기반으로 제작됩니다.

영상을 만들 때 현실로 옮기지 못하는 다양한 효과들은 단색 배경을 만들어 촬영하고, 촬영된 영상은 크로마키를 사용해 다른 그래픽이나 동영상과 합성하여 최종 결과물을 만들어 냅니다. 배경으로 사용되는 색상은 블루, 그린, 레드 등 다양한 컬러를 사용할 수 있지만 일반적으로 블루 스크린과 그린 스크린을 사용해 촬영이 이루어집니다.

블루 스크린이나 그린 스크린의 크로마를 제거하고 2D 그래픽, 또는 3D 그래픽과 합성하여 다양한 느낌의 모션 그래픽을 제작할 수 있습니다.

이번에는 스크린을 사용해 촬영한 이미지를 가지고 'Keylight'로 배경과 전경 개체를 분리하는 과정을 알아보도록 하겠습니다.

예제 파일 | CD\Part 08\029_Example Project의 Green 컴포지션

01. 예제 프로젝트에서 'Green' 컴포지션을 확인합니다. 예제로 사용되는 이미지는 TheFoundry사에서 예제로 제공하는 이미지를 사용하도록 합니다.

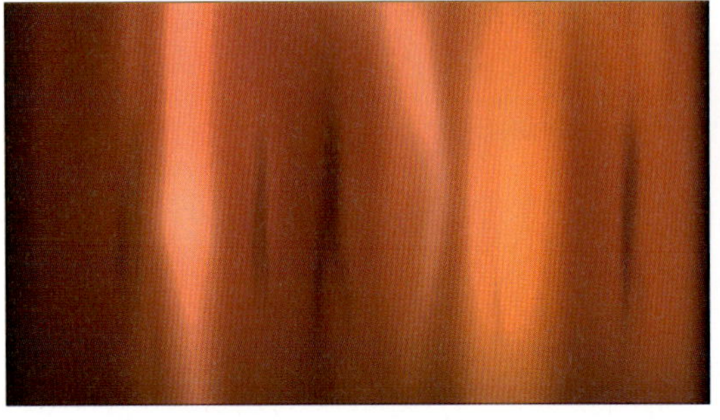

▲ 배경 소스

▲ 전경 소스

TIP : Keylight는 TheFoundry사에서 개발하며 애프터 이펙트를 설치하면 기본 플러그인으로 사용할 수 있도록 포함되어 있습니다. 자세한 내용은 http://www.thefoundry.co.uk에서 확인할 수 있습니다.

02. 이펙트를 적용하기 전에 전경 개체의 외각에 스크린 이외의 오브젝트가 있으므로 이것을 마스크를 사용해 가리도록 합니다. 스크린의 색상이 전체적으로 균일하지 않을 경우도 마스크를 사용해 불필요한 부분을 가리고 작업을 진행하는 것이 훨씬 유리합니다. [Timeline] 패널에서 'MerlinGreenF' 레이어를 선택하고 툴 박스에서 [펜 툴]( )을 선택합니다. 레이어에서 인물을 감싸는 형태로 마스크를 만듭니다. 전경 개체가 움직이는 경우 마스크에 키프레임을 설정해야 합니다.

03. 전경으로 사용되는 'MerlinGreenF' 레이어를 선택하고 [Effect]-[Keying]-[Keylight(1.2)] 메뉴를 클릭합니다. 스크린에 사용하는 여러 가지의 플러그인이 'Keying'의 하위 메뉴에 있으며, Keylight는 다른 이펙트보다 쉽고 빠르게 작업할 수 있도록 도와줍니다. 'Keylight'를 적용하면 다음과 같이 [Effect Controls] 패널에 이펙트가 적용되고 옵션을 설정할 수 있는 메뉴들이 나타납니다.

04. 이펙트 메뉴 중 [Screen Colour]의 오른쪽에 스포이트를 마우스로 클릭하여 [Composition] 패널에서 녹색 부분을 클릭합니다. [Effect Controls] 패널에서 [Screen Colour]가 녹색으로 변경되면서 이미지에서 녹색이 없어지게 됩니다. 이 방법이 가장 간단하게 스크린에서 색상을 제거하는 방법입니다.

05. 이펙트의 세부적인 옵션을 조절해 전경 개체의 내부에 남아있는 색상을 제거해 봅니다. 눈으로 직접 확인하기 쉽지 않으므로 눈에 잘 보이는 상태의 View를 선택해 봅니다. [Effect Controls] 패널에서 [View]를 'Screen Matte'로 변경합니다. [Composition] 패널의 이미지가 다음과 같이 흰색과 회색으로 나타나게 됩니다. 흰색은 전경의 개체가 나타나고, 검정색과 회색은 배경이 보여지는 부분입니다.

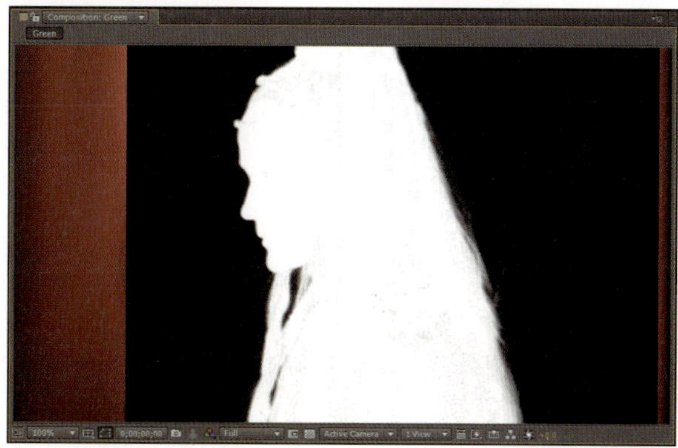

06. 배경의 검정색 부분이 투명하게 나타날 수 있도록 [Effect Controls] 패널의 [Screen Matte]– [Clip Black]을 '5'로 설정하고, 전경의 개체에 회색 을 제거하기 위해 [Clip White]를 '90'으로 설정합 니다. 조절하기 전과 후를 비교하면 흰색 부분과 검정색 부분에 회색의 색상이 없어진 것을 확인 할 수 있습니다.

07. [Effect Controls] 패널에서 [View]를 'Final Result'로 변경합니다. 얼굴의 앞면 부분에 녹색의 선이 생기는 것을 확인할 수 있습니다. 선을 좀 더 부드럽게 처리하기 위해 [Effect Controls] 패널 에서 [Screen Pre–blur]를 '0.3'으로 설정하여 부드 럽게 선을 처리합니다.

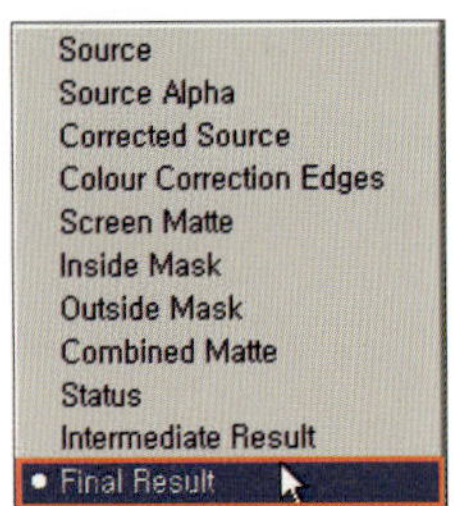

08. 녹색 선이 얼굴 주위에 나타나는 것을 제 거하기 위해 [Effect Controls] 패널에서 [Screen Matte]–[Screen Shrink/Glow]을 '–0.5'로 설정해 픽 셀이 안쪽으로 들어가 녹색 부분을 제거하도록 합니다.

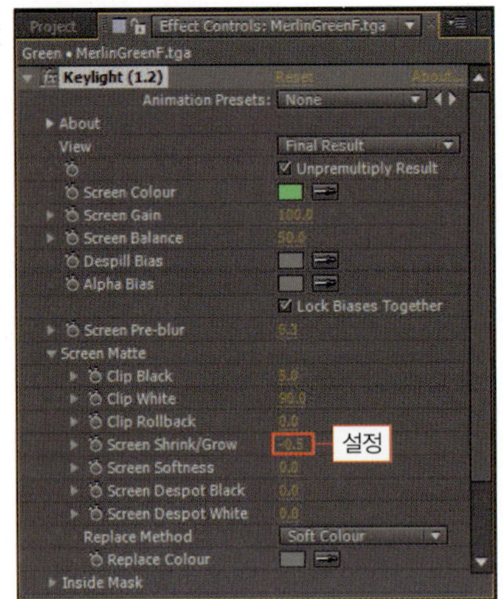

09. 다음은 [Screen Shrink/Glow]이 '0'일 때와 '–0.5'일 때를 나타냅니다. 일반적으로 전경 개체의 테두리에 선이 생 성되는 경우 픽셀을 안쪽으로 이동시켜 부드럽게 처리합니다. '+' 값을 입력하면 전경 개체보다 외각으로 픽셀이 퍼져 나옵니다.

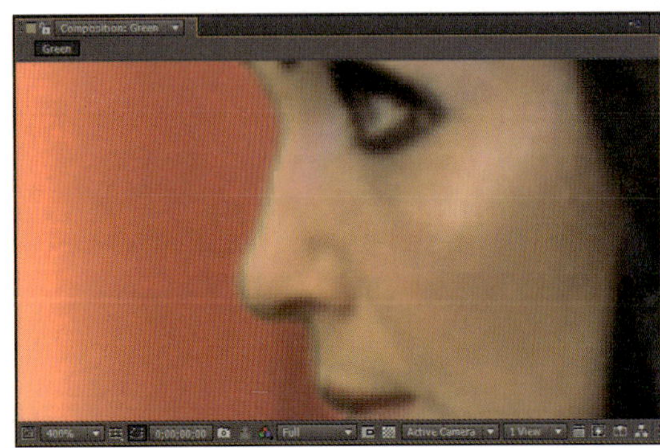

▲ Screen Shrink/Glow : 0

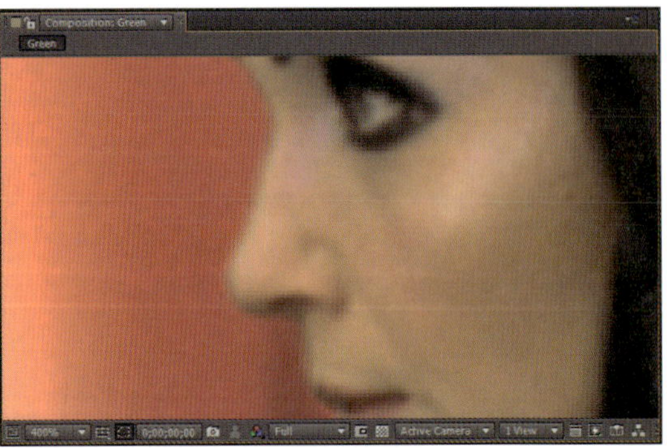

▲ Screen Shrink/Glow : –0.5

전경 개체가 배경의 색상을 받아 동일한 색상으로 표현되는 경우가 있습니다. 배경을 제거하면 전경에 있는 색상도 동일하게 제거되기 때문에 이것을 방지하기 위해 마스크를 사용합니다. 마스크를 사용해 전경 색상을 보존해 보도록 하겠습니다.

예제 파일 | CD\Part 08\029_Example Project의 Blue 컴포지션   **완성 파일 |** CD\Part 08\029_Example_Project의 Blue_Final 컴포지션

01. 예제 프로젝트에서 'Blue' 컴포지션을 확인합니다. 여인의 머리카락 사이에 있는 블루 스크린 색상의 제거와 얼굴에 나타나 있는 파란 색상을 유지하도록 합니다.

▲ 배경 소스   ▲ 전경 소스

02. [Timeline] 패널을 확인하면 'MerlinBlueBG' 와 'MerlinBlueFG'의 2개의 레이어가 있습니다. 'MerlinBlueFG' 레이어를 선택하고 [Effect]– [Keying]–[Keylight(1.2)] 메뉴를 클릭합니다. 앞에서의 작업과 동일하게 이펙트를 적용하고 [Effect Controls] 패널에서 스포이트를 클릭하고 [Composition] 패널에서 블루 스크린을 클릭합니다.

03. [Effect Controls] 패널에서 [Screen Gain] 을 '105', [Screen Balance]는 '95'로 설정합니다. [Despill Bias]와 [AlphaBias]의 'Lock Biases Together'를 체크하고 스포이트를 클릭합니다. 스포이트를 [Composition] 패널의 얼굴 색상에 클릭하여 머리주위에 나타나는 파란 색상을 얼굴 색상으로 변경합니다.

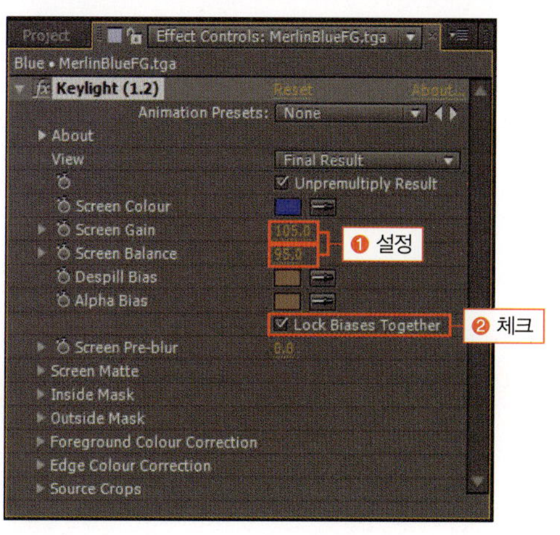

> **T I P :** [Screen Balance]는 블루 스크린 영역과 이미지 영역의 범위 설정하는 것입니다.

04. 전경 개체의 변화를 확인하면 다음과 같이 머리카락 주위가 부드럽게 처리되었고, 전경 개체가 약간 투명한 것을 확인할 수 있습니다. 얼굴의 내부에 파란 기운이 사라지고 바랜 느낌으로 나타납니다.

05. [Effect Controls] 패널의 [View]에서 'Screen Matte'를 선택하고 [Screen Matte]–[Clip Black]과 [Clip White]의 값을 조절하여 전경 개체가 투명한 것을 보정합니다. [Clip Black]은 '5', [Clip White]는 '85'로 설정하여 전경 개체에서 회색 부분을 조절하였습니다. 이 수치는 매트를 직접 확인하며 작업하면 수치가 달라도 동일한 결과를 가져옵니다.

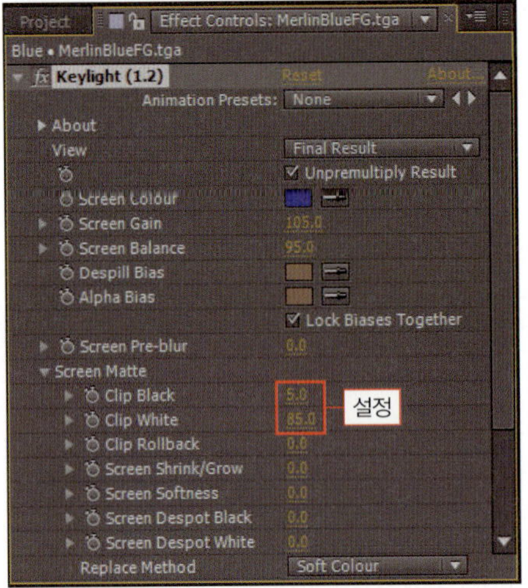

06. 얼굴 부분의 바랜 듯 한 느낌을 원래의 색상이 나타나도록 마스크를 이용해 얼굴 주위에 패스를 만들도록 하겠습니다. [Timeline] 패널에서 'MerlinBlueFG' 레이어를 선택하고 툴 박스의 [펜 툴](📝)로 얼굴 주위를 패스로 만듭니다. 얼굴만 남아있는 상태가 만들어 집니다.

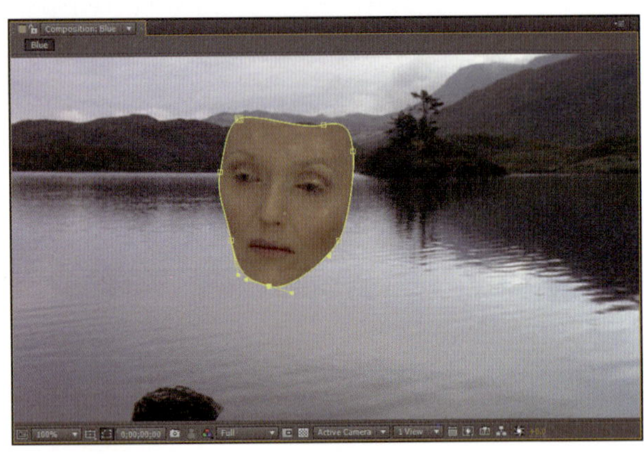

07. [Timeline] 패널에서 'MerlinBlueFG' 레이어에 'Mask 1'이 생성됩니다. 마스크 모드를 'Add'에서 'None'으로 설정합니다.

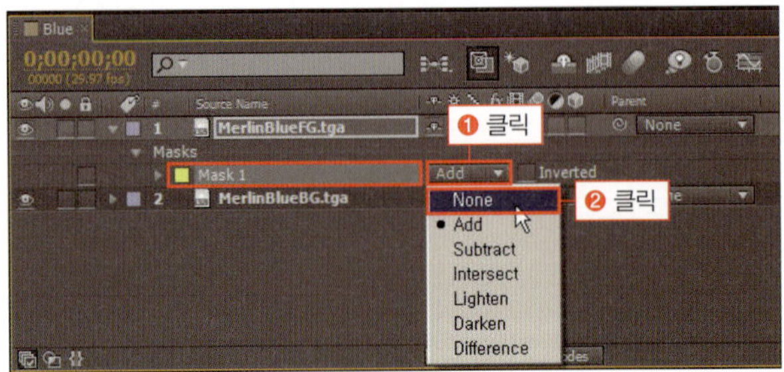

08. [Effect Controls] 패널의 [Inside Mask]–[Inside Mask]에서 새롭게 제작한 마스크인 'Mask 1'을 선택하고 [Inside Mask Softness]을 '3'로 설정하여 마스크를 부드럽게 처리합니다. [Replace Colour]에서 소스 색상이 나타나지 않고 얼굴 색상과 유사한 부드러운 색상이 나타나도록 'Soft Colour'를 선택합니다.

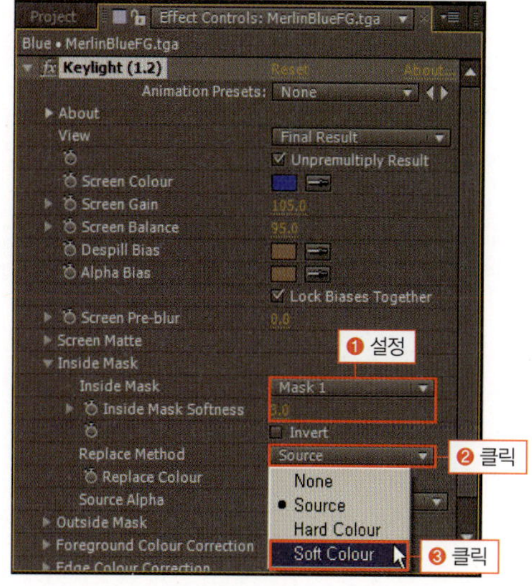

09. 다음은 'Inside Mask'를 적용하기 전과 후의 결과를 비교한 것입니다. 얼굴 부분 바랜 느낌으로 나타났던 것이 부드럽게 처리된 것을 확인할 수 있습니다.

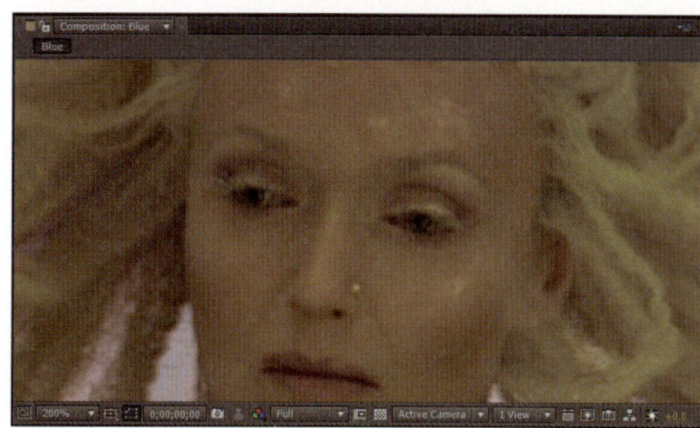

▲ 'Inside Mask' 적용 전

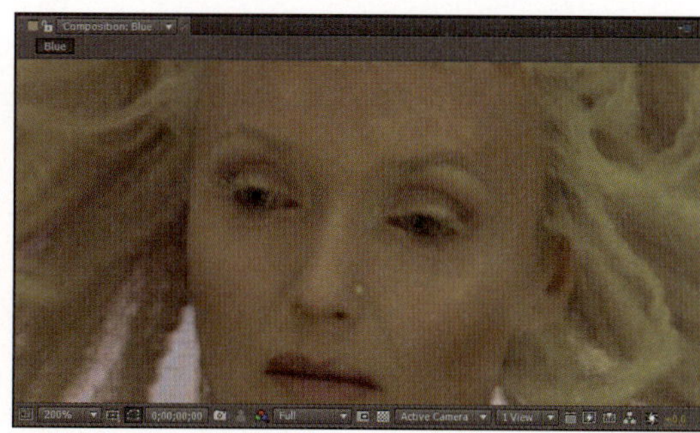

▲ 'Inside Mask' 적용 후

Outside Mask는 가려질 마스크를 전체적으로 만들고 그 이외의 영역을 전경 개체로 사용하도록 설정하는 것입니다. Outside Mask의 사용 방법을 알아보도록 하겠습니다.

완성 파일 | CD\Part 08\029_Example_Project의 Green_Final 컴포지션

01. Outside Mask는 'Green' 컴포지션의 'MerlinGreenF' 레이어를 선택하고 Keylight가 적용된 상태에서 진행합니다. 앞에서는 마스크를 사용해 전경 개체를 전체적으로 감싸 전경 개체 이외의 오브젝트나 색상 톤이 다른 것을 가리고 작업을 진행했습니다. 다음은 레이어에서 없어도 되는 오브젝트를 닫힌 마스크로 만듭니다. 툴 박스의 [펜 툴]( )로 패스를 만듭니다.

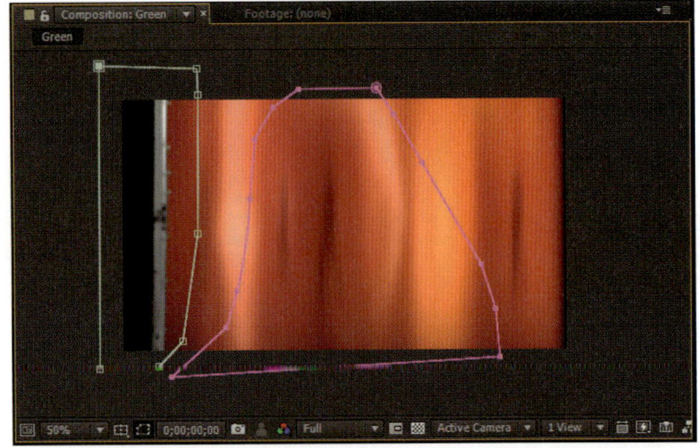

02. [Timeline] 패널에서 'MerlinGreenF' 레이어를 선택하고 생성된 마스크의 마스크 모드를 'Add'에서 'None'으로 설정합니다.

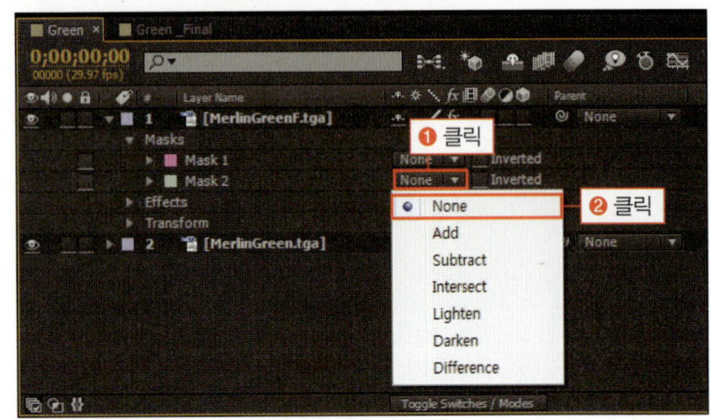

03. [Effect Controls] 패널의 이펙트에서 [Outside Mask]-[Mask 2]를 선택합니다. 이렇게 마스크를 선택하면 선택된 마스크 이외의 영역만 남아있게 되어 스크린의 배경을 제거하기 쉬워집니다. 나머지 스크린의 색상을 제거하는 방법은 앞에서 사용한 방법과 동일하게 진행하면 됩니다.

TIP : 지금까지 진행한 블루 스크린이나 그린 스크린의 색상을 제거하는 방법은 다양하게 있습니다. 사용자에 가장 적합한 플러그인을 사용하면 됩니다. 배경을 제거할 때 가장 중요한 것은 원본 소스를 촬영할 때 제대로 촬영하는 것이 제일 중요합니다.

기초탄탄 ▶ 트래킹 사용 방법 이해하기

■ 트래킹의 이해 478P, 481P

'트랙(Track)'은 철도 선로, 노선 등의 의미를 가지고 있으며, 애프터 이펙트에서 사용하는 트랙은 움직이는 영상의 특정 부분을 쫓아가는 것을 말합니다. '트래킹(Traking)'에는 'Track Motion'과 'Stabilize Motion'으로 구분할 수 있습니다.

'Track Motion'은 특정 색상이나 영역을 추적하여 움직임에 대한 추적 데이터를 키프레임으로 설정합니다. 추적 데이터는 다른 레이어나 효과에 적용해 이미지나 효과가 추적 데이터의 움직임을 따르도록 만들 수 있습니다. 또한 여러 개의 트랙 포인트를 가지고 특정위치를 따라가거나 동영상에서 일부 물체를 다른 물체로 대치할 때 사용할 수 있습니다. 'Stabilize Motion'은 촬영할 때 흔들린 영상의 흔들림을 보정해 주는 역할을 합니다.

애프터 이펙트는 한 프레임의 선택된 영역의 이미지 데이터를 이어지는 각 프레임의 이미지 데이터와 비교하여 움직임을 추적합니다. 동일한 추적 데이터를 여러 레이어, 또는 효과에 적용할 수 있고, 동일한 레이어에 있는 여러 개체를 추적할 수도 있습니다.

■ 트래킹의 적용 478P

트래킹의 적용은 [Timeline] 패널에서 적용할 동영상 레이어를 선택하고, [Animation]-[Track Motion]/[Stabilize Motion] 메뉴를 선택해 적용할 수 있습니다.

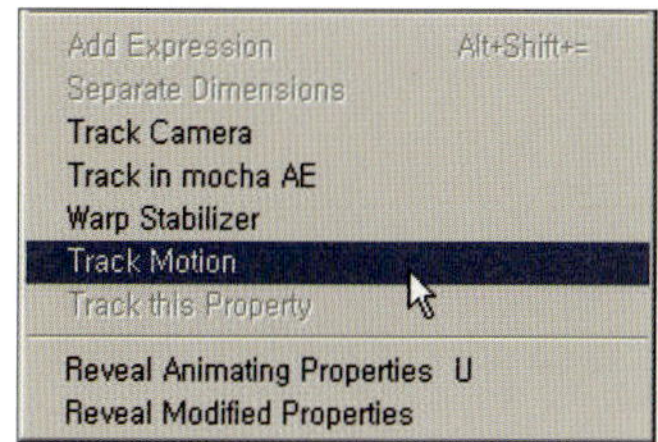

[Animation]-[Track Motion]/[Stabilize Motion] 메뉴를 클릭하면 [Layer] 패널이 새롭게 열리고 트랙 포인트 하나가 추가됩니다. 메뉴에서 트래킹에 대한 메뉴를 선택하지 않고, [Workspace]에서 'Motion Tracking'을 선택하면 불필요한 패널들은 사라지고 트래킹에 필요한 패널로 정렬됩니다. [Tracker] 패널의 위쪽의 'Track Motion'을 클릭하면 모든 기능이 활성으로 변경되며, 트래킹의 기능을 사용할 수 있게 됩니다.

[Tracker] 패널에서 [Track Type]은 'Stabilize', 'Transform', 'Parallel corner pin', 'Perspective corner pin', 'Raw'의 5가지가 있습니다. 이것들은 각각 사용 방법이 다르지만 기본적인 내용들은 동일하게 사용됩니다.

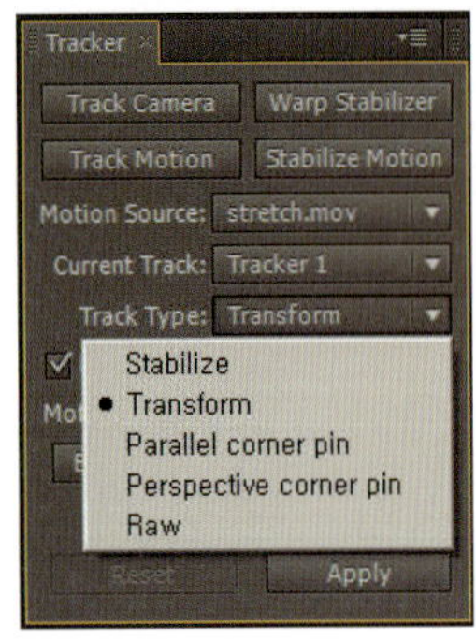

■ 영상 위치 추적 `484P`

트래킹을 적용하기 위해서는 특정한 영역을 설정하여 영상을 추적하게 됩니다. 다음에서 보여지는 Search Region, Feature Region, Attach Point를 이용하여 영상의 위치를 추적합니다.

▲ 비디오 자료제공 : 좋은습관창조원 김지선 전문위원

❶ Search Region : Feature Region이 트래킹할 요소를 참고하는 전체 영역이며, 영역을 작게 하면 검색 시간을 줄일 수 있지만 추적할 때 검색 영역에서 벗어날 수 있습니다.

❷ Feature Region : 레이어에서 특정 영역을 선택하여 영상을 추적하는 시각 요소를 설정합니다. 영상에서 특별한 요소, 또는 확연히 구분되는 개체를 영역으로 설정해야 합니다. 트래킹하는 동안 명도, 배경, 각도의 변화에 관계없이 둘러싼 영역을 명확하게 식별할 수 있는 부분이 트래킹하기 좋습니다.

❸ Attach Point : 'Attach'는 '붙이다', '달다'라는 의미로 트래킹된 레이어의 움직이는 위치와 동기화할 레이어에 대한 위치를 지정합니다. 만약 팔꿈치를 따라 이동할 원형의 레이어가 있다면 원형 레이어의 중심점이 따라갈 위치가 됩니다.

> **T I P :** 레이어에서 위치를 추적할 때는 트래커가 1개, 크기 및 회전을 추적할 때는 트래커가 2개, 간판 등의 모서리를 고정하려고 할 때는 트래커가 4개 사용됩니다.

■ 트랙 타입 `478P`

영상을 추적할 때 트래커를 몇 개 사용하느냐에 따라 트랙 타입을 선택할 수 있습니다.

❶ Stabilize : 'Track Motion'과 기본적인 사용은 동일하며, 움직임을 추적하고 추적 데이터를 적용하여 해당 레이어의 카메라 흔들림을 보정하여 화면을 안정시킵니다. 촬영한 영상에 고정되지 않은 흔들림이 화면에 존재할 때 이러한 흔들림을 잡아주는 역할을 합니다. 'Position'과 'Rotation'을 이용해 영상이 흔들리는 현상을 완화시킬 수 있습니다. 트래킹 데이터는 회전이나 위치에 의해 설정이 되기 때문에 흔들린 부분은 전체 화면에서 잘려나가고 화면을 확대해야 합니다. 'Stabilize'는 약간의 흔들림을 보정하는 데는 효과적이지만 심하게 흔들리는 영상은 보정하기 힘듭니다.

❷ Transform : 위치, 회전/비율을 트래킹하여 데이터를 다른 레이어에 적용할 때 사용합니다. 위치를 트래킹하는 경우 레이어에 하나의 트래킹 포인트와 포지션의 키프레임을 만듭니다. 회전을 트래킹할 때는 레이어에 2개의 트래킹 포인트를 만들고 회전에 대한 키프레임을 설정합니다. 크기를 트래킹할 때도 2개의 트래킹 포인트를 사용하며 크기에 대한 키프레임을 생성합니다.

❸ Parallel corner pin : 기울기와 회전을 트래킹하며 원근은 트래킹하지 않습니다. 3개의 모서리에 트래킹 포인트를 사용해 트래킹하며, 네 번째 트래킹 포인트의 위치를 계산합니다.

❹ Perspective corner pin : 레이어에서 기울기, 회전 및 원근을 트래킹합니다. 4개의 트래킹 포인트를 가지고 자유로이 위치를 선정하여 트래킹을 할 수 있습니다. 4개의 모서리 키프레임을 생성합니다.

❺ Raw : 위치만을 추적하며, [Timeline] 패널에 타깃으로 사용할 레이어가 없거나, 나중에 트래킹의 데이터를 사용하고자 할 때 사용합니다. 이것은 익스프레션과 연동하여 트래킹 데이터를 사용하고자 할 때 사용합니다.

■ [Motion Tracker Options] 대화상자

트래킹 옵션 설정은 [Tracker] 패널에서 [Options] 단추를 클릭해 [Motion Tracker Options] 대화상자에서 할 수 있습니다.

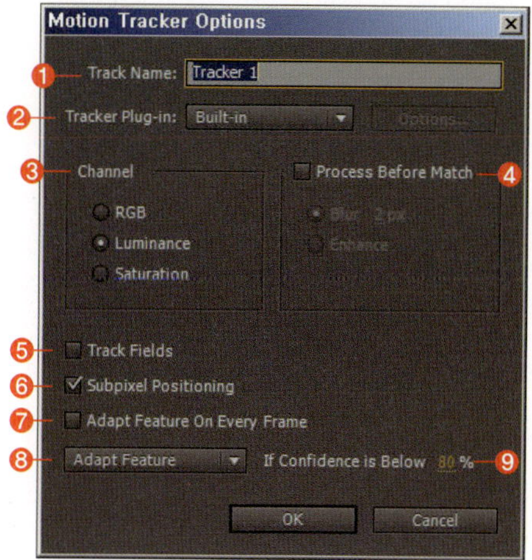

❶ Track Name : [Tracker] 패널에서 선택된 트래커의 이름을 나타냅니다. 이름은 [Tracker] 패널에서 변경하거나 [Timeline] 패널에서 레이어의 트래커를 선택하고 **Enter** 를 눌러 새롭게 바꿔 사용할 수 있습니다.

❷ Tracker Plug-in : 트래킹 데이터를 계산할 때 사용하는 플러그인입니다.

❸ Channel : 트래킹할 소스에 대해 더욱 정확한 추적을 위한 옵션으로 색상, 명도, 채도에서 어떠한 것을 사용하여 트래킹할 것인지를 결정합니다.
- RGB : 영상이 일반적인 색상을 유지하고 있는 경우에 선택합니다.
- Luminance : 영상의 밝기가 주위와 다른 경우에 선택합니다.
- Saturation : 색상의 밀도가 높은 경우에 선택합니다.

❹ Process Before Match
- Blur : 트래킹할 소스에 약간의 문제가 있다면 이것을 조금이나마 보완해 주는 역할을 하는 것으로, 소스에 노이즈와 입자가 많다면 블러 옵션을 사용하여 트래킹에 도움을 주며 수치는 '2~3'정도가 적당합니다.
- Enhance : 트래킹 단계에서 희미한 소스를 더욱 선명도를 높여 트래킹합니다.

❺ Track Fields : 컴포지션의 첫 번째 프레임 속도를 일시적으로 2배로 만들고 전체 프레임에 각 필드를 보간하여 보간된 비디오의 양쪽 필드에서 동작을 추적합니다.

❻ Subpixel Positioning : 픽셀의 소수점 자릿수 정밀도로 키프레임을 생성합니다. 체크 해지하면 추적기에서 반올림한 픽셀 값을 사용하여 키프레임을 생성합니다.

❼ Adapt Feature On Every Frame : Search Region 내에서 검색된 이미지 데이터는 분석 시작 시 Feature Region에 있던 이미지 데이터가 아니라 이전 프레임의 Feature Region 내에 있던 이미지 데이터를 가지고 진행합니다.

❽ Adapt Feature : 신뢰도가 지정된 값 이하로 떨어질 때까지 추적된 데이터를 사용할 때 선택합니다.
'Adapt Feature On Every Frame'을 체크하면 'Adapt Feature' 명령은 사용할 수 없습니다.

❾ If Confidence is Below : 트래킹하는 동안 신뢰도가 사용자가 지정한 값보다 작을 경우 선택한 내용에
따라 명령을 수행합니다.

- Continue Tracking : 트래킹을 진행하는 동안 신뢰도를 무시합니다.
- Stop Tracking : 트래킹을 중지합니다.
- Extrapolate motion : Feature Region의 위치를 예측합니다. 신뢰도가 낮은 프레임에 대해서는
  Attack Point 키프레임이 생성되지 않습니다.

트래커는 움직이는 동영상의 특정 영역을 참고하여 따라갈 수 있도록 도와주는 역할을 합니다.

01. 트래커는 사각형의 내부를 마우스로 클릭한 채로 이동하면 전체 트래커를 함께 이동할 수 있으며, 각각의 위치에 따라 크기의 조정이나 위치를 이동할 수 있습니다. 다음에서 A 또는 B를 마우스로 클릭하면 전체 트래커를 이동할 수 있습니다. 트래커는 기본적으로 정사각형을 유지하고 있으며, 외각의 Search Region과 내부의 Feature Region의 모서리를 마우스로 클릭하면 각각의 영역을 넓히거나 좁힐 수 있습니다.

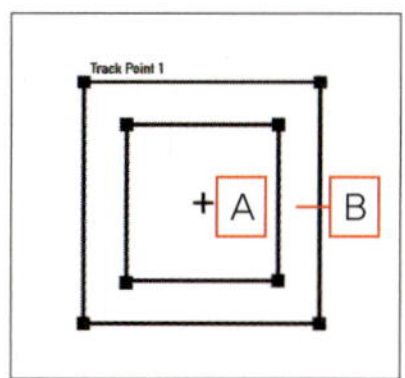
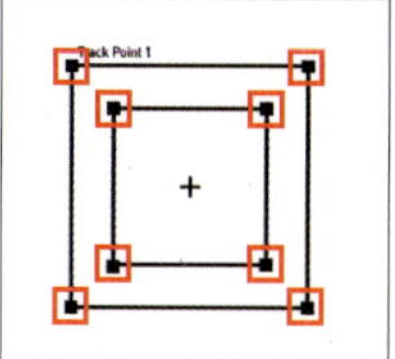

▲ 트래커 전체 이동　　▲ 영역별 크기 조절

02. 다음과 같이 트래커의 외각 Search Region 선을 마우스로 클릭하고 이동하면 Search Region 영역만을 움직일 수 있습니다. 내부의 Feature Region 선을 마우스로 클릭하고 이동하면 전체 트래커가 이동합니다.

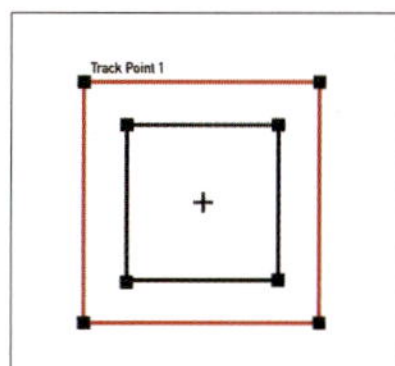
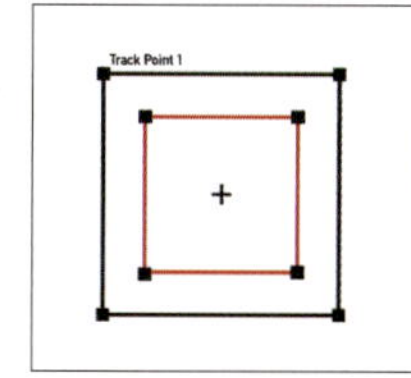

▲ Search Region만 이동　　▲ 트래커 전체 이동

03. 트래커를 마우스로 선택할 때 `Ctrl` 을 누르고 사각형의 모서리를 클릭하고 드래그하여 움직이면 선택된 포인트를 중심으로 사각형의 모양을 변경할 수 있습니다. `Shift` 를 누르고 사각형의 모서리를 마우스로 클릭하고 드래그하면 정사각형이 아닌 다른 모양으로 변형된 사각형도 정사각형으로 변하고 사각형의 중심을 기준으로 키우거나 줄일 수 있습니다. 트래커의 중심에 있는 Attach Point는 그대로 두고 Search Region과 Feature Region을 이동하려면 `Alt` 를 누르고 드래그합니다.

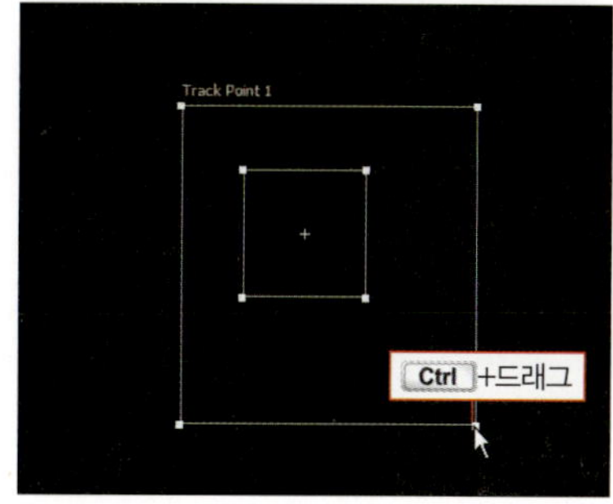

'Stabilize' 명령은 흔들리는 영상을 흔들림 없이 보정할 때 유용하게 사용되며, 기존에 사용되던 방식과 새롭게 추가된 방식을 설명하도록 하겠습니다. 먼저 기존에 사용했던 방식부터 설명해 보겠습니다.

예제 파일 | CD₩Part 08₩030_Example Project의 030_Example_A 컴포지션

01. 예제 프로젝트에서 '030_Example_A' 컴포지션을 확인합니다. 'Stabilize'를 적용하기 위해 오른쪽 위에서 [Workspace]에서 'Motion Tracking'을 선택해 패널의 종류를 바꿉니다. [Timeline] 패널에서 'Walking.mov' 레이어를 선택하고 [Animation]–[Track Motion] 메뉴를 클릭합니다. 다음과 같이 [Composition] 패널에 트래킹 포인트와 오른쪽에 [Tracker] 패널이 활성으로 변경됩니다.

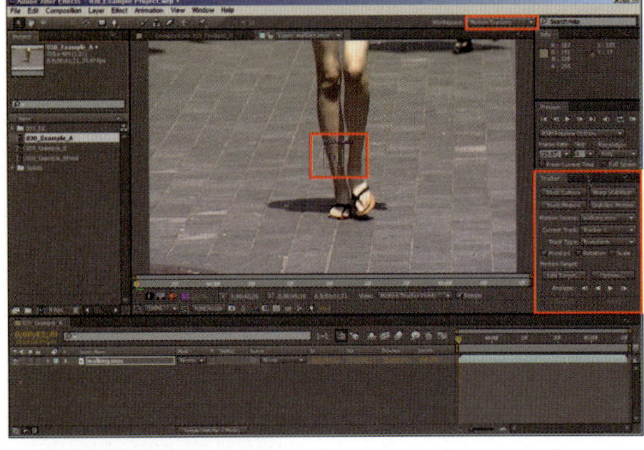

02. [Tracker] 패널의 [Track Type]를 'Stabilize'로 선택합니다.

03. [Tracker] 패널에서 'Position'은 촬영할 때 화면이 위/아래/왼쪽/오른쪽으로 움직였을 때 움직임에 대한 보정을 합니다. 'Rotation'은 촬영할 때 화면이 기울어진 상태를 고정시켜 주는 역할을 합니다. 'Scale'은 화면이 커지거나 작아지는 비율을 계산합니다. 화면의 위치와 회전에 대한 트래킹을 위해 'Position'과 'Rotation' 2개 모두를 체크하면 다음과 같이 2개의 트래커가 [Layer] 패널에 나타납니다.

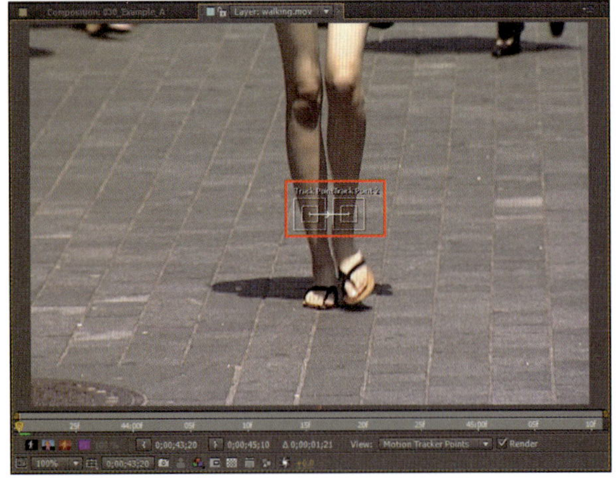

04. 2개의 트래커 위치를 설정합니다. [Tracker] 패널에서 [Analyze]의 [Forward](▶)를 클릭하면 트래커가 설정된 위치를 계속적으로 추적하여 키프레임을 설정합니다.

[Analyze] 아이콘은 소스 영상의 프레임을 분석하는 명령입니다.

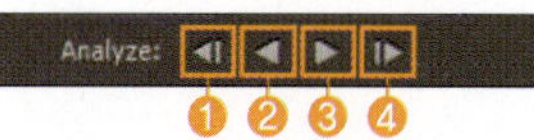

❶ **1frame Backward** : 1프레임 뒤로 이동하며 트래킹합니다.

❷ **Backward** : 현재의 타임마커 위치에서 뒤로 이동하며 시작 지점까지 트래킹합니다.

❸ **Forward** : 현재의 타임마커 위치에서 앞으로 이동하며 종료 지점까지 트래킹합니다.

❹ **1frame Forward** : 1프레임 앞으로 이동하며 트래킹합니다.

TIP : 트래킹이 제대로 진행되지 않는 경우 [Backward](◀), [Forward](▶)가 [Stop](■)으로 변경되어 트래킹을 중지할 수 있습니다. 트래킹이 제대로 되지 않은 부분은 레이어에서 데이터를 삭제하고 타임마커를 이동하여 새롭게 트래킹을 진행합니다. 실패한 키프레임만을 지우고, 이미 트래킹된 키프레임은 그대로 유지되므로 실패한 프레임만 타임마커를 이동해 트래킹을 진행합니다.

연관검색 [Tracker] 패널의 옵션을 설정할 수 있는 [Motion Tracker Options] 대화상자에 대한 설명은 475P의 내용을 참고하세요.

05. 트래킹이 마무리되면 다음과 같이 레이어에 키프레임이 생성됩니다. 2개의 트래커를 사용했기 때문에 레이어에 'Tracker 1'과 'Tracker 2'가 생성됩니다.

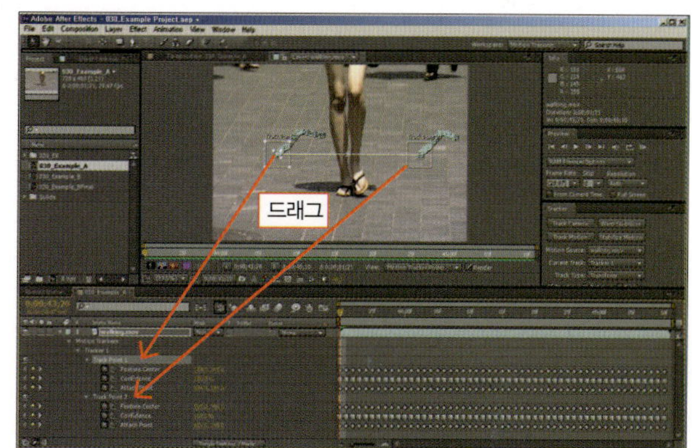

06. 트래커의 키프레임은 자동으로 [Timeline] 패널의 레이어에 만들어지고 트래킹이 끝나면 [Tracker] 패널에서 [Apply] 단추를 클릭합니다. [Reset] 단추를 클릭하면 트래킹된 데이터를 모두 지웁니다.

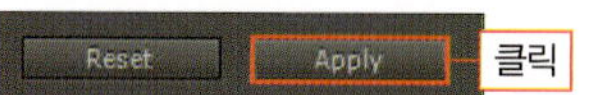

07. [Apply] 단추를 클릭하면 다음과 같이 트래킹한 정보를 X와 Y축에서 어디에 적용할 것이지를 묻는 대화상자가 나타납니다. 여기서는 2개의 축을 모두 사용하도록 하겠습니다. 'X and Y'를 선택하고 [OK] 단추를 클릭합니다.

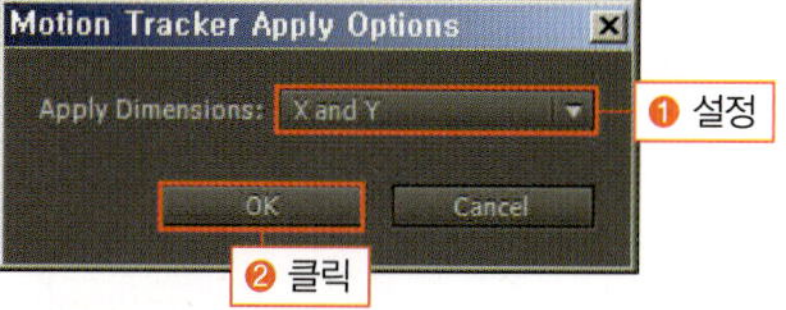

08. [Composition] 패널로 이동하여 램 프리뷰를
실행하여 영상을 확인하면, 레이어가 위/아래/왼
쪽/오른쪽으로 흔들리며 위치를 고정시키는 현상
을 볼 수 있습니다. 레이어가 흔들리면서 레이어
의 주변에 검정색의 배경이 보이게 됩니다.

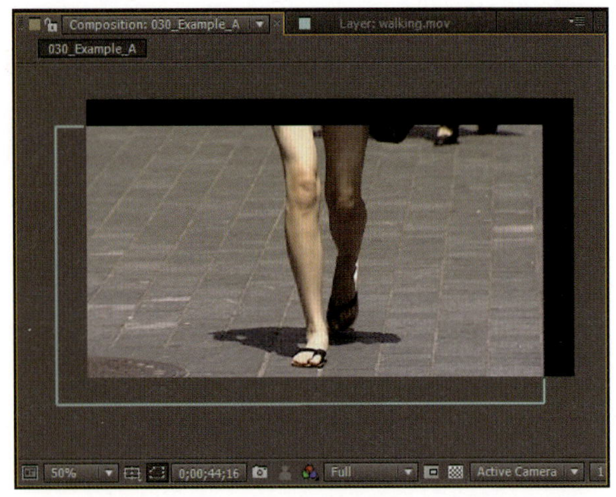

> **TIP** : 레이어의 주변에 검정색으로 나타나는 부분을 제거하기 위해서는 레이어를 선택하고 [Layer]-[Pre-Compose] Ctrl + Shift
> + C) 메뉴를 클릭하거나 컴포지션으로 만들고 마스크를 이용해 검정색이 없는 부분만을 선택하고 스케일을 키워주면 됩니다. 동영상이 너
> 무 많이 흔들려 주변의 검정색이 너무 많은 경우 크기를 변화시키면 화질이 저하됩니다.

영상을 안정화시키기 위해 새롭게 추가된 'Warp Stabilizer' 명령에 대해 알아보도록 하겠습니다. 기존의 'Stabilize' 명령과 동일하게 흔들리는 영상을 잡아주는 기능은 동일하지만 더욱 더 진화된 형태로 사용이 가능합니다. 기존 방식보다 사용 방법이 쉽고 미세한 조절로 영상을 안정화 시켜줍니다.

01. [Timeline] 패널에서 레이어에 적용하기 위해 레이어를 선택하고, [Effect]–[Distort]–[Warp Stabilizer] 메뉴를 클릭합니다.

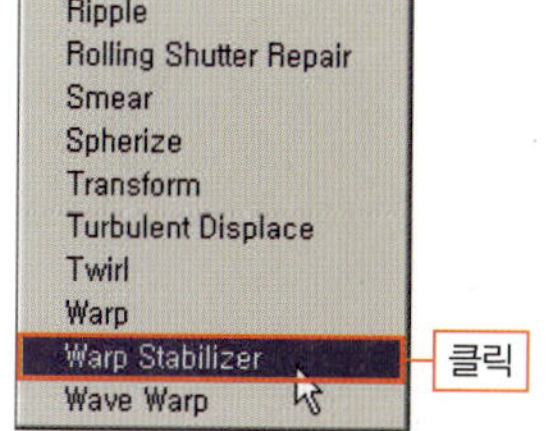

> **T I P :** CC 버전인 경우는 [Warp Stabilizer VFX] 메뉴로 나타납니다.

> **T I P :** 'Warp Stabilizer' 명령을 적용하는 다른 방법으로 [Workspace]를 'Motion Tracking'으로 선택하여 [Tracker] 패널이 나타나도록 합니다. 패널에서 [Track Type]을 'Warp Stabilizer'로 설정하여 적용합니다.

02. 'Warp Stabilizer' 명령이 적용되면 다음과 같이 [Composition] 패널의 중간에 파란색 띠가 나타나며 안정화 작업을 진행합니다. 작업이 진행되는 동안 다른 작업을 진행할 수 있도록 백그라운드에서 데이터를 분석합니다. 안정화 작업은 두 단계를 거치게 되며, 첫 단계에서 데이터를 분석하고 두 번째 단계에서 영상의 안정화를 진행합니다.

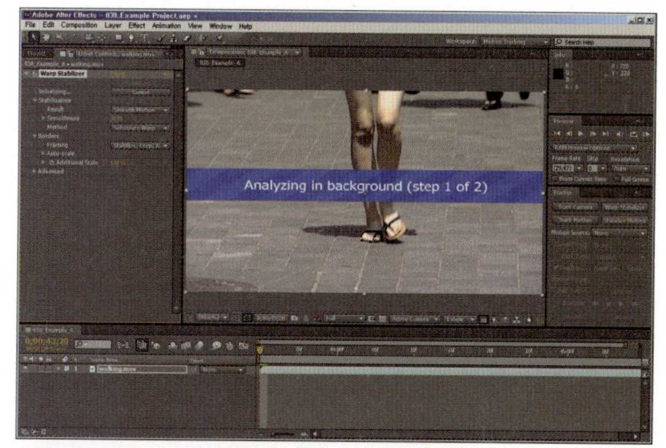

03. 첫 번째 단계에서 안정화를 위해 데이터를 분석하는 정보를 보고 싶으면 [Effect Controls] 패널에서 확인할 수 있습니다. 진행되는 동안의 과정을 '%'로 표시해줍니다. 또한 안정화가 진행되는 동안 [Effect Controls] 패널에서 안정화에 대한 세부 옵션을 조절할 수 있습니다. 어떤 방법으로 'Warp Stabilize'를 적용하든 [Effect Controls] 패널에 옵션이 나타납니다. 진행되는 도중 데이터 분석 작업을 정지하고 싶다면 이펙트를 지우거나 [Effect Controls] 패널에서 [Cancel] 단추를 클릭합니다.

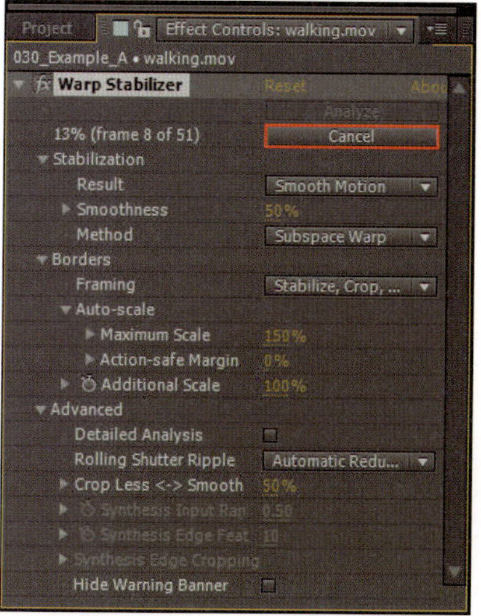

04. 'Stabilize Motion'을 진행하면 최종 결과를 나타내줍니다. 안정화 데이터를 분석하는 동안 설정 값을 조정하거나 프로젝트의 다른 부분을 작업할 수 있습니다. 레이어의 카메라 움직임을 완전히 제거하려며 [Result]에서 'No Motion'을 선택하고, 일부 움직임을 추가하려면 'Smooth Motion'을 선택합니다.

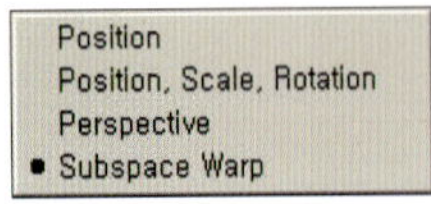

> **TIP :** 레이어를 안정화 시키는 작업이 진행된 결과를 보고 싶다면 [Effect controls] 패널의 [Borders]-[Framing]에서 'Stabilize Only'를 선택하면 가장자리가 얼마나 움직였는지 알 수 있습니다.

05. 이펙트의 세부 내용을 통해 흔들리는 영상을 더욱 세밀하게 조정할 수 있습니다.

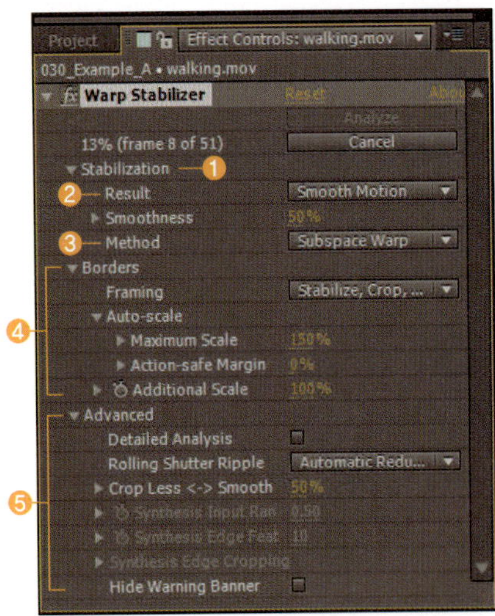

① **Stabilization :** 안정화가 진행되는 과정을 조절할 수 있습니다.

② **Result**

- Smooth Motion : 촬영된 원래 카메라의 움직임을 유지하며 얼마나 부드럽게 처리할 것인지를 결정합니다. 'Smooth Motion'을 선택하면 아래의 'Smoothness'가 활성으로 변경됩니다. 'Smoothess'의 값이 낮을수록 카메라의 원래 움직임에 가깝고, 값이 높을수록 더 부드럽게 처리합니다. '1000%'까지 설정할 수 있으며 값이 클수록 이미지를 더 잘라내야 합니다.
- None : 모든 영상에서 카메라의 움직임을 모두 제거하려고 합니다. 이 옵션을 사용하려면 주 피사체가 화면에 남아 있는 영상을 사용해야 합니다.

③ **Method :** 카메라의 움직임을 어떠한 방법을 이용해 얼마나 안정화 시킬 것인지를 결정합니다.

- Position : 위치에 대한 데이터를 기반으로 레이어를 안정화 시킵니다.
- Position, Scale, Rotation : 위치, 크기, 회전에 대한 데이터를 기반으로 안정화 시킵니다.
- Perspective : 전체 프레임에 효율적으로 모서리에 고정되도록 합니다.
- Subspace Warp : 프레임의 다양한 부분을 서로 다르게 비틀어 전체 프레임을 안정화 시킵니다. 선택하는 유형에 따라 안정화된 느낌이 다르게 나타납니다. 결과를 확인하며 최선의 안정화 유형을 선택하면 됩니다.

❹ **Borders :** 안정화된 레이어의 움직이는 가장자리를 마무리하는 방법을 선택할 수 있습니다.

- Framing
  - Stabilize Only : 레이어가 움직이는 외각 부분과 전체 프레임을 표시합니다.
  - Stabilize, Crop : 레이어의 크기는 조절하지 않고 레이어가 움직이는 외각 부분을 자릅니다.
  - Stabilize, Crop, Auto-scale : 레이어의 움직이는 외각 부분을 자르고 크기를 조절해 전체 화면을 채웁니다. 아래의 [Auto-Scale]의 옵션에 의해 조정됩니다. 안정화를 위해 레이어의 최대 크기 수치를 제한하거나, 레이어의 외각에 남겨질 테두리 영역을 설정할 수 있습니다.
  - Stabilize, Synthesize Edges : 레이어가 움직이는 가장자리 부분이 생성되는 경우 이전, 또는 이후 프레임으로 채우거나 이전과 이후 프레임으로 나머지 부분을 채웁니다.
- Auto Scale : Framing에서 Stabilize, Crop, Auto Scale을 선택하면 활성으로 바뀌고 Auto Scale의 수치에 제한을 설정할 수 있습니다.
- Maximum Scale : 파일의 크기를 조절할 수 있는 최대 수치를 제한합니다.
- Action-safe Margin : 0%가 아닐 경우 이미지의 가장자리에 테두리를 만듭니다.
- Additional Scale : 이미 안정화된 레이어를 추가적으로 키우거나 줄일 수 있습니다. 이것은 데이터의 새로운 계산을 진행하지 않고 속성에 크기를 제어하는 것과 같은 기능을 합니다.

❺ **Advanced :** 추가적인 고급 단계를 제어합니다.
- Detailed Analysis : 다음 데이터 분석 단계에서 트래킹할 요소를 찾기 위한 추가 작업을 진행합니다.
- Rolling Shutter Ripple : [Stabilization]-[Method]에서 'Perspective', 또는 'Subspace Warp'를 선택하면 사용할 수 있습니다. 안정화된 롤링 셔터 레이어와 연관된 파동을 자동으로 제거합니다. 'Automatic Reduction'이 기본이며 레이어에 큰 파동이 있는 경우 'Enhanced Reduction'를 사용합니다.
- Crop Less(-)Smooth : 프레임에서 'Stabilize', 'Crop', 'Stabilize', 'Crop', 'Auto-scale'이 선택되었을 때 사용하며, 레이어의 외각 부분을 자를 때 직사각형의 매끄러움과 크기 조절 사이의 균형을 제어합니다. 값이 낮을수록 매끄럽게 표시됩니다. [Framing]에서 'Stabilize', 'Synthesize Edges'가 선택되면 'Synthesis Input Range'와 'Synthesis Edge Feather', 'Synthesis Edge Cropping'가 활성으로 변경됩니다.
- Synthesis Input Range : 프레임에 누락된 픽셀을 채우기 위해 시간당 앞/뒤로 어느 정도까지 합성해야 할지를 제어합니다.
- Synthesis Edge Feather : 누락된 프레임이 합성된 부분에 부드러운 정도를 제어하여 합성된 프레임이 원래 프레임과 결합되는 가장자리를 부드럽게 처리합니다.
- Synthesis Edge Cropping : 프레임이 다른 프레임과 결합되기 전에 각 프레임의 불량한 가장자리를 수치를 입력해 잘라 냅니다.
- Hide Warning Banner : 안정화 작업을 위해 데이터를 분석하는 동안 중간에 나타나는 배너를 표시되지 않도록 합니다.

트래킹과 코너핀을 이용해 원을 따라가는 라인을 표현해 보도록 하겠습니다. 원의 움직임에 따라 라인이 늘어나고 줄어드는 움직임을 만듭니다.

예제 파일 | CD\Part 08\030_Example Project의 030_Example_B 컴포지션

01. 예제 프로젝트에서 '030_Example_B' 컴포지션을 확인하고 다음을 진행합니다.

TIP : 결과를 먼저 확인하시려면 CD\Part 08\030_Example.mov 파일을 참고하시기 바랍니다.

02. 다음과 같이 셰이프 레이어로 만들어진 3개의 원과 동영상 레이어가 존재합니다.

03. 먼저 'Circle1' 레이어를 선택하고 원의 두께인 [Stroke width]는 '3', [Line Cap]은 'Round Cap'을 설정하여 도트로 표현될 때 끝나는 부분이 원으로 만들어지도록 합니다. [Dashes]에서 ■를 2번 클릭해 [Gap]과 [Dash]를 추가합니다. [Dash]는 '1'을 입력하여 선의 길이를 짧게 만들고, [Gap]은 '4'를 입력하여 선과 선의 간격을 벌리도록 합니다. 'Circle3' 레이어도 'Circle1' 레이어와 동일한 수치를 적용합니다.

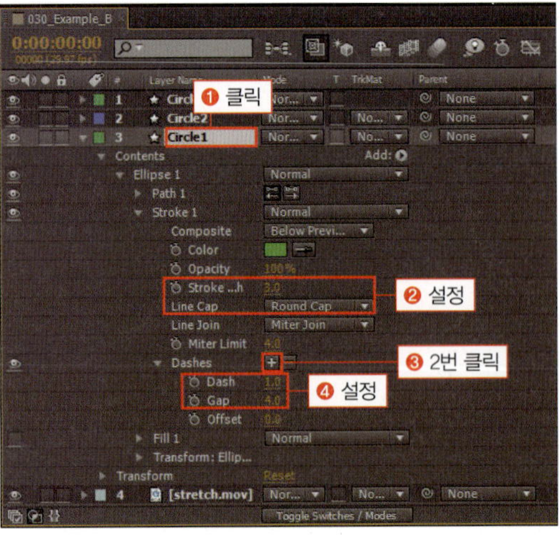

04. 어깨와 팔꿈치, 손의 움직임에 따라 원이 따라가도록 트래킹을 진행합니다. 'stretch' 레이어를 선택하고 [Tracker] 패널에서 [Track Motion] 단추를 클릭합니다.

05. [Track Motion] 단추를 클릭하면 다음과 같이 [Layer] 패널이 나타나고 트래커가 [Layer] 패널에 나타납니다. [Timeline] 패널에서 타임마커를 시작점에 위치시킵니다. 트래커의 크기와 위치를 원이 따라가고자 하는 위치에 설정합니다. 이때 중심에 있는 'Attack Point'가 원이 따라가는 포인트입니다. [Track Type]은 'Transform'으로 선택하고 트래킹은 위치에 대한 데이터만을 수집하도록 'Position'만 체크합니다.

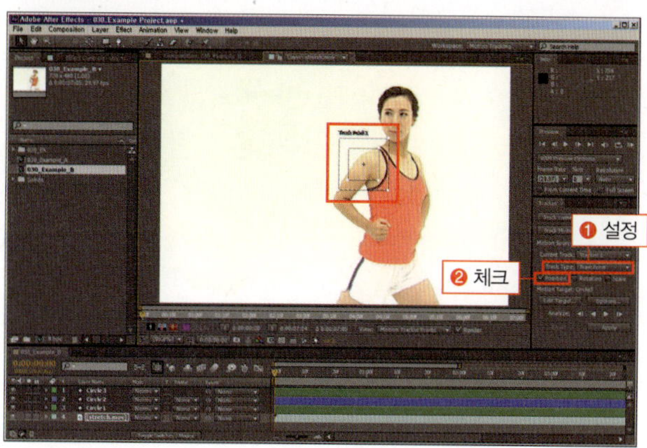

06. [Tracker] 패널의 [Analyze]에서 [Forward] (▶)를 클릭하여 트래킹을 진행합니다. 트래킹이 진행되는 동안 [Layer] 패널에 녹색의 라인이 생성되며 진행상황을 보여줍니다. 트래킹이 마무리되면 [Timeline] 패널에서 타임마커를 이동해 보면 트래커가 움직이는 것을 확인할 수 있습니다. [Tracker] 패널에서 [Edit Target] 단추를 클릭합니다. [Layer]에서 'Circle1'을 선택하고 [OK] 단추를 클릭합니다.

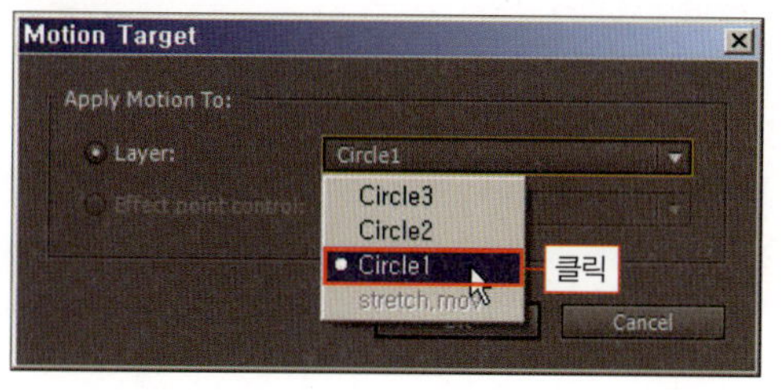

07. 모든 트래킹이 마무리되었으면 [Tracker] 패널에서 [Apply] 단추를 클릭합니다. [Apply] 단추를 클릭하면 다음과 같은 옵션이 나타납니다. 트래킹한 데이터 중에서 X축과 Y축 어떠한 것을 이용할지를 결정합니다. 'X Only'는 X축으로 이동한 데이터만 타깃인 'Circle1' 레이어에 적용하고, 'Y Only'는 Y축 데이터만 적용합니다. 여기서는 전체 데이터를 모두 적용하기 위해 'X and Y'를 선택하고 [OK] 단추를 클릭합니다.

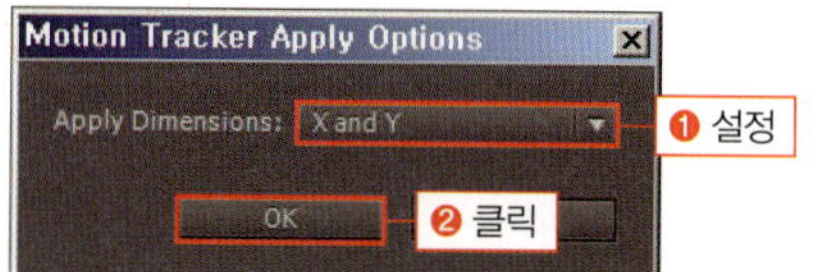

08. [Timeline] 패널에서 레이어에 적용된 결과를 확인할 수 있습니다. 'stretch' 레이어에는 트래킹 데이터가 키프레임으로, 'Circle1' 레이어에는 [Position] 데이터가 키프레임으로 만들어집니다. 이제 'Circle1' 레이어는 어깨가 움직이는 것에 따라 같이 움직이게 됩니다.

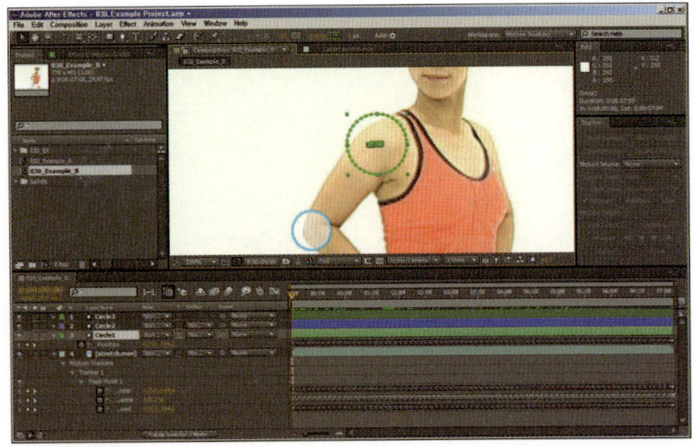

09. 나머지 'Circle2'와 'Circle3' 레이어도 위의 과정과 동일하게 트래킹을 진행해 적용합니다. 그러나 'stretch' 레이어에서 팔꿈치와 손은 트래킹 포인트가 처음부터 끝까지 따라가지 않습니다. 트랙 포인트를 설정하고 [Tracker] 패널의 [Analyze]에서 [1Frame](◀┃)를 이용해 한 프레임씩 이동하며 프레임을 놓치는 포인트는 마우스로 직접 위치를 이동하며 전체 프레임을 트래킹합니다.

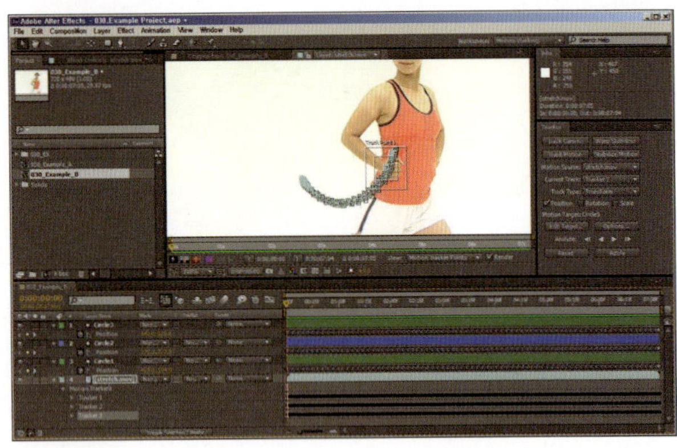

10. 트래킹 데이터를 각각의 레이어에 'Target'으로 설정해 적용하면 그림과 같이 팔의 모양에 따라 원이 따라 움직이게 됩니다.

레이어의 움직임에 따라 레이어에 적용된 이펙트의 길이가 변하도록 설정할 수 있습니다.

완성 파일 | CD₩Part 08₩030_Example Project의 030_Example_BFinal 컴포지션, 030_Example.mov 파일

01. [Timeline] 패널을 선택하고 [Layer]–[New]–[Solid](**Ctrl** + **Y**) 메뉴를 선택합니다. 솔리드의 이름을 'Beam1'로 설정하고 [Make Comp Size] 단추를 클릭해 컴포지션과 동일한 크기의 솔리드 레이어를 만듭니다. 설정이 마무리되었으면 [OK] 단추를 클릭합니다.

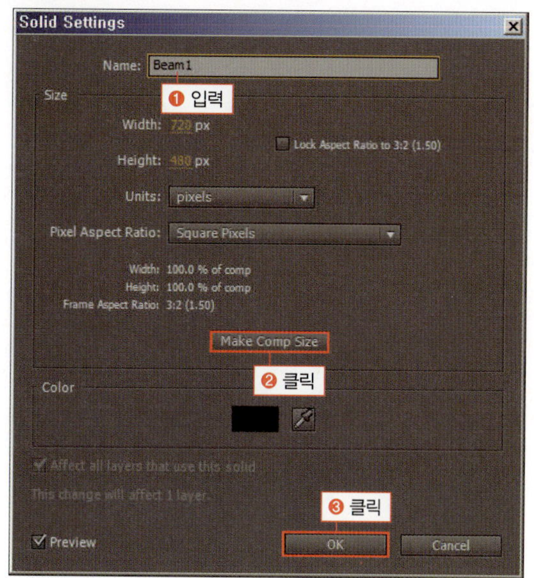

02. 앞에서 만든 'Beam1' 레이어를 선택하고 [Effect]–[Generate]–[Beam] 메뉴를 클릭해 솔리드 레이어에 적용합니다. 솔리드 레이어에 적용된 이펙트에서 옵션을 조정합니다. [Effect Controls] 패널에서 Beam의 길이 [Length]는 '100%'로 시작과 끝점의 두께인 [Staring/Ending Thickness]는 '4', 부드럽기인 [Softness]는 '0%'로 설정합니다. 그리고 안쪽과 바깥쪽 색상인 [Inside/Outside Color]는 동일한 녹색으로 각각 설정합니다.

03. 지금부터 익스프레션을 적용해 선이 원을 따라 다니며 길이가 변하도록 설정해 봅니다. [Timeline] 패널에서 'Beam1' 레이어를 선택하고 **E** 를 눌러 이펙트가 나타나도록 합니다. 다시 'Circle1' 레이어와 'Circle2'를 선택하고 **P** 를 눌러 위치 속성, [Position]이 나타나도록 합니다. 다음과 같이 [Starting Point]– [Stopwatch]( ) 를 **Alt** 를 누르고 체크하여 익스프레션을 적용합니다.

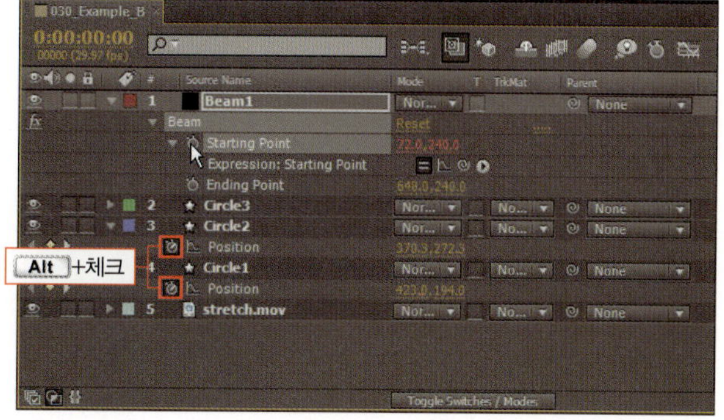

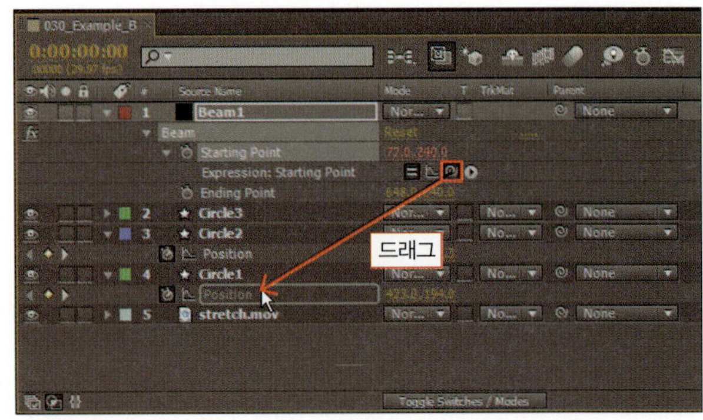

04. 익스프레션에서 [Pick Whip]( )을 클릭하고 'Circle1' 레이어의 [Position]으로 드래그하여 링크 시킵니다. 이렇게 하면 Beam의 시작점이 'Circle1' 레이어의 중심점에 달라붙습니다.

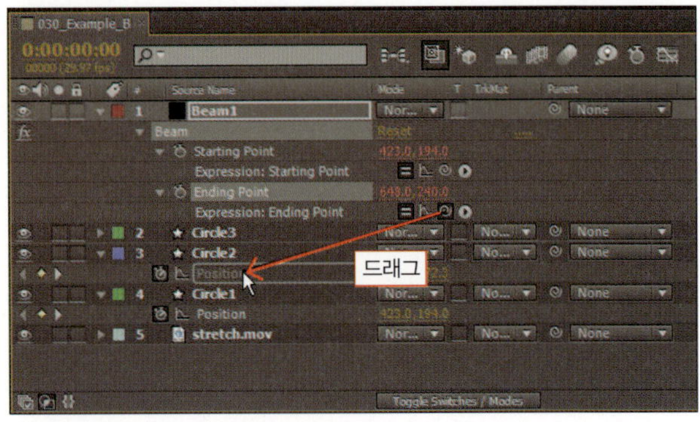

05. 다음은 [Ending Point]도 동일하게 익스프레 션을 적용하고 'Circle2' 레이어의 [Position]으로 드래그하여 링크시킵니다. 이제 Beam이 시작점 과 끝점이 2개의 원을 따라 다니도록 설정되었습 니다.

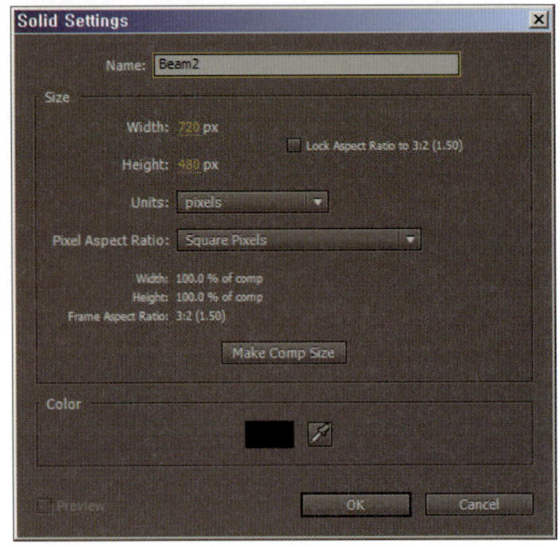

06. 이번에는 두 번째 원과 세 번째 원이 연결 되는 Beam을 만들어 봅니다. 위와 같은 방법으로 [Timeline] 패널을 선택하고 [Layer]-[New]-[Solid] (Ctrl + Y) 메뉴를 선택합니다. 솔리드의 이름 을 'Beam2'로 설정하고 이후 과정은 앞의 **01~03** 의 과정을 반복합니다.

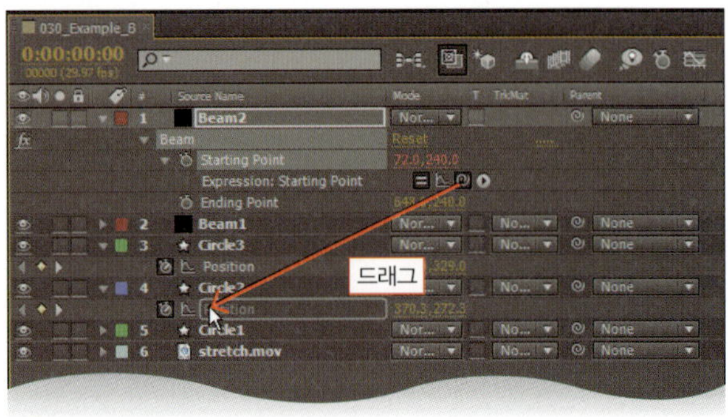

07. [Timeline] 패널에서 이펙트를 적용한 'Beam2' 레이어를 선택하고 [Starting Point]는 'Circle2' 레이어의 [Position]에 익스프레션을 적용 합니다.

08. 'Beam2' 레이어를 선택하고 [Ending Point]
는 'Circle3' 레이어의 [Position]에 익스프레션을 적
용합니다.

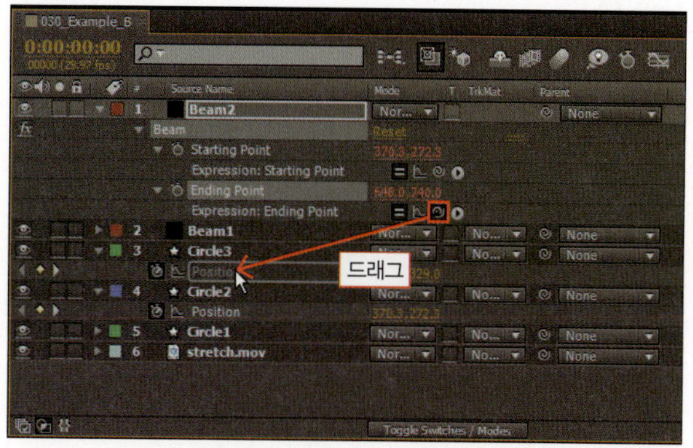

09. 최종으로 결과를 확인하면 다음과 같이 원
을 따라 선의 처음과 시작점이 붙어 원의 움직
임에 따라 길이가 변화하는 것을 확인할 수 있
습니다.

■ 키잉의 Keylight `464P, 467P`

애프터 이펙트의 이펙트에는 크로마키로 사용할 수 있는 다양한 이펙트를 제공합니다. KeyLight는 다른 이펙트들이 가지고 있는 다양한 기능을 하나에서 정밀하게 사용할 수 있어 가장 많이 사용되는 이펙트 중 하나입니다.

■ 트래킹 `471P`

트래킹은 동영상의 트래킹 데이터를 이용해 다양한 결과물을 만들 수 있습니다. 트래킹에는 'Track Motion'과 'Stabilize Motion'이 있으며, 'Track Motion'은 동영상의 일정 영역을 추적해 다른 레이어를 합성할 때 사용하며, 'Stabilize Motion'은 흔들리는 동영상을 보정하여 흔들림 없는 영상으로 만들 때 사용합니다. 'Warp Stabilizer'는 'Stabilize Motion'과 동일하게 흔들리는 영상을 보정할 때 사용하며, 동영상에 적용하면 기본적으로 동영상의 흔들림을 잡아주고 [Effect Controls] 패널에서 세부 값을 조절할 수 있습니다.

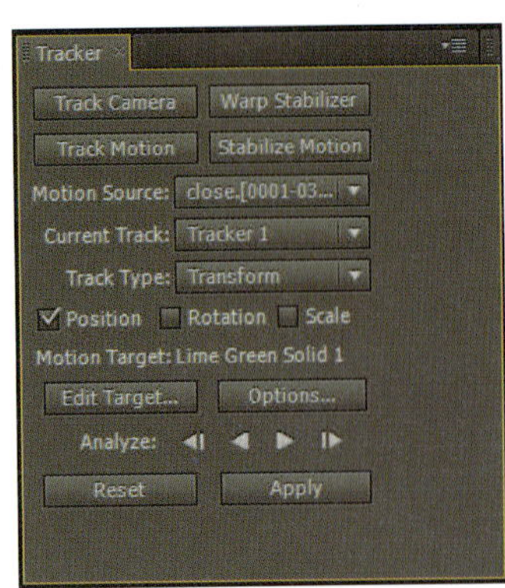

01 > 스마트폰을 활용해 블루 스크린에서 직접 촬영한 영상에 배경을 합성해 봅니다.

HINT

1. 배경이 무광의 푸른 색상을 찾아 직접 영상을 크로마 촬영합니다.
2. [Timeline] 패널에서 레이어를 선택하고 [Effect]−[Keying]−[Keylight(1.2)] 메뉴를 클릭합니다.
3. [Effect Controls] 패널의 [Screen Colour]를 이용해 제거할 색상을 선택하고 나머지 옵션을 변경하여 전경 이외의 색상을 제거합니다.
4. 배경으로 사용할 이미지나 동영상을 가장 아래쪽으로 이동해 합성합니다.

02 > 스마트폰으로 촬영된 흔들리는 영상을 보정해 봅니다.

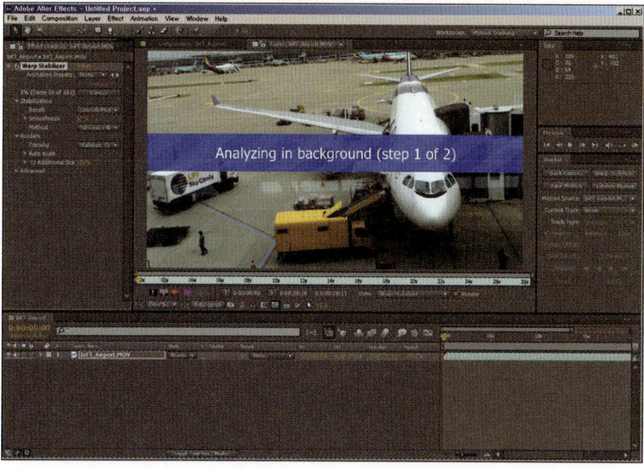

HINT

1. 스마트폰으로 촬영한 소스를 준비합니다.
2. [Timeline] 패널에서 레이어를 선택하고 [Effect]−[Distort]−[Warp Stabilizer] 메뉴를 클릭합니다.
3. 두 번째 방법으로 [Tracker] 패널에서 'Warp Stabilizer' 명령을 적용하거나 'Stabilize Motion' 명령을 적용해 트래커를 설정하여 흔들림을 보정합니다.

09

렌더링을 통한
최종 결과물 만들기

프로젝트가 마무리되고 프로젝트 파일을 보관해야하는 경우 컴퓨터에 흩어져 있는 파일을 어떻게 해야 할지 몰라 난감해하는 경우가 있습니다. 파일이 없으면 나중에 프로젝트를 다시 수정할 때도 문제가 되므로 프로젝트의 관리는 매우 중요합니다. 최종 결과물을 여러 가지 형태의 완성된 파일로 만드는 과정을 렌더링이라 하며, 결과물은 다양한 형태로 만들어 배포할 수 있습니다.

01 렌더링을 위한 다양한 설정

레 벨 ● ○ ○

애프터 이펙트는 다양한 형태의 출력물을 만들기 위해 편리한 기능들을 제공하고 있습니다. 다양한 형태의 스틸 이미지나 동영상 등의 결과물을 얻기 위한 명령은 여러 가지 명령으로 존재합니다. 명령은 원하는 결과물에 따라 선택적으로 사용합니다.

기초탄탄 ▶ 다양한 파일을 만들 수 있는 렌더링 명령 이해하기

■ 렌더링의 종류 `497P`

애프터 이펙트에서 최종 결과물을 얻기 위한 명령으로 [Composition] 메뉴인 'Add to Render Queue', 'Add Out put Module', 'File', 'Photoshop Layers', 'Pre-render', 'Save RAM Preview' 등이 있습니다. 일반적으로 동영상 결과물을 출력할 때 사용하는 것은 'Add to Render Queue'를 선택해 사용하고, 이미지 1장에 대한 결과물을 얻기 위해서는 'Save Frame As'-'File'을 선택해 사용합니다.

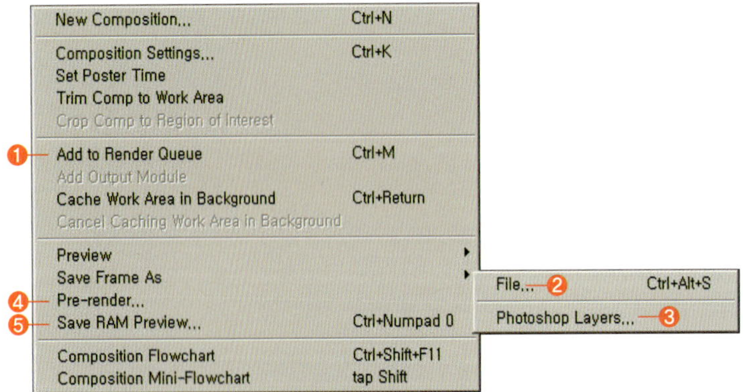

❶ Add to Render Queue(Ctrl + M) : 결과물을 만들기 위한 렌더링 명령으로 가장 많이 사용하는 방법입니다. 명령의 선택은 [Composition]-[Add to Render Queue](Ctrl + M) 메뉴를 클릭하면 [Render Queue] 패널이 나타나며 옵션 조절 후 [Render] 단추를 클릭하면 렌더링이 진행됩니다.

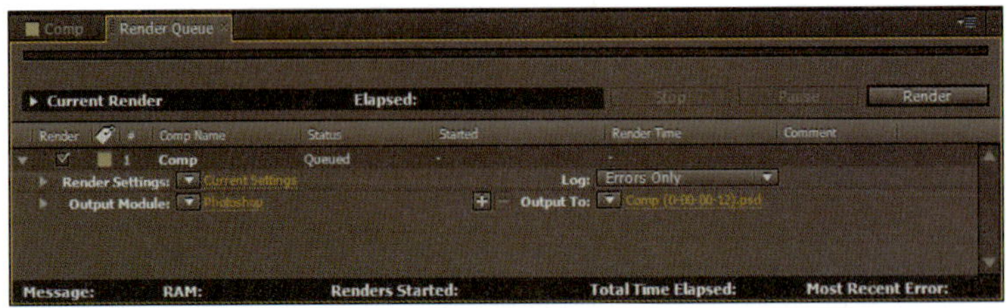

❷ Save Frame As-File(**Ctrl** + **Alt** + **S**) : 'File' 명령은 [Timeline] 패널에서 타임마커가 위치한 부분의 스틸 이미지 1장을 렌더링하여 저장할 때 사용하는 명령입니다. [Composition]-[Save Frame As]-[File](**Ctrl** + **Alt** + **S**) 메뉴를 클릭하면 [Render Queue] 패널이 [Timeline] 패널의 오른쪽에 나타나며, [Timeline] 패널에서 타임마커가 위치한 프레임을 렌더링하게 됩니다. 이것은 스틸 이미지를 이용해 스토리보드를 만들거나 다른 응용 프로그램으로 이미지를 가져갈 때 사용하면 편리합니다.

❸ Save Frame As-Photoshop Layers : 'Photoshop Layers' 명령은 애프터 이펙트의 [Timeline] 패널에서 스틸 이미지로 만들어 주는 것은 'File' 명령과 동일하지만 이것은 애프터 이펙트의 모든 레이어를 보존한 상태로 이미지를 만들어주는 역할을 합니다. [Composition]-[Save Frame As]-[Photoshop Layers] 메뉴를 클릭하여 렌더링을 진행합니다. 애프터 이펙트에서는 포토샵에서 작업한 파일인 psd 파일을 불러와 작업을 하는데 'Photoshop Layers' 명령은 반대로 포토샵에서 리터칭할 때 사용하면 편리합니다. 'Photoshop Layers' 명령을 선택하게 되면 저장하고자 하는 위치와 저장할 이름을 물어보는 대화상자가 나타납니다. 내용을 입력하고 [저장] 단추를 클릭하면 포토샵 파일인 psd 파일로 저장됩니다.

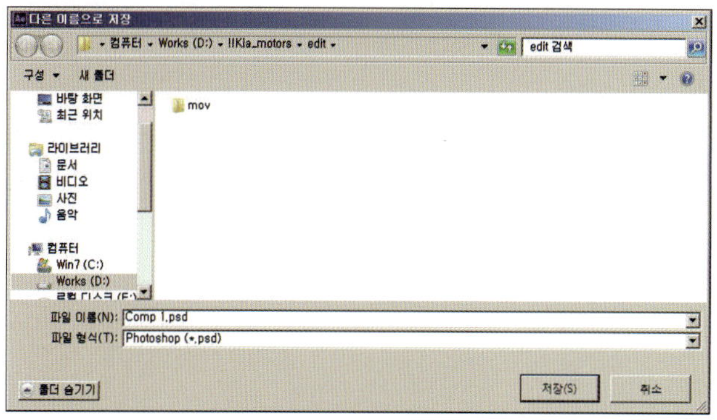

> **TIP : psd 파일**
>
> psd 파일은 파일을 저장할 때 생기는 확장자로 포토샵 프로그램에서 저장할 때 생성되는 확장자명입니다. 단순히 이미지만을 저장하는 것이 아니라 포토샵에서 다루는 모든 문자 레이어, 투명 레이어, 채널, 패스 등을 함께 저장합니다. 애프터 이펙트에서 psd로 저장되는 포토샵 이미지 파일은 [Composition] 패널의 해상도에 따라 크기가 다르게 저장됩니다. 만약 컴포지션의 크기가 1920x1080pixels이면 'Full'일 때 1920x1080pixels로 'Half'는 960x540pixels, 'Third'는 640x360pixels, 'Quarter'는 480x270pixels의 크기로 이미지가 만들어집니다.

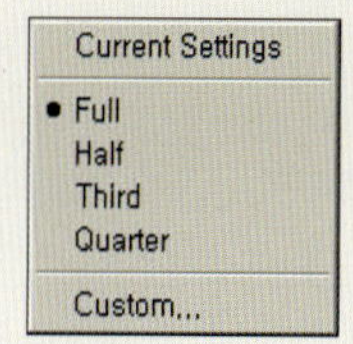

> **TIP : 코덱**
>
> 압축은 동영상이 효율적으로 저장, 전송 및 재생될 수 있도록 크기를 줄이는 데 필수적인 방법입니다. 압축은 인코더, 압축 풀기는 디코더를 통해 수행되며 이러한 인코더와 디코더를 일반적으로 코덱이라고 합니다.

❹ Pre-render : 여러 개의 파일과 이펙트로 만들어진 컴포지션은 작업하는 동안 프리뷰 시간이 많이 소요됩니다. 프리뷰 시간과 작업 시간을 단축하기 위해 미리 동영상으로 렌더링하여 컴포지션을 대신해 사용하면 효율을 높일 수 있습니다. [Composition]-[Pre-render] 메뉴를 클릭하면 [Render Queue] 대화상자가 나타나며, [Render Queue] 대화상자에서 설정을 바꿔 명령을 수행해도 되며 설정을 바꾸지 않고 렌더링을 진행하게 되면 압축하지 않은 avi 파일로 최종 결과물을 출력합니다. 출력된 avi 파일은 [Project] 패널에 나타나게 되며, avi 파일을 더블클릭하여 파일을 확인할 수 있습니다. avi 파일을 컴포지션의 proxy로 설정할 수 있고, 컴포지션 대신 사용할 수도 있습니다.

❺ Save RAM Preview(Ctrl + 0) : [Timeline] 패널에서 램 프리뷰한 상태, 즉 키보드 오른쪽의 0 을 눌렀을 때 녹색으로 [Timeline] 패널에 나타나는 현상을 무비 파일로 만들어 주는 명령으로, [Composition]-[Save Frame As]-[Save RAM Preview](Ctrl + 0) 메뉴를 클릭하면 렌더링을 진행합니다. 만약 램 프리뷰가 되어있지 않으면 램 프리뷰를 진행하고, 렌더링된 파일을 저장할 위치를 묻습니다.

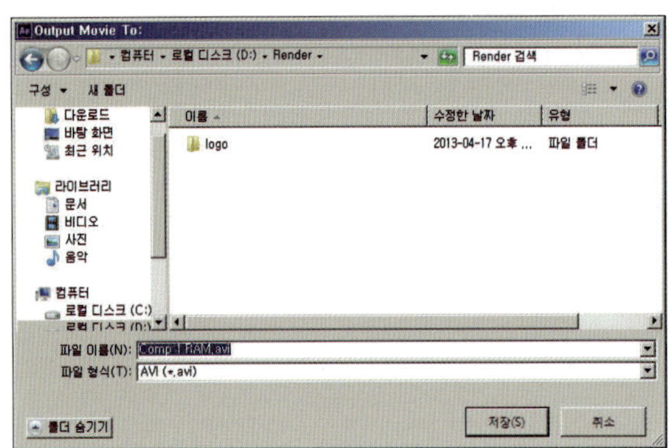

대화상자에서 파일의 이름을 자세히 보면 RAM이라는 문자가 들어가 있습니다. 이것은 램 프리뷰를 렌더링한다는 것입니다. [저장] 단추를 클릭하면 [Timeline] 패널에 [Render Queue] 패널이 나타나며, 렌더링이 자동으로 진행됩니다. [Render Queue] 패널의 옵션은 바꿀 수 없으며 렌더링은 [Composition] 패널 해상도의 설정에 따라 무비의 크기와 해상도가 결정됩니다.

[Render Queue] 패널은 렌더링 명령을 실행했을 때 [Timeline] 패널의 오른쪽에 나타나는 패널로 렌더링에 관련된 명령을 수행합니다.

01. [Render Queue] 패널은 출력될 파일의 자세한 정보를 나타내고 이에 대한 옵션들을 설정하는 부분입니다. 렌더링 명령을 내리면 모든 옵션은 기본으로 설정되며 사용자가 더욱 좋은 퀄리티를 원한다면 [Render Queue] 패널에서 옵션을 조절해야 원하는 형태로 출력이 가능합니다. 렌더링 명령을 내리면 다음과 같이 [Render Queue] 패널이 나타나며 렌더링이 진행되는 동안 아래쪽에서 정보를 보여줍니다.

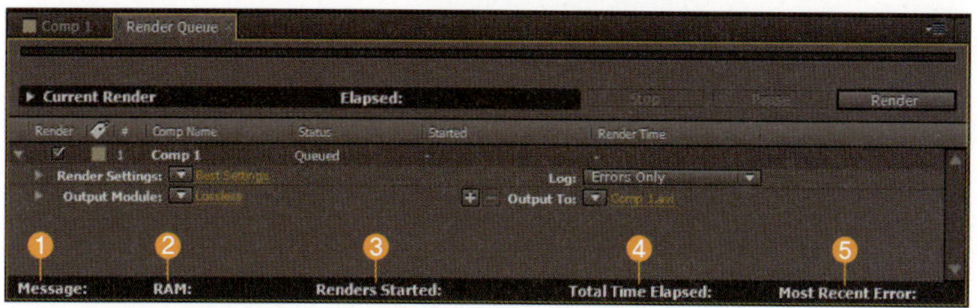

❶ **Message :** [Render Queue] 패널에 여러 개의 컴포지션이 렌더링 순서를 기다리고 있을 때 몇 번째 컴포지션이 렌더링되고 있는가를 보여줍니다.

❷ **RAM :** 컴퓨터가 사용하고 있는 전체 메모리에서 애프터 이펙트가 현재 얼마만큼의 메모리를 사용해 렌더링을 진행하고 있는가를 나타냅니다.

❸ **Renders Started :** 'Render' 명령을 시작한 년도와 월, 일, 시간을 나타냅니다.

❹ **Total Time Elapsed :** 전체 컴포지션의 렌더링이 진행된 이후 경과한 시간을 나타냅니다.

❺ **Most Recent Error :** 렌더링 중 발생한 에러를 나타냅니다.

02. [Render Queue] 패널에서 [Render] 단추를 클릭하면 렌더링의 진행 상황이 나타납니다. 일단 렌더링이 시작되면 설정된 영역을 모두 렌더링할 때까지 렌더링이 진행되며 렌더링할 때 [Pause]와 [Stop] 단추가 나타나며 렌더링을 정지하고 싶으면 [Stop] 단추를, 잠시 멈추고 싶으면 [Pause] 단추를 클릭합니다.

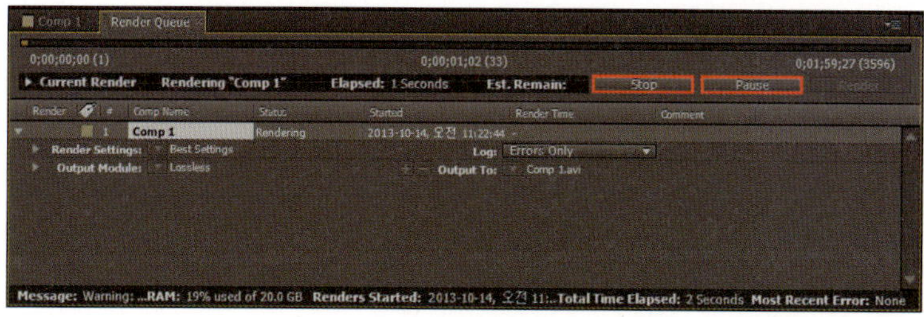

03. [Render Queue] 패널 왼쪽 위에 위치한 [Current Render]의 왼쪽 삼각형을 클릭하면 렌더링의 진행 상황과 렌더링 단계의 시간과 무비의 최종 크기, 하드 디스크의 여유 공간 등 여러 가지 정보를 자세하게 볼 수 있습니다. 렌더링 명령을 내리면 [Render Queue] 패널 위의 주황색 막대가 서서히 오른쪽으로 움직이며, 이것은 렌더링의 진행 상태를 나타냅니다. 렌더링이 진행될 때 막대 아래에 시간이 표시되는데 시작 프레임과 마지막 프레임, 그리고 렌더링이 진행되고 있는 현재 프레임을 나타냅니다.

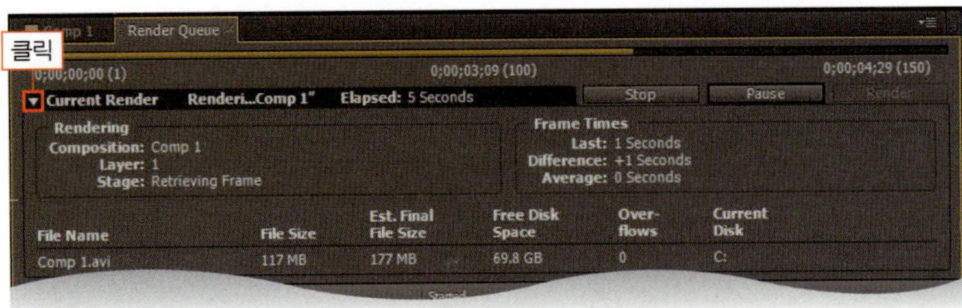

04. [Render Queue] 패널은 일반적으로 컴포지션을 동영상이나 이미지로 만들 때 사용하며, 패널에 추가하는 방법은 다음과 같습니다.

> **01** [Timeline] 패널을 선택하고 [Composition]–[Add to Render Queue](**Ctrl** + **M**) 메뉴를 클릭합니다.
>
> **02** [Project] 패널에서 렌더링하고자 하는 컴포지션을 선택하고 [Composition]–[Add to Render Queue](**Ctrl** + **M**) 메뉴를 클릭합니다. [Project] 패널에서 작업을 진행한 컴포지션이 여러 개 있을 경우 각각의 컴포지션을 [Render Queue] 패널에 추가해 렌더링을 진행할 수도 있습니다.
>
> **03** 컴포지션은 [Render Queue] 패널이 열려 있을 때 [Project] 패널에서 컴포지션을 드래그하여 [Render Queue] 패널에 추가할 수도 있습니다.

05. [Render Queue] 패널에서 [Render Settings]의 오른쪽에 있는 [Log]는 렌더링 결과에 대한 오류, 또는 정보를 파일에 기록하는 정보의 양을 선택합니다.

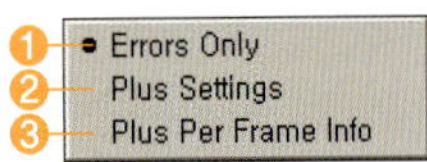

❶ **Errors Only** : 렌더링하는 동안 오류가 발생한 경우에만 파일이 생성됩니다. 저장 방식은 AE(date/time).txt의 형태로 모든 결과를 문서로 남기게 됩니다.

❷ **Plus Settings** : 저장되는 로그 파일에 파일 이름과 날짜, 시간 등과 [Render Settings], [Output Module] 등, 렌더링을 위해 설정한 모든 내용이 나타나게 됩니다.

❸ **Plus Per Frame Info** : [Plus Settings]에서 저장하는 내용 이외에 프레임에 대한 정보를 함께 로그 파일로 저장합니다. 저장된 로그 기록을 확인하려면 렌더링을 마치고 [Render Settings]의 왼쪽 삼각형을 클릭하면 바로 아래쪽에 로그가 저장된 위치가 나타납니다.

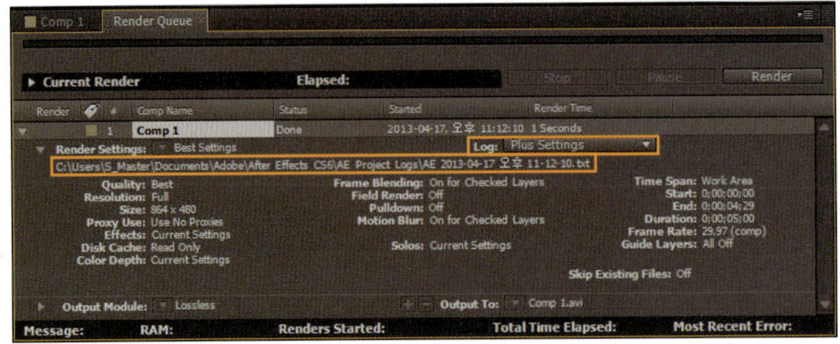

[Render Settings]에서는 작업한 프로젝트를 렌더링할 때 동영상이나 스틸 이미지의 크기, 시간, 퀄리티 등의 여러 가지 옵션을 설정할 수 있습니다. [Render Settings]의 오른쪽에 [Current Settings]을 클릭하면 렌더링에 대한 설정을 할 수 있습니다.

■ [Render Settings] 대화상자

01. [Render Quene] 패널에서 [Current Settings]을 클릭합니다.

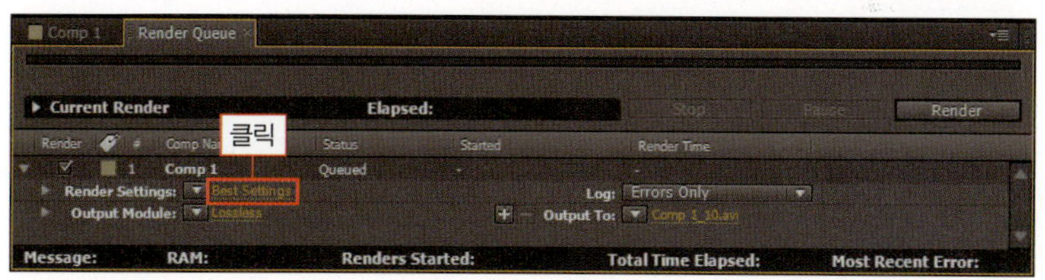

02. 다음과 같이 [Render Settings] 대화상자가 나타납니다. 옵션의 설정에 따라 최종 결과물에 대한 퀄리티를 다르게 설정할 수 있습니다.

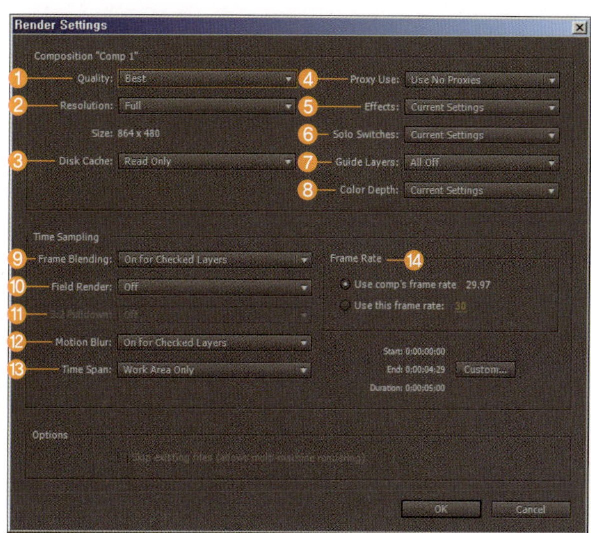

❶ **Quality** : 렌더링이 마무리되었을 때 어느 정도의 깨끗함을 유지할 것인가를 결정합니다. 최종 결과물을 렌더링할 때는 'Best'를 사용하며, 프리뷰 파일로 동영상을 렌더링할 때는 'Draft'를 사용하기도 합니다. 퀄리티와 해상도에 따라 렌더링 시간이 달라집니다.

❷ **Resolution** : [Composition] 패널 아래쪽에 있는 설정과 동일한 옵션이지만 다르게 사용됩니다. 최종 렌더링에는 'Full'을 사용하며, 이외에 다른 크기의 동영상을 만들고자 할 때 사용합니다. 만약 'Full'일 때의 동영상의 크기가 1920x1080Pixels일 때 'Half'로 설정하게 되면 최종 결과물의 크기는 960x540Pixels로 파일이 만들어집니다. 해상도를 낮추어 작은 크기의 동영상으로 렌더링하게 되면 더욱 빠른 시간에 렌더링을 끝낼 수 있습니다.

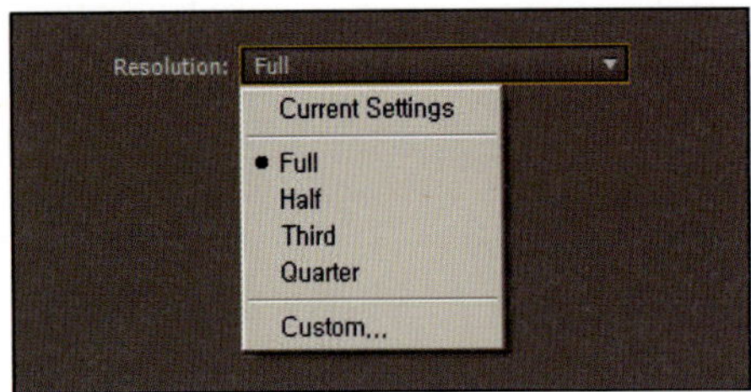

❸ **Disk Cache** : 렌더링하는 동안 디스크 캐시에 대한 환경 설정을 사용할 것인지를 결정합니다. [Edit]–[Preferences]–[Media & Disk Cache] 메뉴에서 설정을 변경할 수도 있습니다.

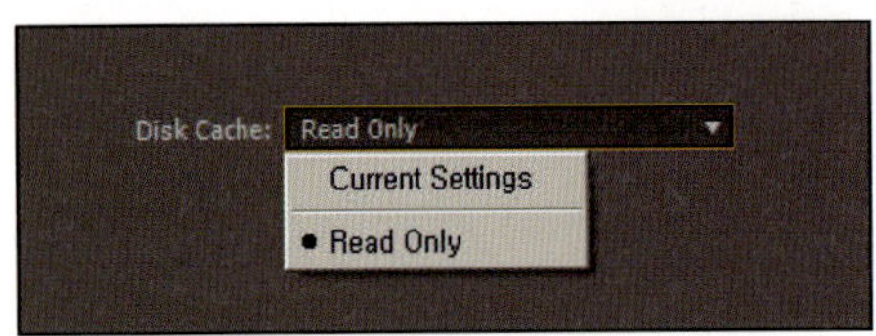

• Read Only : 애프터 이펙트에서 렌더링하는 동안 디스크 캐시에 새로운 프레임을 기록하지 않습니다. [Current Settings]을 클릭하면 환경 설정에서 Media & Disk Cache에 설정된 디스크 캐시 설정이 사용됩니다.

TIP : [Preferences] 대화상자의 [Media & Disk Cache]

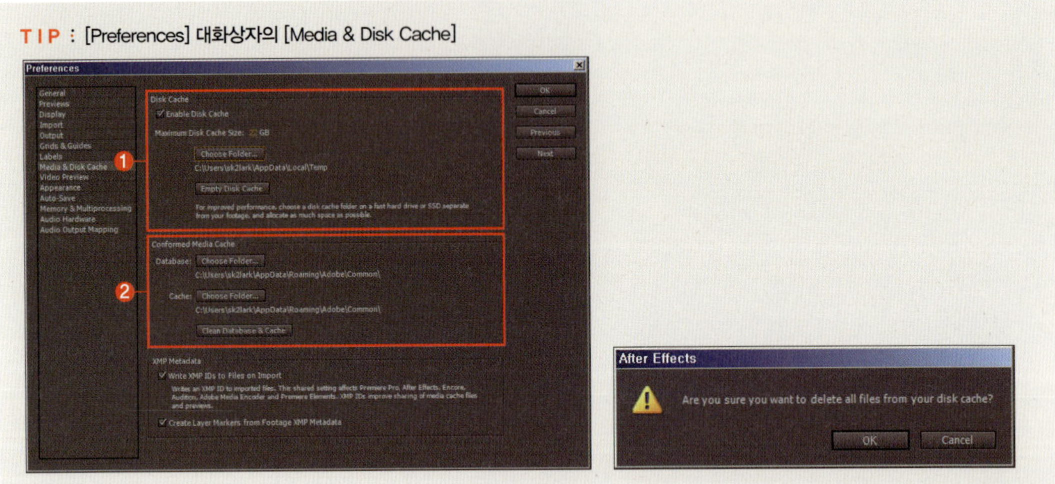

❶ **Media & Disk Cache** : 애프터 이펙트에서 디스크 캐시를 사용하기 위해서는 'Enable Disk Cache'를 체크해야 활성으로 바뀝니다. [Empty Disk Cache] 단추를 클릭하면 기존에 하드 디스크에 저장된 모든 캐시를 지울 수 있습니다.
[Maximum Disk Cache Size]는 캐시로 사용할 하드 디스크의 용량(MB)을 설정합니다. 기본값으로 22GB로 설정되어 있어 더 많은 프레임을 디스크 캐시에 사용할 수 있습니다. 하드 디스크를 디스크 캐시로 사용하기 위해서는 설정한 용량보다 충분한 공간이 있는지 확인해야 합니다. [Choose Folder] 단추를 클릭하여 디스크 캐시로 사용할 하드 디스크의 폴더를 지정합니다. 디스크 캐시로 사용할 하드 디스크는 빠른 속도를 가진 디스크를 선택하는 것이 성능을 향상시킵니다. 램 캐시가 가득 차게 되면 디스크 캐시를 이용해 동영상을 렌더링하게 됩니다. 디스크 캐시가 최적의 성능을 발휘하기 위해서는 소스가 포함되어 있는 하드 디스크와 물리적으로 다른 하드 디스크에 있는 폴더를 선택합니다. 디스크 캐시 폴더는 하드 디스크의 바로 하단인 루트 폴더를 지정할 수 없습니다. [Timeline] 패널에서 램 프리뷰를 진행했을 때 녹색으로 나타나는 것은 프레임이 RAM 캐시를, 파란색은 프레임이 디스크 캐시를 사용한 것입니다.

RAM 캐시 및 디스크 캐시를 제거하려면 [Edit]–[Purge] 메뉴에서 지우고자 하는 메뉴를 클릭합니다. 프리뷰를 많은 컴포지션에서 실행했을 경우 프리뷰를 진행하는 시간이 짧아질 수 있으므로 필요 없는 캐시는 제거하고 작업을 진행하는 것이 좋습니다.

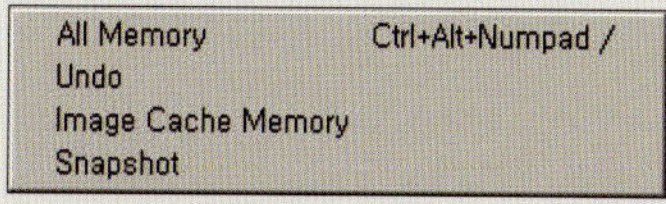

❷ **Conformed Media Cache** : 미디어 캐시 데이터는 어도비 미디어 인코더, 어도비 프리미어 프로, 앙코르와 공유되므로 각 응용 프로그램은 캐시된 미디어 파일에서 읽고 쓸 수 있습니다. 메뉴에서 데이터 베이스와 캐시의 위치를 변경할 수 있고, 데이터 베이스와 캐시를 삭제할 수도 있습니다.

❹ **Proxy Use** : 'Proxy'는 대리, 위임이라는 의미를 가지고 있으며, 프록시는 [Project] 패널에서 설정되어 있어야 [Rander Queue] 패널에서 설정이 가능합니다. [Project] 패널에서 프록시 설징이 되어 있지 않으면 아무런 효과도 나타나지 않습니다. 프록시는 파일이나 전체 컴포지션을 대신하여 사용할 때 쓰는 명령입니다. 프록시는 컴포지션을 프리 렌더링하거나 전체 작업 시간을 절약하기 위해 동영상의 해상도를 낮추어 파일을 만드는데 사용합니다. [Proxy Use]에서는 프록시를 사용하여 렌더링을 할 것인지 프록시를 끄고 렌더링을 할 것인지를 결정합니다.

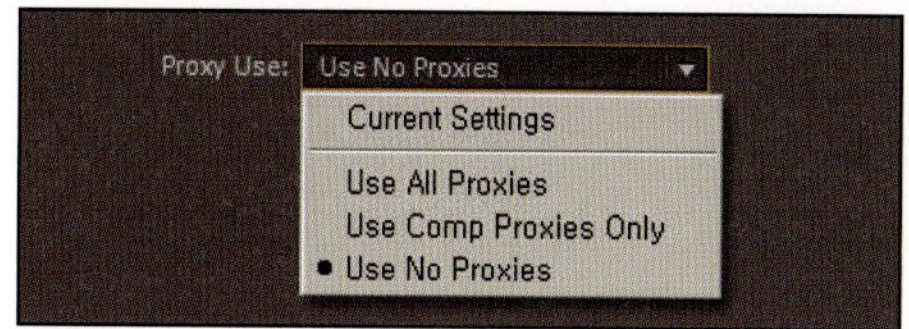

❺ **Effects** : [Timeline] 패널에서 각각의 레이어에 적용된 모든 이펙트가 렌더링될(All On) 것인가 렌더링되지 않을(All Off) 것인가를 설정합니다. [Current Settings]은 체크된 이펙트만 렌더링을 하며, 체크되지 않은 이펙트는 렌더링에서 제외됩니다. 최종 렌더링할 때 [Timeline] 패널에서 체크 해지한 이펙트도 렌더링을 하려면 'All On'을 선택하고 렌더링하면 됩니다.

❻ **Solo Switches** : 'Current Settings'이 기본으로 설정되어 있으며 [Timeline] 패널에서 레이어에 [Solo](◉)를 체크한 레이어만 렌더링을 진행합니다. 'All Off'는 [Timeline] 패널에서 레이어에 [Solo](◉) 체크가 되어 있어도 'All Off'를 선택하면 모든 [Solo] 설정이 해지되고 모든 레이어가 렌더링됩니다.

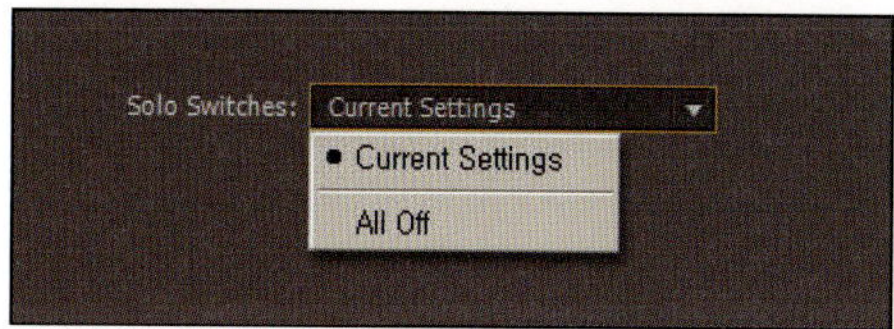

❼ **Guide Layers :** 기본은 'All Off'로 설정되어 있고 가이드 레이어로 설정한 레이어를 렌더링하지 않습니다. 'Current Settings'으로 설정하면 가이드 레이어도 일반 레이어와 동일하게 렌더링됩니다.

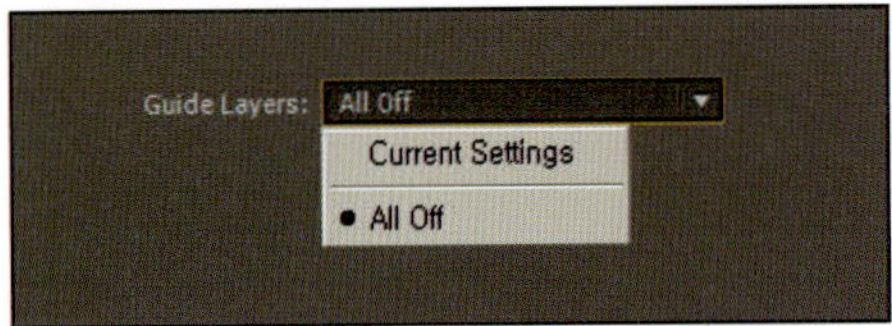

[Guide Layers]의 설정은 [Timeline] 패널이나 [Composition] 패널에서 가이드 레이어로 설정하고자 하는 레이어를 선택하고 [Layer]-[Guide Layers] 메뉴를 클릭하면 다음과 같이 레이어의 왼쪽에 파란색의 사각형으로 표시됩니다. 마우스 오른쪽을 메뉴를 클릭해도 같은 명령이며, 해지하고자 한다면 설정과 동일한 방법으로 가이드 레이어를 선택하면 됩니다.

❽ **Color Depth :** 기본적으로 'Current Settings'이 설정되어 있으며 컴포지션에 설정된 상태로 렌더링이 진행됩니다. 몇 비트의 컬러로 렌더링을 진행할 것인지를 결정합니다.

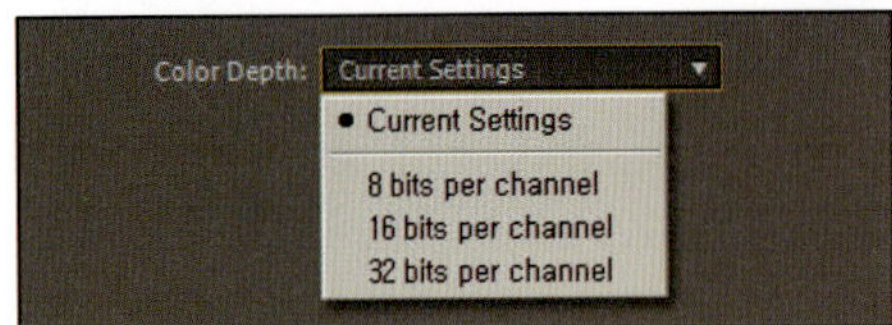

❾ **Frame Blending :** [Timeline] 패널의 동영상 파일을 원래 길이보다 느리게, 또는 빠르게 조절했을 때 동영상이 더욱 부드럽게 처리되어 렌더링되도록 합니다. 'On For Checked Layers'는 [Timeline] 패널의 동영상 레이어에 [Frame Blending]이 체크된 레이어 모두를 렌더링하는 명령입니다.

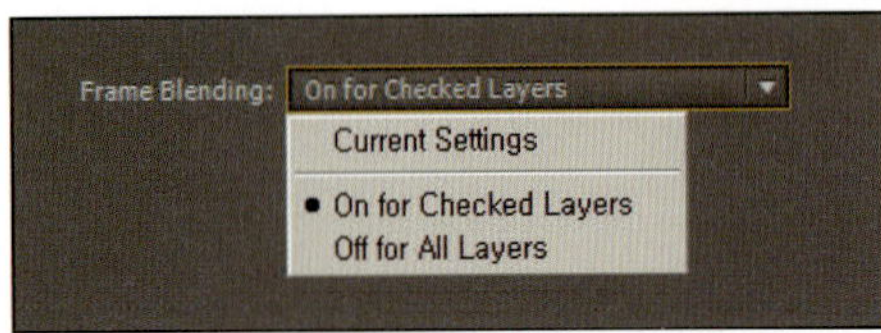

[Timeline] 패널에서 [Frame Blending]을 체크하고 작업을 진행하면 프리뷰 속도가 느려져 작업에 불편함을 주므로 작업 중에는 [Timeline] 패널에서 [Frame Blending]을 체크 해지하는 것이 좋습니다.

⑩ **Field Render :** 인터레이스는 제한된 대역폭을 사용해 TV 신호를 전송하기 위해 개발되었으며, 비디오의 각 프레임에 대한 가로줄 수의 절반만 한 번에 전송됩니다. 그러나 전송 속도, 디스플레이의 잔광 및 잔상 때문에 보는 사람은 각 프레임을 전체 해상도로 인식합니다. 모든 아날로그 TV에서는 인터레이스를 사용하며, 디지털 TV에는 인터레이스 및 비인터레이스 유형이 모두 포함됩니다. 인터레이스 비디오의 필드 순서에 따라 두 비디오 필드(Upper 및 Lower)의 표시 순서가 결정됩니다. 아래쪽 선을 그리기 전에 위쪽 선을 먼저 그리는 방식을 'Upper Filed First(상위 필드 우선)'라 하고, 위쪽 선을 그리기 전에 아래쪽 선을 먼저 그리는 방식을 'Lower Filed First(하위 필드 우선)'라고 합니다. DV NTSC는 대부분 'Lower Filed First' 방식을 사용하며, 1080i DVCPRO HD는 대부분 'Upper Filed First' 방식을 사용합니다. 필름, 또는 컴퓨터 재생용으로 렌더링하는 경우에는 [Field Render]를 'Off'로 선택합니다.

⑪ **3:2 Pulldown :** 24fps 필름을 29.97fps 비디오로 변환할 때 [3:2 Pulldown]이 사용됩니다.

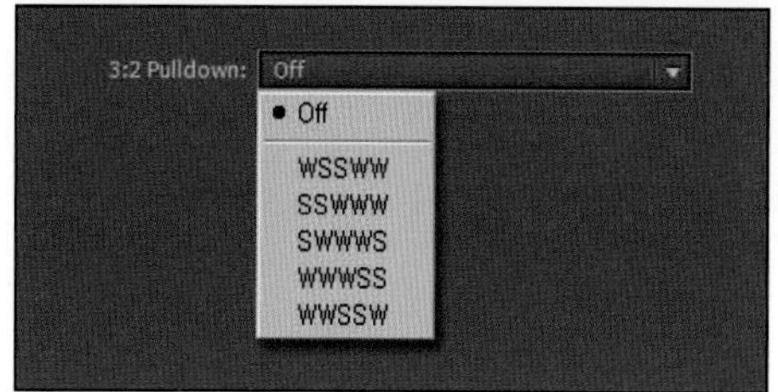

24프레임의 필름을 60필드의 비디오로 전환시키는 작업을 3:2 풀 다운(Pulldown), 혹은 텔레시네라고 합니다. 이는 2개의 필름 프레임마다 1개의 필드를 추가시켜 4개의 필름 프레임으로 5개의 비디오 프레임을 만듭니다. 3:2라는 말은 첫 필름 프레임에서 3개의 필드를 다음 두 번째 필름 프레임에서 2개의 필드를 뽑아내는 것을 의미합니다. 3:2 풀 다운 처리 결과로 전체 프레임(W : Whole frames)과 분할 필드 프레임(S : Split-field frames)이 생성됩니다.

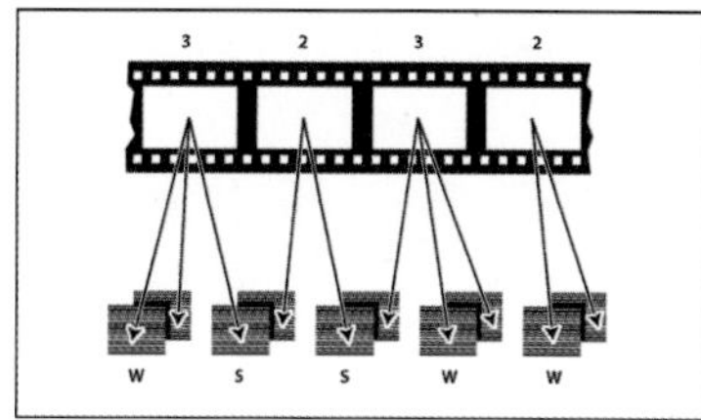

⑫ **Motion Blur :** [Composition] 패널에서 레이어가 움직일 때 블러 효과를 만들어 줍니다. 그러나 이것은 애프터 이펙트에서 만들어진 키프레임의 움직임에만 블러가 적용됩니다. 컴포지션 설정에서 셔터 앵글의 수치에 따라 블러 효과가 적용되는 정도가 다르게 나타납니다.

⓭ **Time Span :** 작업한 영역의 시간을 설정하는 부분으로 [Timeline] 패널의 전체 길이를 선택하거나(Length of Comp) 작업한 영역만을(Work Area Only) 설정하여 렌더링할 때 사용합니다. 'Work Area Only'는 [Timeline] 패널에서 'Work Area'의 영역만을 렌더링합니다.

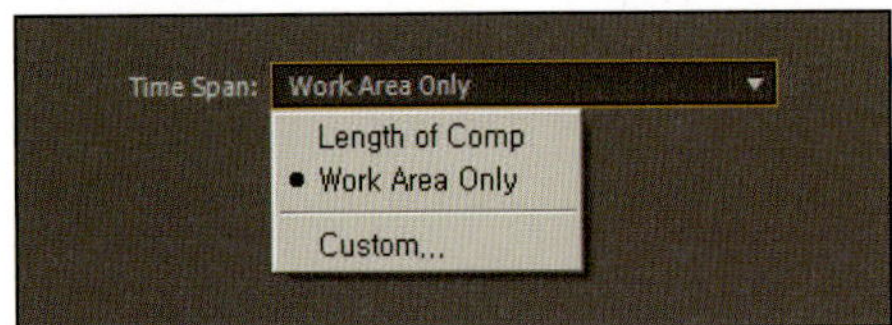

⓮ **Frame Rate :** 컴포지션이 초당 몇 프레임을 사용할 것인지를 결정합니다. 비디오 작업에서는 일반적으로 초당 29.97프레임을 사용하며, 더욱 빠르거나 느린 속도의 무비를 원한다면 사용자가 원하는 프레임 레이트를 직접 입력하여 사용할 수 있습니다.

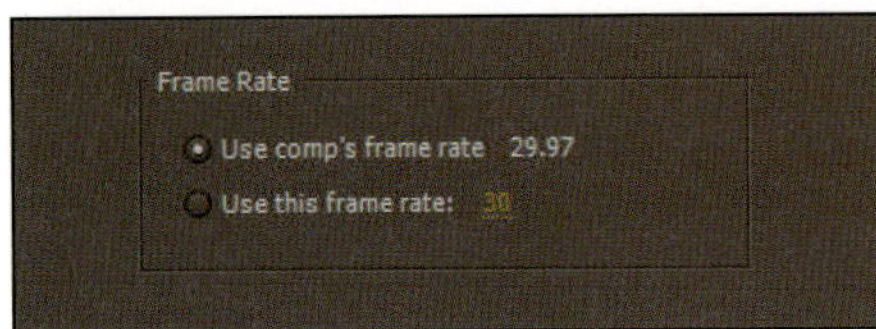

[Timeline] 패널에서 렌더링을 시작(Start)할 시간대와 렌더링의 마지막 부분(End)의 시간을 나타냅니다.

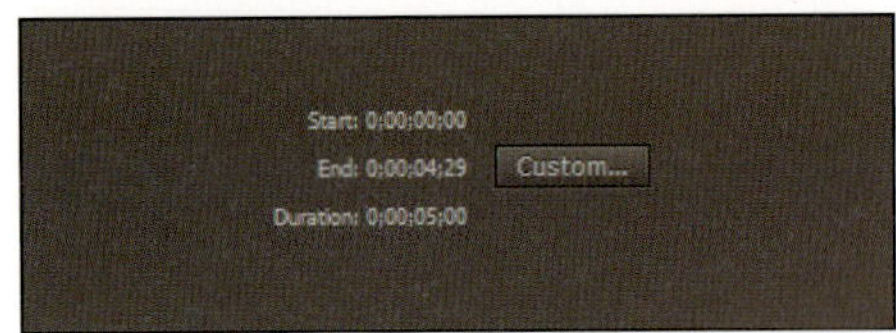

[Custom] 단추를 클릭하면 다음과 같이 [Custom Time Span] 대화상자가 나타나며 사용자가 직접 렌더링을 시작할 시간과 끝나는 시간을 입력할 수 있습니다. 시작과 끝 시간을 입력하면 [Duration]에 자동으로 전체 렌더링 시간이 표시되고, [Duration]에 전체 길이를 입력하면 끝 시간이 변경됩니다.

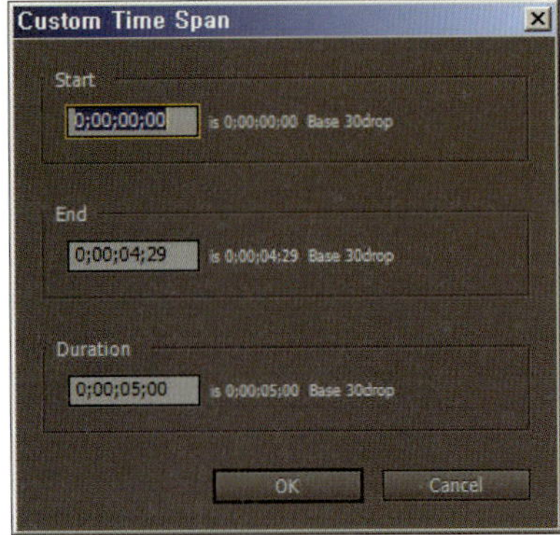

프로젝트에서 사용하고 있는 컴포지션이나 파일 등을 대신하는 임시 파일을 설정하는 것을 프록시(Proxy)라 합니다. 대부분 원본을 대체하는 데 사용되는 파일은 기존 파일 항목의 스틸 이미지를 사용하거나 해상도나 낮은 버전을 사용합니다. 그렇지만 해상도가 높은 비압축 파일로 만들어 반복되는 렌더링 시간을 단축할 수도 있습니다. [Project] 패널에서 프록시를 설정하는 방법에 대해 알아보도록 하겠습니다.

01. 프록시를 설정하기 위해서 [Project] 패널에서 프록시를 설정할 컴포지션이나 파일을 선택합니다. 여기서 프록시를 선택하는 것은 작업을 진행하는데 프리뷰가 너무 느리게 진행되는 경우 작업이 마무리된 컴포지션이나 파일을 선택합니다. 여러 개의 레이어를 프리 컴포지션으로 만들어 이펙트와 움직임을 만든 컴포지션을 선택하거나 동영상 파일에 많은 효과를 적용해 작업을 할 때마다 프리뷰 시간이 너무 오래 걸리는 파일을 선택합니다. [Project] 패널에서 프록시로 사용할 컴포지션이나 동영상, 스틸 이미지 등을 선택합니다.

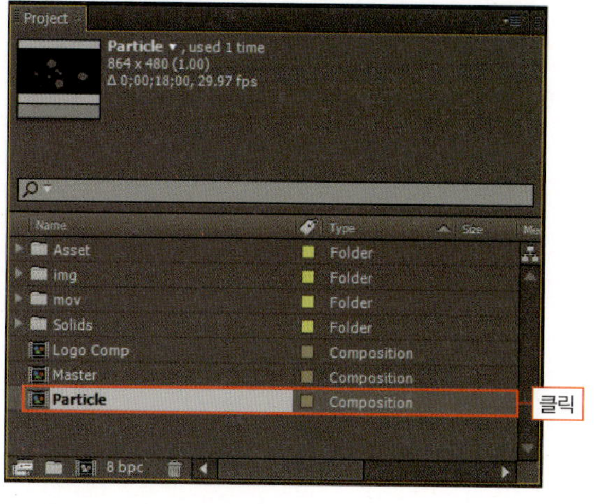

02. 선택된 상태에서 [File]-[Set Proxy]-[File](Ctrl + Alt + P) 메뉴를 클릭합니다.

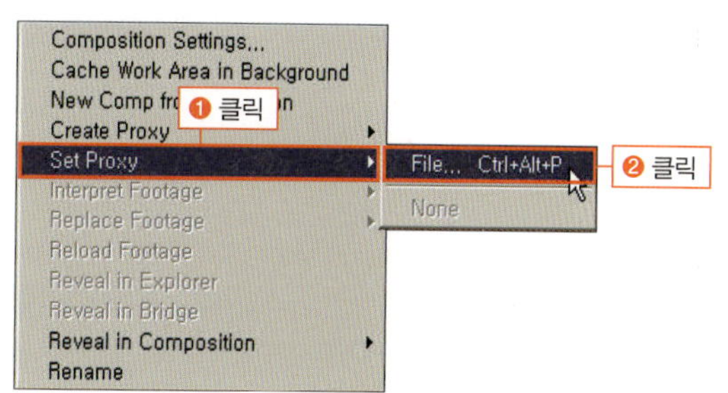

03. 프록시로 사용할 파일을 선택할 수 있는 대화상자가 나타납니다. 프록시로 사용할 이미지, 동영상 등의 파일을 찾아 [열기] 단추를 클릭합니다. 프록시를 다음과 같이 컴포지션에 적용을 했다면 컴포지션의 왼쪽에 흰색 상자가 생성되고, 프록시가 설정됩니다.

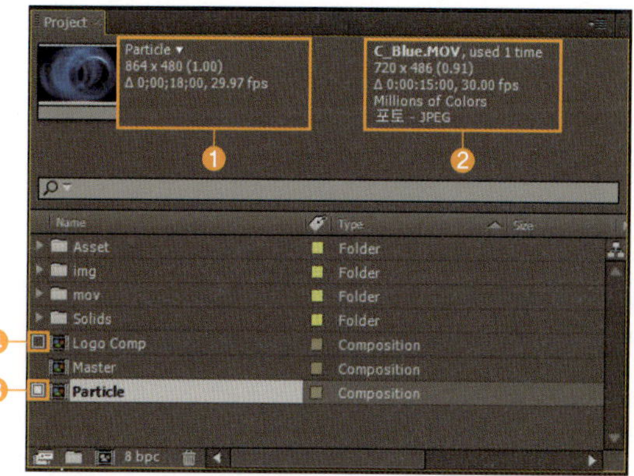

❶/❷ : [Project] 패널에서 선택된 파일의 정보를 보여줍니다. 일반적으로 ❶의 부분에 하나의 정보가 나타나게 되지만 프록시를 설정하게 되면 다음과 같이 2개의 정보가 나타나게 됩니다. ❶은 프록시를 적용하기 전의 파일 정보이고, ❷는 프록시가 적용된 파일에 대한 정보를 나타냅니다. 다음과 같이 프록시가 설정되면 설정된 파일의 이름이 볼드체로 표시됩니다.

❸ : 프록시가 적용된 것을 표시합니다.

❹ : 프록시가 설정되었지만 적용되지 않는 상태를 표시합니다.

04. 프록시를 사용하지 않으려면 프록시가 적용된 왼쪽의 상자를 마우스로 클릭하여 흰색이 없는 선만 있는 상자로 만듭니다. [File]-[Set Proxy]-[None] 메뉴를 클릭합니다.

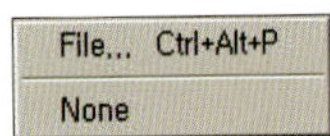

05. 프록시를 설정하게 되면 흰색 상자가 왼쪽에 생성되고 [Composition] 패널에서는 [Composition] 패널의 아래쪽에 'Proxy Enabled'라는 글자와 붉은색의 띠가 만들어져서 프록시가 설정되어 있음을 알려줍니다.

06. [Project] 패널에서 컴포지션을 선택하여 다른 파일로 프록시를 사용하기도 하고, 프록시를 직접 렌더링하여 진행하고 있는 작업의 프록시 파일로 만들 수도 있습니다. 컴포지션을 프록시로 사용하기 위해 렌더링 하려면 [File]-[Create Proxy]-[Still]/[Movie] 메뉴를 클릭하고 렌더링을 진행하여 프록시로 사용할 수 있습니다.

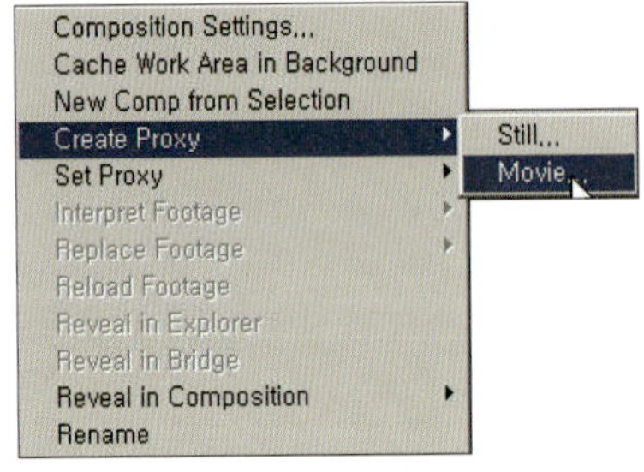

[Output Module]은 최종 파일을 어떠한 포맷을 사용하여 만들 것인지를 결정합니다. [Output Module]
에서는 동영상이나 스틸 이미지의 포맷 형식이나 출력물의 색상, Crop, Stretch, 오디오 등의 설정을
변경할 수 있습니다. 어떠한 포맷으로 압축을 어떻게 하느냐에 따라 파일의 용량이 달라지기 때문에 포
맷의 선택이 중요합니다.

01. [Render Queue] 패널에서 [Output Module]은 [Render Settings]과 마찬가지로 오른쪽의 [Lossless]를 클릭하게 되
면 [Output Module Setting] 대화상자가 나타납니다.

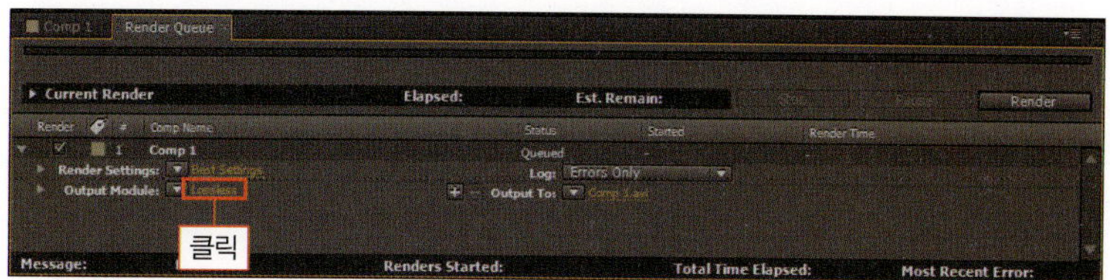

02. [Output Module Setting] 대화상자에는 결과물을 위한 포맷의 설정과 채널, 크기, 오디오 등에 대한 세부적인 내용
을 변경할 수 있습니다. 옵션의 선택에 따라 결과물에 대한 퀄리티가 다르게 나타납니다. 대화상자의 각 기능들은 다
음과 같습니다.

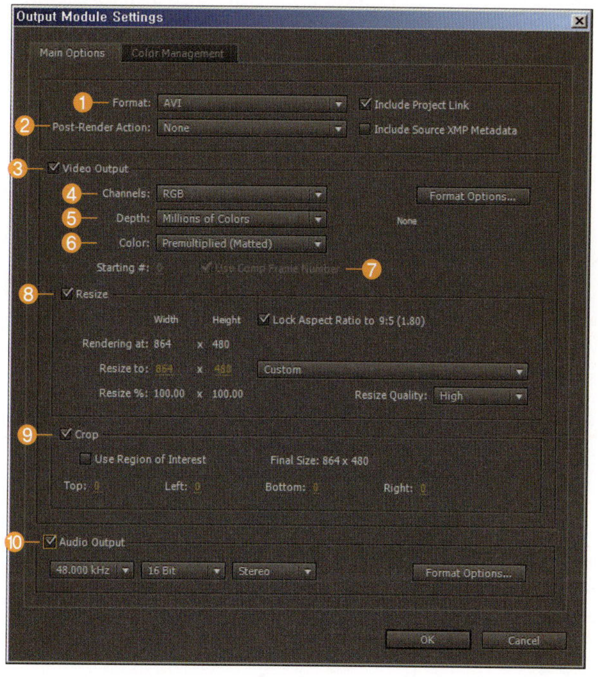

❶ **Format :** 출력 파일의 형식을 말합니다. 애프터 이펙트는 동영상 파일이나 스틸 이미지를 만들기 위한 렌더링 포맷
을 다양하게 지원합니다. 동영상을 만드는 포맷으로 Quick Time Movie, Video For Windows, Window Media를 많이
사용합니다. 연속된 이미지를 만들 때 사용되는 Sequence 포맷으로 Cineon, png, Photoshop, jpeg, sgi, tiff, Targa 등
이 있으며, 일반적으로 가장 많이 사용되는 포맷은 jpeg, Targa Sequence입니다. 포맷은 사용되는 하드웨어와 소프
트웨어에 따라 선택적으로 사용하면 됩니다.

❷ **Post-Render Action :** 렌더링이 모두 끝난 후에 [Project] 패널에 렌더링이 마무리된 동영상을 불러오도록 옵션을 선택합니다.

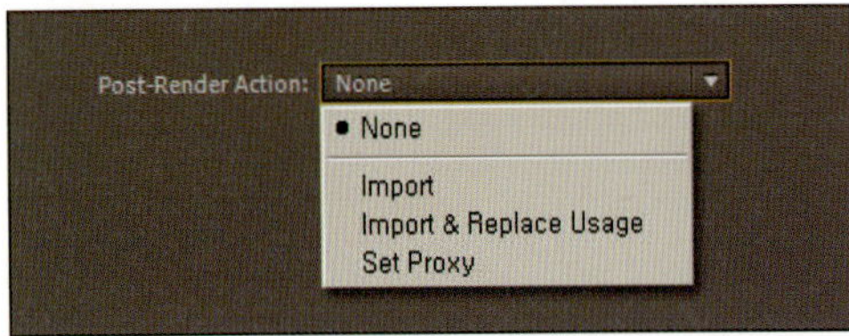

[Render Queue] 패널에서 [Output Module] 왼쪽의 삼각형을 클릭하고 [Post-Render Action]의 'Import & Replace Usage'를 선택하면 [Pick Whip]( )이 나타나며 [Pick Whip]( )을 드래그하여 [Project] 패널에서 사용되고 있는 소스 중 하나를 선택하면 렌더링이 종료된 후 렌더링된 파일로 대치됩니다.

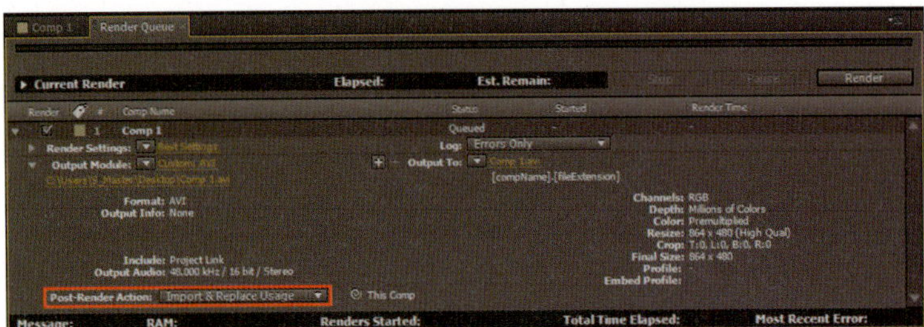

[Post-Render Action]에서 'Set Proxy'를 선택해도 [Pick Whip]( )이 나타나며 드래그하여 [Project] 패널의 파일 중 프록시로 사용하고자 하는 파일로 링크하게 되면 렌더링 후 렌더링된 파일이 프록시로 적용됩니다.

❸ **Video Output :** 기본으로 체크되어 있으며 체크되어 있지 않으면 동영상이나 스틸 이미지를 만들 수 없습니다. [Format Options] 단추를 클릭하면 다음과 같이 압축에 대한 방식들을 설정할 수 있는 [AVI Options] 대화상자가 나타 납니다.

압축 방식에 대한 메뉴는 기본적으로 지원하는 것과 컴퓨터에 다른 코덱을 설치했을 때 나타나는 비디오 코덱들이 있습니다. [Format]에서 어떠한 형식을 선택했느냐에 따라 코덱도 다르게 나타납니다. 다음에서 나타나는 코덱들은 'AVI' 포맷을 선택했을 때 나타나는 포맷 옵션입니다. 'AVI' 포맷으로 동영상을 만들 때 [Video Codec]을 'None'으로 선택하면 비압축으로 화질은 깨끗하지만 용량이 커집니다.

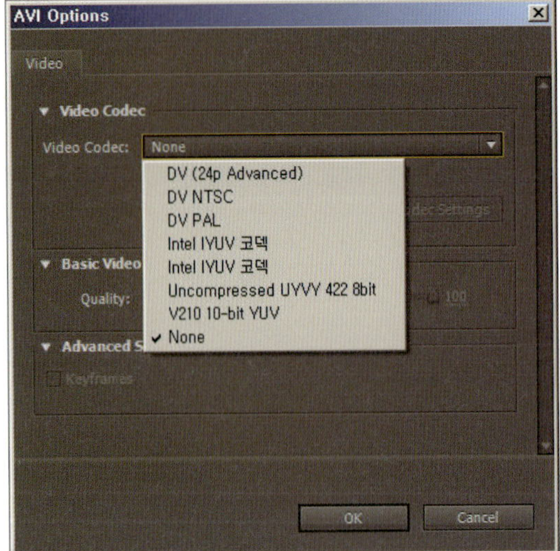

만약 [Format]에서 'H.264'를 선택했다면 다음과 같이 포맷 옵션이 다르게 나타납니다. 결과물을 사용할 목적에 따라 [Format]을 선택하고 대화상자에서 퀄리티에 대한 옵션을 조정하면 됩니다.

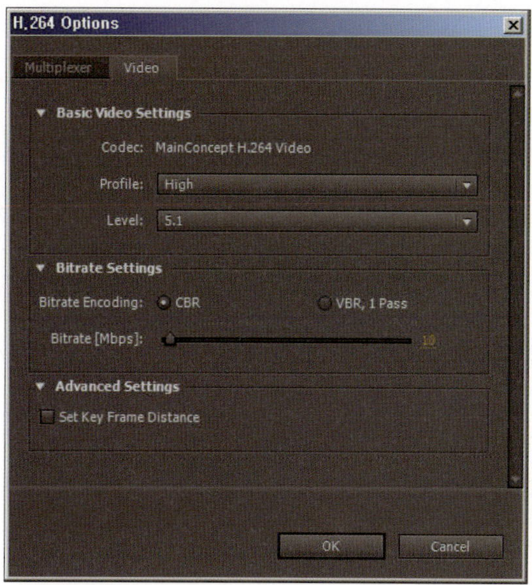

❹ **Channels** : 'RGB', 'Alpha', 'RGB+Alpha'의 3가지 방식이 있으며 최종 결과물에 알파 채널이 필요한지 필요하지 않은지에 따라 선택하면 됩니다.

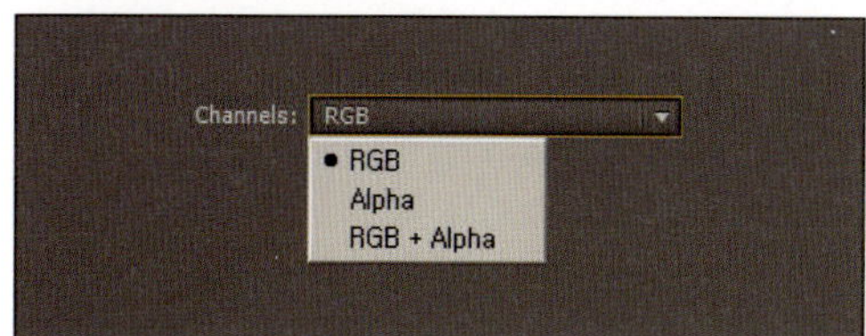

❺ **Depth** : 컬러 심도를 선택할 수 있습니다. 일반적으로 매트만을 만든다면 256그레이로 설정할 수 있지만 컬러로 제작된 결과물은 최고의 색상을 지원하는 'Millions(24비트 컬러)' 이상을 선택합니다.

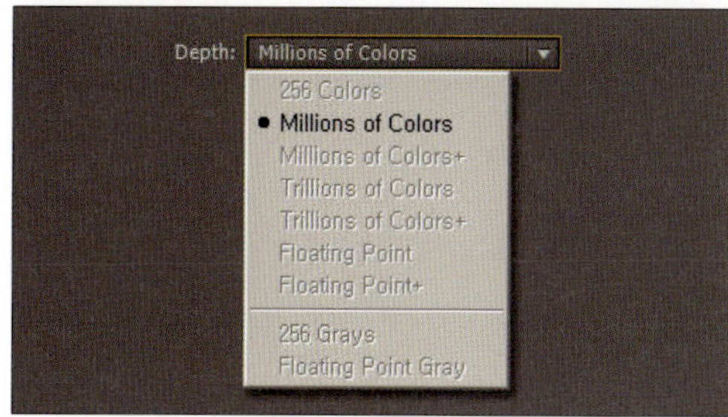

❻ **Color** : 알파 채널을 사용하여 이미지의 가장자리에 나타나는 색상을 만드는 방법을 지정합니다. 알파 채널이 포함된 이미지 파일에는 'Straight', 또는 'Premultiplied'라는 2가지 방식 중 하나로 투명도에 대한 정보가 저장됩니다.

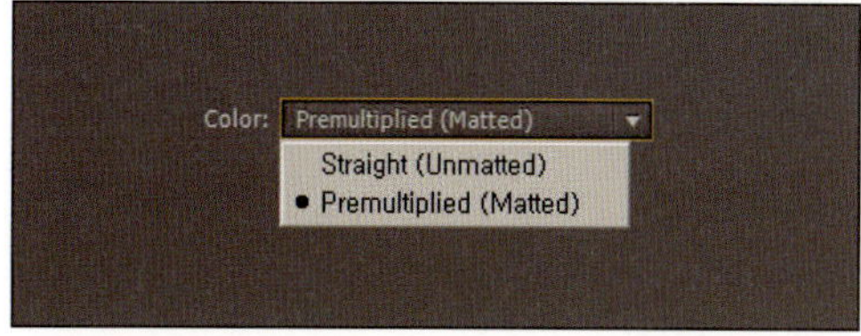

• Straight(Unmatted) : 투명도 정보는 알파 채널에만 저장되고 색상 채널에는 저장되지 않습니다.

- **Premultiplied(Matted)** : 투명도 정보는 알파 채널에 저장될 뿐만 아니라 배경색과 곱해지는 RGB 채널에도 저장됩니다. 부드럽게 처리된 가장자리 같은 반투명 영역의 색상은 투명도에 비례하여 배경색으로 변경됩니다. 'Premultiplied(Matted)'를 사용하면 가장자리의 반투명 영역에 적용된 색상을 제거할 수 있습니다.

❼ **Use Comp Frame Number :** [Output Module Settings] 대화상자에서 [Format]을 동영상이 아닌 시퀀스 이미지로 최종 결과물을 출력하는 경우 다음과 같이 [Video Output]의 옵션에 변화가 나타납니다. 시퀀스는 동영상이 아니고 일련의 번호로 나열된 이미지로 만들기 때문에 오디오가 포함되지 않습니다. 그리고 [Video Output]의 아래쪽에 'Use Comp Frame Number'가 활성으로 변경됩니다. 'Use Comp Frame Number'는 시퀀스로 렌더링을 진행할 때 기본으로 체크되어 있으며 이것은 컴포지션에 설정된 시작 프레임 번호를 사용하도록 합니다. 체크를 해지하면 왼쪽의 [Starting#]이 활성으로 바뀌고 렌더링을 시작한 프레임을 임의로 결정할 수 있습니다.

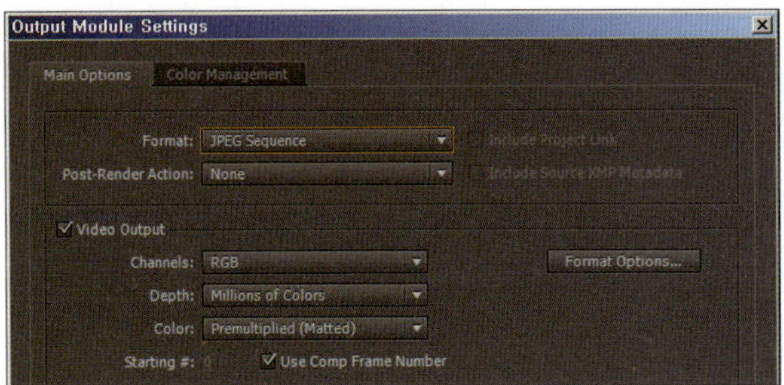

❽ **Resize :** [Composition] 패널의 크기를 조절하여 최종 렌더링될 동영상이나 스틸 이미지의 크기를 결정합니다. 'Lock Aspect Ratio to x:x'를 체크하여 결과물의 비율이 왜곡되지 않도록 하고, [Resize Quality]는 'High'로 설정합니다.

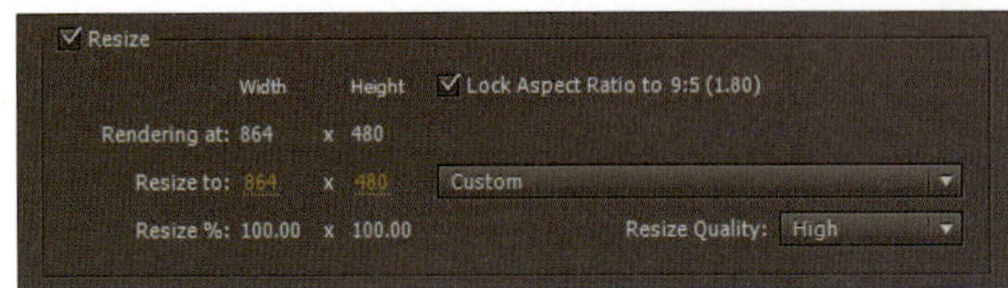

- **Rendering at :** 원래 크기의 [Composition] 패널을 나타내며, [Resize to]에서 사용자가 새롭게 설정할 크기를 입력합니다.

❾ **Crop :** 현재 [Composition] 패널의 크기에서 위(Top), 왼쪽(Left), 아래(Bottom), 오른쪽(Right)에 각각 수치를 입력하여 잘려나갈 픽셀을 정합니다. [Crop]에서 위쪽에 픽셀 행 하나를 더하고 아래쪽에서 행 하나를 빼서 동영상의 필드 순서를 변경할 수 있습니다.

❿ **Audio Output :** 오디오를 동영상과 함께 렌더링하기 위해서는 'Audio Output'을 체크하고 오디오 품질을 선택합니다. 오디오만 별도로 렌더링을 하고자 한다면 [Output Module Settings] 대화상자의 [Format]에서 'Wav', 'AIFF', 'MP3' 등을 선택하여 렌더링합니다.

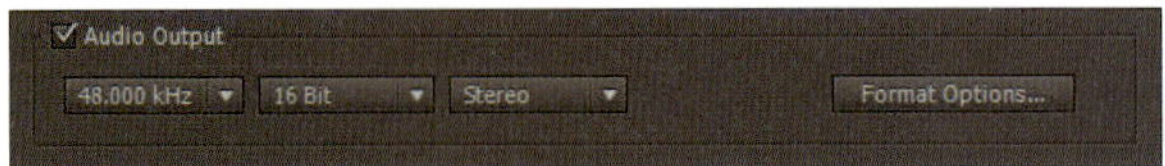

[Format Options] 단추를 클릭하면 대화상자가 나타나며 오디오를 어떠한 압축 형태로 만들 것인지를 설정할 수 있습니다. 각 옵션은 [Format]의 설정에 따라 다르게 나타납니다.

템플릿은 최종 결과물을 만들 때 여러 가지의 셋팅 값을 저장하는 기능을 담당합니다. 렌더링을 진행할 때마다 [Render Settings]과 [Output Module Settings]을 설정해야 하는 번거로움이 있습니다. 템플릿은 [Render Settings]과 [Output Module Settings]에 대한 설정을 사용자의 이름으로 저장하여 렌더링할 때마다 설정을 하지 않고 저장된 설정을 사용할 수 있도록 합니다. [Render Settings Templates] 대화상자에는 새로운 [Render Settings]을 설정하여 저장할 수 있는 명령들이 있습니다.

■ [Render Settings Templates] 대화상자

01. 템플릿의 설정을 위해 [Edit]–[Templates]–[Render Settings] 메뉴를 클릭하면 [Render Settings Templates] 대화상자가 나타납니다.

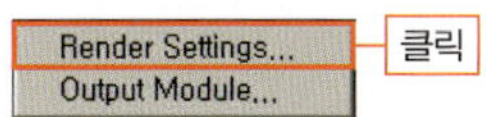

02. 템플릿을 새롭게 만들기 위해 먼저 [Settings]에서 [New] 단추를 클릭합니다. 각 단추들의 기능은 다음과 같습니다.

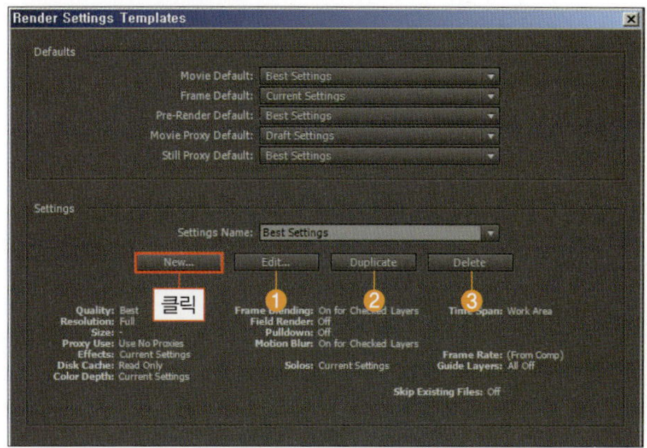

❶ [Edit] 단추 : 새롭게 만든 설정 값이나 기본으로 있던 설정 값을 변경할 수 있습니다.

❷ [Duplicate] 단추 : 같은 템플릿을 하나 더 만들어 줍니다.

❸ [Delete] 단추 : 선택된 템플릿을 지우는 역할을 합니다.

03. [Render Settings] 대화상자에 대한 설정을 할 수 있는 대화상자가 나타납니다. 설정을 마치고 [OK] 단추를 클릭합니다.

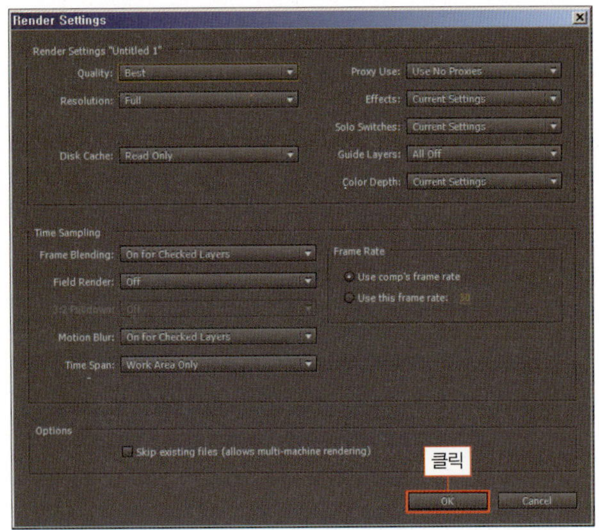

04. [Settings]의 [Settings Name]에서 템플릿의 이름을 사용자가 알아보기 쉬운 이름으로 입력하고 [OK] 단추를 클릭합니다.

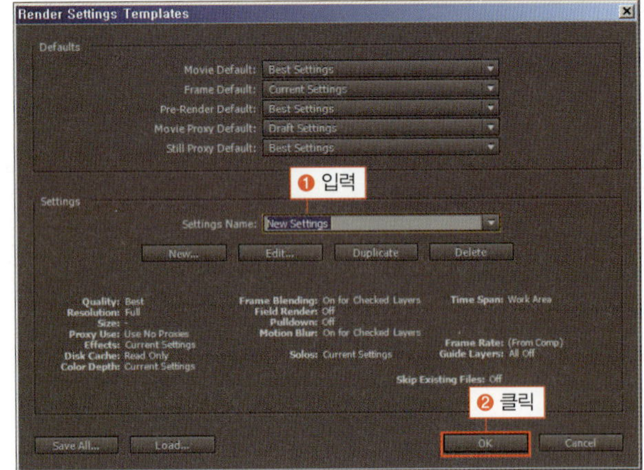

05. 렌더링에 대한 설정을 할 때 템플릿에서 저장한 설정을 사용하고 싶다면 [Render Settings]의 오른쪽에 있는 삼각형을 클릭합니다. 기본적인 설정들과 사용자가 저장한 설정 값이 나타납니다. 설정 값을 선택하면 기존에 사용자가 저장해 놓은 설정으로 변경됩니다.

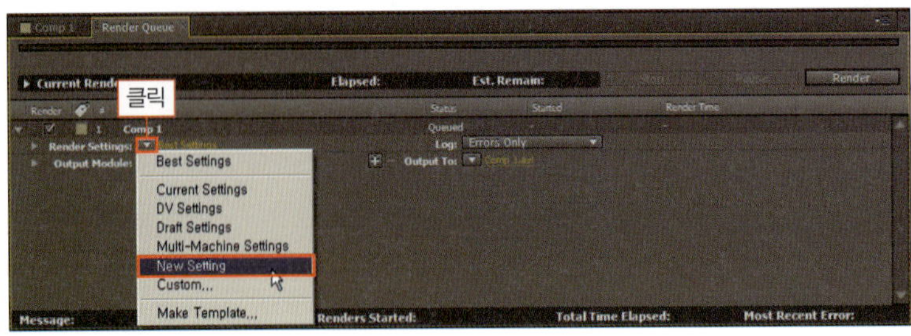

■ [Output Module Templates] 대화상자

01. [Edit]–[Templates]–[Output Module] 메뉴를 클릭합니다. [Render Settings] 대화상자에서의 생성 방법과 동일합니다. [New] 단추를 클릭하여 출력물의 방식이나 압축 형태 등의 여러 옵션을 설정하고 [OK] 단추를 클릭합니다.

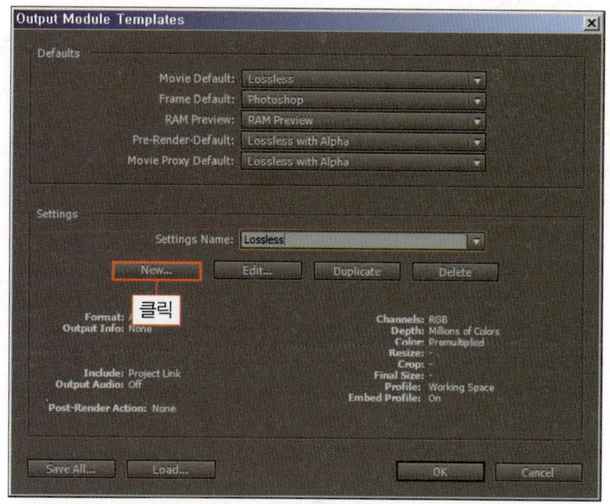

02. [Output Module]의 설정이 마무리되면 [Settings Name]에 템플릿 이름을 입력하고 [OK] 단추를 클릭합니다.

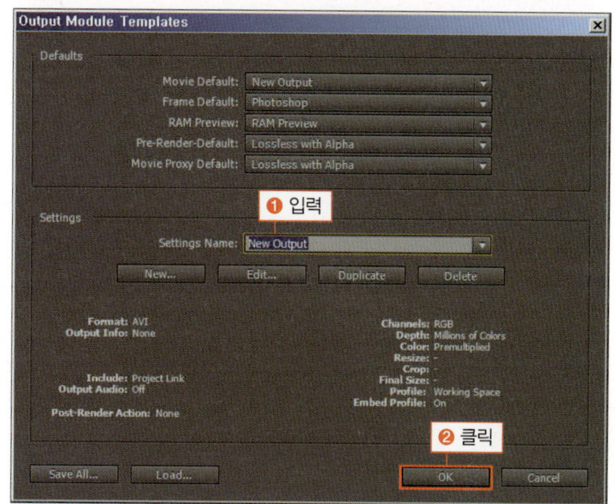

03. 새로운 템플릿의 아웃풋 모듈을 사용하려면 [Render Queue] 패널에서 [Output Module] 오른쪽 삼각형을 클릭하면 새롭게 저장된 [Output Module]과 기본 모듈을 볼 수 있습니다.

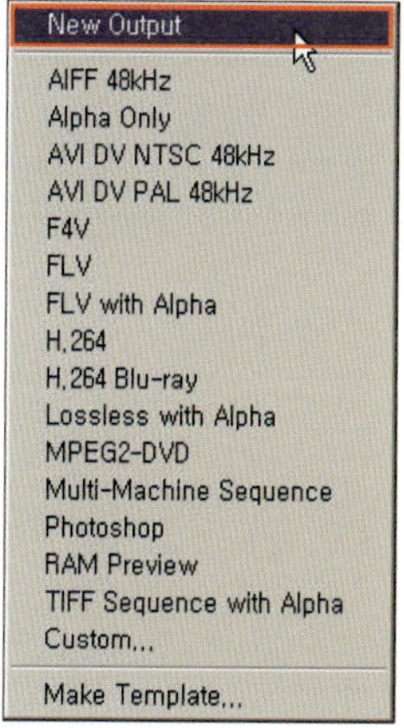

최종 결과물을 만들고자 할 때 동영상의 사이즈와 포맷을 다양하게 만들고 싶은 경우가 있습니다. 인터넷에 올릴 동영상 파일, CD, DVD, 비디오로 출력할 파일 등 여러 형태의 출력물이 필요한 경우가 있습니다. 이럴 때 'Output Module' 명령을 사용합니다.

01. [Project] 패널에서 렌더링하고자 하는 컴포지션을 선택하고 [Layer]-[Add to Render Queue](Ctrl + M) 메뉴를 클릭해 렌더링을 진행합니다.

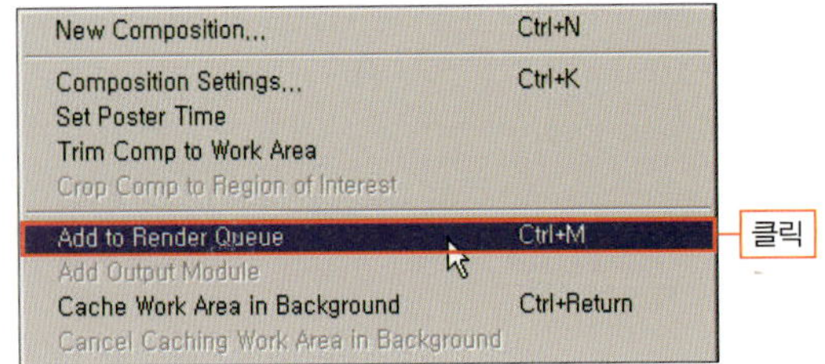

02. [Render Queue] 패널에 추가된 컴포지션을 선택하고 마우스 오른쪽을 클릭하여 [Composition]-[Add Output Module] 메뉴를 클릭합니다.

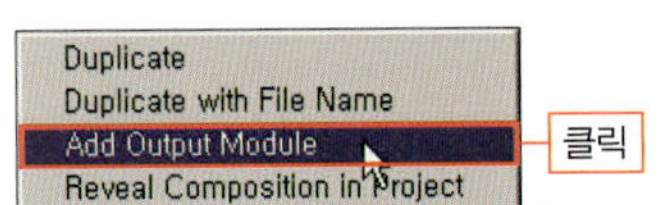

03. Output Module을 추가하는 다른 방법으로 [Render Queue] 패널에서 컴포지션의 'Output Module' 문자를 마우스 오른쪽 버튼으로 클릭해 'Add Output Module'을 선택하여 추가합니다.

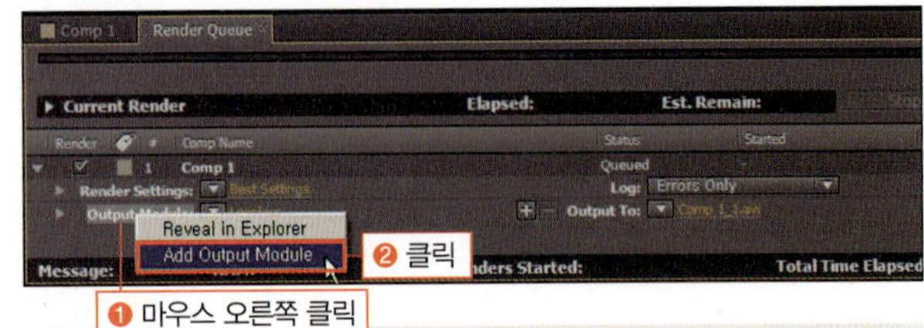

TIP : 'Reveal in Explorer'를 선택하면 렌더링된 결과물이 저장되는 위치의 폴더를 열어줍니다.

04. 'Output Module' 명령을 통해 여러 개의 출력 방식을 만들어 한 번의 렌더링 명령으로 여러 개의 결과물을 얻을 수 있습니다. [Add Output Module]을 선택하면 컴포지션의 아래쪽에 [Output Module]이 하나 더 생성됩니다. 추가된 모듈마다 포맷을 달리 설정합니다.

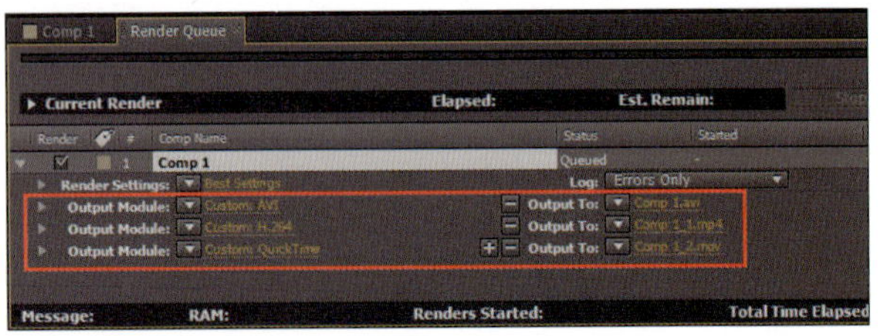

05. [Render Queue] 패널의 프로젝트에서 다른 컴포지션을 추가하여 렌더링을 한꺼번에 진행할 수 있습니다.

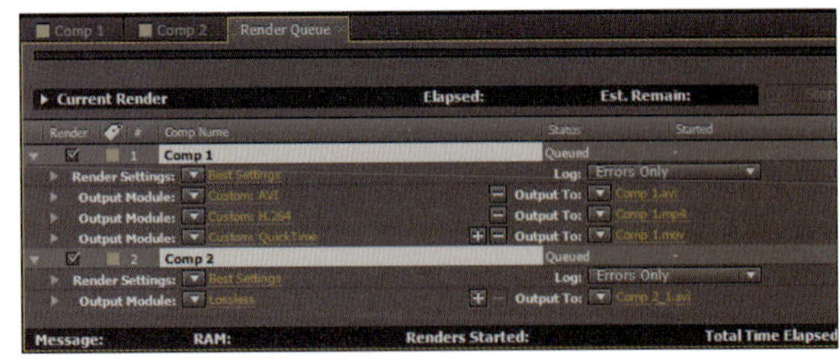

[Render Queue] 패널에서 [Render] 단추를 클릭하면 렌더링이 진행되고 경쾌한 음과 함께 렌더링이 마무리됩니다. 렌더링이 마무리되면 [Render Queue] 패널에 포함되어 있는 컴포지션이 비활성으로 변경되어 다시 렌더링을 할 수 없습니다.

01. 렌더링을 마친 그대로의 설정으로 다시 렌더링을 진행할 수 있습니다. 렌더링을 마친 컴포지션을 선택하고 [Edit]—[Duplicate](**Ctrl** + **D**) 메뉴를 클릭합니다. 렌더링이 마무리된 것과 동일한 설정의 컴포지션이 [Render Queue] 패널에 나타나고 새롭게 렌더링을 진행할 수 있습니다.

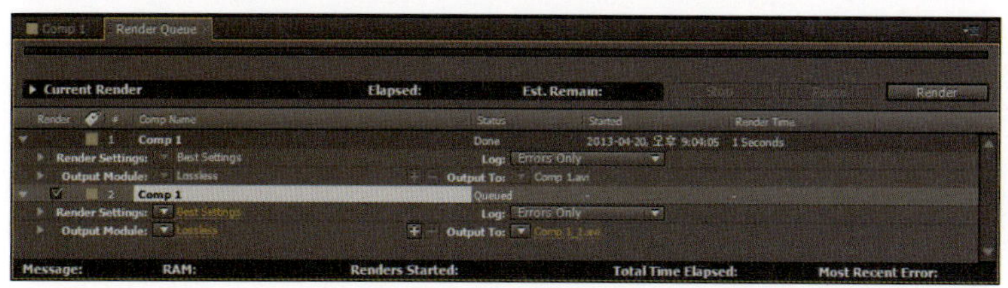

02. 다른 방법으로는 [Render Queue] 패널에 추가된 컴포지션을 선택하고 마우스 오른쪽 버튼을 클릭하여 렌더링을 복제할 수 있는 'Duplicate'를 선택해 사용할 수 있습니다.

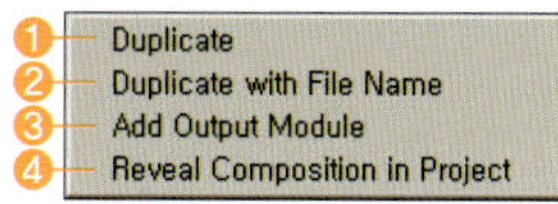

❶ **Duplicate :** 새롭게 렌더링할 때 최종 파일의 이름을 다른 이름으로 설정하여 렌더링합니다.

❷ **Duplicate with File Name :** 기존에 렌더링된 최종 파일과 동일한 이름으로 덮어씌워 렌더링을 진행합니다.

❸ **Add Output Module :** 컴포지션에 Output Module을 새롭게 추가합니다.

❹ **Reveal Composition in Project :** [Project] 패널에서 렌더링에 추가된 컴포지션을 찾아줍니다.

최종 결과물을 렌더링하는 동안 설정을 변경하고 싶을 때 렌더링을 일시정지하거나 정지시킬 수 있습니다. 또한 렌더링이 마무리되면 경쾌하게 들리는 소리를 자신만의 소리로 변경할 수도 있습니다. 하드 디스크의 공간이 부족하면 렌더링 작업이 일시정지되고, 추가 디스크 공간을 확보한 다음 렌더링을 다시 시작할 수 있습니다.

01. 렌더링을 일시정지하려면 [Render Queue] 패널에서 [Pause] 단추를 클릭합니다. 렌더링을 다시 시작하려면 [Continue] 단추를 클릭합니다.

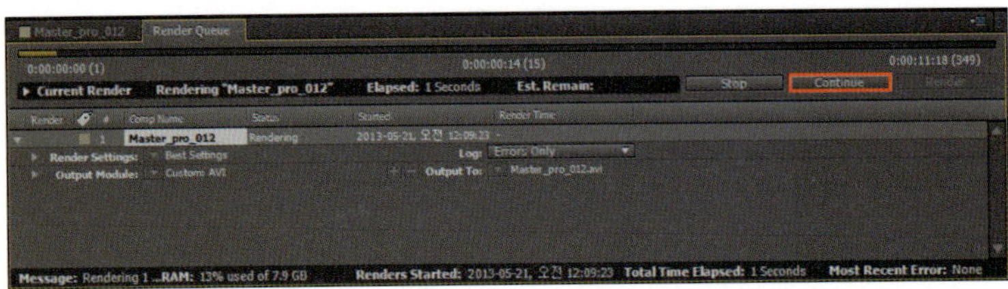

TIP : 렌더링이 일시 정지된 상태에서는 설정을 변경할 수 없습니다.

02. 지금 진행 중인 렌더링을 처음부터 다시 시작할 목적으로 렌더링을 정지하려면 **Alt** 를 누른 상태에서 [Stop] 단추를 클릭합니다.

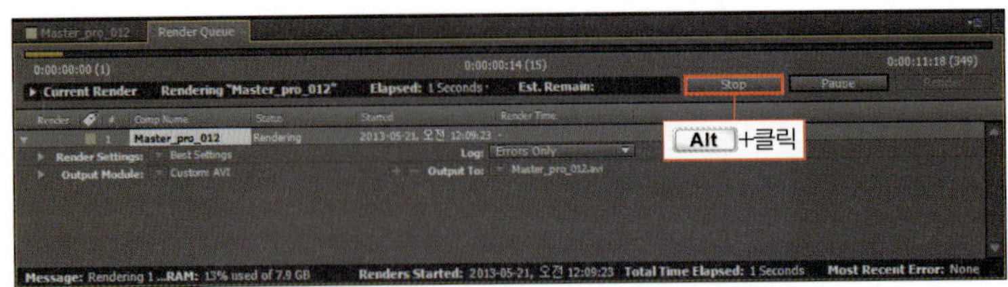

03. 렌더링이 끝나면 차임벨 소리가 경쾌하게 울리고, 렌더링 작업이 실패한 경우에는 염소 울음소리가 납니다. 애프터 이펙트의 'sounds' 폴더에서 'rnd_okay.wav' 파일이 렌더링 완료되었을 때, 'rnd_fail.wav' 파일은 렌더링이 실패했을 때 사용되며 파일을 바꿔 렌더링 완료 소리를 변경할 수 있습니다.

TIP : 'sounds' 폴더는 Program Files₩Adobe₩Adobe After Effects CS6(CC)₩Support Files에 위치해 있습니다.

애프터 이펙트를 실행하지 않고 애프터 이펙트에서 제작된 컴포지션을 미디어 인코더에서 직접 렌더링을 진행할 수 있습니다.

01. 미디어 인코더를 실행하고 [File]–[Add After Effects Composition] 메뉴를 클릭합니다.

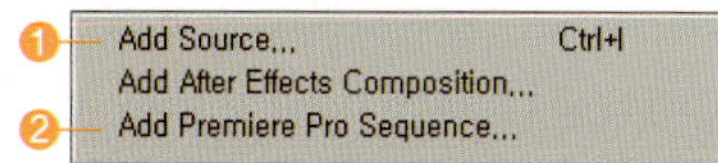

❶ **Add Source**(**Ctrl** + **I**) : avi, mov, wmv 등의 동영상 파일을 불러와 파일을 변환할 때 사용합니다.

❷ **Add Premiere Pro Sequence** : 동영상 편집 프로그램인 프리미어 프로에서 편집된 시퀀스를 불러와 동영상으로 렌더링할 때 사용합니다.

02. [File]–[Add After Effects Composition] 메뉴를 클릭하면 애프터 이펙트에서 제작한 프로젝트에서 렌더링할 컴포지션을 선택하는 대화상자가 나타납니다. 렌더링하고자 하는 컴포지션을 선택하고 [OK] 단추를 클릭합니다.

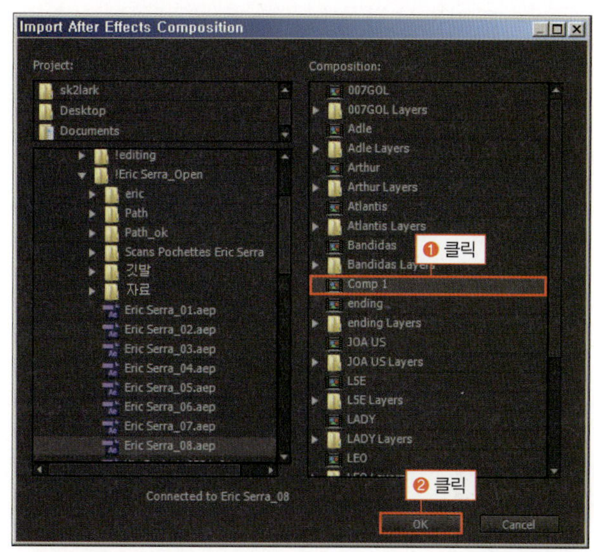

03. 미디어 인코더에 컴포지션이 추가되면 포맷이 설정된 문자를 클릭하거나 문자 왼쪽의 삼각형을 클릭해 원하는 포맷을 선택합니다.

TIP : 미디어 인코더는 다양한 포맷을 프리셋으로 제공하여 더욱 간편하게 동영상을 변환할 수 있습니다. 우측의 Vimeo, YouTube, Apple, Android 등에 대한 프리셋을 클릭하고 드래그하여 포맷에 드래그하면 프리셋이 그대로 적용됩니다.다양한 포맷의 결과물을 얻기 위해서는 다른 프리셋을 선택하고 더블클릭하거나, 클릭하고 기존 포맷의 아래쪽으로 드래그하면 됩니다.

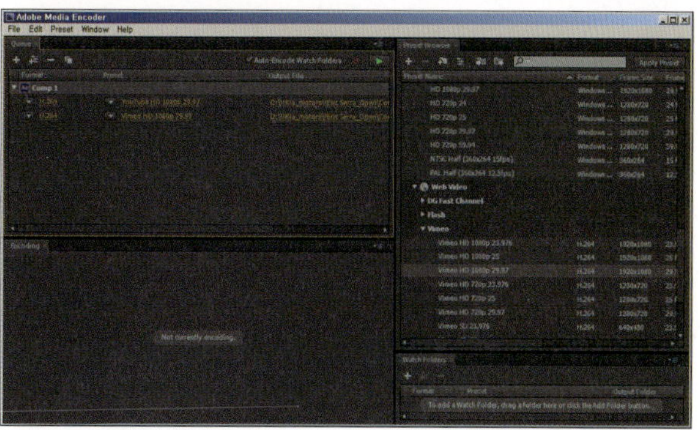

04. 모든 설정이 마무리 되면 [Start](▶)를 클릭하여 렌더링을 진행하고, [Stop](■)을 클릭하여 렌더링의 진행 상태를 멈출 수 있습니다. 렌더링이 진행되는 동안 [Start](▶)는 [Pause](❙❙)로 변경되고 렌더링을 일시정지할 때 사용합니다.

네트워크 렌더링은 프로젝트 및 소스 파일을 네트워크로 연결된 폴더에 복사한 다음 프로젝트를 렌더링하는 작업을 말합니다. 'Watch Folder' 명령을 사용하지 않으면 동영상으로 렌더링할 수는 없고 시퀀스 이미지로 렌더링을 진행합니다. 네트워크 렌더링은 'Collect Files' 명령과 함께 사용되며, 데이터를 모으는 과정에서 네트워크 렌더링에 대한 옵션들을 체크해야 합니다. 네트워크 렌더링은 시간이 많이 걸리는 렌더링을 네트워크로 여러 컴퓨터가 하나의 프로젝트를 렌더링하는 방식입니다. 네트워크 렌더링은 컴퓨터가 2대 이상 네트워크로 연결되어 있어야 가능합니다. 2대 이상의 컴퓨터를 이용해 하나의 프로젝트를 렌더링하는 방식으로 렌더링의 속도가 컴퓨터의 연결 대수만큼 빠르게 진행됩니다.

01. 네트워크 렌더링을 위해 다음을 체크합니다.

01 애프터 이펙트가 설치된 컴퓨터 이외의 컴퓨터에 애프터 이펙트, 또는 애프터 이펙트 렌더 엔진이 설치되어 있어야 합니다.

02 렌더 엔진은 정식 버전의 응용 프로그램과 같은 방식으로 설치하지만 활성화되지는 않습니다. 렌더 엔진은 'Adobe After Effects CS6(CC)' 폴더의 'Adobe After Effects Render Engine'을 실행해 사용할 수 있습니다.

03 네트워크 렌더링을 위한 모든 컴퓨터에 프로젝트에 사용된 모든 글꼴, 이펙트 및 코덱을 설치합니다.

02. 프로젝트에 'Add To Render Queue' 명령을 적용하기 위해 [Timeline] 패널을 선택하고 [Composition]–[Add To Render Queue](Ctrl + M) 메뉴를 클릭합니다.

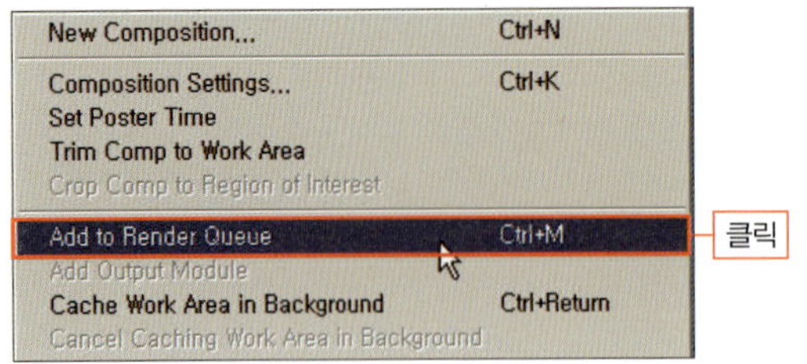

03. 'Add To Render Queue' 명령을 적용하면 다음과 같이 렌더링을 할 수 있는 [Render Queue] 패널이 나타납니다.

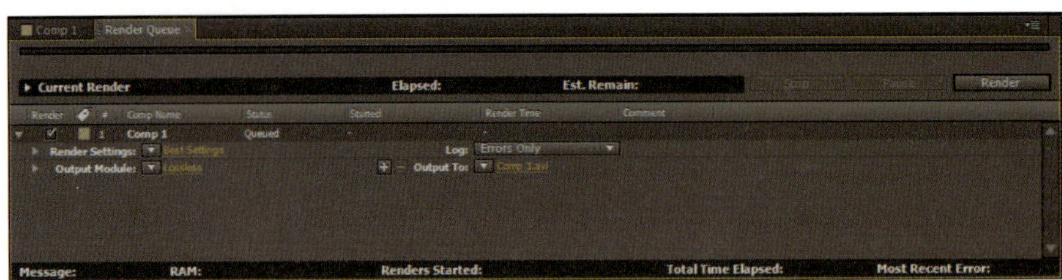

04. [Render Queue] 패널에 추가된 컴포지션의
[Output Module] 오른쪽의 [Lossless]를 클릭하면
[Output Module Settings] 대화상자가 나타납니다.
네트워크 렌더링을 위해 대화상자의 [Format]에서
시퀀스로 렌더링을 할 수 있도록 jpeg 시퀀스나
그 외에 다른 시퀀스 포맷을 선택하고 [OK] 단추
를 클릭합니다. 이미지 시퀀스 파일로 만들 때 오
디오 파일은 체크할 수 없습니다. 오디오는 동영
상 파일로 만들 때나 오디오 파일만을 렌더링할
때 사용할 수 있습니다.

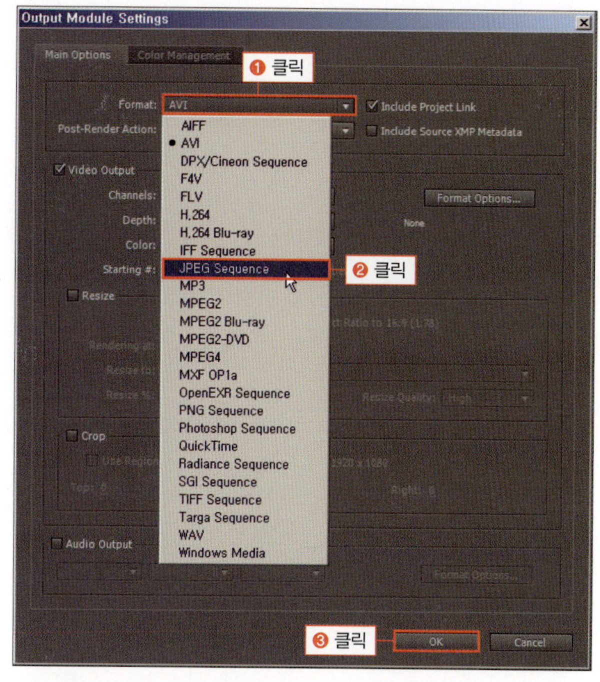

05. 이번에는 [Render Settings]의 대화상자가
나타나도록 [Render Queue] 패널에서 [Current
Settings]을 클릭합니다. 대화상자에서 [Options]의
'Skip existing files(allows multi-machine rendering)'
을 체크합니다. 이것은 여러 대의 컴퓨터가 렌더
링을 진행할 때 이미 렌더링된 파일은 다시 렌더
링하지 않고 다음 프레임을 렌더링하도록 합니다.
[OK] 단추를 클릭합니다.

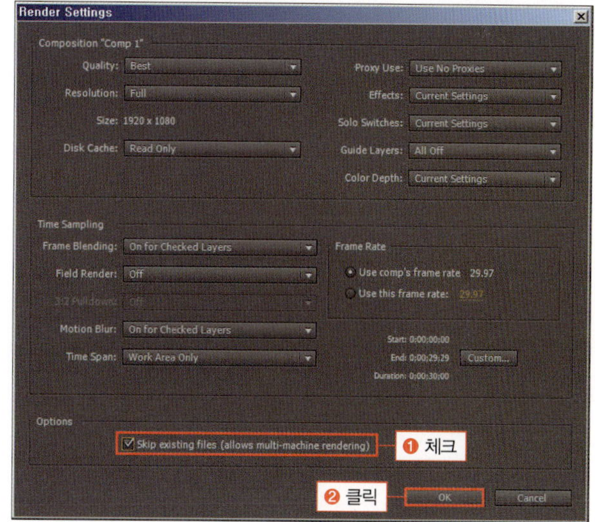

06. 다음은 [Output To]의 오른쪽에 위치한 파일
의 이름을 클릭하고 렌더링된 이미지 시퀀스 파
일이 저장된 위치를 선택합니다. 파일의 이름과
위치를 선택하고 [저장] 단추를 클릭합니다.

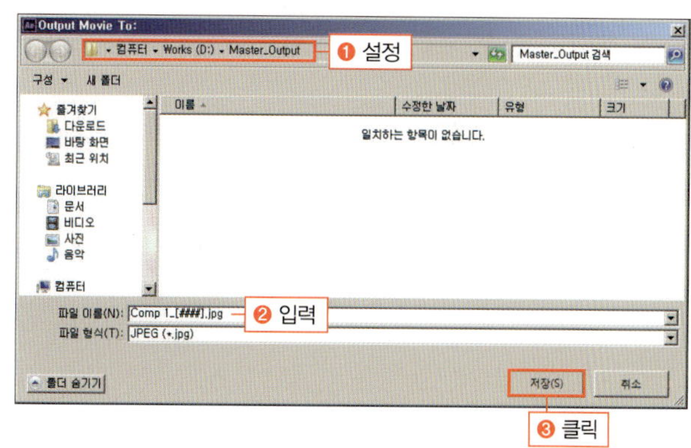

07. 네트워크 렌더링을 위해 'Collect Files' 명령을 사용해 프로젝트와 파일을 하나의 폴더에 복사합니다. [File]–[Collect Files] 메뉴를 클릭합니다. [Collect Source Files]은 'For All Comps'를 선택하고, 'Change render output to'를 체크하여 렌더링될 폴더의 이름을 변경하거나 그대로 사용합니다. 'Enable 'Watch Folder' render'를 체크하고 네트워크로 렌더링할 컴퓨터의 대수를 입력하고 [Collect] 단추를 클릭합니다.

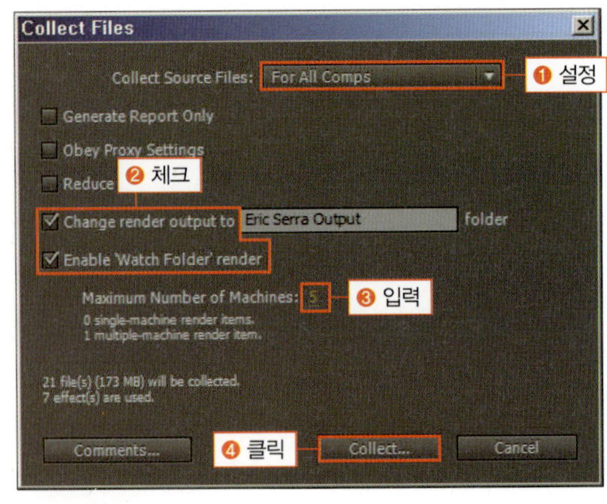

08. 저장할 위치를 묻는 대화상자가 나타납니다. [파일 이름]에는 새롭게 만들 폴더의 이름을 입력하고 [저장] 단추를 클릭하면 입력한 '파일 이름' 폴더에 프로젝트 파일과 소스 파일들이 복사됩니다. 모든 파일의 복사가 마무리되면 애프터 이펙트는 기존의 프로젝트는 닫고 새롭게 복사된 프로젝트 파일을 불러옵니다.

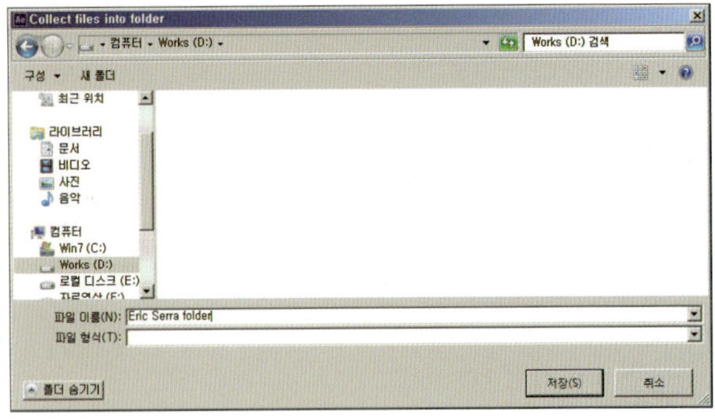

09. 다음과 같이 하나의 폴더에 프로젝트 파일과 소스 파일, 그리고 프로젝트에 대한 정보를 담고 있는 '.txt' 파일이 폴더에 복사됩니다.

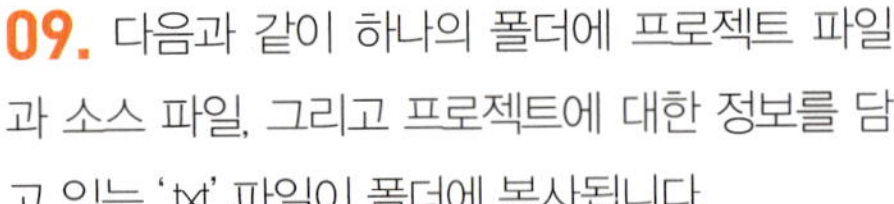

10. 이제 네트워크 렌더링을 위한 모든 준비가 마무리되었습니다. 파일이 모두 들어있는 폴더에서 마우스 오른쪽 버튼을 클릭하고 '속성'을 선택합니다. [속성] 대화상자에서 [공유] 탭을 클릭하고 [네트워크 공유 및 폴더 공유]에서 [공유] 단추를 클릭하고 'Everyone'과 'Guest'를 추가하여 모두 읽기와 쓰기가 가능하도록 설정하고 [공유] 단추를 클릭합니다.

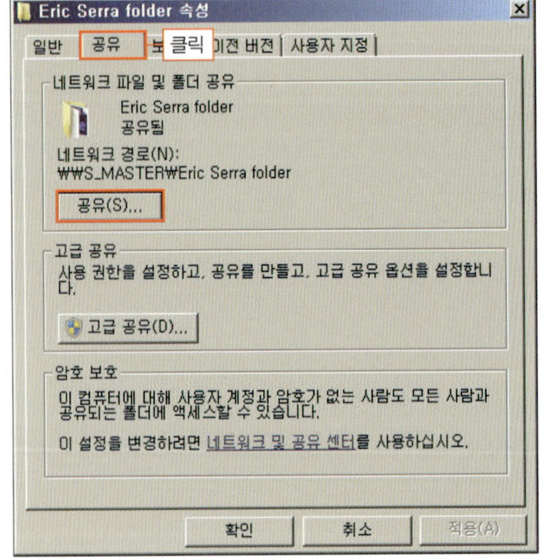

11. 폴더를 공유하는 것은 다른 컴퓨터에서 폴더에 접근해 파일을 가져가 렌더링을 할 수 있도록 합니다. 윈도우7에서 [제어판]─[네트워크 및 공유 센터]─[고급 공유 설정 변경]을 클릭하고 아래쪽의 암호로 보호된 공유를 '암호 보호 공유 끄기'로 설정해야 네트워크에서 접속이 원활합니다. [변경 내용 저장] 단추를 클릭합니다.

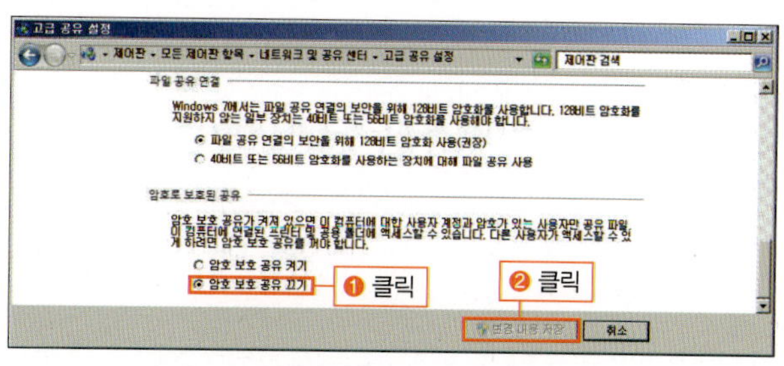

12. 자신의 컴퓨터에서 프로젝트를 실행합니다. 이제 네트워크로 연결된 컴퓨터에서 프로젝트를 불러 가면 됩니다. 여기서 네트워크로 연결된 컴퓨터를 제2의 컴퓨터라 하겠습니다. 제2의 컴퓨터에서 애프터 이펙트, 또는 애프터 이펙트 렌더 엔진을 실행합니다. 애프터 이펙트는 전체 프로그램의 설치와 일부 렌더링에 관련된 렌더 엔진을 설치할 수 있습니다. 제2의 컴퓨터에서 네트워크 상 제1의 컴퓨터에 있는 공유된 폴더를 선택합니다. 공유된 폴더의 바로 하위에 프로젝트 파일이 존재해야 합니다. 그렇지 않으면 파일을 찾을 수 없습니다.

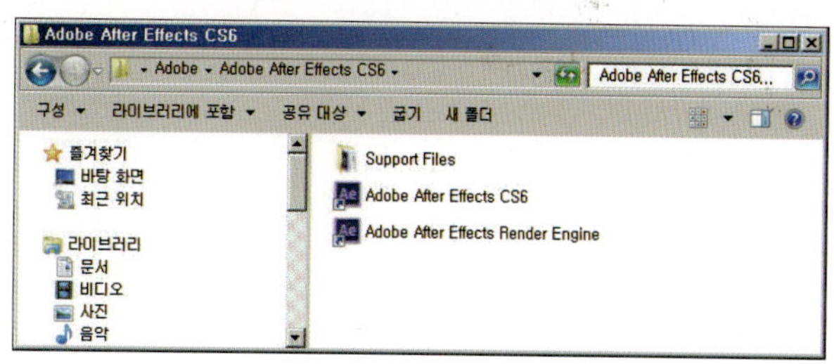

> **문제해결** 사용하고 있는 네트워크가 큰 파일을 전송할 수 없을 정도로 느리다면 프로젝트 파일과 모든 소스를 제2 컴퓨터에 복사하여 렌더링을 진행하시기 바랍니다.

13. 제2의 컴퓨터에서 네트워크 상의 제1의 컴퓨터에서 프로젝트 파일을 선택하고 실행합니다.

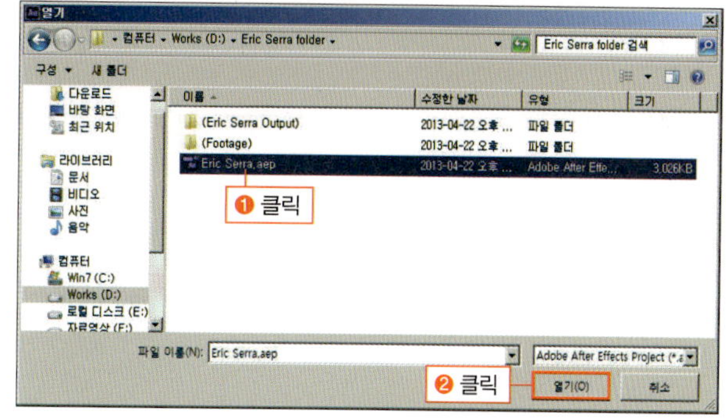

14. 프로젝트의 [Render Queue] 패널 오른쪽 아래에 있는 [Output To]에서 다시 한 번 네트워크에서 렌더링될 파일이 저장될 위치, 즉 제1의 컴퓨터에서 설정한 렌더링될 위치로 지정해 줍니다. 여기서 제1의 컴퓨터와 제2의 컴퓨터가 렌더링하는 위치는 같은 곳으로 지정되어야 합니다. 위치를 설정했으면 [저장] 단추를 클릭하여 저장합니다.

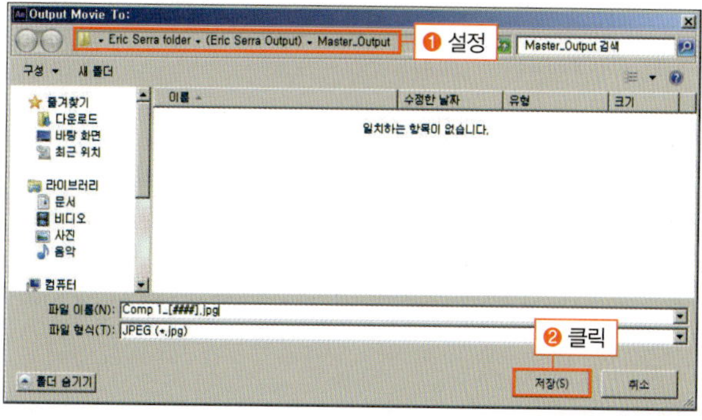

15. 이제 모든 설정이 마무리되었습니다. [Render Queue] 패널에서 [Render] 단추를 클릭하여 렌더링을 진행하면 됩니다. 2개의 컴퓨터가 동시에 렌더링을 시작하지 않아도 무관합니다. 각 시스템이 하나의 프레임을 렌더링할 때마다 애프터 이펙트는 아직 렌더링되지 않은 프레임을 찾아 렌더링을 시작합니다. 렌더링되는 동안 어떠한 시스템이든 멈추거나 다시 진행할 수 있습니다. 네트워크로 렌더링을 진행하는 모든 컴퓨터는 제1 컴퓨터의 공유 폴더에 렌더링하는 모든 이미지를 저장하게 됩니다.

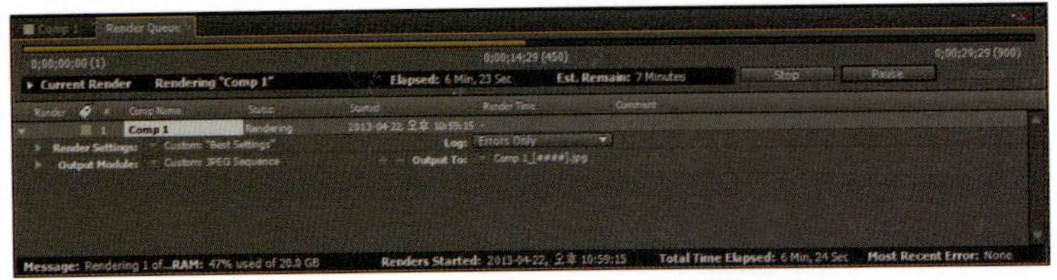

16. 공유 폴더에 최종으로 렌더링된 파일은 그림과 같이 일련번호를 가지고 있는 시퀀스 이미지 파일로 렌더링됩니다.

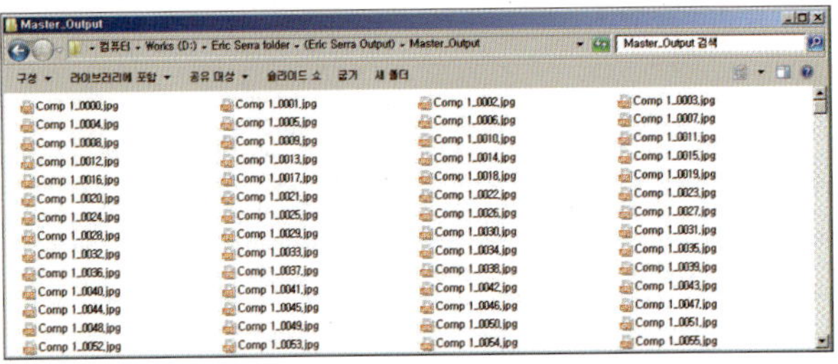

오디오 파일도 비디오 파일과 동일하게 렌더링 과정을 거칩니다. 단지 오디오는 비디오와 함께 렌더링 되거나 오디오만 별도로 출력하기도 합니다.

01. 애프터 이펙트를 실행하고 프로젝트에서 오디오를 추출한 컴포지션을 활성화 시킵니다. [Composition] 패널에 오디오 파일이 존재하는지 를 확인하고 [Audio](🔊)가 체크되어 있는지 확인 합니다.

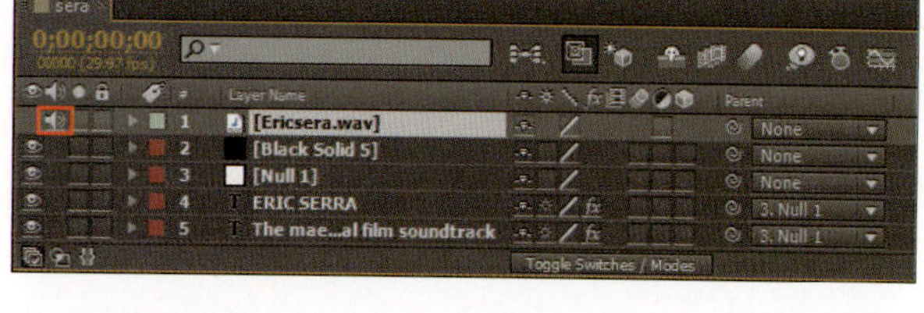

02. 오디오 추출을 위해 [Composition]–[Add to Render Queue](Ctrl + M) 메뉴를 클릭합니다. [Render Queue] 패널에서 Ouput Module 설정을 변경합니다. [Ouput Module Settings] 대화상자에 서 [Format]을 'WAV'로 변경하면 [Video Output]이 비활성으로, [Audio Output]이 활성화됩니다. 오디 오에 대한 설정을 선택하고 [OK] 단추를 클릭합 니다.

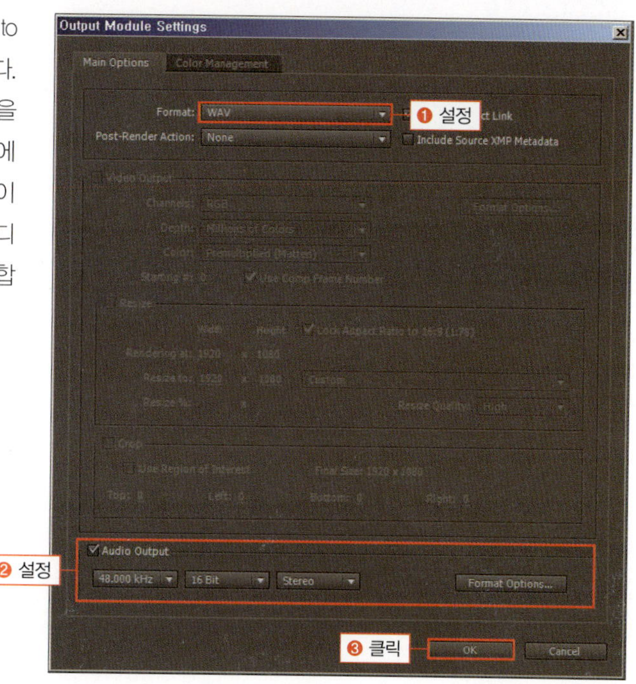

03. [Output To]에서 저장할 위치와 오디오 파일명을 지정하고 저장합니다. 설정이 마무리되면 [Render] 단추를 클 릭하여 렌더링을 마무리합니다. 오디오 추출은 'wav' 파일, 또는 'aiff' 파일로 만들 수 있으며, 동영상 파일에서 'Video Output'의 체크를 해지하여 비활성으로 바꾸고 오디오만을 렌더링할 수도 있습니다.

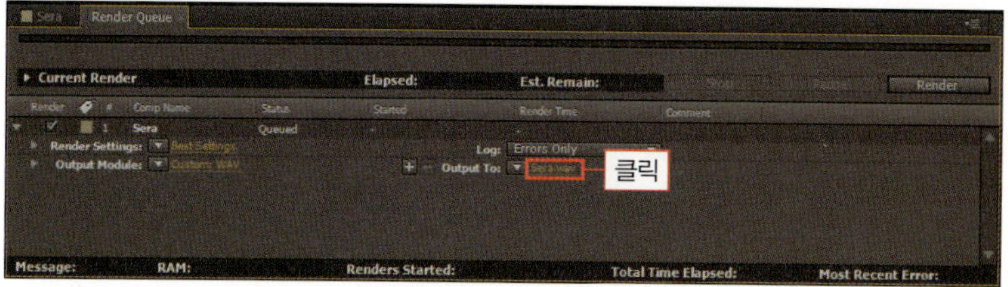

애프터 이펙트는 환경 설정을 통해 다양한 기능들을 함께 사용할 수 있도록 합니다. 여기서는 다른 장에서 설명되지 않는 몇 가지 환경 설정에 대해 알아보도록 합니다.

기초탄탄 ▶ 환경 설정의 초기화

■ 초기 설정으로 환경 되돌리기

애프터 이펙트를 사용하다 보면 환경 설정이 변경되어 제대로 작업이 이뤄지지 않는 경우들이 있습니다. 다른 사용자가 환경을 바꿔 당황하는 경우도 발생합니다. 이런 경우 사용자가 환경 설정을 쉽게 변경할 수도 있지만 어떠한 설정이 변경되었는지 모를 때가 있습니다.

애프터 이펙트의 환경 설정을 변경하기 위해서는 [Edit]-[Preferences]-[General](**Ctrl** + **Alt** + **;**) 메뉴를 클릭하면 [Preferences] 대화상자가 나타납니다. 일반적으로 사용되는 환경을 변경할 수 있습니다.

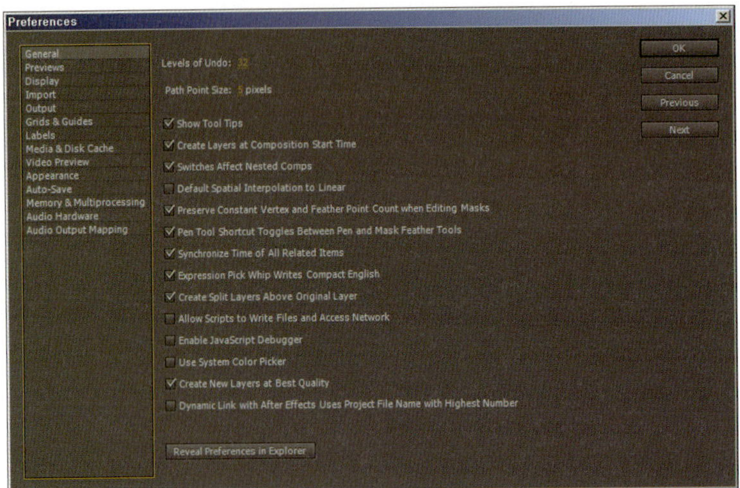

애프터 이펙트가 설치된 초기 상태의 환경으로 되돌리기 위해 애프터 이펙트를 시작하는 동안 **Ctrl** + **Alt** + **Shift** 를 누르면 됩니다. 애프터 이펙트가 실행되면 초기 설치된 환경 설정으로 복원됩니다.

[Import] 환경 설정은 [Timeline] 패널에 만들어지는 레이어에 관련된 설정과 불러오는 파일에 대한 설정을 변경할 수 있습니다.

■ 파일을 불러올 때의 환경 설정

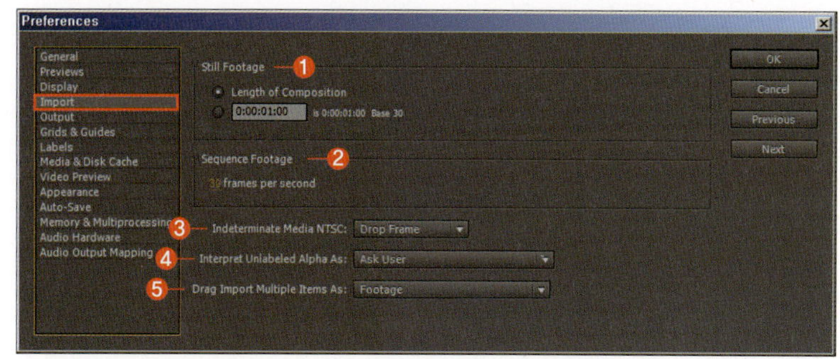

❶ Still Footage : 'Length of Composition'은 [Timeline] 패널에 생성된 전체 시간만큼 레이어의 길이가 나타나도록 합니다. 예로 컴포지션의 전체 시간이 3초면 이미지 레이어의 길이도 3초로 만들어집니다. 바로 아래 내용은 시간을 설정하여 불러온 이미지 레이어의 시간을 지정합니다.

❷ Sequence Footage : 초당 몇 프레임을 사용하여 시퀀스 이미지를 불러올 것인지를 결정합니다.

❸ Indeterminate Media NTSC : 확실하지 않은 미디어 NTSC에 대해 드롭 프레임(Drop Frame), 또는 넌 드롭 프레임(Non-Drop Frame)을 선택할 수 있습니다. 불러오는 미디어에 시간 코드 값이 없거나 이를 알 수 없는 스틸 이미지 시퀀스 등을 가져올 때 어떤 방식으로 적용할지를 선택합니다.

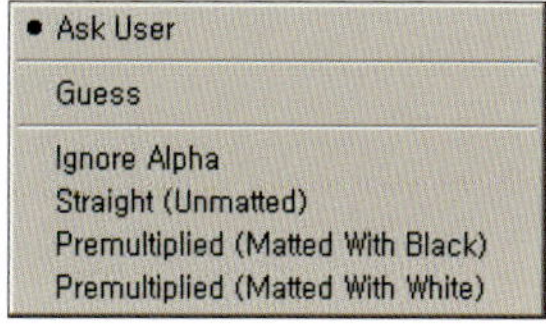

❹ Interpret Unlabeled Alpha As : 알파 패널을 포함한 파일을 불러올 때 어떻게 처리할 것인지를 결정합니다. 일반적으로 'Ask User'가 선택되어 있어 불러올 때 사용자가 결정하도록 합니다.

❺ Drag Import Multiple Items As : 여러 개의 이미지 소스를 마우스로 드래그하여 [Project] 패널로 불러올 때 이미지를 어떠한 방식으로 가져올 것인가를 선택합니다. 마우스로 파일을 [Project] 패널로 드래그 할 때 일반적으로 jpg 이미지와 같이 레이어가 없는 경우는 Footage로 불러와 지고, 'psd' 파일과 같이 레이어가 존재하는 파일은 드래그하면 어떠한 방식을 사용할 것인지 대화상자가 나타납니다.

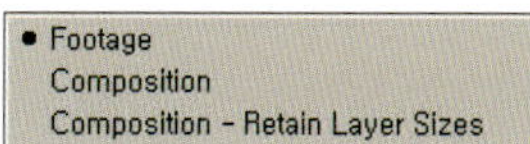

작업을 진행하다가 갑자기 프로그램이 종료되어 프로젝트를 새로 진행해야하는 경우가 있습니다. 이런 경우 시간을 설정하여 자동으로 저장하도록 설정하면 저장된 프로젝트로 진행할 수 있습니다.

01. 프로젝트 사본을 다른 이름으로 저장하거나 다른 위치에 저장하려면 [File]-[Save a Copy] 메뉴를 클릭합니다. [Save a Copy]는 열려 있는 프로젝트의 원래 이름과 저장 위치가 그대로 유지되고 새로운 설정을 사용하여 사본이 만들어지지만 열리지는 않습니다.

02. 프로젝트 사본을 정기적으로 자동 저장하려면 [Edit]-[Preferences]-[Auto-Save] 메뉴를 클릭합니다. 'Automatically Save Projects'를 체크하면 프로젝트가 자동으로 저장됩니다.

03. 자동 저장된 파일은 원본 프로젝트 파일과 같은 폴더에 있는 'Adobe After Effects Auto-Save' 폴더에 저장됩니다. 자동 저장된 파일 이름은 '프로젝트 이름 auto-save n'으로 생성되며, 'n'은 자동으로 저장되는 번호입니다. 'Maximum Project Versions'에서는 저장할 각 프로젝트 파일의 개수를 지정하며, 최대 프로젝트 개수가 최대 값에 도달하면 가장 오래된 파일부터 덮어쓰기 합니다.

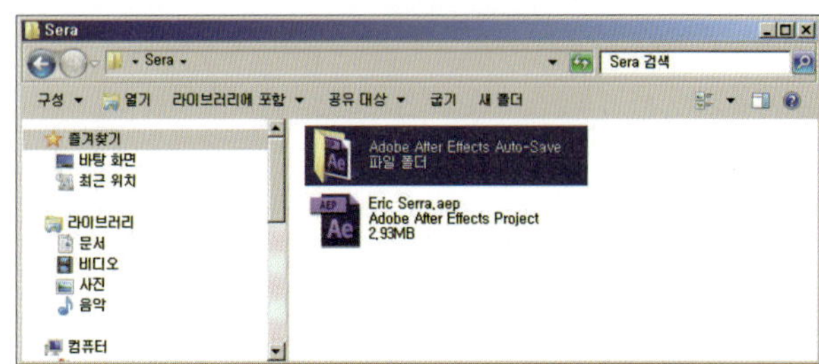

애프터 이펙트에서 작업 중인 파일의 영상을 외부 모니터와 연결해 현재 작업 상태를 확인하며 작업을 진행할 수 있습니다. 컴퓨터에서 외부 모니터로 화면을 출력하기 위해서는 최소한 DV 캡처 카드와 DV 케이블, DV 데크, 또는 카메라가 있어야 합니다. 1394 인터페이스의 특징은 하나의 케이블을 이용해 비디오, 오디오, 타임코드, 디바이스 컨트롤(컴퓨터에서 캠코더나 VCR을 조작) 등의 모든 정보를 양방향으로 전달할 수 있다는 것입니다. 1394 케이블은 일반적으로 6핀을 컴퓨터의 DV 카드에 연결하고 4핀은 데크에 연결하여 화면을 캡처하거나 프리뷰할 수 있습니다. 하나의 케이블로 입력과 출력을 지원하고 비디오와 오디오를 하나의 케이블로 연결하여 사용합니다.

01. 애프터 이펙트를 실행하고 [Edit]–[Preferences]–[Video Preview] 메뉴를 클릭합니다.

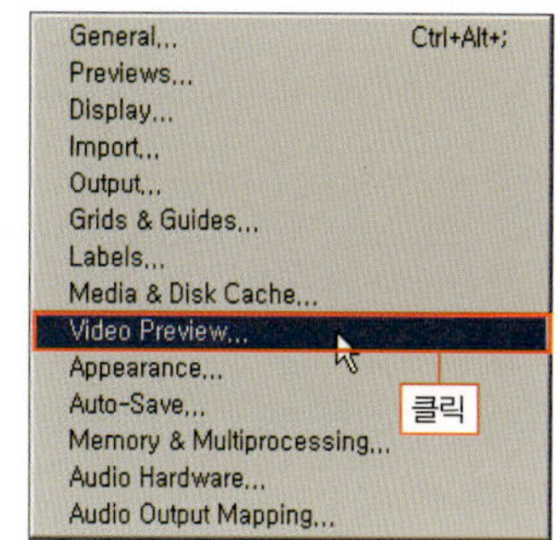

02. [Edit]–[Preferences]–[Video Preview] 메뉴를 클릭하면 [Preferences] 대화상자에서 [Output Device]를 설정할 수 있습니다. 컴퓨터에서만 모니터를 확인할 수 있는 상태를 외부 출력을 위해 컴퓨터에서 지원하는 'IEEE 1394(OHCI Compliant)'를 선택합니다.

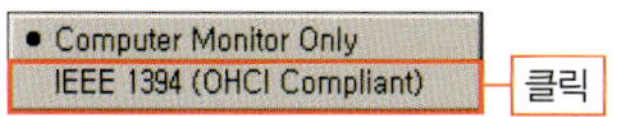

03. DV 캡처 카드가 컴퓨터에 장착되어 있다면 다음과 같이 [Output Device]에서 'IEEE 1394(OHCI Compliant)'를 선택할 수 있습니다. [Output Mode]는 'IEEE 1394 NTSC'로 설정하고 [Output Quality]는 'Faster'를 선택합니다. [Output During]의 'Previews' 체크가 해지되었을 때 프리뷰 화면이 컴퓨터 모니터에는 나타나지 않고 외부 모니터로 출력됩니다.

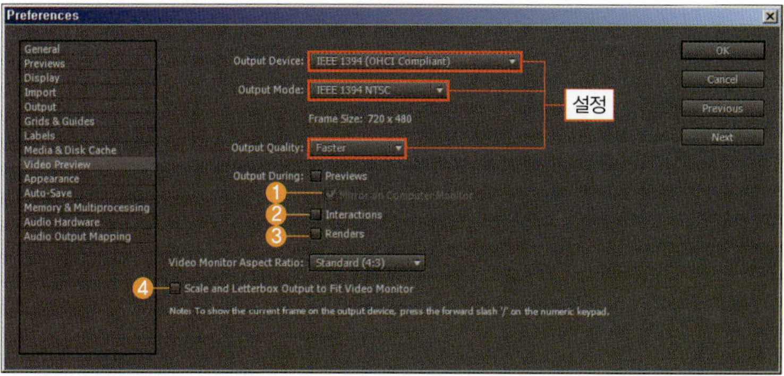

❶ **Mirror on Computer Monitor** : 'Previews'가 체크된 상태에서 프리뷰 화면을 컴퓨터 모니터와 외부 모니터에서 동시에 출력되도록 합니다.

❷ **Interactions** : [Timeline] 패널에서 타임마커를 움직이거나 [Composition] 패널에서 레이어를 움직일 때 컴퓨터 모니터와 외부 모니터에 현재의 상황이 프리뷰되도록 합니다.

❸ **Renders** : [Render Queue] 패널을 통해 렌더링이 진행되는 상황을 컴퓨터 모니터와 외부 모니터에 출력되도록 합니다.

❹ **Scale and Letterbox Output To Fit Video Monitor** : 만약 현재 진행 중인 프로젝트의 화면 사이즈가 방송 규격이 아닐 경우 체크하게 되면 외부 모니터에 가득 차도록 화면을 채워 줍니다. 물론 외부 모니터 화면에 채우는 방법은 프로젝트의 화면 비율에 의해 채워지게 됩니다.

04. [Video Monitor Aspect Ratio]는 'Standard(4:3)'을 선택합니다. 작업의 형태에 따라 화면의 비율을 설정하면 됩니다. 모든 설정이 마무리되면 [OK] 단추를 클릭하고 외부 모니터에 출력 상태를 확인할 수 있습니다.

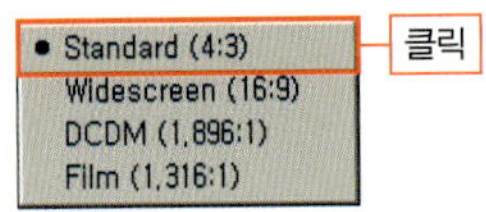

세그먼트의 설정은 파일의 개수나 동영상의 용량을 제한하여 사용자의 필요에 따라 사용할 수 있습니다.

01. 세그먼트 설정은 [Edit]–[Preferences]–[Output] 메뉴를 클릭해서 변경할 수 있습니다. 애프터 이펙트는 파일 수 또는 파일 크기로 제한되는 세그먼트로 시퀀스와 동영상 파일을 렌더링할 수 있습니다. 이는 파일, 또는 폴더 크기가 650MB 이하로 제한되어야 하는 CD-ROM과 같은 미디어를 사용할 때 유용하게 사용됩니다.

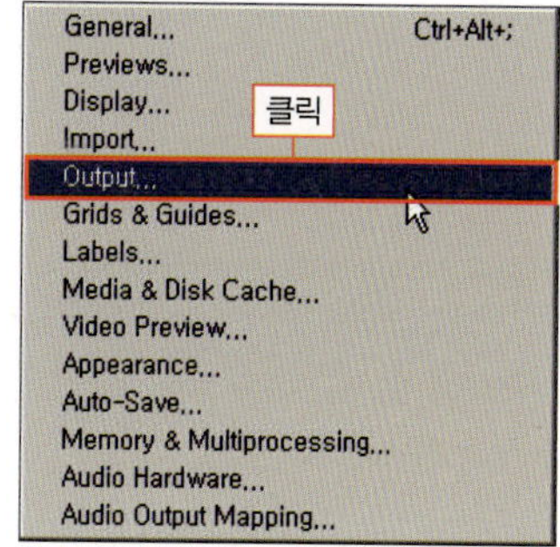

02. 최대 세그먼트 크기(MB)를 제한하려면 'Segment Video-only Movie Files At xxMB'에서 사용할 용량을 설정하고, 폴더의 최대 스틸 이미지 파일 수를 제한하려면 'Segment Sequence At xxFiles'에서 파일의 개수를 입력하면 됩니다.

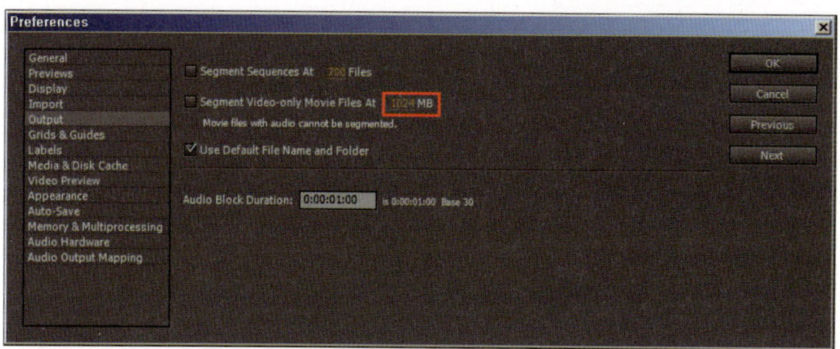

TIP : Use Default File Name and Folder

체크되어 있으면 [Render Queue] 패널에 추가된 모든 컴포지션의 이름이 출력될 파일 이름으로 자동 지정됩니다. 컴포지션을 2번 이상 렌더링하면 파일 이름에 숫자가 추가됩니다. 출력될 이름은 사용자가 구별하기 쉬운 이름으로 변경할 수 있습니다.

■ 최종 파일을 출력하는 렌더링 `494P`

애프터 이펙트는 [Render Queue] 패널을 통해 모든 렌더링 과정을 진행합니다. 기본적으로 동영상을 출력하고, [Timeline] 패널의 레이어를 포토샵 레이어와 동일하게 출력할 수 있고, 이미지 1장만을 렌더링하거나, 오디오만을 출력할 수 있습니다. 애프터 이펙트는 다양한 출력 포맷을 지원하며, 미디어 인코더를 통해 더욱 쉽고 간단하게 출력물에 대한 설정을 할 수 있습니다.

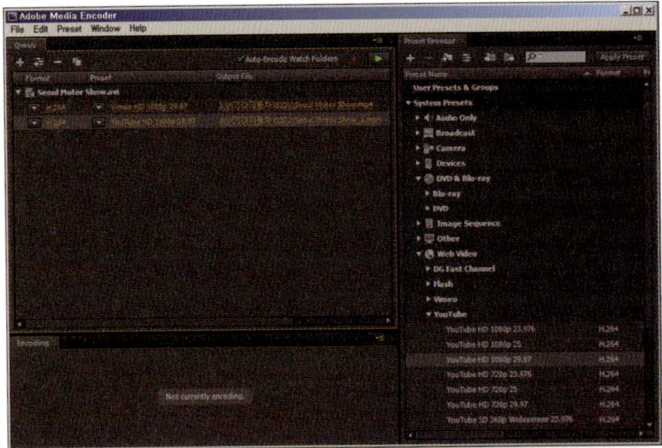

■ 환경 설정 `524P`

애프터 이펙트는 사용자를 위한 다양한 환경 설정 메뉴가 있습니다. 기본으로 설정된 환경을 바꾸고자 할 때는 [Edit]– [Preferences] 메뉴를 클릭하면 됩니다. 소프트웨어의 성능 향상을 위해 메모리와 CPU, 캐시 등을 변경할 수 있고, 사본 저장, 이미지와 동영상 불러오기 위한 환경, 외부 모니터 출력, 세스먼트 설정 등 사용자를 위한 다양한 내용이 포함되어 있습니다.

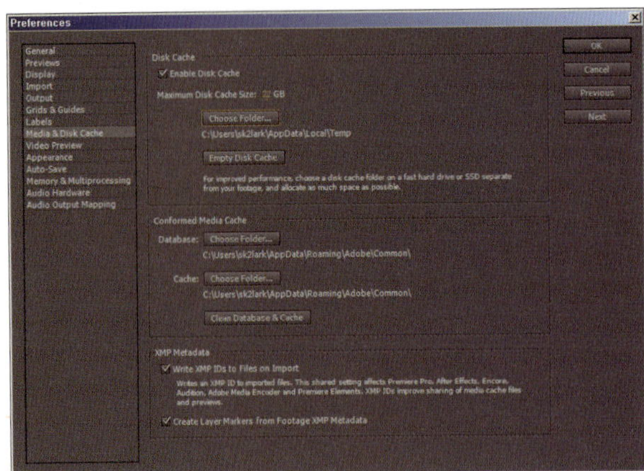

01 프로젝트를 'wmv' 동영상으로 렌더링해 봅니다.

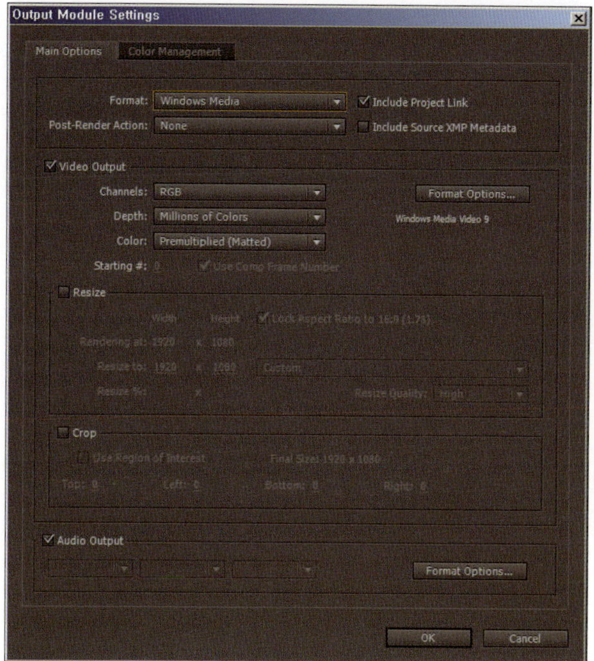

HINT

1. 제작이 완료된 프로젝트를 준비합니다.
2. [Composition]–[Add to Reder Queue](**Ctrl** + **M**) 메뉴를 클릭해 [Render Queue] 패널을 나타냅니다.
3. [Output Module]의 [Lossless]를 클릭하고 [Output Module Settings] 대화상자의 [Format]를 'Windows Media'로 선택합니다.

02 [Render Queue] 패널에서 렌더링이 종료된 컴포지션을 다시 렌더링해 봅니다.

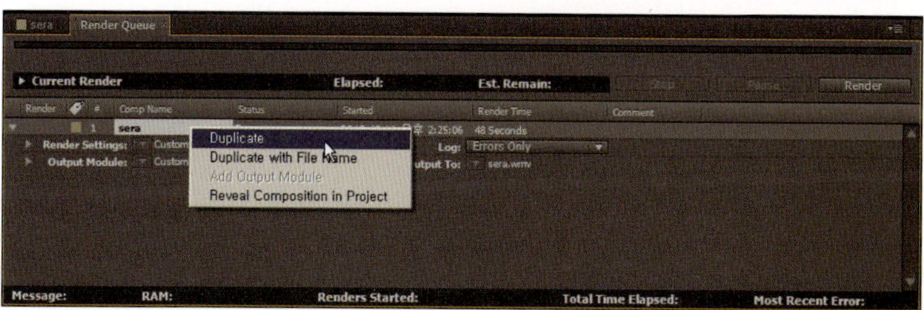

HINT

1. 렌더링이 마무리된 [Reder Queue] 패널로 이동합니다.
2. 렌더링이 끝난 컴포지션을 선택하고 오른쪽 마우스를 클릭하여 'Duplicate'를 선택합니다.
3. 복제된 컴포지션은 렌더링이 끝난 컴포지션과 동일한 설정으로 새롭게 렌더링을 진행할 수 있도록 활성으로 바뀌게 됩니다.
4. 컴포지션을 선택하고 [Edit]–[Duplicate](**Ctrl** + **D**) 메뉴를 클릭해 눌러 복제 명령으로 간단하게 적용할 수 있습니다.

10

성능 향상을 위한
다양한 설정하기

현재 사용하는 컴퓨터의 하드웨어적인 요소들이 빠르다고는 하지만 애프터 이펙트에서 프로젝트를 운영하는 방식이 잘못되면 하드웨어도 제대로된 성능을 발휘하지 못합니다. 그러므로 애프터 이펙트로 작업하는 방식을 제대로 익히고 사용해야 합니다. 애프터 이펙트는 현재 작업 중이지 않은 요소를 처리하는데 메모리 및 리소스를 사용하지 않도록 프로젝트를 단순화하거나 분할할 수 있습니다. 프로젝트에서 한 번 발생해야 하는 작업을 반복하지 않도록 하거나 특정 처리 과정을 수행하는 시기를 제어하여 성능을 향상시킬 수 있습니다.

01 성능 향상하기

레 벨 ● ○ ○

애프터 이펙트는 메모리를 많이 사용하는 프로그램으로 하드웨어의 성능과 소프트웨어의 설정을 통해 더욱 빠른 작업을 진행할 수 있습니다. 기존에 앞에서 다룬 내용도 포함하고 있으며 기본적인 설정을 통해 불필요하게 성능을 저하 시키는 요소를 제거할 수 있습니다.

기초 탄탄 ▶ 프로젝트에서 사용하지 않는 요소 삭제하기

■ 필요없는 파일 제거하기

현재 진행 중인 프로젝트에서 사용되지 않은 파일은 [Project] 패널에 존재하게 됩니다. [Project] 패널에 존재하지만 컴포지션에 직접적으로 사용되지 않은 파일을 제거하는 방법은 다음과 같습니다.

Remove Unused Footage

[Project] 패널에서 제거하려는 파일을 선택하고 **Delete**를 누르거나, 사용하지 않는 항목이 많을 경우 일일이 지울 수 없으므로 [File]-[Remove Unused Footage] 메뉴를 클릭해 제거합니다.

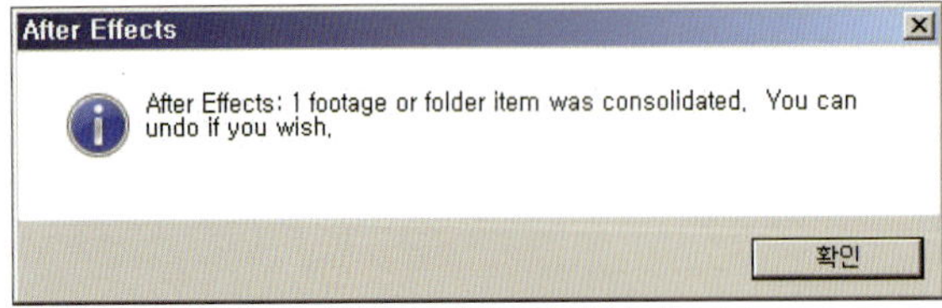

Consolidate All Footage

프로젝트에서 동일한 파일을 2번 이상 [Project] 패널에 불러와 사용했다면 이것을 다른 기존의 다른 파일로 대치해 하나의 파일로 사용합니다. 즉 동영상을 하나 불러와 사용했는데 불러온 동일한 동영상을 다시 불러와 다른 컴포지션에 사용하는 경우를 말합니다.(단 [Project] 패널에서 파일은 동일한 이름으로 존재해 있어야 합니다.)

이러한 경우 [File]-[Consolidate All Footage] 메뉴를 클릭합니다. 명령을 실행하면 다음과 같은 팝업창이 나타나며 적용 후 원래대로 되돌리려면 [Edit]-[Undo](**Ctrl** + **Z**) 메뉴를 실행하라는 내용을 볼 수 있습니다.

Reduce Project

현재 진행 중인 프로젝트에서 사용되지 않는 파일을 제거하거나, 선택되지 않은 컴포지션에 포함되지 않은 컴포지션을 제거하려면 [File]-[Reduce Project] 메뉴를 클릭합니다.

[Project] 패널에서 최종 컴포지션을 선택하고 명령을 사용해야하며, 최종 컴포지션에 포함되지 않은 다른 컴포지션은 모두 제거됩니다. 다른 컴포지션을 지워지지 않도록 하려면 선택된 최종 컴포지션의 하위 컴포지션으로 포함되어야 합니다. 프로젝트의 [Timeline] 패널에서 비디오와 오디오 스위치를 해제한 소스가 현재 선택된 컴포지션에 포함되어 있는 경우는 제거되지 않습니다. 선택된 최종 컴포지션이 하위의 컴포지션이 아닌 컴포지션의 속성을 사용하여 익스프레션를 적용했다면 적용된 모든 익스프레션은 사라지게 됩니다. 그러나 컴포지션의 하위에 속하는 컴포지션에 사용하는 경우는 그대로 유지됩니다.

명령이 적용되면 사용하지 않는 파일은 제거되고 컴포지션에 포함되지 않은 익스프레션은 보존하지 않는다는 팝업창이 나타납니다. 이것 또한 원래대로 되돌리려면 [Edit]-[Undo](Ctrl + Z) 메뉴를 실행하라는 내용을 볼 수 있습니다.

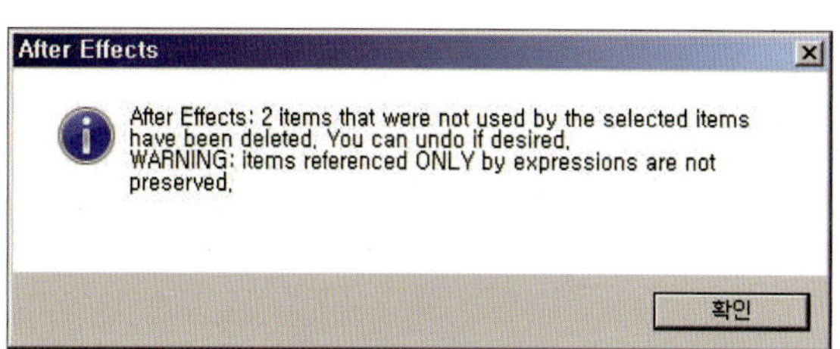

프로젝트를 단순화하거나 분할하여 현재 작업 중이지 않은 요소를 처리하는 데 메모리 및 리소스를 사용하지 않도록 할 수 있습니다.

■ 프로젝트를 단순화하여 성능 향상하기

- [Project] 패널에서 사용하지 않는 요소를 삭제하도록 합니다.
- 복잡한 프로젝트를 여러 간단한 프로젝트로 분할하여 작업하고 최종 동영상을 렌더링하기 전에 다시 하나로 만듭니다.
- 렌더링하기 전에 모든 소스 파일을 속도가 빠른 하드 디스크로 이동하고 렌더링을 진행합니다.
- 프로젝트에서 완성된 컴포지션을 동영상으로 미리 렌더링합니다.
- 컴포지션의 해상도를 낮추거나 프록시로 대체합니다.

■ 프로젝트에 사용된 파일 모으기

프로젝트가 마무리되고 프로젝트 파일을 보관해야 하는 경우 컴퓨터에 흩어져 있는 파일을 어떻게 해야 할지 몰라 난감해하는 경우가 있습니다. 파일이 없으면 나중에 프로젝트를 다시 수정할 때도 문제가 되므로 프로젝트의 관리는 매우 중요한 문제입니다.

최종 프로젝트 파일을 다른 컴퓨터에서 열었을 때 [Project] 패널과 [Composition] 패널에서 컬러 바가 나타나는 경우를 종종 볼 수 있습니다. 컬러 바가 나타나는 것은 프로젝트에서 사용한 파일이 지워졌거나 다른 경로에 있을 경우에 나타나는 현상입니다. 이러한 문제를 해결하기 위해 작업이 마무리되면 'Collect Files' 명령을 이용하여 하나의 폴더에 파일들을 모아 데이터를 보관하는 것이 바람직합니다.

01. 프로젝트에 사용된 파일을 하나의 폴더에 모으기 위해, 제작이 마무리된 프로젝트 파일을 실행하고 [File]-[Collect Files] 메뉴를 클릭합니다.

02. 다음과 같은 메시지가 나타나는 경우가 있습니다. 이것은 프로젝트를 먼저 저장하고 명령을 수행하도록 합니다. 프로젝트를 저장하기 위해 [Save] 단추를 클릭합니다.

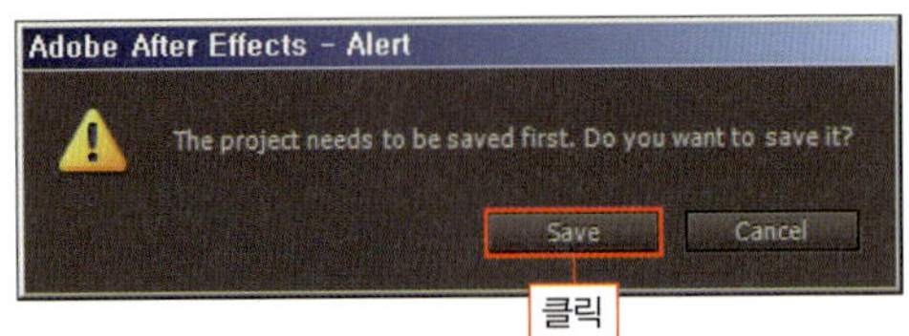

03. [Collect Files] 메뉴를 클릭하면 다음과 같은 [Collect Files] 대화 상자가 나타납니다. 옵션을 어떻게 선택하느냐에 따라 파일을 모으는 방식이 다릅니다. [Collect Source Files]에서 프로젝트의 어떠한 파일들을 모을 것인지 선택할 수 있습니다.

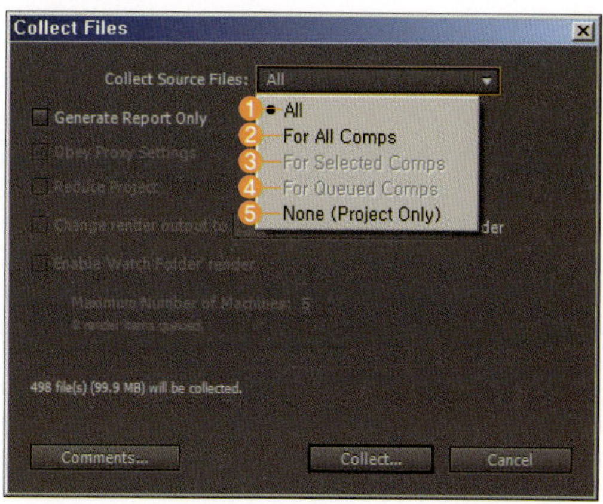

❶ **All** : 프로젝트 컴포지션에 포함되어 있으나 프로젝트에서 사용되지 않은 파일과 프록시, 그리고 사용된 모든 파일을 복사합니다.

❷ **For All Comps** : 프로젝트에서 모든 컴포지션에 사용된 모든 소스 파일과 프록시를 폴더에 복사합니다.

❸ **For Selected Comps** : 프로젝트에서 현재 선택한 컴포지션에 사용된 모든 소스 파일과 프록시를 폴더에 복사합니다.

❹ **For Queued Comps** : [Render Queue] 패널에서 대기 중인 상태의 컴포지션에 직접, 또는 간접적으로 사용된 모든 소스 파일과 프록시를 폴더에 복사합니다.

❺ **None** : 프로젝트에 사용된 파일은 복사하지 않고 프로젝트 파일만을 복사합니다.

04. [Collect Files]의 대화상자의 [Collect source Files]에서 선택되는 메뉴에 따라 옵션을 변경할 수 있습니다.

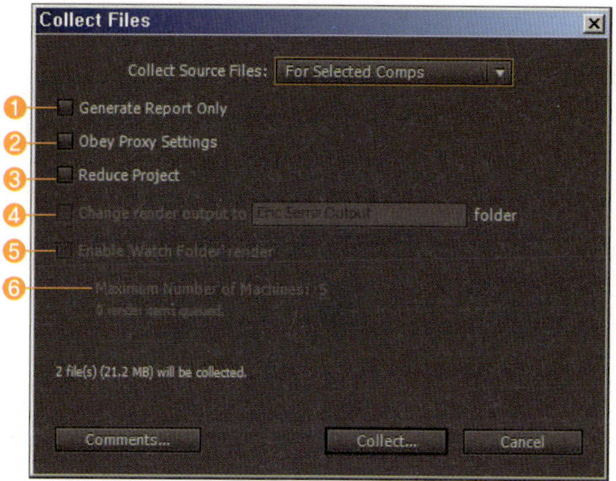

❶ **Generate Report Only** : 체크하면 파일과 프록시는 복사되지 않고 보고서만 복사됩니다.

❷ **Obey Proxy Settings** : 체크하지 않으면 복사되는 프로젝트에 프록시와 소스 파일이 모두 포함되어 나중에 프록시 설정을 변경할 수 있습니다. 체크되면 사용된 프록시는 복사되지 않고 사용된 파일만 복사됩니다.

❸ **Reduce Project** : [Collect Source Files]에서 'For All Comps', 'For Selected Comps', 'For Queued Comps'을 선택한 경우 사용되지 않은 소스와 컴포지션을 모두 제거합니다.

❹ **Change render output to :** 복사되는 파일의 폴더 내에 지정된 폴더로 파일을 렌더링하도록 합니다. 체크하면 다른 컴퓨터에서 프로젝트를 렌더링하는 동안 렌더링되는 파일에 액세스할 수 있습니다. 렌더링 상태가 유효해야 출력 모듈이 이 폴더로 파일을 렌더링할 수 있습니다.

❺ **Enable 'Watch Folder' render :** 'Collect Files' 명령을 사용하여 프로젝트를 지정한 'Watch Folder'에 저장한 다음 네트워크를 통해 렌더링을 시작할 수 있습니다. 애프터 이펙트에는 감시하는 컴퓨터에 프로젝트를 렌더링할 수 있다고 알려 주는 리포터인 '[project name]_RCF.txt'라는 렌더링 컨트롤 파일도 포함되어 있습니다. 애프터 이펙트와 함께 설치된 모든 렌더링 엔진이 네트워크를 통해 프로젝트를 함께 렌더링할 수 있습니다.

❻ **Maximum Number of Machines :** Collect되어 복사된 프로젝트를 렌더링하기 위해 할당할 렌더링 엔진, 또는 사용이 허가된 애프터 이펙트 사본의 수를 지정합니다. 이 옵션 아래쪽에는 프로젝트에서 둘 이상의 컴퓨터를 사용하여 렌더링될 항목 수가 나타납니다. 생성될 보고서에 사용자 고유의 정보를 추가하려면 [Comments] 단추를 클릭하고 원하는 주석을 입력한 다음 확인을 클릭하면 보고서의 끝에 'Comments'가 입력됩니다.

05. [Collect] 단추를 클릭하면 저장할 위치와 저장할 폴더의 이름을 물어보는 대화상자가 나타납니다. 내용을 입력하고 [저장] 단추를 클릭합니다.

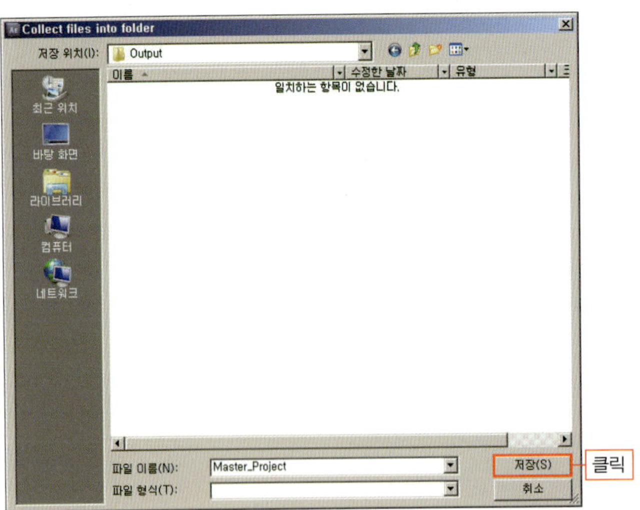

06. [저장] 단추를 클릭하면 파일을 하나의 폴더에 복사하는 과정이 진행됩니다. 프로젝트에 사용된 모든 파일들이 하나의 폴더로 복사됩니다. 기존의 모든 파일은 보존되며 새로운 파일과 폴더가 만들어집니다. 모든 파일이 복사되면 창은 사라집니다.

07. 모든 과정이 마무리되고 저장된 폴더 위치로 이동해 보면 다음과 같이 파일들이 하나의 폴더에 저장되어 있음을 알 수 있습니다. 파일이 모두 복사되었으면 다른 곳에 존재하는 프로젝트 파일이나 파일은 모두 지워도 무관하며 Collect한 폴더만 관리하면 됩니다.

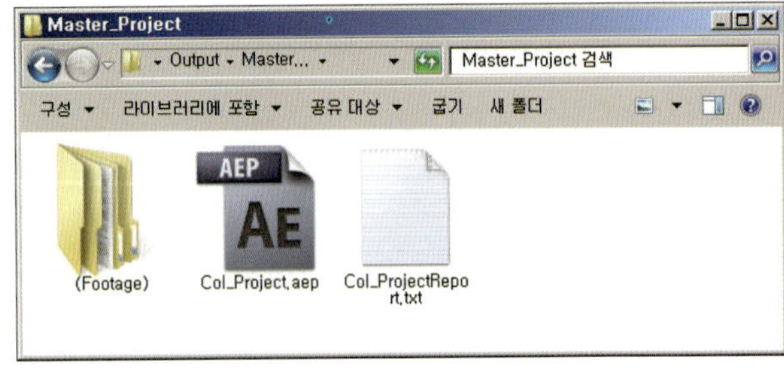

프로젝트에서 컴포지션이 표시될 때마다 렌더링을 수행하지 않도록 마무리된 컴포지션을 동영상으로 렌더링하면 프리뷰 시간을 절약하여 제작시간을 절약할 수 있습니다.

■ Pre-Render

프로젝트의 컴포지션에 포함된 컴포지션을 렌더링했어도 컴포지션은 [Project] 패널에 남아 있으므로 수정할 수 있습니다. 프로젝트의 컴포지션에 포함된 컴포지션을 미리 렌더링하는 기능은 프로젝트에서 해당 컴포지션을 여러 번 사용하는 경우에 유용합니다. 컴포지션에 포함된 컴포지션을 미리 렌더링하기 위해서는 'Pre-render' 명령을 사용합니다. 자세한 내용은 앞에서 다루었습니다.

01. [Project] 패널에서 렌더링하고자 하는 컴포지션을 선택합니다. [Composition]-[Pre-render] 메뉴를 클릭합니다.

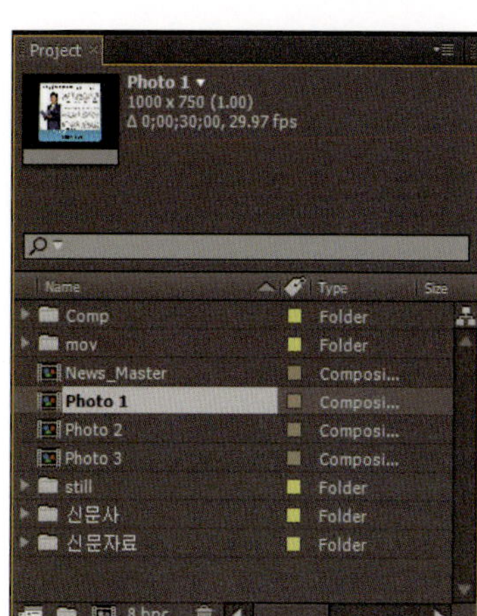
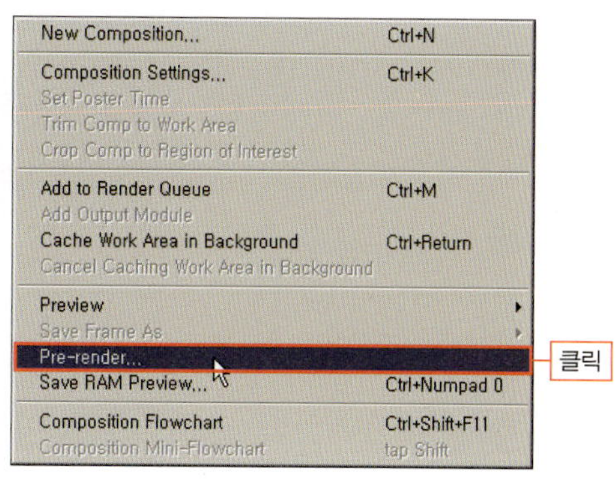

02. [Render Queue] 패널에 선택한 컴포지션이 추가되고 [Render] 단추를 클릭하면 렌더링이 진행됩니다. 렌더링이 마무리되면 컴포지션과 동일한 이름의 동영상 파일이 [Project] 패널에 생성되며 [Timeline] 패널에 사용된 컴포지션의 레이어는 동영상 파일로 대치됩니다.

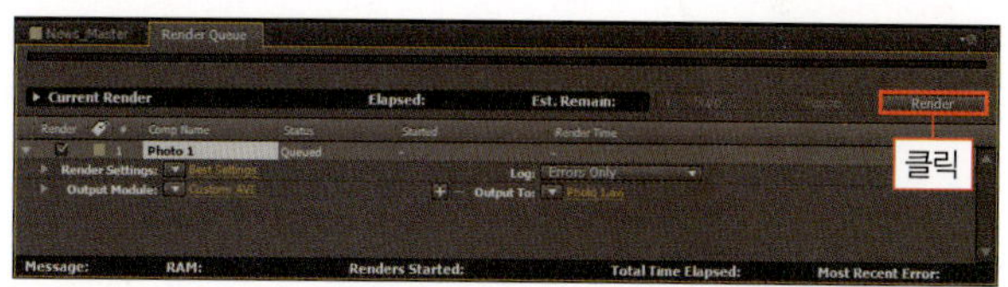

03. 컴포지션이 동영상으로 대치되어도 기존의 컴포지션은 [Project] 패널에 그대로 남아있어 언제든지 컴포지션의 내용을 변경할 수 있습니다. 컴포지션이 새롭게 수정되면 'Pre-render'를 다시 실행해 기존 파일을 변경하면 됩니다.

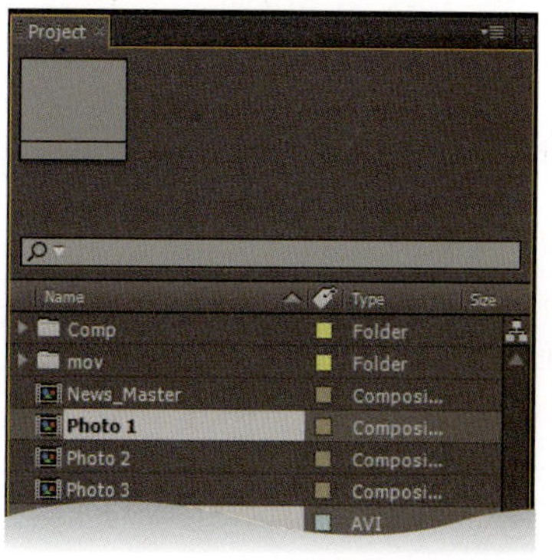

프록시는 컴포지션을 'Pre-render'하거나 전체 작업 시간을 절약하기 위해 동영상의 해상도를 낮춰 파일을 만드는데 사용합니다.

■ 프록시의 사용

[Project] 패널에서 프록시로 사용할 컴포지션이나 파일을 선택하고 프록시로 전환할 이미지나 파일을 적용할 수 있습니다. 프로젝트에서 사용되고 있는 컴포지션을 선택해 렌더링 과정을 거쳐 저해상도 또는 고해상도의 파일로 대치하여 프리뷰 시간을 단축할 수 있습니다.

프록시 새롭게 만들기

① [Project] 패널에서 파일이나 컴포지션을 선택합니다.

② 프록시를 만들기 위해서 다음의 명령 중 하나를 선택합니다.
   • 스틸 이미지의 프록시를 만들려면 마우스 오른쪽 버튼을 클릭해 'Create Proxy'–'Still'을 선택합니다.
   • 동영상의 프록시를 만들려면 마우스 오른쪽 버튼을 클릭해 'Create Proxy'–'Movie'를 선택합니다.

③ 새롭게 만들어질 프록시의 이름과 위치를 설정합니다.

④ [Render Queue] 패널에서 렌더링 옵션을 설정하고 [Render] 단추를 클릭합니다.

프록시를 제대로 사용하기 위해서는 소스의 크기, 프레임 종횡비, 시간 및 프레임 속도를 실제 소스와 동일하게 설정해야 합니다.

동영상 반복 설정하기

프로젝트에서 동영상을 지속적으로 반복시키기는 것은 간단한 조작으로 쉽게 적용할 수 있습니다.

① [Project] 패널에서 반복할 파일을 선택합니다.

② 마우스 오른쪽 버튼을 클릭하고 'Interpet Footage'–'Main'을 선택합니다.

③ [Loop]에서 반복되기 원하는 값을 입력합니다.

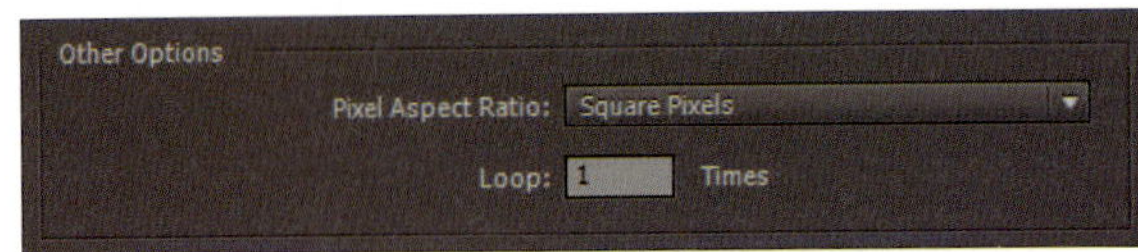

컴포지션에는 미리 보기 및 최종 출력용으로 렌더링할 때 해당 컴포지션의 이미지 품질에 영향을 주는 자체 해상도 설정이 있습니다.

■ 해상도 조절

최종 출력용으로 컴포지션을 렌더링할 경우 해당 컴포지션의 현재 해상도(Resolution) 설정을 사용하거나 [Render Settings] 대화상자에서 컴포지션의 해상도 값을 재설정할 수 있습니다. 해상도를 선택할 때는 효율성을 따져 결정하는 것이 좋습니다. 디테일한 작업을 진행할 때는 해상도를 높여서 진행하고 그렇지 않은 경우는 해상도를 낮춰 작업을 진행하는 것이 좋습니다.

01. 메뉴에서 [Composition]–[Composition Settings](Ctrl+K) 메뉴를 클릭합니다. [Composition Settings] 대화상자의 [Basic] 탭 설정에서 [Resolution]을 변경할 수 있습니다.

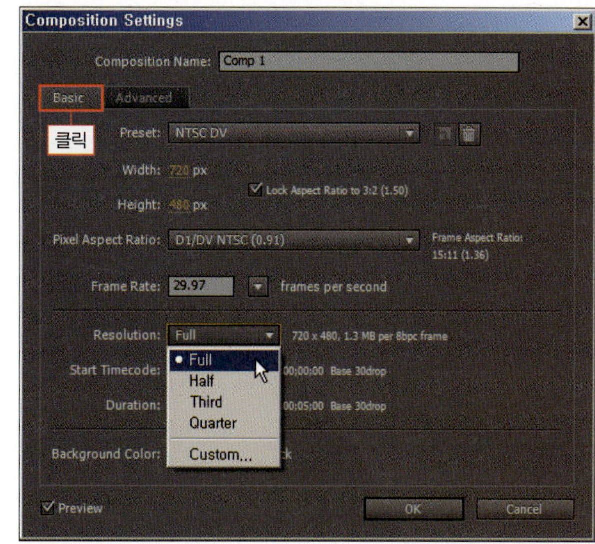

02. [Composition] 패널의 아래쪽의 메뉴에서도 원하는 해상도를 선택할 수 있습니다. 'Auto'를 선택하면 자동으로 조절합니다.

연관 검색 [Composition] 패널의 [Resolution]에 대한 설명은 97P의 내용을 참고하세요.

03. 'Auto'를 선택하면 [Composition] 패널에 있는 보기의 해상도를 화면의 크기에 따라 자동으로 확대/축소 시킵니다. 이 설정을 사용하면 최고의 이미지 품질을 제공하면서 동시에 현재 컴포지션에 필요하지 않은 픽셀은 렌더링하지 않습니다. [Composition Settings] 대화상자의 [Advanced] 탭 설정에서 'Preserve resolution when nested(컴포지션에 포함된 컴포지션의 해상도 유지)'를 체크한 컴포지션은 'Auto'가 적용되지 않습니다.

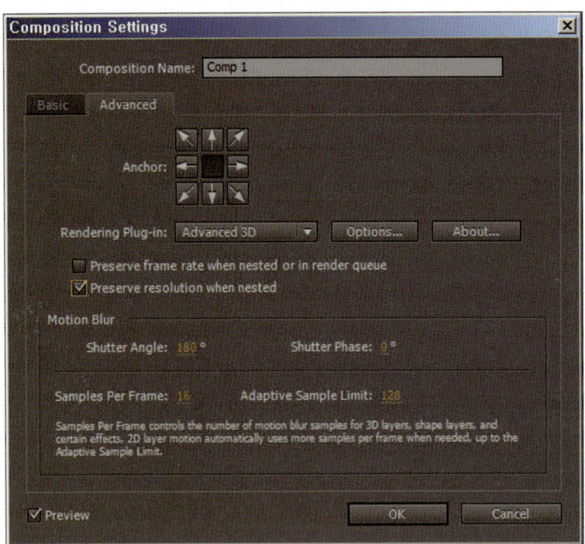

[Timeline] 패널에 레이어가 너무 많아 레이어가 구분되지 않거나 하나의 레이어를 별도로 작업한 경우 'Solo' 명령을 사용하면 레이어에 적용하는 효과나 작업을 빠르게 진행할 수 있습니다.

■ Solo 스위치

[Timeline] 패널의 [Solo]( )를 사용하여 작업 중인 다른 레이어가 나타나지 않도록 할 수 있습니다.

레이어에서 [Solo]( )가 체크되면 다른 레이어의 [Video]( )가 흰색에서 회색으로 변하게 됩니다. 단지 [Solo]( )를 한 레이어만 [Composition] 패널의 화면에 나타나게 됩니다. [Solo]( )가 체크되면 제외된 다른 레이어는 애니메이션이나 미리 보기, 렌더링에서 제외됩니다. 하나의 레이어에 [Solo]( )가 체크되어 있을 때 현재 레이어의 [Solo]( )를 해지하고 다른 레이어를 솔로로 만들려면 **Alt** 를 누르고 [Solo]( )를 클릭합니다.

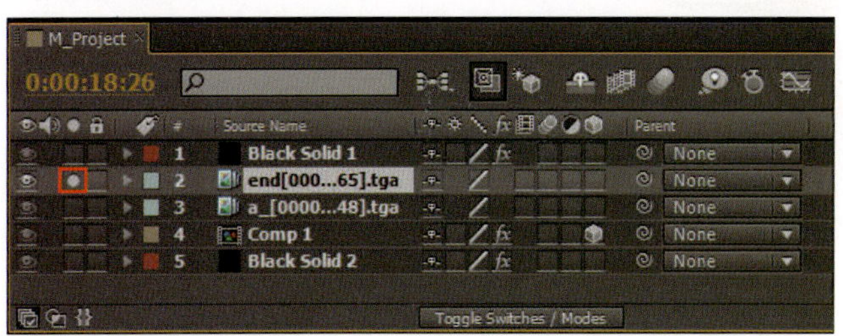

애프터 이펙트를 사용하기 전 시스템에 대한 정보를 확인하여 최적화된 시스템으로 구성하는 것이 좋습니다.

01. 사용자의 컴퓨터에 메모리가(RAM) 충분하게 설치되어있는지 확인합니다. 최소 메모리는 프로그램이 운영되는 메모리고 작업을 위해서는 16GB이상의 메모리를 설치하여 구성해야 합니다.

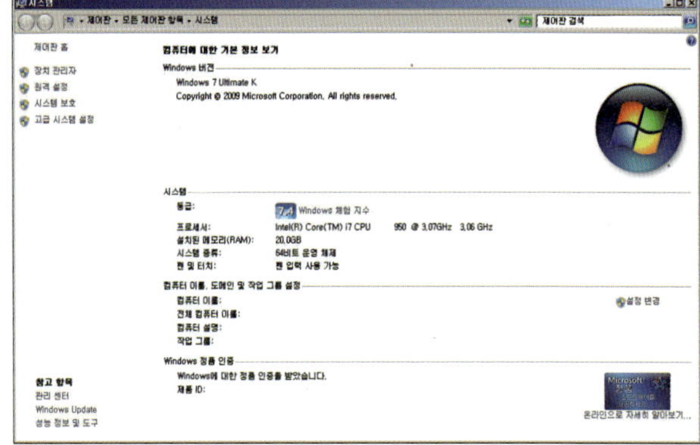

02. 현재의 작업과 상관없는 프로그램은 종료하고 작업을 진행합니다. 애프터 이펙트는 메모리를 많이 사용하는 프로그램으로 다른 프로그램이 메모리를 사용하고 있으면 최대한으로 메모리를 사용할 수 없습니다.

03. 그래픽 카드가 GPU를 지원하는 그래픽 카드인지 확인합니다. 그래픽 카드는 3D 미리 보기나 렌더링에 대한 속도를 향상시켜 줍니다. 환경 설정에서 GPU Infomation에서 GPU에 대한 설정을 확인할 수 있습니다.

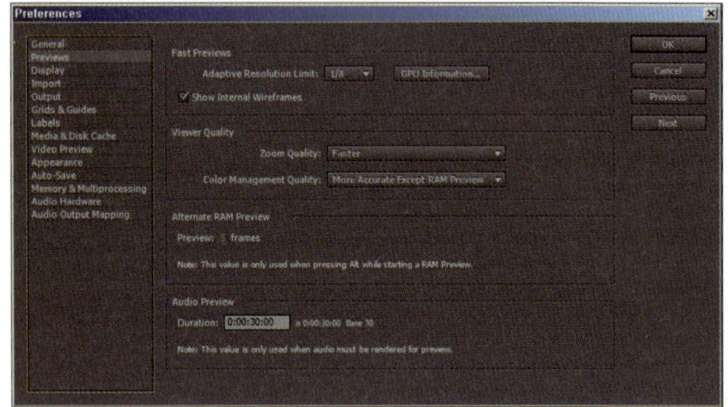

TIP : 프로젝트를 진행할 때 가능하면 빠른 별도의 하드 디스크 드라이브에 소스 파일을 보관하고 작업을 진행하도록 합니다. 하드 디스크의 성능이 프로젝트의 제작 시간을 단축시켜 줄 것입니다.

애프터 이펙트에서 프로젝트 데이터를 처리하는 방법에는 영향을 주지 않고 작업 중에 화면에 표시되는 방식에만 영향을 주는 여러 방식으로 성능을 향상시킬 수 있습니다.

01. GPU를 사용하여 화면에 표시하는 경우 프리뷰를 하드웨어 가속을 사용합니다. [Edit]–[Preferences]–[Display] 메뉴를 클릭한 후 대화상자에서 'Hardware Accelerate Composition, Layer, and Footage Panels'을 체크합니다.

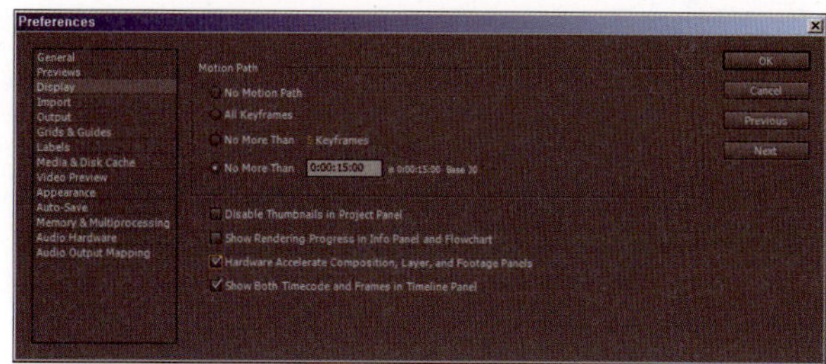

02. 프로젝트 진행에 불필요한 패널을 닫습니다. 애프터 이펙트는 패널을 업데이트하는 데 메모리 및 프로세서 리소스를 사용하므로 사용하지 않는 패널은 닫는 것이 좋습니다. [Workspace]를 사용하여 진행하는 프로젝트에 필요한 패널을 사용하는 것이 좋습니다.

03. [Composition] 패널의 아래쪽에 있는 'Region of Interest' 명령을 사용하여 컴포지션의 일부에서 작업을 수행 중인 경우 화면에 렌더링되는 컴포지션의 영역을 특정 부분으로 제한합니다.

04. [Timeline] 패널의 오른쪽 위에 있는 메뉴에서 'Show Cache Indicators'를 체크 해제하여 [Timeline] 패널에 램 프리뷰될 때 생성되는 녹색 및 파란색 선이 표시되지 않도록 합니다.

05. Caps Lock 을 눌러 애프터 이펙트가 소스, 레이어, 또는 [Composition] 패널을 업데이트하지 못하도록 설정합니다. 모든 변경 내용을 다시 표시하려면 Caps Lock 을 다시 누릅니다. Caps Lock 을 누르면 최종 렌더링 중에도 프리뷰를 업데이트하지 않습니다.

06. [Timeline] 패널 메뉴에서 3D 레이어가 있을 때 표시되는 카메라 피사계 심도, 조명 및 그림자를 해제하는 'Draft 3D'를 선택합니다.

07. [Timeline] 패널 메뉴(▬)에서 'Live Update'를 체크 해제하여 애프터 이펙트가 컴포지션을 동적으로 업데이트하지 못하도록 설정합니다.

08. [Timeline] 패널에서 오디오 파형은 필요한 경우에만 표시합니다.(오디오 레이어를 선택하고 단축키로 키보드에서 L 을 2번 누릅니다.)

09. 외부 비디오 모니터에서 비디오를 프리뷰할 때 [Edit]–[Preferences]–[Video Preview] 메뉴를 클릭하고 대화상자에서 'Mirror on Computer Monitor'를 체크 해제합니다. Computer Monitor Only와 출력 장치 간에 Output Device 환경 설정을 단축키를 사용하여 전환하기 위해 Ctrl + / (숫자 키패드의 /)를 사용합니다.

10. 컴포지션의 확대율을 100% 이상으로 사용하는 것을 권장하지 않습니다.

애프터 이펙트에서 사용되는 Blur 및 Distort와 같은 이펙트는 많은 양의 메모리와 프로세서 리소스가 사용됩니다. 이펙트을 적용하는 시기와 방법을 조정하여 성능을 향상 시킬 수 있습니다.

01. 메모리 및 프로세서 사용량이 많은 이펙트는 나중에 적용합니다. 이펙트를 적용하면 프리뷰 시간이 많이 걸리므로 레이어에 애니메이션을 먼저 적용하거나 프리뷰가 필요한 작업을 먼저 진행합니다. 다음에서 녹색으로 나타나는 부분이 램 프리뷰를 통해 나타나는 영역입니다.

02. 프리뷰 속도를 향상시키려면 이펙트를 일시적으로 해지하도록 합니다. 이펙트를 해지하려면 [Effect Control] 패널이나 [Timeline] 패널에서 [fx] (fx)를 체크 해지합니다.

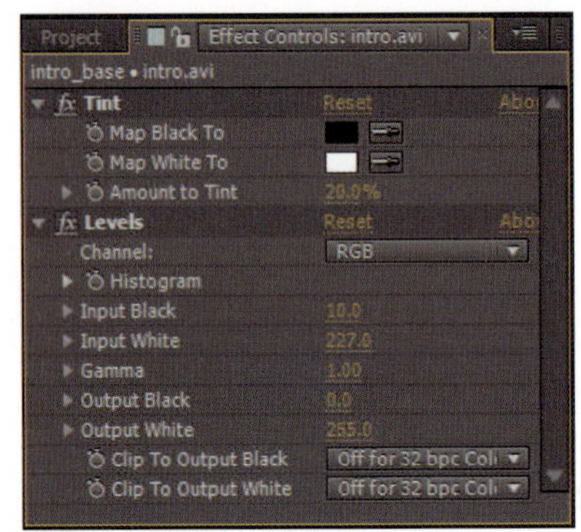

03. 파티클 이펙트가 적용된 경우 파티클에 적용된 입자의 수를 제한하도록 합니다. 여러 레이어에 동일한 설정의 이펙트를 적용하는 대신 조정 레이어에 이펙트를 적용하여 한 번에 아래쪽에 있는 모든 레이어에 이펙트를 적용합니다.

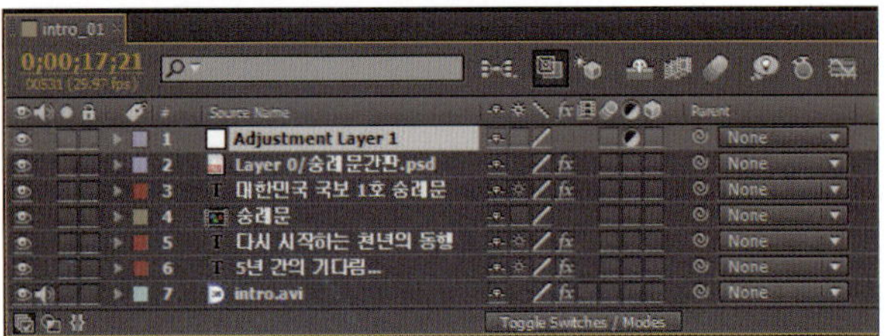

애프터 이펙트에서 빠르고 편리하게 작업을 진행할 수 있도록 키보드의 조합으로 명령을 만들어 놓은 것을 단축키라 합니다. 자주 사용하는 키보드 단축키는 알아두고 작업을 진행하면 명령을 메뉴에서 일일이 찾지 않고 진행할 수 있어 작업 시간을 단축시킬 수 있습니다. 이외에도 많은 키보드 단축키가 있지만 많이 사용하는 단축키부터 알아두기 바랍니다.

■ 명령 단축키

[Composition] 패널에서 작업을 진행하는 동안 작업공간의 크기를 확대하거나 축소할 때

키보드의 `,`(쉼표)를 누르면 작아지고(Zoom Out), 키보드에서 `.`(마침표)를 누르면 작업 공간이 넓어(Zoom In)집니다. 줌 인과 줌 아웃은 다른 단축키로 `Ctrl`+`+`와 `Ctrl`+`-`를 사용하기도 합니다.

[Composition] 패널을 원래의 100%로 설정하고 싶을 때

키보드의 `/`(슬래시)를 누르면 됩니다.

패널을 최대 화면으로 키울 때

[Composition], [Timeline], [Project], [Effect] 등의 패널에서 작업을 진행하다 마우스가 위치한 곳에서 키보드의 왼쪽 숫자 `1` 옆에 있는 `` ` ``(Grave Accent)를 누르면 모니터 전체에 보여집니다. 원래대로 복귀하기 위해서는 `` ` ``(Grave Accent)를 다시 누르면 됩니다.

애프터 이펙트 프로그램 바를 없앨 때

프로그램 바를 없애기 위해서는 키보드의 `Ctrl`+`₩`(백슬래시)를 누르면 됩니다.

안전 모드 설정할 때

안전 모드를 위한 키보드 단축키는 `'`(작은 따옴표)를 누르면 설정되고 다시 누르면 해제됩니다. 작업을 진행하는 동안 안전 모드를 확인하고 작업하는 습관을 갖는 것이 좋습니다.

패널의 그룹 내에 여러개의 패널이 함께 존재할 때 다음 패널의 선택

마우스로 패널을 선택해 진행할 수도 있지만 단축키로 `Alt`+`Shift`+`,`(쉼표)와 `Alt`+`Shift`+`.`(마침표)를 누르면 됩니다. `Alt`+`Shift`+`,`(쉼표)는 이전 패널로 이동하고, `Alt`+`Shift`+`.`(마침표)는 다음 패널로 이동하는 키입니다.

[Project] 패널에서 사용하는 키

- 소스, 컴포지션, 폴더, 이펙트, 마스크, 이름 변경하기 = `Enter`
- 마지막으로 사용한 Project 열기 = `Ctrl`+`Alt`+`Shift`+`P`
- 프로젝트를 열 때 [Project] 패널만 열기 = `Shift`를 누르고 프로젝트 파일 더블클릭
- [Project] 패널에서 선택된 파일 [Timeline] 패널에 추가 = `Ctrl`+`/`

- [Project] 패널의 동영상을 플레이어로 재생 = **Alt** 를 누른 상태로 더블클릭
- [Project] 패널에서 선택한 파일을 [Timeline] 패널의 레이어로 대치 = **Ctrl** + **Alt** + **/**, 또는 [Timeline] 패널에서 레이어를 선택하고 [Project] 패널에서 대치할 파일을 선택하고 **Alt** 를 누르고 드래그하여 대치할 수 있습니다.

[Composition] 패널에서 사용하는 키

- 새로운 컴포지션 = **Ctrl** + **N**
- Grid 표시 = **Ctrl** + **'** (작은 따옴표)
- 작업 화면 변경 일시정지 = **Caps Lock**
- Snapshot 찍기 = **Shift** + **F5**, **F6**, **F7**, **F8**
- Snapshot 보기 = **F5**, **F6**, **F7**, **F8**
- Snapshot 제거 = **Ctrl** + **Shift** + **F5**, **F6**, **F7**, **F8**
- 채널 표시(RGBA) = **Alt** + **1**, **2**, **3**, **4**
- 채널 컬러로 표시(RGBA) = **Alt** + **Shift** + **1**, **2**, **3**, **4**

[Timeline] 패널에서 사용하는 키

- 작업 영역을 선택한 레이어의 지속 시간으로 설정 = **Ctrl** + **Alt** + **B**
- 작업 영역의 시작점으로 이동 = **Shift** + **Home**
- 작업 영역의 종료점으로 이동 = **Shift** + **End**
- 타임라인의 시작점으로 이동 = **Home**
- 타임라인의 종료점으로 이동 = **End**
- 이전 키프레임, 또는 타임마커로 이동 = **J**
- 다음 키프레임, 또는 타임마커로 이동 = **K**
- 1 프레임 앞으로 이동 = **Page Up**
- 10 프레임 앞으로 이동 = **Shift** + **Page Up**
- 1 프레임 뒤로 이동 = **Page Down**
- 10 프레임 뒤로 이동 = **Shift** + **Page Down**
- 레이어 In점으로 이동 = **I**
- 레이어 Out점으로 이동 = **O** (영문)
- 레이어 자르기 = **Ctrl** + **Shift** + **D**
- 램 프리뷰 = **0** (숫자 키패드)
- 1 프레임 건너 램 프리뷰 = **Shift** + **0** (숫자 키패드)
- 램 프리뷰 보존 = **Ctrl** + **0** (숫자 키패드)
- 모든 캐쉬 제거(Purge all) = **Ctrl** + **Alt** + **/** (숫자 키패드)
- [Composition], [Timeline] 패널 닫기 = **Ctrl** + **Alt** + **W**
- 오디오만 재생 = 숫자 키패드 **.** (마침표)
- [Timeline] 패널 레이어에 마커 설정 = **＊** (숫자 키패드)
- 레이어의 전체 속성 보기 = **Ctrl** + **'** (Grave Accent)
- 레이어의 오디오 웨이브 보기 = **L** 2번

- 레이어의 앵커 포인트(Anchor Point) 속성 보기 = A
- 레이어의 불투명도(Opacity) 속성 보기 = T
- 레이어의 크기(Scale) 속성 보기 = S
- 레이어의 위치(Position) 속성 보기 = P
- 레이어의 회전(Rotation) 속성 보기 = R
- 레이어의 마스크(Mask) 속성 보기 = M
- 레이어의 타임 리맵(Time Remap) = R 2번
- [Timeline] 패널 레이어의 속성에 키프레임 생성 = Alt + Shift +속성에 대한 단축키(예 : [Scale] 에 대한 키프레임 생성 단축키 Alt + Shift + S, [Position]에 대한 키프레임 생성 단축키 Alt + Shift + P)
- 레이어에 생성된 키프레임 보기 = U
- [Timeline] 패널에서 In점 설정 = B
- [Timeline] 패널에서 Out점의 설정 = N
- 레이어 복제 = Ctrl + D
- 레이어의 시작지점으로 타임마커 이동 = I
- 레이어의 끝지점으로 타임마커 이동 = O(영문)
- 타임라인 시간 확대 = +
- 타임라인 시간 축소 = −
- 선택한 레이어의 모든 이펙트 삭제 = Ctrl + Shift + E
- 선택된 레이어의 이펙트 보기 = F3
- 레이어의 마스크 속성 그룹 표시 = M 2번
- 레이어의 이펙트에 대한 속성 표시 = E
- 레이어의 질감 속성 그룹 표시 = A 2번

툴 박스에서 툴 활성화

- 선택 툴 = V
- 손 툴 = H
- 돋보기 툴 = Z
- 회전 툴 = W
- 카메라 툴 = C
- 중심 이동 툴 = Y
- 도형 툴 = Q
- 문자 툴 = Ctrl + T
- 펜 툴 = G

기타

- [Preference] 대화상자 열기 = Ctrl + Alt + ;(세미콜론)
- 프로젝트 저장 = Ctrl + S
- 렌더링 명령 = Ctrl + M

쉽고 재밌게 혼자서도 가능한
더 [THE] 쉽게 배우기 IT가이드북

OS X Mountain Lion 더 쉽게 배우기
이혜라 저 | 22,000원 | 영진닷컴

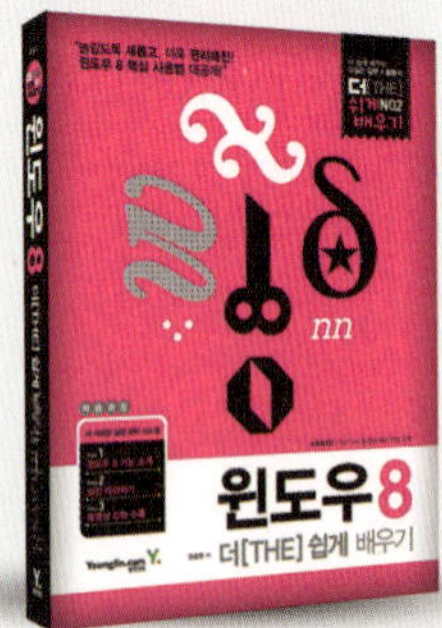

윈도우 8 더 쉽게 배우기
권순만 저 | 22,000원 | 영진닷컴

파워포인트 2010 더 쉽게 배우기
장경호 저 | 20,000원 | 영진닷컴

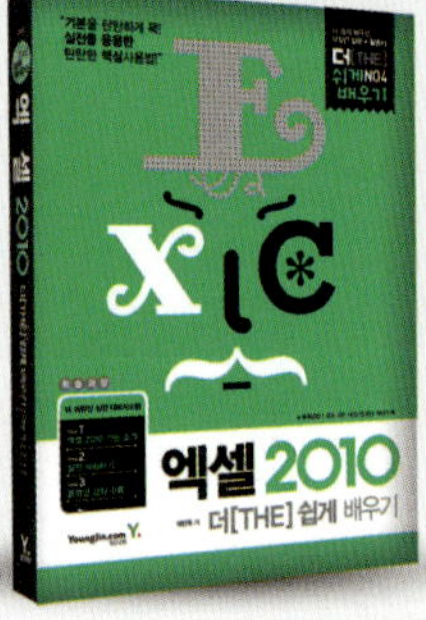

엑셀 2010 더 쉽게 배우기
이영란, 이민옥, 이정희 공저 | 20,000원 | 영진닷컴

엑셀 2013 더 쉽게 배우기
박혜정 저 | 20,000원 | 영진닷컴

파워포인트 2013 더 쉽게 배우기
장경호 저 | 20,000원 | 영진닷컴

인디자인 CS6 더 쉽게 배우기
김미영 저 | 23,000원 | 영진닷컴

플래시 CS6 더 쉽게 배우기
문기선, 이정희 공저 | 24,000원 | 영진닷컴

포토샵 CS6 더 쉽게 배우기
김기덕 저 | 23,000원 | 영진닷컴

손경락의 애프터이펙트 CS6 & CC 더 쉽게 배우기
손경락 저 | 24,000원 | 영진닷컴

**손경락의
애프터 이펙트 CS6 & CC 더 쉽게 배우기**

1판 1쇄 발행   2013년 12월 20일
1판 6쇄 발행   2020년 1월 16일

저   자 | 손경락
발 행 인 | 김길수
발 행 처 | 영진닷컴
주   소 | 서울시 금천구 가산디지털2로 123 월드메르디앙벤처센터
            2차 10층 1016호 (우)08505
등   록 | 2007. 4. 27. 제16-4189

©2013.,2020. (주)영진닷컴

ISBN | 978-89-314-4576-3

이 책에 실린 내용의 무단 전재 및 무단 복제를 금합니다.
파본이나 잘못된 도서는 구입하신 곳에서 교환해 드립니다.

도서문의처 | http://www.youngjin.com

YoungJin.com **Y.**
영진닷컴